De zeventiende eeuw

De zeventiende eeuw

Onder redactie van

Helmer J. Helmers, Geert H. Janssen en Judith F.J. Noorman

Vertaald door Frits van der Waa

LEIDEN UNIVERSITY PRESS

Deze publicatie is mogelijk gemaakt door een financiële bijdrage van:

Prins Bernhard Cultuur Fonds (het Cultuurfonds beheert ruim 400 CultuurFondsen op Naam. Deze publicatie is mede tot stand gekomen dankzij een bijdrage uit het Alida Wilhelmina Fonds)
Stichting 'De Gijselaar-Hintzenfonds'
De Frans Mortelmansstichting
Dr. Hendrik Mullerfonds
J.E. Jurriaanse Stichting
De Kattendijke/Drucker Stichting
Dr. C. Louise Thijssen-Schoute Stichting
Leerstoelgroepfonds Kunstgeschiedenis Universiteit van Amsterdam

Oorspronkelijke publicatie: *The Cambridge Companion to the Dutch Golden Age*, Cambridge University Press, 2018

Vertalingen: Frits van der Waa
Beeldredactie: Judith Noorman en Romy Uijen
Vormgeving: Coco Bookmedia, Amersfoort
Illustratie omslag: Anoniem, Onregelmatig golvende plooikraag van linnenbatist, ca. 1615-1635, Amsterdam, Rijksmuseum.
Druk: Antilope de Bie Printing, Duffel, België

ISBN 978 90 8728 376 6
e-ISBN 978 94 0060 425 4
NUR 680

© Helmer Helmers, Geert Janssen en Judith Noorman / Leiden University Press, 2021

Alle rechten voorbehouden. Niets uit deze uitgave mag worden verveelvoudigd, opgeslagen in een geautomatiseerd gegevensbestand, of openbaar gemaakt, in enige vorm of op enige wijze, hetzij elektronisch, mechanisch, door fotokopieën, opnamen of enige andere manier, zonder voorafgaande schriftelijke toestemming van de uitgever.

Er is naar gestreefd alle copyrights van de in deze uitgave opgenomen illustraties te achterhalen. Aan hen die desondanks menen alsnog rechten te kunnen doen gelden, wordt geadviseerd contact op te nemen met de uitgever.

Inhoud

Lijst van afbeeldingen — 7
Lijst van diagrammen — 14
Over de auteurs — 15
Woord van dank — 19
Terminologie — 20
Chronologie van het zeventiende-eeuwse Nederland — 21
Kaarten — 25

Inleiding — 29

Deel I: Ruimte en mensen

1. Verstedelijking — 48
   Maarten Prak

2. Water en land — 67
   J.L. Price

3. Migratie — 84
   Geert H. Janssen

4. Slavernij — 102
   Pepijn Brandon

Deel II: In staat van oorlog

5. De gewapende macht — 122
   Pepijn Brandon

6. Oorlogsgeweld en het zelfbeeld van de Republiek — 141
   Judith Pollmann

Deel III: Het politieke bedrijf

7. Het staatsbestel — 166
   David Onnekink

8. Burgerparticipatie en het publieke debat — 186
   Helmer J. Helmers

Deel IV: Economie en handel

9.	Een markteconomie *Danielle van den Heuvel*	210
10.	Wereldhandel *Michiel van Groesen*	229

Deel V: Het religieuze leven

11.	Het gereformeerd protestantisme *Charles H. Parker*	250
12.	Religieuze tolerantie *Christine Kooi*	271
13.	Spirituele kunst en cultuur *Angela Vanhaelen*	290

Deel VI: Kunst en literatuur

14.	De markt voor kunst, boeken en luxeartikelen *Claartje Rasterhoff*	312
15.	Beeldende kunst m/v *Judith F.J. Noorman*	333
16.	Genreschilderkunst *Wayne Franits*	357
17.	De literaire wereld *Theo Hermans*	377
18.	Het Nederlandse classicisme in Europa *Stijn Bussels*	398

Deel VII: Domeinen van kennis

19.	Onderwijs *Dirk van Miert*	420
20.	Wetenschap en technologie *Harold J. Cook*	437
21.	Radicale denkers *Jonathan Israel*	457

Glossarium	476
Aanvullende literatuur	477
Register	488

Lijst van afbeeldingen

0.1	Gerrit van Honthorst, *Portret van Amalia van Solms en Charlotte de la Trémoïlle*, 1633, Apeldoorn, Paleis het Loo.	34
0.2	Thomas de Keyser, *Portret van Constantijn Huygens*, Londen, National Gallery of Art.	35
0.3	Dirk Hals, *Vrolijk gezelschap*, 1627, Amsterdam, Rijksmuseum.	36
0.4	Artus Quellinus de Oude, *Fronton voorgevel van het Amsterdamse Stadhuis*.	37
0.5	Anoniem, *Plooikraag van linnenbatist, bestaande uit een lange strook die aan een linnen boord onregelmatig is geplooid*, ca. 1615-1635, Amsterdam, Rijksmuseum.	41
0.6	Hendrik de Keyser, *Praalgraf van Willem van Oranje*, 1623, Delft, De Nieuwe Kerk.	43
1.1	Frans Hals, *Feestmaal van de officieren van de St. Jorisschutterij*, 1627, Haarlem, Frans Hals Museum.	55
1.2	Jacob van Ruisdael, *Gezicht op Haarlem*, 1640-1650, Amsterdam, Rijksmuseum.	59
1.3	*Interieur van de regentenkamer*, Amsterdam, Deutzenhofje.	62
1.4	Plattegrond van Nieuw-Amsterdam (New York), 1661, Londen, British Museum.	63
2.1	Jan Asselijn, *De doorbraak van de Sint-Anthonisdijk bij Amsterdam*, 1651, Amsterdam, Rijksmuseum.	71
2.2	Pieter van der Keere, *Blad met kaarten van de polders van De Zijpe, Beemster, Purmer, Wormer, en een kaart van Waterland*, 1631-1633, Amsterdam, Rijksmuseum.	76
2.3	Jan van Goyen, *Polderlandschap*, 1644, Amsterdam, Rijksmuseum.	78
2.4	Hendrick Avercamp, *IJsvermaak bij een stad*, ca. 1620, Rijksmuseum.	81
3.1	Jan Davidsz. de Heem, *Pronkstilleven*, ca. 1655, Sarasota (Florida), John and Mable Ringling Museum of Art.	89
3.2	Gerard de Lairesse, *Het feestmaal van Cleopatra*, ca. 1675-1680, Amsterdam, Rijksmuseum.	94

3.3   Jan Mijtens, *Portret van Margaretha van Raephorst*, 1668, Amsterdam, Rijksmuseum. 99

4.1   Prent van verkoop van gevangen Bengalezen aan dienaren van de VOC aan de Indiase noordoostkust. Afkomstig uit Wouter Schouten, *De Oost-Indische Voyagie*, Amsterdam: Jacob van Meurs, 1676. 103
4.2   Nicolaes Visscher, *Nieuwskaart van Pernambuco, Brazilië, met afbeelding van een suikermolen met slaafgemaakten*, 1630, Amsterdam, Scheepvaart Museum. 106
4.3   Dirk Valkenburg, *Plantage Palmeneribo, samenkomst van slaafgemaakten*, ca. 1707, Kopenhagen, Statens Museum for Kunst. 114

5.1   Michiel Jansz. van Mierevelt, *Portret van Maurits, prins van Oranje*, ca. 1613-1620, Amsterdam, Rijksmuseum. 125
5.2   Sebastiaan Vranckx, *De plundering van Wommelgem*, ca. 1615-1620, Düsseldorf, Museum Kunstpalast. 133
5.3   Gerard ter Borch, *Soldaat te paard, op de rug gezien*, ca. 1634, Londen, privéverzameling. 138

6.1   Anoniem, *Waarschuwing tegen de listigheid van de Spanjaarden tijdens het bestand*, 1618, Amsterdam, Rijksmuseum. 146
6.2   Anoniem, *Gruwelijkheden te Oudewater*, 1575, Amsterdam, Rijksmuseum. 147
6.3   Anoniem, *Het bloedbad van Naarden*, ca. 1615, gedenksteen in de gevel van het 'Spaanse huis' in Naarden. 149
6.4   Anoniem, *Kenau Simonsdr Hasselaer*, ca. 1590-1609, Amsterdam, Rijksmuseum. 151
6.5   Frans Bruynen, *Tandem Fit Surculus Arbor*, 1627. 154
6.6   Pieter van Buysen Jr., *Vuurwerk bij de viering van de Vrede van Utrecht*, 1713, Amsterdam, Rijksmuseum. 156
6.7   Emanuel de Witte, *Bezoekers bij het praalgraf van Michiel de Ruyter in de Nieuwe Kerk te Amsterdam*, 1683, Amsterdam, Rijksmuseum. 157
6.8   Rembrandt, Nachtwacht, *Schutters onder leiding van kapitein Frans Banninck Cocq*, 1642, Amsterdam, Rijksmuseum. 159

7.1	Bartholomeus van der Helst, *Schuttersmaaltijd ter viering van de Vrede van Münster*, 1648, Amsterdam, Rijksmuseum.	169
7.2	Rombout Verhulst, *Praalgraf van jonkvrouwe Anna van Ewsum, erfgename van een adellijke, Ommelander familie, en haar twee echtgenoten*, 1664-1669 en ca. 1692, Midwolde.	172
7.3	Artus Quellinus I, *Portretbuste van Johan de Witt*, 1665, Dordrechts Museum.	175
7.4	Jan Lievens, *Brinio op het schild geheven*, onderdeel van de Batavenreeks, 1661, Amsterdamse Stadhuis (later het Paleis op de Dam).	178
7.5	Bartholomeus van der Bassen, *De Grote Vergadering van 1651*, ca. 1651, Amsterdam, Rijksmuseum.	180
7.6	Caspar Netscher, *Bezoek van ambassadeur Hieronymus van Beverningk aan Maria Anna van Oostenrijk op 2 maart 1671*, 1671-1675, Amsterdam, Rijksmuseum.	183
8.1	Toegeschreven aan Salomon Savery, '*Op de Waeg-Schael*', 1618, Amsterdam, Rijksmuseum.	205
9.1	Nicolaes Maes, *De spinster*, 1650-1660, Amsterdam, Rijksmuseum.	211
9.2	Geertruydt Roghman, *Schoonmakende vrouw*, serie van vijf prenten bekend als 'Vrouwenwerken', ca. 1648-1652, Amsterdam, Rijksmuseum.	218
9.3	Gabriël Metsu, *Groentemarkt*, ca. 1660-1661, Parijs, Museé du Louvre	221
9.4	*Centsprent Westfaalse Geesje*, 1760-1770, Amsterdam, Rijksmuseum.	222
9.5	Poppenhuis van Petronella Oortmans, ca. 1686-1710, Amsterdam, Rijksmuseum.	225
10.1	Hendrik Vroom, *De terugkomst in Amsterdam van de tweede expeditie naar Oost-Indië*, 1599, Amsterdam, Rijksmuseum.	231
10.2	Anoniem, *Stadsplattegrond van Batavia*, 1681, Den Haag, Nationaal Archief.	239
10.3	Anoniem, *Stadsplattegrond van Recife*, z.d., Den Haag, Nationaal Archief.	240
10.4	Zacharias Wagner, *Slavenmarkt te Recife*, ca. 1630-1650, Berlijn, Stiftung Preußischer Kulturbesitz.	243
10.5	Willem Blaeu, *Wereldkaart*, 1635.	245

11.1	Pieter Saenredam, *Interieur van de Catharijnekerk*, ca. 1655-1660, Upton House, Warwickshire, The Bearstead Collection.	251
11.2	Pieter Saenredam, *Tekening van het interieur van de Catharijnekerk*, 1636, Utrecht, Utrechts Archief.	258
11.3	Rembrandt, *Christus verschijnt aan Maria Magdalena*, ca. 1640, Amsterdam, Rijksmuseum, Amsterdam.	263
11.4	Ferdinand Bol, *Christus verschijnt aan Maria Magdalena*, ca. 1640, Amsterdam, Rijksmuseum.	267
12.1	Jan Steen, *Het Sint-Nicolaasfeest*, ca. 1665-1668, Amsterdam, Rijksmuseum.	273
12.2	Rembrandt, *De Staalmeesters*, 1662, Amsterdam, Rijksmuseum.	284
12.3	Gesina ter Borch, *Groep kerkgangers bij het verlaten van de kerk*, ca. 1654, Amsterdam, Rijksmuseum.	286
12.4	Hendrick Terbrugghen, *De kruisiging met Maria en Johannes*, ca. 1624-1625, New York, Metropolitan Museum of Art.	287
13.1	Emanuel de Witte, *Portugese synagoge*, 1680, Amsterdam, Rijksmuseum.	292
13.2	Gerrit Berckheyde, *De Dam*, 1672, Amsterdam, Rijksmuseum.	295
13.3	Elias Scerpswert, *Borstbeeld van Sint-Frederik*, 1362, Amsterdam, Rijksmuseum.	301
13.4	Anoniem, *Nis ter nagedachtenis van de Heilige Stede*, Amsterdam.	302
13.5	Jan van der Heyden, *Stilleven met rariteiten*, 1712, Budapest, Szépmüvészeti Múzeum.	307
14.1	Gerard Dou, *De Kwakzalver*, 1652, Rotterdam, Museum Boijmans van Beuningen.	318
14.2	Motto van de Amsterdamse drukker Johannes van den Berg in: Laurens van Zanten, *Spiegel der gedenckweerdighste wonderen en geschiedenissen onses tijds*, 1661, Den Haag, Koninklijke Bibliotheek.	322
14.3	Esaias van de Velde, *Duinlandschap*, 1629, Amsterdam, Rijksmuseum.	325
14.4	Judith Leyster, *Zelf-portret en meesterstuk voor het Sint Lucasgilde?*, ca. 1630, Washington, National Gallery of Art.	327
14.5	Rembrandt, *Zelfportret als de apostel Paulus*, 1661, Amsterdam, Rijksmuseum.	329

15.1	Willem Brugman, *Kandelaar met het wapen van Agneta Deutz en Gerard Meerman*, 1652, Amsterdam, Rijksmuseum.	335
15.2	De bruid en een vriendin, gevolgd door een man met kar vol huisraad, in: Hieronymus Sweerts, *De tien vermakelijkheden van het huwelijk,* Amsterdam 1678.	337
15.3	Jacob van Ruisdael, *De molen bij Wijk bij Duurstede*, ca. 1668-1670, Amsterdam, Rijkmuseum.	339
15.4	Pieter Lastman, *David ziet Bathseba vanuit zijn paleis*, 1619, Sint-Petersburg, Hermitage.	340
15.5	Rembrandt, *Bathseba*, 1654, Parijs, Musée du Louvre.	341
15.6	Jacob van Loo, *Bathseba*, ca. 1658, Parijs, Musée du Louvre.	341
15.7	*Bloempiramide*, De Metaale Pot, ca. 1692-1700, Amsterdam, Rijksmuseum.	342
15.8	Jan Steen, *De tekenles*, ca. 1665, Los Angeles, Los Angeles, J. Paul Getty Museum.	344
15.9	Rachel Ruysch, *Stilleven met bloemen*, 1700, Den Haag, Mauritshuis.	346
15.10	Artus Quellinus I, *Buste van Andries de Graeff*, 1661, Amsterdam, Rijksmuseum.	348
15.11	Willem Kalf, *Pronkstilleven nautilusbeker en Chinese porselein van de Ming-dynastie*, 1660, Madrid, Fundación Colección Thyssen-Bornemisza.	350
15.12	Johannes Vermeer, *Het melkmeisje*, ca. 1660, Amsterdam, Rijksmuseum.	351
15.13	Frans Hals, *Regentessen van het Oudemannenhuis*, 1664, Haarlem, Frans Hals Museum.	352
15.14	David van der Plaes, *Magdalena Poulle en haar neefje met een plattegrond van Gunterstein*, Breukelen, Ridderhofstad Gunterstein.	353
16.1	Gerrit van Honthorst, *Allegorie van de lust*, 1628, privéverzameling.	361
16.2	David Vinckboons, *Boerenkermis*, ca. 1629, Den Haag, Mauritshuis.	362
16.3	Gerard ter Borch, *Nieuwsgierigheid*, ca. 1660, New York, Metropolitan Museum of Art.	364
16.4	Jacob Ochtervelt, *Musicerend gezelschap*, ca. 1670, Cleveland, Cleveland Museum of Art.	366
16.5	Adriaen van Ostade, *Feestvierende boeren*, ca. 1632-1634, privéverzameling.	367
16.6	Adriaen van Ostade, *Interieur van een boerenhut*, 1661, privéverzameling.	368

16.7	Adriaen van Ostade, *Gezin bidt voor de maaltijd*, 1653, Amsterdam, Rijksmuseum.	370
16.8	Pieter de Hooch, *Een moeder met haar kinderen en een bediende*, ca. 1675, privéverzameling.	371
16.9	Johannes Vermeer, *De kantwerkster*, ca. 1670-71, Parijs, Musée du Louvre.	373
17.1	Dirck de Bray, *Interieur van een boek- en prentwinkel*, Amsterdam, Rijksmuseum.	378
17.2	Roemer Visscher en Anna Roemers Visscher, 'In de rommelingh ist vet', in: *Sinne-poppen; alle verciert met rijmen, en sommighe met proze: door zijn dochter Anna Roemers*, Amsterdam, Rijksmuseum.	386
17.3	Constantijn Huygens, *De Dorpen en Stedestemmen*, 1624, Den Haag, Koninklijke Bibliotheek.	393
17.4	Jan Six van Chandelier, *Pamflet van de 'Staert-Sterre'*, 1664, Amsterdam, Allard Pierson, Universiteit van Amsterdam.	395
18.1	Jan Matthysz naar Pieter Jansz. Post, *Dwarsdoorsnede van Huis ten Bosch*, 1655, Amsterdam, Rijksmuseum.	399
18.2	Gerard van Honthorst, *Amalia en haar dochters*, ca. 1650-1660, Den Haag, Koninklijke Verzamelingen.	400
18.3	Jacob Jordaens, *Frederik Hendrik als Romeinse overwinnaar*, 1650-1660, Den Haag, Koninklijke verzamelingen.	402
18.4	Anoniem, *Zicht op de vleeshal in Haarlem*, 1855, Amsterdam, Rijksmuseum.	407
18.5	Theodor Matham, *Vooraanzicht van het huis van Constantijn Huygens*, 1639, Amsterdam, Rijksmuseum.	408
18.6	*Façade van het Riddarhuset*, 1641-47.	410
18.7	Rembrandt, *Vrouwelijk naakt*, ca. 1631, Amsterdam, Rijksmuseum.	415
19.1	Detail van de titelpagina van: *Le Gazophylace De la Langue Françoise et Flamende, dat is Schat-kamer der Nederduytsche en Francoysche Tale*, 1654, Amsterdam, Universiteitsbibliotheek.	426
19.2	Een dubbel spreekgestoelte, aan het begin van de 17e eeuw gebouwd voor het auditorium van de Universiteit Leiden. Academisch Historisch Museum (foto: A. van Haaster).	435

20.1	Jan Lievens, *Portret van Anna Maria van Schurman*, 1649, Londen, National Gallery.	440
20.2	Georgius Everhardius Rumphius, *Oesterschelpen uit Nederlands Oost- en West-Indië* in: Idem, *D'Amboinsche Rariteitkamer*, Amsterdam 1705, afb. XLVIII, fol. 158 (Editie: E. M. Beekman, *The Ambonese Curiosity Cabinet*, New Haven 1999, p. 219).	446
20.3	Ets naar een tekening van Maria Sybilla Merian, *Handgekleurde afbeelding van een Surinaamse vlinder, rups en pop met granaatappelbloesem en granaatappel (in de zestiende eeuw geïntroduceerd in het Caraïbisch gebied)*. Uit de postume Latijnse editie van Maria Sibylla Merian, *Metamorphosis insectorum Surinamensium* (Amsterdam, Joannes Oosterwyk, 1719). John Carter Brown Library.	447
20.4	Rembrandt, *De anatomische les van dr. Nicolaes Tulp*, 1631, Den Haag, Mauritshuis.	451
20.5	Steven Tracy, *'De Leidse Sphaera'*, ca. 1670, Leiden, Rijksmuseum Boerhaave.	455
21.1	Samuel van Hoogstraten, *Trompe-l'oeil stilleven*, 1664, Dordrecht, Dordrechts Museum.	465

Lijst van diagrammen

Diagram 3.1: Migratie en stedelijke groei in Holland (schattingen)   86
Diagram 5.1: Tijdlijn van de gewapende conflicten in Europa waarbij de Republiek betrokken was   128
Diagram 5.2: De militaire arbeidsmarkt   136
Diagram 14.1: Schatting van het aantal schilders en uitgevers dat werkzaam was in de Republiek, 1580-1700   314

Over de auteurs

PEPIJN BRANDON is senior onderzoeker aan het Internationaal Instituut voor Sociale Geschiedenis en universitair docent aan de Vrije Universiteit in Amsterdam. Hij is gespecialiseerd in de geschiedenis van kapitalisme, oorlog en slavernij, en is de auteur van *War, Capital, and the Dutch State (1588-1795)* (2015).

STIJN BUSSELS is hoogleraar kunstgeschiedenis aan de Universiteit Leiden. Zijn onderzoek richt zich op kunst, architectuur en theater van de zestiende- en zeventiende-eeuwse Nederlanden. Samen met Caroline van Eck en Bram Van Oostveldt bracht hij *The Amsterdam Town Hall in Words and Images* (2021) uit.

HAROLD J. COOK is John F. Nickoll Professor of History aan Brown University in Providence, Rhode Island. Zijn recente onderzoek is vooral gericht op de verbanden tussen handel, geneeskunde en wetenschap in het Nederland van de zeventiende eeuw. Hij is de auteur van *Matters of Exchange: Commerce, Medicine, and Science in the Dutch Golden Age* (2007).

WAYNE FRANITS is Distinguished Professor of Art History aan Syracuse University, NY en een expert op het gebied van zeventiende-eeuwse Nederlandse en Vlaamse kunst. In zijn vele publicaties heeft hij binnen dit onderzoeksgebied tal van onderwerpen behandeld, van genreschilderkunst en portretkunst tot het werk van de zeventiende-eeuwse navolgers van Caravaggio. Franits is de auteur van *Dutch Seventeenth-Century Genre Painting: Its Stylistic and Thematic Evolution* (2004).

MICHIEL VAN GROESEN is hoogleraar zeegeschiedenis aan de Universiteit Leiden. Zijn onderzoek is gericht op de culturele aspecten van maritieme expansie in de vroegmoderne periode. Zijn meest recente boek is *Amsterdam's Atlantic: Print Culture and the Making of Dutch Brazil* (2017).

HELMER J. HELMERS is senior onderzoeker bij het KNAW Humanities Cluster. Hij richt zich in zijn onderzoek op de publieke opinie en de diplomatie in de vroegmoderne tijd. Hij is de auteur van *The Royalist Republic: Literature, Politics, and Religion in the Anglo-Dutch Public Sphere, 1639-1660* (2015).

THEO HERMANS is emeritus hoogleraar Nederlandse en vergelijkende literatuur aan het University College London. Hij heeft tal van publicaties op zijn naam over vertaaltheorie en over Nederlandse en vergelijkende literatuur. Hij is de samensteller van *A Literary History of the Low Countries* (2009).

DANIELLE VAN DEN HEUVEL is universitair hoofddocent geschiedenis aan de Universiteit van Amsterdam. Ze heeft vele publicaties op haar naam over de positie van de vrouw in de vroegmoderne samenleving, het winkelbedrijf tijdens de consumentenrevolutie en straatverkopers. Ze is de schrijver van *Women and Entrepreneurship: Female Traders in the Northern Netherlands, c. 1580-1815* (2007).

JONATHAN ISRAEL is hoogleraar moderne Europese geschiedenis aan de School of Historical Studies aan het Institute for Advanced Study in Princeton (New Jersey), en een expert op het gebied van de geschiedenis van Nederland en van de Europese verlichting. Hij is de auteur van *The Dutch Republic: Its Rise, Greatness, and Fall, 1477-1806* (1995) (vertaald als *De Republiek 1477-1806*) en een trilogie over de verlichting. Zijn recenste boek is *Revolutionary Ideas: An Intellectual History of the French Revolution from The Rights of Man to Robespierre* (2014) (vertaald als *Revolutionaire ideeën: een intellectuele geschiedenis van de Franse revolutie*).

GEERT H. JANSSEN is hoogleraar vroegmoderne geschiedenis aan de Universiteit van Amsterdam. Zijn belangstelling gaat uit naar de geschiedenis van politiek, religie en migratie. Hij is de auteur van *The Dutch Revolt and Catholic Exile in Reformation Europe* (2014) en *Princely Power in the Dutch Republic. Patronage and William Frederick of Nassau* (2008).

CHRISTINE KOOI is hoogleraar geschiedenis aan Louisiana State University. Ze heeft veel gepubliceerd over de geschiedenis van de reformatie in de Lage Landen, en is de auteur van *Calvinists and Catholics During Holland's Golden Age: Heretics and Idolaters* (2012).

DIRK VAN MIERT is directeur van het Huygens Instituut (KNAW), en verbonden aan de afdeling Cultuurgeschiedenis van de Universiteit Utrecht. Hij legt zich toe op de Republiek der Letteren, en publiceerde onder meer *The Emancipation of Biblical Philology in the Dutch Republic, 1590-1670* (2018) en *Illuster Onderwijs; het Amsterdamse Athenaeum in de Gouden Eeuw, 1632-1704* (2005).

JUDITH F.J. NOORMAN is universitair docent vroegmoderne kunstgeschiedenis aan de Universiteit van Amsterdam. Ze is gespecialiseerd in zowel de teken- als de schilderkunst en leidt een meerjarig NWO-onderzoeksproject over de impact van vrouwen op de kunstmarkt in de zeventiende eeuw. Haar meest recente boek is *Art, Honor and Success in the Dutch Republic* (2020).

DAVID ONNEKINK is universitair docent vroegmoderne geschiedenis van internationale betrekkingen aan de Universiteit Utrecht. Zijn interesse gaat vooral uit naar de Republiek en de relatie tussen religie en buitenlandse politiek. Hij heeft een aantal bundels over deze thema's geredigeerd en schreef met Gijs Rommelse *The Dutch in the Early Modern World: A History of a Global Power* (2019).

CHARLES H. PARKER is hoogleraar geschiedenis aan Saint Louis University. In zijn onderzoek richt hij zich op de religieuze en culturele geschiedenis van het vroegmoderne Europa, en in het bijzonder die van de Lage Landen. Hij is de auteur van verscheidene monografieën, waaronder *Faith on the Margins: Catholics and Catholicism in the Dutch Golden Age* (2008) en *Global Interactions in the Early Modern Age, 1400-1800* (2010).

JUDITH POLLMANN is hoogleraar Vroegmoderne Nederlandse Geschiedenis aan de Universiteit Leiden. Haar onderzoek is gericht op vroegmoderne identiteitsvorming, de geschiedenis van de vroegmoderne herinnering, nieuws en publieke opinie, en de geschiedenis van de Nederlandse Opstand. Haar recentste boek is, met Marnix Beyen en Henk te Velde, *De Lage Landen. Een geschiedenis voor vandaag* (2021).

MAARTEN PRAK is hoogleraar economische en sociale geschiedenis aan de Universiteit Utrecht. In zijn onderzoek richt hij zich op het leven van Europese - en in het bijzonder Nederlandse - stadsbewoners in de middeleeuwen en de vroegmoderne tijd. Hij is de auteur van *Stadsburgers: Stedelijk burgerschap voor de Franse Revolutie* (2019) en van *Nederlands Gouden Eeuw: Vrijheid en Geldingsdrang* (2020).

J. LESLIE PRICE is lector emeritus in geschiedenis aan de Universiteit van Hull. Hij is gespecialiseerd in de geschiedenis van de Republiek en heeft vele boeken over dit onderwerp geschreven, waaronder *Holland and the Dutch Republic in the Seventeenth Century: The Politics of Particularism* (1994) en *Dutch Culture in the Golden Age* (2011).

CLAARTJE RASTERHOFF is universitair docent cultuurbeleid aan de Universiteit Maastricht. Als historicus legt ze zich toe op vroegmoderne en moderne culturele industrieën. Ze is de auteur van *Painting and Publishing as Cultural Industries: The Fabric of Creativity in the Dutch Republic, 1580-1800* (2016).

ANGELA VANHAELEN is hoogleraar kunstgeschiedenis aan McGill University, Montreal. Haar onderzoek richt zich op de zeventiende-eeuwse Nederlandse visuele cultuur. Haar boek *The Wake of Iconoclasm: Painting the Church in the Dutch Republic* (2012) is door Sixteenth Century Society bekroond met de Roland H. Bainton Book Prize.

Woord van dank

Dit boek is eerder verschenen als *The Cambridge Companion to the Dutch Golden Age*. De teksten zijn waar nodig aangepast aan een Nederlands lezerspubliek en er zijn hoofdstukken over slavernij en beeldende kunsten toegevoegd. Bij het samenstellen hebben we veel baat gehad bij de stimulerende omgeving die de Universiteit van Amsterdam ons bood. Ook zijn we dankbaar voor de steun van NWO. Bijzonder erkentelijk zijn we de medewerkers van zowel Cambridge als Leiden University Press, die altijd klaarstonden om ons met raad en daad terzijde te staan. Onze redacteur Anniek Meinders werd naadloos opgevolgd door Saskia Gieling en Romy Uijen verzamelde de beelden en beeldrechten. Frits van der Waa heeft de vertaling uitstekend verzorgd en heeft bovendien urenlang gezocht naar citaten die oorspronkelijk in het Nederlands zijn geschreven, maar in het Engels in het compendium waren beland. We zijn hem bijzonder erkentelijk voor de prettige en inhoudelijke samenwerking. Het inzicht dat er behoefte bestond aan een Engelstalig compendium over het Nederland van de zeventiende eeuw danken we aan de buitenlandse studenten die onze Engelstalige colleges over dit onderwerp hebben gevolgd. Nu is het boek er ook in het Nederlands, waarmee we niet alleen Nederlandstalige studenten van dienst willen zijn, maar ook een breed publiek met interesse in de zeventiende eeuw. Dit boek is dan ook opgedragen aan al die tijdreizigers, overal ter wereld.

Terminologie

De veranderingen waaraan grenzen en linguïstische voorkeuren in de zeventiende eeuw onderhevig waren kunnen tot verwarring leiden, en daarom is het zinvol de door ons gebruikte terminologie kort toe te lichten. Voor plaatsnamen hanteren we de gebruikelijke Nederlandse naamgeving, die lang niet altijd consistent is. In wetenschappelijk onderzoek is het lange tijd de gewoonte geweest om vast te houden aan de door de Nederlanders gebezigde geografische aanduidingen van de door hen gekoloniseerde gebieden in Azië, Afrika en de Amerika's. Deze praktijk houden we ook hier aan, maar vermelden waar mogelijk ook de huidige namen. Duidelijke voorbeelden zijn Batavia (Jakarta), Nieuw-Amsterdam (New York City) en Formosa (Taiwan). Bij namen en titels van buitenlandse vorsten hanteren we in het algemeen de gebruikelijke Nederlandse vorm. Louis xiv wordt dus Lodewijk xiv en Charles ii Karel ii. Hetzelfde geldt voor ingeburgerde vormen als Calvijn en Alva. Het verre van consequente gebruik van patroniemen in de zeventiende eeuw vraagt om een praktische benadering. Jan Pieterszoon Coen schrijven we voluit, maar Rembrandt Harmenszoon van Rijn duiden we aan als Rembrandt – zoals hij het zelf graag zag.

Chronologie van het zeventiende-eeuwse Nederland

Oorlog en vrede	Binnenlandse politiek	Economie en mondiale activiteit	Kunst en boek-uitgaven
1579: Unie van Utrecht			1575: Oprichting Leidse universiteit; 1580: de *Apologie* van Willem van Oranje
1585: Antwerpen ingenomen door Spaanse troepen	1584: Willem van Oranje vermoord in Delft 1585-1625 Maurits van Nassau stadhouder		1585: Oprichting universiteit van Franeker; 1586: Coornhert, *Zedekunst*
1590-1600: Heroveringen door Maurits van Nassau	1585-1609: Immigranten uit de Zuidelijke Nederlanden vestigen zich in steden in Holland en Zeeland	1595-1597: Eerste reizen naar Oost-Indië	1594: Stevin, *De Stercktenbouwing*; 1596: Jan Huygen van Linschoten, *Itinerario*
1600: Slag bij Nieuwpoort	1586-1618: Oldenbarnevelt landsadvocaat van Holland	1600: Het Nederlandse schip *De Liefde* bereikt Japan	1604: Karel van Mander, *Schilder-Boeck*
1609-1621: Twaalfjarig Bestand	1606-1609: Vredesbesprekingen	1602: Oprichting van de VOC	1608: Teellinck, *Philopatris*
1609-1610: Het Staatse leger onder Maurits belegert Gulik	1610: De Arminianen dienen hun *Remonstrantie* in	1607-1612: Drooglegging Beemsterpolder 1609: Oprichting Amsterdamse Wisselbank	1609: Hugo de Groot, *Mare liberum* 1611: De Beurs van Hendrick de Keyser voltooid

Oorlog en vrede	Binnenlandse politiek	Economie en mondiale activiteit	Kunst en boek-uitgaven
1612: Maurits benoemd tot ridder in de Orde van de Kousenband	1612: De joodse synagoge geopend in Amsterdam	1614: Nieuw-Nederland gevestigd	1613: Heinsius, *Ambacht van Cupido*
1614: Tweede Gulik-Kleefse Successieoorlog brengt Bestand in gevaar	1617–1619: Arminiaanse controverse; val van Oldenbarnevelt; Synode van Dordrecht	1619: Batavia (Jakarta) wordt hoofdkwartier van de VOC in Azië	1617: Opening van de Nederduytsche Academie
1618: Boheemse Opstand, begin van de Dertigjarige Oorlog	1619: Oldenbarnevelt onthoofd	jaren 1620: Massamoorden op de Banda-eilanden (Indonesië)	1617: Bredero, *Spaansche Brabander*
1620: Val van Praag; koning van Bohemen vlucht naar den Haag	1621: Anthonie Duyck raadpensionaris van Holland	1620: De Pilgrim Fathers vertrekken uit Leiden 1621: Oprichting van de WIC	1618: De eerste krant wordt uitgegeven in Amsterdam
1621: Einde van het Bestand		1623: De Ambonse Moord	1621: Starter, *Friesche Lusthof* (liederenboek) 1625: Cats, *Houwelick*
1625: Breda ingenomen door de Spanjaarden	1625–1647 Frederik Hendrik stadhouder	1625: Bouw van een fort in Nieuw-Amsterdam (New York)	1625: Vondel, *Palamedes* 1626: Elzevier universiteitsdrukker in Leiden
1629: Amersfoort kortstondig ingenomen door het keizerlijke leger; Frederik Hendrik verovert Den Bosch	1629–1631 Jacob Cats raadpensionaris van Holland	1628: Piet Hein verovert de Spaanse zilvervloot bij Matanzas (Cuba)	1628: Honthorst, *Allegorie van de lust*

Oorlog en vrede	Binnenlandse politiek	Economie en mondiale activiteit	Kunst en boek-uitgaven
1630: Vredes-onderhandelingen met Spanje Frederik Hendrik verovert Maastricht	1631–1636: Adriaan Pauw raadpensionaris van Holland	1630–1654: Nederlanders in Brazilië	1634: Van Ostade, *Feestvierende boeren* 1637: Descartes, *Discours de la méthode*
1635: Verdrag van Parijs	1636–1651 Jacob Cats raadpensionaris van Holland	1637: De Nederlanders veroveren het slavenfort Elmina (Ghana) op de Portugezen; tulpenmanie	1637: Publicatie van de Statenbijbel 1638: Opening Amsterdamse Schouwburg 1640: Bouw van de Lakenhal in Leiden
1637: Frederik Hendrik neemt Breda in	1638: Maria de' Medici bezoekt Amsterdam	1639: De VOC wordt de exclusieve handelspartner van Japan	1642: Rembrandt schildert *De Nachtwacht*; Hooft, *Nederlandse Historiën*
1642–1648: Engelse Burgeroorlog	1641: Willem II trouwt met Mary Stuart	jaren 1640: De VOC verovert Ceylon (Sri Lanka) en Malakka (Maleisië)	1645: Bontius, *Belegering ende het ontset der stadt Leyden* (toneelstuk)
1643–1645: Oorlog van Kieft in Nieuw-Nederland	1647: Dood van Frederik Hendrik		1647–1655: Bouw van het Amsterdamse stadhuis
1648: Vrede van Münster	1647–1650 Willem II stadhouder	1642–1644: Abel Tasman bereikt Tasmanië en Nieuw-Zeeland	1648-1650: Schilderijen voor Oranjezaal Huis ten Bosch 1650: Casteleyns *Hollandtsche Mercurius*
1650: Willem II valt Amsterdam aan en sterft kort daarna aan de pokken	1651: Grote Vergadering van de Staten-Generaal	1651: Engelse Akte van Navigatie	
1652–1654: Eerste Engelse Zeeoorlog	1650–1672: Stadhouderloos tijdperk		1653: Huygens, *Hofwijck*

Oorlog en vrede	Binnenlandse politiek	Economie en mondiale activiteit	Kunst en boek-uitgaven
1653: Slag bij Ter Heijde, eerste zeeslag in de Engelse Oorlog	1653–1672: Johan de Witt raadpensionaris 1653: Orangistische rellen in Holland en Zeeland	1652: De VOC sticht de Nederlandse Kaapkolonie (Zuid-Afrika)	1654: Vondel, *Lucifer* 1654: Rembrandt, *Portret van Jan Six*
1658–1660: Deens-Zweedse oorlog; Nederland sluit verbond met Frankrijk en Engeland (het Haagse Concert)	1660: Controverses over de opvoeding van Willem III	1661: De VOC verliest Formosa (Taiwan) aan de Chinezen	ca. 1658: Vermeer, *Het melkmeisje* 1662: Rembrandt, *De staalmeesters*; Blaeu, *Atlas Maior*
1664–1667: Tweede Engelse Zeeoorlog 1665–1666: Eerste Münsterse Oorlog	1666: De oranjegezinde ritmeester Buat wegens hoogverraad terechtgesteld in Den Haag	1667: De Engelsen nemen Nieuw-Nederland over, met inbegrip van Nieuw-Amsterdam; Nederland krijgt Suriname in bezit	1668: Publicatie van Koerbaghs radicale tractaat *Een Ligt schynende in duystere plaatsen*
1668: Triple Alliantie tussen de Republiek, Engeland en Zweden		1667: Makassar (Sulawesi) ingenomen door de VOC	1670: Spinoza, *Tractatus Theologico-Politicus*
1672: Invasie van Frankrijk, Keulen en Münster; Derde Engelse Zeeoorlog 1678: Vrede van Nijmegen	1672–1702: Willem III stadhouder 1672–1688: Gaspar Fagel raadpensionaris van Holland	1674: WIC opgeheven	1675: Portugese synagoge in Amsterdam
1685: Herroeping van het Edict van Nantes	1685: Toestroom van gevluchte hugenoten	1684: De VOC sluit vrede met Bantam	1686–1692: Bouw van Paleis Het Loo
1688: Willem III valt Engeland binnen	1692: Willem III grijpt in bij godsdiensttwisten tussen coccejanen en voetianen		1688: Willem III publiceert *Declaratie behelsende de redenen*
1697: Vrede van Rijswijk			1690: Christiaan Huygens, *Traité de la lumière*

Kaarten

Kaart 1. Kaart van de Republiek der Zeven Verenigde Nederlanden

Kaart 2. Kaart van Nederlandse gebiedsdelen in de Atlantische wereld

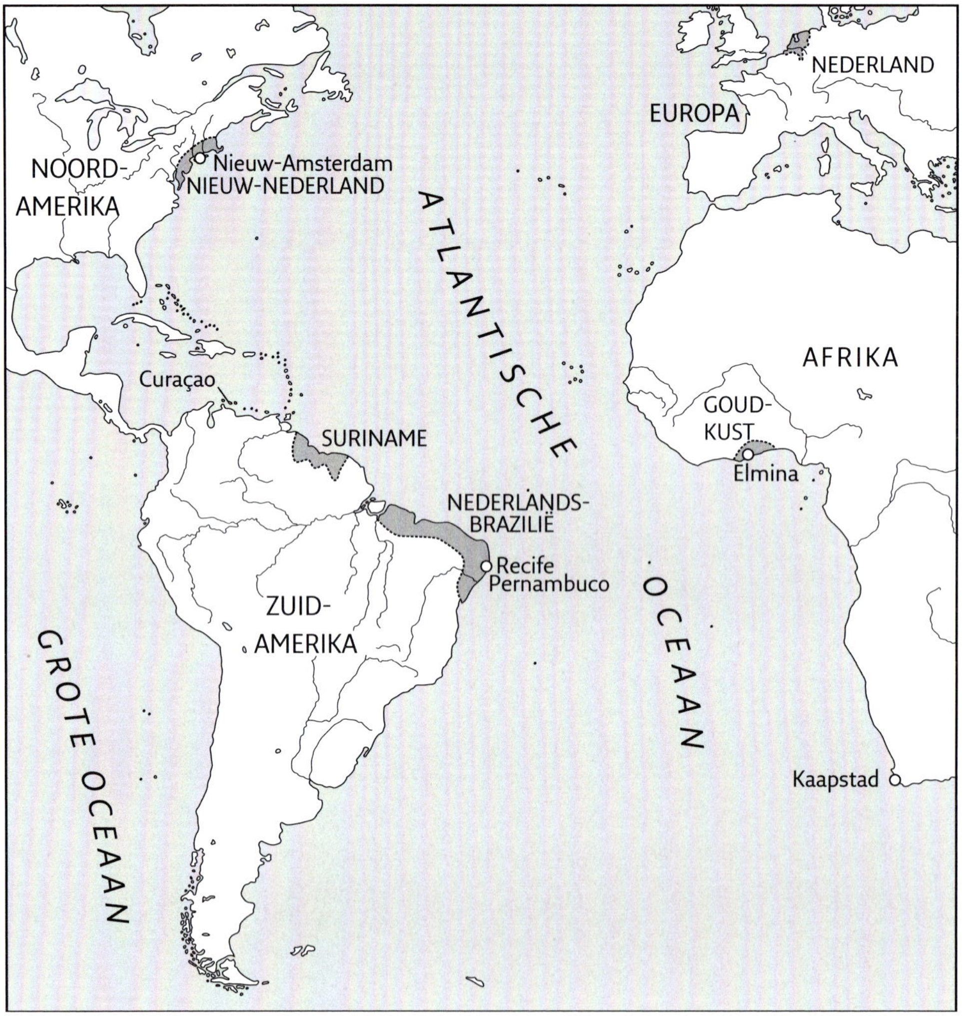

Kaart 3. Kaart van Nederlandse gebiedsdelen rond de Indische en Grote Oceaan

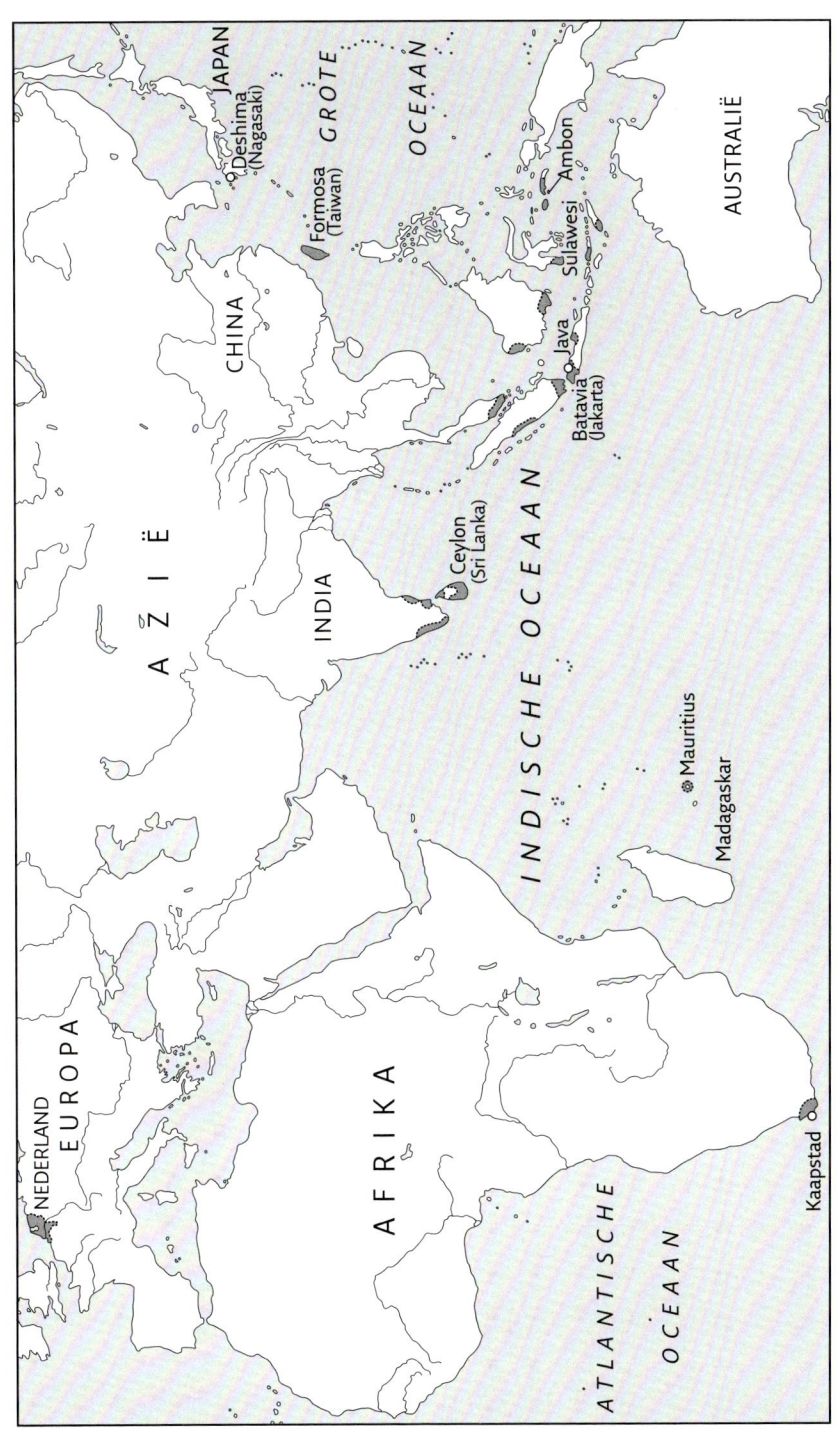

Inleiding

HELMER J. HELMERS, GEERT H. JANSSEN EN JUDITH F.J. NOORMAN

Het is moeilijk om je Nederland voor te stellen zonder aan de zeventiende eeuw te denken. Hoe zou het Nederlandse straatbeeld eruitzien zonder de karakteristieke baksteenarchitectuur van de zeventiende eeuw? Hoe de Nederlandse kunst zonder Rembrandt en Vermeer, de Nederlandse literatuur zonder Vondel, het Haagse hof zonder Amalia van Solms en de Winterkoningin? Wat zou de Nederlandse handelspositie in de wereld zijn? Hoe zouden Nederlanders samenleven, en hoe zouden Nederlanders over zichzelf nadenken? Of zou er zonder die eeuw misschien helemaal geen 'zelf' zijn geweest om over na te denken? De zeventiende eeuw staat immers niet alleen te boek als de bloeitijd van Nederland, maar ook als de eeuw waarin Nederland werd gemaakt tot wat het nu is.

In discussies over Nederlandse identiteit neemt die zeventiende eeuw dan ook een bijzondere plaats in. Landsgrenzen, taal en cultuur, wetenschap en welvaart, kregen toen vormen die volgens velen de blauwdruk zijn van het huidige Nederland. Het Nederlandse zelfbeeld wordt daarom nog altijd diep beïnvloed door wat wij menen te weten over de mensen die destijds in dit land leefden, over hun gebruiken, hun projecten, hun idealen. Of het nu gaat over Nederlandse tolerantie en het lang gevierde poldermodel, of om de Nederlandse handelsgeest en welvaart: het zijn (zelf)beelden die vaak – terecht dan wel ten onrechte – worden teruggevoerd op de zeventiende eeuw, niet zelden met al dan niet expliciete politieke doelstellingen. Geen wonder dat degenen die dergelijke (vaak positieve) zelfbeelden willen nuanceren of bestrijden eveneens teruggrijpen naar deze geschiedenis, en wijzen op een benepen, intolerant calvinisme, de Nederlandse botheid, de ondergeschikte positie van de vrouw, of de Nederlandse rol in slavenhandel en uitbuiting overzee.

De centrale rol van de zeventiende-eeuwse geschiedenis in het denken over Nederland en de Nederlandse identiteit, en alle emoties die daarmee gepaard gaan, is voor historici van deze periode zowel een zegen als een last. Een zegen, want het onderwerp dat zij bestuderen kan rekenen op onverminderd grote belangstelling, en is vrijwel altijd actueel. Een last, omdat de idealen en beelden die op de zeventiende eeuw geprojecteerd worden maar al te vaak het product zijn van latere eeuwen. De geschiedenis wordt erdoor gepolitiseerd en vervormd, en de historicus die de periode open tegemoet wil treden, nieuwsgieriger naar het eigene van de tijd dan naar wat er hetzelfde was, wordt gedwongen om als arbiter van de waarheid op te treden, of als een Don Quichot telkens weer de molens van de stereotypering aan te vallen.

Dit boek biedt een overzicht van de huidige stand van het onderzoek naar deze veelbesproken periode uit de Nederlandse geschiedenis. Het wil de zeventiende eeuw genuanceerd en op zijn eigen merites analyseren. Toch zal ook dit boek zich niet aan bovenstaande emoties en debatten kunnen onttrekken. Onvermijdelijke keuzes in inhoud en taalgebruik kunnen immers niet los worden gezien van actuele discussies. Dat geldt in het bijzonder voor de titel, *De zeventiende eeuw*. Een eerdere versie van dit boek verscheen in 2018 in het Engels als *The Cambridge Companion to the Dutch Golden Age*. Voor de Nederlandse editie hebben wij juist in het licht van actuele debatten in Nederland besloten de term Gouden Eeuw niet als hoofdtitel te gebruiken, omdat die onmiskenbaar een oordeel uitspreekt. Dat betekent niet dat we de term geheel in de ban willen doen, integendeel. Voor een goed begrip van de zeventiende eeuw is het noodzakelijk de betekenis die het concept Gouden Eeuw in de loop der tijd in het collectieve bewustzijn heeft gehad juist te onderzoeken en de discussies die erover zijn gevoerd ook onderdeel van onze analyse te maken. Daarnaast zijn de verschillende hoofdstukken in deze editie aangepast aan een Nederlandstalig lezerspubliek en zijn er ook nieuwe hoofdstukken toegevoegd om het overzicht completer te maken en het maatschappelijke debat te dienen: Pepijn Brandon schreef een hoofdstuk over slavernij en Judith Noorman over de impact van vrouwen op de kunstproductie en -consumptie.

Een Gouden Eeuw?

De zeventiende eeuw was zonder twijfel op vele terreinen een bloeitijd. Zowel economisch als militair boekte de Nederlandse Republiek grote successen, en ook in de kunst, literatuur en wetenschap nam de Republiek een prominente rol in Europa in, met talloze innovaties en een enorme productie. Al tijdens de zeventiende eeuw, en zeker daarna, hebben beschouwers van dit 'Nederlandse wonder' zich afgevraagd hoe een klein land met amper twee miljoen inwoners tot die bloei kon komen. Daarvoor zijn in heden en verleden de meest uiteenlopende verklaringen aangevoerd. Protestantse commentatoren uit die tijd waren er bijvoorbeeld vast van overtuigd dat de Nederlanders een door God uitverkoren volk waren en beschouwden hun land als een Nieuw Israël, dat zijn voorspoed dankte aan de hemelse voorzienigheid. Andere tijdgenoten, zoals Hugo de Groot en William Temple, zochten de verklaring in de geschiedenis van de Lage Landen en het rechtschapen en nuchtere karakter van de bewoners. Hedendaagse onderzoekers daarentegen leggen veeleer de nadruk op de vernieuwende aspecten van de Nederlandse economie, de veerkracht van de Nederlandse instituties, de politieke overlegcultuur en de robuuste, goed gefinancierde en op moderne leest geschoeide legermacht.[1] Net als hun tegenhangers uit de vroegmoderne tijd richten zij hun aandacht echter vooral op de uitzonderlijke wapenfeiten van de Republiek zelf en hellen ertoe over om de oplossing van 'het raadsel van de Republiek', zoals Maarten Prak het heeft genoemd, in de Nederlanden zelf te zoeken.[2]

Het lijdt geen twijfel dat deze benadering in de hand wordt gewerkt door te spreken van een gouden tijdperk, een term die in het moderne spraakgebruik dient als samenvatting van alle grote verrichtingen van een natie in een bepaalde periode, of het nu gaat om de Spaanse Siglo d'Oro, de Golden Years van het victoriaanse Engeland of de Nederlandse Gouden Eeuw. In die zin hebben negentiende-eeuwse historici de term verbonden met de Republiek van de zeventiende eeuw. Dit van nostalgie vervulde begrip speelde in op het toenmalige verlangen de grootsheid van het verleden te herwinnen tot glorie van de opkomende natiestaat. Dit streven is opmerkelijk succesvol gebleken. Zowel de term 'Gouden Eeuw' als de historische periode die ermee wordt aangeduid is inmiddels verankerd in het collectieve geheugen. Tot op de dag van vandaag beroemen veel mensen in Nederland zich op hun glorieuze, onverschrokken verleden, net zoals inwoners van Groot-Brittannië nog altijd met nostalgie en trots terugblikken op het victoriaanse wereldrijk.

Aan het concept van het gouden tijdperk ligt echter ook een oudere laag ten grondslag, die eveneens doorklinkt in het moderne gebruik. Voor zeventiende-eeuwers zelf verwees het begrip allereerst naar de klassieke geschriften van Ovidius en Vergilius, waarin de Gouden Tijd werd beschreven in pastorale termen, als een tijdperk waarin mensen een zorgeloos en ongedwongen bestaan leidden in een vredige, niet door oorlog bezoedelde natuurlijke omgeving. Joost van den Vondel bracht dit treffend tot uiting in zijn vertaling van Ovidius, die stamt uit 1656 en werd uitgegeven in 1671:

> De goude tyt (...), die gezint
> Ter deught, uit heuren aert rechtvaerdigheit bemint,
> (...)
> Het was geduurigh (*altijd*) lente, en 't Westewindekyn (*de westenwind*)
> Met laeuwen adem streelde in heldren zonneschyn
> De bloemen, die van zelf uit d'aerde geurigh sproten.
> De klay (*klei*) teelde ongebout (*onbewerkt*) gewilligh onverdroten
> Het weeligh veltgewas. Het velt schonk onvermoeit
> De zwangre korenaer. De melk en nektar vloeit
> Als water.[3]

Dit mythische, paradijselijke landschap, waar goddelijke gerechtigheid heerste en de mens nog onbelast door zondigheid een gelukzalig leven kon leiden, had op het oog niets uit te staan met Vondels eigen tijd. Historici hebben dan ook lang gedacht dat het moderne concept van een gouden eeuw als een nationale bloeitijd pas voor het eerst in de achttiende en negentiende eeuw is toegepast op de Republiek. In zeventiende-eeuwse teksten is de term 'gouden eeuw' in de moderne zin tot dusverre niet aangetroffen. Pas in 1719, toen de Nederlanders begonnen te beseffen dat hun invloed in de wereld tanend was, schreef de schilder Arnold Houbraken mismoedig over het einde van 'de Gulde Eeuw voor de Konst'.[4] Toch is het duidelijk dat ook Vondel en zijn lezers het mythische idee van een ongecompliceerd en zorgeloos bestaan associeerden met hun eigen tijd.

De zeventiende-eeuwse literatuur en kunst hebben sterk bijgedragen aan het beeld van de Nederlandse Gouden Eeuw in ovidiaanse zin: als een periode waarin men een onbekommerd burgerbestaan leidde, onbezoedeld door de harde realiteit van geld en macht. Dat komt bijvoorbeeld naar voren in een ander gedicht van Vondel, waarin hij de term bezigt in verband met een nieuwe polder, de Beemster, die kort daarvoor was drooggelegd door Jan Adriaansz Leeghwater:

> Men danst, men banketteert in 's Koopmans rijke buurt.
> Hier lacht de goude tijt, in lieve lustprieelen,
> Die voor geen oorloogh schrickt, noch kiel op klippen stuurt.[5]

Vondel schreef dit gedicht voor Karel Looten, een van de belangrijkste investeerders in het ambitieuze landwinningsproject, aan wie hij lof toezwaaide om de Ovidius-achtige metamorfose van zee naar land die zijn kapitaal tot stand had gebracht. Ietwat geforceerd prees Vondel het zojuist verworven goede leven van de rijke speculant (op grond die ook nieuw was) als een fundamentele staat van ongereptheid, als een nieuw begin. Zo bood hij zijn gehoor van gegoede burgers een zelfgenoegzame pastorale fantasie.[6]

Ook in de schilderkunst waren arcadische taferelen met een Nederlandse toets een ware rage. Trendsetter en first lady van de Republiek, Amalia van Solms, liet zich bijvoorbeeld portretteren als jachtgodin Diana, compleet met pastoraal landschap en bijbehorende attributen (Afb. 0.1). Haar nichtje Charlotte de la Trémoïlle speelt de rol van nymf. In navolging van zulke pastorale scènes die schilders in de jaren 1630 hadden vervaardigd voor het stadhouderlijk hof lieten gegoede burgers zich steeds vaker portretteren tegen een landelijke achtergrond.[7] Het verlangen van de hogere standen om de drukte van de stad te ontvluchten en zich te wijden aan onbekommerd pastoraal tijdverdrijf vormt mede de basis voor de immens populaire landschappen van Ruisdael, Hobbema, Potter en anderen die hun burgerlijk publiek idyllische plattelandstaferelen voorschotelden, bevolkt met goeddoorvoede runderen als verwijzing naar de Nederlandse welvaart.

Omstreeks het midden van de zeventiende eeuw, toen de Republiek op het toppunt van haar macht was, waren zulke pastorale beelden wijd verbreid. Deze trend werd duidelijk in de hand gewerkt door het idee dat de Republiek het gouden tijdperk van Ovidius had herschapen. Dit is expliciet zichtbaar in Johan van Heemskercks

Batavische Arcadia (1637). In Van Heemskercks populaire, met verzen doorspekte pastorale vertelling, treffen we schijnbaar realistische beschrijvingen van vredige, duidelijk Nederlandse landschappen waarin jonge amoureuze herders de recente Nederlandse geschiedenis en de oorlog met Spanje met elkaar bespreken. Dit boek, dat expliciet beoogde jonge Nederlanders te doordringen van liefde voor hun land en vroom ontzag voor hun schepper, speelt net als Vondels gedicht op de Beemster met het idee van een gouden eeuw van eigen makelij. Ook latere hofdichten, zoals Constantijn Huygens' *Hofwijck* (1653) en Jacob Cats' *Sorgh-vliet* (1655), waarin handig gebruik werd gemaakt van het feit dat 'hof' zowel 'tuin' als 'vorstenverblijf' betekent, waren lofzangen op door zeventiende-eeuwers zelf geschapen arcadia's, vredige tuinen waarin men zich kon terugtrekken uit de hectische wereld van de politiek.[8] Dergelijke tekstuele en piсturale voorstellingen droegen ertoe bij dat het denkbeeld van de Gouden Eeuw als een vredig tijdperk waarin burgers een zorgeloos bestaan leidden algemeen ingang vond. Dit beeld werd gecreëerd door en voor een klasse van welgestelde stadsburgers die zich in het meest verstedelijkte deel van Europa graag vermeide op het platteland, of in fantasieën daarover. Deze groep gegoede Nederlanders verlustigde zich in haar eigen welhaast godgelijke prestaties op het gebied van de landwinning en inpoldering, en liet zich erop voorstaan zich op de weggemalen golven te hebben laten meevoeren naar rust en rijkdom. De mensen die daadwerkelijk op het platteland leefden en daar in hun levensonderhoud moesten voorzien, zullen hun directe omgeving waarschijnlijk niet als bron van rust en ruimte hebben gezien, maar hun perspectief is minder goed gedocumenteerd dan dat van de bevoorrechte, hoogopgeleide stedelingen.

Het befaamde schilderij *De buitenpartij* van Dirck Hals, met zijn gezelschap van modieus geklede stadsmensen biedt een treffende illustratie van dit pastorale ideaal (Afb. 0.3). Met dit tableau van een groep welgestelde burgers in een naar het zich laat aanzien Nederlandse plattelandsomgeving beeldt Hals precies het soort bijeenkomst af waar Vondel over schreef. Toch legt hij in dit schilderij ook iets bloot van de spanningen die schuilgaan in dat ideaal. Het opzichtig vertoon van kostbare gewaden is bijvoorbeeld duidelijk in tegenspraak met de eenvoud die kenmerkend is voor de herders van het 'gouden tijdperk'. Exotische elementen als het geketende aapje en de papegaaien, maar ook het in Italiaanse stijl uitgevoerde landhuis op de achtergrond rijmen niet met Vondels polderpoëzie, geven blijk van een verlangen om niet louter, of zelfs helemaal niet Nederlands te zijn, en verwijzen naar de wereld van de handel en de verre reizen waaruit ze afkomstig zijn. Ten slotte duiden het zwaard en het brokstuk van een zuil op de voorgrond erop dat het landschap waarin Hals zijn vredige idylle situeert in werkelijkheid het nodige geweld en verval heeft gekend.

Zowel toen als nu onttrekt de glans van een gouden eeuw, die nog altijd zo prominent aanwezig is in moderne musea, vele andere, minder luisterrijke aspecten aan het gezicht. Net als in de klassieke literatuur maakten pastorale uitbeeldingen van een opnieuw verwezenlijkt gouden tijdperk paradoxaal genoeg deel uit van een

0.1 Gerrit van Honthorst, *Portret van Amalia van Solms en Charlotte de la Trémoïlle*, 1633, Apeldoorn, Paleis het Loo.

imperiaal en koloniaal discours. Terwijl de nieuwe Beemsterpolder de Amsterdamse elite de kans gaf om zich de genoegens van Vergilius' *Georgica* te doen smaken, had Amsterdam, de stad die de zeeën domineerde en waar de rijkdommen van de wereld zich opstapelden, halverwege de zeventiende eeuw veel weg van het Rome van Vergilius. De stedemaagd die de centrale plaats inneemt op het fronton van het nieuwe stadhuis van Amsterdam is een fraai voorbeeld van deze koppeling tussen pastorale idylle en wereldmacht (Afb. 0.4). Deze zelfverzekerde jonge vrouw, in wezen een pastorale figuur (ze komt ook voor in *Batavische Arcadia* van Heemskerck), prijkt hier prominent op het pas voltooide machtscentrum van Amsterdam en neemt als vanzelfsprekend de overvloedige revenuen van over de hele wereld in ontvangst, zonder er zelf iets voor te hoeven doen. Ze is het ultieme symbool dat twee onverzoenlijke grootheden, het argeloze pastorale otium en wereldheerschappij, met elkaar verbindt. Het Amsterdamse timpaan zet, net als vele vergelijkbare voorstellingen, het ideaalbeeld van de gouden eeuw in om de vaak harde werkelijkheid te verbloemen: de felle machtsstrijd die zowel binnen als buiten de Republiek gevoerd werd en het gewelddadige handelsexpansionisme, inclusief de slavenhandel, dat de welvaart in de propere Nederlandse steden in stand hield, zijn hier gemakshalve vervangen door een personificatie van onschuld en zuiverheid. Zo heeft de zeventiende-eeuwse literatuur en kunst de associatie tussen een zorgenvrij Gouden Tijdperk en de eigen periode ook voor toekomstige generaties versterkt, en zijn misstanden bewust en onbewust onderbelicht gebleven.

Tegelijkertijd zijn diezelfde kunst en literatuur, net als de klassieken, ten diepste doordrongen van het bewustzijn dat macht en rijkdom kwetsbaar en vergankelijk zijn. Het idee van een gouden eeuw is onlosmakelijk verbonden met de ondergang ervan. Nicolas Poussin, een van de grote Franse schilders uit die tijd, gaf deze ambiguïteit treffend weer toen hij in een pastoraal landschap een graftombe afbeeldde met het opschrift *et in arcadia ego*: zelfs in een gouden eeuw viel niet te ontkomen aan dood en verderf, en zelfs een idyllische omgeving kon ten langen leste ten prooi vallen aan oorlog. Dit besef – dat vrede broos was en dat het nodig was om de kwetsbare polis te beschermen – werd in de Republiek voortdurend onderstreept. De allegorie van de 'tuin van Holland', een veel voorkomend beeld in de prent- en schilderkunst van die tijd, is hier een voorbeeld van. In dergelijke voorstellingen werd het gewest Holland of de Republiek verbeeld als een omheinde tuin, vaak bewoond door weer-

0.2 Thomas de Keyser, *Portret van Constantijn Huygens*, Londen, National Gallery of Art.

0.3 Dirk Hals, *Vrolijk gezelschap*, 1627, Amsterdam, Rijksmuseum.

loze maagden vergelijkbaar met de Amsterdamse stedemaagd, die door waakzame beschermers (gewoonlijk de stadhouder en de Nederlandse leeuw) behoed moesten worden voor een gevaarlijke, vijandelijke buitenwereld.[9] Het hoeft geen betoog dat een dergelijke voorstelling van de Republiek als een besloten, vredige ruimte, ten prooi aan buitenlandse agressie en afhankelijk van een mannelijke nakomeling van Willem van Oranje, al even ideologisch beladen was als Vondels gedicht over de Beemster. De kracht van zulke iconische beelden blijkt zeer moeilijk te bestrijden.

Het vaak lovende en rooskleurige beeld van de Gouden Eeuw wordt deels in stand gehouden door de ongelijke kansen die objecten hebben om de eeuwen te overleven. Waardevolle kunstwerken gaan minder snel verloren en zijn daarom minder kwetsbaar dan de minstens even interessante, maar minder kostbare beeldcultuur van minderbedeelden. Slechts een selectief, bevoorrecht gezelschap kon zich zulke kunstwerken veroorloven met als gevolg dat we ons alleen van de allerrijksten een goed beeld kunnen vormen. De sociale en economische ongelijkheid die voorbepaalde wie er in visuele en geschreven bronnen voorkwamen, zorgt er nog altijd voor dat vrouwen, migrantengroepen, plattelandsbewoners en religieuze minderheden vaak letterlijk minder zichtbaar zijn. Voor de omslag van dit boek is gekozen voor een iconisch beeld: een onregelmatige plooikraag van linnenbatist in de collectie van het Rijksmuseum. Niet alleen omdat zulke kragen door zowel mannen als vrouwen werden gedragen, maar ook omdat de kraag zowel het verhaal vertelt van de welvarende drager, als van de textielarbeider die hem zorgvuldig had vervaardigd en van de wasvrouw die hem regelmatig bleekte. Op vergelijkbare wijze brengen de auteurs van dit boek verschillende groepen van de samenleving bijeen in een caleidoscopisch overzicht van de zeventiende eeuw.

De opkomst van de Verenigde Provinciën

Achter de mystieke glans van de Gouden Eeuw ging een complexe en woelige voorgeschiedenis schuil. In de zestiende eeuw hadden nog maar weinigen kunnen bevroeden dat er in het noordelijke deel van de Lage Landen ooit een welvarende republiek tot ontwikkeling zou komen. De Nederlandse gewesten waren op dat moment nog een gekoesterd bezit van de Spaanse Habsburg-dynastie. Vanaf de jaren 1560 echter leidden verzet tegen die Habsburgse regering en religieuze schisma's die waren veroorzaakt door de protestantse reformatie tot onlusten en openlijk geweld. De chaotische religieuze burgeroorlog die daarop volgde – nadien bekend geworden als de Nederlandse Opstand of Tachtigjarige Oorlog – zou verscheidene decennia voortduren en er uiteindelijk toe leiden dat het gebied uiteenviel in een noordelijk en een zuidelijk deel. De zeven noordelijke provincies, waarvan Holland de invloedrijkste was, ontwikkelden zich tot een autonome, protestantse staat, de Republiek

0.4 Artus Quellinus de Oude, *Fronton voorgevel van het Amsterdamse Stadhuis.*

der Zeven Verenigde Nederlanden, ook wel de Verenigde Provinciën genoemd (zie Kaart 1). De zuidelijke provincies, waaronder het grootste deel van Vlaanderen en Brabant, bleven onder Habsburgs-Spaans gezag.

De totstandkoming van de Nederlandse Republiek was daarmee grotendeels onvoorzien en onbedoeld. Zelfs de opstandelingen zelf hadden nooit beoogd een nieuwe staat te stichten, laat staan een republiek. Toen de rebellerende Staten-Generaal in 1581 het Plakkaat van Verlatinghe ondertekenden en daarmee Filips II van Spanje afzetten als hun heerser, was het aanvankelijk de bedoeling de soevereiniteit in handen te leggen van het Franse of Engelse koningshuis. Pas toen deze pogingen op niets uitliepen besloten de opstandige gewesten de vacante positie van vorst voorlopig onbezet te laten, waarmee een nieuwe republikeinse federatie in het leven geroepen werd. De politieke theorieën die het Nederlandse republicanisme onderbouwden werden pas geformuleerd toen al het andere was mislukt. Ook nadien bleef de republikeinse identiteit van de nieuwe staat ambigu. De prominente rol van het huis van Oranje – de afstammelingen van opstandelingenleider en aristocraat Willem van Oranje – is slechts een van de vele aanwijzingen dat de bevolking als geheel even ontvankelijk was voor de magie van dynastiek monarchisme als elders in Europa.[10] De religieuze identiteit van de Verenigde Provinciën hinkte al evenzeer op twee gedachten. De Republiek werd officieel een protestants-calvinistische staat, maar ontwikkelde zich tegelijkertijd tot een religieus gemengde samenleving die een aanzienlijke katholieke minderheid en op een aantal plaatsen ook joodse gemeenschappen omvatte.

Zoals de Republiek bij toeval tot stand gekomen was, berustte ook haar opmars naar rijkdom en macht, hoe pijlsnel ook, in hoge mate op toeval en stond voortdurend bloot aan gevaren van binnen en van buiten. Vanaf de jaren 1580 zochten tienduizenden vluchtelingen uit de zuidelijke provincies een heenkomen in de opstandige gewesten, en gaven die hiermee een sterke economische impuls. Aangespoord door commerciële belangen en het militaire conflict met Spanje vielen de Nederlanders ook Spaanse bezittingen in Azië en Amerika aan en bouwden zo een eigen maritiem wereldrijk op. Een geavanceerde stedelijke nijverheidsindustrie en een zeer productieve landbouwsector droegen bij aan de economische bloei. Die laatste zorgde ook voor een toevloed van duizenden immigranten uit binnen- en buitenland, waardoor het inwonertal van steden als Amsterdam, Haarlem, Leiden explosief toenam.

Toen er in 1609 een twaalfjarige wapenstilstand werd gesloten met Spanje, hadden de Verenigde Provinciën zich intussen een leidende commerciële positie verworven binnen Europa, en zich verzekerd van gestaag toenemende belangen in Azië en de Atlantische wereld. De oorlog werd in 1621 hervat, en pas in 1648, bij de Vrede van Münster, werd de Republiek door de koning van Spanje erkend als soevereine staat. Net als tijdens het Twaalfjarig Bestand van 1609-1621 braken in het kielzog van het verdrag van 1648 binnenlandse politieke conflicten uit. Geschillen binnen de Gereformeerde Kerk, de publieke kerk van de Republiek, droegen nog bij aan deze spanningen. Nu de Verenigde Provinciën de gemeenschappelijke militaire strijd achter zich hadden gelaten, viel het hun klaarblijkelijk moeilijk om met de vrede om te gaan. Deels hierom, maar allereerst om haar handelsbelangen te verdedigen, raakte de Republiek weldra verwikkeld in nieuwe gewapende conflicten – met Engeland, Zweden en Frankrijk – die in de tweede helft van de eeuw oplaaiden in Europa.

Als gevolg van zijn tweeslachtige ontstaansgeschiedenis bleef het politieke stelsel in de Nederlanden een eigenaardig samenraapsel van instituties uit de Habsburgse tijd die werden aangepast aan de nieuwe republikeinse praktijk. De stadhouder bijvoorbeeld was onder Filips II een koninklijk gouverneur van een of meer Nederlandse provincies geweest. Na de Opstand werd hij officieel een functionaris van de Staten (die zichzelf als nieuwe soeverein beschouwden), maar verwierf zich geleidelijk een bijna monarchale, dynastieke positie. Alleen mannelijke afstammelingen en verwanten van Willem van Oranje werden in de regel tot dit prestigieuze ambt geroepen. De politieke en militaire ambities van de prinsen van Oranje botsten geregeld met die van de koopmanselites in de steden, met name die van Holland. Dit gewest leverde de Republiek meer dan 50 procent van alle belastinginkomsten, en daarnaast ook veel van haar grote staatsmannen, zoals Johan van Oldenbarnevelt en Johan de Witt. Misschien is het veelzeggend dat zij beiden geslachtofferd werden tijdens een binnenlands conflict waarbij de Oranjes partij waren. De Verenigde Provinciën waren bepaald niet zo eensgezind en vreedzaam als hun naam en reputatie doet vermoeden.

Nauwelijks een eeuw na haar ontstaan ging de Republiek bijna ten onder. In 1672 leidde een combinatie van economische rivaliteit en politiek-diplomatieke conflicten tot een gezamenlijke militaire invasie door Frankrijk, Engeland en de bisdommen Keulen en Münster. Op wonderbaarlijke wijze doorstonden de Verenigde Provinciën de aanval, maar de economie werd zwaar getroffen en gedurende de daaropvolgende decennia was het land herhaaldelijk verwikkeld in gewapende conflicten met het Frankrijk van Lodewijk XIV. Terwijl de financiële last van de oorlogsvoering steeds zwaarder ging drukken, werd de dominante positie van de Verenigde Provinciën op het gebied van internationale handel geleidelijk overgenomen door de zeevarende rivalen van de Republiek. Niet lang nadat de Glorieuze Revolutie van 1689, waarmee stadhouder Willem III van Oranje tevens koning van Engeland werd, begonnen de Verenigde Provinciën aan glans in te boeten. Toen met de Vrede van Utrecht in 1713 officieel een eind kwam aan een veertig jaar durende periode van oorlogen met Frankrijk, konden de Nederlanders zich er nog altijd op beroemen dat zij en hun bondgenoten het Frankrijk van Lodewijk XIV in bedwang hadden gehouden. Maar de bodem van de schatkist was inmiddels zichtbaar en de economie ingehaald door die van Engeland. De Gouden Eeuw was definitief voorbij.

Historici en de Gouden Eeuw

Historici hebben in de loop der tijd een haat-liefde verhouding met de term 'gouden eeuw' ontwikkeld. Natuurlijk verschenen er, vooral in de late negentiende en vroege twintigste eeuw, boeken zoals Pieter Lodewijk Mullers *Onze Gouden Eeuw*, waarin de Nederlandse bloei en heldendaden centraal stonden. Tegelijkertijd zijn er al vroeg historici die het gebruik van de term onomwonden afwijzen. Een prominent criticaster is de grote cultuurhistoricus Johan Huizinga, die in zijn *Nederland's beschaving in de zeventiende eeuw* schreef dat de naam volstrekt niet deugde: 'Hij smaakt naar die *aurea aetas*, dat mythologische Luilekkerland, dat ons bij Ovidius reeds als scholieren lichtelijk embeteerde. Als ons bloeitijdperk een naam moet hebben, laat het dan zijn naar hout en staal, pik en teer, verf en inkt, durf en vroomheid, geest en fantasie. Gouden eeuw zou beter passen bij de achttiende eeuw, toen het goud gemunt in de geldkisten lag.'[11] Toch weerspiegelt het beeld dat historici van de Gouden Eeuw hebben gecreëerd in een aantal opzichten nog steeds het droombeeld van het gouden tijdperk dat zeventiende-eeuwse kunstenaars als Vondel en Hals oproepen. Ten eerste hebben de historici lang vastgehouden aan de mythe dat deze Gouden Eeuw een louter Nederlands fenomeen was, dat was geworteld in de klei die in Vondels verzen werd bezongen. De Republiek is dikwijls beschouwd als een soort 'Tuin van Holland': een burgersamenleving in een afgeschermde ruimte, omringd door agressieve alleenheersers. Zelfs Huizinga, die de gouden eeuw als term zo onomwonden bekritiseerde, zag in de Republiek toch 'veeleer een afwijking van de algemene aard der destijdse beschaving, een uitzonderingsgeval in tal van opzichten, dan een voorbeeld bij uitstek'.[12] Recentelijk hebben historici meer oog gekregen voor de risico's van dergelijk exceptionalisme,[13] niet alleen omdat de Nederlandse economische en militaire successen in hoge mate afhankelijk waren van de tegenslagen en burgeroorlogen van hun rivalen, maar ook omdat degenen die bijdroegen aan haar materiële weelde, militaire overwicht en culturele vitaliteit in feite voor een groot deel immigranten waren. Vanuit het inzicht dat de welvaart, macht en vindingrijkheid van Nederland in hoge mate afhankelijk waren van buitenlandse import en internationale netwerken, wordt de Republiek in recent onderzoek dan ook niet gezien als een uitzonderingsgeval binnen Europa, maar eerder als voortbrengsel ervan.

Ook het beeld van geboorte, bloei en neergang, dat inherent is aan de mythe van de Gouden Eeuw, blijkt lastig los te laten. In toonaangevende boeken over de Republiek verhoudt de achttiende eeuw zich ten opzichte van de gouden zeventiende eeuw nog altijd als het zilveren, tweederangs tijdperk. Ook hier draagt een breder internationaal blikveld bij aan een bijstelling van het klassieke beeld. Het is immers in hoge mate twijfelachtig of het nu de Republiek was die veranderde, of juist de wereld daarbuiten. Veel van de elementen die door historici zijn aangemerkt als voorwaarden voor de Gouden Eeuw waren in de achttiende eeuw nog altijd van kracht. Het

0.5 Anoniem, *Plooikraag van linnenbatist, bestaande uit een lange strook die aan een linnen boord onregelmatig is geplooid*, ca. 1615-1635, Amsterdam, Rijksmuseum.

valt goed staande te houden dat het begin van de explosieve groei van welvaart en artistieke productiviteit werd veroorzaakt door de val van Antwerpen en niet door de opkomst van de Republiek. Zuid-Nederlandse kooplieden en geschoolde ambachtslieden vluchtten naar de artistieke centra van de Republiek met als gevolg een plotselinge, explosieve groei van de bevolking, het besteedbaar inkomen van velen en natuurlijk de kunstproductie. Uiteindelijk is ieder gouden tijdperk het resultaat van internationale invloeden over en weer, die niet zonder meer aan een afzonderlijke natie kunnen worden toegeschreven, omdat de verplaatsing van macht, kapitaal en creatieve energie afhangt van feitelijke verplaatsingen van mensen die niet eenvoudig onder één noemer te brengen zijn.

Ten slotte is het lange tijd gebruikelijk geweest om de geschiedenis van het Nederlandse imperialisme en kolonialisme los te koppelen van de geschiedenis van de Gouden Eeuw. Wat de Republiek wereldwijd heeft teweeggebracht wordt gewoonlijk in afzonderlijke boeken en tijdschriften of eventueel in een afzonderlijk hoofdstuk behandeld. Datzelfde is gebeurd met onderwerpen als vrouwen en armoede en het aandeel daarvan in de geschiedenis. Dit is een keuze met ideologische implicaties: wanneer we dergelijke onderwerpen loskoppelen van de geschiedenis van de Republiek zelf houden we in feite vast aan het fantasiebeeld op het fronton van het Amsterdamse stadhuis. Daardoor wordt het mogelijk de negatieve kanten van de Gouden Eeuw in een ander mentaal hokje te stoppen, terwijl ze in feite onlosmakelijk verbonden zijn met de positieve begrippen die er gewoonlijk mee geassocieerd worden.

Dit boek ziet het anders. Anders dan zeventiende-eeuwse auteurs, die in de opkomst van de Republiek de voorbeschikte lotsbestemming zagen van Gods uitverkoren natie. Anders ook dan eerdere generaties historici verwerpen we hier, in navolging van recente auteurs, het idee dat de Republiek binnen Europa een uitzondering was die alleen kon opbloeien omdat haar eigenschappen, haar bewoners en hun mentaliteit op een of andere manier afweken van die van andere staten, en daarom het best als afzonderlijk gebied kon worden bestudeerd. Wanneer we de zeventiende-eeuwse Republiek goed willen begrijpen moeten we ons een oordeel vormen over haar opmerkelijke aspecten, maar ook oog hebben voor de duistere kanten ervan, voor ongelijkheid, de fricties en tegenstellingen binnen deze cultuur, de door toeval bepaalde elementen in haar ontwikkeling, en bovenal haar afhankelijkheid van en interacties met Europese en mondiale ontwikkelingen.

In plaats van het vaste verhaal over opkomst en ondergang vanuit nieuwe gezichtspunten te bezien beoogt dit boek de paradoxen en de lacunes in de geschiedschrijving over dit knooppunt binnen Europa te benadrukken. Hoewel we lezers die niet vertrouwd zijn met de geschiedenis van het zeventiende-eeuwse Nederland traditionele perspectieven bieden, willen we de Republiek ook zo portretteren dat ze vergelijkbaar is met andere samenlevingen in Europa. Diverse hoofdstukken zijn daarom gewijd aan onderwerpen die níet iconisch zijn geworden voor de Gouden Eeuw, maar desondanks van wezenlijk belang zijn voor het ten volle doorgronden van dit tijdperk, zoals bijvoorbeeld 'de cultus van oorlog en geweld', 'classicisme' en 'spirituele cultuur'. Daaruit volgt dat ook de Nederlandse aanwezigheid in Azië, Afrika en het Atlantisch gebied een integraal onderdeel is van deze bundel.

De zeven delen van dit boek weerspiegelen ons streven om de Republiek te belichten vanuit een cultuurhistorisch, minder exceptionalistisch en internationaler perspectief. Deel 1, 'Ruimte en mensen', gaat over de sociale en geografische structuren die de Nederlandse samenleving vorm hebben gegeven en die in recente decennia uitvoerig zijn onderzocht. In dit geval is het Nederlandse exceptionalisme niet geheel misplaatst: de Rijn- en Maasdelta waarin de Nederlandse staat gestalte kreeg was in veel opzichten een uitzonderlijk deel van Europa. Door haar ligging bood ze bescherming tegen invallen, gunstige mogelijkheden voor transport en handel, en vruchtbare grond voor landbouw. Anders dan de arcadische contreien van Ovidius' gouden eeuw was het echter ook een arbeidsintensief landschap, dat voortdurend menselijk ingrijpen en onderhoud vergde om in cultuur gebracht te kunnen worden en overstromingen te voorkomen. In deel 2, 'In staat van oorlog', onderzoeken we het militaire bedrijf en stellen we de vraag hoe de vrijwel continue oorlogshandelingen de Nederlandse samenleving, politiek en mentaliteit hebben beïnvloed. Deel 3, 'Het politieke bedrijf' biedt een beschrijving van het complexe functioneren van de gedecentraliseerde Nederlandse staat en van de overlegcultuur die er de grondslag

0.6 Hendrik de Keyser, *Praalgraf van Willem van Oranje*, 1623, Delft, De Nieuwe Kerk.

van vormde. Behoedzaamheid, de overheersende politieke modus, bracht vele gevaren met zich – waarvan de Nederlanders zich scherp bewust waren – zoals onbestuurbaarheid of burgeroorlog. Maar wanneer met beleid werd vastgehouden aan deze koers, waartoe de meest getalenteerde politici van de eeuw wel degelijk in staat waren, had ze ook grote voordelen. 'Economie en handel', Deel 4, is niet geheel toevallig het centrale deel van dit boek. Naast de vraag of de Republiek inderdaad de eerste moderne markteconomie was komt hierin het onderwerp van de internationale handel aan de orde, en wordt ingegaan op een aantal veelbesproken kwesties in het onderzoek uit heden en verleden. Deel 5, 'Het religieuze leven', is misschien het beste voorbeeld van ons streven om een niet-exceptionalistische beschrijving te bieden: hier belichten we niet alleen de wat uitzonderlijker aspecten van de Nederlandse religieuze cultuur, het calvinisme en de verdraagzaamheid, maar ook het godsdienstig pluralisme en de spirituele cultuur die het land met zijn buren deelde. Ofschoon schilderkunst, architectuur en het boekenbedrijf in het gehele boek een rol spelen, gaat Deel 6, 'Kunst en literatuur' in op vragen die specifiek zijn voor de productie van kunst, en besteedt zowel aandacht aan de specifieke genres die zo bepalend zijn geweest voor ons beeld van de Gouden Eeuw als aan de afzonderlijke markten voor boeken en schilderijen. De rol van vrouwen in deze creatieve industrieën wordt integraal behandeld, maar krijgt ruime aandacht. In Deel 7, 'Domeinen van kennis' betreden we ten slotte de wereld van de geest. Hoewel dit aspect in boeken over de Republiek dikwijls wordt verwaarloosd, vormden educatie, eruditie en wetenschap in feite de grondslagen voor de internationale allure van de Republiek, haar maritieme successen en haar ontwikkeling als samenleving.

De mentaliteit van de meeste inwoners van de Republiek, de organisatie van haar economie, het politiek bedrijf en zelfs haar religie waren ons inziens grotendeels onderworpen aan dezelfde soort discussies en spanningen die ook elders in Europa aangetroffen konden worden. In plaats van datgene waarin de Republiek zich onderscheidde op de voorgrond te plaatsen, hebben we ervoor gekozen om extra aandacht te schenken aan de connecties tussen de Nederlandse cultuur en andere culturen waarvan ze afhankelijk was en waarmee ze een voortdurend en intensief contact onderhield. Voorzover de Republiek zich tot iets buitengewoons ontwikkelde, was dit niet het gevolg van intrinsieke verschillen met de buitenwereld, maar veeleer van haar veelvuldige connecties en interacties met andere samenlevingen.

Noten

1. J.L. Price, *The Dutch Republic in the Seventeenth Century*, Basingstoke, 1998; M. Prak, *Nederlands Gouden Eeuw. Vrijheid en Geldingsdrang*, Amsterdam, 2020.
2. M. Prak, *The Dutch Republic in the Seventeenth Century*, Cambridge, 2005, pp. 1-6.
3. J. van den Vondel, 'P. Ovidius Nazoos Herscheppinge', in J.F.M. Sterck e.a. (red.), *De werken van Vondel. Zevende deel: Vertalingen uit het Latijn van Vergilius, Horatius en Ovidius*, Amsterdam, 1934, p. 408, r. 131-137.
4. A. Houbraken, *De groote schouburgh der Nederlantsche konstschilders en schilderessen* (1719), dl. II, Amsterdam, 1976, p. 237.
5. J. van den Vondel, 'De Beemster. Voor Karel Looten' (ca. 1644), in J.F.M. Sterck e.a. (red.), *De werken van Vondel. Vierde deel 1640-1645*, Amsterdam, 1930, p. 609, r. 14-16.
6. Zie A.-J. Gelderblom, 'Dichter bij een droogmakerij', in E.K. Grootes en S. Witstein (red.), *Visies op Vondel na 300 jaar*, Den Haag, 1979, pp. 104-117.
7. M. Westermann, *The Art of the Dutch Republic*, New York, 1996, p. 40; A. McNeil Kettering, *The Dutch Arcadia: Pastoral Art and Its Audiences in the Golden Age*, Woodbridge, 1983.
8. W.B. de Vries, *Wandeling en verhandeling. De ontwikkeling van het Nederlandse hofdicht in de zeventiende eeuw (1613-1710)*, Hilversum, 1998.
9. P.J. van Winter, 'De Hollandse tuin', in *Nederlands kunsthistorisch jaarboek* 8 (1957), pp. 29-121.
10. A. Weststeijn, *Commercial Republicanism in the Dutch Golden Age*, Leiden, 2011; J. Stern, *Orangism in the Dutch Republic in Word and Image*, Manchester, 2010.
11. J. Huizinga, *Nederland's beschaving in de zeventiende eeuw. Een schets* (1941, editie Anton van der Lem, Amsterdam, 1998), pp. 175-176.
12. J. Huizinga, *Nederland's beschaving in de zeventiende eeuw*, Haarlem, 1941, p. 15.
13. K. Davids en J. Lucassen (red.), *A Miracle Mirrored: The Dutch Republic in European Perspective*, Cambridge, 1995; W. Frijhoff en M. Spies, *1650: Bevochten eendracht*, Den Haag, 1999.

DEEL I
Ruimte en mensen

1
Verstedelijking

MAARTEN PRAK

In het voorjaar van 1673 publiceerde Sir William Temple zijn *Observations upon the United Provinces of the Netherlands*. Met dit boek beoogde hij zijn Engelse landgenoten, die op dat moment oorlog voerden met de Nederlanders, inzicht te verschaffen in de aard van de tegenstander. Temple, die twee jaar in Den Haag had doorgebracht als ambassadeur van Charles II, wist waarover hij het had – en dat was goed te zien. Zijn *Observations* behelst vermoedelijk de beste analyse van de Nederlandse samenleving uit die tijd zelf. In die analyse staan de steden op de voorgrond. De daar heersende liefde voor politieke vrijheid, die stoelde op oude gebruiken en privileges, en de afkeer van geloofsvervolging hoorden volgens Temple tot de belangrijkste verklaringen voor het welslagen van de opstand die de Republiek der Zeven Verenigde Nederlanden tot een onafhankelijke natie gemaakt had. In zijn beschrijving van de Nederlandse economie benadrukte hij de centrale rol van de steden in het handelsverkeer en de wederzijdse voordelen die de steden genoten van hun plaatselijke economische specialismen. De Nederlandse koopmansgeest was in zijn ogen tevens de voornaamste verklaring voor de specifieke benadering van oorlogsvoering in de Republiek die naar zijn zeggen voor het eerst was toegepast in Venetië: het inzetten van buitenlandse huursoldaten, die werden betaald uit de handelsopbrengsten. In zijn beschrijving van het politieke systeem van de Republiek beklemtoonde hij opnieuw de essentiële rol van de steden. De Republiek was niet zozeer één natie als wel een 'federatie van zeven soevereine provincies', stelde hij met recht. 'Maar,' zo vervolgde hij, 'om de aard van hun bestuursvorm tot in zijn diepste wezen en oorsprong bloot te leggen moet die in nog kleinere onderdelen worden ontleed, en dan blijkt dat elk van deze provincies op haar beurt bestaat uit tal van staatjes of steden, die zelf verscheidene kenmerken van soevereine macht bezitten en niet onderworpen zijn aan het soevereine gezag van hun provincie.'[1] Zijn hoofdstuk over de Nederlandse politiek begint dan ook met een analyse van het bestuur van de stad Amsterdam, en de rol van de vroedschap (gemeenteraad) en de burgemeesters daarin. Om kort te gaan: in zijn bijzonder geslaagde uiteenzetting schildert Temple de Republiek af als een uitgesproken stedelijke samenleving.

Temples analyse wordt in opmerkelijk veel opzichten ondersteund door hedendaags historisch onderzoek. In dit hoofdstuk zullen elementen van dit onderzoek worden samengebracht teneinde dit kenmerk van de Nederlandse Gouden Eeuw nader te belichten. Daarbij wordt betoogd dat de Gouden Eeuw ook voortkwam uit dit stedelijke karakter van de Nederlandse samenleving in de zeventiende eeuw.

Een verstedelijkt land

De Republiek der Zeven Verenigde Nederlanden ontstond in een deel van Europa waar de verstedelijking al voordien een opmerkelijk hoog niveau had bereikt. Omstreeks 1550, dat wil zeggen nog voordat de Republiek een onafhankelijke natie werd, waren de Lage Landen het meest verstedelijkte gebied van Europa. Deze verstedelijking concentreerde zich echter in het zuiden, met name in het graafschap Vlaanderen en het hertogdom Brabant. Antwerpen, dat in Brabant ligt, had zich in de voorgaande eeuw ontwikkeld tot een van de grootste steden van het laatmiddeleeuwse Europa, maar naar de maatstaven van die tijd waren ook Brugge, Gent en Brussel grote steden. Hiermee komt ook een specifiek kenmerk van de verstedelijking in deze contreien naar voren: terwijl in sommige andere landen de stedelijke bevolking zich grotendeels concentreerde in één of twee mega-steden, zoals Parijs of Londen, waren de Lage Landen een gebied met veel belangrijke steden. De stedelijke bevolking leefde verspreid in een groot aantal middelgrote en kleinere steden; in dat opzicht hadden de Lage Landen meer gemeen met Italië en Zuid-Duitsland dan met Frankrijk of Engeland.[2]

De Nederlandse Opstand had geen invloed op deze algemene kenmerken van de verstedelijking in de Lage Landen, maar leidde er wel toe dat het gewicht verschoof van het zuiden naar het noorden. Omstreeks 1600 had het percentage stadsbewoners in het noorden dat van het zuiden overstegen. De eerste en belangrijkste oorzaak daarvan was evident: circa 100.000 mensen, voor het overgrote deel afkomstig uit verstedelijkte gebieden, waren van het zuiden naar het noorden getrokken. In steden als Haarlem en Leiden bestond tegen de vijftig procent van de bevolking nu uit immigranten uit Brabant en Vlaanderen. Terwijl die gewesten een neergang doormaakten, kwam in de steden van Holland een grote bloei op gang. Los van deze stroom vluchtelingen oefenden de Hollandse steden omstreeks 1600 aantrekkingskracht uit op immigranten uit andere landen; in het laatste decennium van de zestiende eeuw waren dat joden uit Spanje en Portugal; tijdens de Dertigjarige Oorlog (1618-1648) waren het Duitsers; en na 1685, toen in Frankrijk het protestantse geloof werd verboden, vestigden zich naar schatting 35.000 Franse protestanten in de Republiek. Op de lange termijn echter legde de continue toestroom van migranten meer gewicht in de schaal. En wellicht hadden zelfs de vluchtelingen de voorkeur gegeven aan een andere bestemming, ware het niet dat de Gouden Eeuw zulke gunstige economische perspectieven bood. Precies om die reden waren de Hollandse steden veruit de aantrekkelijkste bestemming, met name voor migranten die zich ergens permanent wilden vestigen. Zoals in hoofdstuk 3 van dit boek zal worden uiteengezet, was de economische bloei dan ook zowel een oorzaak als een gevolg van de immigratie.

Hoewel de steden vrijwel overal in de Republiek een belangrijke plaats innamen, deden de groei en hoge graad van urbanisatie zich voornamelijk voor in het westen, en vooral in het graafschap Holland. Omstreeks 1700 woonde naar schatting twee derde van de bevolking van Holland in een stad, terwijl dat in de Republiek als geheel gemiddeld een derde bedroeg. Dit laatste cijfer was naar Europese en zelfs naar mondiale maatstaven al zeer hoog, maar de mate van verstedelijking in Holland was zonder meer uitzonderlijk. De stedelijke populatie in Holland was verspreid over een stuk of tien middelgrote steden, maar bedroeg in 1650 met een omvang van in totaal circa een half miljoen meer dan dat van Londen (400.000) en Parijs (430.000), de grootste Europese steden van die tijd.[3] De economieën van de verschillende steden vulden elkaar in veel opzichten aan, en het politieke beleid werd bepaald in de Staten van Holland, waarin achttien steden zitting hadden, die elk stemrecht hadden, terwijl de ridderschap, die het platteland vertegenwoordigde, één stem mocht uitbrengen. De integratie van de Hollandse steden werd nog extra bevorderd door de aanleg van speciale waterwegen waar trekschuitdiensten actief waren, die gerieflijk en betrouwbaar passagiersvervoer tussen de steden mogelijk maakten. Dit alles maakte dat Holland zich onderscheidde van de rest van het land, dat veeleer de patronen te zien gaf die destijds in de rest van Europa normaal waren. De verstedelijkingscijfers maken duidelijk dat het zwaartepunt van de Gouden Eeuw gelegen was in Holland, wat wordt bevestigd door andere aspecten die in volgende hoofdstukken worden besproken, zoals de internationale handel en de grootschalige productie van schilderijen. In andere delen van het land waren deze vormen van bedrijvigheid niet totaal afwezig, maar ze hadden daar een aanzienlijk minder spectaculaire omvang.

Een stedelijke samenleving

De invloed van de steden was alom merkbaar. Om te beginnen werd de Nederlandse economie veel meer dan elders gedragen door handel en nijverheid. Economisch historici leveren steeds betrouwbaarder schattingen van economische activiteiten in het pre-statistische tijdperk, en Holland en Engeland horen tot de best onderzochte gebieden. We kunnen daarom met een redelijke mate van zekerheid zeggen dat de handel en nijverheid in de zeventiende eeuw meer dan 80 procent van de Hollandse economie omvatten. Dat wil niet zeggen dat de Nederlandse landbouwsector achtergebleven of in andere opzichten onbelangrijk was. Integendeel: dankzij de hoge graad van de verstedelijking had het boerenbedrijf zelf een proces van commercialisering en specialisatie doorgemaakt dat het tot een van de productiefste ter wereld maakte, afgezien van de rijsteconomieën in Oost-Azië. Een van de nieuwe producten die in de zeventiende eeuw werden geïntroduceerd was de tulp. Tot op de dag van vandaag is Nederland de voornaamste producent van bloemen, met een aandeel in de wereldmarkt van ongeveer 50 procent. De tulpenteelt is illustratief voor een ander kenmerk van de economie van de Gouden Eeuw: het nauwe verband tussen verschillende sectoren. Het succes van tulpen als een nieuw luxeartikel was voor de producenten van Delfts blauw (of Delfts porselein) een stimulans om speciale vazen te ontwerpen waarin de bloemen zo voordelig mogelijk konden worden getoond. De fabricage van Delfts blauw was op haar beurt het gevolg van een tijdelijke onderbreking van de export van Chinees porselein naar Europa, die te wijten was aan de overgang van de Ming- naar de Qing-dynastie halverwege de zeventiende eeuw. Het plotselinge wegvallen van de import zette de Delftse pottenbakkers ertoe aan hun eigen imitatie van het felbegeerde Chinese aardewerk te ontwikkelen. Delfts blauw bleef een nichemarkt, zelfs toen vanaf circa 1680 de originele Chinese producten weer verkrijgbaar werden.

De handel en de nijverheid, die voornamelijk werden bedreven in de steden, maakten veranderingen door die onderling verband hielden. Deze veranderingen kwamen voor een belangrijk deel voort uit de snelle groei van de internationale en speciaal de intercontinentale handel. In het laatste decennium van de zestiende eeuw waren vanuit diverse Hollandse en Zeeuwse havensteden de eerste succesvolle tochten naar Oost-Azië ondernomen. De bundeling van deze initiatieven leidde in 1602 tot de oprichting van de Verenigde Oost-Indische Compagnie (VOC). In 1621 kwam tevens een West-Indische Compagnie (WIC) tot stand, die voornamelijk actief was in Noord-Amerika en Brazilië, maar zich later concentreerde op het Caraïbisch gebied. Geïmporteerde grondstoffen werden in Holland verwerkt; te denken valt aan de suikerindustrie, die tot dan toe onbekend was in de Lage Landen, of de fabricage van diverse verfstoffen, die onder meer van Braziliaans hout en Mexicaanse insecten werden gemaakt. De handelaren hadden op hun beurt behoefte aan schepen, die in groten getale werden gebouwd op scheepswerven aan de Zaan, ten noorden van Amsterdam, waarbij gebruik werd gemaakt van door windenergie aangedreven zaagmolens. Hoewel de Zaanstreek formeel een plattelandsgebied bleef, bedroeg het totale aantal inwoners van de tien dorpen in die regio in 1622 al 20.000 zielen, en tegen het eind van de eeuw meer dan 25.000.[4] In het algemeen namen de dorpen in dit gebied opvallend veel stedelijke kenmerken over. Er werden stadhuizen gebouwd en de inwoners werden aangeduid als 'burgers', een woord dat normaal gesproken voorbehouden was aan echte stedelingen.

De importantie van de steden manifesteerde zich ook in de sociale samenstelling en het aanzien van de verschillende maatschappelijke klassen, in het bijzonder de elite. Holland had een adelstand, maar die was bescheiden van omvang en ongetiteld, en nam daardoor naar internationale maatstaven een relatief marginale positie in. Het handjevol adellijke families had een politieke invloed die aanmerkelijk verder reikte dan hun aantal zou doen vermoeden. De ware machthebbers echter – niet alleen in economisch en financieel, maar ook in cultureel en sociaal opzicht – waren de zogeheten regentenfamilies, die fortuin hadden gemaakt met commerciële en industriële activiteiten en dit combineerden met een bestuurlijke functie in deze of gene stad. Als gevolg van de bijzondere structuur van het Nederlandse staatsbestel hadden in totaal zevenenvijftig steden stemrecht in de diverse vergaderingen van de Provinciale Staten, en daarmee indirect in de Staten-Generaal. Dit leidde er bijvoorbeeld toe dat er in het stadsbestuur van Zwolle, een van de drie stemgerechtigde steden in Overijssel, herhaaldelijk werd gediscussieerd over door de Republiek gesloten vredesverdragen: in 1629, 1648, 1667 en 1697, en ook in de achttiende eeuw nog diverse malen.[5] De stadsbestuurders beschouwden zich dan ook niet geheel ten onrechte als de heersers van het land. Hun klasse kreeg de benaming 'regenten'. In de vroege zeventiende eeuw combineerden ze gewoonlijk hun politieke en bestuurlijke ambten met hun zakelijke activiteiten, maar in de loop van de eeuw behaalden ze steeds vaker een universitaire graad, gewoonlijk in de rechten, en genoten ze hun inkomsten uit belegd kapitaal. Allengs werden ze voltijds-gezagsdragers, die menigmaal hun positie in het stadsbestuur combineerden met diverse andere bestuurlijke functies bij maatschappelijke instellingen en andere organisaties. De regentenfamilies golden doorgaans als de meest vooraanstaande ingezetenen van de stad. Direct daarop volgde de klasse van kooplieden en ondernemers die in dezelfde straten woonden en zich middels huwelijken wisten te verbinden met de regentenfamilies. Deze bovenlaag werd in de loop van de zeventiende eeuw steeds vermogender. Familiebetrekkingen met de middenklasse van winkeliers en ambachtslieden waren ongebruikelijk. Daarnaast brachten het verleggen van de stadsmuren en de uitbreiding van het stedelijk areaal tevens een ruimtelijke scheiding tot stand tussen het woongebied van de superrijken en dat van de middenklasse.

Hoewel de Gouden Eeuw het aantal rijken (en hun banksaldo) flink deed stijgen, leidde ze vooral tot een sterke toename van de omvang van de arbeidersklasse en van het aantal armen. Die twee groepen waren hoe dan ook moeilijk van elkaar te onderscheiden, omdat de eerste zeer dicht bij de armoedegrens leefde, en heel makkelijk kon terugvallen in gebrek en ontbering. Vermoedelijk kon een groot deel van deze bevolkingsgroep ervan uitgaan op zijn minst een deel van zijn leven afhankelijk te zijn van de armenzorg, als gevolg van seizoensgebonden schommelingen in de arbeidsmarkt, ziekte of gewoonweg de levenscyclus van een gezin.[6] In Alkmaar, een stad met 13.000 à 14.000 inwoners, waarover goede data voorhanden zijn, gaf de maatschappelijke ongelijkheid tussen 1560 en het midden van de zeventiende eeuw een duidelijke stijging te zien, al moeten we wel bedenken dat in de zestiende eeuw het verschil daar juist ongewoon klein was geweest. Ook in andere Hollandse steden nam de ongelijkheid in de loop van de zeventiende eeuw toe, zij het minder opvallend dan in Alkmaar.

Stedelijke instellingen

Op alle niveaus van de samenleving drukten stedelijke instellingen hun stempel op de Republiek. Binnen het land als geheel nam de provincie Holland, die bijna 60 procent van de staatsinkomsten leverde en meer dan 90 procent van de schuldenlast droeg, een dominante plaats in. In de Staten van Holland gaven op hun beurt de achttien stemgerechtigde steden de toon aan, waartegen de ene stem van de adelstand bijzonder weinig gewicht in de schaal legde. In vijf andere provincies was er een betere balans tussen de stemmen van de steden en de adelstand, hoewel in Zeeland de steden benadeeld werden ten opzichte van de stadhouders uit het geslacht Oranje, die in die provincie grote invloed uitoefenden. Alleen in Friesland hadden de drie plattelandskwartieren, die elk een stem hadden in de Provinciale Staten, meer gewicht dan de tot één kwartier gebundelde stemgerechtigde steden (die afgezien van Harlingen en de provinciehoofdstad Leeuwarden elk minder dan 5000 inwoners telden).[7]

Het bestuur van de steden zelf kende twee verschillende modellen. In de kustprovincies hadden de steden een permanent stadsbestuur met voor het leven benoemde leden dat zorg droeg voor plaatselijke voorzieningen en zich tevens bezighield met gewestelijke en nationale politiek. In de praktijk werd een groot deel van de dagelijkse bezigheden overgelaten aan twee tot vier burgemeesters, die voor een termijn van slechts een of twee jaar werden gekozen, maar na een korte tussenpoos konden terugkeren. In Amsterdam hadden de burgemeesters die tijdelijk hun functie opgaven nog altijd zitting in een informele raad van ex-burgemeesters die in de praktijk invloedrijker was dan de raad zelf. In de oostelijke provincies Overijssel en Gelderland dienden alle leden van het stadsbestuur jaarlijks opnieuw gekozen te worden, en waren verantwoording schuldig aan een zogeheten 'meente', waarin de gilden, de schutterij, buurten of een combinatie daarvan vertegenwoordigd waren. De instemming van de meente was nodig voor een verandering in de plaatselijke wetgeving, het invoeren van nieuwe belastingen en dergelijke zaken. In de steden in de kustprovincies was de vertegenwoordiging van de burgerij niet wettelijk geregeld, maar niettemin wel aanwezig. Zo kwam bijvoorbeeld in het zeventiende-eeuwse Amsterdam veel plaatselijke wetgeving tot stand als reactie op petities van burgerorganisaties, zoals de gilden, en werd geregeld de tekst zelfs woordelijk overgenomen uit diezelfde petities.[8] We weten ook dat er – niet alleen in Amsterdam maar overal – veel informele besprekingen en onderhandelingen plaatsvonden tussen het stadsbestuur en burgerlijke organisaties.

Voor deze doeleinden kon het stadsbestuur een beroep doen op een dicht netwerk van plaatselijke groeperingen. Veel onderdelen van het stadsleven werden bestreken door burgerlijke organisaties. Sommige daarvan kenden een vrijwillig, andere een verplicht lidmaatschap; sommige waren alleen toegankelijk voor mensen die over het burgerschap van de stad beschikten, andere voor alle inwoners; sommige waren vrij klein en andere hadden honderden leden. Twee van de bekendste, die in vrijwel elke stad te vinden waren en het grootste aantal leden hadden, waren de gilden en de schutterijen. De gilden waren verantwoordelijk voor de organisatie van vele, maar bij lange na niet alle aspecten van het economische leven. De meest opvallende uitzondering daarop was de handel, die in Holland niet aan regels onderhevig was (het enige aan regels gebonden deelgebied van de handel was de detailhandel, en in veel steden waren dan ook winkeliersgilden).[9] Aansluiting bij een gilde was verplicht voor degenen die zich wilden vestigen als zelfstandig vakman; gezellen werden gewoonlijk niet als lid aangenomen. Om zich bij een gilde aan te sluiten was het nodig om de status van poorter (volwaardig burger) te verwerven in de plaats van vestiging. Anders dan vaak gedacht wordt, deden de meeste gilden weinig moeite om het aantal nieuwe leden te beperken, zolang het mannen waren; voor vrouwen was het moeilijk en dikwijls onmogelijk om zich aan te sluiten bij een gilde. De gilden in de Republiek discrimineerden gewoonlijk niet op religieuze gronden. In de loop van de zeventiende eeuw nam het aantal gilden aanzienlijk toe, wat erop wijst dat zij in elk geval de economische groei niet in de weg stonden. In de creatieve bedrijfstakken zien we zelfs een nauw verband tussen de bloei van kunst en cultuur en de toename van het aantal gilden.[10] Gildeleden voorzagen medeleden van sociale ondersteuning en organiseerden jaarlijks een diner. In Utrecht en Dordrecht konden ze zelfs gezamenlijk begraven worden in het gildegraf.

Al sinds lang kenden de steden schuttersgilden, waarvan de opzet vergelijkbaar was met die van de ambachtsgilden, maar tijdens de Nederlandse Opstand werden die omgevormd tot veel opener burgerwachten met een verplicht lidmaatschap voor alle volwassen mannen, ongeacht hun formele status als burger. De leden hadden tot taak de stad te helpen verdedigen in tijden van nood en ongeveer eens per maand 's nachts wacht te lopen. De schutterijen in de steden van Holland lieten groepsportretten maken, waarop de officieren en soms ook de manschappen van de compagnie voor het nageslacht werden vereeuwigd. Deze schilderijen werden opgehangen in de doelen, de zaal waar de schutters bijeenkwamen. Het beroemdste schuttersstuk is uiteraard *De Nachtwacht*, het portret dat Rembrandt in 1642 maakte van de compagnie van Frans Banning Cocq.[11]

Sommige steden hadden zeer actieve buurtorganisaties. In Haarlem hielden informele 'gebuurten', die gewoonlijk een of twee straten omvatten, elke paar jaar een feestmaal van het opgespaarde geld, maar namen ook deel aan loterijen en discussieerden over zaken van gemeenschappelijk belang. Ze vielen buiten het bestuurlijk bestel van Haarlem, maar konden voor de overheid een verbindingskanaal zijn om te communiceren met de inwoners van de stad - en hun gedrag te beïnvloeden.[12]

In alle steden bestonden liefdadige instellingen, die gewoonlijk werden bestuurd door mannen en vrouwen uit de middenklasse. De belangrijkste van deze organisaties verstrekten de armen geld, voedsel en kleren en in de winter ook brandstof.

1.1 Frans Hals, *Feestmaal van de officieren van de St. Jorisschutterij*, 1627, Haarlem, Frans Hals Museum.

In de Republiek mochten de armen gewoonlijk in hun eigen huis blijven wonen. Er waren wel werkhuizen, onder meer in Alkmaar, Amsterdam, Delft, Haarlem, Leiden, Leeuwarden en Groningen, maar die herbergden in feite maar een bescheiden aantal mensen en dienden vooral als afschrikwekkend middel tegen bedelarij. De Nederlandse liefdadigheid heette genereus te zijn, maar voor de meeste armlastige huishoudens was de ondersteuning niet toereikend om het hoofd boven water te houden. De armen moesten nog altijd werken of andere manieren vinden om de eindjes aan elkaar te knopen. Het is opmerkelijk dat veel van het geld voor de armenzorg mede afkomstig was van gewone mensen die tijdens collectes op straat een klein geldbedrag doneerden of wat muntjes achterlieten in een van de vele armenbussen. Kerkelijke steun werd uiteraard in zijn geheel bekostigd door de lidmaten. Andere zorginstellingen werden soms gedragen door belastinggeld. Het Amsterdamse Burgerweeshuis had bijvoorbeeld belang bij het toelaten van nieuwe poorters: een deel van de verschuldigde leges ging namelijk naar het weeshuis. Deze instelling exploiteerde ook de plaatselijke schouwburg. Op allerlei manieren waren de burgers van de stad dus actief betrokken bij de vormgeving van het maatschappelijk leven – en van hun eigen leven evenzeer.

Een stedelijke cultuur

De groei van de Hollandse steden deed de vraag naar huisvesting enorm toenemen. Veel steden moesten hun stadsmuren verleggen om de toevloed van immigranten het hoofd te bieden. Op die manier werden er compleet nieuwe stadsbuurten gebouwd. De beroemdste daarvan kwam tot stand in Amsterdam. Na een eerste kleine uitbreiding aan het eind van de zestiende eeuw besloot het Amsterdamse stadsbestuur in 1609 het grondgebied van de stad aanzienlijk te vergroten, terwijl vanaf 1660 opnieuw een al even ambitieuze uitbreiding werd ondernomen. Een eerste vereiste voor deze stadsuitleg was de sloop van de stadsmuren en de bouw van nieuwe vestingwerken in de weilanden ten westen en zuiden van de middeleeuwse stad. In de loop van dit proces werden de krotwoningen die daar in voorgaande jaren waren opgetrokken neergehaald. Intussen verrijkten speculanten zich door voorafgaand aan de openbaarmaking van de plannen grond op te kopen; onder hen waren verscheidene leden van het stadsbestuur, die vanaf het begin op de hoogte waren geweest van de plannen. Ook in andere opzichten werden het ontwerp en de uitvoering van het project grotendeels overgelaten aan de markt, eenvoudigweg omdat de plaatselijke overheid niet beschikte over de financiële en bestuurlijke middelen om een project van deze omvang te realiseren.

Opvallend genoeg maakte het eindresultaat desondanks een zeer doordachte indruk. Het nieuwe gebied bestond ruwweg uit twee zones. De binnenste ring, die het dichtst bij de Dam lag, het middelpunt van de oude stad, bestond uit vier brede grachten waar geen bedrijven gevestigd mochten worden en de huizen een vrij ruim bemeten minimumomvang dienden te hebben. Deze grachten waren met name ontworpen om gegoede burgers aan te trekken, die in het bijzonder last hadden van het woningtekort, althans volgens het uit de koopmanselite afkomstige stadsbestuur. De buitenste ring – de huidige Jordaan – die was aangelegd langs een rij van smallere grachten en werd doorkruist door stegen en binnenplaatsen, was daarentegen bestemd voor ambachtslieden en de arbeidersklasse. Tegen het midden van de eeuw ontstond er opnieuw een tekort aan woningen en werd de grachtengordel in oostelijke richting uitgebreid, tot ze uiteindelijk de totale oude stad omringde, opnieuw inclusief een gebied waar werkplaatsen en arbeiders gehuisvest moesten worden. Helaas gebeurde dat precies op het moment dat de bevolkingsaanwas begon af te nemen. Daardoor bleef een deel van dit gebied onbebouwd tot in de tweede helft van de negentiende eeuw een volgende groeispurt inzette.[13]

Amsterdam was niet de enige stad die haar grondgebied uitbreidde. Leiden, dat voornamelijk als gevolg van een grote instroom aan immigranten uit de Zuidelijke Nederlanden uitgroeide tot een van de belangrijkste textielcentra van Europa, nam toe tot bijna zijn dubbele omvang toen er ten noorden en oosten van de oude stad nieuwe werk- en woonwijken werden aangelegd. Net als in Amsterdam maakte een aantal chique grachten deel uit van de uitbreiding, maar in Leiden was het aantal arbeiderswoningen naar verhouding veel groter. Andere steden die gedurende de eerste helft van de zeventiende eeuw aanzienlijk werden uitgebreid waren Alkmaar, Den Haag (dat nooit stadsrechten heeft gekregen en dus technisch gesproken geen stad was), Dordrecht, Medemblik, Monnickendam, Rotterdam, en buiten Holland ook Groningen, Vlissingen en Zwolle.

De uitbreiding van het stedelijk woningbestand leverde een enorme impuls aan de plaatselijke bouwbedrijven. Tussen ongeveer 1580 en 1630 nam de woningvoorraad in Holland toe tot bijna het drievoudige. De meeste nieuwe huizen werden ontworpen en gebouwd door timmerlieden en metselaars. Zelfs aan het Rapenburg, de meest prestigieuze gracht van Leiden, waar veel hoogleraren woonden die verbonden waren aan de plaatselijke universiteit, alsook de kapitaalkrachtigste en invloedrijkste bestuurders, waren veel van de huizen die er omstreeks het midden van de eeuw werden neergezet ontworpen door de ondernemende steenhouwer Willem Wijmoth. Wijmoth was strikt genomen geen architect en zijn ontwerpen hebben de standaardwerken over architectuurgeschiedenis niet gehaald.

De huizen werden in de zeventiende eeuw steeds verder ingedeeld, met afzonderlijke vertrekken voor allerlei activiteiten, zoals koken, slapen, werken en het ontvangen van bezoek. Deze ontwikkeling was al voor 1600 begonnen, maar maakte een versnelling door onder invloed van de intensieve bouwactiviteiten. Een belangrijke verbetering aan het eind van de zeventiende eeuw was de invoering van het schuifraam, dat gelijktijdig in Holland en Engeland tot ontwikkeling kwam. Het schuifraam liet aanzienlijk meer buitenlicht toe in het huis dan eerdere venstertypes. Dit soort innovaties werd vooral in de steden toegepast.

Hoewel architecten ook wel privéhuizen ontwierpen, was de vraag naar hun werk voor een groot deel afkomstig uit de publieke sector. Groeiende steden hadden nieuwe poortgebouwen en andere faciliteiten nodig. In de loop van de zeventiende eeuw lieten negen steden een geheel nieuw stadhuis bouwen, terwijl zeven andere omvangrijke renovaties lieten uitvoeren. De succesvolste architect van openbare gebouwen was Pieter Post. Hij ontwierp onder meer een nieuw stadhuis voor Maastricht nadat die stad in 1632 door de Nederlanders was veroverd, kerken in Haarlem en Middelburg, waaggebouwen in Leiden en Gouda en stadspoorten in Leiden en Utrecht, en was toezichthouder bij omvangrijke opknapbeurten van andere gebouwen.[14] De grootste eer viel echter te beurt aan Posts vroegere mentor Jacob van Campen, die de opdracht kreeg om een nieuw stadhuis voor Amsterdam te ontwerpen. Het zou het omvangrijkste publieke bouwwerk worden dat in het zeventiende-eeuwse Europa werd opgericht.

In deze toedracht school een zekere gerechtigheid, omdat Van Campen de drijvende kracht was geweest achter de ontwikkeling van een bouwstijl die later Hollands classicisme genoemd zou worden. De vertegenwoordigers van deze stijl, die voortkwam uit een theoretische interpretatie van schrijvers uit de Romeinse Oudheid, met name Vitruvius, gaven de voorkeur aan harmonieuze proporties boven het soort versieringen waar de voorgaande generatie een voorliefde voor had. Het Amsterdamse stadhuis was uitdrukkelijk bedoeld als een demonstratieve bekroning van het succes van de stad. In een gedicht van de gevierde Amsterdamse dichter Joost van den Vondel, in opdracht geschreven bij de officiële opening van het nog onvoltooide gebouw in 1655, werd het geprezen als het achtste wereldwonder, een passend monument voor een stad die zich kon meten met Venetië en Rome als een van de grote steden uit de geschiedenis, maar ook – net als Venetië en het oude Rome – als zetel van een burgerbestuur, wat Vondel uitdrukkelijk afzette tegen het bewind van een vorst.[15] Het was geen toeval dat de grote zaal van het nieuwe gebouw de Burgerzaal werd genoemd.

Het stadhuis van Amsterdam was een toeristische attractie en werd dan ook vereeuwigd op vele schilderijen, die kennelijk werden vervaardigd voor de bewonderaars van het gebouw. Schilderijen van dit type kwamen op hun beurt voort uit een andere belangrijke culturele vernieuwing. Het populairste schilderijengenre in de Republiek was het landschap. Aanvankelijk waren deze schilderijen zo uniek dat het Nederlandse woord in het Engels werd overgenomen als het begrip *landscape*. De meeste landschappen werden in korte tijd vervaardigd met een beperkt kleurenpalet en waren daarom goedkoop. Op duurdere versies waren soms Italiaanse taferelen te zien, maar de meeste landschapsschilderingen waren min of meer getrouwe weergaven van de Nederlandse vrije natuur. In de loop van de zeventiende eeuw kwam er een variant tot ontwikkeling die niet de natuur, maar de stad tot onderwerp had. Op sommige van deze stadsgezichten werd een stad van enige afstand bezien, alsof hij onderdeel uitmaakte van de natuurlijke omgeving op de afbeelding. Het bekendste voorbeeld was indertijd wellicht Jacob van Ruisdaels *Gezicht op Haarlem* (Afb. 1.2), met op de voorgrond de bleekvelden van de befaamde Haarlemse lakenindustrie. Er zijn tientallen kopieën van bewaard gebleven, allemaal afkomstig uit hetzelfde atelier, die getuigen van de populariteit van dit onderwerp. Van Ruisdael was een representant van een klein maar belangrijk segment van de Nederlandse kunstmarkt, dat zich toelegde op de verheerlijking van de steden. Net als het landschap had het stadsgezicht – de term werd pas omstreeks 1800 geïntroduceerd – zich vanuit een element op de achtergrond ontwikkeld tot een zelfstandig thema in de schilderkunst. Er waren diverse subcategorieën, waaronder taferelen met het hoge standpunt dat Van Ruisdael gebruikte, het perspectief op straatniveau zoals in Vermeers *Gezicht op huizen in Delft* (bekend als 'Het Straatje'), of het bredere gezicht van buitenaf op de stad Delft van dezelfde schilder, en afbeeldingen van specifieke gebouwen, met wellicht als beroemdste voorbeeld de reeks schilderijen van het nieuwe Amsterdamse stadhuis die Jan van der Heyden en Gerrit Berckheyde tussen 1660 en 1680 vervaardigden.[16]

Een derde cultureel domein dat ingrijpend werd beïnvloed door de verstedelijking was dat van het uitgeversbedrijf en de leesvaardigheid. In de vroegmoderne tijd werd de alfabetiseringsgraad hoofdzakelijk bepaald door twee factoren: het pro-

1.2 Jacob van Ruisdael, *Gezicht op Haarlem*, 1640-1650, Amsterdam, Rijksmuseum.

testantse geloof en het percentage van de bevolking dat in een stad woonde. Het protestantisme stimuleerde de gelovigen in eigen persoon kennis te nemen van het Woord Gods door de Bijbel te lezen. Het belangrijkste uitgeversproject in de jonge Republiek was de officiële Nederlandse vertaling van de Bijbel, waartoe de Synode van Dordrecht in 1618 opdracht had gegeven. Dit was allereerst belangrijk omdat het Nederlands als taal op dat moment nog geen gestandaardiseerde vorm had. Men voelde de behoefte onderscheid te maken met het Nederduits waaruit de taal was voortgekomen en waarvan ze in de zestiende eeuw nauwelijks te onderscheiden was geweest. Zo brachten literatoren en de commissie die de nieuwe Bijbelvertaling produceerden tegelijkertijd de grammatica en het vocabulaire tot ontwikkeling van de zo kort daarvoor tot stand gekomen natie van de 'Bataven'. Het kostte de commissie bijna twintig jaar om het project te voltooien, maar het eindproduct zou uiteindelijk de allerbelangrijkste tekst van de Republiek worden. Elk gezin dat boeken bezat had op zijn minst een Bijbel in huis, en bij de aanhangers van de Gereformeerde Kerk (ongeveer de helft van de bevolking) werd er dagelijks uit voorgelezen. Veel gezinnen gebruikten hun exemplaar van de Statenbijbel, zoals hij werd genoemd, om geboorten en sterfgevallen bij te houden; dit boekwerk werd van generatie op generatie doorgegeven.

In steden was de alfabetiseringsgraad hoog, omdat de educatieve instellingen – openbare scholen, privédocenten, gilden met een beroepsopleiding – zich vooral daar bevonden. In Amsterdam was tegen het eind van de zeventiende eeuw meer dan de helft van de volwassen vrouwen en driekwart van de mannen in staat om op zijn minst zijn of haar eigen naam te schrijven, wat doet vermoeden dat ze, al was hun beheersing van de schrijfkunst nog zo beperkt, in elk geval beschikten over enige elementaire leesvaardigheid. Het was veelzeggend dat geboren Amsterdammers veel vaker over deze bedrevenheid beschikten dan immigranten, wat erop wijst dat de eerstgenoemden hun voordeel hadden gedaan met de faciliteiten die de stad hun bood.

Een andere aanwijzing dat de bevolking veel geletterden telde was de snelle opkomst van het boekenbedrijf in de Republiek, met name in de steden van Holland, waar de meeste uitgevers te vinden waren. In de zestiende eeuw was Deventer een van de weinige steden in de Noordelijke Nederlanden die een uitgeverstraditie van enige betekenis kende, dankzij de activiteiten van de Broeders van het Gemene Leven in die stad. Slechts een handvol andere steden in het noorden kon bogen op de aanwezigheid van een boekhandel annex uitgeverij. De overige uitgeverijen van de Lage Landen waren toen voornamelijk te vinden in het zuiden, en vooral in Antwerpen. Net als op veel andere gebieden brachten de Opstand en de Val van Antwerpen een ommekeer teweeg. Omstreeks 1610 was het aantal Nederlandse steden met een boekhandel verdrievoudigd tot vierentwintig, en was het aantal uitgevers in de Republiek toegenomen tot ruim over de honderd. Veel van hun publicaties werden uitgegeven in het Nederlands, voor de binnenlandse markt. Gedurende de zeventiende eeuw deden de Nederlandse uitgevers naar schatting 100.000 titels het licht zien. In de tweede helft van de eeuw werden steeds grotere aantallen van deze uitgaven naar het buitenland geëxporteerd. De exportcijfers stegen met name na de komst van vele hugenoten-uitgevers in 1685.

Een van de vele vernieuwingen die de stedelijke uitgevers in de Nederlanden introduceerden was de krant. De vroegste kranten waren verschenen in de Duitse staten, als gedrukte opvolgers van de onder kooplieden circulerende nieuwsbrieven over buitenlandse ontwikkelingen die van belang waren voor de handel. Tegen het midden van de eeuw was Amsterdam uitgegroeid tot de nieuwshoofdstad van de wereld, met een goede tweede plaats voor enkele andere Hollandse steden. De nieuwsbulletins, die gewoonlijk uit een enkel blad bestonden, werden uitgegeven in het Nederlands, Frans en Engels. Deze bedrijfstak maakt een dusdanige bloei door dat sommige uitgevers zich konden permitteren zich geheel toe te leggen op de productie van kranten.[17]

Verstedelijking in de koloniën

Gelet op de mate van verstedelijking troffen Nederlandse kolonisten in den vreemde zeer verschillende soorten samenlevingen aan. Op het continent dat later Noord-Amerika zou gaan heten waren steden van het soort dat in Europa bestond zo goed als afwezig, evenals in Afrika. In Azië daarentegen had de urbanisatie al vóór de komst van de Europeanen een lange en succesvolle geschiedenis.[18] Vooral in China waren de steden waarschijnlijk groter dan waar ook in Europa. Over de omvang van de stedelijke bevolking in de Indonesische archipel bestaat twijfel, en daarom is het niet eenvoudig om te bepalen wat de Portugese en Nederlandse handelaren daar bij hun komst aantroffen. Volgens sommigen was dit een van de meest verstedelijkte gebieden van die tijd, maar er zijn sceptici die precies het tegenovergestelde beweren. Zo worden er ook voor de bevolkingsaantallen van afzonderlijke steden zeer verschillende cijfers gegeven.[19]

Meestal vestigden de Nederlanders zich in of bij al bestaande nederzettingen. Zo was Banten (ook bekend als Bantam) de hoofdstad van de gelijknamige provincie op West-Java met een bevolking van vermoedelijk 12.000 à 15.000 zielen, waar de VOC in 1685 aan de rand van de stad een fort oprichtte na de buitenlandse handel van Banten in haar greep te hebben gekregen. De VOC besloot al in 1619 min of meer van de grond af een stad op te bouwen als eigen hoofdkwartier. In datzelfde jaar veroverde Jan Pieterszoon Coen, de gouverneur-generaal van de compagnie en de initiator van het project, de stad Jayakarta, of Jacatra, aan de oostgrens van Banten bij de monding van de rivier de Tjiliwoeng. Hij maakte de stad met de grond gelijk en bouwde daar een totaal nieuwe nederzetting. Coen had de stad Nieuw-Hoorn willen noemen, naar zijn geboorteplaats in Noord-Holland, maar de Heren Zeventien, de bewindhebbers van de VOC, gaven de voorkeur aan een naam met een wat algemenere strekking, en zo werd de stad Batavia genoemd, naar het Germaanse volk waarvan de Nederlanders heetten af te stammen.

Batavia was in aanleg opgezet als een versterkt pakhuis. De bevolking bestond uit Nederlandse en andere Europese immigranten; tien jaar na de stichting van de nieuwe stad waren dat er ongeveer 3500. De andere helft van de circa 8000 inwoners bestond uit Aziatische christenen, mensen van Chinese herkomst, en in toenemende mate ook uit mensen die als slaafgemaakten waren overgebracht vanuit

1.3 *Interieur van de regentenkamer,* Amsterdam, Deutzenhofje.

het Indiase subcontinent. De overwegend mannelijke kolonisten trouwden met inlandse vrouwen en verwekten kinderen van gemengde afkomst, een bevolkingsgroep die op den duur bepalend werd voor de samenleving en de cultuur van de stad. Opmerkelijk genoeg was het Portugees de hele zeventiende eeuw lang de voornaamste voertaal van de inwoners van Batavia. Aan het begin van de achttiende eeuw was de bevolking toegenomen tot circa 100.000 inwoners, van wie er 15.000 binnen de stadsmuren woonden. De anderen waren dikwijls soldaten die in de archipel waren aangeworven om deel te nemen aan de militaire expedities van de VOC, maar ook slaven die voor de Compagnie werkten. Deze laatstgenoemde groep maakte nu ongeveer de helft van de stadsbevolking uit. Batavia kende veel van de maatschappelijke instellingen die ook in Nederlandse steden bestonden, zoals burgerrechten, ziekenhuizen, weeshuizen en armenzorg. Een van de dingen die er echter ontbraken was economische vrijheid, omdat de VOC de handel strikt in eigen hand hield.[20]

Onder deze oppervlakte van een normaal burgerleven school een duistere laag van angst en geweld. Dit was slechts ten dele te wijten aan de fnuikende omgevingsfactoren waaraan de Europeanen in de tropen werden blootgesteld. Niettemin werd er buiten de muren van Batavia gemiddeld eens per maand een tijger gedood. Het echte gevaar kwam echter van andere mensen. In de omgeving van Batavia waren groepen actief die we nu guerrillastrijders zouden noemen, en de Europeanen stuurden er strafexpedities op uit om jacht op hen te maken. In 1632 werd er een beloning uitgeloofd voor levende (50 realen) en dode (25) strijders. In die begintijd verkeerde Batavia op voet van oorlog met de aangrenzende rijken Banten en Mataram, maar ging evenzeer gebukt onder interne conflicten. De extreme ongelijkheid en het heterogene karakter van de bevolking leidden tot spanningen die makkelijk konden uitmonden in huiselijk geweld. Lijfstraffen voor slaafgemaakten waren aan de orde van de dag; mannen sloegen hun vrouw. In beide gevallen werd de ongelijkheid nog verhevigd door de cultuurkloof: de slaveneigenaren waren Europeanen, terwijl de slaafgemaakten afkomstig waren uit India of Indonesië zelf; Europese mannen waren getrouwd (of woonden samen) met Indonesische vrouwen.[21]

Ook in de Nieuwe Wereld begingen de Europese kolonisten tal van wreedheden. Van de Nederlandse nederzettingen aldaar vertoonde alleen Nieuw-Amsterdam de trekken van een stad. Tegen de tijd dat de Engelsen in 1664 het bewind over de stad overnamen en hem omdoopten tot New York was het inwonertal opgelopen tot ruim 2500. Vergeleken met Batavia was die bevolking veel homogener. Ten eerste bestond ze voor het merendeel uit Europeanen en ten tweede vond er geen vermenging plaats met de oorspronkelijke bewoners van het land. Er woonden zelfs geen inheemsen in Nieuw-Amsterdam zelf. De niet-Europese bevolking bestond uit een kleine groep tot

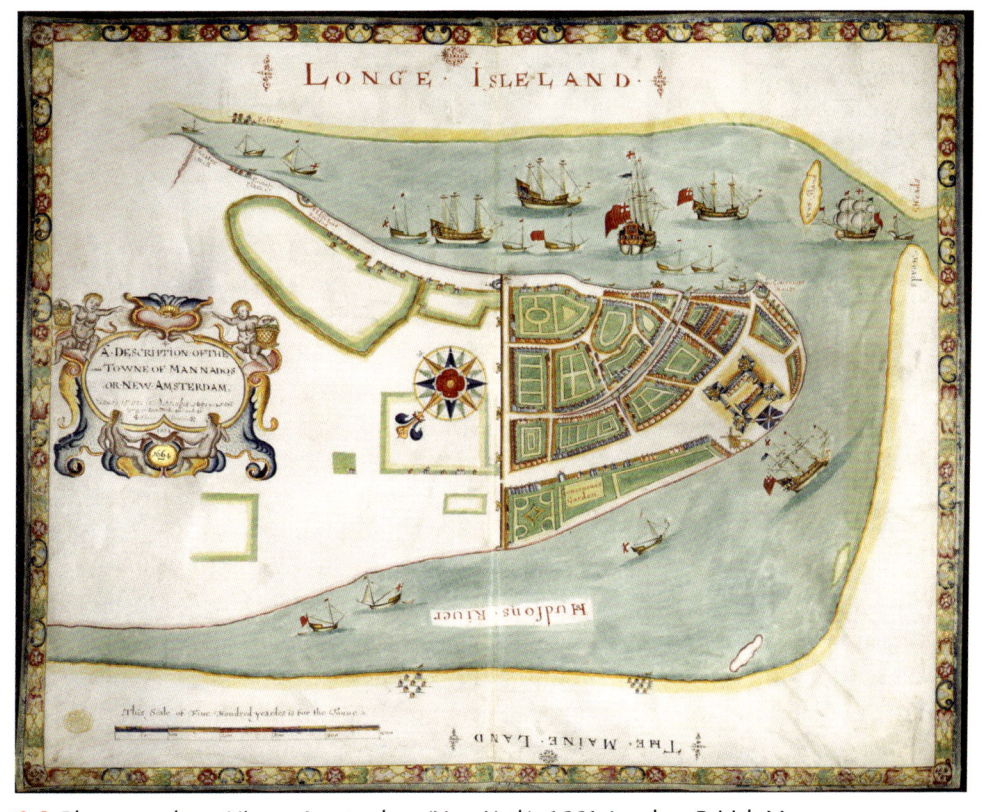

1.4 Plattegrond van Nieuw-Amsterdam (New York), 1661, Londen, British Museum.

slaaf gemaakten die allen van Afrikaanse origine waren. De agressie was dientengevolge voornamelijk gericht op de buitenwereld, waar de Europeanen zich enerzijds hoog verheven voelden boven de indiaanse stammen in de omgeving en anderzijds voortdurend bevreesd voor hen waren. Om het nog ingewikkelder te maken, koesterden de verschillende stammen in het gebied onderlinge vetes, terwijl ook andere Europeanen belust waren op beverpelzen en grondgebied: de Engelsen rukten op uit oostelijke richting, terwijl de Fransen druk uitoefenden vanuit het noorden. De verhoudingen waren niet altijd gespannen, maar in de jaren veertig van de eeuw brak er een complete oorlog uit, toen Willem Kieft, de gouverneur van Nieuw-Amsterdam willens en wetens een confrontatie aanging die tientallen kolonisten en duizenden Indianen het leven kostte. Het conflict escaleerde toen de Europeanen ertoe overgingen niet alleen de mannen van de tegenpartij te doden, maar ook de vrouwen en kinderen, waarmee ze de grondregels van de indiaanse oorlogvoering schonden. De muur die werd opgetrokken aan de noordzijde van het voorheen onbeschermde Nieuw-Amsterdam werd in 1699 gesloopt en maakte plaats voor de straat die tegenwoordig wellicht de beroemdste ter wereld is, namelijk Wall Street.[22]

Conclusie

In de zeventiende eeuw was de Republiek der Zeven Verenigde Nederlanden de meest verstedelijkte samenleving van Europa, en vrijwel zeker ook van de hele wereld. Deze algemene constatering behoeft in twee opzichten nuancering. Ten eerste werd binnen de Republiek de hoogste graad van verstedelijking bereikt in het graafschap Holland. Het was uiteraard geen toeval dat de meeste zaken die we associëren met de Gouden Eeuw – economische welvaart, religieuze verdraagzaamheid, culturele bloei – bij uitstek kenmerken van de Hollandse samenleving waren en in andere delen van het land minder op de voorgrond traden. De andere provincies waren in veel opzichten – economisch, militair en cultureel – afhankelijk van het succes van Holland, en accepteerden de leidende positie van Holland slechts met tegenzin. Ten tweede vond ook elders in Europa en daarbuiten een intensieve verstedelijking plaats: te denken valt aan de *home counties* in Zuidoost-Engeland, of de Jangtse-delta nabij Shanghai in China. Het verschil tussen Holland en deze andere gebieden was dat in de zeventiende-eeuwse Republiek de welvaart van Holland werd geschraagd door een machtig staatsbestel. Hoewel de overige zes provincies niet zo ondernemend waren als Holland speelden ze binnen dat bestel evengoed een belangrijke rol, als leveranciers van mankracht voor de vloot en de bedrijven van Holland, en als militaire bufferzone. Op hun beurt profiteerden de steden in deze andere provincies van de hardnekkigheid waarmee de Hollandse steden vasthielden aan hun autonomie. Zodra de Hollandse steden na de Franse inval van 1795 onder druk van een immense staatsschuld hun stellingname lieten varen ten gunste van een gecentraliseerde staat, was deze stedelijke autonomie overal ten dode opgeschreven. Meer dan honderd jaar lang was die autonomie echter een wezenlijk bestanddeel geweest van de Gouden Eeuw van de Republiek.

Noten

1. W. Temple, *Observations upon the United Provinces of the Netherlands*, (red. George Clark), Oxford, 1972, pp. 10, 12-13, 21-23, 36, 52 (citaat), 83, 87, 92, 102, 110, 116.
2. J. de Vries, *European Urbanization, 1500-1800*, Londen, 1984, p. 39.
3. Cijfers berekend aan de hand van De Vries, *European Urbanization*, appendix I; zie ook P. Lourens en J. Lucassen, *Inwonertallen van Nederlandse steden ca. 1300-1800*, Amsterdam, 1997.
4. E. Beukers en C. van Stijl (red.), *Geschiedenis van de Zaanstreek*, dl. I, Zwolle, 2012, p. 18.
5. J.C. Streng, *'Stemme in staat'. De bestuurlijke elite in de stadsrepubliek Zwolle 1579-1795*, Hilversum, 1997, p. 112 n. 106.
6. C.H. Parker, *The Reformation of Community: Social Welfare and Calvinist Charity in Holland, 1580-1620*, Cambridge, 1998.
7. Zie hoofdstuk 7 van dit boek.
8. H.F.K. van Nierop, 'Popular Participation in Politics in the Dutch Republic', in P. Blickle (red.), *Resistance, Representation, and Community*, Oxford, 1997, pp. 286-287.
9. O. Gelderblom, *Cities of Commerce: The Institutional Foundations of International Trade in the Low Countries, 1250-1650*, Princeton, 2013, pp. 38-39.
10. M. Prak, C. Lis, J. Lucassen, en H. Soly (red.), *Craft Guilds in the Early Modern Low Countries: Work, Power and Representation*, Aldershot, 2006, pp. 37, 49-56; M. Prak, 'Painters, Guilds and the Art Market During the Dutch Golden Age', in S.R. Epstein en M. Prak (red.), *Guilds, Innovation and the European Economy, 1400-1800*, Cambridge, 2008, pp. 143-171.
11. M. Prak, 'Citizens, Soldiers and Civic Militias in Late Medieval and Early Modern Europe', *Past & Present* 288 (2015), pp. 93-123.
12. G. Dorren, *Het soet vergaren: Haarlems buurtleven in de zeventiende eeuw*, Haarlem, 1998.
13. J.E. Abrahamse, *De grote uitleg van Amsterdam. Stadsontwikkeling in de zeventiende eeuw*, Bussum, 2010. De grachtengordel is in 2010 opgenomen in de Werelderfgoedlijst van Unesco.
14. J.J. Terwen en K. Ottenheym, *Pieter Post (1608-1669)*, Zutphen, 1993.
15. E.-J. Goossens, *Schat van beitel en penseel: Het Amsterdamse stadhuis uit de Gouden Eeuw*, Amsterdam, 1996.
16. A. van Suchtelen en A.K. Wheelock (red.), *Dutch Cityscapes of the Golden Age*, Zwolle, 2009; W. Liedtke, *A View of Delft: Vermeer and His Contemporaries*, Zwolle, 2000.
17. Zie hoofdstuk 8 van dit boek.
18. Zie E. Boyar, 'The Ottoman City', pp. 275-291, W.T. Rowe, 'China: 1300-1900', pp. 310-327, J. McClain, 'Japan's Pre-Modern Urbanism', pp. 328-345, en L. Blussé, 'Port Cities of South East Asia: 1400-1800', pp. 346-363, in P. Clark (red.), *The Oxford Handbook of Cities in World History*, Oxford, 2013.

19. L. Nagtegaal, 'The Premodern City in Indonesia and Its Fall from Grace with the Gods', *Economic and Social History in the Netherlands* 5 (1993), pp. 39-59.
20. J.G. Taylor, *The Social World of Batavia: European and Eurasian in Dutch Asia*, Madison, 1983; H.E. Niemeijer, *Batavia: Een koloniale samenleving in de 17de eeuw*, Amsterdam, 2005.
21. Niemeijer, *Batavia*, pp. 27-28, 51, 57, 85, 86-90, hfdst. 13; M. van Rossum, *Kleurrijke tragiek: De geschiedenis van de slavernij in Azië onder de VOC*, Hilversum, 2015; Adam Clulow, *Amboina, 1623. Fear and Conspiracy on the Edge of Empire*, New York, 2019.
22. J. Jacobs, *Een zegenrijk gewest: Nieuw-Nederland in de zeventiende eeuw*, Amsterdam, 1999; Donna Merwick, *The Shame and the Sorrow: Dutch-Amerindian Encounters in New Netherland*, Philadelphia, 2006, hfdst. 11-13.

2
Water en land

J.L. PRICE

De relatie tussen land en water in de Lage Landen is altijd ambivalenter geweest dan algemeen gedacht wordt. Aan de ene kant is de strijd tegen het zeewater vanzelfsprekend van meet af aan een belangrijk thema geweest in de geschiedenis van de Nederlanden – en is dat tot op de dag van vandaag. De taak om de overvloed aan water áchter de zeedijken te beheersen kent misschien een minder dramatische geschiedenis, maar is altijd een onontkoombaar aspect geweest van het leven in Nederland, ten dele als gevolg van de grote hoeveelheid water die via de Rijn en de andere grote rivieren haar weg vindt naar het gebied. Toch mag de relatie tussen land en water niet eenvoudigweg beschouwd worden als een strijd tussen deze beide elementen; hoewel het water altijd een potentiële vijand is geweest heeft het de bewoners van de Noordelijke Nederlanden ook veel belangrijke voordelen gebracht. Juist in de zeventiende eeuw was het economische succes van de Republiek niet alleen nauw verbonden met de directe toegang die het gebied had tot de zee, maar ook met de infrastructuur van rivieren en vaarten die het transport vergemakkelijkte. Dit is geen verhaal over een strijd tussen land en water, maar eerder over het precaire en aldoor veranderende evenwicht daartussen.

De zee mag dan een groot en voortdurend gevaar hebben vertegenwoordigd, maar ze was ook essentieel voor de ontwikkeling van de Nederlandse economie in de Gouden Eeuw. Tegen het eind van de zestiende eeuw was een aanzienlijk deel van het land in de kustprovincies van de prille Republiek in de loop der jaren teruggewonnen of drooggelegd en moest voortdurend beschermd worden tegen de zee. Daarbij kwam dat de bodem van de oudere polders in de loop van de tijd was ingeklonken, waardoor die nog kwetsbaarder waren geworden. Tot op dat moment was de strijd tegen de zee eerder defensief dan offensief geweest en de overstromingen aan het begin van de zestiende eeuw leken erop te wijzen dat het een verloren gevecht dreigde te worden – of op zijn minst dat het succes verre van verzekerd was. Dit proces van trage overwinningen en plotse nederlagen maakte aan het eind van de zestiende eeuw plaats voor grootschalige droogmakerijen, die een halve eeuw zouden duren en de balans tussen land en water tegen het midden van de zeventiende eeuw overtuigend en definitief zouden doen doorslaan ten gunste van het land. Dit succes bracht echter de nodige moeilijkheden en zelfs nadelen met zich mee: de nieuwe polders vormden tot op zekere hoogte een belemmering voor het transport over het water, wat bijvoorbeeld voor bepaalde steden in Holland zeer ongunstig was (althans volgens de lokale bestuurders). Ook de binnenlandse visserij had te lijden onder deze grote ingrepen in het landschap.

De Nederlandse economie werd echter allereerst gedragen door de handel, en die handel was afhankelijk van de zee, en van de vaarwegen die de Nederlandse kooplieden toegang boden tot een omvangrijk achterland, verderop in Europa. Een van de voornaamste fundamenten van het bloeiende Nederlandse handelsverkeer – de 'moedernegotie' – was de aanvoer van graan uit de havens aan de Oostzee, dat gedeeltelijk bestemd was voor eigen consumptie en gedeeltelijk voor wederuitvoer. Dit was een handel in bulkgoed, waarvoor veel schepen en veel zeelieden nodig waren; net als bij het overige Nederlandse handelsverkeer werd de lading vervoerd in Nederlandse schepen met een voornamelijk Nederlandse bemanning. Zeeverbindingen gaven ook toegang tot West-Europa en het Middellandse-Zeegebied en maakten later tevens het spectaculaire, maar economisch minder belangrijke handelsverkeer met de koloniën in Azië en de Amerika's mogelijk. Daarnaast was de Noordzee een essentiële natuurlijke hulpbron, en wel in heel specifieke zin: niet alleen waren haring en in mindere mate kabeljauw een belangrijk voedingsmiddel voor de Nederlandse bevolking, maar de visserijvloot, die omstreeks 1700 enige tijd een maximale omvang bereikte van om en nabij de vijfhonderd schepen, bood werkgelegenheid aan veelvoud van dat aantal vissers. Gezouten haring was bovendien een lucratief exportartikel; het werd verpakt in vaatjes en via de binnenlandse waterwegen getransporteerd naar diverse markten in West-Europa.

Dankzij de vele vaarten, rivieren en meren waren de Noordelijke Nederlanden voorzien van een fijnmazig transportnetwerk dat het onderling verkeer in het algemeen en met name het goederentransport betrekkelijk eenvoudig en efficiënt maakte. Terwijl het vervoer van reizigers en goederen in het grootste deel van Europa een trage en kostbare zaak was, als gevolg van slechte of ontbrekende wegen, was nagenoeg de hele Republiek op een of andere manier toegankelijk via het water. Het feit dat een groot deel van het land lager lag dan de zeespiegel vergrootte weliswaar het risico op overstromingen, maar maakte het verkeer over het water zeker eenvoudiger, ofschoon de talrijke sluizen die nodig waren voor de binnenlandse waterhuishouding de tocht konden bemoeilijken. Het gemak van het transport over water kwam het duidelijkst naar voren bij het goederenvervoer, maar ook het vervoer van passagiers werd eenvoudiger, met name tussen de voornaamste steden. In de gehele Republiek was het reizen per boot altijd al betrekkelijk gemakkelijk, maar daarnaast werd vanaf circa 1630 in luttele decennia een netwerk van trekvaarten gerealiseerd. Dit waren kanalen die speciaal geschikt waren voor passagiersvervoer in trekschuiten die vaste diensten onderhielden en een groot deel van het land bestreken.[1] Deze trekschuiten werden al snel een zo vanzelfsprekend onderdeel van het Nederlands leven dat denkbeeldige gesprekken en discussies tussen passagiers op zulke schepen een dikwijls weerkerend thema werden in de pamflettenliteratuur van die tijd.

De transformatie van het landschap

In de korte tijdsspanne tussen het eind van de zestiende en het midden van de zeventiende eeuw werd het landschap van de kustprovincies ingrijpend veranderd door een reeks droogleggingsprojecten, met name in Holland en Zeeland. Dit proces hield gelijke tred met de enorme opleving van de economie in Holland, en in mindere mate in de Republiek als geheel. De aanwezigheid van een forse hoeveelheid investeringskapitaal in combinatie met hoge prijzen voor landbouwproducten was de drijvende kracht achter deze grootscheepse droogmakerijen. Door diverse economische en demografische oorzaken liepen vanaf het eind van de zestiende eeuw in heel Europa de prijzen voor de meest uiteenlopende voedingswaren flink op, wat in het voordeel was van de Nederlandse zuivel- en veeboeren. Deze gunstige conjunctuur was een stimulans om te investeren in de landbouwsector, in het bijzonder in droogleggingsprojecten. Vooral in Amsterdam moet er een enorme hoeveelheid kapitaal voorhanden zijn geweest waarvoor een solide en winstgevende bestemming gevonden moest worden. Tussen 1610 en 1630 hebben investeerders uit deze welvarende stad alleen al in Noord-Holland naar schatting tien miljoen gulden gestoken in droogleggingsprojecten.[2] Maar na 1640 begon de economische groei terug te lopen, stagneerden de prijzen van landbouwproducten en kwam er ook een einde aan de droogleggingen; nadien speelde de enige belangrijke toename op dit gebied zich af in het westen van Zeeuws-Vlaanderen. Hier ging het ook daadwerkelijk om teruggewonnen land: een groot deel van het gebied was namelijk omstreeks 1590, tijdens de oorlog met Spanje, prijsgegeven aan de zee als direct gevolg van de gevechten bij Sluis en Brugge. Daarna was er wel wat teruggewonnen, met name tijdens het Twaalfjarig Bestand (1609-1621), maar het herstel van het gebied als geheel kon pas ter hand worden genomen toen de oorlog in 1648 ten langen leste ten einde kwam. Daarna werd in niet veel meer dan tien jaar de rest van de streek drooggelegd, een operatie die voornamelijk werd bekostigd door de steden van Zeeland.[3]

Dit hele proces leidde uiteindelijk tot een enorme uitbreiding van de hoeveelheid landbouwgrond in de kustprovincies: alleen al in Holland nam die met bijna een derde toe. In Noord-Holland waren de resultaten nog opmerkelijker. In de zestiende eeuw besloeg het gebied nog bijna evenveel water als land, en reikten zeearmen tot in het hart van de streek. Een groot dorp als De Rijp, midden in Noord-Holland, had destijds zo'n goede verbinding met de zee dat het als thuishaven kon dienen voor een haringvissersvloot. Omstreeks 1640 was de streek veranderd in een aaneengesloten gebied, slechts doorbroken door een paar kleine meren die geen directe verbinding hadden met de zee. De balans in de provincie als geheel was definitief doorgeslagen ten gunste van het land en die verhouding bleef stabiel: het huidige grondgebied van Noord- en Zuid-Holland is in wezen gelijk aan dat van circa 1650 (de belangrijkste uitzondering is de drooglegging van het Haarlemmermeer in de negentiende eeuw). Ook enkele minder spectaculaire droogmakerijen in de kuststreken van Friesland en Groningen en bij de zeearmen in Zuid-Holland en Zeeland speelden een belangrijke rol bij het versterken van het overwicht van het land op het water. De zee kon nog steeds gevaar opleveren, maar over het algemeen werden de duinen langs de kust van Holland nu ondersteund door kortere en dus beter te onderhouden verdedigingslinies tegen de Noordzee en de Zuiderzee. In het binnenland was er nog altijd onderhoud nodig aan de dijken en sluizen waarmee het nog steeds overvloedig aanwezige water binnen de perken werd gehouden. Het water dat de Republiek binnenkwam via de Rijn, de Maas en andere rivieren moest in juiste banen worden geleid en uiteindelijk worden geloosd in de Noordzee. Deze taak lag vanouds in handen van de al sinds lang bestaande waterschappen: een netwerk van regionale bestuursorganen die verantwoordelijk waren voor het onderhoud van dijken en sluizen – een duidelijk voorbeeld van de Nederlandse traditie van zelfbestuur op lokaal niveau. Over het geheel genomen echter zorgden de nieuwe polders niet alleen voor een heel andere verhouding tussen land en water in het hele kustgebied, maar ook voor een effectiever binnenlands waterbeheer en verdediging tegen de zee.

Hoewel de beschikbaarheid van investeringskapitaal in combinatie met de aantrekkelijk hoge prijs van landbouwproducten de droogleggingsprojecten zowel mogelijk als aantrekkelijk maakte, hadden die zonder een aantal essentiële technologische vernieuwingen nooit met zoveel succes verwezenlijkt kunnen worden. Het oudere systeem van waterafvoer – door de sluizen bij laag water te openen en ze bij hoog water te sluiten – was niet langer toereikend voor de in de nieuwe droogleggingsplannen vervatte doelstellingen. Het water moest worden weggepompt uit de nieuwe polders en de energie voor deze pompen werd geleverd door windmolens. Een belangrijk voorwaarde was een verbetering in het ontwerp en de bediening van windmolens; belangrijk was vooral dat er een nieuw overbrengingsmechaniek werd ontwikkeld dat het mogelijk maakte de kop van de molen in de juiste windrichting te draaien, terwijl voorheen de hele molen gedraaid moest worden, wat veel omslachtiger en arbeidsintensiever was. Zelfs met de nieuwe molens bleef de maximale opvoerhoogte van het water beperkt tot ongeveer een meter. Men kwam echter tot de ontdekking dat door een reeks molens achter elkaar te zetten – de molengang – een veel grotere opvoerhoogte kon worden bereikt. Deze technologische en organisatorische verbeteringen maakten het mogelijk om in 1612 de Beemster (met een diepte van drieënhalve meter) – en in 1624 zelfs de Wormer (vierenhalve meter diep) droog te leggen.[4] Deze polders lagen dus veel dieper onder zeeniveau dan voor die tijd mogelijk was geweest. Deze efficiëntere windmolens werden ook gebruikt om de ontwatering van al bestaande polders te verbeteren en de regeling van waterstanden en -verplaatsingen doelmatiger te maken – en zelfs om het water vanuit het land de zee in te pompen wanneer dat nodig was. De rijen kleine windmolens die te zien zijn op veel Nederlandse landschapsschilderingen uit de zeventiende eeuw herinneren ons eraan hoe alomtegenwoordig deze pompsystemen in deze periode waren.

Hoewel de zeventiende eeuw de grote bloeiperiode was van de Nederlandse landschapsschilderkunst en de meeste schilders die zich toelegden op dit genre in Holland leefden en werkten – dus in de provincie die de ingrijpendste veranderingen doormaakte – is er op Nederlandse zeventiende-eeuwse landschapsschilderingen verbazend weinig te zien van deze transformatie van het platteland. Natuurlijk was het niet de taak van de kunstenaars om sociale en economische veranderingen te documenteren, en misschien vonden ze deze vlakke, eentonige, pas drooggelegde polders een ondankbaar onderwerp. De Nederlandse schilders waren niettemin wel degelijk in staat het alledaagse tot kunst te verheffen: op schilderijen met stadsgezichten komen bijvoorbeeld grote stukken vlak land voor, en Meindert Hobbema verstond de kunst om een laan met bomen in een vlak landschap tot een pittoresk tafereel te maken. Jacob van Ruisdael, de meester van het Nederlandse landschap, had echter een voorkeur voor dramatischer onderwerpen dan de onlangs droog-

2.1 Jan Asselijn, *De doorbraak van de Sint-Anthonisdijk bij Amsterdam*, 1651, Amsterdam, Rijksmuseum.

gelegde polders, en in het algemeen lijken kunstenaars zich eerder aangetrokken gevoeld te hebben tot een wat gevarieerder type platteland waar bossen, boerderijen en duinen konden worden gecombineerd tot een schilderachtig geheel (zie Afb 1.2). Het is goed mogelijk dat de schilders in een tijd waarin zich zulke snelle en drastische veranderingen voordeden zich er veeleer op toelegden een werkelijkheid vast te leggen die onder hun ogen aan het verdwijnen was in plaats van te tonen wat er nieuw was op het platteland. Dat er een minder omvangrijk gebied met water bedekt was kwam evenmin tot uiting in de kunst van die tijd: in Nederlandse landschappen bleef het water een praktisch alomtegenwoordig element. Haven- en riviergezichten en ijspret op bevroren meren waren buitengewoon populaire onderwerpen. Het is opvallend dat het bij zulke taferelen in feite altijd gaat over aan banden gelegd water, dat zich leent voor vervoer of vermaak; er zijn slechts enkele voorbeelden van afbeeldingen van een buiten zijn oevers tredende rivier of een dijkdoorbraak (Afb. 2.1). Daarentegen maakten schilders van zeegezichten uit die tijd graag gebruik van de dramatische mogelijkheden van storm op zee en schepen in nood, al zijn er ook rustiger maritieme taferelen, zoals die van Jan van de Cappelle. Misschien waren de kopers van dergelijke schilderijen minder beducht voor de gevaren van de zee dan voor het reëlere risico dat hun huis onder water zou komen te staan. Het genre van de Nederlandse landschapsschildering is in wezen een uitdrukkingsvorm van een stedelijke culturele elite die het platteland eerder associeerde met tijdverdrijf dan met arbeid. De Amsterdamse patriciërs bezaten imposante villa's langs de Vecht, maar bescheidener buitenverblijven – een landhuisje of een tuin – waren in feite algemener. De markt voor kunst werd bepaald door de smaak van stadsbewoners die de voorkeur gaven aan pittoreske landelijke scènes boven de alledaagse realiteit van het nieuwe platteland dat pal achter de stadsmuren uit de grond werd gestampt – en wellicht werden ze er liever niet aan herinnerd dat het niet alleen de nieuwe polders waren die onder de zeespiegel lagen.

Deze grote veranderingen in de onderlinge verhouding tussen land en water bleven hoofdzakelijk beperkt tot de kustprovincies, maar de verbondenheid van het land met de zee, de rivieren en de vaarten was nauwelijks minder belangrijk voor de binnenlandse provincies. Die laatste term is in deze context zelfs uitgesproken misleidend, omdat de Zuiderzee – die in die tijd nog rechtstreeks in verbinding stond met de Noordzee – tot in het hart van de Noordelijke Nederlanden reikte en haar kustlijn zich uitstrekte tot Utrecht, Overijssel en Gelderland. Dat was gunstig voor het handelsverkeer over water binnen de Noordelijke Nederlanden en bracht de handel met het buitenland binnen het bereik van deze zogenaamd binnenlandse provincies. Ook Noord-Brabant had tot op zekere hoogte contact met de zee omdat de kustlijn van deze provincie deel uitmaakte van de delta van de grote rivieren. Drenthe was de enige provincie die nergens aan zee grensde. Via de routes over de Zuiderzee en de IJssel stonden de steden aan die rivier – Kampen, Deventer, Zwolle en Zutphen – enerzijds in verbinding met de explosief groeiende economie van Holland en anderzijds met een omvangrijk afzetgebied in het Heilige Roomse Rijk, terwijl de Schelde, de Maas en de Rijn de steden van de Zuid-Hollandse en Zeelandse delta verbonden met buitenlandse markten ten oosten en ten zuiden van de Republiek. De zee en de rivieren brachten zekere veiligheidsrisico's met zich, al waren die niet zo acuut als in de kustprovincies. Ook langs de kusten van de binnenlandse gewesten was er een laaggelegen gebied dat beschermd moest worden tegen het zeewater; ook bestond er altijd gevaar dat de rivieren buiten hun oevers zouden treden, en dat in een gebied dat naar normale Europese maatstaven, zij het niet naar de Nederlandse, nog altijd erg laaggelegen was. Niettemin veranderde er in deze provincies niet veel aan de verhouding tussen water- en landoppervlak, ten dele doordat er als gevolg van de aanhoudende oorlogshandelingen, in combinatie met een economie die stagneerde of terugliep, tot op het eind van de Tachtigjarige Oorlog weinig middelen of prikkels waren om geld te steken in zulke plannen. Na de zestiende eeuw werd er in Holland en Zeeland in feite nauwelijks nog gevochten, maar in de binnenlandse provincies was de situatie heel anders, en met name Noord-Brabant lag de hele oorlog lang aldoor in de frontlinie.

Door de verandering in de balans tussen land en water in de kustprovincies werd de structurele rol van water in de Nederlandse economie gewijzigd, maar niet fundamenteel veranderd. Water, in de vorm van rivieren, meren, vaarten en sloten, bleef veruit het belangrijkste vervoersmedium, zowel voor mensen als voor goederen. Gezien de heersende condities in de zeventiende eeuw, met weinig of geen verharde wegen, was transport over land tijdrovend en voor bulkgoederen extreem kostbaar. Dat gold in het bijzonder voor de laaggelegen delen van de Noordelijke Nederlanden, waar de wegen maar al te snel in een vrijwel onbegaanbare modderpoel veranderden. Merkwaardig genoeg liepen een aantal van de bruikbaarste routes over dijken, omdat die hoger lagen dan het omringende land (en water). In de kustprovincies van de Republiek werden de problemen van het transport over land ruimschoots gecompenseerd doordat vervoer over water relatief eenvoudig was. Dorpen en steden waren met elkaar en met de zee verbonden door een fijnmazig netwerk van waterwegen, waardoor de plattelandseconomie aansluiting kon vonden met die van de steden, en daarmee ook met de Europese en zelfs de internationale markt.

Een agrarische revolutie

De uitbreiding van het gebied dat in cultuur gebracht kon worden was echter maar een deel – zij het een belangrijk deel – van een veel langduriger transformatie van de landbouwsector in de Noordelijke Nederlanden en was zelfs in hoge mate een consequentie van deze langjarige ontwikkeling. In de loop van de zestiende en zeventiende eeuw gingen vooral de boerenbedrijven in de kustprovincies, die altijd voornamelijk zelfvoorzienend waren geweest, over op een hoofdzakelijk marktgerichte benadering. Waar de boeren eerst poogden te voorzien in al, of althans de meeste van hun eigen behoeften, richtten ze zich nu op productiewijzen die het best aansloten bij de aard van hun landerijen – en op het behalen van een zo groot mogelijke winst. In Holland kwam dit erop neer dat ze zich voornamelijk toelegden op veeteelt, dus op de productie van boter en kaas en op het vetmesten van vleeskoeien, die voornamelijk uit Denemarken werden geïmporteerd.[5] Deze vorm van landbouw was ook minder arbeidsintensief; de hiermee vrijgekomen arbeidskrachten vonden emplooi in de dienstensector in naburige dorpen of trokken naar de steden. Dankzij de algemene groei van de stedelijke economieën in deze periode waren die in staat deze toestroom te verwerken. De groei en de welvaart van de steden werden op hun beurt gestimuleerd door de bloei van de Nederlandse internationale handel, in het bijzonder door het steeds grotere marktaandeel van de Nederlanders in de handel in rogge en andere granen met het Oostzeegebied. De invoer van goedkoop graan uit die regio gaf boeren de mogelijkheid om zich toe te leggen op producten die een hogere prijs opbrachten, niet alleen in de steden, maar ook op de lucratieve markten in het buitenland. Transport over het water was essentieel voor deze ontwikkelingen: over land vervoeren van massagoed als graan was extreem kostbaar, maar Nederlandse handelaren konden het kopen in de Oostzeehavens, van daaruit verschepen naar de Republiek en op de Amsterdamse markt toch nog een fatsoenlijke winst behalen. Vanuit Amsterdam vond het graan zijn weg naar de andere steden in Holland en van daaruit naar die delen van het platteland waar intussen geen graan voor eigen consumptie meer werd verbouwd. Graan ging ook een belangrijk deel uitmaken van het Europese handelssysteem van Amsterdam, omdat de stad praktisch gesproken een monopolie had op het Oostzeegraan en het heruitvoerde naar West en Zuid-Europa. Deze lucratieve handel werd mogelijk gemaakt door het vervoer over water: over zee van de Oostzeehavens naar Amsterdam, en vandaar uit via zee, rivieren en vaarten naar markten in het overige deel van de Republiek en daarbuiten.

In Zeeland werd de hoeveelheid vee die kon worden gehouden beperkt door het ernstige tekort aan zoet water, en hier concentreerden de boeren zich op het verbouwen van tarwe, dat voornamelijk bestemd was voor de binnenlandse markt.[6] Ook in de binnenlandse provincies waren veel streken waar het winstgevend bleek om marktgericht te produceren door middel van specialisatie, vooral wanneer er efficiënte transportverbindingen waren. In de Overbetuwe concentreerden de boeren zich bijvoorbeeld op het verbouwen van koren, gerst, rogge en haver voor de markt, wat erop neer kwam dat ze hun oogst voornamelijk naar Holland verkochten.[7] Drenthe daarentegen was een naar verhouding arme streek waar nauwelijks waterwegen waren. Deze betrekkelijke isolatie biedt op zijn minst een gedeeltelijke verklaring voor het feit dat de boeren zich hier, anders dan in het overgrote deel van de Republiek, eerder bekommerden om het reduceren van de kans op een catastrofale tegenslag dan om het behalen van hoge winsten, en zich daarom toelegden op een gemengd bedrijf, om zo de risico's te verminderen.[8] Ze verbouwden rogge en hielden wat koeien, paarden en schapen, in de hoop op deze manier te voorkomen dat een strop op het ene gebied tot een complete instorting van hun bedrijf zou leiden.

De transformatie van de plattelandseconomie als gevolg van de inmenging en de stimulansen van de markt en de toegenomen hoeveelheid landbouwgrond bracht structurele maatschappelijke veranderingen teweeg in de dorpen en kleinere steden, met name in Holland. In de grotere dorpen was de marktgerichtheid van de Nederlandse landbouw een stimulans voor het ontwikkelen van quasi-stedelijke activiteiten en instellingen, omdat de boeren in toenemende mate diensten moesten inkopen waarin ze vroeger zelf voorzien hadden. Vermoedelijk was de transportsector het meest gebaat bij de toename in het handelsverkeer tussen stad en platteland, maar de dienstensector als geheel groeide ook, omdat er nu goederen en diverse diensten moesten worden geleverd aan de boerenbedrijven in de omgeving. Deze expansie hield in dat de maatschappelijke structuur van de agrarische gebieden ingrijpend veranderde. De transformatie van het Nederlandse platteland mag dan zijn bevorderd door invloeden vanuit de markt, maar zonder de aanwezigheid van waterwegen was die omslag aanzienlijk minder markant geweest. De Gouden Eeuw was gegrondvest op water – of beter gezegd op het vervoer over het water.

Het veranderde platteland dat door de droogleggingen was ontstaan had uiteindelijk niet zulke ongunstige gevolgen voor de interne verbindingen als de handelaren en regenten in enkele minder invloedrijke steden hadden gevreesd, ook al was er veel open water verdwenen. Om elke nieuwe polder liep noodzakelijkerwijs een ringvaart en uiteraard moest het water dat uit de polders werd weggemalen in deze ringvaart worden gepompt en uiteindelijk naar zee worden afgevoerd, dus moest er een aantal waterwegen in stand worden gehouden en zelfs worden verbeterd. Daarenboven waren deze projecten opgezet om geld op te leveren voor de investeerders, en dus was het essentieel dat de opbrengst van het nieuwe boerenland zo goedkoop en eenvoudig mogelijk kon worden overgebracht naar de stedelijke markt – en dat betekende vervoer over water. De drooglegging en de exploitatie van de nieuwe polders maakten deel uit van de opkomende markteconomie van de Republiek die met zich meebracht dat de stedelijke en plattelandssectoren in economisch opzicht steeds nauwer verweven raakten. Kennelijk werd het verkeer over het water uiteindelijk eerder verbeterd dan belemmerd door de gewijzigde omstandigheden en raakten zelfs de kleinere steden en dorpen nog hechter geïntegreerd in de handelseconomie van het land als geheel.

Politieke aspecten van de landwinning

De transformatie van het Nederlandse landschap ging vergezeld van politieke problemen, met name in Holland, waar deze veranderingen het ingrijpendst waren.

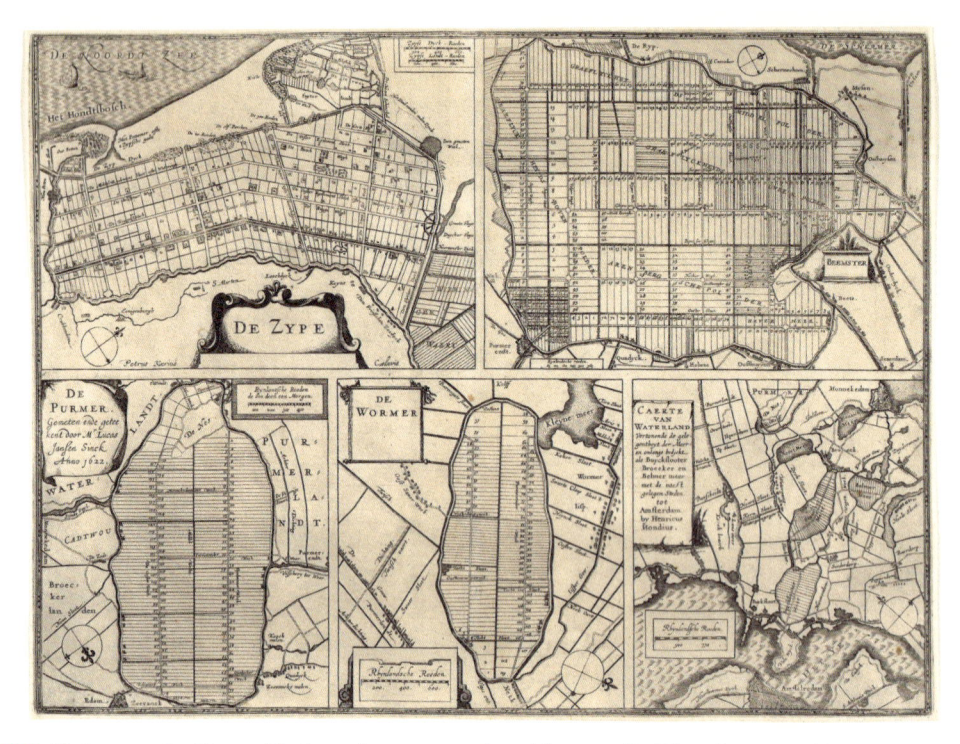

2.2 Pieter van der Keere, *Blad met kaarten van de polders van De Zijpe, Beemster, Purmer, Wormer, en een kaart van Waterland*, 1631-1633, Amsterdam, Rijksmuseum.

De achttien steden die na de Nederlandse Opstand zitting hadden in de Staten van Holland – daarvoor waren het er maar zes geweest – waren zowel economische rivalen als politieke bondgenoten en in de veranderingen die gepaard gingen met de nieuwe inpolderingen lagen zowel risico's nieuwe kansen besloten. Zoals gewoonlijk leverden de steden een felle strijd om hun eigen economische belangen veilig te stellen en te bevorderen. Gezien de omvang van de nieuwe polders zouden veel van de bestaande vaarroutes binnen de provincie, vooral die over open meren en zeearmen, opgeofferd moeten worden aan het droog te leggen land. Het gevolg was dat alle steden hun best moesten doen om ervoor te zorgen dat de verbindingen met andere steden, met hun achterland en met de zee er niet onder te lijden hadden – of de nadelige effecten tot een minimum te beperken. Daartoe moesten ze zowel de globale plannen voor de drooglegging als de details van de nadere uitwerking scherp in de gaten houden. Kwesties waarom ze zich vooral bekommerden waren de breedte en diepte van de ringvaart, de loop van de vaart waardoor het weggemalen water werd afgevoerd naar zee, en het ontwerp van de sluizen op dit traject. Voor sommige steden was het zaak ervoor te zorgen dat de ringvaart en de zeeroutes bevaren konden worden door de grootste Nederlandse schepen, terwijl andere daarentegen al bestaande routes wilden beschermen door de afmeting van schepen die de nieuwe waterwegen zouden bevaren tot een maximum te beperken. De omvang van schepen en vaartuigen die de sluizen op deze routes moesten passeren was om vergelijkbare redenen een punt van zorg; er waren bijvoorbeeld discussies over de vraag of sluizen in staat moesten zijn schepen met een staande mast door te laten, of juist van een overbrugging moesten worden voorzien om dergelijke schepen de doorgang te beletten.

Zulke meningsverschillen liepen vooral op in het deel van Holland ten noorden van het IJ, waar de zeven steden, dat wil zeggen degene die zitting hadden in de Staten van Holland, een felle strijd met elkaar leverden over de bereikbaarheid van de zee, het achterland, de markt van Haarlem en bovenal die van Amsterdam. Voor de havensteden aan de Zuiderzee stond hun economische positie op het spel, omdat ze al veel van hun rechtstreekse internationale handel kwijtraakten aan het steeds dominantere Amsterdam. Hoorn wist vast te houden aan de aanvoer van hout vanuit Noorwegen en het Oostzeegebied, en Enkhuizen aan de invoer van vee uit Denemarken, maar beide steden moesten hun overige internationale handel grotendeels prijsgeven aan hun machtige buur. De merkwaardige politieke organisatie van de provincie maakte het moeilijk en tijdrovend om dergelijke geschillen te beslechten: in theorie kon elke stad zijn veto uitspreken over een beschikking van de Staten en hoewel de besluitvorming in de praktijk een stuk pragmatischer verliep, bleef het moeilijk om beslissingen door te drukken die indruisten tegen het vermeende belang van de stemgerechtigde steden.[9] Doordat pogingen om in zulke gevallen tot een vergelijk te komen vaak langdurig vastliepen moesten de initiatiefnemers van een drooglegging proberen van tevoren zoveel mogelijk strijdige belangen met elkaar te verzoenen om met het project te kunnen beginnen, laat staan het te voltooien. Van tijd tot tijd dreigde het uit te lopen op gewelddadigheden; zo bleek Hoorn bijzonder agressief in zijn pogingen om droogleggingsprojecten te verstoren die de plaatselijke regenten strijdig achtten met de belangen van hun stad. In de zomer van 1625 stuurden ze tweemaal een tot de tanden bewapende compagnie van de schutterij naar een nieuw kanaal bij Alkmaar dat onderdeel was van de drooglegging van de Heerhugowaard om daar het werk te verstoren,[10] maar onder politieke en juridische druk moesten ze ten slotte hun nederlaag erkennen. Elders werden er sluizen beschadigd en dijken doorstoken, hoewel men uiteindelijk een gewapend treffen uit de weg wist te gaan.[11] Het hoge tempo waarin deze enorme transformatie van het landschap haar beslag kreeg maakte dat zulke spanningen vooral in deze streek hoog opliepen. Maar in heel Holland rezen tijdens deze transformatie vrijwel voortdurend geschillen tussen steden over de locatie en de afmetingen van sluizen en de loop van waterwegen, wat tot heftige confrontaties kon leiden. De 'overlegcultuur'[12] was niet altijd in staat om meningsverschillen tot een geslaagd einde te brengen, maar naar het zich liet aanzien leidde het gebruikte geweld in deze gevallen in elk geval niet tot het verlies van levens.

2.3 Jan van Goyen, *Polderlandschap*, 1644, Amsterdam, Rijksmuseum.

De totstandkoming van de nieuwe polders mag dan in Noord-Holland en elders in de kuststreken nieuw grondgebied hebben opgeleverd, maar het werk van de waterschappen bleef van doorslaggevend belang voor de binnenlandse waterhuishouding en de verdediging tegen een aanval van de zee. In de loop van de zeventiende eeuw echter verloren deze organen veel van hun onafhankelijkheid, toen het machtsevenwicht in Holland veranderde als gevolg van de toegenomen invloed van de steden, die na de Nederlandse Opstand nauwelijks nog kon worden ingeperkt. De besturen van de waterschappen kwamen in toenemende mate onder invloed te staan van de machtigste stad in de omgeving, en hun hoofden, de dijkgraven en heemraden, werden in de praktijk aangesteld door het stadsbestuur. Ondanks de groeiende welvaart en de economische en sociale modernisering van het platteland had de adel – die geacht werd in de Staten van Holland de belangen van het platteland te verdedigen tegen die van de steden – na de breuk met de Spaanse overheersing nauwelijks nog politieke macht, en daardoor was de invloed van de steden groter dan ze ooit was geweest. Het resultaat was dat de besluitvorming over de waterhuishouding van Holland in toenemende mate werd bepaald door de regenten in de steden; beslissingen over de locatie van sluizen, het onderhoud en de reparatie van dijken en de richting van waterverplaatsingen werden genomen met het oog op het belang van de steden, en werden alleen gewijzigd als gevolg van de intense onderlinge rivaliteit. In Zeeland was de machtsverdeling tussen stad en land minder onevenwichtig, al was het maar dankzij de politieke invloed van de prinsen van Oranje; in Friesland, waar de Staten bestonden uit de vertegenwoordigers van dertig landelijke districten (grietenijen) en van de elf steden, was de situatie veel minder overzichtelijk. Over het algemeen echter lag het zwaartepunt van de politieke macht in de kustprovincies ergens tussen de steden en de prins van Oranje in, terwijl het platteland weinig in te brengen had. In de binnenlandse provincies werd het platteland vertegenwoordigd – als dat al het geval was – door de adel of door notabelen uit het betreffende gebied, waarmee het belang van boeren en pachters niet altijd ten volle gediend was. Overal in de nieuwe Nederlandse staat werden de aard en omvang van het waterbeheer en de verdediging van het land tegen overstromingen bepaald door de steden en de adel, wier invloed per provincie kon variëren. De nieuwe polders waren het werk van stedelijke ondernemers en werden vormgegeven en bestuurd door de steden, die er primair op gericht waren hun eigen belangen veilig te stellen.

Water als bondgenoot

Het water was echter ook nog in een ander opzicht een vriend en bondgenoot van de jonge Nederlandse staat. De toepassing van water als verdedigingsmiddel, eerst tijdens de Nederlandse Opstand en daarna in de loop van de lange oorlog met Spanje, was zo belangrijk dat we met enige zekerheid kunnen stellen dat de Nederlanders zonder deze mogelijkheid nooit hun onafhankelijkheid hadden verworven. Wat betreft de jaren na de vrede van Münster (1648) is de situatie minder duidelijk, maar hoewel de Hollandse Waterlinie wellicht niet de enige reden is geweest dat de Republiek de Franse invasie van 1672 heeft doorstaan, was ze stellig onmisbaar. Water was het redmiddel van de natie en bepaalde tot op zekere hoogte ook de grenzen van de Republiek.

De Tachtigjarige Oorlog draaide in de kern om belegeringen; er waren weliswaar veldslagen en schermutselingen die niet altijd zonder betekenis waren, maar de oorlog werd uiteindelijk beslist door de inname en het verlies van forten en versterkte steden. De grootschalige invoering van vuurwapens in de vijftiende en zestiende eeuw, met name van kanonnen, had het noodzakelijk gemaakt een nieuw type verdedigingswerken te ontwikkelen: hoge vestingwallen die kwetsbaar waren voor zwaar geschut werden vervangen door gebastioneerde vestingen met lage, dikke muren die werden beschermd door lunetten of redoutes. Verdediging door middel van breedte nam de plaats in van verdediging door middel van hoogte, en met water gevulde grachten en rivieren konden een essentiële rol spelen bij het op afstand houden van belegeraars en het bemoeilijken van aanvallen.[13] Met hun talrijke steden en hun overvloed aan water waren de Noordelijke Nederlanden bij uitstek in staat om deze nieuwe mogelijkheden te benutten. Al snel bleek dat de radicale inzet van water – dus naast gebruikmaking van grachten en rivieren ook het doorsteken van dijken en het inunderen van het gebied rond een belegerde stad of versterking –

eventuele zwakheden in de eigenlijke fortificaties ruimschoots compenseerde. Daarnaast konden er dankzij het hoge grondwaterpeil vrij snel en eenvoudig aardwallen opgeworpen worden als dat nodig was, en dat maakte tegelijkertijd dat door de belegeraars gegraven loopgraven dikwijls vochtig waren en snel onderliepen. In de loop der tijd werden de belangrijkste steden en strategisch gelegen forten voorzien van dit nieuwe type vestingwerken, maar gedurende de eerste tien à twintig jaar van de Opstand speelde water een essentiële rol. Het stelde de provincies Holland en Zeeland, de haard van de rebellie, in staat om na de eerste maanden van de Opstand in 1572 de Spaanse tegenaanval het hoofd te bieden. Fameuze voorbeelden waren de belegeringen van Haarlem en Leiden: de eerste stad werd ingenomen door de Spanjaarden, maar pas na een langdurig beleg, terwijl de tweede de vijand weerstond tot ze op 3 oktober 1574 werd ontzet door groepen opstandelingen. In deze context is het veelzeggend dat de bevrijders Leiden per boot bereikten, nadat een groot deel van Zuid-Holland opzettelijk onder water was gezet.

Terwijl de tactische betekenis van het water gedurende de eerste decennia van het conflict boven discussie verheven is, is de strategische rol van water in de Tachtigjarige Oorlog als geheel een onderwerp dat geleid heeft tot soms verhitte debatten en bedenkelijke misvattingen. Kort samengevat luidt de algemene opvatting dat de grote rivieren, de Rijn en de Maas, een essentiële barrière vormden die de Spaanse herovering van de noordelijke provincies van de Lage Landen onmogelijk maakte. Duidelijk is dat deze rivieren, samen met de IJssel in het oosten, fungeerden als een enorme gracht, met daarachter een linie van forten en steden die voorzien waren van het nieuwe type ommuring. De Zuidelijke Nederlanden werden in de jaren 1580 heroverd door de Spanjaarden onder leiding van de hertog van Parma, maar dat het noorden behouden bleef was op zijn minst voor een deel te danken aan de inzet van het water. In de zeventiende eeuw leek het water veel minder belangrijk voor de verdediging van de Republiek dan legers en vloten,[14] vooral na 1648, toen de lange oorlog met Spanje werd beëindigd. Toch nam men in de zomer van 1672 opnieuw zijn toevlucht tot het water om de Nederlandse staat te behoeden voor een nederlaag en wellicht zelfs voor de totale ondergang: toen een Franse legermacht vanuit het oosten binnenviel bleek dat het water in de rivieren ongewoon laag stond. De Nederlandse troepen waren niet bij machte ze te verdedigen, en de Fransen rukten met angstwekkend gemak op naar de grenzen van Holland, maar liepen daar vast op de waterlinie. De Hollanders hadden een brede strook land tussen de Zuiderzee en de Maas onder water gezet; die strook bleek op sommige plaatsen gevaarlijk smal te zijn, maar hij hield stand en de Franse opmars werd een halt toegeroepen. De waterlinie was niet de enige reden dat Nederland behouden bleef, maar hiermee werd zoveel tijd gewonnen dat de andere elementen in de nationale en internationale situatie in het spel gebracht konden worden; zonder deze adempauze hadden de Franse troepen het hart van Holland zelf bereikt en was de toekomst van Nederland als onafhankelijke staat op zijn zachtst gezegd ongewis geweest.

Maar als we uitsluitend naar de defensieve functie van het water kijken, gaan we voorbij aan de andere essentiële rol die het speelde bij de Nederlandse strategie in de oorlog tegen Spanje. Vanaf circa 1580 manoeuvreerden de Nederlanders op de binnenlinies, en waren dankzij het gemak van het vervoer over water in staat om manschappen en materieel te verplaatsen naar praktisch elk punt op een curve die zich uitstrekte van Groningen tot Noord-Brabant en de delta van de grote rivieren in het zuidwesten. Bovendien konden de troepen en voorraden worden gestationeerd op een centraal punt en pas op het laatste ogenblik worden verplaatst, waardoor het voor de vijand erg moeilijk werd om te anticiperen op hun bewegingen. Er konden extra manschappen of voorraden worden overgebracht naar belegerde steden of fortificaties, en op elk punt op de periferie konden troepen en materieel worden ingezet voor een aanval. Bij elke offensieve of defensieve actie van de Nederlanders die om een reactie vroeg moesten de Spanjaarden zich verplaatsen langs de buitenzijde van deze curve, en wel voornamelijk over land, wat een dergelijke operatie naar verhouding traag en omslachtig maakte. In een tijd dat de opmars van een leger veel tijd kostte en bij nat weer letterlijk in de modder kon blijven steken, terwijl de manschappen niet zonder een rustpauze konden als ze een poos hadden gemarcheerd in volle wapenrusting, is het duidelijk hoeveel operationele en strategische voordelen de Nederlanders genoten dankzij het vervoer over water.

Ook de zee strekte de Nederlanders zowel tactisch als strategisch tot voordeel: ze kon gezien worden als een buitengewoon effectieve gracht die de kustlijn beschermde, maar ook als een middel om de vijand op eigen terrein aan te vallen door troepenverplaatsingen over zee. Maar net zoals de zee een essentieel middel van bestaan was dat tegelijkertijd gevaar voor overstromingen met zich bracht was ze behalve een verdedigingsgracht ook een potentiële toegangsroute voor een invasiemacht. Zowel

2.4 Hendrick Avercamp, *IJsvermaak bij een stad*, ca. 1620, Rijksmuseum.

uit offensief als defensief oogpunt was het bezit van een sterke vloot van groot belang voor de Nederlanders, en gedurende het grootste deel van de zeventiende eeuw was de Nederlandse zeemacht op zijn minst berekend op haar taak.[15]

Risico's en kansen

In de loop van de zeventiende eeuw veranderde de eeuwenlange strijd tegen de zee drastisch van karakter, en achter de zeeweringen was die verandering zelfs nog ingrijpender. Ook de landbouwsector deed zich een grote verandering voor, zij het over een langere periode; de boerenbedrijven, die aanvankelijk vooral zelfvoorzienend waren, ontwikkelden zich tot in hoge mate gespecialiseerde commerciële agrarische ondernemingen. De gewijzigde verhouding tussen land en water leverde niet louter winst op. Er waren zwakke punten die onvermijdelijk voortvloeiden uit de veranderingen: de bodem van de oudere polders bleef inklinken en de nieuwe lagen een eind onder de zeespiegel, wat betekende dat in geval van een overstroming een groter gebied getroffen kon worden. Doordat het drooggemalen gebied nu een aaneengesloten geheel vormde was het misschien eenvoudiger om het voor de zee te behoeden, maar de technieken die voor deze verdediging nodig waren bleven in wezen dezelfde. Er was minder kans op een grote breuk in de zeewering, maar de consequenties van een eventuele doorbraak dreigden nog kostbaarder te zijn dan voorheen. (De schade die de zeedijken in de volgende eeuw opliepen als gevolg van aantasting door de paalworm (*teredo navalis*) benadrukte eens te meer hoe kwetsbaar de bestaande zeewering was.) Per saldo bleef de situatie gedurende twee eeuwen min of meer stabiel; zoals al eerder opgemerkt werd de Haarlemmermeer aan het eind van de negentiende eeuw drooggelegd, maar afgezien daarvan volgden pas in de twintigste eeuw belangrijke veranderingen, met de aanleg van de Afsluitdijk die de Zuiderzee afsneed van de zee, en van nieuwe polders in het daardoor ontstane IJsselmeer. Deze projecten waren ten dele een reactie op de grote stormvloed van 1916 die werd veroorzaakt door een springtij, maar dat Nederland nog altijd zeer kwetsbaar was werd misschien pas ten volle duidelijk bij de Watersnoodramp van 1953. Op een aanzienlijk kleinere schaal heeft wateroverlast in Oost-Nederland recentelijk nog in herinnering gebracht dat overstromingsvlaktes een onmisbaar element zijn bij het beheer van het water dat door de Rijn, de Maas en andere rivieren wordt aangevoerd naar Nederland.

    De relatie tussen water en land is ook in het tegenwoordige Nederland nog altijd van essentieel belang. De voordelen van de zeventiende eeuw gelden nog altijd, maar er liggen nieuwe gevaren op de loer. Het succes van Europoort is een treffend voorbeeld van de grote winsten die de zee Nederland nog altijd kan bezorgen, maar de stijgende zeespiegel vertegenwoordigt een wellicht even grote bedreiging. De zee geeft, de zee neemt.

Noten

1. J. de Vries, *Barges and Capitalism: Passenger Transportation in the Dutch Economy (1632-1839)*, Utrecht, 1981.
2. J. de Vries en A.M. van der Woude, *The First Modern Economy: Success, Failure and Perseverance of the Dutch Economy, 1500-1815*, Cambridge, 1997, p. 29.
3. P.J. van Cruyningen, *Behoudend maar buigsaam. Boeren in West-Zeeuws-Vlaanderen 1650-1850*, Wageningen, 2000, pp. 21-24.
4. De Vries en Van der Woude, *The First Modern Economy*, p. 28.
5. J. de Vries, *The Dutch Rural Economy in the Golden Age, 1500-1700*, New Haven en Londen, 1974.
6. P. Priester, *Geschiedenis van de Zeeuwse landbouw circa 1600-1910*, Houten, 1998, pp. 39-41.
7. P. Brusse, *Overleven door ondernemen. De agrarische geschiedenis van de Over-Betuwe 1650-1850*, Wageningen, 1999.
8. J. Bieleman, *Boeren op het Drentse zand 1600-1910. Een nieuwe visie op de 'oude' landbouw*, Wageningen, 1987.
9. J.L. Price, *Holland and the Dutch Republic in the Seventeenth Century: The Politics of Particularism*, Oxford, 1994, pp. 172-182.
10. D. Alten, *'Als het gewelt comt...'. Politiek en economie in Holland benoorden het IJ, 1500-1800*, Hilversum, 1995, pp. 99-100.
11. Alten, *'Als het gewelt comt...'*, pp. 90-118.
12. W. Frijhoff en M. Spies, *1650: Hard-Won Unity* (Dutch Culture in a European Perspective, vol. I), Basingstoke, 2004, pp. 220-225.
13. C. Duffy, *Siege Warfare: The Fortress in the Early Modern World 1494-1660*, Londen, 1979, i.h.b. pp. 58-105.
14. P. Groen (red.), *De Tachtigjarige Oorlog. Van opstand naar geregelde oorlog (1568-1648)*, Amsterdam, 2013, pp. 318-325.
15. J.R. Bruijn, *The Dutch Navy of the Seventeenth and Eighteenth Centuries*, Columbia, 1993; Groen, *De Tachtigjarige Oorlog*, pp. 326-352.

3
Migratie

GEERT H. JANSSEN

Zeventiende-eeuwers kenden het woord 'migratie' niet. Toch was het fenomeen overal in hun samenleving zichtbaar. Het levensverhaal van Georgius Candidius kan dat goed illustreren. Georgius werd in 1597 geboren in het Duitse Kirchhardt, een plaatsje in de Palts-regio, waar de uitbraak van de Dertigjarige Oorlog vanaf 1618 duizenden mannen en vrouwen op de vlucht joeg. Zoals veel oorlogsvluchtelingen zocht Georgius een veilig heenkomen in de Nederlandse Republiek. In Leiden kon hij met een beurs theologie gaan studeren. Na zijn afstuderen pakte Georgius opnieuw zijn koffers, ditmaal als predikant in dienst van de voc. Hij belandde in 1623 in Ternate, een handelspost van de compagnie op de Molukken. De gemeenschap die de voormalige oorlogsvluchteling daar aantrof, was eveneens door migratie gevormd. Naast de lokale bevolking woonden er in Ternate voc-ambtenaren, Europese soldaten en Aziatische arbeidskrachten die door de compagnie, al dan niet gedwongen, naar het eiland waren verscheept. Na een paar jaar dienst te hebben gedaan in deze diverse gemeenschap werd Georgius overgeplaatst naar de voc-vestiging op Formosa, het huidige Taiwan. In 1639 keerde hij terug naar de Republiek, maar vier jaar later vertrok Georgius alweer naar Azië. Daar overleed hij 1647 als rector van de Latijnse school van Batavia, het hoofdkantoor van het koloniale voc-bestuur op Java.[1]

De reizen van Georgius Candidius illustreren niet alleen aan hoe 'gewoon' migratie was in de zeventiende eeuw, maar ook welke vormen die mobiliteit aan kon nemen. De ervaringen van zeventiende-eeuwse oorlogsvluchtelingen, arbeidsmigranten, tot slaaf gemaakten en ballingen liepen zonder meer uiteen, maar ze hadden allemaal met elkaar gemeen nieuwkomers te zijn in de Republiek en haar koloniën overzee. Historisch onderzoek heeft dit beeld van een migrantensamenleving bevestigd. Zo weten we dat rond 1640 ongeveer 40 procent van de inwoners van Amsterdam in het buitenland was geboren – een hoger percentage dan in het Amsterdam van vandaag. Maar ook in steden zoals Haarlem en Leiden maakten buitenlandse immigranten in deze periode soms wel de helft van de totale bevolking uit.[2] Nederland was in de Gouden Eeuw dus een echt migrantenland.

Migratie mag dan cruciaal zijn voor ons begrip van de Nederlandse zeventiende eeuw, het precieze belang ervan is niet altijd makkelijk aan te tonen. Dat heeft te maken met taal, definities en beschikbare gegevens. Om te beginnen waren de termen 'immigratie' en 'emigratie' in de zeventiende eeuw onbekend en werd in documenten uit die tijd zelden een onderscheid gemaakt tussen bijvoorbeeld vluchtelingen, arbeidsmigranten of reizigers. Al deze categorieën konden aangeduid worden onder de noemer 'vreemdelingen'. Het veelvuldig gebruik van die term laat ook zien dat zeventiende-eeuwse opvattingen over mobiliteit verschilden van die in de eenentwintigste eeuw. Migratie wordt tegenwoordig wel gedefinieerd als de verplaatsing van mensen over grenzen. Maar in vroegmodern Europa werden grenzen op heel verschillende manieren begrepen. Zo bestonden er staatkundige scheidslijnen tussen landen, maar minstens zo belangrijk waren juridische afbakeningen tussen provincies en zelfs steden. Een Groninger die Amsterdam bezocht kon dus evengoed beschouwd worden als 'vreemdeling' als een bezoeker uit Bordeaux. Voor veel zeventiende-eeuwers waren deze politiek-juridische grenzen bovendien ondergeschikt aan religieuze scheidslijnen. Gereformeerden beschouwden hun gemeenschap niet zelden als een internationale, protestantse broederschap die landsgrenzen oversteeg. Sommige katholieken zagen zichzelf juist als onderdrukte ballingen in eigen land en cultiveerden een spirituele band met Rome. Voor joden was het idee in een 'diaspora' te leven al veel langer onlosmakelijk verbonden met hun groepsidentiteit.

Ten slotte wordt ons begrip van migratie in de zeventiende eeuw gecompliceerd omdat verplaatsingen tussen (reële of imaginaire) grenzen tijdelijk of permanent konden zijn, vrijwillig of gedwongen, of onderdeel van een langere reis. De duizenden mannen en vrouwen die jaarlijks naar de Republiek trokken, deden dat soms om seizoensarbeid te verrichten of gebruikten de maritieme infrastructuur van de regio om verder de wereld in te trekken. Op bestemmingen van de WIC en VOC in de Atlantische en Aziatische Oceaan werden deze 'transmigranten' geconfronteerd met nog een vorm van migratie die kenmerkend was voor de Nederlandse 'Gouden Eeuw': de gedwongen verscheping en tewerkstelling van duizenden Afrikanen en Aziaten. Zoals hoofdstuk 4 uitgebreider laat zien, waren slavernij en slavenhandel een integraal onderdeel van het complexe migratieverleden van de Republiek.

In de zeventiende eeuw werd geen van deze verschillende vormen van mobiliteit systematisch geregistreerd. We hebben geen bevolkingsregisters uit die tijd, laat staan rapporten van een eigentijds Sociaal en Cultureel Planbureau. De gegevens die wel zijn overgeleverd, bevatten doorgaans lacunes of zijn voor verschillende interpretaties vatbaar. Dit hoofdstuk brengt daarom het migratieverleden van de Republiek in algemene lijnen in kaart en analyseert de impact van met name internationale migranten op maatschappelijke verhoudingen, economische ontwikkelingen, religieus leven en culturele infrastructuren.

Migratiepatronen

Internationale immigratie was geen nieuw verschijnsel in de zeventiende-eeuwse Nederlanden. Met name de verstedelijkte regio's in het westen van de Lage Landen kenden al vanaf de late middeleeuwen een gestage en gevarieerde stroom van nieuwkomers. Als centra van internationale handel huisvestten Vlaamse, Brabantse, Hollandse en Zeeuwse steden bijvoorbeeld Italiaanse, Spaanse, Engelse, Schotse en Duitse gemeenschappen van kooplieden. De maritieme sector en lokale lakenindustrieën waren daarnaast afhankelijk van buitenlandse arbeidskrachten en seizoenarbeiders. Deze arbeidsmigranten kwamen uit aangrenzende provincies, maar ook uit verder weg gelegen regio's zoals het Duitse Rijk en Noord-Frankrijk.

De uitbraak van een religieuze burgeroorlog in 1566, tegenwoordig bekend als de Nederlandse Opstand of Tachtigjarige Oorlog, veranderde deze migratiepatronen ingrijpend. Bovenal zorgde het militaire conflict tussen de Habsburgse regering en de rebellen voor een ongeëvenaarde vluchtelingencrisis die de demografische samenstelling van de Noordelijke en de Zuidelijke Nederlanden voorgoed zou veranderen. In de eerste fase van de oorlog (1566-1600) vluchtten tienduizenden mannen en vrouwen voor geloofsvervolging en militair geweld. In Duitse en Franse grenssteden en Engelse havenplaatsen ontstonden zo omvangrijke Nederlandse asielcentra. Zowel protestanten als katholieken, rebellen en regeringsgetrouwen werden in de loop van de oorlog het slachtoffer van deze gedwongen migraties. De bekendste vluchtelingenstroom betrof waarschijnlijk die van minstens 100.000 mannen en vrouwen uit Antwerpen, Brussel, Brugge en Gent nadat deze steden in 1584-1585 waren ingenomen door de Habsburgse regeringstroepen. Het overgrote deel van hen trok naar de noordelijke provincies Holland en Zeeland, die in handen waren van de rebellen. Rond 1600 maakten deze zuiderlingen ongeveer een derde van de bevolking uit in Leiden, Haarlem en Amsterdam.[4]

Diagram 3.1 Migratie en bevolkingsgroei in Holland (schatting)

Stad	1570	1600	1622	1672
Amsterdam	30.000	60.000	105.000	200.000
Leiden	15.000	26.000	44.500	72.000
Haarlem	16.000	30.000	39.500	50.000
Rotterdam	7000	12.000	19.500	45.000
Den Haag	5000	10.000	15.750	30.000

Bron: J.L. Israel, *The Dutch Republic: Its Rise, Greatness, and Fall, 1477-1806*, Oxford, 1995, pp. 328-332; J. van Lottum, *Across the North Sea: The Impact of the Dutch Republic on International Labour Migration, c. 1550-1850*, Amsterdam, 2007.

De oorlogsvluchtelingen uit het zuiden versterkten de positie van Holland als het nieuwe commerciële hart van de Nederlanden. Ook in de daaropvolgende decennia bleven met name de Hollandse steden aanzienlijke hoeveelheden immigranten aantrekken. Een deel van hen kwam uit naburige provincies, zoals Friesland, Overijssel en Gelderland, maar buitenlandse immigranten maakten een steeds omvangrijker deel van de lokale bevolking uit. De grootste instroom betrof die van Duitsers en Scandinaviërs; hun aantallen bereikten een piek in de periode rond de Dertigjarige Oorlog (1618-1648). Ook vestigden zich kleinere groepen Fransen, Schotten, Engelsen en Sefardische ('Portugese') en Asjkenazische ('Hoog-Duitse') joden in de Republiek. Deze buitenlandse immigratie nam na 1660 geleidelijk af, maar rond 1685 volgde een nieuwe golf toen circa 35.000 Franse hugenoten hun toevlucht zochten in de Noordelijke Nederlanden. Zoals te zien is in Diagram 3.1 leidde deze toevloed van mensen uit binnen- en buitenland tot een spectaculaire groei van steden. Omdat het sterftecijfer in vroegmoderne steden doorgaans hoger was dan het geboortecijfer, kon alleen immigratie de bevolking op een dergelijke schaal laten groeien. Met name Amsterdam, in 1570 nog een middelgrote stad met ongeveer 30.000 inwoners, dijde uit tot een metropool van 200.000 zielen.[5] Omstreeks 1650 was Amsterdam, na Londen en Parijs, de grootste stad van Noord-Europa geworden.

De samenstelling van deze verschillende internationale migratiegolven geeft ook inzicht in haar onderliggende oorzaken. Een aantal historici heeft betoogd dat economisch perspectief de voornaamste drijfveer moet zijn geweest voor de opvallend grootschalige immigratie in de zeventiende eeuw. De enorme vraag naar arbeid en de relatief hoge lonen in de Republiek hadden een aanzuigende werking op arbeidsmigranten uit heel Europa.[6] In de laagstbetaalde sectoren van de maritieme sector werd het werk bijvoorbeeld grotendeels verricht door ongeschoolde Duitsers en Scandinaviërs. In Leiden was de komst van Vlaamse textielarbeiders na 1584 onlosmakelijk verbonden met de heropleving van de lakenindustrie in de stad. Deze economische migratiemotieven verklaren ook de opvallende genderbalans onder immigranten: mannen waren doorgaans oververtegenwoordigd. Andere historici hebben erop gewezen dat ook de relatieve tolerantie ten aanzien van godsdienst een verklaring was voor de groeiende mobiliteit richting de Republiek. De Unie van Utrecht (1579) garandeerde iedereen vrijheid van geweten en het verbod om vanwege religie te worden vervolgd. Hoewel de interpretatie van dit beroemde artikel uit de Unie per regio en periode verschilde, leidde de regeling tot een opvallende religieuze diversiteit in de zeventiende eeuw. Het is tekenend dat veel gedoogde geloofsgroeperingen voortkwamen uit specifieke migrantengemeenschappen: de lutherse, waalse en joodse gemeentes bestonden overwegend uit buitenlandse immigranten en hun nakomelingen. Voor veel van hen zullen religieuze en economische migratiemotieven met elkaar verbonden zijn geweest. Zo ontvluchtten duizenden Duitse protestanten hun woonplaats tijdens de Dertigjarige Oorlog, maar kozen deze oorlogsvluchtelingen ook voor een vestigingsregio met zowel religieuze vrijheden als materiële overlevingskansen. De Republiek leek op beide terreinen positieve vooruitzichten te bieden.

Een migrantensamenleving

Hoewel internationale migratiestromen ongelijk verdeeld waren over de Republiek – de meeste nieuwkomers vestigden zich in de verstedelijkte delen van Holland en Zeeland – veranderden ze de Nederlandse samenleving ingrijpend. In economische zin waren de effecten ambigu. Enerzijds brachten migranten nieuwe kennis, kapitaal en handelsnetwerken met zich mee. Zo leverden Vlaamse textielarbeiders en gefortuneerde Antwerpse ondernemers de aanzet tot de commerciële expansie vanaf de jaren 1590. Zonder hen was de economische Gouden Eeuw onmogelijk geweest. Tegen het eind van de zeventiende eeuw introduceerden Franse hugenoten en Sefardische joden opnieuw innovaties op het terrein van luxeproducten, media, maritieme techniek en financiële expertise – hoewel hun precieze economische impact onderwerp van debat is. Anderzijds leidde migratie ook tot een proletarisering van arbeid en toenemende materiële ongelijkheid. De groeiende vraag naar goedkope buitenlandse arbeidskrachten trok onder meer Duitse en Scandinavische agrariërs naar de maritieme centra van de Republiek. Hier veranderden deze plattelandsbewoners in stedelingen die afhankelijk waren van loonarbeid. De almaar uitdijende vloten en scheepswerven van de handelscompagnieën waren in hoge mate afhankelijk van de instroom van juist deze ongeschoolde buitenlandse arbeidskrachten. Halverwege de zeventiende eeuw bestond bijna de helft van de zeevarende werknemers van de VOC uit buitenlanders.

De verschillende migratiestromen dwongen stadsbesturen in Holland al snel tot ingrijpende veranderingen in het stedelijke landschap. Amsterdam, Leiden, Haarlem, Rotterdam, Enkhuizen en Hoorn investeerden vanaf 1590 in stadsuitbreidingen, de vernieuwing van havens en de bouw van openbare gebouwen en kerken. De schaal waarop dit gebeurde was zo omvangrijk dan een inwoner van Amsterdam in 1600 de stad van vijftig jaar later maar moeilijk zou hebben herkend. De aanleg van de grachtengordel is exemplarisch voor de nieuwe, moderne stad die in de zeventiende eeuw als gevolg van migratie en stadsuitbreiding ontstond.[7]

Migratie creëerde ook een nieuw religieus landschap. De overwegend calvinistische vluchtelingen uit Vlaanderen en Brabant verstevigden vanaf 1585 de positie van de nog zwakke gereformeerde kerk in de noordelijke provincies. Hun prominente plaats binnen de publieke kerk van de Republiek droeg ook bij aan de religieuze spanningen van het Twaalfjarig Bestand (1609-1621). De remonstrantse partij binnen de publieke kerk refereerde geregeld aan xenofobe onderbuikgevoelens door de tegenpartij af te schilderen als buitenlandse radicalen die met hun theocratisch

3.1 Jan Davidsz. de Heem, *Pronkstilleven*, ca. 1655, Sarasota (Florida), John and Mable Ringling Museum of Art.

programma de Hollandse samenleving wilden overnemen. Ook andere religieuze groepen ondervonden de effecten – reëel of ingebeeld – van immigratie. Zo waren de lutherse kerken in veel plaatsen een opvangcentrum en ontmoetingsplaats voor de duizenden Duitsers en Scandinaviërs. Franssprekende protestanten vonden op dezelfde manier een thuis in de waalse kerkgemeentes. De Republiek nam dus niet alleen grote hoeveelheden vluchtelingen en arbeidsmigranten op, maar dwong hen ook zich te organiseren als groep. Deze ontwikkeling verklaart ook het blijvende internationale engagement van deze kerken. Zodra er elders in Europa religieuze conflicten uitbraken, organiseerden veel kerkgenootschappen hulpacties en collectes voor hun onderdrukte geloofsgenoten in den vreemde. Omdat veel religieuze gemeenschappen in de Republiek zelf een verleden kenden van vervolging en vlucht, was deze internationale solidariteit met vluchtelingen niet alleen een uiting van liefdadigheid, maar ook de articulatie van een gecultiveerd zelfbeeld. Volgens de Franse filosoof Pierre Bayle werd de Republiek alom beschouwd als 'de grote ark van de vluchtelingen' van zijn tijd.

Migranten droegen in belangrijke mate bij aan veranderende smaak en materiële cultuur en waren de motor achter talloze innovaties in de kunsten en creatieve industrie. Vernieuwingen op het gebied van de schilderkunst, cartografie en architectuur, waarvan een aantal tegenwoordig gelden als 'typisch Nederlands', waren in feite afkomstig van migranten-kunstenaars of het gevolg van de patronage van vermogende nieuwkomers (Afb. 3.1). De enorme productie van schilderijen, die het beeld van de 'Gouden Eeuw' in belangrijke mate hebben gevormd, was alleen mogelijk dankzij de technieken, specialisaties en formaten die met name Zuid-Nederlandse kunstenaars in de vroege zeventiende eeuw introduceerden. Het beroemde 'Hollandse' landschap is daarvan een sprekend voorbeeld. Ook in de tweede helft van de zeventiende eeuw waren migranten-kunstenaars zoals Gerard de Lairesse (Afb. 3.2) en Daniël Marot belangrijke smaakmakers. Deze betrekkelijk open, internationale oriëntatie blijkt ten slotte uit populaire modieuze trends zoals tulpen of Delfts blauw. Vaak betrof het importproducten (de tulp kwam uit het Ottomaanse Rijk) of goedkope variaties van buitenlandse luxegoederen (Delfts aardewerk was een imitatie van Chinees porselein).

In intellectuele kringen waren de effecten van internationale migratie en mobiliteit onder meer zichtbaar in de opmerkelijke groei van een media-industrie. In de zeventiende eeuw ontwikkelde de Republiek zich tot een kosmopolitisch centrum van grote, internationaal opererende drukkers en uitgevers. Dankzij de betrekkelijk zwakke censuur trokken auteurs als René Descartes en John Locke naar steden als Amsterdam, Leiden en Rotterdam om aldaar hun controversiële werken uit te geven. De Nederlandse universiteiten kenden een even opvallend internationaal profiel. In Leiden, bijvoorbeeld, was ongeveer de helft van de hoogleraren en studenten afkomstig uit het buitenland, wat in belangrijke mate bijdroeg aan het academisch prestige van de instelling in Europa.[8]

In de hogere echelons van de Nederlandse samenleving had migratie andere, specifieke effecten. De prinsen van Oranje en hun neven, de graven van Nassau, waren zelf van Duitse adel en bezaten talloze landerijen in het Duitse Rijk, Frankrijk en de Zuidelijke Nederlanden. Hun Europese wereldbeeld blijkt ook uit de samenstelling van de stadhouderlijke hofhouding waarin talloze, veelal protestantse, edelen uit Europa werden opgenomen. Sommige van hen bekleedden tegelijkertijd hoge posities in het Staatse leger, dat jaarlijks duizenden buitenlandse soldaten wierf. Onder de stadhouders Maurits en Frederik Hendrik ontwikkelde het Staatse leger zich tot een befaamde internationale trainingsschool van moderne oorlogsvoering. Een uitgekiende dynastieke huwelijkspolitiek versterkte het mondaine karakter van het Oranjehof. De stadhouders kozen bij voorkeur Europese huwelijkspartners, met name uit Duitse en Engelse protestantse vorstenhuizen. Hun residentie in Den Haag bood ook onderdak aan verschillende koninklijke ballingen. Vanaf 1621 was Den Haag de thuisbasis van het hof van de koning en koningin van Bohemen, Frederik V van de Palts en Elizabeth Stuart. Ook de ontheemde prins van Wales, de latere Engelse koning Karel II, verbleef vanaf 1649 geruime tijd met zijn entourage in de Republiek. De Verenigde Nederlanden mochten op papier dan wel een republiek zijn, de aanwezigheid van een stadhouder annex prins van Oranje maakte haar samenleving vorstelijker en 'Europeser' dan het beeld van de burgerlijke Nederlandse Gouden Eeuw doet vermoeden.[9]

Integratie en gemeenschapsvorming

Overheden hadden in de zeventiende eeuw betrekkelijk weinig middelen om de mobiliteit van mensen effectief te sturen en ze ontwikkelden maar zelden zoiets als een consistent migratiebeleid. Grensbewaking was in de regel afwezig of lokaal georganiseerd. Omdat de Republiek een sterk gedecentraliseerde structuur had, was immigratie-regelgeving primair een lokale verantwoordelijkheid. Sommige stadsbesturen, zoals die in Leiden, waren zeer actief in het aantrekken van specifieke, goed opgeleide immigranten en wierpen tegelijkertijd beperkingen op om armlastige nieuwkomers te weren. Woonruimte voor immigranten werd doorgaans overgelaten aan particulier initiatief of werd door de stadsregering georganiseerd op een geïmproviseerde ad-hocbasis. In Delft bijvoorbeeld stelde het lokale bestuur aan het eind van de zestiende eeuw voormalige katholieke kloosters ter beschikking om vluchtelingen uit Vlaanderen en Brabant te kunnen huisvesten. Deze regelingen en tijdelijke opvang voorkwamen niet dat grootschalige migrantenstromen fricties opriepen bij de plaatselijke bevolking. In gemeenschappen die hun identiteit in sterke mate ontleenden aan een collectief verleden en corporatieve instellingen zoals gilden, betekende de komst van 'vreemdelingen' al snel een bedreiging voor sociale cohesie en gevestigde belangen.

Tegenstanders van immigratie maakten veelal gebruik van dezelfde argumenten en stereotyperingen. Om te beginnen werd vaak gewezen op de verhulde politieke ambities en het religieuze fanatisme van vreemdelingen. De Amsterdamse burgemeester Cornelis Pietersz Hooft, bijvoorbeeld, wees tijdens de Bestandstwisten op de ontwrichtende werking die Vlamingen en Brabanders zouden hebben op de kerkelijke en bestuurlijke verhoudingen in Holland. Ook het misbruik maken van lokale zorg en liefdadigheid, de krapte op de huizenmarkt en vormen van criminaliteit werden regelmatig toegeschreven aan de komst van buitenlanders. Ten slotte gaf de bedenkelijke invloed van de buitenlandse smaak, zeden en levensstijl reden tot bezorgdheid. Al deze thema's vinden we terug in populaire media uit die tijd, zoals het befaamde toneelstuk de *Spaanschen Brabander* (1617) van Gerbrand Adriaenszoon Bredero. In dit blijspel worden verhalen over het hooghartige, frivole en onbetrouwbare gedrag van Brabantse en Vlaamse immigranten gebruikt om de eenvoudigheid en eerlijkheid van de geboren Hollanders te beklemtonen. In het omineuze motto van Bredero's stuk 'Al ziet men de mensen, men kent ze niet' [Al sietmen de luy men kensse niet] zien we deze zeventiende-eeuwse argwaan ten aanzien van vreemdelingen krachtig gevat.[10]

Tegen deze achtergrond is het misschien verrassend dat gedurende de zeventiende eeuw er nauwelijks voorbeelden zijn van georganiseerd verzet of burgerprotesten tegen de grote aantallen nieuwkomers. Sociaal historici hebben er zelfs op gewezen dat de meeste migranten betrekkelijk snel en eenvoudig leken te integreren in lokale gemeenschappen. Voor dit patroon van acceptatie en maatschappelijke integratie zijn verscheidene verklaringen aangevoerd. Een aantal onderzoekers heeft de nadruk gelegd op de accommoderende houding van stadsbesturen. Het is opvallend dat (vermogende) buitenlanders in Hollandse steden betrekkelijk makkelijk toegang kregen tot commerciële en financiële instellingen. De Amsterdamse magistraat bevestigde in 1607 nadrukkelijk dat 'vreemdelingen' bij alle financiële transacties op gelijke wijze behandeld dienden te worden als gezeten burgers. Een dergelijke inclusieve regelgeving bood nieuwkomers de kans zich sneller te ontwikkelen tot respectabele leden van een plaatselijke gemeenschap.[11]

Een andere overheidsstrategie betrof het stimuleren van een gemeenschappelijke stadscultuur. In de decennia na de verwoestende religieuze burgeroorlog (1566-1585) besloten verschillende steden om een eigen geschiedenisverhaal en stadssymboliek te gaan promoten die nadrukkelijk religieus neutraal was en waarmee ingezetenen van uiteenlopende gezindten zich konden identificeren.[12] In Haarlem bijvoorbeeld werd de zogenaamde Damiate-cultus - een verhaal over de heroïsche rol die Haarlemmers zouden hebben gespeeld tijdens een dertiende-eeuwse kruistocht - nieuw leven ingeblazen. In het nabijgelegen Amsterdam werden de decoraties van het nieuwe stadhuis zo gekozen dat ze voor verschillende godsdienstige groepen acceptabel en herkenbaar waren. Andere historici hebben vooral de cultuur van religieus corporatisme gezien als een motor achter sociale integratie. Het is opvallend dat lokale overheden vrijwel overal de getolereerde geloofsgemeenschappen - gereformeerden, doopsgezinden, lutheranen, katholieken en (in sommige gevallen) joden - ook verplichtten te fungeren als opvangcentrum en gesprekspartner voor buitenlandse immigranten. Deze kerken en synagogen voorzagen dus niet alleen in spirituele zorg, maar waren ook verantwoordelijk voor vormen van opvang, armenzorg en onderwijs. De sociale discipline die zij binnen hun gemeenschappen uitoefenden, ondersteunde de lokale overheid bij de controle van grensoverschrijdend gedrag. Dit sociaal-religieus corporatisme heeft sommige historici er zelfs toe gebracht te betogen dat sociale integratie in de zeventiende eeuw samenging met de vorming van afzonderlijke, parallelle gemeenschappen binnen de samenleving.

Naast deze zogenaamde 'top-down' verklaringen kunnen we wijzen op het belang van culturele codes in integratieprocessen. De ingrijpende demografische veranderingen als gevolg van immigratie vanaf 1585 gingen samen met pogingen een gemeenschappelijke Nederlandse identiteit te creëren. Door het onbedoelde ontstaan van een noordelijke Republiek, onafhankelijk opererend van de Habsburgse vorst, ontstond al vroeg de behoefte een patriottisch verhaal van het nieuwe 'Nederland' te schrijven. Een aantal publicisten probeerden de religieuze burgeroorlog af te schilderen als een gemeenschappelijke vrijheidsstrijd van álle Nederlanders tegen een boosaardige Spaanse overheersing. De Nederlandse Opstand was volgens deze lezing een herhaling van de Bataafse Opstand, waarin dappere voorouders in het jaar 70 A.D. de Romeinse overheersers al hadden bestreden. Anderen gaven de voorkeur aan een confessionele lezing van de oorlog en zagen de vestiging van een protestantse samenleving als voornaamste inzet. Volgens hen was de Republiek een door God voorbeschikt Nieuw Israël.

Het is veelzeggend dat immigranten een belangrijke rol speelden bij de vorming van deze verschillende verhalen over het ontstaan van 'Nederland'. In pamfletten, stadskronieken en prenten verheerlijkten zij de Republiek bijvoorbeeld als een bolwerk van vrijheid voor ieder die het slachtoffer was van godsdienstdwang en onderdrukking. Op die manier konden ook nieuwkomers zich herkennen in de ontstaansmythe van de Republiek en zich met de nieuwe staat identificeren. Ook de nadruk op het onschuldige slachtofferschap van de Nederlanders en de heroïek van vluchten voor vervolging maakten dat de geschiedenis van de Nederlandse Opstand voor zowel ingezetenen als migranten een aantrekkelijk narratief was. Verhalen over migratie werden zo uitdrukkingen van trots en patriotisme.[13]

Emigratie

De Republiek mag de reputatie hebben genoten een migrantenland te zijn geweest, de effecten van die mobiliteit waren per regio zeer uiteenlopend. In de oostelijke provincies zoals Gelderland en Overijssel was veeleer sprake van demografische stabiliteit en was migratie vooral zichtbaar in de seizoensgebonden arbeidstrek naar Holland. Vanuit Twente vertrokken ieder voorjaar duizenden jonge mannen en vrouwen naar het westen om na de zomer weer terug te keren. Versterkte garnizoensplaatsen in de grensstreek, zoals 's-Hertogenbosch, Bergen op Zoom en Maastricht, hadden in de zeventiende eeuw juist moeite om hun bevolking op peil te houden. Datzelfde gold voor Zwolle, Zutphen en Deventer, die elk hun inwonertal zagen slinken van circa 10.000 in de jaren 1570 tot 7000 omstreeks 1650. Pogingen om deze geleidelijke neergang tegen te gaan door net als Holland en Zeeland buitenlandse immigranten aan te trekken, hadden hier slechts beperkt succes. In 1592 bood Kampen gratis burgerrechten aan nieuwkomers 'uit welke natie ook', terwijl Zutphen experimenteerde met aantrekkelijke belastingvoordelen voor migranten die zich in de stad wilden vestigen. Ondanks deze pogingen bleven de IJsselsteden last houden van een gestage emigratie richting de kustprovincies in het westen.[14] Naast deze interne migratiepatronen kende de Republiek ook een omvangrijke emigratie uit haar gebieden, een proces dat in de geschiedenisboeken veel minder aandacht heeft gekregen dan de immigratie van de zeventiende eeuw. Toch waren de beide golven van emigratie en immigratie intrinsiek met elkaar verbonden. Twee voorbeelden kunnen die dynamiek verhelderen.

Allereerst was er een groep prominente emigranten die de Noordelijke Nederlanden verliet uit onvrede over de politieke en religieuze consequenties van de Opstand: de vestiging van een autonome, republikeinse en protestantse staat. Vanaf 1572 waren enkele duizenden katholieken en koningsgezinden de rebellerende gebieden

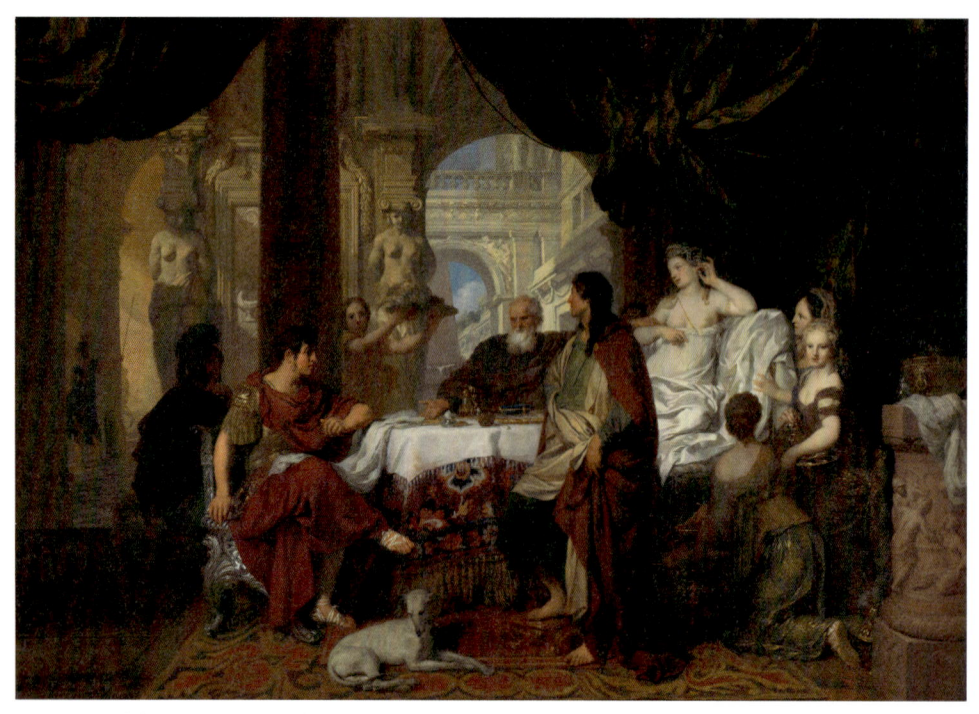

3.2 Gerard de Lairesse, *Het feestmaal van Cleopatra*, ca. 1675-1680, Amsterdam, Rijksmuseum.

al ontvlucht. Onder deze vluchtelingen waren geestelijken, magistraten en ambtenaren, maar ook 'gewone' katholieken die zich distantieerden van de opstand tegen de Roomse kerk en de wettige regering. Er ontstonden in de jaren 1570-1590 verschillende katholieke ballingsoorden over de grens, zoals in de Zuidelijke Nederlanden (Antwerpen, Brussel, Leuven, Douai) en het Duitse Rijk (Emmerich, Kalkar, Keulen). Hoewel het aantal katholieke vluchtelingen na 1590 snel afnam, bleef er een activistische kring van zelfbewuste ballingen bestaan. Zij onderhielden onder meer onderwijsinstellingen en bedevaartplaatsen die gefrequenteerd werden door katholieken die in de Republiek waren blijven wonen. Zo kwamen in de universiteitsstad Douai Noord-Nederlandse katholieken – studenten, pelgrims, reizigers – bijeen om de Beata Maria Hollandica te vereren. Dit Mariabeeld kwam oorspronkelijk uit Leiden en had op wonderbaarlijke wijze de beeldenstorm doorstaan. In Keulen en Leuven boden het Collegium Alticollense en het Collegium Pulcheriae Mariae Virginis educatieve centra die speciaal waren ingericht voor Noord-Nederlandse katholieken en hun studerende kinderen. In zekere zin vertegenwoordigden deze katholieke 'expatcentra' een alternatieve Noord-Nederlandse maatschappij: een zuiver Nederland dat niet bezoedeld was door protestantse ketterij of dubieuze republikeinse overheden.[15]

Koningsgetrouwe katholieken waren niet de enigen die zich verzetten tegen de nieuwe orde. Na de coup van stadhouder Maurits van Nassau in 1618 namen enkele honderden remonstranten en aanhangers van het Oldenbarneveltregime de benen. Zo'n tachtig predikanten werden zelfs officieel verbannen uit de Republiek. De autoriteiten van de Verenigde Nederlanden boden haar ingezetenen weliswaar gewetensvrijheid, deze politieke elite was bepaald niet verdraagzaam richting stemmen die haar gezag ter discussie stelden of de legitimiteit van de nieuwe staat in twijfel trokken. Ook religieuze radicalen en zogenaamde libertijnen, waaronder de aanhangers van het socianisme en de volgelingen van Spinoza, moesten steeds op hun hoede zijn, vooral wanneer hun religieuze of filosofische ideeën politieke implicaties leken te hebben. Een aantal dissidenten, waaronder de befaamde jurist en regent Hugo de Groot en de libertijn Hadriaan Beverland, werden gedwongen zich in het buitenland te vestigen.[16] Hoewel al deze non-conformisten zeer verschillende drijfveren kenden, deelden ze als emigranten de pijnlijke ervaring uit de Nederlandse samenleving te zijn verstoten.

Een tweede categorie emigranten was nog directer verbonden met de eerder besproken groepen immigranten. Een aanzienlijk deel van degenen die in de zeventiende eeuw naar de Republiek trokken, vestigde zich hier niet permanent. Deze 'transmigranten' zetten na aankomst hun reis voort op de vloot van een van de handelscompagnieën en maakten zo gebruik van de Nederlandse ambities een wereldhandelsimperium op te bouwen. Aanvankelijk hadden de VOC en de WIC gepoogd hun mondiale netwerken te bemensen met Nederlandse gezinnen die wilden emigreren of door wezen richting de koloniën te sturen. Maar deze rekruteringstrategie bleek al snel veel te weinig op te leveren. Met ongeveer anderhalf miljoen inwoners waren de Verenigde Nederlanden gewoonweg te klein om zelfstandig een koloniaal imperium in stand te houden. De voc nam daarom al snel haar toevlucht tot buitenlandse arbeidsmigranten. Gedurende de zeventiende eeuw vervoerde zij al met al 317.000 mannen en vrouwen vanuit de Republiek naar een van haar Aziatische bestemmingen; daarvan was de helft geboren in het buitenland. Kleinere aantallen traden in dienst van de wic en emigreerden naar de nederzettingen in Nieuw-Nederland of de plantages in Nederlands-Brazilië en het latere Suriname. In Nieuw-Amsterdam, het huidige New York, was rond 1660 slechts de helft van de geregistreerde Europese kolonisten geboren in de Republiek.

Tijdgenoten waren zich goed bewust van het belang van immigratie om emigratie mogelijk te maken. Adriaen van der Donck stelde in 1655 vast dat Holland inmiddels overbevolkt was geraakt door alle nieuwkomers en dat het 'seeckerlijck [...] dienstigh soude wesen en ghemackelijk konnen geschieden dat men met het hier onnodige en overtollig volck buyten Neerlandt noch een ander Neerlandt oprechten.' Tegen die achtergrond boden ook vluchtelingencrises elders in Europa 'kansen'. De Amsterdamse vroedschap klaagde in 1642 weliswaar dat door 'het jegenwoordigh krijghswezen alomme te Europa [...] veele verjaeghde ende door de oorlogh bedorve luijden daeghlijx met groote meenighten tot deze stadt aanvloeyen'.[17] Maar deze stroom vluchtelingen stelde Amsterdam tegelijkertijd in staat om haar ondernemingen in Amerika en Azië te bemensen. Na de moordpartijen en vluchtelingencrisis in het Noord-Italiaanse Piemonte in 1656, bijvoorbeeld, plaatste de magistraat van Amsterdam advertenties in plaatselijke kranten waarin de vervolgde Waldenzers de mogelijkheid werd geboden onder aantrekkelijke voorwaarden te emigreren naar Nieuw-Amstel, de Amsterdamse kolonie in Amerika (het huidige New Castle, Delaware). En toen de Franse koning Lodewijk xiv in de jaren 1680 de vervolging van de protestantse minderheid in het land aanmoedigde, zag de voc meteen hoe zij haar voordeel kon doen met de opvang van deze hugenoten. De Franse vluchtelingen werden met open armen ontvangen en doorgestuurd naar de Kaapkolonie van de voc in Zuid-Afrika. Ook beraamde de compagnie plannen voor een aanval op enkele eilanden in de Indische Oceaan die in Franse handen waren, onder het mom dat dit een 'compensatie' was voor het verlies van de bezittingen die de hugenoten bij hun vertrek uit Frankrijk hadden moeten achterlaten.[18] Zo spon het Nederlandse streven naar mondiale expansie garen bij vluchtelingencrises elders in Europa.

Gedwongen migratie en slavernij

Het verschepen van duizenden arbeidskrachten vanuit Europa was cruciaal om de Nederlandse aanwezigheid in Amerika, Afrika en Azië veilig te stellen. Maar deze mondiale landverhuizing vanuit de Republiek was slechts één kant van de medaille.

Na enige aarzeling namen de Nederlandse bewindhebbers ook hun toevlucht tot gedwongen migratie en dwangarbeid om hun ambities te verwezenlijken. Slavenhandel en slavernij waren in Republiek officieel verboden, maar deze regel werd niet nageleefd in de gebieden die de WIC en VOC buiten Europa in bezit namen. Vooral vanaf 1630, toen Brazilië op de Portugezen werd veroverd, nam de WIC de bestaande infrastructuur van tot slaaf gemaakte Afrikanen op de suikerrietplantages over. Tussen 1635 en 1651 werden niet minder dan 31.533 mannen en vrouwen gedwongen verscheept vanuit havens in West-Afrika. 26.286 van hen overleefden de oversteek over de Atlantische Oceaan. Ook toen Brazilië in de jaren 1650 weer in handen kwam van de Portugezen, bleven Nederlanders actief in de slavenhandel in de Atlantische wereld. De plantage-economieën van de WIC in Suriname en in het Caraïbisch gebied waren gedurende de hele zeventiende en achttiende eeuw afhankelijk van de systematische exploitatie van tot slaaf gemaakte Afrikanen en hun nakomelingen. Om de toevoer van deze arbeidskrachten op peil te houden, beschikte de compagnie over verscheidene 'slavenforten' aan de kust van West-Afrika, waaronder het kasteel Elmina in het huidige Ghana (zie Kaart 2). Aanzienlijk aantallen Afrikanen werden daarnaast door Nederlandse ondernemers doorverkocht aan andere Europese mogendheden, zoals de Spanjaarden, de Portugezen, de Engelsen en Fransen. Gedurende de zeventiende eeuw hebben Nederlanders al met al naar schatting tussen de 163.000 en 232.000 Afrikanen gedwongen verscheept, waarmee de Republiek een van de hoofdrolspelers was in de Atlantische slavenhandel van die tijd.[19]

In de Indische en Stille Oceaan kampte de VOC met vergelijkbare problemen rondom het bemensen van haar handelsposten. Omstreeks 1688 had de compagnie op haar vloot en op de forten in Azië ongeveer 22.000 mensen in dienst, een hoeveelheid die nog steeds ontoereikend was om een internationaal opererend bedrijf naar behoren te laten functioneren. Net als haar Atlantische tegenpool de WIC, nam de VOC daarom haar toevlucht tot gedwongen migratie en slavernij. Het is minder eenvoudig in dit verband nauwkeurige cijfers te geven, mede vanwege de grote verscheidenheid in de vormen van dwangarbeid die de compagnie toepaste. In India en de Indonesische archipel, bijvoorbeeld, werden inheemse bevolkingsgroepen regelmatig tewerkgesteld op plantages, in factorijen en als huishoudelijk personeel. In aanvulling daarop werden tot slaaf gemaakte arbeidskrachten vanuit andere delen van Azië aangevoerd. Zo verscheepte de VOC tussen 1621 en 1665 circa 38.000 mannen en vrouwen vanuit Pulicat in India naar Batavia op Java, waar het hoofdkwartier van de compagnie was gevestigd. Sommige VOC-beambten deden hun voordeel met de groeiende vraag naar arbeid door een eigen, particuliere slavenhandel op te zetten. Ook Arabische en Indiase ondernemers voorzagen de VOC van dwangarbeiders. Ten slotte probeerde de compagnie ook haar gerechtelijke organisatie in dienst te stellen van gedwongen migratie. Veroordeelde criminelen die werden verbannen van Java werden onder meer getransporteerd naar de Kaapkolonie in Zuid-Afrika waar de VOC grote behoefte had aan arbeidskrachten voor haar plantages.[20]

De Republiek mag in de Gouden Eeuw dan met succes een imago van vrijheidsdenken en tolerantie hebben geëxploiteerd, ze ontpopte zich elders in de wereld tot een opportunistische exploitant van lokale bevolkingsgroepen. Deze mondiale betrokkenheid bij slavernij en slavenhandel was ook zichtbaar in eigen land. Talrijke families uit Amsterdam en Zeeland verwierven fortuinen uit ondernemingen die direct of indirect afhankelijk waren van slavenarbeid of van investeringen in mensenhandel. En hoewel slavernij in de Republiek zelf illegaal was en slavenhandel zeker niet onomstreden, haalden gegoede families regelmatig Afrikaanse jongens naar Nederland voor huishoudelijk werk of als exotisch statusobject. Dit gebruik was aan het begin van de zeventiende eeuw waarschijnlijk geïntroduceerd door Portugese joden die zwarte dienaren in hun entourage meenamen naar Amsterdam. Hoewel het totale aantal Afrikanen in steden als Amsterdam betrekkelijk gering bleef, figureerden sommigen van hen prominent op (familie)portretten, zoals Jan Mijtens' schilderij van Margaretha van Raephorst (Afb. 3.3). Ook op stillevens zien we regelmatig zwarte jongens of zogenaamde 'moren' afgebeeld – soms als tronie of als exotisch stereotype.[21]

Migratieverleden

Migratie mag een alomtegenwoordig fenomeen zijn geweest in de zeventiende eeuw, de vormen die het aannam waren zo divers dat ze door historici zelden onder dezelfde noemer worden besproken. Religieuze vluchtelingen, arbeidsmigranten, ballingen en tot slaafgemaakten hadden op het eerste gezicht ook weinig met elkaar gemeen. Toch bestonden er opvallende overeenkomsten in de onderliggende oorzaken en de patronen van hun internationale mobiliteit. Ook leert een vergelijking van deze groepen dat de scheidslijnen tussen vrijwillige en gedwongen mobiliteit, tijdelijke en permanente migratie, vaak diffuus waren. De vele omzwervingen van Georgius Candidius – vanuit Kirchhardt, via Leiden, naar Ternate, Formosa en Batavia – brachten deze grijstinten al aan het licht. Zijn voorbeeld toont bovendien dat migratie de samenleving van de zeventiende eeuw niet alleen ingrijpend veranderde, maar ook van invloed was op de ideeën, percepties en wereldbeelden van die tijd. Verhalen over migratie speelden een opvallende, zij het ambigue, rol in de Nederlandse 'Gouden Eeuw'. Aan de ene kant werden ze ingezet als instrument voor religieuze identificatie en kon een migratieverleden zelfs helpen bij maatschappelijke integratie. Maar aan de andere kant droegen migratieverhalen ook bij aan een idee van exclusiviteit, werden ze gebruikt om groepen uit te sluiten en vergrootten ze de sociale ongelijkheid die de Nederlandse Gouden Eeuw zozeer kenmerkte. Het is veelzeggend dat de trotse afstammelingen van de slachtoffers van 'Spaanse slavernij' en vervolging zelf weinig aarzeling toonden wanneer onderdrukking, geweld en slavenhandel hen elders op de wereld gewin brachten.

3.3 Jan Mijtens, *Portret van Margaretha van Raephorst*, 1668, Amsterdam, Rijksmuseum.

Noten

1. L.J. Blussé, 'De Formosaanse proeftuyn der gereformeerde zending', in G.J. Schutte (red.), *Het Indisch Sion. De Gereformeerde kerk onder de Verenigde Oost-Indische Compagnie*, Hilversum, 2002, pp. 193-197.
2. J. Israel, *The Dutch Republic: Its Rise, Greatness and Fall, 1477-1806*, Oxford, 1998, pp. 328-332; J. Lucassen, 'Labour and Early Modern Economic Development', in K. Davids en J. Lucassen (red.), *A Miracle Mirrored: The Dutch Republic in European Perspective*, Cambridge, 1995, pp. 367-409.
3. L. Guicciardini, *Beschrijving van Antwerpen*, herdruk, Antwerpen, 1854, p. 143.
4. G. Parker, *The Dutch Revolt*, herziene editie, Londen, 1985, pp. 118-119; Israel, *The Dutch Republic*, pp. 160, 219, 328-332.
5. Israel, *The Dutch Republic*, pp. 328-332; J. van Lottum, *Across the North Sea: The Impact of the Dutch Republic on International Labour Migration, c. 1550-1850*, Amsterdam, 2007.
6. Lucassen, 'Labour'.
7. Zie ook hoofdstuk 1 van dit boek.
8. B. Bakker en E. Schmitz (red.), *Het aanzien van Amsterdam. Panorama's, plattegronden en profielen uit de Gouden Eeuw*, Bussum, 2007; E.J. Sluijter, 'On Brabant Rubbish, Economic Competition, Artistic Rivalry, and the Growth of the Market for Paintings in the First Decades of the Seventeenth Century', in *Journal of Historians of Netherlandish Art* 1 (2009); H. Dunthorne, *Britain and the Dutch Revolt, 1560-1700*, Cambridge, 2013.
9. L. Jardine, *Going Dutch: How England Plundered Holland's Glory*, Londen, 2008; M. Keblusek en J. Zijlmans (red.), *Princely Display: The Court of Frederik Hendrik of Orange and Amalia van Solms in The Hague*, Zwolle, 1997.
10. G.A. Bredero, *G.A. Brederoods Spaanschen Brabander Ierolimo gespeelt op de eerste Duytsche Academie, op het woort Al sietmen de luy men kensse niet*, Amsterdam, [1617]
11. O. Gelderblom, 'De economische en juridische positie van buitenlandse kooplieden in Amsterdam in de zestiende en zeventiende eeuw', in Leo Lucassen (red.), *Amsterdammer worden. Migranten, hun organisaties en inburgering, 1600-2000*, Amsterdam, 2004, pp. 172-173; M. Prak, 'The Dutch Republic as a Bourgeois Society', in BMGN – *Low Countries Historical Review* 125 (2010), pp. 107-140.
12. J. Spaans, *Haarlem na de Reformatie. Stedelijke cultuur en kerkelijk leven, 1570-1620*, Den Haag, 1989; B.J. Kaplan, *Calvinists and Libertines: Confession and Community in Utrecht, 1580-1620*, Oxford, 1995.
13. G.H. Janssen, 'The Republic of the Refugees: Early Modern Migrations and the Dutch Experience', in *Historical Journal* 60 (2017), pp. 233-252; J. Müller, *Exile Memories and the Dutch Revolt: The Narrated Diaspora*, Leiden, 2016; S. Schama, *The Embarrassment of Riches: An Interpretation of Dutch Culture in the Golden Age*, Londen, 1987.
14. Israel, *The Dutch Republic*, p. 331.

15. G.H. Janssen, *The Dutch Revolt and Catholic Exile in Reformation Europe*, Cambridge, 2014; C.H. Parker, *Faith on the Margins: Catholics and Catholicism in the Dutch Golden Age*, Cambridge, MA, 2008.
16. J.I. Israel, *Radical Enlightenment: Philosophy and the Making of Modernity, 1650-1750*, Oxford, 2001.
17. Erika Kuypers, *Migrantenstad. Immigratie en sociale verhoudingen in zeventiende-eeuws Amsterdam*, Hilversum, 2005, p. 297.
18. O. Stanwood, 'Between Eden and Empire: Huguenot Refugees and the Promise of New Worlds', in *American Historical Review* 118 (2013), pp. 1319-1344; F.R.E. Blom en H. Looijesteijn, 'A Land of Milk and Honey: Colonial Propaganda and the City of Amsterdam, 1656-1664', in *De Halve Maen* 85 (2012), pp. 47-56; G. Kruijtzer, 'European Migration in the Dutch Sphere', in G. Oostindie (red.), *Dutch Colonialism, Migration and Cultural Heritage*, Leiden, 2008, pp. 97-154.
19. M. van Groesen (red.), *The Legacy of Dutch Brazil*, Cambridge, 2014; J.M. Postma, *The Dutch in the Atlantic Slave Trade, 1600-1815*, Cambridge, 1990.
20. M. van Rossum, *Kleurrijke tragiek. De geschiedenis van slavernij in Azië onder de VOC*, Hilversum, 2015; M. Vink, 'The World's Oldest Trade: Dutch Slavery and Slave Trade in the Indian Ocean in the Seventeenth Century', in *Journal of World History* 24 (2003), pp. 131-177; K. Ward, *Networks of Empire: Forced Migration in the Dutch East India Company*, Cambridge, 2008.
21. J. Hochstrasser, *Still Life and Trade in the Dutch Golden Age*, New Haven, 2007; D. Hondius, 'Black Africans in Seventeenth-Century Amsterdam', in *Renaissance and Reformation* 31 (2008), pp. 85-103.

4
Slavernij

PEPIJN BRANDON

In 1690 meldde Diego Montero de Espinosa, magistraat in de plaats Coro in het huidige Venezuela, aan de Gouverneur de arrestatie van veertien voortvluchtige slaafgemaakten bij de monding van de rivier Cumarebo. De veertien waren afkomstig van het nabijgelegen eiland Curaçao. In een klein bootje, met nauwelijks kleren aan hun lijf en met alleen water en een beetje voedsel om zichzelf in leven te houden, hadden ze hun ontsnapping gewaagd. Bij hun ondervraging verklaarden zij dat slechte behandeling en ondervoeding hen tot deze daad hadden gebracht. Zeven van hen waren gebrandmerkt met de letter W, het teken dat de West-Indische Compagnie hun eigendom claimde. Zeven anderen droegen de merktekens van individuele kolonisten. Toen het nieuws over de arrestatie de WIC-bestuurders op Curaçao ter ore kwam, eisten zij de uitlevering van de slaafgemaakten. Maar met hulp van zwarte inwoners van Coro wisten de veertien voor een tweede keer te ontkomen, al werd een aantal van hen uiteindelijk toch nog gepakt.[1]

Curaçao was aan het eind van de zeventiende eeuw een van de knooppunten in de wereldomspannende netwerken waarlangs Nederlanders deelnamen aan de slavenhandel en slavernij. Dit hoofdstuk schetst in grote lijnen de ontwikkeling van de Nederlandse participatie in de slavernij in het Atlantisch gebied en Azië in de zeventiende eeuw. Het is onmogelijk om daarbij elk aspect van het slavernijverleden de aandacht te geven die het verdient. In het korte bestek van dit hoofdstuk zal de nadruk liggen op drie inzichten, die ook uit het recent sterk toegenomen onderzoek naar dit onderwerp prominent terugkomen. Het eerste betreft de 'daders'. Betrokkenheid bij de organisatie van de slavernij vanuit de Nederlandse Republiek beperkte zich niet tot de West-Indische Compagnie (WIC) in het Atlantisch gebied of Verenigde Oostindische Compagnie (VOC) in Azië. De slavernij werd vormgegeven door compagnieën, private handelaren, plantagehouders, en bestuurders in Azië, Afrika, de beide Amerika's en de Nederlandse Republiek zelf. Dit gebeurde soms met medewerking van, en soms tegen de zin van lokale elites in Azië, Afrika en de Amerika's.

Een tweede aandachtspunt is dat het Nederlandse slavernijverleden zich niet beperkt tot territoria waarover de Staten-Generaal zeggenschap claimde. De actieradius van Nederlandse handelaren strekte tot ver buiten de eigen overzeese koloniën,

4.1 Prent van verkoop van gevangen Bengalezen aan dienaren van de VOC aan de Indiase noordoostkust. Afkomstig uit Wouter Schouten, *De Oost-Indische Voyagie*, Amsterdam: Jacob van Meurs, 1676.

en participatie in de slavernij was op zichzelf een terugkerend motief voor gebieds-uitbreiding en gewapend conflict. De levendige interactie tussen de WIC-vestiging Curaçao en Tierra Firme, de Spaanse koloniën op het vasteland van Zuid-Amerika, is slechts een van de vele voorbeelden van het belang om voorbij de imperiale grenzen te kijken. Maar niet alleen Nederlandse handelaren zagen de mogelijkheden van coöperatie voorbij de grenzen. In het voorbeeld waarmee dit hoofdstuk opende, zochten slaafgemaakten uit Curaçao naar vrijheid door een vlucht naar de jurisdictie van een aangrenzende kolonie, en werden daarbij geholpen door de (afstammelingen van) Afrikaanse slaafgemaakten ter plaatse. Het derde aandachtspunt in dit hoofdstuk zijn dan ook de slaafgemaakten zelf. Slavernij betekende in fundamentele zin het gewelddadig reduceren van een mens tot handelswaar. Te vaak neemt de geschiedschrijving onbewust het eindresultaat van dit proces van ontmenselijking over, door alleen oog te hebben voor de handelingen en perspectieven van degenen die van slavernij en slavenhandel profiteerden. Hoewel de bronnen structureel minder toegang geven tot de individuele en collectieve achtergronden, leefwereld, acties en ideeën van de slaafgemaakten, staan zij in het hart van de slavernijgeschiedenis.

Vier beginpunten

De literatuur over de Nederlandse slavenhandel neemt doorgaans het midden van de jaren 1630 als beginpunt van de systematische betrokkenheid van de Nederlandse Republiek bij de slavernij. De vraag of en hoe te participeren in de slavenhandel was al expliciet aan de orde geweest in de zomer van 1623, op de eerste vergadering van de bewindhebbers van de in 1621 opgerichte WIC. Volgens een aantekening in de kantlijn van de uitgebreide vergaderagenda bleef deze bespreking zonder duidelijke conclusie:

> Wat de handel van Angola aengaet te weten vande swarten is alsnoch bedenckelyck dewyle men geen plaetse noch gelegentheyt heeft om de selve in bresil of elders te gebruijcken behalfen dattet schynt dat die handel den Christen niet geoorlooft en is, welcke aengaende eenige naerder onderrichtinge soude dienen gedaen.[2]

Het genoemde religieuze bezwaar verdween snel van tafel toen het voor de bewindhebbers zwaarwegender praktische bezwaar was opgelost. Met de verovering van een aanzienlijk deel van Brazilië op de Portugezen had de WIC voor het eerst de controle over een kolonie waar duizenden slaafgemaakten suiker produceerden voor de Europese markt. Om te voorzien in de permanente vraag van plantagehouders naar nieuwe Afrikaanse gedwongen werkkrachten, ondernam Johan Maurits van Nassau-Siegen, de gouverneur van Nederlands Brazilië, in samenspraak met de WIC een geslaagde poging om steunpunten in de slavenhandel te veroveren aan de West-Afrikaanse kust. In 1637 veroverde hij het kasteel Elmina aan de Goudkust, vandaag de dag Ghana. Daarna volgden ook de kortstondige verovering van Sao Tomé en delen van Angola. In 1637 vervoerden Nederlandse schepen 1300 slaafgemaakten over de Atlantische Oceaan. In 1644 steeg dit tot meer dan 6000. Nadat de Portugezen Brazilië terug veroverden daalde het Nederlandse aandeel in de trans-Atlantische slavenhandel tijdelijk, maar vanaf de late jaren 1650 vervoerden Nederlandse slavenhandelaren structureel enkele duizenden slaafgemaakten per jaar van de kust van West-Afrika naar Zuid-Amerika en het Caraïbisch gebied.

Voor de participatie van de WIC in de trans-Atlantische slavenhandel vormde het midden van de jaren 1630 inderdaad een kantelpunt. Maar vanuit de bredere koloniale context zijn er nog drie andere beginpunten voor de Nederlandse betrokkenheid bij de slavernij te benoemen, allemaal ruim voor 1635: de private deelname van Nederlandse handelaren in het trans-Atlantisch handelscircuit, de vroegste kolonisatiepogingen in Noord- en Zuid-Amerika, en de expansie van de VOC in Azië. Van deze drie was de laatste het meest grootschalig en ingrijpend. Slavernij speelde een rol in het productiesysteem en de sociale ordening op vele van de plaatsen waar de in 1602 opgerichte VOC zich wilde vestigen. Portugese, Arabische en vele anderen namen deel aan de slavenhandel, die zeker niet alleen lokaal georiënteerd was maar vaak grote afstanden bestreek. In zijn beroemde *Itinerario* schreef Jan Huygen van Linschoten bijvoorbeeld:

> Van Mossambique wort naer Indien ghevoert Gout, Ambargrijs, Ebenhout, ende Yvoren, ende veel Slaven ende Slavinnen diemen naer Indien voert, om datse die sterckste zijn van gheheel Orienten, om het vuijlste ende grofste werck te doen, waer toe zyse alleen ghebruijcken.[3]

Al snel traden de Nederlanders in hun voetsporen. In een uitgebreide brief aan de Heren Zeventien uit november 1614 waarin Jan Pieterszoon Coen zijn ideeën over de te volgen strategie in Azië uiteenzette, opperde hij dat kolonisatie beter zou lopen 'soo wy ons van swarten alsoo versaegen, 't sy dan slaven ofte vrye lieden'.[4] Op hun beurt raadden de Heren Zeventien Coen in 1615 aan om 'eenige slaven (...) te doen coopen' voor fortenbouw.[5] En in 1619 bevalen de Heren Zeventien hem aan om een 'goede partye slaven van Madagascar' naar Ambon te brengen, om niet afhankelijk te zijn van gedwongen arbeidskrachten van het eiland zelf.[6] Ook op Java maakte de VOC al direct na de verwoesting van Jacatra en stichting van Batavia gebruik van over grote afstanden getransporteerde slaafgemaakten. Het besluit om in het voorjaar van 1621 de Banda-eilanden te 'ontvolken' en 'herbevolken' met slaafgemaakten om nootmuskaat en foelie te verbouwen (zie hoofdstuk 5), kwam dus niet uit de lucht vallen. In 1626 had de participatie van de VOC in de slavenhandel een dusdanige omvang bereikt, dat vertegenwoordigers van de Compagnie aan de kust van Coromandel de autoriteiten in Batavia waarschuwden 'dat dese continuele opsamelinge ende vervoeringe van slaeven ons bij d'omleggende natiën, insonderheyt bij de grooten, vrij wat in cleenachtinge brengt.'[7]

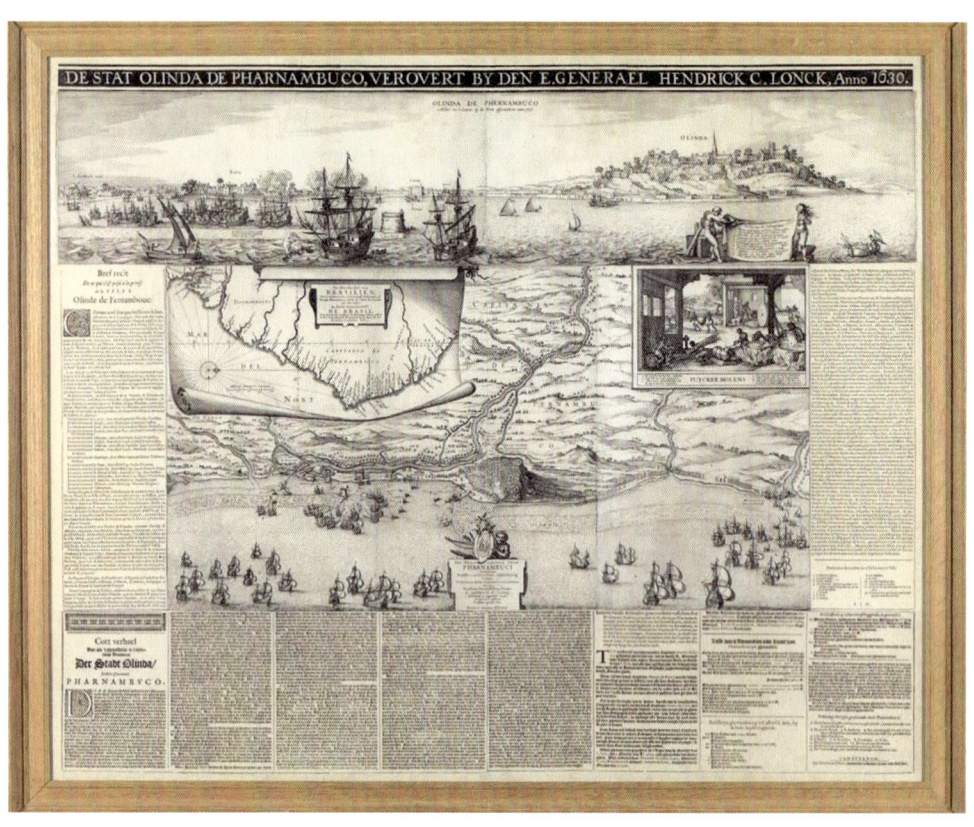

4.2 Nicolaes Visscher, *Nieuwskaart van Pernambuco, Brazilië, met afbeelding van een suikermolen met slaafgemaakten*, 1630, Amsterdam, Scheepvaart Museum.

Een ander, niet direct met deze Aziatische geschiedenis verbonden traject naar deelname aan slavenhandel en slavernij vormde de directe en indirecte participatie van in de Noordelijke Nederlanden gevestigde private handelaren in het Atlantische handelscircuit. In de entrée van kooplieden uit de Nederlanden in de Atlantische handel speelden oorspronkelijk niet de potentiële winsten uit de slavenhandel, maar die uit de goederenhandel de hoofdrol. De eerste stappen in de Atlantische handel dateerden van voor de Nederlandse Opstand, en rond 1600 hadden handelaren uit de nieuw gevestigde Republiek een vaste plaats weten te veroveren in de handel in goud en ivoor op West-Afrika, de handel in suiker op Sao Tomé en Brazilië, en de handel in 'exotische' producten zoals verfhout en tabak op Zuid-Amerika. Tot de vroege planters en suikermolenbezitters in de Braziliaanse provincie Pernambuco behoorde bijvoorbeeld de uit Utrecht afkomstige familie Olanda. In de late jaren 1570 organiseerden de in Lissabon gevestigde handelaren Gasper Cunentorf en Hans Snel samen met een zekere Jan Jansen uit Kampen de suikerhandel tussen Sao Tomé en Antwerpen. Ze waren ook betrokken bij de handel in Braziliaanse melasse en brazielhout. Ruim voor de WIC-veroveringen in Brazilië was Amsterdam al het centrum geworden van de Europese handel in op slavenplantages geproduceerde suiker.[8] Deelname aan deze handel bracht onvermijdelijk contact met slavernij en slavenhandel met zich mee. Directe participatie in de slavenhandel in het Atlantisch gebied vond sporadisch plaats. Onder andere de Rotterdamse handelaren Johan van der Veken en Pieter van der Haghen rustten al voor 1600 slavenschepen uit.[9] De kennis en netwerken die op deze manier werden opgedaan waren voor de consolidatie van de Nederlandse rol in de Atlantische slavernij minstens zo belangrijk als de handel in slaafgemaakten op buitenlandse schepen die door Nederlandse kapers waren veroverd.[10]

Tot slot was er ook al vroeg sprake van het gebruik van slavenarbeid bij de vestiging van Nederlandse nederzettingen aan de Zuid-Amerikaanse wilde kust. In eerste instantie waren deze kleine nederzettingen vooral gericht op de uitwisseling van handelsgoederen met de oorspronkelijke bewoners. Vanaf 1610 begonnen Nederlandse compagnieën ook met de aanleg van plantages, vooral voor de teelt van tabak. Volgens geloofwaardige Spaanse bronnen gebruikten Nederlandse kolonisten daarbij zowel tot slaaf gemaakte oorspronkelijke bewoners als Afrikanen.[11] De voorbeelden van voor 1635 zijn belangrijk. Ze laten zien dat de Nederlandse betrokkenheid bij de slavernij vanaf het eerste begin een wereldwijd karakter had. Bovendien onderstrepen ze dat vooral pragmatische overwegingen ervoor zorgden dat de WIC pas halverwege de jaren 1630 zich volop met slavernij en slavenhandel ging bezighouden.

Omvang en geografische spreiding

De meest voor de hand liggende, maar in zeker opzicht ook minst zeggende manier om een beeld te krijgen van de zeventiende-eeuwse Nederlandse betrokkenheid bij slavenhandel en slavernij is door deze puur kwantitatief uit te drukken. Volgens de schatting van de beroemde Slave Voyages Database vervoerden onder Nederlandse vlag varende schepen gedurende de hele zeventiende eeuw net iets minder dan 220.000 slaafgemaakten over de Atlantische Oceaan. De Nederlandse Republiek was daarmee in deze periode de op drie na grootste participant in de trans-Atlantische slavenhandel, achter respectievelijk Portugal, Engeland en Spanje. Het zwaartepunt ligt in de tweede helft van de zeventiende eeuw. De omvang van de Nederlandse slavenhandel in deze periode werd sterk bepaald door de prominente rol van Nederlandse handelaren in de mensenhandel via Curaçao naar de Spaanse koloniën in Zuid-Amerika. In de achttiende eeuw zou de handel op de eigen Caraïbische koloniën, vooral Suriname maar ook Demerara, Essequibo en Berbice, sterk toenemen. De totale omvang van de Nederlandse participatie in de trans-Atlantische slavenhandel nam in deze periode ook sterk toe.[12]

Voor de omvangrijke gebieden in Azië die in de loop van de zeventiende eeuw onder VOC-bestuur kwamen bestaan geen vergelijkbaar precieze cijfers voor de omvang van de slavenhandel. Op basis van de aantallen slaafgemaakten die werkten in deze gebieden en een grote hoeveelheid beschikbare gegevens over de slavenhandel in specifieke periodes en gebieden, is wel duidelijk dat de slavenhandel tot ver in de achttiende eeuw omvangrijker moet zijn geweest dan in het Atlantisch gebied. De meest recente totaalschattingen geven aan dat in de zeventiende en achttiende eeuw samen het aantal mensen die als slaaf naar Nederlandse vestigingen gevoerd werden, tussen 660.000 en 1.135.000 moet hebben gelegen. Daarbij moet wel worden aangemerkt dat de VOC zelf slechts een relatief klein aandeel in de mensenhandel had (tussen 37.854 en 53.544 slaafgemaakten in de zeventiende en achttiende eeuw samen). Individuele Europese dienaren van de compagnie, private handelaren en Aziatische slavenhandelaren controleerden het grootste deel van de handel. De VOC en haar dienaren stelden grote aantallen slaafgemaakten te werk, maar veel andere slaafgemaakten werkten in de VOC-vestigingen onder Euraziatische of Aziatische eigenaren. Het totale aantal slaafgemaakten dat leefde onder Nederlands bestuur telde in 1625 minder dan 10.000, maar naderde aan het eind van de zeventiende eeuw de 100.000, met een groot numeriek overwicht voor gebieden die vielen onder de VOC. Alleen al in Batavia en omgeving ging het rond 1700 om ongeveer 30.000 slaafgemaakten.[13]

De geografische spreiding van de Nederlandse betrokkenheid bij de slavernij hing uiteraard nauw samen met de ontwikkeling van het Nederlandse wereldrijk, ook al viel ze daar zeker niet één op één mee samen. In sociaal-economisch opzicht was slavernij in sommige koloniën een veel belangrijker factor dan in andere. Anderzijds waren Nederlandse handelaren actief als plantage-eigenaren en handelaren op gebieden die vielen onder andere Europese mogendheden. Ook voor die niet op de eigen koloniën gerichte activiteiten was op de lange termijn het beschikken over eigen territoriale macht in de betreffende regio's van cruciaal belang. Al vroeg probeerden de Staten-Generaal en private handelaren voet aan de grond te krijgen op voor de slavenhandel belangrijke plaatsen. In 1598 veroverde een kleine vloot die was uitgerust door de Zeeuwse handelaar op Azië Balthasar de Moucheron kortstondig het West-Afrikaanse eiland Principe. Het jaar daarna volgde de even kortstondige verovering van het daarnaast gelegen eiland Sao Tomé door een vloot die was uitgerust door de Staten-Generaal, opnieuw met private ondersteuning door De Moucheron. Het primaire doel voor deze mede-grondlegger van de VOC was het bemachtigen van een West-Afrikaanse verversingsplaats voor schepen die op weg waren Kaap de Goede Hoop te ronden. Maar al op zijn eerste vloot zond De Moucheron ook een aantal experts in de suikerproductie mee.[14] Als tropische ziekten er niet voor hadden gezorgd dat de Nederlanders beide eilanden binnen de kortste keren weer op moesten geven (zie hoofdstuk 5), zou de grootschalige entree van Nederlandse handelaren in de Atlantische slavernij waarschijnlijk met ruim drie decennia zijn vervroegd.

Voor de WIC lag de focus voor gebiedsuitbreiding in eerste instantie op het zuiden van de Atlantische Oceaan, met Brazilië als belangrijkste doelwit. Kort na de oprichting van de compagnie formuleerden de bewindhebbers hun Groot Desseyn, een ambitieus plan dat naast Brazilië ook centrale steunpunten in de slavenhandel aan de West-Afrikaanse kust en voor de interkoloniale handel belangrijke Caraïbische eilanden omvatte. Daarnaast stichtten kolonisten uit de Nederlandse Republiek een aantal nederzettingen in Noord-Amerika, die uiteindelijk de naam Nieuw-Nederland kregen. In al deze koloniën speelde slavernij een rol, maar deze rol was niet gelijk. In Brazilië hoopten de Nederlanders de controle te vestigen over een plantagesamenleving, waarin slavernij de toonaangevende sociale verhouding vormde. Op de Antillen was handel een belangrijker doel dan productie, en was slavernij vaker stedelijk van aard en gericht op logistieke functies. In Nieuw-Nederland werkten slaafgemaakten zowel in de landbouw als in de haven, maar vormden slaafgemaakten slechts een klein deel van de bevolking. Nadat de Portugezen in 1654 definitief de controle over Brazilië op de Nederlanders hadden heroverd, en de Engelsen in 1664 Nieuw-Amsterdam als hoofdvestiging van de Noord-Amerikaanse kolonie hadden overgenomen en omgedoopt in New York, verschoof de aandacht voor de kolonisatiepogingen naar het Caraïbisch gebied. Daar controleerde de WIC als sinds de jaren 1630 verschillende eilanden waaronder Curaçao en Sint Eustatius die als depot in de goederen- en in toenemende mate ook slavenhandel fungeerden. In 1667 veroverde een Zeeuwse vloot Suriname op de Engelsen. Onder Nederlands bestuur zou deze kolonie in de achttiende eeuw uitgroeien tot een aanzienlijke plantagekolonie, waar uiteindelijk ruim vijftigduizend slaafgemaakten op meer dan 400 plantages suiker, koffie, katoen en cacao verbouwden. In 1683 ging het bestuur van deze kolonie over van de Kamer Zeeland van de WIC naar een apart daarvoor opgericht consortium, de Sociëteit van Suriname, waarin de WIC, de stad Amsterdam en de Zeeuwse adellijke familie Van Aerssen van Sommelsdijck ieder een derde part bezaten.[15]

De slavernij onder de VOC strekte zich uit over haar volledige mandaatgebied, maar net als in de Atlantische wereld verschilden intensiteit en functies. De Banda-eilanden bleven tamelijk uniek voor de Aziatische context met de inrichting van een slavenmaatschappij, waarin meer dan de helft van de bevolking (rond de 4000 mensen) als slaaf tewerkgesteld werd op de nootmuskaatperken die in eigendom waren van Europese en Euraziatische planters. Op Ambon waren ook duizenden slaafgemaakten werkzaam in Ambon stad en in de kruidnagelproductie, maar slavernij kwam hier voor naast andere gedwongen arbeidsverhoudingen zoals herendiensten. Combinaties van verschillende vormen van gedwongen arbeid waaronder slavernij bleven ook de norm in de kaneeltuinen van Ceylon, en in de suikerproductie in de ommelanden van Batavia, waar ook veel loonarbeid voorkwam. In de Kaapkolonie, een verversingsplaats die onder controle van de VOC viel, was het de compagnie die grootschalige slavernij van zowel Afrikanen als Aziaten in de landbouw introduceerde. Opvallend is ten slotte de enorme omvang van slavernij in Batavia stad, waar aan het eind van de zeventiende eeuw de helft van de bevolking in slavernij leefde.[16]

Slavernij als fenomeen was natuurlijk voornamelijk gelokaliseerd in de koloniale context, maar dat neemt niet weg dat ook in de Republiek vanaf het begin van de zeventiende eeuw voortdurend kleine aantallen slaafgemaakten aanwezig waren. Dit botste met wetgeving die het verbood om op het grondgebied van de Republiek mensen als slaaf te houden, maar in de praktijk waren de autoriteiten bereid om uitzonderingen te maken zodat leden van de koloniale elite zich bij hun verblijf in de Republiek voor kortere of langere tijd konden laten vergezellen door slaafgemaakten. In Amsterdam was al vroeg sprake van een kleine gemeenschap van vrije, slaafgemaakte en voormalige slaafgemaakte Afrikanen en Aziaten.[17]

Tot slaaf gemaakt

De herkomst van de slaafgemaakten, de organisatie van de slavernij en het type werkzaamheden waartoe slaafgemaakten werden gedwongen, konden zoals hierboven duidelijk gemaakt is sterk verschillen tussen en binnen Nederlandse koloniën. In de beeldvorming over de slavernij overheersen de beruchte middenpassage (*middle passage*) en de suikerplantages in Suriname. De term middenpassage wordt gebruikt voor de massale overtocht van de slaafgemaakten, opeengepakt in het ruim, tussen de kust van West-Afrika en hun opgelegde bestemming in de Amerika's. Ook voor andere slavenroutes bestonden vergelijkbare traumatische trajecten, die in fysieke, emotionele en spirituele zin ervaren werden als een definitieve breuk tussen het leven voor en het leven in de slavernij. Maar de moordende overtocht van West-Afrika naar het Caraïbisch gebied, of van Oost-Afrika of de kust van India naar Java of de Banda-eilanden, was voor velen slechts één etappe in een reeks gedwongen verplaatsingen. De weg naar de middenpassage bestond doorgaans uit transporten over land onder dwang van lokale Afrikaanse of Aziatische slavenhandelaren. En tussen de verschillende koloniën in de Amerika's en Azië onderling bestond grootschalige handel, waarin kleine aantallen individuen door kolonisten onderling werden verkocht. Seriële ontworteling behoorde daarmee tot de kern van de slavernij-ervaring, zoals ook de sporadische biografische informatie die over de slaafgemaakten beschikbaar is bevestigt. Ook de vormen van uitbuiting, het geweld dat daarmee samenhing, en verzet door de slaafgemaakten waren gevarieerder dan de nadruk op de plantage als productiesysteem veronderstelt. Vrouwen en kinderen werkten binnen het huishouden, waar zij blootstonden aan de individuele grillen van hun meesters, inclusief de dreiging van seksueel geweld. Slaafgemaakten werden ingezet voor de bouw van forten en andere verdedigingswerken. Het waren slaafgemaakten die in Nieuw-Amsterdam de aarden wal aanlegden waarnaar Wall Street vernoemd is, als verdedigingswerk in een periode van oorlog tussen kolonisten en oorspronkelijke bewoners. Slaafgemaakten werkten als laders en lossers in de haven van Batavia, en als scheepstimmerlieden in Paramaribo in Suriname en op het eiland Onrust op Java. Op Bonaire werkten slaafgemaakten onder de moordende zon in de zoutpannen. Op Curaçao waren slaafgemaakten vaak matroos, wat ook de netwerken en ervaring opleverden die nodig waren voor een ontsnappingspoging over zee zoals in het voorbeeld waarmee dit hoofdstuk begon.

Gezien de grote diversiteit aan routes waarlangs mensen in slavernij belandden, en de variëteit aan vormen en condities van die slavernij, bestaat er uiteraard niet zoiets als 'de' slavernijervaring. Wel waren er een aantal constanten in het leven van slaafgemaakten, waar zij zich ook bevonden. Drie komen hier kort aan bod: de permanente aanwezigheid van (de dreiging van) geweld, de zoektocht naar zo groot mogelijke persoonlijke en collectieve autonomie ondanks de nauwe grenzen die slavernij daaraan stelde, en de strijd om behoud van eigenwaarde via door de slaafgemaakten zelf vormgegeven culturele en religieuze praktijken.

Dat geweld een vormend aspect was van de trans-Atlantische slavenhandel en slavernij is algemeen bekend. Dit geweld begon al voordat slaafgemaakten overgingen in handen van de Europese handelaren aan de kust van Afrika. Het zette zich voort tijdens de middenpassage, in de vorm van mishandeling, opsluiting en draconische repressie bij opstanden of individueel verzet. Op de plantages was de continue dreiging met lijfstraffen een essentieel onderdeel van het arbeidsregime. Ook als plantagehouders voor de stabiliteit van hun regime moesten afwisselen tussen momenten van terreur en momenten van meegaandheid, betekende hun macht over lijf en leden van de slaafgemaakten dat geweld nooit veraf was. Zelfs kleine overtredingen van de hun opgelegde orde konden al leiden tot gruwelijke mishandeling. Gezien de grotere bekendheid van de Atlantische slavernij, is hier gekozen voor voorbeelden van de andere kant van het Nederlandse wereldrijk. In zijn studie over Batavia als koloniale samenleving tekent Hendrik Niemeijer verschillende verhalen van individuele slaafgemaakten op. In 1662 kocht de Mozambikaan Fernando samen met anderen voor een stuiver bier in een Chinees arakhuis. Een groep Europese omstanders nam hier aanstoot aan, want sterke drank verkopen aan slaafgemaakten was verboden. Zij namen het recht in eigen hand en ranselden hen met een stuk hout, waarna ze hen tot aan huis achtervolgden terwijl ze riepen 'Slaet d'honden doodt!' Dat het niet nog slechter voor Fernando afliep hing samen met de status van de persoon die hem als slaaf hield: landdrost Jan Ferment. Voor Ventura van Bengalen, slaafgemaakte bij krankenbezoeker Jacob Couck, liep het na eenzelfde vergrijp anders. Ventura werd nadat hij met vijf anderen naar buiten was geslopen om in de stad te gaan drinken gesnapt in een arakhuis. Als afschrikwekkend voorbeeld bond Couck hem aan zijn middel aan een paal, waarna hij hem een uur lang afranselde. Ventura probeerde te ontsnappen, waarop de vrouw die hem betrapte hem bewusteloos sloeg. Toen hij bij thuiskomst hoorde van de ontsnappingspoging liet Couck Ventura opnieuw aan een paal binden, en sloeg hem dood. De slaafgemaakten Evert en Pedro naaiden hem in een doek, en twee koelies begroeven hem op het slavenkerkhof.[18] In de eigenrichting en willekeur van deze twee voorbeelden zijn moeiteloos ontelbare voorbeelden uit andere slavenmaatschappijen onder Nederlands bestuur te herkennen. Theatraal uitgevoerde lijfstraffen waren ook onderdeel van het strenge regime van vroegmoderne niet-koloniale samenlevingen. Maar de alledaagsheid, het buiten-juridische karakter van de bestraffingen en de absolute zeggenschap die meesters opeisten over het lichaam van de ondergeschikten, maakten de gewelddadigheid van de slavernij ook voor deze periode wel degelijk uitzonderlijk.

Gezien deze omstandigheden is het niet gek dat slaafgemaakten alle mogelijke middelen in het werk stelden om dan wel een weg uit de slavernij te zoeken, dan wel zo groot mogelijke autonomie te bevechten binnen de nauwe grenzen die de slavernij daaraan stelde. Op 25 februari 1644 willigde de WIC-gouverneur van Nieuw-Nederland Willem Kieft een bijzonder verzoek in. De slaafgemaakten Paulo Angola, Groot Manuel, Cleijn Manuel, Manuel de Gerrit de Reus, Sijmon Congo, Antonij Portugis, Gracia, Piter Santomee, Jan Francisco, Cleijn Antonij en Jan fort Orange hadden mede namens hun niet bij naam genoemde echtgenotes gevraagd om in vrijheid gesteld te worden, na 18 à 19 jaar dienstbaarheid aan de West-Indische Compagnie.[19] Het feit dat de gouverneur en raden van Nieuw-Nederland akkoord gingen met deze zeldzame vorm van groepsgewijze manumissie (officiële invrijheidstelling) is vaak geïnterpreteerd als bewijs dat de Nederlanders op dit moment nog geen vastomlijnd idee hadden over de grenzen tussen slavernij en vrijheid. Maar dit zeldzame geval moet eerder in verband worden gebracht met bijzondere omstandigheden die golden rond deze groep langdurig slaafgemaakten in Nieuw-Nederland. Elders in de Atlantische wereld en Azië waren de grenzen tussen slavernij en vrijheid die Nederlandse kolonisten hanteerden op dat moment al alles behalve fluïde. En ook in Nieuw-Nederland was de vrijheid die de gouverneur en raden deze elf mannen en hun gezinnen boden nauw afgebakend. De elf waren verplicht voor hun nieuwe status het land te bebouwen en een jaarlijkse afdracht in natura te doen aan de WIC. Mochten ze hier niet aan voldoen, dan keerden zij terug in slavernij. Ook hun kinderen hing dit zwaard van Damokles blijvend boven het hoofd. Ieder van hen, 'soo jegenwoordigh gebooren, ofte noch geboren sullen worden [zouden] gehouden ende verplicht blijven, de E[dele] West Indische Comp[agnie] ten dienste te zijn als lijff Eijgenen'.[20]

De zeldzame groepsmanumissie in Nieuw-Nederland was daarmee minder een voorbeeld van inschikkelijkheid van de autoriteiten, dan van de creativiteit waarmee een multi-etnische groep slaafgemaakten (zie de verwijzing naar verschillende delen van Afrika in de namen) alle mogelijke middelen benutte om veranderingen aan te brengen in hun status en condities. Op Curaçao, met zijn gunstige ligging ten opzichte van Spaans-Amerika en de grote hoeveelheid inkomende en vertrekkende schepen, nam dit de vorm aan van maritieme marronage: een ontsnapping overzee. In 1693, niet lang na de vlucht van de eerder genoemde veertien slaafgemaakten naar Coro, verbood de WIC per plakkaat aan schippers om van het eiland te vertrekken zonder de schepen te laten visiteren of een lijst van bemanning en passagiers in te leveren. Niet veel later benadrukte gouverneur Jacob Beck de noodzaak van strenge handhaving, ook op schepen die vetrokken naar de Republiek. Volgens hem bleek uit ervaring dat matrozen met enige regelmaat slaafgemaakten wisten 'te versteken in de scheepen en onse slaven te onderrigten dat zij in Holland vrij zijn ende voor alle slaafschen dienst ontslagen'.[21]

Ook wanneer slaafgemaakten er niet in slaagden een weg uit de slavernij te creëren, ondergingen zij hun toestand niet passief. Bewijs daarvan zijn de vele manieren waarop slaafgemaakten uiting gaven aan hun eigen, overgeleverde of nieuw gecreëerde, taal, muziek, religie en gebruiken. Dit gevecht om eigenheid nam vele vormen aan en stuitte vaak op verboden en beperkingen vanuit het koloniaal regime. Zo probeerden de autoriteiten in Suriname al direct vanaf het moment van overname van de kolonie paal en perk te stellen aan het trommelen en dansen op de rustdag.[22] Een schilderij van plantagedirecteur Dirk Valkenburg van een bijeenkomst van slaafgemaakte Afrikanen op de plantage Palmeneribo toont dat dit soort wetgeving allerminst effectief was. Een volledig op slavernij gebaseerde samenleving als de Surinaamse had onmogelijk kunnen functioneren zonder mogelijkheden voor de slaafgemaakten om hun eigen culturele leven te ontwikkelen. Maar voor de overheersers in deze samenleving was deze culturele eigenheid ook een permanente bron van angst, en voor de slaafgemaakten een krachtige bron van zelfbewustzijn en verzet. Rond de tijd dat Valkenburg deze samenkomst schilderde brak op Palmeneribo ook een opstand uit, waar de leiders Mingo, Wally en Bartham vol zelfbewustzijn elkaar in de door de slaafgemaakten ontwikkelde creoolse taal Sranan Tongo aanspoorden om het werk neer te leggen en van de plantage te vertrekken.[23]

Denken over slavernij: vrijheid, economie en ras

Een vaak terugkerende vraag is hoe het kan dat de Nederlandse Republiek, met haar reputatie van tolerantie en vroeg ontwikkeld vrijheidsbegrip, in de zeventiende eeuw toch zo nauw betrokken raakte bij de slavernij. Eén interpretatie is dat er sprake was van een gradueel verlies van 'onschuld'. Vrijheid tegenover de willekeur en tirannie van vreemde overheersing speelde een grote rol in de anti-Spaanse propaganda van de Nederlandse Opstand. Daarbij verwezen pamflettisten en prentenmakers ook met grote regelmaat naar vermeende gelijkenissen tussen de Habsburgse onderdrukking in de Lage Landen, en de overheersing en slavernij die vooral de oorspronkelijke bewoners van Zuid-Amerika ten deel viel. Volgens dit idee van een verlies van onschuld leidde de Nederlandse expansie in vooral de Atlantische wereld er in de eerste decennia van de zeventiende eeuw toe dat de nadruk op lotsverbondenheid met de slachtoffers van Europese expansie om pragmatische redenen opzij gescho-

4.3 Dirk Valkenburg, *Plantage Palmeneribo, samenkomst van slaafgemaakten*, ca. 1707, Kopenhagen, Statens Museum for Kunst.

ven werd ten faveure van economisch gewin.[24] De snelheid waarmee de Nederlanders in de zeventiende eeuw deze omslag maakten in zowel het Atlantisch gebied als Azië, samen met de grote hoeveelheid praktische kennis die zij al vroeg vergaarden over slavernijpraktijken overzee, werpen echter belangrijke vragen op bij dit narratief van een gradueel verlies van onschuld. Al zeer vroeg toonden auteurs en autoriteiten in de Republiek zich maar al te goed bewust van de economische mogelijkheden die slavernij bood, en de potentiële morele implicaties van deelname hieraan.

Belangrijk om daar bij in het oog te houden, is dat het vrijheidsbegrip zoals dat in deze periode in de Republiek gehanteerd werd niet het universele vrijheidsbegrip was dat met de Verlichting in Europa wijdverbreid zou worden: vrijheid als absoluut en onvervreemdbaar recht dat in theorie zou moeten gelden voor ieder mens. Het vrijheidsbegrip van de zeventiende eeuw was er één van particuliere rechten die konden variëren tussen verschillende leden van de gemeenschap, en tussen gemeenschappen onderling. Vrijheid was in deze opvatting bovendien geen onvervreemdbaar recht, maar een privilege dat in gradaties gegeven of afgenomen kon worden. Dit maakte het eenvoudiger om te beargumenteren dat hoewel slavernij een betreurenswaardige vorm van onvrijheid was, bepaalde groepen toch in deze conditie gebracht of gehouden mochten worden. Een treffend voorbeeld van deze argumentatie is te vinden in het werk van Willem Usselincx. Usselincx was een van oorsprong Zuid-Nederlandse koopman, die langdurig propaganda maakte voor de oprichting van een West-Indische Compagnie. Zijn standpunt is des te opmerkelijker, omdat hij in de Nederlandse literatuur vooral bekend is als een voorstander van Atlantische expansie zónder gebruik te maken van slavernij. Deze voorkeur sprak hij ook uit in 1627 in een pamflet waarin hij de Zweedse koning aanspoorde tot oprichting van een concurrerende Atlantische compagnie, waarin Usselincx uiteraard een belangrijk aandeel zou moeten hebben. Ondanks deze voorkeur bevatte zijn pamflet ook een lange passage waarin hij betoogde waarom deelname aan de slavernij te rechtvaardigen zou zijn.[25] Usselincx begon vanuit de constatering dat het christenen niet vrij stond om andere christenen of vrije mensen tot slaaf te maken. Maar heel anders was de situatie als het aankwam op het als slaaf te werk stellen van mensen die voorheen al slaaf waren:

> 'Maer datmen lieden die Slaven zijn / ende de dood verdiend hebben / of anders souden dood geslagen worden / het leven schenckt / en dat sy daer voor arbeyden / achte ick dat soo grooten swarigheyd niet en heeft. (...) Nu sijn de slaven diemen uyt Africa brengt / meestendeel lieden die in d'oorloge gevangen zijn of de dood verdiend hebben / die den over-winner soude dooden / als hy geen hope en hadde van die te konnen verkoopen / doch hier in geschied veel misbruycken.'

Ondanks de erkenning in de laatste zin dat niet alle slaafgemaakten 'legaal' verkregen krijgsgevangenen waren, benadrukte Usselincx dat slavernij als conditie niet uitzonderlijk was. Waren er immers in Europa geen mensen die tot levenslange dwangarbeid op galeien of in tuchthuizen veroordeeld werden? En bestond er op sommige plaatsen niet ook lijfeigenschap? Als dat geoorloofd was, 'soo dunckt my dat veel meer soude geoorloft wesen / dienst te trecken van lieden die Slaven zijn en Slaven souden blijven / of wy die kochten of niet en kochten.'

Het laatste argument dat Usselincx in stelling bracht, was echter het meest veelbetekenend en omineus. Naast de mensen die om legitieme redenen in slavernij waren beland, waren er in zijn ogen namelijk ook mensen die het op grond van hun aangeboren gesteldheid verdienden om in slavernij te leven. 'Men vind oock menschen van soo vuylen slaefachtigen aerd / dat sy vry zijnde / haer selven noch andere niet nut en zijn / ende in dienstbaerheyd met alle hardigheyd moeten gehouden worden.' In het zeventiende-eeuwse Nederlandse slavernij-discours was er nog geen sprake van uitgekristalliseerde raciale theorieën om te verdedigen waarom sommige mensen slaaf gemaakt konden worden en anderen niet. Ironisch genoeg kwamen dit soort theorieën juist op in de periode van anti-slavernijbewegingen en verlichtingsdenken over universele vrijheid. Maar elementen van geracialiseerd denken waren wel degelijk aanwezig: in het religieus-geïnspireerde idee dat een 'vuylen slaefachtigen aerd' eigen was aan Afrikanen als erfgenamen van de vloek van Cham; in de wijdverbreide opvatting van Nederlandse kolonisten in Azië en de Amerika's dat de oorspronkelijke bewoners per definitie lui en ongeciviliseerd waren, en dus met dwang aan het werk gehouden moesten worden; en in de voortdurende en terloopse gelijkstelling van de termen 'negro', 'zwarte' en 'slaaf' in documenten van de VOC, WIC, Staten-Generaal en private handelaren.

Bij dit alles is het van belang om in het achterhoofd te houden dat zowel de slavenhandel en de slavernij als het denken daarover in de zeventiende eeuw sterk in ontwikkeling waren. Aan het begin van de zeventiende eeuw voelden auteurs zich nog met grote regelmaat genoodzaakt om hun beschrijvingen van overzeese slavernij te vergezellen van een uitgebreid moreel betoog. In de loop van de zeventiende eeuw groeide de vanzelfsprekendheid waarmee auteurs slavernij introduceerden als economisch gegeven. In zijn in 1659 gepubliceerde pamflet *Het waere onderscheyt tusschen koude en warme landen* propageerde de gewezen officier uit Nederlands Brazilië Ottho Keye de winstgevendheid van nieuw te veroveren plantagekoloniën aan de kust van Guyana. In dit pamflet valt onder andere de nonchalance op waarmee Keye het verschil tussen vrije status en slavernij liet samenvallen met een verschil tussen wit en zwart. Zijn betoog berustte geheel op de opvatting dat landbouw met behulp van 'die Swarten of Slaven' in warme streken aanzienlijk meer zou opleveren dan die met 'blanke knechten' in Nieuw-Nederland.[26] De reden was, zo concludeerde hij,

> dat men de middelen in de Warme Landen, soo gereedt, licht, ende gemackelick heeft, om de Landerijen, in die selve gelegen, tot hare Culture te konnen brengen, ende dat door het behulp der Slaeven, te meer, dewijle men aen die selve Jaerlicks, noch huer ofte loon, noch onderhoudt en behoeft te geven: het welcke het voorseyde voordeel alsoo noch veel grooter maeckt.[27]

Keye's argumentatie was zeker niet puur theoretisch. Het pamflet valt in een periode van de 'zoektocht naar een nieuw Brazilië'. Nederlandse handelaren investeerden in plantages in het Engelse Barbados en het Franse Martinique, vochten voor toegang tot de Spaanse koloniale handel via deelname aan het *asiento de negros*, de exclusieve contracten voor de slavenhandel op Spaanse gebieden, en richtten hun ogen op de verovering van nieuwe tropische koloniën voor de suikerproductie.[28] Niet veel later opende de verovering van Suriname een nieuw hoofdstuk in de Nederlandse slavernijgeschiedenis.

Conclusies

Op de helft van de zeventiende eeuw waren slavenhandel en slavernij een onlosmakelijk onderdeel geworden van de Nederlandse expansie in Azië, Afrika en de Amerika's. De VOC opereerde op dat moment al als de belangrijkste Europese slavenhandelaar in de Indische Oceaan. Slaafgemaakten werkten op plantages, in stedelijke ambachten, in fortenbouw en in huishoudens van de Banda-eilanden tot Batavia, Sri Lanka en Zuid-Afrika. In de decennia die daarop volgden, verhandelden de WIC en haar onderaannemers naar schatting honderdduizend slaafgemaakten via Curaçao naar Spaans Amerika. In Suriname legde de gedwongen arbeid van slaafgemaakten het fundament voor de expansie van de suiker- en koffiehandel in de achttiende eeuw. De Nederlandse vestingen aan de West-Afrikaanse kust werden scharnierpunten in een omvangrijk complex van mensenroof, en inzet van hoogoplopende geopolitieke conflicten met andere Europese naties.

Het hedendaagse beeld van de Nederlandse betrokkenheid bij de slavernij is sterk verbonden met de rol van de WIC in de slavenhandel en met de achttiende-eeuwse plantagesamenleving in Suriname. Beide zijn inderdaad centrale elementen van het Nederlandse slavernijverleden. Maar dit hoofdstuk heeft laten zien dat het zeventiende-eeuwse slavernijverleden uit veel meer bestaat. Slavernij kwam voor in grote delen van het Nederlandse wereldrijk, maar de omvang, inrichting en ontwikkeling van de slavernij varieerde sterk. De drijvende krachten achter de groeiende Nederlandse rol in slavenhandel en slavernij waren de WIC en VOC, maar ook private handelaren, voor eigen rekening opererende compagniesdienaren en de Nederlandse staat. De verovering van overzeese koloniën opende het terrein voor grootschalige Nederlandse betrokkenheid bij de slavernij. Slavernij was daarmee nooit simpelweg een economisch gegeven maar altijd ingebed in geopolitieke verhoudingen. Maar dat wil niet zeggen dat de Nederlandse invloed zich beperkte tot gebieden waarover de Staten-Generaal (al dan niet via semi-private compagnieën) soevereiniteit claimden. Een belangrijk deel van de Nederlandse slavernijgeschiedenis voltrok zich buiten Nederlands gebied: in Brazilië en Angola onder de Portugezen, in Spaans-Amerika, Barbados, Martinique, op de gedwongen marsen vanuit de binnenlanden naar de kust van West-Afrika onder toezicht van Afrikaanse handelaren, buiten de voc-vestigingen aan de Indiase kust, of op de schepen van andere Europese naties.

De belangrijkste actoren in deze geschiedenis waren onvrij, tot het moment dat zij hun vrijheid wisten te heroveren op degenen die hen als eigendom claimden. De mensen die leefden in slavernij waren gedwongen te functioneren onder de permanente dreiging van geweld. Ondanks dat toonden slaafgemaakten grote veerkracht en creativiteit in hun zoektocht naar vrijheid buiten de grenzen van de slavernij of autonomie en culturele eigenheid binnen die grenzen. Het zichtbaar maken van deze zoektocht is een kerntaak voor de geschiedschrijving van de Nederlandse betrokkenheid bij de slavenhandel en slavernij in de zeventiende eeuw.

Noten

1. L.G. Castillo Lara, *Apuntes para la historia colonial de Barlovento*, Caracas, 1981, p. 343; L.M. Rupert, 'Waters of Faith, Currents of Freedom: Gender, Religion and Ethnicity in Inter-Imperial Trade between Curaçao and Tierra Firme', in N.E. Jaffary (red.), *Gender, Race and Religion in the Colonization of the Americas*, Aldershot, 2007, pp. 151-164, aldaar p. 159.
2. NaHa, Archief Oude West-Indische Compagnie (OWIC), 1.05.01.01, no. 1, "Poincten van Beschrijvinge", 2ro.
3. H. Kern (red.), *Itinerario. Voyage ofte schipvaert van Jan Huygen van Linschoten naer Oost ofte Portugaels Indien 1579-1592. Eerste deel*, 's Gravenhage, 1910, p. 23.
4. H.T. Colenbrander (red.), *Jan Pietersz. Coen. Bescheiden omtrent zijn bedrijf in Indië. Deel 1*, 's Gravenhage, 1919, p. 81.
5. H.T. Colenbrander (red.), *Jan Pietersz. Coen. Bescheiden omtrent zijn bedrijf in Indië. Deel 4*, 's Gravenhage, 1922, p. 316.
6. Ibid, p. 419.
7. Geciteerd in H.E. Niemeijer, *Batavia. Een koloniale samenleving in de 17de eeuw*, Amsterdam, 2005, p. 54.
8. C. Ebert, *Between Empires: Brazilian Sugar in the Early Atlantic Economy, 1550-1630*, Leiden en Boston, 2008, p. 76, p. 79 e.v.
9. A. van Stipriaan, *Rotterdam in slavernij*, Amsterdam, 2020, pp. 33-34.
10. Op dat laatste ligt in de historiografie tot nu toe sterk de nadruk. J.M. Postma, *The Dutch in the Atlantic Slave Trade, 1600-1815*, Cambridge, 1990.
11. L.A.H.C. Hulsman, 'Nederlands Amazonia. Handel met Indianen tussen 1580 en 1680'. Dissertatie, Universiteit van Amsterdam, 2009, p. 99 en pp. 129-130.
12. Trans-Atlantic Slave Voyages Database, https://www.slavevoyages.org/assessment/estimates (geraadpleegd op 2-5-2021).
13. M. van Rossum, *Kleurrijke tragiek. De geschiedenis van slavernij in Azië onder de VOC*, Hilversum, 2015, pp. 26-27.

14. J.H. de Stoppelaar, *Balthasar de Moucheron. Een bladzijde uit de Nederlandsche handelsgeschiedenis tijdens den tachtig-jarige oorlog*, 's-Gravenhage, 1901, p. 138 en p. 142.
15. Voor een overzicht van deze ontwikkelingen, zie W. Klooster, *The Dutch Moment. War, trade, and settlement in the seventeenth-century Atlantic world*, Ithaca en Londen, 2016, en W. Klooster en G. Oostindie, *Realm between Empires. The second Dutch Atlantic 1680-1815*, Ithaca en Londen, 2018.
16. Van Rossum, *Kleurrijke tragiek*.
17. M. Ponte, '"Al de swarten die hier ter stede comen". Een Afro-Atlantische gemeenschap in zeventiende-eeuws Amsterdam', in *Tijdschrift voor Sociale en Economische Geschiedenis* 15:4, 2019, pp. 33-62.
18. Niemeijer, *Batavia*, pp. 193-195.
19. New York State Archives, New Netherland Council Dutch colonial council minutes, A1809, no. 78, 25 februari 1644, pp. 183-184.
20. Idem. Zie voor een uitgebreidere behandeling van deze zaak Susanah Shaw Romney, *New Netherland connections. Intimate networks and Atlantic ties in seventeenth-century America*, Chapel Hill, 2014, p. 191 e.v.
21. Geciteerd in H. Jordaan, *Slavernij en vrijheid op Curaçao. De dynamiek van een achttiende-eeuws Atlantisch handelsknooppunt*, Zutphen, 2013, p. 97.
22. Plakkaat van 13 juni 1669, J.Th. de Smidt en T. van der Lee (red.), *West Indisch plakaatboek. Plakaten, Ordonnaniën en andere wetten, uitgevaardigd in Suriname 1667-1816. Deel I: 1667-1761*, Amsterdam, 1973, p. 44. Verbod aan slaafgemaakten om op zondag te trommelen of dansen, 8 mei 1698, Ibid., p. 221.
23. F. Dragtenstein, 'Een opstand op de plantage van stadssecretaris Witsen', in P. Brandon, G. Jones, N. Jouwe en M. van Rossum (red.), *De slavernij in Oost en West: Het Amsterdam-onderzoek*, Amsterdam, 2020, pp. 209-216, aldaar p. 214.
24. Dit beeld wordt krachtig naar voren gebracht in B. Schmidt, *Innocence abroad. The Dutch imagination and the New World, 1570-1670*, Cambridge / New York, 2001.
25. Alle hier volgende citaten komen uit W. Usselincx, *Octroy ofte Privilegie, soo by den Alderdoorluchtigsten Grootmachtigen Vorst ende Heer Heer Gustaeff Adolph (...) aen den nieuw opgerichte Zuyder Compagniet in 't koninkrijck Sweden onlangs Genadigst gegeven ende verleend is / Mitsgaders een naerder Bericht, over 'tselve Octroy ende Verdragh-brief*, 's Gravenhage, 1627, zonder paginering.
26. [O. Keye], *Het waere onderscheyt tusschen koude en warme landen*, 's Gravenhage, 1659, p. 102.
27. Ibid., p. 156.
28. S.B. Schwartz, 'Looking for a New Brazil. Crisis and rebirth in the Atlantic world after the fall of Pernambuco', in M. van Groesen (red.), *The Legacy of Dutch Brazil*, Cambridge and New York, pp. 41-58 en G. Oostindie en J.V. Roitman (red.), *Dutch Atlantic Connections, 1680-1800. Linking Empires, Bridging Borders*, Leiden en Boston, 2014.

DEEL II
In staat van oorlog

5
De gewapende macht

PEPIJN BRANDON

Het oorlogsbedrijf was een van de bepalende factoren voor het succes van Nederland in de zeventiende eeuw. Deze constatering betreft niet alleen het nogal vanzelfsprekende feit dat er nooit een onafhankelijke Nederlandse Republiek zou zijn geweest als er tijdens de Nederlandse Opstand of de Tachtigjarige Oorlog geen overwinning zou zijn behaald op de Habsburgse overheersers; of het nauwelijks minder vanzelfsprekende gegeven dat de bloei van de Nederlandse handel, zowel in Europa als elders ter wereld, werd geschraagd door een grootscheepse inzet van militair geweld. Het oorlogsbedrijf was ook in een minder voor de hand liggende zin van betekenis: hoewel de wijze waarop de Nederlandse staat zijn krijgsmacht organiseerde voor de samenleving een kostbare affaire was, gaf dit de rijken en machtigen de mogelijkheid om op grote schaal hun voordeel te doen met de instandhouding van het leger en de vloot, alsook met de manier waarop ze werden ingezet. In 1637 constateerde de Nederlandse Raad van State iets wat door vele andere commentatoren uit die tijd werd bevestigd:

> [...] dat den Oorloge die voor andere Landen is ruineux, dese Vereenichde Nederlanden heeft gesterckt tot vermeerderinge van Negotie, Rijckdom, ende macht, verbeteringe van Landen ende Steden, ende dat het geene door Contributien van de Gemeynte uyt de Landen schijnt versonden teworden, door andere wegen wederomme daer inkomt, niet anders als de wateren die de Rivieren in de Zee brengen ende op een onbekende wyse van de nature wederom gebracht worden tot hare souce [bron].[1]

Dit hoofdstuk biedt een overzicht van de ontwikkeling van de Nederlandse gewapende macht – van de ongedisciplineerde opstandelingenbendes te land en ter zee aan het begin van de Nederlandse Opstand tot de georganiseerde en goed gefinancierde legermacht, vloot en compagniestroepen overzee die vanaf het midden van de zeventiende eeuw de toon aangaven. Er zal speciale aandacht worden geschonken aan de samenhang tussen militaire ontwikkelingen en commerciële expansie, zowel in Nederland zelf als daarbuiten. Gebruikmakend van een moderne analogie zouden we kunnen zeggen dat oorlogvoering in de Republiek de weg baande voor de opkomst van een krachtig militair-industrieel complex, of misschien van een combinatie van militair-financiële, militair-commerciële en militair-productieve complexen in het hart van de staat. De geschiedschrijving van de vroegmoderne oorlogvoering neemt vaak de vorm aan van een klinische exercitie, waarin de anatomie van de macht wordt ontleed. Hoewel ook hier in kort bestek zal worden ingegaan op de geschiedenis en de organisatie van de gewapende macht, zullen we tevens een blik werpen op de consequenties die de krijgshandelingen hadden voor de mensen in de Nederlanden en daarbuiten die de wapens van de legermacht op zich gericht zagen, op de arbeidsomstandigheden van de soldaten en matrozen die deze wapens hanteerden en op de diverse vormen die hun verzet tegen de militaire discipline aannam.[2]

Van rebellengroeperingen naar een georganiseerde krijgsmacht: een militaire revolutie?

De opkomst van de Republiek als een wereldwijd opererende militaire mogendheid kan worden herleid tot de transformatie die de gewapende macht gedurende de eerste helft van de Tachtigjarige Oorlog (1568-1648) doormaakte. Elders in dit boek worden de politieke gebeurtenissen beschreven die in de tweede helft van de jaren 1560 aanleiding waren tot het uitbreken en de verbreiding van de Nederlandse Opstand, en uiteindelijk tot de vestiging van een onafhankelijke staat in de zeven noordelijke provincies en het neerslaan van het verzet in de tien zuidelijke provincies. Het is belangrijk om hierbij aan te tekenen dat het succes van de noordelijke provincies gepaard ging met een diepgaande transformatie van het karakter van de gewapende strijd. De kern van de legermacht van de opstandige gewesten bestond aanvankelijk uit huursoldaten die door Willem van Oranje werden betaald uit zijn eigen beperkte middelen. Tijdens het bewind van de hertog van Alva, de gouverneur van Filips II, kregen die ondersteuning van de watergeuzen, groepen zwervende ballingen die te land en ter zee piraterij bedreven en zich bezighielden met kaapvaart, en van vrijwilligers, veelal zonder militaire ervaring. Dit samengeraapte legertje moest het opnemen tegen de veruit superieure koninklijke strijdmacht, wat verklaart waarom de negen veldslagen die tussen 1568 en 1581 werden uitgevochten op één na werden gewonnen door de Spanjaarden.[3] Het was te danken aan de grotendeels toevallige combinatie van het onvoorziene succes van de watergeuzen bij het Hollandse stadje Den Briel en een reeks burgeropstanden tegen nieuwe belastingen en het onbarmhartige bewind van de hertog van Alva dat de rebellentroepen in het voorjaar van 1572 onverwacht voet aan de grond kregen in de Lage Landen.

In de jaren 1570 en 1580 deden de leiders van de Opstand verwoede pogingen om de onsamenhangende en dikwijls geïmproviseerde onderdelen van hun leger en hun vloot samen te smeden tot een goed georganiseerde strijdmacht. Dit proces vergde twee belangrijke ingrepen. Enerzijds kregen bendes van het 'guerrilla'-type – min of meer autonome bevelhebbers en burgermilities die tijdens de eerste jaren van Opstand een belangrijk aandeel hadden gehad in de strijd – geen ruimte meer voor zelfstandige operaties. In 1581 maakte Willem van Oranje bekend dat burgermilities bij politieke besluitvorming in de steden niet meer om advies zou worden gevraagd – een zeer veelzeggende maatregel die de invloed 'van onderaf' op het verloop van de strijd inperkte. Anderzijds slaagde de jonge staat erin zijn greep op de betaalde troepen te verstevigen. Een belangrijk onderdeel van de omvorming van de militaire discipline was de strijd die Willem van Oranje als eerste, en na hem met nog groter succes zijn zoon Maurits (zie Afb. 5.1), ondernam tegen de traditionele landsknechten-organisaties van de huurlingen. Door dit gilde-achtige systeem hadden soldaten een aanzienlijke invloed op de voorwaarden van hun indiensttreding en vormden de regimenten een gesloten front, niet alleen in de strijd met de vijand, maar ook ten opzichte van de staat en zijn betaalmeesters. Onder Willem van Oranje was al begonnen met de geleidelijke ontmanteling van deze organisatievorm. Tijdens zijn bevelhebberschap werd het gebruik dat rangen door de eenheid zelf werden toegekend vervangen door een strikt systeem waarbij benoemingen werden bepaald door hogere officieren en de traditionele privileges van de landsknechten, zoals een relatief hoge soldij en kortetermijncontracten, werden ingeperkt. Maurits introduceerde vervolgens zijn befaamde legerhervormingen, waarin een strengere discipline voorop stond, die kracht werd bijgezet door zware straffen, gestandaardiseerde bewapening en een intensieve militaire training, die een tactische revolutie in het gebruik van vuurwapens mogelijk maakte. Dit alles heeft Maurits een prominente plaats bezorgd in de literatuur over de 'Militaire Revolutie'. Dit is de term die wordt gebruikt voor de diverse veranderingen in de zeventiende-eeuwse oorlogvoering die leidden tot het inzetten van steeds grotere legers, en die werden bevorderd door toenemende investeringen van de staat en een steeds verder ontwikkeld overheidsapparaat. Een grondige professionalisering van het leger, de grootschalige toepassing van nieuwe wetenschappelijke inzichten bij de vestingbouw en belegeringen, en een omwenteling in de staatsfinanciën maakten het Staatse leger (zoals de troepen van de Staten-Generaal te boek kwamen te staan) tot een van drijvende krachten achter de veranderingen in de wijze van oorlogvoeren die zich in heel Europa voordeden.[4]

De omvorming van het Staatse leger tot een steeds professionelere en hiërarchisch geleide legermacht ging vergezeld van – en had niet kunnen slagen zonder – een diepgaande hervorming van de staatsfinanciën en het instellen van nieuwe bureaucratische instituties. Binnen het kader van de Unie van Utrecht hadden de Staten-Generaal de verantwoordelijkheid over militaire kwesties op zich genomen. De Raad van State, als uitvoerend lichaam van de Staten-Generaal in militaire zaken, werd verantwoordelijk voor het opstellen van de jaarlijkse oorlogsbegroting. De afzonderlijke provincies echter bleven verantwoordelijk voor de betaling van

5.1 Michiel Jansz. van Mierevelt, *Portret van Maurits, prins van Oranje*, ca. 1613-1620, Amsterdam, Rijksmuseum.

'hun eigen' legereenheden. Waar het de zeemacht betrof werd de invloed van de gewesten op de gewapende troepen zelfs vergroot. Tussen 1576 en 1597 werden er vijf verschillende admiraliteitscolleges ingesteld, die elk vanuit hun eigen regionale basis het beheer voerden over de organisatie en de equipage van een deel van de oorlogsvloten van de Republiek. In Holland waren drie admiraliteiten gevestigd, in Zeeland en Friesland elk een. Op de dagelijkse uitvoering van de admiraliteitstaken werd toegezien door raden waarin verschillende steden bij toerbeurt vertegenwoordigd waren. Terwijl het leger werd bekostigd door de provincies uit de algemene belastingen, moesten de vijf admiraliteiten grotendeels voor hun eigen inkomsten zorgen, die primair afkomstig waren uit in- en uitvoerrechten. Omdat door het federale systeem binnen het bestuur van de admiraliteit een belangrijke stem toekwam aan de koopmanselite die deze rechten moest afdragen, leidde dit tot voortdurende spanningen over belastingontwijking. De plaatselijke kooplieden waren echter op hun beurt afhankelijk van het toerusten van konvooi- en patrouilleschepen, wat een van de belangrijkste taken van de admiraliteiten werd, hetgeen ertoe leidde dat ze tot op zekere hoogte bereid waren bij te dragen aan de kosten van deze vorm van bescherming.

De professionalisering van de oorlogsvloot verliep veel trager dan bij het leger, omdat de oorlogvoering op zee tot ver in de zeventiende eeuw in hoge mate afhankelijk bleef van het tijdelijk inzetten van bewapende koopvaardijschepen en hun bemanningen. Pas in de nasleep van de Eerste Engelse Zeeoorlog (1652-1654) zagen de Staten-Generaal zich door een 'tactische revolutie' op zee gedwongen een staande vloot van voor dit doel gebouwde oorlogsbodems in het leven te roepen.[5] Deze beperkingen ten spijt bereikte de professionalisering een dusdanig niveau dat de jonge Republiek zowel te land als ter zee een belangrijke voorsprong genoot op de Spaanse tegenstander. Ten slotte werd in de jaren 1580 en 1590 een begin gemaakt met de uitbreiding van de Nederlandse commerciële invloedssfeer naar de Atlantische en Indische Oceaan. De eerste expedities werden op particulier initiatief ondernomen, maar al snel begonnen de Staten-Generaal zich te bezinnen op de mogelijkheid de oorlog uit te breiden naar de overzeese Iberische koloniën. Respectievelijk in 1602 en 1621 werden de Verenigde Oost-Indische Compagnie (VOC) en de West-Indische Compagnie (WIC) opgericht. Deze geoctrooieerde ondernemingen beschikten over een handelsmonopolie in combinatie met overheidsachtige bevoegdheden, waaronder het recht om in naam van de Staten-Generaal verdragen te sluiten of een land de oorlog te verklaren, forten te bouwen, eigen legers op de been te brengen en (militaire) rechtspraak te plegen. Deze beide handelsondernemingen groeiden al snel uit tot een zelfstandig opererende drijvende kracht achter de Nederlandse gebiedsuitbreiding overzee.

Als gevolg van deze ontwikkelingen deed zich in het laatste decennium van de zestiende eeuw een fundamentele verschuiving voor in het verloop van de oorlog. Dankzij een reeks succesvolle campagnes en belegeringen wist het Staatse leger de Spaanse troepen te verdrijven uit het grootste deel van de noordelijke provincies, en daarmee de 'Tuin van Holland' veilig te stellen. Na de ondergang van de Spaanse Armada in 1588 breidden de Nederlandse vloten het door hen bestreken gebied flink uit en hielden tegelijkertijd de blokkade van de Vlaamse kust in stand. Deze blokkade was een van de factoren die Amsterdam in staat stelde de positie van Antwerpen als belangrijkste Europese stapelhaven over te nemen. Tegenover hun Europese tegenstrevers namen de Verenigde Provinciën nu niet langer de positie in van een samenraapsel van opstandige gewesten, maar van een onafhankelijke staat die beschikte over een aanzienlijke militaire slagkracht. Deze rolwisseling trad overduidelijk aan het licht bij twee grootschalige operaties die omstreeks de eeuwwisseling werden voltrokken. In 1599 voer een vloot van 73 schepen met 7600 man aan boord onder aanvoering van admiraal Pieter van der Does naar Spanje met de bedoeling de havenstad La Coruña aan te vallen en een blokkade te leggen voor de Spaanse noordwestkust. Een van de belangrijkste doelstellingen was het onderscheppen van de Spaanse schepen die aankwamen uit of uitvoeren naar Amerika. Toen dit niet lukte trok de Nederlandse vloot op naar de Canarische Eilanden, verwoestte daar Las Palmas de Gran Canaria, en nam daarna kortstondig het suikereiland Sao Tomé voor de West-Afrikaanse kust in bezit. Daar werden de Nederlandse veroveraars geveld door onbekende tropische ziekten die achttienhonderd man, inclusief Van der Does, het leven kostten.[6] Niettemin had de Nederlandse zeemacht hiermee voor het eerst buiten Europese wateren geopereerd. De ironie wilde dat ook de tweede betekenisvolle verschuiving zich voordeed bij een onderneming waarbij de primaire doelstelling niet werd gehaald. In 1600 gaven de Staten-Generaal stadhouder Maurits van Nassau, die weinig in deze onderneming zag, opdracht om op te trekken naar de door Spanje heroverde Zuidelijke Nederlanden om de belangrijke kapershaven Duinkerken in te nemen. Maurits' leger werd echter bij Nieuwpoort de pas afgesneden. Met gebruikmaking van het complete arsenaal aan nieuwe militaire tucht en tactieken dat in de voorgaande jaren was geïntroduceerd lukte het de Staatse strijdmacht de Habsburgse troepen te verslaan. Na deze overwinning gaf Maurits opdracht tot een strategische terugtocht. Niettemin is de Slag bij Nieuwpoort de geschiedenis ingegaan als een iconisch moment in de Militaire Revolutie dat de nieuwe rol van de Republiek binnen de Europese politiek bevestigde.

Een permanente staat van oorlog

De 'Gouden Eeuw' was een tijdperk van ijzer, vuil en bloed. Hedendaagse historici hebben vaak moeite met het beeld van de Republiek als een agressieve, expansieve mogendheid. De bescheiden afmetingen van het land, zijn amper twee miljoen inwoners, en zijn (Europese) buitenlandbeleid, waarin handelsbelangen veel meer nadruk kregen dan veroveringsdrang, leken hiermee in tegenspraak. Verder deden zich in 1617-1618, 1650-1651 en 1672 acute crises voor als gevolg van hevige conflicten over militaire uitgaven en de langetermijnstrategie die ook in de jaren daartussen menigmaal tot spanningen van kortere duur leidden. In de traditionele geschiedschrijving worden die veelal afgeschilderd als botsingen tussen een 'pro-oorlogspartij' rond het huis van Oranje en een aan de regenten gelieerde 'vredespartij', waarmee de schijn wordt gewekt dat incidentele onenigheid over de oorlogsinspanningen een weerspiegeling was van een diepgewortelde en permanente oppositie die er binnen de Nederlandse staat en de heersende klasse zou bestaan tegen oorlog als zodanig. Deze zienswijze wordt weersproken door het feit dat de Nederlandse staat gedurende de zeventiende eeuw in de praktijk opereerde als een land dat permanent op voet van oorlog verkeerde.

Diagram 5.1 geeft een tijdlijn te zien met gewapende conflicten tussen de Republiek en één of meer belangrijke Europese mogendheden, op het continent zelf of in Europese wateren. Hieruit blijkt dat driekwart van alle jaren van de zeventiende eeuw een oorlogsjaar was in Europa. Daarbij zijn de vele omvangrijke oorlogen nog buiten beschouwing gelaten die werden uitgevochten door de Oost-Indische en West-Indische Compagnie om hun respectieve imperia te veroveren op de Europese concurrenten, Aziatische, Amerikaanse en Afrikaanse heersers en inheemse volkeren. De vraag daargelaten of de Republiek zich geestdriftig dan wel terughoudend opstelde ten opzichte van dit imperialisme – en met name in de eerste helft van

Diagram 5.1 Tijdlijn van gewapende conflicten in Europa waarbij de Republiek betrokken was.

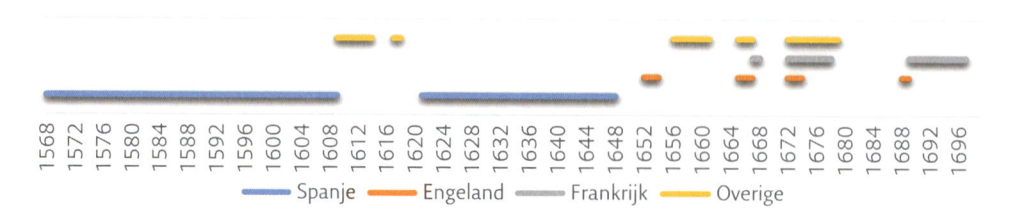

Getoonde conflicten: **Spanje:** Tachtigjarige Oorlog (1568-1609 en 1621-1648)
Engeland: Eerste Engelse Zeeoorlog (1652-1654), Tweede Engelse Zeeoorlog (1665-1667), Derde Engelse Zeeoorlog (1672-1674), Glorieuze Revolutie (1688)
Frankrijk: Devolutieoorlog (1667-1668), Frans-Nederlandse Oorlog (1672-1678), Negenjarige Oorlog (1688-1697)
Overige: (grootschalige Nederlandse interventies in) Gulik-Kleefse Successieoorlog (1610-1614), Uskokoorlog (1617-1618), Noordse Oorlog (1656-1660), Europese fase van de Nederlands-Portugese Oorlog (1657-1661), Eerste Münsterse Oorlog (1665-1666), Tweede Münsterse Oorlog (1672-1674), Schonense Oorlog (1675-1679).

de zeventiende eeuw zijn ruimschoots bewijzen te vinden voor het eerste – resulteerde dit in een wereldrijk dat zich op het hoogtepunt van zijn geografische omvang uitstrekte van Nieuw-Nederland, het gebied met Noord-Amerikaanse nederzettingen, naar een groot deel van Noordoost-Brazilië; vervolgens via forten aan de West-Afrikaanse kust van het eiland Gorée in Senegambia naar de nederzetting op Kaap de Goede Hoop; en dan naar het omvangrijke en gestaag uitdijende rijk van de voc in Azië. De omvang en verspreiding van de Nederlandse gewapende macht kan onder meer worden afgelezen aan het aantal militaire voorposten dat werd gevestigd in Azië, Afrika en de Amerika's. In Afrika en Amerika werden in de loop van de zeventiende en achttiende eeuw in totaal meer dan 250 afzonderlijke militaire bouwwerken opgericht, hoewel ze vaak betrekkelijk klein waren en niet lang bleven bestaan. In Azië bezat de voc omstreeks 1790 nog altijd 162 forten en andere bewapende voorposten. De forten van de voc waren gemiddeld groter en hielden langer stand dan hun tegenhangers van de wic.[7]

Gezien de wereldwijde omvang van deze gewapende macht is het niet verrassend dat er grote bedragen werden ingezet voor militaire doeleinden. Naar Marjolein 't Hart heeft berekend ging omstreeks 1641 51,5 procent van alle staatsuitgaven naar het leger, 26,0 procent naar de vloot, en 8,7 procent naar de bouw en het onderhoud van (binnenlandse) vestingwerken.[8] De militaire lasten drukten ook zwaar op het kapitaal waarover de voc beschikte. Femme Gaastra schat dat in de achttiende eeuw, toen de militaire uitgaven gemiddeld wat hoger waren dan in de tweede helft van de zeventiende eeuw, de Nederlandse voc-kamers gemiddeld ongeveer twee miljoen gulden per jaar besteedden aan militaire doeleinden, terwijl van alle uitgaven die de compagnie tijdens de zeventiende en achttiende eeuw in Azië deed ongeveer 30 procent opging aan oorlogvoering.[9]

Een van de redenen waarom historici er ondanks de intensiviteit, de kosten en de effecten van de krijgshandelingen moeite mee hebben om de Republiek als een oorlogsstaat te beschouwen is de ongewoon particularistische organisatie van haar bureaucratische apparaat. Historici hebben het lange tijd als vanzelfsprekend beschouwd dat de opkomst van zeer gecentraliseerde bureaucratische staten werd bevorderd door het voeren van oorlogen. Maar tegenwoordig wordt deze aanname door historici sterk genuanceerd.[10] Voor de organisatie van hun gewapende macht bleven de staten in Europa in deze periode in hoge mate afhankelijk van plaatselijke politieke elites, kooplieden en particuliere geweldsleveranciers zoals huurlingen, kapers en geoctrooieerde ondernemingen. In de Republiek nam deze afhankelijkheid extreme vormen aan. Ondanks pogingen tot centralisatie behielden de provincies de volledige verantwoordelijkheid voor het uitbetalen van de soldaten, bleef de vloot opgesplitst over vijf in organisatorisch opzicht onafhankelijke admiraliteiten, en bestond de leiding van de relatief licht bezette staatsbureaucratie en de semi-particuliere voc en wic nog altijd uit een ingewikkelde lappendeken van plaatselijke en gewestelijke vertegenwoordigers. Hoewel dit de besluitvorming dikwijls tot een moeizaam proces maakte, zorgde het er wel voor dat kapitaalbezitters ongewoon sterk betrokken waren bij het in stelling brengen van militair materieel en personeel en bij de vraag hoe die moesten worden ingezet. Zolang het economische en geopolitieke succes voldoende grondslag bood voor een minimale consensus binnen de heersende klasse aangaande besluiten over oorlog en vrede, bleek de Nederlandse staat bij machte de hoeveelheid geweld te leveren die nodig was om een wereldomspannend handelsimperium overeind te houden.

Oorlog als verdienmodel

De bijzondere federale organisatievorm van de Nederlandse staat, in combinatie met het sterk marktgerichte karakter van de economie, verschafte particulieren tal van mogelijkheden om hun voordeel te doen met oorlog. De gunsten die de staat verleende aan internationaal opererende particuliere wapenhandelaren, militaire financiers en leveranciers van benodigdheden voor het leger en de vloot leverden de grondslag voor van een aantal van de grootste familiefortuinen van de zeventiende eeuw. Tegelijkertijd drukte de productie voor militaire doeleinden een stevig stempel op de plaatselijke economie van kleinere garnizoenssteden als Gorinchem of Doesburg, evenals op steden waar admiraliteiten en kamers van de VOC en WIC gevestigd waren, zoals Amsterdam en Middelburg. Er is nog nauwelijks onderzoek gedaan naar de invloed die militaire markten tijdens de Tachtigjarige Oorlog uitoefenden op de Nederlandse landbouwsector na het tijdperk van de extreem verwoestende campagnes op het platteland.[11] Niettemin kan de aanwas van gecommercialiseerde en door steden aangestuurde takken van landbouw zoals het fokken van rundvee op zijn minst voor een deel in verband worden gebracht met de noodzaak de vloot en de koloniale compagnieën te bevoorraden.

 Een bekend voorbeeld van een geslacht dat dankzij de oorlog zakelijk en politiek fortuin maakte is de familie Trip. De Trippen bouwden een internationaal wapenhandelimperium op, dat een eindeloze stroom kanonnen, vuurwapens en kogels aanvoerde naar de oorlogsfronten in Europa. Tegelijkertijd slaagden ze erin zich een hechte plaats te veroveren in de politieke en culturele wereld van de Amsterdamse regenten. Verscheidene telgen van het geslacht lieten zich vereeuwigen door Rembrandt, en in 1660-1662 gaven de broers Louis en Hendrick Trip opdracht voor de bouw van een imposant huis aan de Amsterdamse Kloveniersburgwal. De frontgevel van het pand ging getooid met gebeeldhouwde kanonskogels en olijftakken, als illustratie van het familiemotto *De bello pax*. De geschiedenis van dit bedrijf toont aan dat grote wapenhandelaren zich niet in een afzonderlijke economische zone bewogen. Integendeel, de militaire en niet-militaire takken van hun onderneming waren goed geïntegreerd en versterkten elkaar. De laat-zestiende-eeuwse stamvaders van de familie waren ijzerhandelaren in Dordrecht, die ook handel dreven in zulke uiteenlopende producten als papier, kaas, stokvis, haring en wijn. Jacob Trip, die zich in de zeventiende eeuw op grotere schaal met de wapenhandel ging bezighouden, voorzag het Staatse leger tevens van kaas, wijn, hout en graan, was actief als reder, vertegenwoordigde diverse Amsterdamse en Luikse kooplieden, en trad op als tussenpersoon bij de uitbetaling van soldaten.[12]

Nauwe connecties met, of directe of indirecte betrokkenheid bij de uitvoering van overheids- en semi-overheidstaken, waren doorgaans essentieel voor de modus operandi van dergelijke 'oorlogskapitalisten'. Elias Trip, die het familiebedrijf van Dordrecht naar Amsterdam verplaatste, was een van de bewindhebbers van de VOC. In 1616 werd hij verantwoordelijk voor het toezicht op de Amsterdamse scheepswerf en de munitievoorraad van de VOC, en voor de onderhandelingen met de Amsterdamse admiraliteit over escortes voor koopvaarders van de VOC. Hoewel het overheidsfunctionarissen uitdrukkelijk verboden was om financiële of commerciële betrekkingen met hun eigen instantie te hebben, waren er vele nauwelijks verborgen sluipwegen om voordeel te behalen. Een van die sluipwegen liep via familiebanden. Een illustratief geval is dat van Hiob de Wildt, een naaste medewerker van stadhouder Willem III, die gedurende de laatste dertig jaar van de zeventiende eeuw eerste secretaris van de Amsterdamse admiraliteit was. Zijn zusters Anna en Eva trouwden met de touw- en hennephandelaren Hendrik en Jan Lijnslager, die handel dreven met de Amsterdamse admiraliteit en de VOC. In 1691 verkocht Anna (die intussen weduwe was geworden) als grootste private leverancier de Amsterdamse admiraliteit een hoeveelheid touw ter waarde van bijna 200.000 gulden. Hiob werd op zijn beurt een prominente speler in de handel in rundvee. Zijn nalatenschap had een waarde van 170.000 gulden, een meer dan aanzienlijk bedrag.[13]

Grote oorlogsuitgaven van de staat brachten ook nieuwe kansen voor financiers met zich mee. Die bedienen zich daarbij hoofdzakelijk van twee routes. De eerste liep via staatsleningen. Ofschoon de belastingdruk per hoofd van de bevolking gedurende de vroegmoderne periode nergens groter was dan in de Republiek, liepen de staatsschuld en die van de provincies almaar verder op. Een van de redenen hiervoor was dat de Nederlandse staat consequent de voorkeur gaf aan indirecte belastingen, zoals invoerrechten en accijnzen, boven inkomens- en vermogensbelasting. Omdat belastingen op consumptieartikelen geen onderscheid maken tussen rijken en armen, en omdat de armen een veel groter percentage van hun inkomen uitgeven aan noodzakelijke levensbehoeften, legde het Nederlandse belastingstelsel een onevenredig zware druk op de lagere klassen.[14] Het begrotingsgat dat voortkwam uit de tegenzin om belasting op vermogen en luxeartikelen in te voeren werd gedicht door een vernieuwend systeem van staatsleningen en lijfrentes, dat een stabiele vorm van investering bleek waaraan zowel de zeer rijken als de middenklasse deelnamen. Maar particuliere investeringen bleven niet beperkt tot de inkomstenkant van de staatsfinanciën. Veel investeerders, ambtenaren en leveranciers leverden de staat kortetermijnleningen als dekking voor een deel van de directe oorlogslasten, bijvoorbeeld door in plaats van betaling voor de geleverde goederen een schuldbekentenis te accepteren. In de loop van de zeventiende eeuw ontwikkelde zich een levendige secundaire handel in dergelijke 'betalingsordonnanties', die berustte op de gerechtvaardigde gedachte dat, ofschoon vroegmoderne staten de slechte naam hadden dat ze de rekeningen voor hun land- en zeemacht niet voldeden, de Nederlandse staat in dit opzicht betrekkelijk betrouwbaar was. Een bijzonder belangrijke groep financiers die kortetermijnleningen verstrekte voor oorlogsuitgaven waren de 'solliciteurs-militair', financiële tussenpersonen die de legermacht krediet leverden om de soldij te voldoen. In de loop van de zeventiende eeuw werd deze vorm van legerfinanciering in toenemende mate beschermd en gereguleerd, wat ertoe leidde dat hier ook nieuwe groepen gespecialiseerde financiers bij betrokken raakten.[15]

Historici bezien het behalen van particuliere winst uit staatsuitgaven aan de krijgsmacht veelal primair vanuit het kader van corruptie. Het is waar dat hiervan in de geschiedenis van de Republiek tal van voorbeelden te vinden zijn. Bij zijn beschrijving van een grote corruptiezaak bij de Rotterdamse admiraliteit, waar administrateurs zich schuldig hadden gemaakt aan fraude bij een veiling van prijsgoederen (waren die door kapers waren buitgemaakt op vijandelijke schepen), slaakte Lieuwe van Aitzema, de chroniqueur van het Nederlandse krijgswezen, halverwege de zeventiende eeuw de verzuchting: 'want als men alle Collegien ende Magistraten op die wijse soude hebben gheexamineert volghens haer Instructien, soo mochtmen wel segghen: *Domine quis sustinebit* [Heer, wie houdt dan stand?].'[16] Desondanks waren de oorlog en de Nederlandse economie dieper en structureler met elkaar verbonden dan het al te enge beeld van corruptie doet vermoeden. Het geheel van productie, leveranties en financiering voor het leger, de vloot en compagniestroepen, alsook voor de internationale militaire markt, groeide uit tot een groot en compact terrein voor kapitaalaccumulatie, dat op alle mogelijke manier vervlochten was met de civiele economie.

Oorlogsgeweld binnen en buiten de landsgrenzen

Een samenleving had niet alleen indirect te lijden onder een oorlog, doordat de staat en de economie er de gevolgen van ondergingen, maar ook direct, door de feitelijke activiteiten van een legermacht. Er was een eenvoudige reden waarom de voortdurende staat van oorlog geen desastreuze uitwerking had op het economische succes van de Nederlanden, namelijk dat er in het rijke noordwesten, het hart van de Republiek, vanaf het laatste decennium van de zestiende eeuw geen krijgshandelingen meer plaatsvonden. Maar andere delen van het land, met name het zuiden en het oosten, gingen veel langer gebukt onder de aanwezigheid van strijdende legermachten. Pas na de succesvolle belegering van Den Bosch onder stadhouder Frederik Hendrik in 1629 werden de Habsburgse troepen geleidelijk teruggedreven

5.2 Sebastiaan Vranckx, *De plundering van Wommelgem*, ca. 1615-1620, Düsseldorf, Museum Kunstpalast.

naar de Zuidelijke Nederlanden. Na de Vrede van Münster van 1648 kregen de oostelijke provincies in 1665 opnieuw legergeweld te verduren, toen 20.000 soldaten uit het bisdom Münster er een inval deden, en in het rampjaar 1672, toen de Republiek gelijktijdig oorlog voerde met Frankrijk, de bisdommen Münster en Keulen en op zee met Engeland, werd het grootste deel van het land onder de voet gelopen door Franse en Duitse troepen.

Tijdens deze oorlogen richtte het geweld van het Staatse leger zich niet alleen op de buitenlandse troepen. Vooral gedurende de Tachtigjarige Oorlog was ook het Nederlandse platteland het slachtoffer. Omdat de Nederlandse Opstand gewoonlijk gezien wordt als een stedelijke aangelegenheid, is dit aspect lang aan de aandacht van historici ontsnapt. In een recente studie heeft Leo Adriaenssen de volle omvang van de krijgshandelingen op het platteland van de Republiek en de gruwelijke gevolgen ervan blootgelegd. Aan de hand van een gedetailleerd onderzoek van een ruraal gebied in het zuiden van het land toont hij aan hoe meedogenloos het Staatse leger de bevolking die het moest 'bevrijden' tributen afdwong. Een beleid waarin verschroeide-aarde-campagnes en belastinginning door middel van plundering elkaar afwisselden leidde er naar zijn schatting toe dat het aantal bewoners in de omgeving van Den Bosch (de meierij) met 68,5 procent afnam.[17] In 1587 gaven de Staten-Generaal Maurits bevel om het platteland in het zuiden volledig te verwoesten. Hij trok op aan het hoofd van een 5000 man tellend leger, dat werd ondersteund door burgercompagnieën uit Amsterdam, Leiden, Delft en verscheidene andere steden.

Dertig tot veertig dorpen, waaronder Helmond en Eindhoven, werden platgebrand. In Veghel namen vijfhonderd boeren de wapens op om hun dorp te verdedigen en werden door de troepen afgeslacht. Dergelijke campagnes, zowel van het Nederlandse als Spaanse leger, hadden grootscheepse hongersnood en epidemieën tot gevolg, op een schaal die vergelijkbaar was met wat zich tijdens de beruchte Dertigjarige Oorlog afspeelde op het Duitse platteland. In de loop van de eerste decennia van de zeventiende eeuw nam het innen van tributen een georganiseerder vorm aan, en kwamen dergelijke gewelddadige campagnes minder vaak voor. Als gevolg van de oorlogshandelingen echter was de plattelandsbevolking niet bij machte zich te verzetten tegen de hun opgelegde structureel hoge belastingtarieven, die gehandhaafd bleven toen de oorlog eenmaal was afgelopen. In diezelfde periode begonnen investeerders uit Hollandse en andere steden grote delen op te kopen van het land dat was kaalgeslagen door de strijdende legers. Het traumatische geweld op het platteland liet diepe littekens na in de volkscultuur (Afb. 5.2). Zo bevatte een pamflet uit het midden van de zeventiende eeuw een berijmde dialoog, waarin een fictieve boer tegen een soldaat zegt:

> Eylaes! wat heeft den Boer, den aermen Boer te lyden
> Uyt ander liedens leer is 't goedt breed' riemen snyden,
> Het winter garnisoen is ons bederffenis
> T'is al sa op den Boer waer dat goed' haver is.[18]

Terwijl in de laatste decennia van de Tachtigjarige Oorlog de directe confrontatie met oorlogsgeweld voor een groot deel van de Nederlandse bevolking minder acuut werd, bleef dit in de overzeese gebiedsdelen een centraal gegeven. Bij conflicten in Azië en de Amerika's werden legereenheden van de VOC en WIC niet alleen ingezet tegen vijandelijke legers, maar menigmaal ook tegen de inheemse bevolking. In maart 1621 landden 1900 matrozen, soldaten en Aziatische hulptroepen onder leiding van Jan Pieterszoon Coen, gouverneur-generaal van de VOC, op de Banda-eilanden, om het alleenrecht op de handel in nootmuskaat en folie af te dwingen voor de Compagnie. In de loop van deze campagne, waarbij de eilanden doelbewust en systematisch werden ontvolkt, werden duizenden mensen gedood of slaafgemaakt. Hoewel het optreden van Coen op de Banda-eilanden in de herinnering zou blijven voortleven als uitzonderlijk wreed, gingen de oorlogen van de VOC ook daarna nog veelvuldig gepaard met ontvolking, slavenhandel en massamoord. In 1666-1667 versloeg een grote vloot de sultan van Makassar en bracht daarmee Sulawesi (Celebes) onder gezag van de VOC. Na de overwinning gaf Cornelis Speelman, de commandant van de VOC, bevel om 5000 krijgsgevangenen achter te laten op een onbewoond eiland, waar ze omkwamen. Tijdens een latere oorlog om de heerschappij over het koninkrijk Mataram op Java stelde Speelman: 'De saeck moet in 't herte aengetast en de vijandt niet alleen verdreven, maer vervolgt en ontsenuwt werden.'[19] Aan dergelijke standpunten werd ook vastgehouden in de kolonies in het Atlantisch gebied, waar zowel legereenheden van de WIC als troepen van de Staten-Generaal werden ingezet als ordehandhavers en verdedigers van op slavenarbeid gebaseerde nederzettingen.

Militaire taken, muiterij en desertie

Veel soldaten en anderen die werkzaamheden verrichtten voor het leger waren niet alleen pleger, maar ook slachtoffer van geweld. Een onderdeel van de door Maurits doorgevoerde verscherping van de legerdiscipline was het in de jaren 1590 ingevoerde reglement, waarin met dorre regelmaat de doodstraf werd voorgeschreven bij insubordinatie, desertie en vele andere vergrijpen. In de praktijk werd die maximumstraf niet vaak toegepast, want gezien de frequentie waarmee soldaten de regels overtraden zou dit waarschijnlijk de gelederen te zeer hebben uitgedund. Desondanks waren zware lijfstraffen zowel in het leger als op de vloot een belangrijk aspect van het leven; de doodstraf werd toegepast wanneer bevelhebbers of gezagvoerders het nodig achtten de discipline te handhaven of de orde te herstellen. Gedwongen rekrutering was verboden in de Republiek, zodat soldaten en matrozen – op papier althans – vrijwillig dienst namen bij het leger, de vloot of de compagniestroepen. Er waren echter professionele ronselaars, die in samenwerking met herbergiers schuldenvallen opzetten om mannen te pressen zich als soldaat aan te melden. In de volksmond werden deze bemiddelaars zielverkopers genoemd, een variant op de oorspronkelijke benaming 'ceelverkopers', naar de ceel of schuldbrief waarvan bij deze praktijken gebruik werd gemaakt. Zodra iemand eenmaal had getekend als soldaat of matroos, gaf de wet zijn meerderen *de facto* en *de jure* verregaande bevoegdheden aangaande zijn leven, zijn lijf en zijn werkkracht, waarmee belangrijke elementen van lijfeigenschap binnenslopen in de 'vrije' arbeidsmarkt van de Republiek.

Diagram 5.2 geeft een beeld van het aantal mensen dat als inzetbaar militair in dienst was bij het leger, de vloot, de VOC en de WIC. In 1700, nadat de totale krijgsmacht een eeuw lang gestaag in omvang was toegenomen, hadden deze vier instellingen gezamenlijk bijna 130.000 mensen in dienst. Vele duizenden anderen verrichten aanvullende taken, als arbeider in de wapenindustrie en de scheepsbouw, als soldaat op bewapende koopvaardijschepen of als matroos in de kaapvaart. In 1703 beschikten alleen al de Zeelandse steden Middelburg en Vlissingen over 47 kaperschepen waarop in totaal 6667 zeelieden en soldaten werkten.[20] Al deze groepen bestonden voor een groot deel uit migrantenarbeiders. Van de soldaten die vochten in dienst van de Nederlandse staat was bijvoorbeeld tussen de 40 en 60 procent aangeworven in het buitenland. Desondanks moet het deel van de beroepsbevolking in de Republiek dat direct of indirect betrokken was bij oorlogsgerelateerde taken volgens een ruwe schatting zeker 7 à 10 procent hebben bedragen.

Diagram 5.2 De militaire arbeidsmarkt

	ca. 1600	ca. 1625	ca. 1650	ca. 1675	ca. 1700
Leger	35.408	51.265	29.315	88.588	94.176
Oorlogsvloten	8.000	8.500	11.000	20.000	20.000
Scheepswerven					1.500
VOC: Europese soldaten		3.600		10.000	9.523
WIC: Europese soldaten			4.500		3.000

Bronnen: **Leger**: H.L. Zwitzer, *'De militie van den staat'. Het leger van de Republiek der Verenigde Nederlanden*, Amsterdam, 1991, pp. 175-176. Cijfers ontleend aan het gewone en het buitengewone oorlogsbudget van de jaren 1599 (gedeeltelijk), 1621, en 1701. **Oorlogsvloten**: schattingen 1600, 1628, 1642: Jaap R. Bruijn, *The Dutch Navy of the Seventeenth and Eighteenth Centuries*, Columbia, SC, 2011, p. 49; schattingen 1675 en 1700: Jaap R. Bruijn, 'Dutch Maritime Industries and Maritime Employment in Early Modern Times', in Robert Bohn (red.), *Nordfriesische Seefahrer in der frühen Neuzeit*, Amsterdam, 1999, p. 111. **Scheepswerven**: schatting gebaseerd op Pepijn Brandon, *War, Capital, and the Dutch State (1588-1795)*, Leiden, 2015, pp. 170-175. **VOC**: 1625 en 1675: raming gebaseerd op Jan Lucassen, 'A Multinational and Its Labor Force: The Dutch East India Company, 1595-1795', *International Labor and Working-Class History* 66 (2004), p. 15, en Femme Gaastra, '"Sware continuerende lasten en groten ommeslagh". Kosten van de oorlogvoering van de Verenigde Oost-Indische Compagnie', in Gerrit Knaap en Ger Teitler (red.), *De Verenigde Oost-Indische Compagnie tussen oorlog en diplomatie*, Leiden, 2002, p. 85; 1700: Gerrit Knaap, Henk den Heijer en Michiel de Jong, *Oorlogen overzee. Militair optreden door compagnie en staat buiten Europa 1595-1814*, Amsterdam, 2015, pp. 196-197. **WIC**: Ruwe schatting, gebaseerd op Knaap, Den Heijer en De Jong, *Oorlogen overzee*, pp. 374-375.

De hervormingen in de organisatie van het leger en vooral de verbeteringen in het uitbetalingssysteem hadden tot resultaat dat openlijke muiterij betrekkelijk zelden voorkwam in het Staatse leger. Bij de vloot en Nederlandse militairen en zeelieden in West- en Oost-Indië bleef muiterij echter een belangrijk onderdeel van het arsenaal aan beschikbare verzetsmiddelen. Zo zag vice-admiraal Adriaen Claesz zich in 1626 door een dreigende muiterij gedwongen zijn campagne in het Caraïbisch gebied af te breken en terug te keren naar de Republiek. In 1649 belemmerden massale desertie en een muiterij de WIC ernstig in haar pogingen om Nederlands-Brazilië te behouden. En in juli 1688 werd de gouverneur van Suriname, Cornelis van Aerssen van Sommelsdijck, vermoord door ondervoede en overwerkte soldaten. De muiters maakten zich meester van Fort Zeelandia, maar door onderlinge onenigheid kwam er een eind aan de opstand, waarna acht aanstichters van de revolte werden opgehangen, twee anderen werden geradbraakt, en de overige zestig werden verbannen uit Suriname. In de Republiek zelf weigerden bemanningen van gehuurde koopvaardijschepen herhaaldelijk om uit te varen in ondeugdelijke schepen of onder dronken en incompetente kapiteins, wat mede aanleiding was tot het na de Eerste Engelse Zeeoorlog genomen besluit om over te gaan op een staande vloot.

Wanneer militairen zich verzetten tegen het regime in de krijgsmacht uitten ze dat zelden door in opstand te komen, maar meestal door er gewoon vandoor te gaan. In alle vroegmoderne strijdmachten was desertie schering en inslag, en de Nederlandse vormde daarop geen uitzondering. In nederzettingen van de VOC als Surat en de Bengalen bedroeg het jaarlijkse desertiecijfer gemiddeld 5 procent, en van de soldaten die in Europa het Staatse leger verlieten deed 20 tot 40 procent dat via desertie.[21] Soms lieten soldaten en matrozen elke vorm van militair bedrijf achter zich, maar vaker sloten ze zich aan bij een concurrerende land- of zeemacht omwille van betere arbeidsvoorwaarden of om het 'handgeld' te houden dat ze als premie hadden ontvangen bij hun indiensttreding. Buiten Europa zijn er tal van gevallen bekend waarin deserteurs van partij wisselden en zich aansloten bij een inheemse stam, kozen voor een piratenbestaan of probeerden buiten bereik van de overheid een eigen gemeenschap op te zetten. Het zoeken naar meer bewegingsvrijheid of naar een manier om het juk van het militaire regime af te werpen was een vast bestanddeel van het leven en het werken in de krijgsmacht.

De zeventiende eeuw bezien door de lens van de oorlog

Hoewel ze dikwijls is beschouwd als een bij uitstek niet-oorlogsgerichte samenleving, betoonde de Republiek zich in de zeventiende eeuw een meester in het effectief ontplooien van wereldwijd militair geweld. Oorlog was in de zeventiende eeuw een vast onderdeel van het leven. Natuurlijk wil dat niet zeggen dat iedereen er in gelijke mate door werd getroffen. Gedurende de Tachtigjarige Oorlog ging de plattelandsbevolking in de zuidelijke en oostelijke provincies veel langer gebukt onder de ontberingen die de gewapende strijd met zich bracht dan de stadsbewoners in het noordwesten. Omstreeks het aanbreken van de zeventiende eeuw toonde de Nederlandse staat dat het haar gelukt was de ongeorganiseerde opstandelingenbendes om te vormen tot een professionele krijgszeemacht die in staat was de Habsburgse tegenstander zowel te land als ter zee het hoofd te bieden. Het mobiliseren van aparte legereenheden in Oost- en West-Indië met verregaande bevoegdheden om op eigen gezag oorlog te voeren was een methode om het gevechtsterrein uit te breiden tot aan de overzijde van de oceaan, niet slechts ten koste van de Spaanse en Portugese kroon, maar ook van de inheemse bevolking en van de grote hoeveelheid Nederlandse soldaten en zeelieden die omkwamen in de strijd of bezweken aan tropische ziekten.

De maatschappelijke en menselijke tol die de operaties van de Nederlandse land- en zeemacht en de koloniale troepen eisten was aanzienlijk. De bijzondere organisatorische structuur van de staat en zijn strijdmacht echter bood degenen die

5.3 Gerard ter Borch, *Soldaat te paard, op de rug gezien*, ca. 1634, Londen, privéverzameling.

aan het roer van de Nederlandse samenleving stonden tevens veel ruimte voor het nastreven van eigen gewin. De Staten-Generaal hadden een stelselmatige voorkeur voor constructies die steunden op de directe betrokkenheid van particuliere investeerders bij de fabricage van wapens, leveranties aan leger en vloot, het verstrekken van kortetermijnleningen voor de uitbetaling van soldij, en de uitvoering van andere belangrijke logistieke taken. De staat aarzelde niet om het leger en de zeemacht in te zetten teneinde de Nederlandse handelsbelangen veilig te stellen. Deze combinatie maakte de oorlog tot zowel een vehikel als een vruchtbaar werkterrein voor kapitaalvorming, dat nauw verbonden was met de andere belangrijke takken van de economie. Na afloop van de Tachtigjarige Oorlog in 1648 bleven de Nederlanders op grote schaal oorlog voeren, voornamelijk buiten de landsgrenzen. Tijdens de oorlogen met het Frankrijk van Lodewijk XIV, in de laatste drie decennia van de zeventiende en het eerste decennium van de achttiende eeuw, bereikte de Nederlandse krijgsmacht haar grootste omvang. Gezien de immense hoeveelheid kapitaal die circuleerde binnen de machinerie van de oorlog, en het feit dat een aanzienlijk deel van de beroepsbevolking op een of andere manier betrokken was bij militaire activiteiten of ondersteunende taken, was de sociale en economische betekenis van oorlog voor de Nederlandse bloei in de zeventiende eeuw groter dan veelal wordt aangenomen.

Noten

1. Aangehaald in M.C. 't Hart, *The Dutch Wars of Independence: Warfare and Commerce in the Netherlands, 1570-1680*, Londen, 2014, p. 1.
2. Doordat hier mede de sociale aspecten van de oorlogvoering belicht worden is dit hoofdstuk een aanvulling op hoofdstuk 6.
3. P. Groen (red.), *De Tachtigjarige Oorlog. Van opstand naar geregelde oorlog 1568-1848*, Amsterdam, 2013, p. 115.
4. G. Parker, *The Military Revolution: Military Innovation and the Rise of the West 1500-1800*, Cambridge, 1988; C.J. Rogers (red.), *The Military Revolution Debate: Readings on the Military Transformation of Early Modern Europe*, Oxford, 1995; O. van Nimwegen, *The Dutch Army and the Military Revolutions, 1588-1688*, Woodbridge, 2010.
5. M.A.J. Palmer, 'The "Military Revolution" Afloat: The Era of the Anglo-Dutch Wars and the Transition to Modern Warfare at Sea', in *War in History* 4 (1997), pp. 123-149.
6. G. Knaap, H. den Heijer en M. de Jong, *Oorlogen overzee. Militair optreden door compagnie en staat buiten Europa 1595-1814*, Amsterdam, 2015, p. 30.
7. Knaap, Den Heijer en De Jong, *Oorlogen overzee*, pp. 230-232 en 412.
8. M.C. 't Hart, *The Making of a Bourgeois State: War, Politics and Finance During the Dutch Revolt*, Manchester, 1993, p. 62.

9. F. Gaastra, '"Sware continuerende lasten en groten ommeslagh". Kosten van de oorlogvoering van de Verenigde Oost-Indische Compagnie', in G. Knaap en G. Teitler (red.), *De Verenigde Oost-Indische Compagnie tussen oorlog en diplomatie*, Leiden, 2002, pp. 87-88.
10. D. Parrott, *The Business of War: Military Enterprise and Military Revolution in Early Modern Europe*, Cambridge, 2012.
11. Zie de volgende paragraaf.
12. P.W. Klein, *De Trippen in de zeventiende eeuw. Een studie over het ondernemersgedrag op de Hollandse stapelmarkt*, Assen, 1965, pp. 93, 100.
13. P. Brandon, *War, Capital, and the Dutch State (1588-1795)*, Leiden, 2015, p. 65.
14. 't Hart, *Bourgeois State*, p. 139.
15. Brandon, *War, Capital, and the Dutch State*, hoofdstuk 4.
16. L. van Aitzema, *Saken van Staet en oorlogh, in, ende omtrent de Vereenigde Nederlanden. Beginnende met het Jaer 1621, ende eyndigende met het Jaer 1632*, dl. I, Den Haag, 1669, p. 530.
17. L. Adriaenssen, *Staatsvormend geweld. Overleven aan de frontlinies in de meierij van Den Bosch, 1572-1629*, Tilburg, 2007, p. 271.
18. Anoniem, *De blyde uytvaert van myn heer den krygh*, Utrecht, 1659, p. 563.
19. Aangehaald in Knaap, Den Heijer en De Jong, *Oorlogen overzee*, p. 118.
20. J. C. de Jonge, *Geschiedenis van het Nederlandsche zeewezen*, dl. IV.ii, Den Haag, 1841, p. 559.
21. J. Kamp en M. van Rossum, 'Introduction: Leaving Work Across the World', in J. Kamp en M. van Rossum (red.), *Desertion in the Early Modern World: A Comparative History*, Londen, 2016, p. 9.

6
Oorlogsgeweld en het zelfbeeld van de Republiek

JUDITH POLLMANN

Er wordt vaak gezegd dat oorlog het bestaansrecht vormde van de vroegmoderne staat, en dat was voor de Republiek zeker het geval. In 1579 had een aantal opstandige provincies in de Lage Landen zich georganiseerd in de Unie van Utrecht om gezamenlijk de wapens op te nemen tegen hun Spaans-Habsburgse landsheer. Toen deze oorlog in 1648 ten langen leste werd beëindigd met de Vrede van Münster, werd de mogelijkheid om de Unie te ontbinden serieus overwogen; pas na een forse politieke crisis, jaren van zelfreflectie en harde onderhandelingen besloten de provincies de samenwerking voort te zetten.

Evengoed wist niemand of de Nederlandse staat zich ook buiten oorlogstijd zou kunnen handhaven. Tijdens het Twaalfjarig Bestand van 1609-1621 waren de zeven provincies door politieke spanningen op de rand van een burgeroorlog gebracht. Menigeen vreesde dat de vele onderliggende meningsverschillen in de Unie in vredestijd niet te beteugelen zouden zijn, en zo tot haar ondergang zouden leiden. Zoals we in hoofdstuk 5 hebben gezien bleek deze vrees ongegrond, niet in de laatste plaats omdat de Verenigde Provinciën tot ver in de achttiende eeuw vrijwel voortdurend op voet van oorlog verkeerden met deze of gene staat. Vooraanstaande bewindslieden in de Republiek, en met name de stedelijke elite in Holland, achtten oorlog nodig om hun zakelijke belangen veilig te stellen. Aan anderen bood de oorlog kansen op winst en maatschappelijk aanzien. Adellijke families, het huis Oranje-Nassau in het bijzonder, verwierven faam en familiefortuin door hun successen in de oorlog te land, terwijl de - voornamelijk niet-aristocratische - admiraals van de Republiek spectaculaire roem en oorlogsbuit konden behalen op zee. Ook veel mensen die lager op de sociale ladder stonden waren voor hun werk of inkomen afhankelijk van de voortdurende militaire campagnes.

Toch was dit niet de enige reden waarom oorlog in de Gouden Eeuw een belangrijke, maar ook nogal tegenstrijdige rol speelde in het zelfbeeld van de Nederlanders. Omdat de besluitvorming over oorlog en vrede zo gedecentraliseerd was, waren er veel belanghebbenden, en was een flink deel van de stedelijke elites in de Republiek betrokken bij militaire aangelegenheden. Maar om dezelfde reden waren oorlogs- en vredesvraagstukken dikwijls zeer controversieel en onderwerp van publiek debat. Plannen voor militaire campagnes moesten collectief worden ontwikkeld en goedgekeurd; als de stadhouders op veldtocht gingen reisden er vertegenwoordigers van de Staten-Generaal met hen mee. Vanaf 1598 was er een verhitte en emotionele discussie over de voor- en nadelen van het van het voortzetten van de oorlog met Spanje. Na 1648 was de grote vraag of de Staten-Generaal vooral moesten investeren in de vloot, zoals de handelsbelangen dicteerden, of juist in de landmacht. Tot de voorstanders van die laatste keus hoorden de gewesten die kwetsbaar waren voor een directe aanval over land, en gewoonlijk ook de stadhouders en hun aanhangers. Het werd een van de hardnekkigste politieke twistpunten in de Republiek.

Ten slotte, en zeker niet in de laatste plaats, moest oorlog betaald worden, en was het dus zaak ook de belastingbetalers van de Republiek te overtuigen van de nut en noodzaak van militair optreden. Om de oorlogen te bekostigen betaalden de Nederlanders veel hogere belastingen dan ze ooit hadden gedaan in de tijd van het Habsburgse bewind, en moesten ze tevens een enorme staatsschuld torsen. Hun bereidheid om dit te doen werd voor een deel geschraagd door de betrekkelijk hoge lonen. De meeste belastingen waren indirect, en bleven daardoor min of meer verstopt in de gewone kosten van het levensonderhoud. Bovendien waren er ook veel kleine investeerders die hadden belegd in de staatsschuld.[1] Maar de noodzaak om de oorlog te financieren werd ook onderstreept door de aanhoudende publieke boodschap dat de door de Republiek gevoerde oorlogen nuttig, urgent, rechtvaardig en roemvol waren. Het beoogde publiek voor deze boodschappen waren de belastingbetalers in de zeven provincies, met name die in Holland.

De Republiek was niet het enige land dat zich genoodzaakt zag zijn oorlogen tegenover het grote publiek te rechtvaardigen; zelfs regimes met een veel 'absolutistischer' bewind dan de Verenigde Provinciën staken veel energie in de legitimering en verheerlijking van hun oorlogen. Vorsten elders in Europa riepen net als de Staten-Generaal op tot nationale dagen van gebed, boetedoening of dankzegging ter ondersteuning van militaire campagnes. Vaandels die op de vijand waren veroverd werden bewaard en tentoongesteld, en ter nagedachtenis aan grote overwinningen werden er penningen geslagen. Zowel vorsten als republieken beloonden dichters die de lof zongen van de verrichtingen van het leger en de vloot, en bekostigden grafmonumenten van militaire helden. Maar meer dan de onderdanen van de meeste monarchieën, en zelfs meer dan die van een republiek als Venetië, kregen de Nederlanders gemengde en dikwijls ook tegenstrijdige berichten te horen over hun militaire noden en wapenfeiten. Ze waren namelijk niet alleen vertrouwd met verhalen waarin de roemrijke verrichtingen van het leger en de vloot van de Republiek werden opgehemeld. Parallel daaraan ontwikkelde zich een narratief dat vooral ging over slachtofferschap, opoffering en de glorie die ook dat met zich meebracht. In dit hoofdstuk gaan we na hoe deze twee parallelle vertogen ontstonden en een prominente plaats kregen in het culturele landschap. Als laatste besteden we kort aandacht aan de stiltes in het publieke debat – die aspecten van oorlog en het militaire optreden van de Republiek waarover juist werd gezwegen.

Slachtoffers

Ook toen ze allang een militaire grootmacht waren geworden, beklemtoonde men in de Verenigde Provinciën graag hoe klein en weerloos ze waren. Dat de staat zich had weten te handhaven in conflict met een zoveel sterkere vijand was een wonder, maar kon ook weer teloorgaan. De populariteit van deze thematiek ging terug tot het begin van de Opstand, toen de Staten-Generaal voor de taak stonden de afkeer van rebellie en wanorde te overwinnen die niet alleen bij hun onderdanen leefde maar ook onder buitenlandse vorsten. De opstandige gewesten moesten zowel de lokale bevolking als hun Europese buren ertoe overhalen om steun te bieden, of op zijn minst een welwillende houding aan te nemen. Dit was des te belangrijker omdat ze zich niet konden beroepen op andere gebruikelijke bronnen van legitimiteit, zoals traditie en historische continuïteit. De opstandige gewesten kozen er daarom voor te beklemtonen dat dit een oorlog uit zelfverdediging was, die niet gericht was tegen de koning, maar tegen de tirannie van de 'slechte raadgevers' die de vorst hadden misleid. Aan deze fictie werd vastgehouden tot 1581, toen de opstandige gewesten officieel besloten om hun heerser af te zweren, wat hun de mogelijkheid gaf in zijn plaats een andere vorst aan te stellen.[2] Pas toen dit experiment met een nieuwe landsheer vruchteloos was gebleken, en ook het gouverneurschap van de Engelse graaf van Leicester was mislukt, verklaarden de Staten-Generaal in 1588 uiteindelijk dat ze zichzelf voortaan zouden besturen als een republiek, een unie van zeven soevereine provincies.

Om aan te tonen dat ze het recht hadden om dit te doen, moesten de leiders van de Opstand niet alleen juridische en politieke argumenten aanvoeren voor het recht op politiek verzet, zoals die ook elders in Europa al waren geformuleerd. Ze moesten ook een breder publiek overtuigen van hun benarde toestand. Hiertoe konden ze tot op zekere hoogte terugvallen op een transnationaal politiek-religieus gemeenschapsgevoel. Dat had in de tweede helft van de zestiende eeuw postgevat bij calvinistische Europeanen, en zich verbreid in de internationale circuits van bannelingen, edelen en intellectuelen die geloofden dat ze leden en streden voor dezelfde nobele zaak. In de zestiende en zeventiende eeuw werden anekdotes over het martelaarschap van protestanten uit heel Europa bijeengebracht in de enorm invloedrijke martelaarsboeken. Vluchtelingen voor het geloof werden in preken en boeken vergeleken met het Bijbelse volk van Israël en hun vijanden met de farao. Calvinistische opstandelingen presenteerden zichzelf graag als onfortuinlijke slachtoffers van een samenzwering die, zo niet door de duivel zelf, dan toch door zijn trawanten was beraamd: het 'pausdom', de Spaanse inquisitie, de jezuïeten, het katholieke huis Guise en de Spaanse Habsburgers, die volgens hen streefden naar 'wereldheerschappij'. In de ogen van gereformeerde Europeanen was dit een grensoverschrijdende, zelfs kosmische strijd, waarin de vrome gelovigen zij aan zij moesten optrekken.

Hoewel calvinisten soms ook in nationale termen dachten en bijvoorbeeld beweerden dat God een Engelsman was, of de Nederlanders zagen als een tweede volk Israël, koesterden ze tegelijkertijd ook deze transnationale sentimenten. Dat bracht hen er een enkele maal toe elkaar ook praktische bijstand te bieden. Net zoals Willem van Oranje en zijn broer Lodewijk van Nassau de Franse hugenoten steunden in de strijd tegen hun katholieke tegenstanders, kwamen veel Engelse en Schotse soldaten in de Lage Landen vechten omdat ze de zaak van het gereformeerd protestantisme wilden dienen. De Republiek verleende slechts zeer beperkte hulp aan de protestantse vorsten die betrokken waren bij de Dertigjarige Oorlog, maar Nederlandse gelovigen volgden ademloos het nieuws over de gebeurtenissen in het Heilige Roomse Rijk. Terwijl gereformeerde heersers veelal huiverig waren om geloofsgenoten in den vreemde steun te bieden, toonden hun onderdanen zich in dat opzicht dikwijls veel ruimhartiger. In heel zeventiende-eeuws Europa brachten calvinisten vlijtig enorme sommen geld bijeen voor de gereformeerde slachtoffers van katholiek geweld in Ierland, de Palts en de Valtellina.[3] Ook de vervolging van de Franse hugenoten die in de jaren 1680 losbrandde maakte bij protestantse Europeanen woede en verontwaardiging los.

De politieke elite van de Verenigde Provinciën kon echter maar beperkt gebruikmaken van deze gereformeerde sentimenten. Die betekenden namelijk veel minder voor de grote religieuze minderheden binnen de Republiek, die soms zelf het slachtoffer waren geweest van gereformeerde agressie, en die juist de herinnering aan hun eigen martelaren en ballingen koesterden.[4] Omdat ze ook de katholieken, doopsgezinden en lutheranen voor zich moesten winnen, konden de heersers van de Republiek het zich dus eenvoudigweg niet veroorloven om zich al te nadrukkelijk te verbinden aan een confessionele agenda van militant-gereformeerde signatuur. In een poging om een seculier alternatief te ontwikkelen probeerden propagandisten uit de kringen van Willem van Oranje al in de jaren 1570 niet-calvinisten voor de Opstand te winnen door die voor te stellen als een strijd tussen Nederlandse 'patriotten' en boosaardige buitenlanders. De Nederlandse bevolking werd daarin eerder afgeschilderd als slachtoffer van 'Spaanse tirannie', dan als doelwit van katholieke onderdrukking. Oranjes propagandisten, en de stadsbesturen na hen, ontdekten bovendien dat het goed werkte om burgerslachtoffers van de Opstand te bejammeren als seculiere martelaren voor het 'vaderland'. Met name vrouwen en kinderen werden vaak beschreven als favoriete prooi van de Spaanse 'wolven'.[5] De notie dat heel de Nederlandse bevolking slachtoffer was geweest van een oorlog tegen een buitenlandse vijand bleek achteraf ook goed bruikbaar om ongemakkelijke kwesties buiten de herinnering te houden, en de sporen te doen vervagen van de verschrikkelijke politieke en religieuze conflicten die de eerste decennia van de Opstand hadden getekend. In de Leidse herdenkingscultuur werd bijvoorbeeld grote nadruk gelegd op het heroïsche uithoudingsvermogen van de burgerij, die tijdens de Spaanse belegering van 1574 een hongersnood had doorstaan; door dit te vieren als een collectieve daad van opoffering van een eensgezinde bevolking, werd voorbijgegaan aan de diepe verdeeldheid er tijdens het beleg had geheerst in de stad.[6]

Aanvankelijk werden gebeurtenissen uit de oorlog vooral op lokaal of gewestelijk niveau herdacht – daar lag in de Republiek ten slotte de macht. Hierin kwam pas verandering toen de nieuwe heersers van de moegestreden Habsburgse Nederlanden, de aartshertogen Albert en Isabella, omstreeks 1600 voorstellen deden om tot een vredesverdrag te komen tussen henzelf, de koning van Spanje en de opstandige Verenigde Provinciën. In de Republiek reageerden velen met afschuw bij het vooruitzicht van een vrede. Een vredesovereenkomst zou betekenen dat de Republiek het plan moest opgeven om de zuidelijke provincies terug te winnen voor het gereformeerde geloof. Vooral de tienduizenden Vlaamse en Brabantse gereformeerde ballingen in het noorden waren natuurlijk sterk gekant tegen dit voornemen, want zij hoopten op een dag terug te kunnen keren naar de Zuidelijke Nederlanden. Veel anderen vreesden voor hun broodwinning. De economie van Zeeland, en deels ook die van Holland, gedijde bijvoorbeeld bij de door de Republiek ingestelde blokkade van Antwerpen. Anderen hadden geïnvesteerd in overzeese ondernemingen die concurreerden met het Spaans-Portugese imperium, en die ook opgegeven zouden moeten worden als prijs voor de vrede.[7]

Vanaf circa 1600, en in het bijzonder vanaf 1607, begon de oorlogspartij in de Lage Landen dan ook stelselmatig 'Nederlandse' herinneringen aan de jaren zestig en zeventig van de voorbije eeuw op te rakelen, om duidelijk te maken dat op een Spaans vredesaanbod met geen mogelijkheid te bouwen viel. In steeds plastischer termen werden in toneelstukken, liederen, prenten en kinderboeken beelden opgeroepen van de barre tijd van de 'Inquisitie', de processen die waren gevoerd door de 'Bloedraad' van de 'IJzeren Hertog' van Alva, en de plundering waaraan de Nederlandse steden in de jaren 1570 bij wijze van vergelding waren onderworpen. In deze verhalen waren er in elke stad duizenden slachtoffers gevallen, gutste het bloed door de straten, was verkrachting aan de orde van de dag, en waren vrouwen, kinderen en ouden van dagen zonder pardon uitgemoord. Het verhaal van de moord op Willem van Oranje in 1584, gepleegd door een katholieke aanhanger van de Habsburgers die zich had voorgedaan als een calvinistische vluchteling en zo toegang tot diens huishouding had weten te krijgen, onderstreepte hoe gevaarlijk het was om de 'Spaanse' vijand te vertrouwen. Hoewel het politieke verzet tegen de vrede goeddeels gebaseerd was op commerciële overwegingen, werd het publieke debat gedomineerd door deze historische, morele visie op het conflict. Dat had resultaat, want een echte vrede kwam er niet. Het werd een Twaalfjarig Bestand, dat in 1609 inging.[8]

Deze moraliserende kijk op de oorsprong van de Republiek had misschien wel weer kunnen verdwijnen, ware het niet dat de architect van het Bestand, Johan van Oldenbarnevelt, er tussen 1610 en 1618 in slaagde zowel de orthodoxe vleugel van de Gereformeerde Kerk als stadhouder Maurits van Nassau tegen zich in het harnas te jagen. In de heftige discussies tijdens het Bestand benutten Oldenbarnevelts religieuze en politieke vijanden zijn betrokkenheid bij de vredesbesprekingen steeds vaker om hem af te schilderen als een marionet van de Spanjaarden. Ze betoogden dat de remonstranten en hun leiders crypto-katholieken waren en onwillekeurig, of zelfs bewust, handlangers van het Habsburgse rijk geworden waren. De contra-

6.1 Anoniem, *Waarschuwing tegen de listigheid van de Spanjaarden tijdens het bestand*, 1618, Amsterdam, Rijksmuseum.
Op deze prent moet het schaap 'onnosel' bedenken wie hij gaat volgen. Hij kan kiezen voor de figuur 'bedroch' die 'Spaanse praktijken' in zijn tas heeft en een 'Trevis' (Bestand) op tafel heeft gelegd voor de vrouw en haar kind die als 'lichtgeloov' worden betiteld. Aan hun voeten ligt een pistool, dat getuige het onderschrift 'Delff' herinnert aan de moord op Willem van Oranje. Het schaap doet er dus verstandiger aan om te kiezen voor de mannenfiguur links: 'Vrye' en zijn hondje 'Trouw', die zich laten adviseren door 'Memoria'. Die herinnert hem aan de brandstapels en galgen op de achtergrond, waarschijnlijk een verwijzing naar de ketterveervolgingen en het optreden van de Bloedraad van Alva uit de jaren 1570.

GROUWELYCKHEYT TOT OUDEWATER

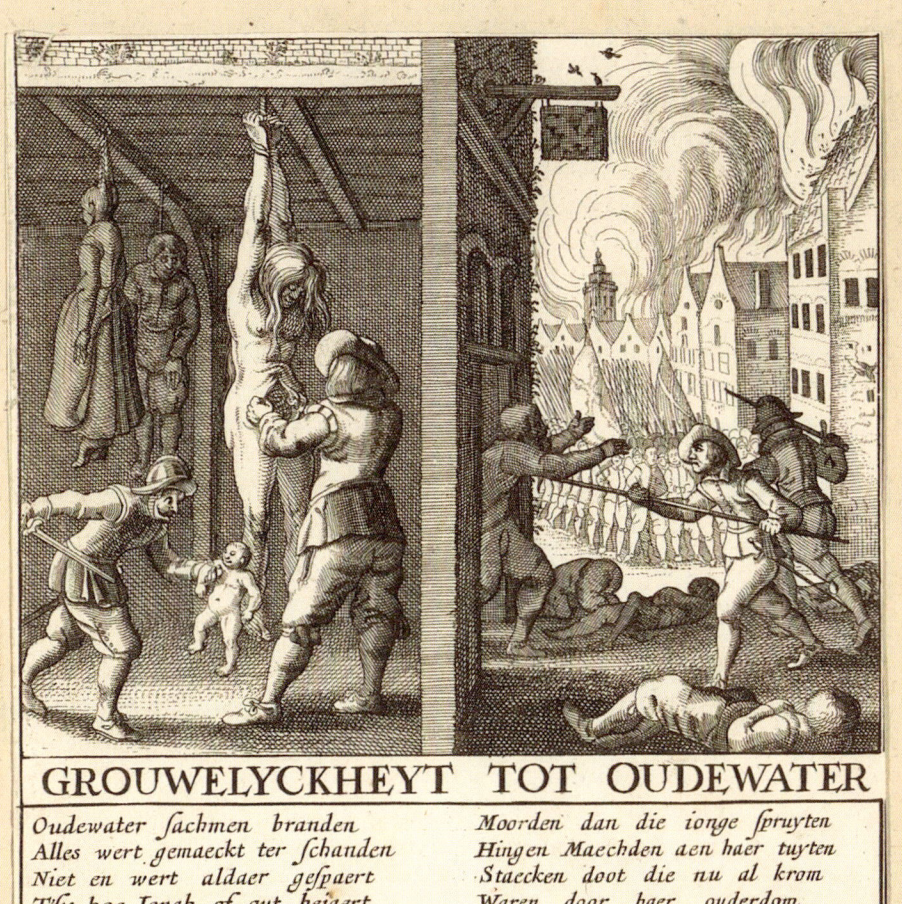

Oudewater fachmen branden
Alles wert gemaeckt ter fchanden
Niet en wert aldaer gefpaert
T'fy hoe Iongh of out beiaert
Moeders fonder te ontfarmen
Hinghen fy op aen haer armen
Sneden uyt haer tere vrucht
Met een boos en fel gerucht

Moorden dan die ionge fpruyten
Hingen Maechden aen haer tuyten
Staecken doot die nu al krom
Waren door haer ouderdom
Vrouwen fchenden en fchoffieren
Was het doen van defe gieren
Soo langh fachmen haer ter weer
Tot de Stadt gantfch lach ter neer

6.2 Anoniem, *Gruwelijkheden te Oudewater*, 1575, Amsterdam, Rijksmuseum.
Deze prent zoomt in op een detail uit een andere prent van de inname van Oudewater die in 1575 was gemaakt door Frans Hogenberg. In deze nieuwe versie gaat alle aandacht uit naar de moord op een zwangere vrouw en haar ongeboren kind. Dit gruwelijke verhaal was dermate iconisch geworden in de jaren 1620 dat allerlei mensen zich de herinnering gingen toe-eigenen en beweerden de vrouw te hebben gekend, er familie van te zijn, of te weten dat zij zwanger was geweest van een tweeling of zelfs van een drieling.

remonstranten voelden zich dan ook geroepen om de Nederlanders 'wakker te schudden' die zich door de vredespartij in slaap hadden laten sussen, of die waren vergeten hun kinderen te waarschuwen voor het onmiskenbare en acute gevaar dat de Spanjaarden en de Remonstrantse vijfde colonne vertegenwoordigden (Afb. 6.1).

Tegen de tijd dat Maurits er in 1618 toe overging om Oldenbarnevelt af te zetten en de bejaarde man liet arresteren, berechten en terechtstellen, was de gelegenheidsretoriek van de oorlogspartij uitgegroeid tot een nationaal, seculier canon van herinneringen aan de Opstand, van een type dat we eerder associëren met het nationalisme van de negentiende eeuw. In boeken, verzen, prenten, liederen, schilderijen, toneelstukken en preken herinnerden de Nederlanders zichzelf steeds opnieuw aan de kwade dagen van de boze hertog van Alva, de gevaren van de Spaanse heerschappij en de door God voorbeschikte rol van het huis van Oranje-Nassau, dat hen daarvoor zou behoeden (Afb. 6.2).[9] Volgens een populair en bloedstollend kinderboek over de Opstand, getiteld *Spiegel der jeught*, mocht niemand die de naam van Nederlander waard was toestaan dat dit verleden ooit vergeten zou worden. De Franse versie van hetzelfde boek werd door de vertalers beschreven als 'een catechismus van de staat'.[10] In de advertenties voor een Amsterdams pretpark werden bezoekers aangespoord om daar het huiveringwekkende schouwspel van 'de Tirannie van Alva' te komen zien.[11]

Deze voorstelling van zaken nodigde de Nederlanders ook uit om zichzelf op te werpen als 'bevrijders' van andere slachtoffers van de Spanjaarden. Het is geen toeval dat er in 1620 een tweedelig, kostbaar geïllustreerd boek verscheen over de Spaanse tirannie in de Nederlanden, en het equivalent daarvan in de beide Amerika's.[12] IJveraars voor de oprichting van een West-Indische Compagnie (WIC) vergeleken de Nederlanders graag met de onschuldige 'Indianen' die in de Nieuwe Wereld ten prooi waren gevallen aan de wreedheden van de Spanjaarden en die er, naar men dacht, reikhalzend naar uitzagen bevrijd te worden door de Nederlanders. In de jaren 1620 en 1630 zetten de Nederlanders peperdure overzeese handelsprojecten op vanuit de veronderstelling dat ze, als medeslachtoffers van de Spanjaarden, door de oorspronkelijke bewoners van de Nieuwe Wereld als bevrijders zouden worden ingehaald.[13]

Maar ook in eigen land bleven oude gruwelverhalen actueel, en veel tijdgenoten vonden het moeilijk het conflict in andere termen te zien dan die van de propaganda uit de jaren 1570. Na 1621 werden de nieuwsfeiten uit het verleden gekoppeld en vergeleken met die uit het heden. Dit suggereerde dat er op zijn minst een morele continuïteit was tussen de gebeurtenissen van de jaren 1570 en die uit de eigen tijd. Dat droeg bij aan de bereidheid om mee te betalen aan de oorlog, maar zorgde ook dat die bleef voortduren. Iedere keer dat in de jaren 1630 en 1640 vredesvoorstellen ter tafel kwamen werden de gruweltaferelen uit het verleden opnieuw in stelling gebracht als argument tegen vrede in het heden.

Zelfs na afloop van de oorlog met Spanje verflauwde de belangstelling voor de gruwelen van de Opstand niet – integendeel. De stad Oudewater liet bijvoorbeeld in 1650 een schilderij vervaardigen voor het stadhuis, waarop te zien was hoe de stad in 1575 was ingenomen en geplunderd. Het schilderij kreeg een vaste functie bij de jaarlijkse herdenking van de 'Oudewaterse Moord' op de stad, die aan het begin van de zeventiende eeuw was ingesteld. Na het bijwonen van een preek die hun benarde toestand en bevrijding in herinnering riep, liepen de stedelingen naar het stadhuis om daar de huiveringwekkende details van de gebeurtenissen van 1575 te bekijken en te horen toelichten. Het leed dat Oudewater doorstaan had werd zo groot geacht dat de Staten van Holland al vroeg in de zeventiende eeuw alle overlevenden een uitkering toekenden. Misschien was het hieraan te danken dat een aantal van hun verhalen werd overgeleverd, zo lang zelfs dat de plaatselijke grutter Arnoldus Duin ze nog in de jaren 1660 kon opnemen in zijn verslag van het bloedbad.[14] Een immens populair toneelstuk over het beleg en het ontzet van Leiden in 1575, dat in 1645 was geschreven door de pasteibakker Reynier Bontius, beleefde tot aan 1850 niet minder dan 111 herdrukken. Het werd ieder jaar zowel in Leiden als in Amsterdam opgevoerd en maakte daarna nog een tournee door het Hollandse platteland. Het ging vergezeld van gruwelijke 'vertoningen'. Nog in de jaren 1770 maakte een heer uit

6.3 Anoniem, *Het bloedbad van Naarden*, ca. 1615, gedenksteen in de gevel van het 'Spaanse huis' in Naarden.

Rotterdam gewag van het 'aller ysselykst gezigt' tijdens een van deze voorstellingen van 'een vuur, waarin ene [...] Spanjaart, een gebakert kind scheen te werpen'.[15]

Het is geen wonder dat de herinneringen aan de Opstand zelfs na 1648 vooral herleefden wanneer er een nieuwe militaire crisis uitbrak. Tijdens de Eerste Engelse Zeeoorlog van 1652-1654 werd gezegd dat Oranjegezinde predikanten aanbevalen om 'om reden van Staet, op den Stoel, op maeltijden, in Schuyten, en op Wagens te segghen, ja de kinderen met haer pap in te geven dat hondert duysent waren om het geloove omgebracht, dat Duc d'Alba alleen sich hadde geroemt van achtien duysent. [...] Ende 't soude bycans een afgoderye zijn, soo men 't niet geloofde.' Ook de Franse invasie van 1672-1673 werd direct vergeleken met het tijdens de Opstand doorstane leed. 'Ick heb mijn ouders dickwils hooren verhaalen,' meldde een schrijver die de massamoorden in Bodegraven en Zwammerdam beschreef, 'van de Spaense wreedtheden bedreven in 't begin van de troublen tot Zutphen en Naerden, maer dese Franse Brandt, Moordt en Vrouwen-kracht, overweight alle de wreetheden der Spanjaerden' (Afb. 6.3).[16] Er was een slimme uitgever die een oud verslag over de Habsburgse tirannie hergebruikte door eenvoudigweg alle vermeldingen van 'Spanjaarden' en 'Spanje' in de tekst te vervangen door 'Fransen' en 'Frankrijk'.

Maar niet alleen in periodes dat er gevaar uit het buitenland dreigde werd zulke herinneringen nieuw leven ingeblazen. Oldenbarnevelt was de eerste, maar zeker niet de enige Nederlandse prominent die ervan werd beschuldigd een 'tweede hertog van Alva' te zijn. Hetzelfde overkwam bijvoorbeeld stadhouder Willem II en raadpensionaris Johan de Witt. In de loop van de Gouden Eeuw waren verwijzingen naar het leed dat de Nederlanders in de begintijd van de Opstand hadden doorstaan wezenlijk geworden voor hun zelfbeeld, en daarmee een maatstaf voor goed en fout. Zoals een gereformeerde predikant het in 1704 formuleerde in een dankpreek voor een overwinning: 'Door een roode zee van een tachtig jaarigen bloedigen oorlog getrokken, zijn we van Spanjes Monarch voor een vry volk erkent, en toen verlost uit ellenden, die, in de Nederlantsche Historien te vinden, 't geloof byna te boven gaan.'[17]

Glorie

De grenzeloze belangstelling voor Nederlands leed en Spaanse wreedheden ging echter hand in hand met een veel positievere afschildering van het oorlogsbedrijf. De Nederlandse opstandelingen herdachten van meet af aan tevens hun overwinningen, helden en incidentele heldinnen. Het lied, een medium dat in het zestiende-eeuwse Europa enorm belangrijk was, was een van de krachtigste middelen die hiervoor ingezet konden worden. In 1570 werd voor het eerst een aantal liederen over gebeurtenissen en specifieke onderwerpen uit de Opstand bijeengebracht in het *Geuzenliedboek*, dat gedurende de hele zeventiende eeuw een bestseller zou blijven. Deze bundel chronologisch geordende liederen over episodes uit de Opstand

6.4 Anoniem, *Kenau Simonsdr Hasselaer*, ca. 1590-1609, Amsterdam, Rijksmuseum.

groeide uit tot een dynamisch populair geschiedverhaal over het conflict, dat voortdurend werd heruitgegeven en aangevuld met de meest recente overwinningen.[18] Dikwijls was het de overheid die het initiatief nam tot het vieren van militaire successen. Het traditionele middel om het publiek te betrekken bij overwinningen was de afkondiging van grootschalige processies in alle steden, met *Te Deum*-gezangen in de kerken, die dan eventueel gevolgd werden door het ontsteken van feestverlichting in de straten. Na de reformatie werden Te Deums en religieuze processies afgeschaft, dus was dit in de Republiek geen optie meer. In de Republiek organiseerden de steden af en toe een triomftocht voor een bezoekende stadhouder, maar de rituele dankzeggingen kregen nu voornamelijk gestalte in preken in de publieke kerk. Er waren echter ook seculiere methoden om bekendheid te geven aan oorlogssuccessen, bovenal via beeldcultuur.

Al in de jaren 1570 spendeerden zowel de steden als de gewesten grote sommen geld aan monumentale oorlogskunst. Alkmaar gaf bijvoorbeeld opdracht voor een aantal grote schilderijen van de belegering van de stad, terwijl de Staten van Zeeland vier enorme wandtapijten bestelden waarop de maritieme strijd uit de begintijd van de Opstand te zien was. Onder de spectaculaire gebrandschilderde ramen in de Sint-Janskerk in Gouda zijn er twee die herinneren aan het beleg van Leiden. Een daarvan werd besteld door Delft, dat een belangrijke rol had gespeeld door de inundatie van het Delfland, om zo de belegerde stad bereikbaar te maken voor een oorlogsvloot van platbodems. Daarnaast ontstond er ook een traditie waarin daden van gewone burgers werden bejubeld; Kenau Simonsdochter Hasselaar, die bij de verdediging van de stad de Haarlemse vrouwen aanvoerde, was de bekendste van een hele stoet lokale helden en heldinnen wier wapenfeiten werden vastgelegd in zeventiende-eeuwse boeken en ter plaatse vereeuwigd op gevelstenen, kleine schilderijen en dergelijke (Afb. 6.4). De timmerman Pieter van der Mey, die door de polders van het belegerde Alkmaar naar Hoorn trok om een bericht over te brengen naar de Staten dat verborgen zat in zijn polsstok, de man uit Westzaan die zijn bejaarde moeder redde van de Spaanse troepen, en de vrouwen die hielpen bij het neerhalen van het kasteel Vredenburg in Utrecht werden allen als burgerlijk rolmodel ten voorbeeld gesteld aan de stedelijke bevolking. De boodschap was dat dit een oorlog was waar alle burgers belang bij hadden en hun steentje aan konden bijdragen.[19]

De Staten-Generaal begonnen pas later opdracht te geven voor kunstwerken ter nagedachtenis aan oorlogsgebeurtenissen, maar net als de plaatselijke overheden lieten ze erepenningen slaan, die alom werden gebruikt om strijders te belonen en overwinningen te gedenken. Die penningen werden gekoesterd als een trots bezit, wat blijkt uit hun veelvuldige verschijning op portretten van de ontvangers, en zelfs op portretten van hun kinderen. Op den duur werden deze penningen ook verzamelobjecten, die opnieuw werden uitgegeven bij de herdenking van belangrijke overwinningen of andere gedenkwaardige gebeurtenissen. De afbeeldingen op de penningen waren dikwijls afgeleid van de beeltenissen op de immens populaire nieuwskaarten die vanaf de jaren 1570 werden uitgegeven. De Habsburgse landsheren van de Lage Landen hadden al vroeg de drukpers ingezet als medium om militaire en dynastieke gebeurtenissen luister bij te zetten, maar tijdens de Opstand waren het niet langer de overheden, maar de prentenmakers zelf die het initiatief namen om oorlogsnieuws wereldkundig te maken. De beroemde prenten van gebeurtenissen tijdens de Opstand die in Keulen werden gedrukt door de firma van de uitgeweken Antwerpse drukker Frans Hogenberg en zijn opvolgers waren begonnen als een commerciële onderneming. Nadat Hogenberg eerst een beeldverhaal over de Franse godsdiensttoorlogen had geplagieerd begon hij omstreeks 1570 de geschiedenis van de Nederlandse Opstand in beeld vast te leggen aan de hand van prenten. Die waren topografisch vrij precies en zagen eruit als nieuwsprenten (hoewel ze dat oorspronkelijk niet altijd waren) wat hun een suggestie van actualiteit verleende. Terwijl met deze prenten aanvankelijk ook politieke gebeurtenissen, bloedbaden en door burgers doorstane ellende werden belicht, richtten de makers zich vanaf de late jaren 1580 steeds meer op een gedetailleerde weergave van oorlogshandelingen, in het bijzonder van belegeringen, en weldra gingen andere uitgevers de concurrentie aan met de Hogenbergs.[20] De prentenmakers gingen er prat op dat hun uitgaven accuraat en actueel waren, en getrouw overeenkwamen met de informatie uit andere media. Sommige van de prentenmakers en uitgevers in deze branche waren net als Hogenberg zelf opgeleid als kaartenmakers, en veel van hen werkten nauw samen met landmeters en ingenieurs in het Staatse leger.

We weten niet zeker wie het initiatief nam tot een dergelijke samenwerking. In de zestiende en zeventiende eeuw werd de oorlog te land hoofdzakelijk gevoerd door middel van belegeringen. Maurits en Frederik Hendrik beoefenden deze kunst met behulp van nauwkeurig uitgevoerde, kostbare graaf- en bouwwerken, die met wiskundige precisie werden ontworpen. Maurits liet handgekleurde kaarten maken voor eigen gebruik, en omdat we weten dat hij zijn faam als militair vernieuwer graag wilde uitdragen, is het goed mogelijk dat hij nieuwskaarten zag als een goed medium om bredere bekendheid te geven aan zijn innovaties. Vanuit militair oogpunt waren deze interessanter, innovatiever en relevanter om uit te geven dan drukwerk over individuele heldendaden.[21] Dat de kaartenmakers en uitgevers hiertoe in staat werden gesteld en er hulp bij kregen kan erop wijzen dat ook de officieren en bevelhebbers zelf inzagen wat de prenten konden betekenen voor hun reputatie.

Uitgevers konden er ook op rekenen een beloning te ontvangen van de Staten-Generaal, en kregen aanvankelijk ook octrooien. Kennelijk beseften de Staten-Generaal tegen het eind van de zestiende eeuw ook zelf dat nieuwskaarten propagandistische waarde hadden. In 1597 bestelden ze bij Jacques de Gheyn een prent van de slag bij Turnhout die tentoongesteld werd in een voor publiek toegankelijk deel van hun burelen op het Binnenhof. Kort daarna overwogen ze opdracht te geven voor een reeks prenten waarmee de overwinningen van het Staatse leger luister bijgezet moest worden, om zo indruk te maken op de Franse koning.

Maar de druktechniek met kopergravures die steeds vaker werd gebruikt voor zulke prenten was zo kostbaar dat we moeten aannemen dat ze werden geproduceerd voor een veel grotere markt. Misschien waren er kopers te vinden bij het internationale gezelschap van officieren uit beide kampen en onder beroepsmilitairen in het buitenland. Anderen hebben gesuggereerd dat de kaarten relevant waren voor regenten en investeerders in de steden, die graag op de hoogte wilden blijven van het verloop van de campagnes. Hoe het ook zij, alles wijst erop dat nieuwskaarten op een zeker moment ook een bredere groep afnemers aanspraken. Toen de oorlog in de jaren 1620 werd hervat, produceerden uitgevers als vanzelf nieuwskaarten en -prenten, waarbij de uitgevers scherp in gaten hielden wat er al dan niet werkte in de steeds groeiende markt voor nieuws en herdenkingsuitgaven.

In diezelfde tijd begonnen de Staten-Generaal en stadhouder Frederik Hendrik zich ook actief te bemoeien met de berichtgeving over de triomfen van de stadhouder, en de verbreiding ervan te stimuleren. De inname van de kleine maar in strategisch opzicht belangrijke garnizoensstad Grol, nu bekend als Groenlo, in 1627 was Frederik Hendriks eerste belangrijke wapenfeit. Hij nam hiermee revanche voor Maurits' veel bekritiseerde mislukte poging van twintig jaar daarvoor om de

6.5 Frans Bruynen, *Tandem Fit Surculus Arbor*, 1627. Deze voorstelling is een zinnebeeld van stadhouder Frederik Hendriks verovering op de belangrijke garnizoensstad Grol, nu bekend als Groenlo. In deze voorstelling zijn twee verwijzingen naar de overwinning op Groenlo opgenomen: linksonder de circumvallatielinie waarmee de belegerde stad tot overgave gedwongen werd en rechtsonder de 'victorie'.

stad te veroveren. Bovendien was dit het eerste goede militaire nieuws na jaren van epidemieën, economische rampspoed en politiek gekrakeel. De inname van Grol werd daarom begroet met een stortvloed aan publieke vreugdeuitingen, een triomftocht in Den Haag, en penningen, prenten en gedichten waarin de heldendaden van de prins van Oranje werden bezongen (Afb. 6.5). Dit zette de toon voor de grote feestelijkheden uit de jaren daarna, toen Frederik Hendrik met de inname van Den Bosch en Maastricht definitief zijn reputatie als Stedendwinger vestigde. Hij werd gevierd als een evenknie van die andere grote protestantse held, de in heel Europa beroemde koning Gustaaf Adolf van Zweden.[22] Na de dood van Frederik Hendrik bevestigde zijn weduwe Amalia van Solms zijn postume reputatie door opdracht te geven voor een indrukwekkende hoeveelheid schilderijen van de beste Vlaamse en Nederlandse kunstenaars als decoratie van de Oranjezaal in het Huis ten Bosch, ter meerdere eer en glorie van Frederik Hendrik en de dynastie.[23]

Met zijn overwinningen had Frederik Hendrik de lat hoog gelegd. Een van de redenen waarom zijn zoon Willem II een verklaard tegenstander was van een vrede met Spanje, was dat vrede hem zou beroven van de kans in zijn vaders voetsporen te treden. De prinsen van Oranje moesten tot 1672 wachten op een kans om de militaire reputatie van het huis te hernieuwen, met de verheffing van Willem III tot kapitein-generaal en stadhouder. Willem, die zijn nieuwe rol te danken had aan druk uit de bevolking, was zich terdege bewust van het belang van propaganda. Hij stak veel tijd en energie in het bevestigen van zijn eigen reputatie als godvrezende verdediger van de vrijheid tegen de machtige Franse koning Lodewijk XIV, en als waardig afstammeling van de vader des vaderlands, Willem van Oranje. Kunstenaars als Romeyn de Hooghe verheerlijkten niet alleen de prins, maar dreven bovendien de spot met zijn politieke tegenstanders. Nadat Lodewijk XIV in 1685 het Edict van Nantes had herroepen en Willem III in 1688 was ingehaald als de brenger van een 'glorieuze revolutie' die de Engelsen zou behoeden voor papisme en tirannie, kreeg de propaganda voor de Franse oorlogen een uitgesproken protestantse tint.[24]

Hoewel Willem aanvankelijk wel aanvaringen had met de Amsterdamse regenten was de blijvende voortzetting van de Franse oorlogen nauwelijks onderwerp van discussie in de Republiek. Dit lijkt misschien merkwaardig, gezien de enorme kosten van de oorlog, om nog maar te zwijgen van de omvang en het bloedige karakter van het conflict (Afb. 6.6). Maar pamflettenoorlogen over oorlog en vrede lijken in de Republiek alleen te zijn ontvlamd als er meningsverschillen waren binnen of tussen de stedelijke elites en de andere hoofdrolspelers. Recent onderzoek heeft uitgewezen dat we pamfletten niet moeten zien als de 'stem van het volk'.[25] De wetenschap heeft wel andere manieren gevonden om deze stem hoorbaar te maken, bijvoorbeeld door een inventief nieuw onderzoek naar duizenden 'loterijrijmen'. Deze spreuken, die gewone burgers op hun loterijbriefje schreven en die werden voorgelezen tijdens de urenlange trekkingen van de winnende loten, wijzen erop dat de schrijvers, zonder gekant te zijn tegen oorlog als zodanig, wel degelijk een mening hadden over

6.6 Pieter van Buysen Jr., *Vuurwerk bij de viering van de Vrede van Utrecht*, 1713, Amsterdam, Rijksmuseum.

het doel en de consequenties van oorlogen. Gewone mensen toonden vrijwel geen belangstelling voor de religieuze retoriek die een centrale plaats innam in de oorlogspropaganda van de Staten-Generaal. Ze waren goed op de hoogte van tegenslagen waarover in de propagandapers en de kranten werd gezwegen, waren vooral geïnteresseerd in de economische kwesties rond de oorlog, en verlangden in toenemende mate naar vrede.[26]

Het zou echter een misvatting zijn om te denken dat alleen de Staten-Generaal en de stadhouder baat hadden bij publiciteit over de oorlog. De Oost- en West-Indische Compagnieën bijvoorbeeld beseften heel goed wat oorlogsnieuws kon doen met aandelenprijzen. In de jaren 1620 en 1630 deed de WIC, die dringend verlegen zat om politieke steun, haar uiterste best om ruchtbaarheid te geven aan haar prestaties, zoals de verovering van de Spaanse zilvervloot door Piet Hein in 1628. Piet Hein werd in allerlei Nederlandse steden als een held ingehaald, er werden feestmalen en vuurwerken ter ere van hem georganiseerd, en er kwam een stroom herdenkingspenningen, -prenten en -gedichten op gang. Recent onderzoek naar de publiciteit rondom de veroveringen in Brazilië vestigde de aandacht op de intensieve mediacampagne van de WIC, waarvan het effect nog werd versterkt door de ontdekking van uitgevers dat nieuws over Brazilië goed verkocht. Een zo groot publiek succes kon averechts uitpakken. Juist omdat er publiekelijk was verkondigd dat iedereen in de Republiek zou gaan profiteren van de Braziliaanse overwinningen, leidde het

6.7 Emanuel de Witte, *Bezoekers bij het praalgraf van Michiel de Ruyter in de Nieuwe Kerk te Amsterdam*, 1683, Amsterdam, Rijksmuseum.

verlies van Brazilië in de jaren 1640 tot zeer publieke en verbitterde discussies over nut en noodzaak van herovering.[27]

Andere belangrijke belanghebbenden bij oorlogspropaganda waren de vijf admiraliteiten en hun admiraals en vice-admiraals. Uit hun midden kwamen de zeehelden, wier kostbare grafmonumenten nog altijd luister bijzetten aan de belangrijkste

Hollandse kerken (Afb. 6.7). Zoals de meeste andere kwesties in de Republiek moesten besluiten over de oorlog ter zee tussen de politieke elites worden uitonderhandeld. Ook de enorme beloningen die er voor militaire prestaties werden gegeven, maakten het aantrekkelijk voor afzonderlijke admiraliteiten en bevelhebbers om de eer van overwinningen voor zichzelf op te eisen. Door tal van kunstwerken en herdenkingsobjecten te laten maken, gaven ze publiciteit aan de overwinningen van hun schepen en hun gezagvoerders. Het is veelzeggend dat ontdekkingsreiziger en vice-admiraal Jacob van Heemskerck, die in 1607 sneuvelde tijdens de Zeeslag bij Gibraltar, meteen werd geëerd met een schitterend grafmonument in Amsterdam, terwijl de Staten-Generaal er nog jaren over zouden doen om een monument voor Willem van Oranje te bekostigen.

De steden en de admiraliteiten waren het vaak oneens over de gemeenschappelijke oorlogsdoelen. Dat leidde soms tot verhitte discussies over de kwaliteiten van de diverse admiraals en vice-admiraals, die de stadhouders en raadpensionarissen niet altijd met gesloten deuren konden uitpraten. Admiraal Maarten Harpertszoon Tromp groeide uit tot een zeer vermogend man, werd zowel door de Franse als de Engelse koning in de adelstand verheven en was immens populair. Maar na een nederlaag zag zijn oude rivaal Witte de With, die het regime van Johan de Witt steunde, de kans schoon om de oranjegezinde Tromp te laten afzetten als admiraal. Terwijl de concurrerende en kibbelende admiraliteiten zich dus inspanden om de wapenfeiten van hun eigen schepen en gezagvoerders onder de aandacht te brengen, slaagden ze er met dit soort reputatiemanagement echter ook in een breed publiek te enthousiasmeren. Anders dan de meeste legerofficieren waren de zeehelden van de Republiek doorgaans van burgerlijke geboorte, een factor die sterk tot de verbeelding van het grote publiek sprak. Voor de bevelhebbers van het landleger had het Nederlandse lezerspubliek niet veel belangstelling, maar het verslond nieuws over het leven, de carrière en de uitspraken van deze zeehelden. Nu waren hun persoonlijke lotgevallen inderdaad spannend, vol anekdotes over akelige periodes in gevangenschap, nipte ontsnappingen, grote persoonlijke offers, en treffende bewijzen van loyaliteit van hun bemanningen. Oorlog op zee werd ook een geliefd onderwerp van schilderijen, die niet alleen te vinden waren in openbare gebouwen, maar ook in huizen van burgers. Er werden herbergen vernoemd naar zeeslagen en grote bevelhebbers, en er was een levendige markt voor oorlogsmemorabilia.[28]

Ook veel burgers die nog nooit voet aan boord van een schip had gezet, konden echter delen in de militaire reputatie van hun stad als lid van de schutterij, die gewoonlijk bestond uit alle weerbare mannen die in staat waren hun eigen uitrusting te bekostigen. Omdat de meeste steden geen politiekorps van betekenis hadden, en er gewoonlijk maar weinig soldaten gelegerd waren, speelden de schutterijen een belangrijke rol. Ze waakten 's nachts over de openbare veiligheid, en handhaafden de orde tijdens perioden van interne onrust en beroering. Slechts bij uitzondering werden de schutters ingeschakeld om het Staatse leger assistentie te verlenen, wat meestal neerkwam op het bewaken van strategisch gelegen plaatsen waarvan het garnizoen ten strijde was getrokken. Dergelijke wapenfeiten leidden vaak weer tot opdrachten voor herdenkingsprenten en andere memorabilia. Maar ook hun lokale rol werd erg belangrijk gevonden. Hun officieren lieten zich regelmatig portretteren in hun rol als hoeders van de stedelijke rust, veiligheid en eenheid; het beroemdste voorbeeld hiervan is natuurlijk Rembrandts *Nachtwacht* (Afb. 6.8). Terwijl de pacifistische doopsgezinden de dienst in de schutterij konden afkopen, bleven katholieken, demonstranten en lutheranen deelnemen, wat aangeeft dat ze aanspraak konden maken op eenzelfde status als andere mensen die het burgerrecht bezaten. Hoewel deze schutters in vroeger onderzoek werden weggezet als nogal zelfingenomen amateurs, hebben historici tegenwoordig meer oog voor de betekenis die de schutterijen hadden, zowel als bron van burgertrots als tijdens politieke crises. In de begintijd van de Opstand tegen Spanje was gebleken dat stadsbestuurders machteloos stonden als ze eenmaal het vertrouwen van (een deel van) de schutters hadden verloren. De schutterijen waren dan ook het natuurlijke instrument voor menige

6.8 Rembrandt, Nachtwacht, *Schutters onder leiding van kapitein Frans Banninck Cocq*, 1642, Amsterdam, Rijksmuseum.

stedelijke wetsverzetting. Tijdens oproeren kwam regelmatig voor dat gewapende stedelingen zichzelf opwierpen als alternatief voor de politieke elites die in hun ogen hun plicht hadden verzaakt.[29]

In het vergeetboek

We zagen al dat er na de Opstand van alles aan was gedaan om herinneringen aan de binnenlandse tweedracht tijdens de oorlog weg te poetsen en te vervangen door herinneringen aan het heroïsch slachtofferschap van het eendrachtige Nederlandse volk tijdens de aanvallen van de Spaanse vijand. Dit proces werd aanmerkelijk bespoedigd door de amnestieclausules in de Pacificatie van Gent van 1576, waarin de gewesten waren overeengekomen dat alle gebeurtenissen van de voorgaande jaren zouden worden vergeten. Dergelijke amnestieclausules, die overal in Europa als vredesinstrument werden ingezet, hadden niet tot doel de herinneringen als zodanig te doen verdwijnen, maar om te voorkomen dat oorlogsherinneringen aanleiding of rechtvaardiging zouden worden voor hernieuwd geweld, publieke beschuldigingen of rechtszaken.[30] In de Nederlandse context hield dit bijvoorbeeld in dat katholieken niet langer konden worden vervolgd wegens pogingen zich te verzetten tegen de Opstand. Omgekeerd werd erkend dat er hier en daar oorlogsmisdaden waren begaan door de opstandelingen, maar de verantwoordelijkheid daarvoor werd individuele zondebokken van buiten de burgerbevolking in de schoenen geschoven. Een goed voorbeeld hiervan is de reputatie van de geuzenaanvoerder Lumey, wiens naam verbonden is met het martelaarschap van negentien franciscanen uit Gorinchem in 1572. In katholieke verslagen werd benadrukt dat de bevolking van Brielle had staan lachen en juichen toen de gevangen franciscanen werden gedwongen in een spotprocessie door de stad te lopen, en bezems en emmers hadden gebruikt om hen te zegenen bij wijze van parodie op de zegeningen met wijwater uit de katholieke liturgie. Maar de door de overheid gesponsorde historicus Pieter Bor en latere collega's hielden alleen Lumey en zijn soldaten hiervoor verantwoordelijk. Volgens Bor had het gebeurde in Brielle juist geleid 'tot groot miscontentement ende ongenoegen vande goede Borgeren, die eenen grooten schrick hadden van zoodanige wreedtheyt' en was Lumey hiermee ingegaan tegen de instructies van Willem van Oranje.[31] Omdat Lumey in 1574 het land was uitgezet en zich vervolgens had verzoend met de katholieke vijand, was hij een ideale zondebok. Dat de herinnering aan zijn daden werd opgehaald had dan ook eerder tot doel de deugden van Oranje te benadrukken, dan de diepe verdeeldheid binnen de Nederlandse bevolking zichtbaar te maken.

Ook latere oorlogshandelingen werden zeer selectief besproken en herdacht. Hoewel de militaire discipline na 1580 snel verbeterde en zich nog maar zelden muiterijen voordeden in het Staatse leger, bleven alle landgewesten blootstaan

aan buitenlandse aanvallen, en liepen vissers en zeelieden op kleine koopvaardijschepen voortdurend het risico gevangengenomen of gedood te worden. Evengoed toonden de inwoners van Holland vanaf 1578, toen er in hun provincie niet meer gevochten werd, weinig interesse voor het lot van landgenoten die moesten leven met de gevolgen van een permanente oorlogstoestand. Het zelfbeeld van de Republiek mocht dan gegrondvest zijn op een liefde voor 'vrijheid', maar in die tijd werd dat niet gezien als een grondrecht, laat staan een universeel mensenrecht, maar als een specifieke verzameling rechten en privileges die uitsluitend golden voor degenen die waren 'vertegenwoordigd' in de gewestelijke Staten. Bij de besluitvorming over oorlogsinspanningen legden de belangen van gemeenschappen die niet waren vertegenwoordigd in de Staten-Generaal dan ook erg weinig gewicht in de schaal. De Republiek had heel wat van zulke onderdanen, in de grensgebieden in het oosten en zuiden, de op Spanje veroverde gebieden die de Generaliteitslanden genoemd werden, en de overzeese gebieden binnen de invloedssfeer van de Oost- en West-Indische Compagnie. Voor hen was de oorlog een zware last, maar in de bestuurlijke elite toonde niemand enige belangstelling voor hun wensen. Zoals we hebben gezien waren de triomfen van Frederik Hendrik aanleiding tot grootschalige loftuitingen, maar de stem van mensen uit de directe omgeving schitterde bij deze huldeblijken door afwezigheid. Terwijl aandeelhouders van de West-Indische Compagnie fantaseerden over een natuurlijk verbond tussen de Nederlanders en de 'indiaanse' slachtoffers van de Spaanse tirannie, trokken Nederlandse kolonisten ten strijde tegen de oorspronkelijke bewoners van de Amerika's. En ook al werd er in de kringen van de VOC in 1621 kritisch gereageerd op de vrijwel volledige uitroeiing van de bevolking van de Banda-eilanden, toch was dit nog maar de eerste van een lange reeks brute campagnes tegen Aziatische vijanden, waarbij burgers niet werden ontzien. Terwijl verslagen Europese tegenstanders zichzelf doorgaans mochten vrijkopen, werden Aziatische tegenstanders normaal gesproken als slaaf verkocht. In de Republiek vroeg men zich maar zelden af wie er eigenlijk de prijs betaalde voor de eigen 'Gouden Eeuw'. Maar daarbuiten deed men dat natuurlijk wel. Toen de VOC-bestuurders bijvoorbeeld in 1623 op Ambon na een snel geïmproviseerde gerechtelijke procedure tien Engelse en negen Japanse soldaten executeerden omdat die een samenzwering zouden hebben gesmeed om fort Victoria in te nemen, leidde dat in Engeland tot grote woede. In een gerechtelijk onderzoek in de Republiek werden de betrokken rechters vrijgepleit, en was de zaak voor de Staten-Generaal afgedaan. Maar in Engeland werden de herinneringen aan de 'Amboyna Massacre' tot ver in de achttiende eeuw levend gehouden. Ze droegen veel bij aan de animositeit tegen de Nederlanders tijdens de Engelse zeeoorlogen.[32]

Conclusie

Terwijl er in het culturele landschap van de Republiek dus overal verwijzingen waren naar oorlog en gruweldaden, bleef veel van de prijs voor voortdurende oorlogvoering verborgen voor het grote publiek. In het Nederlandse zelfbeeld nam de oorlog een centrale plaats in, maar de Nederlanders beschouwden zichzelf niet als oorlogszuchtig – integendeel. De vroege geschiedenis van de Opstand werd herschreven tot een verhaal over slachtofferschap en burgermoed ten overstaan van buitenlandse vijanden, en werd op die manier een krachtige oorsprongsmythe voor de nieuwe staat. Maar wie verder kijkt ziet dat er ook veel stemmen ontbraken in het koor van publiciteit en discussies rondom oorlog en vrede, vooral de stemmen van degenen die niet vertegenwoordigd waren in de Staten-Generaal. Dat had ernstige consequenties, niet alleen voor de onvertegenwoordigde betrokkenen, maar ook voor de Nederlanders in de zeven gewesten zelf. De machthebbers in de Verenigde Provinciën hadden vaak een verkeerd beeld van hoe anderen hen en hun motieven zagen en hadden weinig inzicht in wat hun vijanden bewoog. Zo waren Maurits en de Staten-Generaal onaangenaam verrast toen de Vlaamse boeren bij Nieuwpoort het Staatse leger tijdens de campagne van 1600 niet als bevrijders inhaalden. Het denkbeeld van de WIC dat ze in de Nieuwe Wereld bondgenootschappen met de plaatselijke bevolking konden sluiten om samen de strijd aan te gaan met de Iberische concurrenten was totaal op lucht gebouwd. De meedogenloosheid waarmee de Nederlanders hun zelfverklaarde recht op handel najoegen was tegen het midden van de eeuw in heel Europa spreekwoordelijk geworden. Niettemin bleven de Nederlanders zichzelf ouder gewoonte beschouwen als een kwetsbaar en nietig volk. Daarom waren ze ook oprecht verbaasd toen ze in 1672 werden aangevallen door een coalitie van de Engelse en de Franse koning en de prins-bisschoppen van Keulen en Münster. Ze waren al even verrast dat hun penibele situatie weinig medeleven opriep bij de andere Europese mogendheden. Zelfs de Nederlanders die het buitenlandbeleid bepaalden hadden weinig oog gehad voor de groeiende animositeit die de Verenigde Provinciën in de zeventiende eeuw opwekten, laat staan dat ze die wisten te hanteren. Het was het resultaat van de cognitieve dissonantie tussen het comfortabele zelfbeeld dat ze hadden gecreëerd en de politieke realiteit die anderen zagen – namelijk dat de Republiek in zijn 'Gouden Eeuw' een agressieve superstaat was.

Noten

1. M.C. 't Hart, *The Dutch Wars of Independence. Warfare and Commerce in the Netherlands 1570-1680*, Londen, 2014.
2. M.E.H.N. Mout, 'Van arm vaderland tot eendrachtige republiek. De rol van politieke theorieën in de Nederlandse Opstand', in *Bijdragen en mededelingen betreffende de geschiedenis der Nederlanden* 101 (1986), pp. 345-365.
3. O.P. Grell, *Brethren in Christ: a Calvinist Network in Reformation Europe*, Cambridge, 2016.
4. J. Pollmann, 'Met grootvaders bloed bezegeld. Het religieuze verleden in de zeventiende eeuw', in *De zeventiende eeuw*. Themanummer *Het Vaderlands Verleden in de Zeventiende eeuw* 29/2 (2013), pp. 154-175.
5. K.W. Swart, 'The Black Legend during the Eighty Years War' in J.S. Bromley en E.H. Kossmann, *Some Political Mythologies. Papers Delivered to the 5th Anglo-Dutch Conference. Britain and the Netherlands V*, Den Haag, 1975, pp. 36-57.
6. J. Pollmann, *Memory in Early Modern Europe*, Oxford, 2017, pp. 102-117.
7. J.I. Israel, *The Dutch Republic and the Hispanic World, 1606-1661*, Oxford, 1986.
8. M. Stensland, 'Peace or No Peace? The Role of Pamphleteering in Public Debate in the Run-Up to the Twelve-Year Truce', in F. Deen, D. Onnekink en M. Reinders (red.), *Pamphlets and Politics in the Dutch Republic*, Leiden, 2011, pp. 227-252.
9. J. Pollmann, 'No Man's Land. Reinventing Netherlandish Identities, 1585-1621' in R. Stein en J. Pollmann (red.), *Networks, Regions and Nations. Shaping Identities in the Low Countries, 1300-1650 Studies in Medieval and Reformation Traditions*, Leiden, 2010, pp. 241-262.
10. Aangehaald in J. Pollmann, *Het oorlogsverleden van de Gouden Eeuw*, Leiden, 2008.
11. J. Pollmann, 'Schuilen onder de wortels van Oranje. Over de wortels van het orangisme 1600-1618' in H. te Velde e.a. (red.), *Oranje onder: populair orangisme van Willem van Oranje tot nu*, Amsterdam, 2014, pp. 27-46.
12. W. Cilleßen, 'Massaker in der niederländischen Erinngerungskultur. Die Bildwerdung der Schwarzen Legende' in C. Vogel (red.), *Bilder des Schreckens. Die mediale Inszenierung von Massakern seit dem 16. Jahrhundert*, Frankfurt am Main, 2006, pp. 93-135.
13. B. Schmidt, *Innocence Abroad: the Dutch Imagination and the New World, 1570-1670* Cambridge, 2001.
14. E. Kuijpers, 'The Creation and Development of Social Memories of Traumatic Events. The Oudewater Massacre of 1575' in M. Linden en K. Rutkowski (red.), *Hurting Memories and Beneficial Forgetting. Posttraumatic Stress Disorders, Biographical Developments, and Social Conflicts*, Londen, 2013, pp. 191-201.
15. Aangehaald in A. de Haas, 'Gruwelen op het achttiende-eeuwse toneel. "Wij openden het gordijn van ons bebloet toneel"', in *Literatuur* 19 (1995), p. 201 uit *Compleete verzameling van vyftig brieven, van een Rotterdamsch heer, over het spelen van de aldaar zynde acteurs en actrices*, [S.l.], [z.d.], p. 134.

16. Aangehaald in J. Van der Steen, *Memory Wars in the Low Countries*, Leiden, 2016, p. 278, uit L. van Aitzema, *Saken van Staet en oorlogh, in, ende omtrent de Vereenigde Nederlanden. Beginnende met het Jaer 1654, ende eyndigende met het begin van 't Jaer 1658*, dl. 8, Den Haag, 1663, p. 473.
17. Aangehaald in Van der Steen, *Memory Wars*, p. 283, uit J. Brandt, *Dank- en biddagpredikaatsie, ter gelegentheit van de heerlijke overwinning [...] by de hooge bontgenoten aan den Donau behaalt, den XIII. augustus MDCCIV*, Den Haag, 1704, p. 19.
18. L.P. Grijp, 'Van geuzenlied tot "Gedenck-clanck". Eerste deel: Het geuzenliedboek in de Gouden Eeuw', in *De Zeventiende eeuw* 10 (1994) p. 118.
19. M. Eekhout, *Memorabilia van de Tachtigjarige Oorlog: de rol van voorwerpen in de oorlogsherinnering, 1566-1750*, Hilversum, 2020.
20. R. Voges, *Das Auge der Geschichte: der Aufstand der Niederlande und die Französischen Religionskriege im Spiegel der Bildberichte Franz Hogenbergs (ca. 1560-1610)*, Leiden, 2019.
21. C. Klinkers, *Nassau in het nieuws: nieuwsprenten van Maurits van Nassaus militaire ondernemingen uit de periode 1590-1600*, Zutphen, 2005.
22. M.P. van Maarseveen e.a. (red.), *Beelden van een strijd: oorlog en kunst vóór de Vrede van Munster 1621-1648*, Zwolle, 1998.
23. M. Eikema Hommes en E. Kolfin, *De Oranjezaal in Huis ten Bosch: een zaal uit loutere liefde*, Zwolle, 2013.
24. H. van Nierop, *The Life of Romeyn de Hooghe, 1645-1708 : Prints, Pamphlets, and Politics in the Dutch Golden Age*, Amsterdam, 2018.
25. F. Deen, D. Onnekink en M. Reinders (red.), *Pamphlets and Politics in the Dutch Republic*, Leiden, 2011.
26. D. Haks, *Vaderland en vrede, 1672-1713: publiciteit over de Nederlandse Republiek in oorlog*, Hilversum, 2013; D. Onnekink, *War and Religion after Westphalia, 1648-1713*, Farnham, 2009.
27. M. van Groesen, *Amsterdam's Atlantic: Print Culture and the Making of Dutch Brazil*, Philadelphia, 2017.
28. P. Sigmond en W. Kloek, *Zeeslagen en zeehelden in de Gouden Eeuw*, Amsterdam, 2007; R.B. Prud'homme van Reine, *Zeehelden*, Amsterdam, 2005.
29. P. Knevel, *Burgers in het geweer: de schutterijen in Holland, 1550-1700*, Hilversum, 1994; M. Prak, 'Citizens, Soldiers and Civic Militias in Late Medieval and Early Modern Europe', *Past & Present* 228 (2015), pp. 93-123. 30. Pollmann, *Memory in Early Modern Europe*, 140-158.
31. P.C. Bor, *Van de Nederlantsche oorloghen, beroerten ende borgerlijcke oneenicheyden, ghedeurende den gouvernemente vanden hertoghe van Alba inde selve landen: warachtighe ende historische beschrijvinghe*, Utrecht, 1601, p. 121. Ik dank dit inzicht aan mijn oud-student Leon Geutjes, die er in 2008 een werkstuk over schreef.
32. G. Knaap e.a., *Oorlogen overzee: militair optreden door compagnie en staat buiten Europa 1595-1814*, Militaire Geschiedenis van Nederland deel 2, Amsterdam, 2015.

DEEL III
Het politieke bedrijf

7
Het staatsbestel

DAVID ONNEKINK

De gravure *'s Lands welvaren* (1613) toont de haven van Amsterdam en de vele schepen die er aangemeerd liggen, binnenkomen en uitvaren.* Op het eerste gezicht is het een weergave van de door de handel verworven rijkdommen. De gravure maakt echter deel uit van een populair genre van zee- en havengezichten met een duidelijk allegorische betekenis, en straalt een beeld uit van gecombineerde kracht en welvaart door eenheid. De schepen voeren vlaggen van een provincie of een stad, of de nationale driekleur, waarmee het veellagige karakter van de Verenigde Provinciën wordt benadrukt. In de begeleidende tekst wordt handeldrijven geassocieerd met de burgeridentiteit, maar ook nadrukkelijk met een opkomend nationaal bewustzijn.[1]

Zowel waarnemers uit die tijd als latere historici waren gefascineerd door dit complexe karakter van de Republiek, een samengestelde staat waarin de macht werd gedeeld door de Staten-Generaal, de provincies en de steden. De laat-zeventiende-eeuwse Engelse diplomaat William Temple beschreef de Verenigde Provinciën als 'jaloersmakend voor sommigen, beangstigend voor anderen, en verbazingwekkend voor al hun buurlanden'. Zijn tijdgenoot Jonathan Swift echter constateerde dat de Republiek 'een federatie met een krankzinnig stelsel' was.[2] Negentiende-eeuwse historici, Robert Fruin in het bijzonder, waren veelal vol lof over de opkomst van de natiestaat en beschouwden de gedecentraliseerde Verenigde Provinciën als een anomalie. Tegelijkertijd erkende Fruin de waarde van een politiek systeem dat werd gekenmerkt door vrijheid en een consensus die gebaseerd was op overtuigingskracht. Deze ambigue houding heeft de geschiedschrijving van de Nederlandse Republiek langdurig in ongunstige zin beïnvloed.

Pas in recente decennia is het politieke systeem van de Republiek aan een herwaardering onderworpen. Ten eerste zijn historici in toenemende mate tot de overtuiging gekomen dat juist dat gedecentraliseerde karakter de Republiek tot zo'n effectief opererende staat maakte. Ten tweede hechten historici intussen minder belang aan formele structuren en instellingen, en meer aan politieke cultuur. Een

---

* Ik wil op deze plaats graag Charles-Édouard Levillain, Arjan Nobel, Gijs Rommelse en Coen Wilders bedanken voor hun commentaar op eerdere versies van dit hoofdstuk. Het hoeft geen betoog dat ik verantwoordelijk blijf voor eventuele tekortkomingen.

deugdelijk overzicht van het politieke bestel moet daarom aandacht schenken aan officiële instituties en de onderliggende machtsstructuren, maar ook aan het politieke bedrijf. In recente jaren is men zich er meer en meer bewust van geworden dat politiek in wezen een discursief proces is, en daardoor is het zwaartepunt van het onderzoek verlegd. Het heeft ook geleid tot een herijking van statische interpretaties van het Nederlandse politieke bestel, door de dynamische interactie tussen een veelheid aan politieke discussies bloot te leggen. Dat idee is de leidraad van dit hoofdstuk, waarin gestreefd wordt het Nederlandse politieke bestel te interpreteren als een geconstrueerde entiteit die door haar discursieve karakter voortdurend van vorm veranderde, waarbij ruimte gelaten werd aan tegengestelde zienswijzen en identiteiten. De basis daarvoor is een analyse van de structuur van het politieke bestel, het politieke proces en de diverse ideologieën en identiteiten.

De historische achtergrond

Historici leggen graag de nadruk op het Nederlandse exceptionalisme, en bedienen zich dan van termen als 'raadsel' en 'wonder' om het politieke, culturele en economische succes van de Republiek in de zeventiende eeuw te beschrijven. Op het eerste gezicht lijkt dat gerechtvaardigd. Een gedecentraliseerde staat die aan het eind van de zestiende eeuw als bij toeval tot stand kwam en bewonderd werd om zijn prestaties moest wel opvallen te midden van gecentraliseerde koninkrijken die perioden van grote politieke en economische beroering doormaakten. In de afgelopen jaren echter wordt bij dergelijke vergelijkingen het contrast minder geprononceerd naar voren gebracht. Zo wordt er bijvoorbeeld meer aandacht geschonken aan de middelpuntzoekende krachten binnen de Republiek, die het gedecentraliseerde karakter afzwakten. Tegelijkertijd kenden koninkrijken zoals Frankrijk, die per traditie werden afgeschilderd als gecentraliseerd en absolutistisch, in feite een gelaagde politieke organisatie. Evenmin was het samengestelde karakter van de Republiek uniek, omdat het grootste deel van Europa bestond uit dynastieke conglomeraten, zoals historici dat tegenwoordig noemen. Dat wil niet zeggen dat de Republiek normaler was dan dikwijls wordt gedacht, maar veeleer dat er in de context van het vroegmoderne Europa geen norm was, omdat iedere staat een uniek samenstel was.

De opmerkelijke staatsinrichting van de Republiek kan worden verklaard aan de hand van de grillige voorgeschiedenis van het land. De zeventien provincies van de Lage Landen werden in de vijftiende en zestiende eeuw geleidelijk ingelijfd bij de dynastieke conglomeraten van de Bourgondiërs en de Habsburgers. Om de centralisering van het bestuur van hun territoria te vergemakkelijken riepen de hertogen van Bourgondië verscheidene instellingen in het leven. De gewestelijke hofraden fungeerden als bestuursorgaan, en een rekenkamer droeg zorg voor financiële zaken, terwijl elke provincie namens de afwezige hertog werd geregeerd door een stadhouder. De Staten-Generaal, die onregelmatig bijeenkwamen, waren een vergadering waarin alle provincies vertegenwoordigd waren. De Habsburgers voegden hier verscheidene raden aan toe en met de Pragmatieke Sanctie die Karel v in 1549 uitvaardigde werden de provincies samengesmeed tot één geheel onder Habsburgs bewind. Na de Nederlandse Opstand bleven deze instellingen grotendeels intact, maar kregen wel andere functies. In 1579 werd de Unie van Utrecht gesloten, een defensief pact tussen verschillende, overwegend noordelijke provincies die zich keerden tegen het Spaanse leger en het opnamen voor godsdienstvrijheid, maar het duurde tot 1588 voor de Raad van State daadwerkelijk het bewind overnam.

De gebeurtenissen van de Nederlandse Opstand waren nauw verweven met de ontwikkeling van een politieke ideologie voor de kersverse Republiek. In de vroegmoderne tijd hadden staten geen geschreven grondwet, maar lieten zich leiden door wat men beschouwde als ongeschreven fundamentele wetten, zoals het principe van de erfopvolging in monarchieën. De Unie van Utrecht en het Plakkaat van Verlatinghe (1581) konden worden gezien als onderdeel van een groep basisdocumenten waaruit fundamentele wetten werden afgeleid. De Unie stelde als voorwaarde dat de provincies een gezamenlijk buitenlandbeleid moesten voeren, maar hun provinciale soevereiniteit dienden te behouden. Ze zouden de handen ineenslaan om de 'Spaanse' troepen te verdrijven en de godsdienstvrijheid hoog te houden. Met het Plakkaat van Verlatinghe ging de heerschappij van Filips II over naar de provincies, die op bun beurt de steden en buurtschappen vertegenwoordigden waaruit ze waren samengesteld.

Bestuur van onderaf

De Republiek was daarom een staat die 'van onderaf' werd bestuurd. De grote handelssteden, die een lange traditie van zelfregulering kenden, waren uitgesproken trots en eigengereid. Het bestuur van zo'n stad, de vroedschap, was samengesteld uit burgers of poorters (ingezetenen die het recht hadden verworven om binnen de muren van de stad te wonen). Uit hun gelederen werd de magistraat samengesteld, die bestond uit één of meer burgemeesters en de schepenen. Er bestonden aanmerkelijke verschillen tussen de verschillende regio's en er wordt ook wel gesproken van een westelijk en een oostelijk model; dit laatste onderscheidt zich door de actieve rol van de meente, een orgaan waarin een select deel van de burgerij vertegenwoordigd is. Stadsbesturen in de oostelijke provincies hadden in het algemeen een minder actieve rol dan die in het westen. Ook het platteland kende een rijkgeschakeerd assortiment aan bestuurlijke lichamen. De hoogste ambtsdrager was de schout, die werd geassisteerd door de schepenen, maar er waren ook tal van regulerende instituties, zoals het heemraadschap, een coöperatief orgaan dat zorg droeg voor de waterhuishouding. Het verschil tussen de steden en platteland was minder extreem

7.1 Bartholomeus van der Helst, *Schuttersmaaltijd ter viering van de Vrede van Münster*, 1648, Amsterdam, Rijksmuseum.

dan het beeld dat dikwijls door historici wordt geschetst. Net als de stad werd het platteland gekenmerkt door een dynamische politieke cultuur en bestuurlijke diversificatie.³

Ook de provinciale bestuurslaag werd gekenmerkt door variëteit. Die had in elke provincie weer een andere samenstelling en bestond uit diverse vertegenwoordigers van de bestuurlijke eenheden. In Holland en Zeeland hadden de steden het overwicht in dit college. In Gelderland, Groningen, Utrecht en Overijssel bestond er een zeker evenwicht tussen de gedeputeerden van de steden en die van het platteland. In Friesland was het platteland dominant. De soevereiniteit berustte primair bij de provincies, en de provinciale staten beschouwden zich als min of meer onafhankelijk. De Staten-Generaal waren in feite een vergadering van gedeputeerden van de provincies. Dikwijls werd van deze afgevaardigden verlangd dat ze overlegden met de provincies voordat er gestemd werd over belangrijke kwesties, wat aangeeft dat de gewestelijke soevereiniteit menigmaal zwaarder woog dan de nationale eenheid.

Niettemin hadden de provincies een deel van de macht overgedragen aan het landsbestuur. De Staten-Generaal waren verantwoordelijk voor oorlogszaken, het buitenlands beleid, de belastingen en de godsdienst. De raadpensionaris, die officieel aan het hoofd stond van de deputatie van Holland, kreeg de facto de status van eerste minister. De invloed van de provincies in de Staten-Generaal werd primair bepaald door de macht van het geld, wat berustte op het zogeheten quotensysteem, een methode waarmee werd bepaald welk aandeel elke provincie moest bijdragen aan de jaarlijkse lasten. Holland betaalde het leeuwendeel (58 procent) en was dikwijls in staat om zijn wil op te leggen aan de Staten-Generaal. Deze machtsverhouding kreeg ook een ruimtelijke pendant in de indeling van het Binnenhof in Den Haag, waar de vergaderzaal van Holland dicht bij die van de Staten-Generaal lag.

Ook de stadhouder kreeg eigen vertrekken toebedeeld in het Binnenhof. Van alle ambten die de Republiek kende was het zijne wel het eigenaardigst. In de tijd van de Habsburgers vertegenwoordigden de stadhouders het koninklijk gezag in de provincies, maar in de nieuwe Republiek waren ze dienaren van de Provinciale Staten. De stadhouders werden gewoonlijk in meer dan één provincie aangesteld, waarmee het ambt een bovenprovinciaal gewicht kreeg. In de praktijk waren de prinsen van Oranje gewoonlijk stadhouder in alle provincies behalve Friesland en soms Groningen, die waren voorbehouden aan de graven van Nassau. De stadhouders combineerden hun ambt met de functies van kapitein-generaal en admiraal-generaal, waarmee ze militair en maritiem opperbevelhebber van de provincies werden. Hoewel ze in dienst waren van de provincies konden ze zich door de opstapeling van al die functies ontwikkelen tot verbindende personages met een welhaast koninklijke status.

De prinsen waren heerser van het vorstendom Oranje, zodat het hof van Oranje zowel een prinselijk als een stadhouderlijk hof was. Het prinselijk hof, dat naar internationale maatstaven bescheiden was, nam een unieke positie in als sociaal, cultureel en politiek centrum. De stadhouder opereerde normaal gesproken via bemiddelaars, invloedrijke medestanders in steden of daarbuiten die zijn netwerk van cliënten beheerden. In Utrecht bijvoorbeeld verliet Willem III zich op de edelman Godard Adriaan van Reede van Amerongen en de burgemeesterszoon Everard van Weede om toe te zien op zijn betrekkingen als beschermheer. De Oranjes en de Nassaus bouwden parallelle en gescheiden cliëntennetwerken op, een officiële als stadhouder en een informeel netwerk uit hoofde van hun positie als prins of graaf, wat nog bijdroeg aan de complexiteit van het staatsbestel.[4]

Door de contradictoire principes van eenheid en provinciale zelfstandigheid die wezenlijk waren voor het bestel van de nieuwe Republiek bleef de kwestie van het soevereine gezag onopgelost. In theorie droegen de provincies een deel van hun gezag over aan de Staten-Generaal. In de praktijk echter bleef de provinciale soevereiniteit voorop staan. Dit gold met name voor Holland, dat het zelfstandig kon opnemen tegen de andere zes. Die zes waren verdeeld, maar sloegen in bepaalde gevallen de handen ineen, soms onder leiding van de stadhouder, om de disbalans van de decentralisatie een halt toe te roepen en een tegenwicht te vormen tegen de macht van Holland. Tijdens de crisis van 1618 leidde dit staatsrechtelijke dilemma tot een conflict, toen Holland inzake religieuze kwesties vasthield aan de provinciale soevereiniteit en de andere provincies opriepen tot een nationale synode. De nederlaag van Holland in 1618 was het begin van een periode waarin federale eenheid de overhand had, maar het grootste deel van de tijd, en zeker na 1650, bleef de dominantie van de provinciale soevereiniteit een vast gegeven.

Het politieke bedrijf

Een analyse van alleen formele structuren en instituties doet geen recht aan de politieke praktijk in de Republiek. Dat komt doordat de precieze bevoegdheden van functionarissen en instituties nooit volledig duidelijk waren, als gevolg van het ontbreken van een constitutie, maar ook door de invloed van informele gezagsverhoudingen en netwerken. De stadhouder was officieel ondergeschikt aan de provinciale vergaderingen, maar met zijn rijkdom, macht en prestige kon hij aanzienlijke druk uitoefenen via zijn persoonlijke patronagenetwerk. De raadpensionaris had een vergelijkbare positie: officieel was hij secretaris, maar hij was tevens de officiële woordvoerder van de Hollandse adel, voorzitter van de Hollandse deputatie naar de Staten-Generaal, en had zitting in verscheidene commissies. Hij had zeggenschap over de diplomatieke correspondentie en was de facto minister van buitenlandse zaken. Als zodanig gingen de stadhouder en de raadpensionaris fungeren als de twee voormannen in het politieke landschap, juist vanwege de hybride constructie van de officiële en officieuze macht die ze uitoefenden.

Politiek bedrijven was dikwijls het effectiefst als het langs officieuze weg ging. Een van de manieren waarop het omslachtige proces van de officiële besluitvorming omzeild kon worden was door het te verschuiven naar het voorbereidende stadium, dat geïnstitutionaliseerd was in het stelsel van commissies. Om een snelle besluitvorming te faciliteren, stelden de statenvergaderingen verscheidene commissies aan die complexe kwesties moesten bestuderen en er advies over uitbrengen. Zo werd ook in de Staten-Generaal officieus macht uitgeoefend via commissies, zoals de commissie voor buitenlandse zaken, die zeer invloedrijk was, met name onder Frederik Hendrik. Na 1674 werden belangrijke zaken op dit gebied besproken door een vaste commissie voor buitenlandse zaken van de Staten-Generaal. De commissie bestond uit invloedrijke vertegenwoordigers uit alle provincies en beschikte dus over voldoende gezag om haar beslissingen en besluiten te laten prevaleren in de vergadering. In wezen werd met zulke commissies de informele macht van kerngroepen van invloedrijke regenten geïnstitutionaliseerd, waarmee een snelle en efficiënte besluitvorming verzekerd was.[5]

Het beruchtste voorbeeld van de macht van officieuze besluitvorming, waarbij zelfs deze commissies volledig werden gepasseerd, was de Nederlandse invasie van Engeland in oktober 1688, die de Glorieuze Revolutie inluidde. Het plan werd in april 1688 in het diepste geheim beraamd door stadhouder Willem III, enkele van zijn vertrouwelingen en raadpensionaris Gaspar Fagel. Het plan kwam erop neer dat een groot aantal soldaten vanuit diverse forten naar de haven van Hellevoetsluis zou optrekken, waar een vloot klaar moest liggen om dit leger naar Engeland over te brengen. Als stadhouder, kapitein-generaal en admiraal-generaal was Willem in staat dit proces eigenhandig te initiëren en toe te zien op de uitvoering. Pas in juni werd het draagvlak voor deze operatie vergroot door middel van geheime besprekin-

7.2 Rombout Verhulst, *Praalgraf van jonkvrouwe Anna van Ewsum, erfgename van een adellijke, Ommelander familie, en haar twee echtgenoten*, 1664-1669 en ca. 1692, Midwolde.

gen met de burgemeesters van Amsterdam, in plaats van dit via officiële kanalen te doen. De Staten-Generaal spraken pas in september 1688 officieel hun steun uit aan Willem. Hoewel de macht die Willem in 1688 naar zich toetrok ongewoon groot was, was het vormen van informele coalities voor een zaak officieel ter tafel werd gebracht aan de orde van de dag.

Behalve door de stadhouder en een handvol edelen werd de Republiek in wezen geregeerd door patriciërs. Ze werden regenten genoemd, een ambigue term die werd gebruikt voor een maatschappelijke, economische en politieke groep die echter samenhang ontbeerde, hoewel de leden uitsluitend afkomstig waren uit de hogere echelons en de economische toplaag van de samenleving. Een regent had als regel zijn machtsbasis in de stad waar hij een officieel ambt bekleedde. Naar schatting werd het totale aantal politieke functies in de Republiek bekleed door circa tweeduizend regenten, waarbij we moeten bedenken dat het niet ongewoon was om ambten te combineren.[6] Tijdens de eerste decennia van het bestaan van de Republiek kwam er een heersende klasse naar voren uit de gelederen van de rijke kooplieden die na fortuin gemaakt te hebben met de snel groeiende handel met de koloniën een publiek ambt gingen bekleden. Een regent dankte zijn betekenis echter nooit louter aan zijn economische macht, maar ook aan familiebetrekkingen, religieuze overtuiging, vriendschapsbanden en politiek instinct. Het samengaan van bewezen politieke ervaring en nieuwe door handel verworven rijkdom leidde tot een nieuwe, betrekkelijk besloten socio-economische elite waarvan de regentenklasse deel uitmaakte. Een duidelijk voorbeeld is raadpensionaris Johan de Witt, die voortkwam uit een Dordrechts regentengeslacht waarvan de oorsprong teruggaat tot ver voor de Nederlandse Opstand. Hij trouwde met Wendela Bicker, de dochter van een rijke Amsterdamse koopman en kleindochter van een van de oprichters van de Oost-Indische Compagnie. Tegen het midden van de zeventiende eeuw stokte de sociale mobiliteit vrij abrupt toen de gevestigde regentenklasse geen nieuwe leden meer toeliet tot zijn rangen. Dit was het begin van een 'aristocratisering' van de heersende klassen, waarbij de regenten hun actieve betrokkenheid bij de handel opgaven en zich terugtrokken op hun landgoederen.[7]

Politieke communicatiemiddelen

De Verenigde Provinciën waren een republiek, maar geen democratie. Desalniettemin waren er verscheidene bestuurlijke praktijken die erop wijzen dat er op zijn minst een zeker niveau van proto-democratisering bestond. De plaatselijke politiek werd voor een deel aangestuurd door wensen van de bevolking, via verzoekschriften waarmee het initiatief voor wetgeving bij de burgers kwam te liggen. Een andere manier waarop burgers invloed konden uitoefenen was door te lobbyen, gewoonlijk via groepen belanghebbenden op gewestelijk of landelijk niveau. Ook konden burgers petities indienen met betrekking tot specifieke politieke kwesties. De mensen konden hun onvrede uiten door middel van oproer, maar ook via mondelinge en schriftelijke communicatie. Met name de schutterijen waren in hoge mate gepolitiseerde organisaties, die aanzienlijke druk konden uitoefenen op het stadsbestuur, wat tijdens de revoluties van 1672 en 1747 ook gebeurde. Plaatselijke regenten konden druk vanuit de bevolking in theorie negeren, maar bleven gevoelig voor kritiek.

Politiek is in essentie discours, daarom ligt communicatie aan de basis van het politieke proces. Het meest gangbare middel waarmee de regenten zich met het volk verstonden waren plakkaten, officiële verordeningen die werden gedrukt en verspreid. Een aanzienlijk deel van de pamfletten die in de Republiek in omloop werden gebracht bestond uit proclamaties van de Staten-Generaal en de Provinciale Staten.

Van de tussen 1650 en 1672 uitgegeven pamfletten was een kwart afkomstig van diverse overheden.[8] Dit betekent bovendien dat er per jaar tientallen en soms zelfs honderden pamfletten werden uitgegeven, die dikwijls actuele politieke kwesties betroffen. Hoewel de historici het er niet over eens zijn of dit neerkwam op zoiets als een 'publieke opinie', was er duidelijk een lezerspubliek dat bij de politiek werd betrokken. In een breder perspectief ziet David Zaret de 'oorsprong van de democratische cultuur' in de opkomst van de publieke opinie in het zeventiende-eeuwse Engeland, die zich niet heel anders ontwikkelde dan die in de Republiek.[9]

Al met al lijkt het aannemelijk dat een groot percentage van de bevolking op de hoogte werd gehouden van actuele politieke kwesties, al was het misschien oppervlakkig. Pamfletten gingen verschillende malen van hand tot hand, terwijl de nog sterk levende orale traditie borg stond voor een nog grotere verbreiding van opinies. Behalve de polemische pamfletten waren ook kranten en nieuwsboeken bronnen van informatie. De *Opregte Haarlemsche Courant*, de oudste nu nog verschijnende krant, werd in 1656 opgericht door Abraham Casteleyn en werd weldra gevolgd door kranten in Utrecht en Amsterdam. Kranten waren betaalbaar, maar bevatten vrijwel uitsluitend buitenlands nieuws. Belangrijker voor de binnenlandse politiek waren de duurdere nieuwsboeken die in de tweede helft van de zeventiende eeuw begonnen te verschijnen. Abrahams broer, Pieter Casteleyn, nam in 1650 het initiatief voor de uitgave van de *Hollantsche Mercurius*, een omvangrijk overzicht van gebeurtenissen uit het voorbije jaar, dat gebaseerd was op gedrukte bronnen die door een redacteur bijeen waren gebracht. In 1690 werd het initiatief genomen tot een vergelijkbare uitgave, de *Europische Mercurius*, die vooral gericht was op de oorlogen met Frankrijk. Om voor historici onduidelijke redenen liep de uitgave van pamfletten na het begin van de achttiende eeuw drastisch terug. Of dit nu het gevolg was van een geringere belangstelling, algemene consensus of een grotere druk van de kant van de overheid op de uitgevers is onduidelijk.

Het wereldtoneel

Het was voor de jonge Republiek essentieel om zich te doen gelden op het wereldtoneel. De Republiek werd weliswaar pas in 1648 officieel erkend als werkelijk onafhankelijke staat, maar het verdrag dat ze in 1596 sloot met Engeland en Frankrijk kan worden opgevat als een eerste feitelijke erkenning. Het in 1609 met Spanje overeengekomen Twaalfjarig Bestand was een volgende stap in de richting van volledige internationale erkenning. Binnen de rangorde van de in hoge mate geformaliseerde internationale betrekkingen kreeg de Republiek een plaats toebedeeld die direct volgde op die de republiek Venetië. De Staten-Generaal lieten zich betitelen als 'Hoog Moogende Heeren', maar het kostte de nodige moeite om andere landen ertoe te bewegen deze titel te erkennen; Spanje deed dat pas in 1729.

7.3 Artus Quellinus I, *Portretbuste van Johan de Witt*, 1665, Dordrechts Museum.

De internationale hiërarchie stond echter niet onwrikbaar vast, maar was een plooibaar samenstel. Illustratief hier voor is een vergelijking die door Engelse pamflettisten veel werd gebezigd, waarin de Republiek werd voorgesteld als een burger en Engeland als een edelman, als om duidelijk te maken dat hier sprake was van een hiërarchische relatie. Het was een buitengewoon effectieve metafoor, die bovendien overeenkwam met de sociale verhoudingen binnen de diplomatieke diensten, omdat de Nederlandse diplomaten vaker afkomstig waren uit de burgerij dan uit de adelstand. Zo drukte men zich ook in het diplomatieke debat dikwijls uit in termen van leeftijd en anciënniteit ten nadele van de jonge Nederlandse Republiek. Nederlandse auteurs verzetten zich tegen deze opstelling en gingen daarbij lijnrecht in tegen de gevestigde internationale hiërarchie. Een voorbeeld is een boek van Carel Allard, *Nieuwe Hollandsche Scheepsbouw* (1695), waarin hij de vlaggen van zeevarende naties beschrijft. Allard erkent dat de koning van Engeland een hogere plaats toekomt, maar zet de Republiek op een beduidend hogere plaats dan het Franse en Spaanse rijk, op grond van haar superioriteit op zee. Het militair, maritiem en financieel overwicht van de Republiek gaf de Nederlandse diplomatie inderdaad voldoende argumenten in handen om te haar plaats in de internationale hiërarchie ter discussie te stellen.

De manier waarop de buitenlandse politiek werd bedreven weerspiegelde de complexiteit van de samengestelde staat die de Republiek nu eenmaal was. De

Staten-Generaal werden in de voornaamste hoofdsteden van Europa vertegenwoordigd door ambassadeurs, maar het was niet ongewoon dat steden en provincies een buitenlandbeleid voerden dat afweek van dat van de Staten-Generaal, ook al was deze praktijk omstreden. In 1705, midden in de Spaanse Successieoorlog, onderhandelde de stad Amsterdam bijvoorbeeld min of meer zelfstandig met een Franse afgevaardigde. Consuls vertegenwoordigden handelsbelangen en Nederlandse burgers in het buitenland, maar hadden er gewoonlijk ook particuliere commerciële belangen. In de kapellen van ambassades leverden de predikanten een eigen bijdrage aan de officiële diplomatie, maar onderhielden ook transnationale confessionele relaties. Daarnaast kende de officiële diplomatieke dienst een losse entourage van agenten, spionnen, kooplieden, vertrouwelingen, courantiers en zelfs kunsthandelaars die voortdurend poogden de internationale betrekkingen te beïnvloeden.

De buiten-Europese betrekkingen werden tot stand gebracht en onderhouden middels handelsondernemingen. Die waren nooit volledig onafhankelijk, maar opereerden via een octrooi van de Staten-Generaal. Ze kregen echter een semi-soevereine status en waren gemachtigd om binnen hun invloedssfeer de oorlog te verklaren, vrede te sluiten en allianties aan te gaan. De Oost-Indische Compagnie (VOC) was actief in Azië, de West-Indische Compagnie (WIC) in de Amerika's en op de westkust van Afrika. De Heren Zeventien (VOC) en Heren Negentien (WIC) vormden de raad van bestuur van de twee grootste handelsondernemingen. Beide bestuurscolleges bestonden uit verscheidene kamers waarin de belangrijkste deelnemende steden waren vertegenwoordigd. Ook de VOC en de WIC weerspiegelden dus het samengestelde karakter van de Republiek. Gezien de problemen die de grote afstand opleverde voor de communicatie droeg het bestuur van de VOC het gezag over aan een gouverneur-generaal, die vanuit Batavia (het huidige Jakarta) het gebied bestuurde, samen met de Raad van Indië. Ze bepaalden het beleid, maar moesten verantwoording afleggen aan de Heren Zeventien. De WIC kende een vergelijkbare structuur, maar een belangrijk verschil tussen de twee organisaties was dat er in het westen geen bestuurlijk centrum was. Een van de zetels in de Heren Negentien werd bezet door een afgevaardigde van de Staten-Generaal, wat duidelijk maakt dat de beide handelsondernemingen geïntegreerd waren in de bestuursstructuur van de Republiek.

De VOC opereerde voornamelijk via factorijen, overzeese handelsnederzettingen, die werden bestuurd door een gouverneur, maar binnen het grondgebied van Aziatische heersers lagen. Maar de VOC wist ook eigen grondgebied te verwerven, zoals op het eiland Formosa (Taiwan), dat verscheidene decennia in handen bleef van de onderneming en werd bestuurd door een gouverneur. Zulke gouverneurs werden benoemd door de gouverneur-generaal in Batavia, de hoofdstad van het VOC-imperium. De positie die de Nederlanders in Azië innamen was niet vastomlijnd. Wanneer er een handelsovereenkomst was gesloten, was hun positie met betrekking tot de plaatselijke vorst gelijkwaardig of zelfs onderdanig. In Japan bijvoorbeeld voerden Nederlandse ambassadeurs de koutou uit, het ritueel waarbij men neerknielde voor de keizer of een andere hooggeplaatste en het hoofd met de grond aanraakte. Het andere uiterste was Formosa, waar de Nederlanders omstreeks het midden van de zeventiende eeuw de scepter zwaaiden over een groot gebied. Veel vaker dan in Europa zelf werden de diplomatieke betrekkingen niet zozeer onderhouden door officiële ambassadeurs, maar veeleer door kooplieden die probeerden een plaats in de lokale markt te veroveren.[10] De WIC verkeerde in een totaal andere positie. Ze had veel beperktere gebiedsdelen in handen, en wist die op de lange termijn vaak niet vast te houden. De kolonies Nieuw-Holland in Brazilië en Nieuw-Nederland in Noord-Amerika hielden slechts enkele decennia stand, en uiteindelijk concentreerde de WIC zich op kleine eilanden als Curaçao, een lucratief entrepot voor de slavenhandel.

Over het karakter van de Nederlandse gebiedsuitbreiding buiten Europa is nog veel discussie gaande, waarbij de interpretaties uiteenlopen van een commerciele tot een militair-territoriale onderneming. Op grond van het ongecoördineerde verloop van de overzeese expansie en het delegeren van de macht aan diverse handelsondernemingen zien veel Nederlandse historici ervan af hieraan het epitheton 'imperium' toe te kennen.[11] Dit lijkt echter een ondoordachte conclusie te zijn, ingegeven door een al te formele benadering en een monolithische opvatting van het begrip imperium. De lappendeken aan overzeese bezittingen en belangen kan in tweede instantie heel goed worden opgevat als een netwerk-imperium, waarin duizenden connecties en een veelheid aan regionale centra de samenstellende delen waren. Bovendien hebben rivaliserende staten en handelsondernemingen het bestaan van een Nederlands imperium nooit in twijfel getrokken; te denken valt bijvoorbeeld aan de laat-zeventiende-eeuwse Engelse politici die beducht waren voor een commerciële wereldheerschappij van de Nederlanders.[12] Of dit imperium werkelijk Nederlands was valt te betwisten, gezien het multinationale karakter van de velen die de schepen en nederzettingen van de Compagnieën bevolkten.

Politieke ideologie

In een land waar steden zo invloedrijk waren was lokale politiek toonaangevend. Die werd op zijn beurt gedomineerd door facties, politieke bondgenootschappen die tot stand waren gebracht door families, maar ook door groepen families die overeenkwamen vast te houden aan de macht en die onderling te verdelen. Ze deden dit met behulp van op schrift gestelde afspraken om vrijkomende posities gelijkelijk te verdelen. Er kon een soort machtsevenwicht tussen verschillende facties tot stand worden gebracht door benoemingen te laten rouleren. Over tal van kwesties hadden deze facties geen specifieke ideologie of beleidsprogramma en ze waren niet afhankelijk van een electoraat. Ze maakten eenvoudigweg deel uit van de politieke elite

7.4 Jan Lievens, *Brinio op het schild geheven, onderdeel van de Batavenreeks*, 1661, Amsterdamse Stadhuis (later het Paleis op de Dam).

wier eerste doel het was te zorgen dat de macht in handen bleef van henzelf, hun families en hun politieke bondgenoten.

Ideologie speelde echter wel degelijk een rol in de Nederlandse politiek, ook al waren er geen ordentelijke partijen. In het geval van een nationale crisis konden groepen regenten uit verschillende steden coalities vormen die iets weghadden van een nationale partij. Van oudsher is er in de geschiedschrijving sprake geweest van twee nationale partijen in de Nederlandse politiek. De prinsgezinden steunden de prinsen van Oranje, die voor hen als stadhouders de natuurlijke leiders waren van de Republiek. De Oranjes vertegenwoordigden het monarchistische element in het Nederlandse bestel met zijn mengeling van monarchie, aristocratie en democratie.

Ze waren ook het zinnebeeld van nationale eenheid en militair leiderschap. Ze hadden hun grootste aanhang in de binnenlandse provincies. De staatsgezinden, ofwel de republikeinen, prezen het leiderschap van republikeinse aristocraten en vertegenwoordigden de maritieme belangen en de particularistische tendensen. Zij kregen de overhand in de periode van de Ware Vrijheid (1650-1672), het stadhouderloze tijdperk, en hadden vooral veel aanhangers in de provincie Holland.

Hoewel dit monolithische beeld van nationale partijen niet langer houdbaar is, lijkt de revisionistische beklemtoning van lokale belangen ook bezijden de waarheid. Families hadden weliswaar belangen, maar konden ook vertegenwoordigers van een politieke ideologie zijn. De families De Witt en Huygens gaven hun respectieve staats- en prinsgezinde overtuiging van generatie op generatie door. Bovendien was een factie een bouwsteen van een partij en kon een ideologische tint aannemen als er zaken met een meer dan lokaal gewicht op het spel stonden. Tijdens de roerselen van 1618-1619 verenigden groepen plaatselijke facties zich in tijdelijke bondgenootschappen met een ideologisch en confessioneel karakter. Dat wil niet zeggen dat politieke landschap werd gedomineerd door georganiseerde landelijke partijen, maar het betekent wel dat geprononceerde standpunten fel verdedigd konden worden door tijdelijke coalities van facties. Het traditionele beeld van twee nationale ideologische partijen en het revisionistische beeld van niet-ideologische facties zijn geen van beide erg bevredigend; het politieke landschap van de Republiek was veeleer een heterogeen samenstel van plaatselijke, regionale en nationale spelers, voor wie eigenbelang en ideologie dikwijls vervlochten waren.

Dit sluit aan bij het recente inzicht dat politiek in wezen een discursieve praktijk is, waardoor het revisionistische onderscheid tussen 'belangen' en 'ideologie' problematisch wordt. De revisionisten geloofden dat het traditionele beeld van twee ideologische partijen naïef was, en stelden dat lokale facties voornamelijk op eigenbelang gericht waren. In het politieke debat echter gaan materiële belangen en idealen naadloos in elkaar over en kunnen ze niet van elkaar worden gescheiden. De herdefiniëring van politiek als een discursief in plaats van een maatschappelijk fenomeen heeft gewichtige implicaties die historici nog altijd aan het verkennen zijn. Revisionistische geschiedkundigen hebben zich voornamelijk geconcentreerd op organisatorische structuren, en de vraag of daarin partijdige of factionele groepen te onderscheiden waren. Recentelijk zijn historici zich meer gaan richten op de rol van de politieke taal. Het ontbreken van formele partijstructuren heeft de invloed van partijpolitieke uitingen van prins- en staatsgezinden niet in de weg gestaan, en kan die zelfs hebben vergroot. Ondanks het feit dat de partijstructuren niet meer dan rudimentair waren, waren de deelnemers aan het politieke debat over, bijvoorbeeld, het buitenlandbeleid van nature geneigd om een partijgebonden stellingname te kiezen.[13]

Met dat al was het politieke debat zeker niet uitsluitend gebaseerd op partij-ideologie. In het rampjaar 1672 nam het publieke debat bijvoorbeeld een bont geschakeerde veelvormigheid aan. Op het ene niveau speelde de discussie zich af tussen de traditionele kampen van prins- en staatsgezinden, waarbij Willem III en Johan de Witt fungeerden als de voornaamste protagonisten. Op een compleet ander niveau echter gingen de discussies voorbij aan deze tweedeling door zich te richten op zaken als burgerschap en politieke betrokkenheid. Een ander facet van het debat had weer een uitgesproken confessioneel karakter, waarbij de landelijke politiek en cultuur werden gekoppeld aan de gereformeerde identiteit van de Republiek. Een nog nauwelijks verkende dimensie van de discussies van 1672 is ten slotte de manier waarop de Nederlanders opnieuw onderhandelden over hun plaats binnen de internationale hiërarchie als reactie op de in de Engelse en Franse oorlogsverklaringen uitgesproken beschuldiging dat de Republiek een usurperende staat was die vernederd moest worden.

Voor een jonge Republiek die ogenschijnlijk geen eenheid kende was discussie over het karakter van het staatsbestel en de Nederlandse identiteit van het grootste belang. De conceptuele metaforen die werden ingezet om die identiteit te verwoorden waren niet louter illustratief; ze waren van invloed op denkwijzen en het politiek debat en vormden en hervormden in zekere zin het staatsbestel.[14] Illustratief is

7.5 Bartholomeus van der Bassen, *De Grote Vergadering van 1651*, ca. 1651, Amsterdam, Rijksmuseum.

het beeld van de Republiek als een lichaam dat gezond en levenskrachtig gehouden moest worden. Vanuit dat beeld werden corruptie en verraad thema's die goed geïntegreerd raakten in het debat. Heel het vroegmoderne Europa kende een sinds lang bestaande literatuur over de gebreken van 'slechte raadgevers', waarmee vooral werd gedoeld op gunstelingen van vorsten. In 1672 werd De Witt vermoord uit woede over zijn buitenlandbeleid dat, naar velen dachten, had geleid tot de rampzalige Franse invasie. De beschuldiging luidde dat hij, door libertarisme en verslapping van het geloof toe te staan, het staatsbestel, het lichaam van de Republiek, had gecorrumpeerd en uiteindelijk verraden. Als symbolische vergelding werd hij gelyncht en zijn lichaam ritueel verminkt, wat niet het resultaat was van blinde woede, maar een bewuste, politiek-zinnebeeldige daad. Zijn lichaam werd verminkt, net zoals De Witt het lichaam van de Republiek zou hebben verminkt. Om diezelfde reden sneed men hem zijn vinger af, waarmee hij het Eeuwig Edict had getekend dat Willem III belette de functie van stadhouder op zich te nemen. Het staatsbestel kon derhalve alleen functioneren als het gezond was. In het politieke discours werd de metafoor van het lichaam dikwijls gekoppeld aan een terminologie waarmee de gezondheid ervan werd beschreven. In de golf van protest die in 1672 opstak tegen het republikeinse en liberale regime stelde een prinsgezinde pamflettist de stadhouder bijvoorbeeld voor als een *Geneesmiddel voor Hollants qualen*.[15]

Een lichaam kon alleen goed functioneren als er geen bederf, ofwel corruptie intrad. Wat corruptie nu precies inhield in de vroegmoderne context is niet helemaal duidelijk, omdat er geen duidelijk onderscheid bestond tussen de publieke en private sfeer.[16] Dat geld en geschenken van eigenaar wisselden werd in het algemeen als acceptabel beschouwd, maar er waren ook activiteiten die uit den boze waren, zoals het verkopen van ambten of staatsgeheimen. Het overschrijden van die grenzen werd beschouwd als verraad of corruptie. Griffier Cornelis Musch en Willem Adriaan van Nassau-Odijk, de eerste edele van Zeeland, stonden erom bekend dat ze ambten en geheimen verkochten. De beschuldiging van corruptie of verraad kon niet altijd worden bewezen, en was soms zelfs totaal uit de lucht gegrepen, zoals het geval was bij Johan van Oldenbarnevelt en Johan de Witt. De kern van de zaak was niet zozeer dat corruptie indruiste tegen een nauw omschreven bureaucratische regel, maar dat het een metafoor was voor een euvel in het lichaam van de staat die dikwijls werd aangewend voor ideologische doeleinden.

Identiteit

In de jonge samengestelde staat nam het gevoel van nationale identiteit vorm aan tegen de achtergrond van een sterk lokaal en regionaal zelfbewustzijn. De indringende gebeurtenissen van de Nederlandse Opstand werden het ijkpunt voor de Nederlandse nationale identiteit. Een belangrijk concept was 'patriot', dat zowel in een ideologische als in een lokale, regionale en nationale context werd toegepast. Het begrip was al even tweeslachtig als 'vaderland', dat kon verwijzen naar de Republiek als geheel, maar ook naar lokale of gewestelijke banden.[17] De centrale plaats die deze concepten innamen getuigt van de blijvende noodzaak om identiteiten te creëren. In het licht van de grillige voorgeschiedenis van de Verenigde Provinciën kwam de grootste uitdaging neer op het definiëren van een nationale ideologie, iets om de provincies te verbinden middels het gewicht van ideologie en gemeenschappelijke belangen, wat met instellingen alleen niet te verwezenlijken was. Het concept van een natie die was samengesmeed door de Nederlandse Opstand werd veel kracht bijgezet door de uitgebreide geschiedschrijvingen van Pieter Hooft en Pieter Bor, literaire monumenten die de Opstand legitimeerden en een besef van een gemeenschappelijke lotsbestemming opwekten.

Op vergelijkbare wijze droegen beelden en symbolen ertoe bij het Nederlandse nationale staatsbestel te visualiseren en te legitimeren. Verscheidene nationale politieke metaforen streden met elkaar om de voorrang. Een populair beeld was dat van de 'Tuin van Holland'. Gedurende de eerste decennia van de zeventiende eeuw was het beeld van een omheinde tuin, die zeven maagden beschutting bood en werd bewaakt door de Nederlandse Leeuw, een van de favoriete thema's van gravuremakers. Zulke beelden belichaamden het ideaal van een kleine, maar eensgezinde staat, die werd omringd door verscheurende dieren. Een populair maar elitairder beginsel was dat van de Bataafse mythe. De opstand van de Batavieren tegen de Romeinen in de eerste eeuw A.D. werd beschouwd als een voorafschaduwing van de Nederlandse Opstand. Hugo de Groot betoogde dat dit het principe van de provinciale soevereiniteit ondersteunde. De aanhangers van de mythe waren voornamelijk te vinden in Holland, en niet zozeer in de Republiek als geheel. Een ander invloedrijk beeld was dat van het tweede Israël, het theologische denkbeeld dat de Nederlandse Republiek door God was uitverkoren, net zoals het oudtestamentische Israël. Hij had dat gedaan opdat de staat de gereformeerde ware kerk beschutting zou bieden en zou dat blijven doen zolang de Nederlanders maar eensgezind bleven en vasthielden aan hun geloof. Deze metafoor was bijzonder krachtig omdat hierin een levensdoel besloten lag, maar had door haar buitensluitende strekking ook haar beperkingen. Bovendien had ze een sterk transnationaal karakter omdat ze de Nederlandse protestanten eerder verbond met buitenlandse geloofsgenoten dan met de staat. Al deze metaforen bestonden naast elkaar: er was nooit sprake van een dominante of alomvattende Nederlandse identiteit.[18]

Conclusie

Het staatsbestel van de Republiek was een veelomvattende entiteit met lokale, regionale, nationale en mondiale dimensies. De politieke cultuur van de Republiek en

7.6 Caspar Netscher, *Bezoek van ambassadeur Hieronymus van Beverningk aan Maria Anna van Oostenrijk op 2 maart 1671*, 1671-1675, Amsterdam, Rijksmuseum.

de mentaliteit van haar burgers waren geworteld in de middeleeuwse geschiedenis van de Lage Landen, waarin de provincies naar verhouding onafhankelijk waren en er een grote mate van lokaal zelfbestuur bestond. Ze waren ook geworteld in de geschiedenis van de Nederlandse Opstand, waarin een krachtig grondslagenstelsel van godsdienstvrijheid en vertegenwoordigende organen tot ontplooiing kwam. En ze waren geworteld in het wereldomspannende experiment, waarin handelsondernemingen hun relatie met buitenlandse heersers moesten zien te bepalen.

Als geheel werd het staatsbestel van de Republiek gekenmerkt door complexiteit en paradoxen. Hoewel men de lokale en provinciale onafhankelijkheid hooghield, was er ten tijde van internationale crises ook een duidelijk besef van nationale saamhorigheid. Hoewel er sprake was van een collectief streven naar gebiedsuitbreiding buiten Europa, bleef het Nederlandse imperium een verbrokkeld geheel. Hoewel er een complexe officiële staatkundige structuur was, was er ook een belangrijk informeel circuit. Er bestonden rivaliserende opvattingen van de nationale identiteit en rivaliserende interpretaties van de zetel van het gezag. Er is een tijd geweest dat historici afkerig waren van het schijnbaar wanordelijke karakter van de Republiek, dat ver afstond van het ideaal van een opkomende natiestaat. Tegenwoordig wordt het Nederlandse staatsbestel juist geprezen om zijn pragmatische, flexibele en conflictmijdende instellingen en besluitvormingsmechanismen.

Deze complexe en paradoxale aard van de Republiek is in het verleden onderwerp geweest van felle discussies tussen haar inwoners, en ook tussen latere historici. In plaats van één bepaalde interpretatie de voorkeur te geven boven een andere lijkt het raadzaam om de identiteit van de Republiek op te vatten als een plooibaar en rijkgeschakeerd geheel dat voortdurend door samenspraak werd gevormd en omgevormd. In de gravure *'s Lands welvaren*, die in de inleiding van dit hoofdstuk is beschreven, wordt deze geconstrueerde en heterogene identiteit van de Republiek in al haar complexiteit weerspiegeld.

Noten

1. *'s Lands welvaren* (1613), Koninklijke Bibliotheek Brussel; J. Giltaij en J. Kelch, *Lof der zeevaart. De Hollandse zeeschilders van de zeventiende eeuw*, Rotterdam, 1996, pp. 66-68.
2. W. Temple, *Observations upon the United Provinces of the Netherlands*, Londen, 1673; J. Swift, *The History of the Four Last Years of the Queen*, Londen, 1758, p. 159.
3. A. Nobel, *Besturen op het Hollandse platteland. Cromstrijen 1550-1780*, Zutphen, 2012.
4. G.H. Janssen, *Princely Power in the Dutch Republic: Patronage and William Frederick of Nassau (1613-1664)*, Manchester, 2008; C. Wilders, *Patronage in de provincie. Het Utrechtse netwerk van stadhouder Willem III*, Amsterdam, 2015.
5. G. de Bruin, *Geheimhouding en verraad. De geheimhouding van staatszaken ten tijde van de Republiek (1600-1750)*, Den Haag, 1991.
6. Gebaseerd op schattingen in De Bruin, *Geheimhouding*, p. 214.
7. M. Prak, *Gezeten burgers. De elite in een Hollandse stad, Leiden 1700-1780*, Amsterdam, 1985; D.J. Roorda, 'The Ruling Classes in Holland in the Seventeenth Century', in J.S. Bromley en E.H. Kossman (red.), *Britain and the Netherlands*, Groningen, 1964, pp. 109-132; H.F.K. van Nierop, *The Nobility of Holland: From Knights to Regents, 1500-1650*, Cambridge, 1993; De Bruin, *Geheimhouding*.
8. G. de Bruin, 'Political Pamphleteering and Public Opinion in the Age of De Witt (1653-1672)', in F. Deen e.a. (red.), *Pamphlets and Politics in the Dutch Republic*, Leiden, 2011, pp. 63-96.
9. R. von Friedeburg, 'Urban Riots and the Perspective of "Qualification for Office": The Peculiarities of Urban Government and the Case of the 1672 Disturbances in the Netherlands', in J. Hartman e.a. (red.), *Public Offices, Personal Demands: Capability in Governance in the Seventeenth-Century Dutch Republic*, Newcastle upon Tyne, 2009, pp. 26, 39-40; David Zaret, *Origins of Democratic Culture: Printing, Petitions, and the Public Sphere in Early Modern England*, Princeton, 2000.

10. J. van Goor, 'Merchants as Diplomats: Embassies as an Illustration of European-Asian Relations', in J. van Goor en F. van Goor, *Prelude to Colonialism: The Dutch in Asia*, Hilversum, 2004, pp. 27-47.
11. Bijv. J. Gommans en P. Emmer, *Rijk aan de rand van de wereld. Geschiedenis van Nederland overzee 1600-1800*, Amsterdam, 2012. Zie ook R. Raben, 'A New Dutch Imperial History? Perambulations in a Prospective Field', in BMGN - *Low Countries Historical Review* 128 (2013), pp. 5-30.
12. S. Pincus, 'Republicanism, Absolutism, and Universal Monarchy', in G. Maclean (red.), *Culture and Society in the Stuart Restoration: Literature, Drama, History*, Cambridge, 1995, p. 245.
13. D. Onnekink, *Reinterpreting the Dutch Forty Years War, 1672-1713*, Londen, 2016.
14. M. Johnson en G. Lakoff, *Metaphors We Live By*, Chicago, 1980.
15. *Geneesmiddelen voor Hollants qualen. Vertoonende de quade regeringe der Loevesteinse factie* (1672), Knuttel 10376. Vgl. H. Helmers, 'Illness as Metaphor: The Sick Body Politic and Its Cures', in J. Grave e.a. (red.), *Illness and Literature in the Low Countries: From the Middle Ages Until the 21st Century*, Göttingen, 2015, pp. 97-120.
16. P. Wagenaar e.a.,'Corruptie in de Nederlanden, 1400-1800', in *Tijdschrift voor Sociale en Economische Geschiedenis* 2 (2005), pp. 3-21.
17. I. Vroomen, 'Taal van de Republiek. Het gebruik van vaderlandretoriek in Nederlandse pamfletten, 1618-1672', Proefschrift, Erasmus Universiteit Rotterdam 2012.
18. Daivd Onnekink en Gijs Rommelse, *The Dutch in the Early Modern World: History of a Global Power*, Cambridge, 2019, pp. 43-50.

8
Burgerparticipatie en het publieke debat

HELMER J. HELMERS

Een van de dingen die buitenlanders opvielen aan de Republiek was de vrijmoedigheid waarmee gewone mensen zich uitlieten over politieke en godsdienstige kwesties. 'Vrijwel ieder is een staatsman,' schreef een Engelse bezoeker aan het begin van de zeventiende eeuw, '[en] de standpunten van de regering, van de hoogste tot de laagste, kan men even goed vernemen in een trekschuit die van de ene naar de andere stad vaart als in de vergadering van de Staten-Generaal.' Later die eeuw maakte ook William Temple melding van 'de wonderlijke vrijheid die alle mensen namen, in boten en herbergen, om openlijk te spreken over alle publieke zaken, zowel die van hun eigen staat als van de buurlanden'.[1]

Deze opmerkelijke betrokkenheid van burgers bij politieke en kerkelijke kwesties, evenals de openheid waarmee daarover werd gediscussieerd, op straat, in schuiten, in herbergen en in geschrifte, is nadien altijd beschouwd als een wezenlijk aspect van de Nederlandse samenleving in de Gouden Eeuw, en is hecht verbonden met haar vermeende moderniteit. In hun boek *1650. Bevochten eendracht* hebben Willem Frijhoff en Marijke Spies de term 'overlegcultuur' geïntroduceerd, volgens hen het wezenskenmerk van de Nederlandse samenleving in die tijd. Deze samenleving, zo stellen ze, werd tot in haar diepste wezen bepaald door de onderhandelingen, raadplegingen en discussies die nodig waren om in een federale republiek tot politieke besluiten te komen. Het klemmende besef dat harmonie binnen en tussen de provincies noodzakelijk was leidde tot een in brede kring gedeeld respect voor de mening van anderen, samen met de fundamentele plicht om in alle lagen van de samenleving kennis te nemen van deze meningen en erover te discussiëren.[2]

Het concept van een overlegcultuur is een vruchtbaar begrip gebleken, waarmee diverse aspecten van de Nederlandse zeventiende-eeuwse cultuur onder één noemer gebracht kunnen worden. De door de Engelse waarnemers genoemde discussies in de trekschuiten die voor personen van alle rangen en standen de snelste en gerieflijkste manier van groepstransport waren; de opmerkelijke opkomst van de politieke pers in deze periode; het behoedzame optreden van de Staten-Generaal en de Provinciale Staten; het discursieve karakter van het gereformeerd protestantisme in de Nederlanden en de nadruk die werd gelegd op het oplossen van geloofskwesties door middel van discussie in synodes; de disputaties die in heel het land werden georganiseerd door universiteiten en rederijkerskamers; de betrekkelijk grote vrijheid van meningsuiting, de geringe censuur en het feit dat subversieve, libertijnse en heterodoxe boeken ongehinderd konden worden uitgegeven: al deze aspecten in diverse geledingen van de samenleving getuigen inderdaad van een niet te stillen behoefte om meningen uit te wisselen en erover te debatteren alsook van de bereidheid om ruimte te bieden aan dit discours.

Anderzijds lijkt de term 'overleg', die beleefde beraadslagingen en onderhandelingen veronderstelt, wel iets te vriendelijk voor de grimmige realiteit van het Nederlandse publieke debat. Gezien de nadruk die Frijhoff en Spies leggen op het streven naar consensus, de geest van respect voor andermans mening en de vrijheid van meningsuiting die een open discussie mogelijk maakte, sluit hun beschrijving van de Gouden Eeuw wellicht beter aan bij de overtuigingen en idealen van hun eigen tijd dan bij die van de zeventiende eeuw. Latere historici schetsen een veel cynischer beeld. Michel Reinders' boek over het publieke debat in het rampjaar 1672 biedt wellicht het opvallendste contrast. Reinders stelt dat politiek drukwerk een doorslaggevende rol speelde bij het opstoken van de breed gedragen haat jegens Johan en Cornelis de Witt, de broers die tijdens het stadhouderloze tijdperk aan het hoofd hadden gestaan van de Republiek. Zoals bekend leidde dit ertoe dat ze in Den Haag door een woeste menigte aan stukken werden gescheurd en gekannibaliseerd. Omdat de via de drukpers bedreven demonisering van de broers door hun politieke tegenstanders, de prinsgezinden, deels werd getolereerd en zelfs actief aangemoedigd, belicht Reinders' betoog niet alleen het geweld waartoe het publieke debat kon leiden, maar ook de manipulatie waaraan het bloot kon staan.[3]

Ook aan de algemene betrokkenheid bij de politiek waarvan zowel de Engelse bezoekers als Frijhoff en Spies melding maken wordt getwijfeld. In zijn boek over Nederlandse pamfletten tekent Craig Harline aan dat deze impressie veeleer voortkwam uit het contrast met andere landen dan uit de feitelijke stand van zaken in de Republiek. Inderdaad hebben zelfs zeventiende-eeuwse Nederlandse schrijvers kanttekeningen geplaats bij observaties als die van Temple door te benadrukken dat 'het gemeene Peupel onder ons geen deel heeft inde Importantste Deliberatiën' en dat volgens Harline alleen buitenlanders uit 'neerbuigende monarchistische staten' er zo over zouden denken.[4] Het voeren van gesprekken en debatten betekende – en betekent ook nu nog – niet noodzakelijkerwijs dat er sprake is van participatie of zelfs van een behoorlijke discussie.

Evenmin was het debat zo open en onbevooroordeeld als de term 'overlegcultuur' doet vermoeden. In de praktijk waren complete groepen buitengesloten van het publieke debat. Zo wisten vrouwen slechts bij hoge uitzondering de sociale barrières te doorbreken die hun verhinderden hun politieke of godsdienstige meningen of ideeën te uiten. Bovendien nam men in de Republiek dikwijls sterk gepolariseerde standpunten in, en zaten mensen met uiteenlopende overtuigingen (zowel politiek als religieus) vaak zo opgesloten in hun eigen wereldbeeld dat 'overleg' weinig meer behelsde dan het telkens weer herhalen van dezelfde argumenten en stereotypen. Politiek commentatoren zoals Vondel, maar ook theologen als Arminius en Balthasar Bekker en filosofen en vrijdenkers als Spinoza en Enricus Walten, hebben persoonlijk ervaren dat de vrijheid om hun gedachten te publiceren vijandelijke krachten kon ontketenen die dikwijls de overhand kregen. De beklagenswaardige spinozist Adriaen Koerbagh, die publiekelijk alle belangrijke leerstellingen van het christendom ontkende, kwam treurig aan zijn einde in het Rasphuis. Het beargumenteerde betoog was niet altijd opgewassen tegen repressie, smaad en satire, maar ook die beïnvloedden de discussie en waren evenzeer een consequentie van de veelheid aan belangen binnen de Nederlandse staat als bedachtzaamheid en tolerantie.

Het doel van dit hoofdstuk is het bereik en de begrenzingen te verkennen van de cultuur van discussie en politieke betrokkenheid van de burger, en een middenweg te vinden tussen de positieve overlegcultuur van Frijhoff en Spies en de veel cynischer en welhaast griezelig moderne mediacultuur die onderzoekers als Reinders hebben beschreven. Welke wegen waren er voor de gewone man om deel te nemen aan de politiek, en welke rol speelden de media en de publieke opinie in het politieke en religieuze leven? Om deze vragen te beantwoorden gaan we eerst na hoe de Nederlandse overlegcultuur is geworteld in de Nederlandse Opstand. Juist in die veelbewogen tijd kwamen de voorwaarden en de soms tegenstrijdige idealen tot stand die op onthullende wijze vorm gaven en beperkingen oplegden aan de burgerparticipatie en het debat in de Gouden Eeuw.

Wortels in de Opstand

De Republiek was de eerste en wellicht de enige staat die is voortgekomen uit een pamflettenoorlog. Al voor in 1566 het oproer in de Lage Landen begon, was er een in druk gevoerde meningenstrijd opgelaaid. Als gevolg van Luthers reformatie was er vanuit Wittenberg en andere protestantse centra van boekdrukkunst een stortvloed aan pamfletten uitgestort over Duitsland, wat bijdroeg tot de ontwikkeling van een verhit publiek debat. De rederijkers speelden een wezenlijke rol bij dit proces. Vanaf de eerste aanzetten van de reformatie in de Lage Landen waren de rederijkerskamers broedplaatsen van religieuze discussies en polemieken. Al in de jaren 1520 werden er in Amsterdam en Hoorn in het openbaar gedichten voorgedragen waarin de spot werd gedreven met de Katholieke Kerk en haar rituelen. Toen in de jaren 1540 de spanning opliep, kwamen dergelijke publicaties en voordrachten vaker voor, werd de toon steeds scherper en trad de overheid er steeds strenger tegen op. Maar hoewel protestantse geschriften verboden waren, bleven hervormde dichters volwaardig lid van hun rederijkerskamer en bleven ze ageren tegen de overheid. Een eeuw later schreef Pieter Cornelisz Hooft dat de 'rijmen van de rederijkers' veel hadden betekend voor het succes van de reformatie in deze gewesten. Volgens Hooft waren de voordracht en de verbreiding van hun serieuze gedichten en satires op de katholieke kerk een enorme tegenkracht voor het 'papisme' geweest. Natuurlijk waren er onder de rederijkers ook tegenstanders van de reformatie, zoals de befaamde Antwerpse dichteres Anna Bijns, de uitzonderlijke vrouwelijke rederijker die, zowel gesteund door monniken van de franciscaanse orde als door het gezag van haar 'onschuldige' vrouwelijkheid, heftige en virtuoze anti-lutheraanse gedichten schreef en publiceerde. Maar het feit dat de hertog van Alva direct na zijn komst naar de Lage Landen de rederijkerskamers op non-actief stelde geeft wel aan dat Hooft en andere Noord-Nederlandse zeventiende-eeuwse schrijvers het vermoedelijk bij het rechte eind hadden met hun conclusie dat de meeste daarvan achter de reformatie stonden. Op zijn allerminst hadden ze ertoe bijgedragen hun lezerspubliek 'mentaal voor te bereiden' op de Opstand.[5]

Deels als gevolg van de sluiting van de rederijkerskamers nam de uitgave van pamfletten na de komst van Alva explosief toe. Een groot deel van de propaganda van de opstandelingen werd nu verspreid in de vorm van gedrukte pamfletten. De legitimering van dergelijke subversieve lectuur was geworteld in de godsdienstige discussies over de reformatie. Dit is bijvoorbeeld te zien in het werk van de Antwerpse calvinistische predikant Franciscus Junius. Uit Junius' dagboek blijkt dat hij zich sterk bewust was van de noodzaak om de standpunten van de rebellen in druk uit te geven en op grote schaal te verspreiden, een bewustzijn dat gestalte kreeg tijdens de religieuze spanningen van halverwege de jaren 1560. In zijn *Brief discours envoyé au roy Philippe* dat hij in 1566 schreef en publiceerde, benadrukte Junius dat het zaak was om religieuze kwesties op te lossen via overreding in plaats van met geweld, en betoogde hij dat alleen het publieke debat tot de overwinning van de waarheid kon leiden. Zolang de waarheid ter discussie stond, was de vrijheid om een religieus debat te voeren de enige manier om de vrede te handhaven.[6] Alva's repressie maakte de opstandelingen tot overtuigde voorstanders van de vrijheid van meningsuiting (zij het met een paar belangrijke beperkingen), een overtuiging die sommigen later zouden betreuren. Maar dat er in de Republiek weinig animo bestond voor de beteugeling van godsdienstige en politieke geschriften was geheel in de geest van Junius.

De regering in Brussel, die verantwoording schuldig was aan de koning van Spanje, dacht er anders over. Junius maakte deel uit van het verzamelde publiek toen kort na de publicatie van zijn pamflet in het openbaar werd afgekondigd dat er een prijs op zijn hoofd was gesteld. Vanaf dat ogenblik was hij vogelvrij. De overheid liet zelfs een schilder infiltreren in zijn hervormde gemeenschap, om op die manier zijn beeltenis in omloop te brengen en hem te kunnen arresteren. Hij vluchtte naar Breda, waar hij hartelijk werd ontvangen aan het hof van Nassau, en ontwikkelde zich tot een van de belangrijkste propagandisten van Willem van Oranje.[7] Gedurende de eerste decennia van de Opstand weigerde de regering in Brussel het debat aan te gaan, en beantwoordde de in druk verschenen bezwaren van de rebellen met verboden, proclamaties en openbare bestraffingen en terechtstellingen.[8] Zoals we zullen zien maakte ook deze autoritaire reflex deel uit van het Nederlandse erfgoed, en vinden we een dergelijke houding ook terug bij verscheidene Nederlandse politici.

Ondanks de inspanningen van de regering in Brussel om politiek drukwerk en religieuze discussies uit te bannen bedienden de opstandelingen zich met succes van de drukpers om aanhang te winnen, zowel in binnen- als buitenland. Veel tijdens de Opstand gepubliceerde teksten waren bestemd om internationaal verspreid te worden. Willem van Oranje en zijn propaganda-experts, onder wie Marnix van Sint-Aldegonde en Jacob van Wesembeecke, richtten zich in het bijzonder op politieke groeperingen. In Frankrijk maakten ze gebruik van hugenotennetwerken om invloedrijke personen te bereiken, en in Duitsland van de gereformeerde netwerken van de Nassaus. Ook Junius' *Brief discours* circuleerde in deze kringen. Het oorspronkelijk in het Frans geschreven werk werd in het Duits vertaald om verspreid te worden onder de vorsten die in Augsburg bijeen zouden komen voor de Rijksdag. Maar het werd ook in het Nederlands vertaald en in omloop gebracht in de verdeelde Lage Landen. Zelfs het beroemde rebellenlied, 'Wilhelmus van Nassouwe', het huidige volkslied van Nederland, heeft een internationale herkomst. Recent onderzoek wijst erop dat de tekst waarschijnlijk is geschreven door de predikant Petrus Datheen, tevens bekend door zijn psalmberijming, die de pakkende melodie gehoord kan hebben toen hij aanwezig was bij de belegering van Chartres in 1568. De oudste overgeleverde gedrukte bron van het lied is een Duitse tekst, die tot doel had steun te werven bij protestanten in het Heilige Roomse Rijk. Toch is het Wilhelmus ook heel erg een Nederlands lied: omdat de stijl en de vorm lijken op die van rederijkerspoëzie is het misschien niet verrassend dat het vooral groot succes had in de Lage Landen zelf, waar het een herkenningsmelodie werd voor de opstandelingen en in talrijke versies in druk verscheen. Het is een van de zestiende-eeuwse teksten die grote symbolische waarde verwierven en alomtegenwoordig waren in de zeventiende-eeuwse Republiek.

De markt voor politiek drukwerk kreeg een enorme impuls door de burgeroorlog die de Opstand in feite was. Zowel in binnen- als buitenland werd een nieuw lezerspubliek bereikt dat nog niet bekend was met dit genre. In een brede kring afnemers was nu behoefte aan nieuws en meningen in de landstaal. Ongeacht de vraag of die lezers nu sympathiseerden met de opstandelingen, met de loyalisten, of met geen van beide, was het volmaakt duidelijk dat het lot van de provincies, zowel de noordelijke als de zuidelijke, afhankelijk was van de uitkomst van de vele veldslagen en andere gevechten die geleverd werden, en gedrukte informatie daarover had voor velen een grote waarde. Deze ontwikkeling was echter niet alleen een kwestie van vraag, maar ook van aanbod. Toen de Opstand terrein won, schaarden de drukkerscentra van de Zuidelijke Nederlanden, met Antwerpen voorop, zich achter de opstandelingen en produceerden een grote variëteit aan drukwerk waarin het verzet gesteund werd. In steden die zich aansloten bij de Opstand, zoals Middelburg, kwamen nieuwe drukkerijen die het nieuwe regime bijstonden met propaganda. Schrijvers stelden hun redekunstige en literaire vaardigheid in dienst van de partij van hun keuze in nieuwe populaire genres zoals de dialoog of het satirische vers. Hoewel veel pamflettisten, zoals Junius, banden hadden met de leiders van het verzet, leidde de Opstand tot een toename van het aantal schrijvers die bereid en in staat waren zich in druk uit te spreken over politieke kwesties. Voor de verbreiding van propaganda in het buitenland werden vertalers ingeschakeld en netwerken van drukkers opgezet, en ook de graveurs werden steeds bedrevener in het leveren van betaalbare politieke prenten van hoge kwaliteit voor een binnen- en buitenlands publiek. De Opstand droeg dus bij aan de ontwikkeling van de supra-regionale infrastructuur voor politiek drukwerk.

Van degenen in deze nieuwe bedrijfstak die Antwerpen verlieten voor naar verhouding veiligere steden als Emden, Keulen of Londen (vanwaar ze hun werk bleven verspreiden) zouden velen zich later vestigen in de nieuwe metropool van de boekdrukkunst, Amsterdam. De cultuur van het publieke debat en de politieke prent die tijdens de Opstand tot ontwikkeling was gekomen werd dus letterlijk getransplanteerd naar de nieuwe staat die ten noorden van de Schelde vorm aannam. Het erfgoed van de Opstand had op diverse niveaus grote consequenties voor de Nederlandse houding ten opzichte van het publieke debat en was van diepgaande invloed op de kans van burgers om daaraan deel te nemen.

De omvang en de grenzen van burgerparticipatie

Als beweging kon de Opstand alleen slagen met brede steun uit de bevolking, wat als essentieel werd beschouwd om het opstandelingenleger te voorzien van geld en manschappen en om de steden te verdedigen. Dit leidde ertoe dat de politieke participatie groter was dan elders. Naar verhouding waren er in de nieuwe Republiek meer mensen betrokken bij de politieke besluitvorming dan in de meeste andere staten in Europa, en zelfs meer dan in een moderne democratie. Zoals we in hoofdstuk 1 hebben gezien was de Republiek het meest verstedelijkte land in het vroegmoderne Europa (zeker 42 procent van de inwoners van de provincie Holland woonde in een stad). Toen de stedelijke elites het landsbestuur overnamen, bleven hun afgevaardigden in de Provinciale Staten en de Staten-Generaal nauwe banden onderhouden met de steden, en konden pas stemmen als het stadsbestuur akkoord was gegaan. Zo bepaalde een betrekkelijk grote groep van omstreeks tweeduizend mannen de koers die de staat diende te varen. Gezien het feit dat deze mannen zelf afhankelijk waren van de steun van hun facties in de steden, betekende dit dat een ongewoon groot percentage van de bevolking toegang had tot informatie over staatszaken en in staat was om degenen die hier zeggenschap over hadden te beïnvloeden.

Overigens was de regentenklasse die na de Nederlandse Opstand de boventoon ging voeren ideologisch allesbehalve geneigd om de macht te delen met de burgers. Zij streefden ernaar die macht te monopoliseren, en haar af te schermen voor invloeden uit het volk. Ambten werden doorgegeven binnen de regentenfacties, en naarmate de eeuw vorderde gingen de bestuurders zichzelf steeds meer beschouwen als aristocraten wier heerschappij even absoluut en van God gegeven was als die van de koningen van Frankrijk en Engeland. Maar gezien het gecompliceerde machtsevenwicht dat er bestond in de Republiek, konden stadsbestuurders het zich slecht veroorloven om de stilzwijgende goedkeuring van de gezeten burgers en hun ondernemingen kwijt te raken. In oorlogstijd – en de Republiek verkeerde vanaf haar totstandkoming tot het eind van de Spaanse Successieoorlog (1713) vrijwel voortdurend op voet van oorlog – was de belastingdruk steevast hoog (wrang genoeg veel hoger dan de belastingen van de hertog van Alva die het uitbreken van de Opstand hadden bespoedigd). Als de burgers die last zouden moeten blijven dragen, was het zaak hen ervan te overtuigen dat de oorlog hun offers waard was en dat het land in veilige handen was.

De Opstand had iedereen doen beseffen dat een revolte van ontevreden onderdanen daadwerkelijk effect kon hebben. ''t Volck heeft het met oproer begonnen; 't Volck sal 't met oproer eynden,' voorspelde Johannes Uytenbogaert in 1629 in zijn beschrijving van de zoveelste pamflettenoorlog in de Republiek. 'Godt gheve dat die Prophetie nimmermeer waer en worde: want soo doende soude 't volck wel maecken, datter noch begin, noch eynde meer en soude te vinden sijn, tot ruyne van hun selven, hunne vrouwen ende kinderen.'[9] In de ogen van Uytenbogaert, de hofpredikant van Maurits van Oranje en een vriend van Johan van Oldenbarnevelt, was de gewone man gehouden tot gehoorzaamheid. Toch besefte hij ook dat de gewone man tevredengesteld moest worden, om te voorkomen dat de regering omvergeworpen zou worden, zoals was gebeurd tijdens de Opstand. Binnen zekere grenzen waren de regenten daarom bereid de burgers het oor te lenen en hun grieven aan te horen.

Net als in aangrenzende vorstendommen waren petities het gebruikelijke en officiële middel waarmee burgers invloed konden uitoefenen op het bestuur. In de Republiek erkende men stilzwijgend dat zowel mannen als vrouwen het recht toekwam om een verzoekschrift in te dienen, op lokaal, gewestelijk dan wel nationaal bestuursniveau. Wanneer burgers of organisaties zoals gilden wilden dat er iets gedaan of veranderd werd, hadden ze de mogelijkheid om zich in eerbiedige standaardformules tot het bestuur te richten, dat dan verplicht was hun in vergelijkbare standaardtermen te antwoorden. De mate van succes van petities was verbijsterend: van de petities aan de Amsterdamse burgemeesters, schout en schepenen werd naar schatting niet minder dan 65 procent ingewilligd. Op deze manier konden burgers inderdaad invloed uitoefenen op het beleid inzake bepaalde kwesties, hoewel de keus aan onderwerpen waarmee ze zich konden bemoeien in de praktijk strikt beperkt was tot hun eigen directe belangen.[10]

Als een officieel verzoekschrift werd afgewezen, konden de mensen natuurlijk het bestuur ook op niet-officiële manieren beïnvloeden. Een belangrijk gegeven in dit verband is de benaderbaarheid van Nederlandse leiders, waarin de Republiek zich onderscheidde van monarchieën met een sterk ontwikkelde aristocratie als Frankrijk en Engeland. In de eigen gemeenschap was iedereen zich ervan bewust wie de leiders waren en waar ze woonden, en gewoonlijk genoten ze geen extra bescherming. Zelfs de hoogverheven Johan de Witt liep zonder bewaking door Den Haag. Dit maakte de regenten kwetsbaar voor druk vanuit de bevolking, al kwam volksoproer zelden voor in de zeventiende eeuw. Wanneer de broodprijs steeg en de bevolking werd opgezweept door volksmenners of politieke rivalen, kon het gebeuren dat regenten werden bedreigd, hun ruiten werden ingegooid of hun huizen geplunderd, wat een enkele keer ook gebeurde. In heel uitzonderlijke omstandigheden kon het 'gepeupel' zoals de lagere klasse gewoonlijk door de boven hen geplaatsten werd betiteld, zelfs in opstand komen tegen de regering. In 1653, toen de oorlog met Engeland ongunstig verliep, het voedsel duur was en het prinsgezinde verzet tegen het stadhouderloze regime steeds toenam, deden zich in het hele land rellen voor. In Enkhuizen werden de magistraten zelfs verjaagd door oproerlingen, die vervolgens het stadhuis bezetten. Hoewel deze 'revolte' van korte duur was, bracht het de regenten in herinnering dat Uytenbogaerts bezorgdheid niet ongegrond was: een volk dat in opstand was gekomen tegen de regering in Brussel kon opnieuw in opstand komen. In 1672 was de vijandigheid van het volk jegens de regenten zelfs nog groter, en in diverse steden zag het stadsbestuur zich gedwongen alle eisen van hun boze onderdanen in te willigen. Nu was 1672 een uitzonderlijk jaar, maar de dreiging van een volksopstand noopte de gezagsdragers om op zijn minst aandacht te schenken aan de publieke opinie. Als het volk weer ontevreden leek te worden, en redelijke eisen stelde, waren de regenten best bereid om te luisteren. Het gedrukte woord kon ertoe bijdragen de regenten te laten zwichten, omdat men algemeen het idee had dat pamfletten het volk konden aanzetten tot weerspannigheid. En pamfletten waren in de Republiek alomtegenwoordig.

Het medialandschap

Bij het aanbreken van de zeventiende eeuw maakte het boekenbedrijf in de noordelijke provincies een spectaculaire ontwikkeling door, toen steeds meer (voornamelijk protestantse) vaklieden door de intussen steeds stabielere grens en de vraag naar drukkers werden aangemoedigd te verhuizen naar een stad in de Verenigde Provinciën. Daar leverden ze een nuttige bijdrage aan de oorlogsinspanning door, om een paar voorbeelden te noemen, propaganda, oorlogsnieuws en geschiedschrijvingen te drukken; kaarten voor zeevaarders uit te geven; en geleerde werken te drukken voor de universiteit in Leiden, die in 1575 was opgericht en een snelle groei doormaakte. In Amsterdam dijde de boekenmarkt explosief uit. In 1578, toen de katholieke stad zich aansloot bij de Opstand, woonden er nog maar een handvol boekverkopers. In 1609 waren dat er al dertig. Nog maar twaalf jaar later telde de stad meer dan vijftig boekverkopers. Halverwege de eeuw had het boekenbedrijf een dusdanige omvang aangenomen dat een aanzienlijk deel van alle boeken die in Europa werden uitgegeven nu werden gefabriceerd in deze ooit zo onbeduidende uithoek.

Naast een breed assortiment van boeken over tal van onderwerpen was er in de nieuwe boekhandels in dit nieuwe centrum van boekdrukkunst ook een uitdijend aanbod aan gedrukte actualiteitsmedia te koop die een steeds prominentere rol zouden gaan spelen in de samenleving. Ten eerste waren er uiteraard de pamfletten, incidentele publicaties, meestal op kwartoformaat en gewoonlijk met een beperkt aantal pagina's waarin een actueel onderwerp werd besproken. Deze boekjes, die in de volksmond 'blauwboekjes' heetten (of 'libellen' als ze aanstootgevend waren) waren in de zestiende en zeventiende eeuw het belangrijkste medium voor nieuws en opinies. Eenbladdrukken met gravures of actuele gedichten bestonden ook al tientallen jaren, en konden scherpe commentaren bevatten over actuele zaken. Met name gravures hadden in binnen- en buitenland een grote aantrekkingskracht, en veel satirische prenten waren zowel op straat als op de hoogste niveaus van het bestuur aanleiding tot discussie. Prominente graveurs, zoals Romeyn de Hooghe, die actief was in de late zeventiende eeuw, werden op den duur onmisbaar bij het vervaardigen van officiële propagandabeelden voor de overheid. Zowel pamfletten als eenbladdrukken werden in de Gouden Eeuw steeds makkelijker verkrijgbaar en invloedrijker, terwijl de kwaliteit en de verspreiding gestaag toenamen. Pamfletten werden vaak gratis in omloop gebracht door belanghebbende partijen, en eenbladdrukken werden dikwijls opgehangen in openbare ruimtes. Sommige daarvan, zoals 'Op de Waeg-schael' hieronder, werden heel beroemd en konden nog jarenlang invloed uitoefenen op de publieke opinie.

In 1618 lanceerden twee Amsterdamse uitgevers, Caspar van Hilten en Broer Jansz, een nieuwsmedium dat uiterst succesvol zou worden en zich door de hele Republiek zou verbreiden. Dit was de courant, een wekelijkse publicatie die bestond uit één enkel dichtbedrukt vel papier dat feitelijke verslagen van recente, meestal buitenlandse gebeurtenissen bevatte. Hoewel ze nauwelijks herkenbaar waren als zodanig waren dit de eerste kranten, die op een reguliere basis hard nieuws boden aan een gestaag groeiend publiek. Het nieuwe medium, een aangepaste versie van de handgeschreven nieuwsbrieven die bestemd waren voor kapitaalkrachtige lezers, slaagde er uiteindelijk in een omvangrijk publiek uit de middenklasse en zelfs uit de lagere klassen te bereiken, dat begerig uitzag naar de geboden informatie, ondanks het feit dat die voornamelijk bestond uit dorre feiten over conflicten in verre landen.[11] Omstreeks het derde decennium van de zeventiende eeuw heerste in brede kring het gevoel dat de Europese oorlogen allemaal verband hielden met elkaar, en in een steeds internationaler wordende wereld konden ontwikkelingen in den vreemde uiterst relevant zijn, niet alleen voor politici en kooplieden, maar ook voor de gewone mensen die graag hun eigen tijd wilde begrijpen, en wisten dat de toekomst lot van hun land wel eens bepaald kon worden op een slagveld in Hongarije of Bohemen, in een rechtszaal in Wenen, of aan de andere kant van de aardbol, waar de verovering of het verlies van schepen vol zilver en eilanden vol specerijen de levens van velen konden bepalen. Natuurlijk waren gedrukte teksten voor de meeste mensen niet noodzakelijkerwijs de gewichtigste informatievoorziening. Voor veel mensen waren onderlinge gesprekken nog altijd een belangrijke bron, vooral voor de bewoners van het platteland en de kleinere steden en dorpen. Evengoed zorgde de wijdvertakte infrastructuur van de Republiek ervoor dat de inhoud van de gedrukte media tot diep in het land kon doordringen, zelfs al werd zo'n publicatie aanvankelijk in slechts één stad verspreid. In de eerste plaats waren de trekschuiten waarin naar verluidt zoveel goede gesprekken plaatsvonden ook een efficiënt middel om goederen, en dus ook boeken, van de ene plaats naar de andere te vervoeren. Boekverkopers in verschillende steden hielden intensief contact met elkaar en verkochten elkanders werk. Gevestigde boekverkopers werken ook samen met marskramers om zo het platteland te bedienen.[12] Daardoor konden de Amsterdamse kranten vanaf de jaren 1620 in heel het land worden gelezen, net zoals pamfletten en eenbladdrukken. Hoewel de informatie zich in die tijd zelden sneller verplaatste dan een paard, was nieuws dat in Den Haag aankwam binnen enkele dagen bekend in Friesland en Groningen.

Men besprak politieke en religieuze kwesties niet alleen in trekschuiten. Bepaalde openbare ruimtes in de steden leenden zich bijzonder goed voor gesprekken over politiek en religie en waren ware broeihaarden van discussies over politiek drukwerk. Sinds Jürgen Habermas' paradigmatische boek over de publieke sfeer van de bourgeoismaatschappij geldt het koffiehuis bij uitstek als het voorbeeld van het soort lokaal waar beschaafde lieden uit de middenklasse de krant lazen en de politiek en het nieuws met elkaar bespraken. Ofschoon Amsterdam tegen het eind van de zeventiende eeuw decennialang het belangrijkste centrum van de koffiehandel was, opende het eerste Nederlandse koffiehuis zijn deuren pas in 1663. Voordien worden in eigentijdse bronnen vooral boekwinkels genoemd als de plaats waar mannen het nieuws niet alleen lazen, maar er ook over discussieerden (zie Afb. 14.2). Ook de Beurs en de Dam in Amsterdam en het Binnenhof in Den Haag waren locaties waar regelmatig gedrukte pamfletten werden verspreid, luidop voorgelezen of aangeplakt, en andere steden hadden vergelijkbare plaatsen. Het gedrukte woord functioneerde dus in een overwegend orale wereld, maar kende een wijde verbreiding.

Zowel de groeiende markt voor actueel drukwerk als de opkomst van de krant hield direct verband met de Nederlandse Opstand. De markt voor pamfletten en kranten was gecreëerd door de voortdurende stroom van nieuws die voortvloeide uit de hectische militaire operaties van de late zestiende eeuw. De drie jaar durende belegering van Oostende tussen 1601 en 1604 was slechts een van de vele opmerkelijke nieuwsfeiten die zich ontwikkelden tot een internationale mediagebeurtenis. Een aantal mannen die betrokken waren bij het verslaan van zulke gebeurtenissen, zoals Claes Jansz Visscher en Broer Jansz, zouden grote naam maken binnen de Amsterdamse industrie voor nieuws en actueel drukwerk. Dit waren lieden die de oorlog van nabij hadden gevolgd en als resultaat daarvan hun onderneming tot bloei zagen komen. Intussen liep het toezicht van de overheid op dergelijke ondernemende handelaars in politiek nieuws en opinies daar ver bij achter.

Gebrekkige censuur

Zoals alle andere vroegmoderne machthebbers streefden de Nederlandse overheden ernaar de florerende nieuwe pers naar hun hand te zetten, maar waren daarin niet erg succesvol. Dit werd deels veroorzaakt door een gebrek aan wilskracht en deels door het gedecentraliseerde karakter van het bewind. Andermaal maakten beide oorzaken deel uit van het erfgoed van de Opstand, wat het moeilijker maakte om opruiende geschriften te bestrijden.

Omdat de Republiek in feite een federatie van soevereine staten was, was er geen centrale overheid die in staat was de pers regels op te leggen. Preventieve censuur, die in andere landen (waaronder ook de Zuidelijke Nederlanden) bestond was volstrekt afwezig: er bestond in de Republiek geen systeem om een tekst op zijn inhoud te controleren voordat hij gepubliceerd werd, en er is in die tijd ook nooit een poging ondernomen om zo'n systeem te ontwikkelen. Ook in dit opzicht was de geschiedenis van de Opstand bepalend voor de Nederlandse mentaliteit: door de erfenis van de Inquisitie en het stevig verankerde Nederlandse zelfbeeld als haar deugdzame tegenstander was het buitengewoon moeilijk geworden om legitieme argumenten aan te voeren voor preventieve censuur. De geest van Junius en zijn geestverwanten, die in de jaren 1560 op grond van hun pleidooi voor tolerantie veel hadden moeten verduren, was nog springlevend. Wanneer er in andere landen boeken werden verbrand, of er aan een van beide zijden van de confessionele scheidslijn godsdienstige onverdraagzaamheid in opkomst leek te zijn, kwamen er herinneringen boven aan de maatregelen tegen protestantse boeken en de frequente boekverbrandingen uit de zestiende eeuw, die het spookbeeld van de Inquisitie weer wakker riepen.

Er waren ook praktische redenen waarom de overheid terughoudend reageerde op schotschriften en afwijkende meningen. Naarmate de zeventiende eeuw vorderde werden de economische voordelen van een betrekkelijk liberale boekenmarkt steeds duidelijker, wat een aantal regenten, met name in Amsterdam, ervan overtuigde dat die niet te zeer aan banden gelegd moest worden. Bovendien waren scherpzinnige politici als Johan de Witt niet blind voor het feit dat een boek juist méér aandacht kreeg wanneer het getroffen werd door een verbod dan wanneer het stilzwijgend werd gedoogd. Verscheidene van de meestgelezen boeken waren inderdaad verboden, en in de meeste gevallen was het terecht dat De Witt afzag van autoritair optreden. Dat alles voorkwam niet dat er in bepaalde gevallen werd ingegrepen, maar het droeg er dikwijls toe bij dat drukkers, uitgevers en schrijvers al te strenge straffen ontliepen.

Er bestond wel degelijk censuur, maar dat was repressieve censuur, die pas werd toegepast nadat een boek was uitgegeven en aanstootgevend of gevaarlijk was bevonden. Ook deze vorm van censuur was veel minder rigide dan in de meeste andere landen, maar dat was niet zozeer te danken aan een principieel tolerante houding, maar veeleer aan de praktische problemen die het handhaven van deze maatregelen met zich bracht. Vooral wanneer er internationale relaties op het spel stonden, maar ook inzake binnenlandse kwesties, kwam het geregeld voor dat de overheid een verbod uitvaardigde op het drukken en verspreiden van een bepaald subversief of controversieel boek. Het onderzoek naar 'lasterlijke' boeken kon ingrijpend zijn, zijn en leiden tot de inbeslagname van boeken en zware straffen voor de schrijver of de drukker. Maar omdat de censuur een lokale maatregel was, was dit systeem zeer ondeugdelijk en leverde vaak niet het gewenste resultaat op. Plaatselijke overheden lieten dikwijls na het verbod op een boek te handhaven, hetzij uit gebrek aan daadkracht, hetzij omdat ze in feite achter de inhoud stonden. Omdat er in het land dikwijls verdeeldheid heerste, zowel in religieus als politiek opzicht, konden zelfs verboden geschriften betrekkelijk gemakkelijk worden gepubliceerd door de productie eenvoudigweg naar een stad met een gunstiger klimaat te verplaatsen. Als de tegenstellingen groot waren, zoals bij de conflicten over het bestand in de jaren 1616-1619, in de nasleep van de belegering van Amsterdam in 1650, of tijdens het rampjaar 1672, zorgden de belangenconflicten tussen de elites ervoor dat subversief politiek drukwerk ongehinderd kon worden uitgegeven. Drukkers die op de ene plaats een verbod opgelegd kregen om te drukken wat ze wilden, konden eenvoudigweg hun pers inpakken en naar elders vertrekken.

Het (dis)functioneren van de censuur toont aan dat het feit dat het soevereine gezag in de Republiek in wezen in handen was van de steden grote invloed had op de manier waarop het publieke debat gestructureerd en aan banden gelegd werd. Het laat ook zien dat de patronage en de protectie van plaatselijke gezagsdragers van wezenlijk belang waren voor degenen die probeerden de publieke opinie te beïnvloeden door de openbaarmaking van teksten, of dit nu gebeurde in druk, via manuscripten of door ze voor te dragen. Juist de invloedrijkste stadsbestuurders hadden aanzienlijke zeggenschap over wat er in het openbaar gezegd kon worden, omdat ze zoveel cliënten hadden. We zien dat heel duidelijk aan de carrière van een auteur als Jan Vos, die opklom tot stadsdichter en directeur van de Amsterdamse schouwburg door stelselmatig het beleid te steunen van zijn beschermheren in het stadsbestuur, in zijn geval allereerst de machtige en schatrijke Joan Huydecoper. Toch moest zelfs Vos voorzichtig zijn en anticiperen op veranderingen in het lokale machtsevenwicht.

Er waren natuurlijk talrijke mogelijkheden om publicaties waarin kritiek op de overheid werd geuit te anonimiseren. Drukkers maakten veelvuldig gebruik van een vals impressum om de herkomst van een riskante publicatie te maskeren, en schrijvers konden hun teksten anoniem publiceren of een pseudoniem, een motto of initialen gebruiken om hun identiteit te verbergen. Toch was het risico dat hiernaar onderzoek werd ondernomen niet denkbeeldig, en verscheidene drukkers werden ontdekt en bestraft, ook al hadden ze een vals impressum gebruikt. In veel steden, met uitzondering wellicht van de metropool Amsterdam, was het heel moeilijk om de identiteit van de maker van een publicatie geheim te houden. Hoewel het omvangrijke archief aan pamfletten de indruk wekt dat er sprake was van een levendig en open politiek en religieus debat, moesten drukkers en schrijvers uit de middenklasse zich wel twee keer bedenken voor ze hun broodwinning en reputatie op het spel zetten door teksten te publiceren die gericht waren tegen de overheid. Donald Haks heeft aangetoond dat de meeste mensen die aan het eind van de zeventiende eeuw tegen de Spaanse Successieoorlog waren hun mening niet durfden te publiceren uit angst maatschappelijk en politiek uitgestoten te worden.[13]

Zelfcensuur speelde daarom een veel grotere rol in de Republiek dan veelal wordt aangenomen, en ook dit verklaart mede waarom de landsregering geen grotere inspanning deed om de verspreiding van ongewenste boeken tegen te gaan. Dat is vooral goed te zien aan de kranten die vanaf 1618 verschenen. Voor krantenuitgevers waren de herkenbaarheid en de regelmatige verschijning van hun periodiek essentieel, en daarom konden ze zich niet veroorloven om vijanden te maken in de betere kringen. De twee vroege courantiers, Broer Jansz en Caspar van Hilten, letten goed op dat ze de gevestigde macht niet voor het hoofd stootten, die weinig aanleiding zag om zich met hun zaken te bemoeien zolang ze alleen maar feitelijke verslagen van hoofdzakelijk buitenlands nieuws publiceerden. Toch moest er zelfs met buitenlands nieuws zeer omzichtig worden omgesprongen, omdat ook buitenlandse hoogwaardigheidsbekleders nijvere krantenlezers waren en de inhoud ervan naar hun hand wilden zetten. Zelfs een licht spottende opmerking over een buitenlandse heerser kon ertoe leiden dat degenen die het betreffende land in de Republiek vertegenwoordigden een officiële klacht indienen of zelfs persoonlijke dreigementen uitten. Dat overkwam bijvoorbeeld de invloedrijkste krantenuitgever van de Republiek – de mediamagnaat avant la lettre Abraham Casteleyn, wiens kritische berichtgeving over de koning van Engeland in 1678 de woede opwekte van de Engelse ambassadeur. Na het bezoek van de ambassadeur sloeg Casteleyn snel een andere toon aan. Hij kon het zich niet veroorloven zijn reputatie op het spel te zetten of zijn bloeiende onderneming in gevaar te brengen. Hiërarchie telde, en werd gerespecteerd door degenen die veel te verliezen hadden.

In het licht van de diverse gebreken functioneerde het censuursysteem het grootste deel van de tijd opmerkelijk goed. Terwijl er vergeleken met andere landen een aanzienlijke vrijheid bestond om heterodoxe godsdienstige werken en wetenschappelijke bespiegelingen te publiceren, was politiek subversief materiaal in rustiger tijden in feite vrij zeldzaam. Alleen wanneer de elites op gespannen voet met elkaar stonden konden kritiek op de overheid en schotschriften plotseling ruim baan krijgen en grote delen van de bevolking bereiken. Diverse onopgeloste spanningen binnen de staat leidden ertoe dat zulke golven van publiciteit of 'tijdelijke publieke sferen' zoals Asa Briggs en Peter Burk dat genoemd hebben, zich met grote regelmaat voordeden.[14]

De Niet-Zo-Verenigde Provinciën

De geschiedenis van de Opstand had geleid tot een vraag naar en een aanbod van nieuws en meningen die niet verdwenen toen de oorlog eenmaal was afgelopen. Zodra de druk van de oorlog wegviel, werden de aanhoudende militante activiteit en de betrekkelijke vrijheid van de politieke pers evenzeer een risico als een verdienste. Zolang ze oorlog voerden konden de Nederlanders het zich niet goed veroorloven om onderling ruzie te maken; toch waren er wel degelijk meningsverschillen, en zowel op het lokale als op het nationale niveau smeulden er conflicten. In 1606 sijpelde de politieke onenigheid over de onderhandelingen over het bestand met Spanje door naar het publieke debat, en kwam het beleid van Johan van Oldenbarnevelt openlijk onder vuur te liggen. Hoewel in 1609 het bestand desondanks tot stand kwam, liet dit incident zien dat de Opstand een ware doos van Pandora aan publieke opinies had ontsloten. Toen de spanningen in de loop van het bestand weer oplaaiden, bleek deze doos niet gesloten te kunnen worden. Een verbeten pamflettenstrijd bracht de jonge staat in het eerste decennium van de nieuwe eeuw op de rand van een burgeroorlog.

'Alleman wilt met boecken vermaert worden,' observeerde een Leidse student toen de kwestie in 1616 escaleerde, 'besonderlijck in schriftuerlijcke saken. Luyden van alle soorten, gheleerde, ongheleerde, borgers ende boeren mengen haer hier mede in, ende geven den druckers werk.'[15] De student had duidelijk oog voor het gevaarlijke effect dat het gebrek aan censuur en zelfbeheersing nu teweegbracht. In zijn ogen stond het publieke debat gelijk met maatschappelijke onrust. Hij was niet de enige die deze ontwikkeling met lede ogen bezag.

De dreiging van een Spaanse invasie speelde een belangrijke rol bij het pleidooi tegen openbare discussie. Telkens wanneer het publieke debat oplaaide werd een brief herdrukt die de grote geleerde Justus Lipsius in 1595 had geschreven. In deze zogeheten *Sendtbrief* had Lipsius de koning van Spanje geadviseerd een verdrag met de opstandige gewesten te sluiten, met als argument dat ze weldra in de schoot van de Habsburgers zouden terugkeren, omdat hun interne conflicten hun boven het hoofd zouden groeien.[16] Dit advies, dat op grote schaal werd uitgegeven, fungeerde gedurende de hele eerste helft van de zeventiende eeuw als een waarschuwing. Zo beweerde een pamflettist in 1616 dat de onenigheid tussen de Nederlanders deel uitmaakte van de strategie van Filips II om de Noordelijke Nederlanden weer in handen te krijgen, en verwees daarbij expliciet naar Lipsius. Met het argument dat Spanje 'verscheydenen opinien ende corruptien' had geïntroduceerd in de Republiek, 'om te verwecken inwendighe oneenicheden'[17] verwoordde hij een door velen gekoesterde verdenking.

Er werden ook principiëlere, autoritaire argumenten naar voren gebracht. Sommigen voerden aan dat 'de Populatie en 't Grauw' niet 'allerley Insolentien van Seditieuse proposien [*opstandige voorstellen*] ende openbaer Ghewelt [mochten] pleghen', eenvoudigweg omdat ze hun plaats moesten kennen. Degenen die 'openbare seditieuse bloedighe Schriften in druck gheven' verdienden streng gestraft te worden.[18] Geen van deze criticasters (voornamelijk remonstranten) was geheel ontbloot van hypocrisie: terwijl ze zich beklaagden over het onverantwoordelijke gedrag van hun medeburgers, kozen ze partij in hetzelfde debat dat ze zojuist hadden veroordeeld. Ze waren echter van mening dat ze geen alternatief hadden. De macht van het gedrukte woord werd zo groot geacht dat het onmogelijk was om de geschriften van de tegenstander onbeantwoord te laten, zelfs al had men principiële bezwaren tegen het voeren van een publieke discussie. Op diverse tijdstippen in de zeventiende eeuw, met name in de crisisjaren 1616, 1650 en 1672, zou deze gang van zaken zich herhalen.

Tijdens drie grote crises in de korte geschiedenis van de Republiek mondden pamflettenoorlogen uit in geweld en een machtsverschuiving binnen de staat. In 1619 werd Johan van Oldenbarnevelt terechtgesteld in Den Haag, na publieke aanvallen op zijn persoon die in de loop der jaren steeds giftiger waren geworden. In 1650 trok Willem II met een leger naar Amsterdam om de stad te belegeren en het verzet van Holland tegen zijn buitenlandbeleid te breken. Deze gebeurtenis ging vergezeld van een stroom pamfletten, die uitgroeide tot een ware stortvloed toen hij drie maanden na zijn coup stierf aan de pokken. In 1672 leidde, zoals hierboven al is beschreven, de door de drukpers aangezwengelde demonisering van de gebroeders De Witt ertoe dat ze werden afgeslacht in Den Haag. Als we hier spreken over een overlegcultuur, dienen we wel te bedenken dat het tevens een lastercultuur was. Polemieken en geweldsuitbarstingen waren nooit ver weg in de Niet-Zo-Verenigde Provinciën, zoals Leslie Price ze gedoopt heeft, en werden alleen getemperd door het met zorg gecultiveerde publieke besef dat er een zekere mate van eendracht nodig was om de gevaren uit het buitenland het hoofd te bieden.

Te midden van alle dramatiek en beroering van de zeventiende eeuw bleven de voornaamste discussiepunten die de gemoederen verhitten in feite opmerkelijk constant. Ten eerste was er de kwestie van oorlog en vrede. Gedurende de eerste helft van de eeuw betroffen de discussies hierover natuurlijk vooral de oorlog met Spanje. De onderhandelingen over het bestand van 1609 gingen vanaf 1606 gepaard met een verwoede pamflettenstrijd tussen voor- en tegenstanders waarbij de laatstgenoemden de boventoon voerden, maar de politieke strijd verloren. Latere onderhandelingen, over het verlengen van het bestand (in 1621) dan wel over een blijvende vrede (in 1629-1632 en opnieuw vanaf 1641), gaven eveneens aanleiding tot intensieve in druk gevoerde publieke discussies, waarin de tegenstanders van vrede luid van zich lieten horen, en de argumenten pro en contra vaak eindeloos herhaald werden. Een van de hardnekkigste argumenten tegen de vrede was het diepgewortelde wantrouwen jegens de Habsburgers, en de vrees dat een vrede het verenigde Huis Habsburg (de Spaanse koning en de keizer) alleen maar de kans zou bieden zich te herstellen en vast te houden aan zijn missie om het protestantisme uit te roeien en een universele monarchie te vestigen – een angst die al tijdens de Nederlandse Opstand was aangewakkerd door de propaganda van Willem van Oranje. Toen die angst was geluwd als gevolg van de Vrede van Münster, de onmiskenbare neergang van Spanje en de opkomst van Frankrijk, aarzelden de Nederlandse publicisten niet om dezelfde anti-imperiale retoriek los te laten op Lodewijk XIV. Van de jaren 1670 tot 1710 werd de macht van de Nederlandse pers niet alleen ingezet om de Zonnekoning in heel Europa zwart te maken, maar ook om op te roepen tot een oorlog tegen Frankrijk.

Een tweede voortdurende bron van spanning was de verhouding tussen de prins van Oranje en de Staten van Holland. De drie grote crises van de eeuw, die van 1618-1619, 1650 en 1672, draaiden elk om een conflict tussen de stadhouder en de Staten van Holland dat in de tussenliggende perioden doorsudderde en in de jaren 1680 weer oplaaide. De belangen van de twee partijen verschilden aanmerkelijk. Terwijl de Staten, die beschikten over de financiën van het vermogende Holland, in het algemeen de prioriteit gaven aan de koopvaardij en de vloot die haar moest beschermen, stonden de prinsen van Oranje aan het hoofd van het leger. Voor hen telde de roem van hun geslacht en krijgshaftige daden, wat ertoe leidde dat ze investeringen in het leger en de oorlog te velde bepleitten. Ook hun stijl en hun aanhang verschilden. Terwijl de Staten gewoonlijk de meeste Hollandse steden en de machtige kooplieden achter zich wisten, vormden de binnenlandse provincies, de aristocratie en de lagere klassen de machtsbasis van de stadhouder. De nazaten van de meesterpropagandist Willem de Zwijger waren zich er terdege van bewust dat ze afhankelijk waren van de steun van het volk, en maakten gebruik van kunstgrepen en drukwerk om het grote publiek te bereiken. Zo gaf Willem II ten tijde van zijn aanval op Amsterdam de drukker Breeckevelt opdracht om een vals contract te drukken dat de stad in diskrediet moest brengen. De Staten daarentegen waren veel terughoudender in het bespelen van het publiek. Ze brachten verordeningen uit en deden inzake binnenlandse kwesties liever geen beroep op de sentimenten van het volk. Alleen toen de nood hoog was, in 1654, publiceerde Johan de Witt een *Deductie* om het beleid van de Staten van Holland te rechtvaardigen. Anders dan de door zijn tegenstanders uitgegeven polemieken was deze *Deductie* een lang, met juridisch jargon doorspekt betoog dat uitsluitend gericht was op de elite.

Een derde oorzaak van instabiliteit en aanleiding tot publieke discussie waren de religieuze spanningen binnen de Republiek. De grootste woede werd niet ontketend door onmin tussen katholieken en protestanten, zoals men zou verwachten, maar primair door spanningen binnen de Gereformeerde Kerk zelf. De felste meningenstrijd van de eeuw speelde zich af tussen degenen die voorstander waren van een gematigd protestantisme met een tolerante houding ten aanzien van privé-overtuigingen dat bereid was tot een vreedzame co-existentie met het katholicisme in Europa, en de strenge, orthodoxe calvinisten die inzake privé-aangelegenheden puriteins waren en het militante internationale calvinisme aanhingen dat zich voorbereidde op een apocalyptische strijd tegen het papisme. Terwijl de protestanten veel energie staken in het bevorderen van de eenheid van het protestantisme, en eendracht binnen de Gereformeerde Kerk van levensbelang werd geacht voor de weerbaarheid van het land, werd dit veelbesproken ideaal nooit gerealiseerd, en brak er op gezette tijden een openbare pennenstrijd uit.

Natuurlijk waren er vele onderlinge verbanden tussen en variaties binnen deze drie langjarige discussies. Politieke en religieuze spanningen waren door en door met elkaar verweven, net als binnenlandse en internationale conflicten, zodat deze discussies zich voortdurend bleven ontwikkelen. Voor ons doel volstaat het aan te tekenen dat er in de staat en de kerk van meet af aan structurele spanningen bestonden, die nooit compleet werden opgelost en in intensiteit wisselende, maar nooit eindigende publieke discussies met zich brachten, die van tijd tot tijd tot uitbarsting kwamen in een golf aan gedrukte publicaties en het oplaaien van volkswoede. In de taal en de beelden die bij deze discussies werden ingezet, kwam de macht van de Nederlandse letterkunde en retoriek ten volle tot uiting.

De macht van het woord

Ondanks de fenomenale visuele nalatenschap van de Gouden Eeuw, was de samenleving in die tijd allereerst het woord toegedaan. Dat predikanten de prominentste opinieleiders binnen de Republiek waren is wellicht niet verrassend. De calvinistische voorgangers, die door de Opstand een machtspositie hadden verworven, hadden duidelijk de neiging zich met politiek te bemoeien en waren niet bang om zich tegen de regering te keren als het ging om zaken die naar hun mening raakten aan het welzijn van de Gereformeerde Kerk en het internationale protestantisme. Er is vaak verondersteld dat predikanten ook productieve pamflettisten waren, een vermoeden dat niet alleen berust op wat we weten van het beroep van de schrijvers, maar ook op hun stijl. Predikanten, die het nieuws lazen met een door de Bijbel gekleurde blik, zagen zichzelf als het religieus geweten van de Republiek en beschouwden het als hun plicht om dat ook in publicaties uit te dragen. Maar ook zonder het gedrukte woord konden zij erop rekenen dat hun gemeente hun elke week gewillig het oor leende, en ze zetten hun verbale vermogens in om die te doordringen van hun waarden.

Een tweede groep opinieleiders trad in de loop van de zeventiende eeuw steeds duidelijker naar voren. Dat waren de dichters, wier inzet niet de kerk, maar de stad gold. De belangrijke rol die de rederijkerskamers bij de Opstand gespeeld moeten hebben toont aan hoe ongewoon groot de politieke invloed was die de literatuur in de Republiek werd toegedicht. Hoofts lof voor het effect van hun rijmen en voordrachten zegt veel over zijn ideeën over de rol van de literatuur, zowel in zijn eigen tijd als in het verleden. Gedurende de hele zestiende en zeventiende eeuw werden literaire teksten beschouwd als een medium dat zich bij uitstek leende voor politieke overreding. Deze overtuiging was voornamelijk geïnspireerd op de klassieke overlevering. De uit Aristoteles' *Poëtica* afkomstige stelling dat een kunstig gearrangeerde voorstelling van de realiteit de efficiëntste manier was om het menselijk lichaam te raken en emoties op te wekken, stond in hoog aanzien. Redekunstige verhandelingen van Cicero en Quintilianus, wier werk was herontdekt door de vijftiende-eeuwse humanist Poggio Bracciolini, leerden de lezer op vergelijkbare wijze dat overredingskracht een tak van kunst was die men zich alleen eigen kon maken door toegewijde literatuurstudie. De studie van de retorica, die in de Lage Landen vanouds was geïnstitutionaliseerd in de rederijkerskamers, en met meer kracht en intellectueel gezag werd beoefend aan de nieuwe universiteit in Leiden, had als uitgangspunt dat het kundig arrangeren van woorden essentieel was voor het vermogen tot overtuigen.

Als resultaat van de centrale plaats die de literaire theorie en praktijk innamen in de stedelijke cultuur van de Lage Landen was het openbare politieke debat in de Republiek doortrokken van literaire teksten, geesteshoudingen en denkwijzen. Een blik op het omvangrijke corpus aan bewaard gebleven Nederlandse pamfletten volstaat om de prominente plaats te tonen die literaire vormen innamen: liederen, dialogen, gedichten, leesdrama's – er waren niet veel literaire genres die niet werden ingezet voor politieke en religieuze doeleinden. Terwijl de rederijkerskamers in de loop van de eeuw in de grotere steden aan betekenis verloren, behielden de dichters hun tijdens de Opstand verworven status van opinieleiders. Dikwijls genoten ze de protectie van bestuurders die tegenwicht poogden te geven aan de greep op de publieke opinie die de kerk en de stadhouder van oudsher hadden, en droegen het hunne bij aan het verloop van de belangrijke conflicten van de zeventiende eeuw.

De gevierde Amsterdamse dichter Joost van den Vondel geldt met recht en reden als de belangrijkste onder hen. Gedurende zijn lange carrière, die vrijwel de gehele zeventiende eeuw omspande, stelde Vondel zich ten doel commentaar te leveren op de religieuze en politieke ontwikkelingen in zijn stad, zijn provincie, zijn land en heel Europa. Hij kwam in het voetlicht te staan na het Twaalfjarig Bestand, toen hij Oldenbarnevelt verdedigde en zich fel uitsprak tegen de contraremonstranten, maar wegens de kracht van zijn taal werd hij zelfs door zijn ideologische tegenstanders gerespecteerd, en als regel werd hij geacht commentaar te leveren op belangrijke gebeurtenissen. Zelfs als zeventiger en tachtiger bleef Vondel een onvermoeibare commentator van datgene wat hij – en gewoonlijk ook zijn beschermheren – als goed en fout beschouwde. Hoewel de omvang, de kwaliteit en de invloed van zijn werk uitzonderlijk zijn, levert zijn oeuvre ons een bruikbaar handvat om de diverse manieren te onderzoeken waarop literatuur het openbare leven beïnvloedde, omdat hij zoveel verschillende onderwerpen behandelde en alle belangrijke redekunstige genres beheerste.

Eerst en vooral reageerde Vondel op het nieuws over politieke en religieuze ontwikkelingen met een nimmer eindigende stroom van op de actualiteit gerichte gedichten. Hij was een meester op het gebied van de epideiktische poëzie, het klassieke genre van lof en blaam dat zo populair was in de renaissance. Uit ergernis over de onverdraagzaamheid van de contraremonstranten waagde Vondel zich op het hoogtepunt van de conflicten rondom het Bestand voor het eerst aan politieke satire. In een gedicht met de titel 'Op de Waeg-schael' beschreef hij hoe 'Gommar en Armijn te Hoof / Dongen om het recht geloof' en hoe Arminius aanvankelijk werd beoordeeld als de verstandigste en de man die het meest in zijn recht stond, maar dat prins Maurits toen zijn zwaard op de weegschaal legde, zodat die doorsloeg in het voordeel van Gomarus:

> Tot zoo lang mijn Heer de Prins
> Gommars zijd', die boven hing,
> Troostte met zijn stale kling,
> Die zoo zwaar was van gewicht,
> Dat al 't ander viel te licht.[19]

Zoals hij in latere jaren nog vaak zou doen past Vondel hier met succes een beeld toe op het politiek-religieuze conflict van zijn tijd. Het gedicht, dat vergezeld ging van een al even pakkende gravure, maakt gebruik van de metafoor van de weegschaal, die wordt geassocieerd met Justitia, de personificatie van het recht, om prins Maurits en de leidende contraremonstrantse theoloog Gomarus in niet mis te verstane termen te hekelen, en de prins impliciet te beschuldigen van tirannie, omdat hij zijn militaire macht had ingezet voor een onrechtvaardige zaak (Afb. 8.1). In latere jaren zouden Vondels gedichten tegen de contraremonstranten alleen maar scherper van toon worden, toen hij zijn pijlen richtte op het calvinistische dogma van de predestinatie. Verscheidene van de door hem gemunte beelden bleven kleven aan zijn tegenstanders en werden door gelijkgestemde dichters en uitgevers nog de hele eeuw hergebruikt.

Hoewel in epideiktische poëzie de gehekelden met naam en toenaam werden genoemd, was het niet altijd raadzaam dat ook te doen. In kritische literaire teksten voerden clichématige analogieën en allegorieën de boventoon, omdat die het mogelijk maakten de kritiek te verhullen achter een tijdloos beeld, zodat ze als

8.1 Toegeschreven aan Salomon Savery, *'Op de Waeg-Schael'*, 1618, Amsterdam, Rijksmuseum.

onschuldig kon worden voorgesteld wanneer er problemen rezen. Hoewel het met dit middel mogelijk werd krachtige subversieve boodschappen of kritiek op de elite over te brengen, maakte het die boodschappen ook dubbelzinniger, zodat ze als er narigheid van kwam altijd konden worden ontkend. Het invloedrijkste toneelstuk van Vondel was wellicht *Palamedes oft Vermoorde onnooselheyd*, een allegorie op de terechtstelling van Johan van Oldenbarnevelt. Vondel baseerde het treurspel op het verhaal van een bijfiguur in Vergilius' *Aeneis*. Uit angst voor vervolging werd *Palamedes* pas zes jaar nadien gepubliceerd, maar dat verhinderde niet dat de meeste lezers (vanwege de subversieve lading is het toneelstuk destijds nooit opgevoerd) meteen zagen dat *Palamedes* in feite neerkwam op een krachtige afwijzing van de staatsgreep van Maurits van Oranje. De analogie tussen Oldenbarnevelt en het ietwat obscure mythologische personage kreeg zo'n grote bekendheid dat hun beider namen gedurende de hele eeuw als equivalent werden gebruikt.

De bereidheid van Vondels publiek om aan de hand van de paar aanwijzingen die hij gaf een actueel politiek onderwerp te ontwaren in een mythologisch verhaal zegt veel over de literaire cultuur van die tijd. In een maatschappij waar metaforisch denken diepgeworteld was in de geest, konden schrijvers erop rekenen dat hun lezers zouden gaan zoeken naar een politieke toepassing van de klassieke of Bijbelse vermomming waarin ze hun kritiek tot uiting brachten. Dat is op zichzelf het zoveelste teken van het grote politieke bewustzijn en engagement van het Nederlandse publiek.

Conclusie

Vanuit het concept van de overlegcultuur, dat is gemunt in de optimistische jaren negentig, wordt al gauw te veel nadruk gelegd op sociale harmonie en politieke betrokkenheid van de bevolking en te makkelijk voorbijgegaan aan het fanatisme, het geweld en de repressie waarvan het publieke debat in de Republiek evenzeer vergezeld ging. Ondanks de schijnbare openheid werd een aanzienlijk deel van het publieke debat eerder aangestuurd door macht, patronage en angst voor geweld dan door een oprecht verlangen om tot een uitwisseling van ideeën te komen. In hun opvattingen over de deelname van de bevolking verschilden de regenten van de Republiek niet al te veel van de heersers van andere landen in Europa; de meeste regenten waren wars van publieke discussie over en inmenging met de diepere gronden achter het bestuur van de staat en de kerk.

Tevens kunnen we ons afvragen in hoeverre de Opstand enig in zijn soort was. Andere burgeroorlogen, zoals de Hugenotenoorlogen en La Fronde in Frankrijk of de Engelse Burgeroorlog, hebben immers ook tijdelijk openbare discussie en een heftige pamflettenstrijd voortgebracht. Een van de belangrijkste aspecten waarin de Opstand zich onderscheidde was dat ze daadwerkelijk met succes bekroond werd. Anders dan elders leidde een volksopstand tot een nieuwe staat, een nieuwe orde die bij toeval standhield. Van de diverse verworvenheden die de Opstand met zich bracht is dit een van de bestendigste: dat de leiders geen kans zagen de bevolking de idealen op te leggen die ze gemeen hadden met de traditioneel regimes van andere landen. De explosief groeiende boekenmarkt, de religieuze en politieke geesteshoudingen die waren beïnvloed door de Opstand en een bloeiende retorische cultuur stonden er borg voor dat politiek en religie onderwerp van publieke discussie bleven.

Noten

1. Aangehaald in H. Dunthorne, *Britain and the Dutch Revolt*, Cambridge, 2013, p. 3.
2. W. Frijhoff en M. Spies, *1650. Bevochten eendracht*, Den Haag, 1999, pp. 218-225.
3. M. Reinders, *Printed Pandemonium: Popular Print and Politics in the Netherlands, 1650-1672*, Leiden, 2013.
4. *Den ongeveynsden Nederlantschen Patriot*, Alkmaar, 1647 (Knuttel 5506). Aangehaald in C. Harline, *Pamphlets, Printing en Political Culture in the Dutch Republic*, Dordrecht, 1987, p. 169.
5. A.-L. Van Bruaene, *Om beterswille. Rederijkerskamers en de stedelijke cultuur in de Zuidelijke Nederlanden (1400-1650)*, Amsterdam, 2008, passim en p. 192; zie ook W. Waterschoot, 'De rederijkerskamers en de doorbraak van de reformatie in de Zuidelijke Nederlanden', in *Jaarboek Koninklijke soevereine hoofdkamer van retorica 'De Fonteine' te Gent*, 45-46 (1996), pp. 141-153.
6. E.H. Kossman en A.F. Mellink (red.), *Texts Concerning the Revolt of the Netherlands*, Cambridge, 1974, pp. 56-59.
7. P. Geurts, *De Nederlandse Opstand in de pamfletten 1566-1584*, Utrecht, 1983, pp. 6-10.
8. M. Stensland, *Habsburg Communication in the Dutch Revolt*, Amsterdam, 2012.
9. J. Uytenbogaert, *Onder-richtinghe, op de Missive van P.V.H, aende (...) staten Generael ende (...) den Prince van Orangien. (...)*. Z.l., 1629, p. 46
10. H.F.K. van Nierop, 'Popular Participation in Politics in the Dutch Republic', in P. Blickle (red.), *Resistance, Representation and Community*, Oxford, 1997, pp. 272-290.
11. Over kranten: zie A. der Weduwen, *Dutch and Flemish Newspapers of the Seventeenth Century*, 2 dln., Leiden, 2017.
12. J. Salman, *Pedlars and the Popular Press: Itinerant Distribution Networks in England and the Netherlands*, Leiden, 2014.
13. D. Haks, *Vaderland en vrede. Publiciteit over de Nederlandse Republiek in oorlog 1672-1713*, Hilversum, 2013, p. 226.
14. A. Briggs en P. Burke, *A Social History of the Media*, New York, 2002, pp. 102-104.
15. Aangehaald in R. Harms, *Pamfletten en publieke opinie. Massamedia in de zeventiende eeuw*, Amsterdam, 2011, p. 33.
16. J. Lipsius, *Send-brief in welcke hy antwoordt gheeft aen een seker groot heer*, Dusseldorf, 1618.
17. Aangehaald in Harline, *Pamphlets*, 115.
18. Aangehaald in Harline, *Pamphlets*, 115.
19. J. van den Vondel, *Op de waeg-schael*. Prent, [S.l.], [1618].

DEEL IV
Economie en handel

9
Een markteconomie

DANIELLE VAN DEN HEUVEL

In de jaren 1650 portretteerde de Nederlandse schilder Nicolaes Maes een spinster (Afb. 9.1). Het schilderij toont een oude vrouw die in een spaarzaam verlicht vertrek achter een spinnewiel zit, totaal verdiept in het precisiewerk dat het spinnen van wol of vlas met zich meebracht. Het is een van de vele afbeeldingen van een huiselijk tafereel die zo kenmerkend zijn voor de schilderkunst van de zeventiende eeuw. Ook verscheidene andere Nederlandse kunstenaars uit deze periode, zoals Johannes Vermeer, Pieter de Hooch en Esaias Boursse, hebben in hun werk de bezigheden vastgelegd die vrouwen in vroegmoderne Nederlandse huishoudens verrichtten, zoals kantklossen, naaien en het bereiden van voedsel. Deze bijzondere schilderijen worden veelal gezien als een verbeelding van de typisch Hollandse toewijding van vrouwen aan het huishouden; de vrouwen op de schilderijen belichamen het toenmalige ideaal van vrouwelijke schoonheid en huiselijkheid.[1] Toch vertellen deze taferelen ook een ander verhaal over de Republiek: dat van werkende vrouwen, van het belang van huishoudelijk personeel, en de groei van de proto-industriële textielindustrie.

Net als de vrouw op het schilderij van Maes waren veel Nederlandse vrouwen in de vroegmoderne tijd actief als spinster. Hoewel spinnen vanouds wordt beschouwd als een huishoudelijke taak, weten we dat veel vrouwen dit vak beoefenen om in hun onderhoud te kunnen voorzien. In 1581 werkte 77 procent van alle vrouwelijke gezinshoofden in de textielstad Leiden als spinster, en in Zwolle (1721) en Tilburg (1661) was dit getal zelfs nog hoger: respectievelijk 85 en 95 procent. Naast weduwen en ongetrouwde vrouwen waren ook echtgenotes en dochters actief als spinster, en een enkele maal ook mannen. Omstreeks het midden van de achttiende eeuw, toen de Leidse textielindustrie al over haar top heen was, werden de wevers aldaar van materialen voorzien door naar schatting 14.500 spinsters, die de wolgarens produceerden voor het beroemde Leidse laken dat over de hele wereld werd verhandeld.[2] De op het oog nederige taak van het spinnen was dus enorm belangrijk, zowel voor het levensonderhoud van talrijke huishoudens in de steden en op het platteland als voor de bloei van de Nederlandse economie als geheel. Bovendien wordt het grote contingent vrouwen dat werkte in de textielindustrie beschouwd als een belangrijke factor achter het opmerkelijke succes van de pre-industriële Nederlandse economie.

9.1 Nicolaes Maes, *De spinster*, 1650-1660, Amsterdam, Rijksmuseum.

De Republiek, die door Jan de Vries en Ad van der Woude is betiteld als 'de eerste moderne economie', geldt algemeen als het land dat aan het begin van de zeventiende eeuw een ongeëvenaarde economische expansie doormaakte, waarmee het karakter van de economie fundamenteel veranderde. Dat had op zijn beurt ingrijpende gevolgen voor het leven van de inwoners van het land.[3] Tot de belangrijkste kenmerken van deze 'moderniteit' horen een in hoge mate gespecialiseerde beroepsbevolking (onder wie ook vrouwen en kinderen); een naar verhouding vrije markt voor goederen, kapitaal en arbeid; hoge geletterdheid en een goedgeschoolde beroepsbevolking; en belangrijke technologische vernieuwingen in bijvoorbeeld de scheeps- en molenbouw. Het is waar dat verscheidene van deze kenmerken ook elders in Europa konden worden aangetroffen, bijvoorbeeld in steden in Noord-Italië, waar de eerste banken al in de veertiende eeuw succes boekten, of in de Duitse steden Neurenberg en Augsburg, waar opmerkelijke technische vernieuwingen tot stand kwamen, ver voor dit in de Republiek gebeurde. De Nederlandse economie van de late zestiende en vroege zeventiende eeuw onderscheidde zich echter door de unieke en ongekende combinatie van deze eigenschappen in een landschap dat zich kenmerkte door religieuze verdraagzaamheid, een betrekkelijke autonomie en een naar verhouding stabiel politiek klimaat.[4]

Een omwenteling in het boerenbedrijf

Om te begrijpen hoe de Republiek tot deze opmerkelijke prestatie kwam is het zinvol om eerst de blik op het platteland te richten. Dit lijkt wellicht tegenstrijdig in een land dat bekend staat om zijn hoge verstedelijking. Economisch historici als Jan de Vries en Jan Luiten van Zanden beweren echter dat veranderingen in de plattelandseconomie een aantal belangrijke voorwaarden schiepen voor de bloei van de economie als geheel.[5] Zoals al is besproken in hoofdstuk 2 van dit boek namen in de eerste helft van de zeventiende eeuw grootschalige droogmakerijen een hoge vlucht in het noorden en het westen van het land. Dankzij technologische vernieuwingen en een financiële infrastructuur die essentieel waren voor het in gang zetten van zulke megaprojecten konden grote stukken land worden drooggemalen. Dit nieuwe bouwland maakte schaalvergroting mogelijk. Uit bronnen als de *Enqueste* uit 1494 en de *Informacie* uit 1514 blijkt dat toentertijd de meeste plattelandsbewoners kleine boeren waren, die bescheiden percelen bewerkten. Dit veranderde fundamenteel tussen 1580 en 1670, toen er daarnaast grote, kapitaalintensieve landbouwbedrijven opkwamen. Omdat aan de vraag naar graan in toenemende mate werd voldaan met geïmporteerd graan uit het Oostzeegebied, waren deze Nederlandse boeren 'nieuwe stijl' in staat zich toe te leggen op de productie van hoogwaardige industriële gewassen, zoals hennep, meekrap en vlas; van groenten, zoals wortelen, kool en bieten; en op de melkveehouderij. Een omvangrijk en zeer doelmatig netwerk van waterwegen verschafte hun een directe toegang tot de steden, waar landbouw- en zuivelproducten werden verkocht op de plaatselijke, regionale en interregionale markten.

Deze schaalvergroting had belangrijke implicaties voor zowel de plattelands- als de stedelijke economie van de Republiek. In de loop van de zeventiende eeuw veranderden de plattelandsgemeenschappen hierdoor ingrijpend van karakter. Nu de boerenbedrijven zo in omvang waren toegenomen moest een deel van de plattelandsbevolking omzien naar een andere vorm van broodwinning, omdat de groei van de grote boerderijen ten koste was gegaan van de kleinere. De gevolgen zijn duidelijk af te lezen aan belastingregisters uit de late zeventiende en de eerste helft van de achttiende eeuw. Toen in 1674 een dergelijk register werd opgesteld voor de polder De Zijpe in het uiterste noordwesten van Holland (drooggelegd in 1579), ontplooide de bevolking van de polder een grote variëteit aan economische activiteiten. Ruwweg de helft van de circa zeshonderd gezinshoofden werkte op het land, voor het grootste deel als melkveehouder. De bewoners van de verschillende gehuchten in de polder beoefenden daarnaast een heel scala aan ambachten; onder hen waren kleermakers, schoenmakers, wevers, schippers en handelaars. Verrassend genoeg zien we dat ook een notaris, een schoolmeester, een chirurgijn en een vroedvrouw deel uitmaakten van deze gemeenschap, wat illustratief is voor de hoge graad van economische specialisatie die kenmerkend was voor het Hollandse platteland. Een ander opvallend aspect aan het Zijper belastingregister van 1674 is het grote aantal dagloners: 91 gezinshoofden (een zesde) voorzagen op die manier in hun onderhoud. Hoewel de economie van De Zijpe in veel opzichten representatief is voor het Hollandse platteland, moeten we ons realiseren dat de sociale structuur en de beroepssamenstelling van plattelandsgemeenten aanzienlijk kon verschillen, zelfs binnen dezelfde provincie. De economie van de aangrenzende plaats Winkel bijvoorbeeld, dat vijftien kilometer ten oosten van De Zijpe ligt en een drie maal zo klein inwonertal had, was nog sterker gericht op handel, dienstverlening en nijverheid. In 1742 werkte in dit dorp slechts een derde van de gezinshoofden als boer. Onder de inwoners van Winkel vinden we naast boeren ook spinsters, naaisters, en zelfs een stoffenwinkelier.

De contrasten tussen verschillende plattelandseconomieën worden nog markanter wanneer we ons blikveld verruimen naar de andere provincies. Er is veel geschreven over de diepgaande verschillen tussen de kustprovincies en de meer landinwaarts gelegen delen van de Republiek. Friesland en Zeeland vertonen een beeld dat vergelijkbaar is met dat van Holland, omdat deze provincies eveneens een hoge graad van agrarische commercialisering en specialisatie kenden. Daarbij vergeleken stonden de oostelijke provincies, Gelderland, Overijssel, Brabant, Limburg en vooral Drenthe op achterstand. Onvruchtbare zandgronden, voortdurende militaire operaties tijdens de Tachtigjarige Oorlog en het gemeenschappelijk beheer van essen en woeste gronden droegen ertoe bij dat zich daar geen landbouwkundige specialisatie voordeed en dat de productiviteit veel lager bleef dan in de kustprovincies. Dit betekende echter niet dat de plattelandseconomieën in het binnenland niet veranderden, en evenmin dat er in deze gebieden geen handelsverkeer was. Wellicht een van de duidelijkste voorbeelden van interregionale handelsbetrekkingen was de levendige handel in rundvee met Jutland in Denemarken, die voornamelijk werd bedreven door Groningse boeren. De boeren in Drenthe fokten eveneens vee om het te verhandelen; ze verkochten hun dieren normaal gesproken aan vetweiders op de weidegronden aan de kust. Ook in de oostelijke dorpen zien we een zekere graad van beroepsmatige diversificatie, hoewel die later intrad dan in de kuststreken, en dan nog voornamelijk in de agrarische sector, waar vanaf 1670 grotere verschillen dan voorheen konden worden aangetroffen tussen grote en kleine boerderijen, keuterboertjes en loonarbeiders.[6]

Een goede graadmeter van de veranderingen op het platteland, evenals voor de verschillen tussen de diverse regio's en provincies, is de aanwezigheid van detailhandel op het platteland. We hebben al een stoffenwinkel op het platteland van Noord-Holland voorbij zien komen. Een dergelijke winkel moet in andere delen van het land, met uitzondering van de steden, een zeldzaamheid zijn geweest. Tot aan de negentiende eeuw zien we in de oostelijke provincies namelijk vooral winkels met een algemeen assortiment of rondtrekkende kooplui die uiteenlopende waren verkochten, en nauwelijks gespecialiseerde detailhandelaren zoals de stoffenwinkelier uit Winkel. Meetbare gegevens over de dichtheid van de detailhandel laten niet alleen zien dat op het platteland van Noord-Holland uitzonderlijk veel mensen een commercieel beroep beoefenden (28 per 1000 inwoners), maar ook dat de verhoudingen in sommige oostelijke provincies beduidend hoger lagen dan in andere. Terwijl Overijssel gemiddeld slechts vier detailhandelaren per duizend inwoners telde, een zeer laag percentage, had de provincie Gelderland gemiddeld veertien handelaren per duizend inwoners. Hoewel beide provincies in het binnenland liggen en als zodanig dikwijls worden gecontrasteerd met de zeer gecommercialiseerde kuststreken is het duidelijk dat het karakter van de economie van de oostelijke provincies, net als in de provincie Holland, sterk uiteen kon lopen.[7] Dit neemt niet weg dat, ondanks de grote variatie tussen de regio's, de toegenomen omvang van boerderijen, eerst in de westelijke provincies en later in het oosten, belangrijke consequenties had voor het karakter van de plattelandssamenleving. Deze ontwikkeling had ook een grote invloed op de economie in bredere zin, waarop we hieronder nader ingaan.

Arbeiders, arbeid en arbeidsloon

Tijdens de zeventiende eeuw leverde het grote arbeidspotentieel op het platteland een cruciale bijdrage aan de economische groei van de Republiek. Zoals Jan Luiten van Zanden heeft aangetoond zorgden de veranderingen in de structuur van de plattelandseconomie, samen met demografische groei, voor een steeds omvangrijker aanbod van arbeidskrachten. Deze loonarbeiders waren flexibel inzetbaar en beschikten over een economische basis op het platteland waarop ze konden terugvallen in tijden waarin het werk niet voor het oprapen lag. Als zodanig konden ze worden ingezet in de diverse takken van nijverheid in de steden en op het platteland, in de scheepvaart en het vervoer en in technische en bouwkundige projecten op de momenten dat in die sectoren de vraag naar arbeidskrachten groot was.[8]

Door de uitzonderlijk hoge aantallen van het platteland afkomstige arbeiders konden exportindustrieën van de grond komen, en tot grote bloei komen. Een belangrijk centrum van een dergelijke proto-industrie was het cluster van dorpen in de Zaanstreek waar de scheepsbouw floreerde en duizenden arbeiders werk vonden op scheepswerven en in verwante industrieën zoals de vervaardiging van touw en het weven van zeildoek. Op vergelijkbare wijze werden in de stad Gouda vele mannen, vrouwen en kinderen ingezet voor de fabricage van aardewerken pijpen, een industrie die zijn waren sleet aan rokers over de hele wereld. Andere voorbeelden van zulke proto-industriële kernen waren de steden Delft (aardewerk), Leiden en Haarlem. De laatste twee steden waren belangrijke centra van wol- en linnenfabricage en verschaften werk aan een groot aantal textielarbeiders, onder wie spinners, wevers, droogscheerders, ververs en volders. Elk van deze vroeg-kapitalistische industrieën werd gekenmerkt door een scherpe onderverdeling van arbeid, waarbij arbeiders zich op slechts een klein deel van het productieproces concentreerden; daardoor waren deze industrieën zeer efficiënt en internationaal in staat te concurreren. Samen met grootschalige industrieën die zich vooral richtten op plaatselijke en regionale markten, zoals brouwerijen, distilleerderijen, tabakspinnerijen en suikerraffinaderijen, boden de exportindustrieën werk aan een groot deel van de stedelijke en plattelandsbevolking.

Een tweede zeer prominente sector van de Nederlandse economie waar behoefte was aan grote aantallen arbeiders was de scheepvaart. De Republiek wordt vaak bij uitstek gezien als een land van zeevaarders; dat klinkt nog door in de Nederlandse taal, die veel uitdrukkingen kent die met scheepvaart te maken hebben. Grote aantallen arbeiders vonden werk in de diverse takken van de scheepvaart, zoals de koopvaardij, de visserij, de vloot en de Oost- en West- Indische Compagnie (VOC en WIC). Recente schattingen van het aantal zeelieden in de Republiek wijzen uit dat gedurende de hele zeventiende en achttiende eeuw het aantal zeevarenden jaarlijks tussen de 50.000 en 60.000 bedroeg. Dit kwam neer op circa 15 procent van de mannelijke beroepsbevolking in de kustprovincies. Al aan het begin van de eeuw, in 1609, werkten er naar schatting circa 47.000 mannen en jongens in de scheepvaart, wat aangeeft dat de maritieme arbeidsmarkt al vroeg van betekenis was voor de totale economie.[9] De grootste werkverschaffer binnen de maritieme sector was de koopvaardij binnen Europa zelf, waarin gedurende de hele vroegmoderne periode gemiddeld zo'n 20.000 tot 50.000 mannen werk vonden. In de andere takken van scheepvaart waren de aantallen veel kleiner. De haringvisserij bijvoorbeeld wordt dikwijls beschouwd als een van de belangrijkste industrieën van het land; ook op de mensen uit de tijd zelf maakte deze bedrijfstak veel indruk. In 1610 taxeerde de Engelsman Sir Walter Raleigh de opbrengst van de Nederlandse haringindustrie op 21 miljoen gulden. Hoewel dit waarschijnlijk een te ruime schatting is, maakte deze industrie in de eerste decennia van de zeventiende eeuw een grote bloei door en vertrokken er jaarlijks tussen de 570 en 770 haringbuizen uit de havens aan de kust van de Noordzee en de Zuiderzee.[10] Desondanks bedroeg het aantal mannen aan boord van de haringvloot zelfs op het hoogtepunt nog geen 15 procent van het totale aantal werknemers in de maritieme sector. Binnen de vloot waren er grote verschillen tussen perioden van oorlog en vrede, maar in rustige perioden waren de cijfers stabiel en werkten er ruwweg 10.000 zeevaarders. Wanneer we ons richten op de grote handelsondernemingen, de VOC en de WIC, zien we grotere schommelingen en veranderingen, hoewel bij elk van deze ondernemingen sprake is van een verschillende trend. Aanvankelijk was de WIC de grootste werkgever van de twee, tot ze een acute terugval doormaakte als gevolg van een neergang in de Zuid-Amerikaanse zouthandel. De VOC stond bekend om haar voortdurende honger naar personeel, als gevolg van de hoge sterftecijfers aan boord van haar schepen en in Azië, het zogeheten 'Indisch lek'. Gelet op de hoeveelheid werknemers maakte ze echter een trage start, en pas in de tweede helft van de zeventiende eeuw bereikten de aantallen een niveau dat vergelijkbaar was met dat binnen de koopvaardij.

De bijna niet te stillen behoefte aan arbeiders betekende dat de arbeidslonen hoog lagen. Al in de late middeleeuwen was in vergelijking met de rest van Europa loonarbeid ruimschoots aanwezig in de Noordelijke Nederlanden, en in de eeuwen daarna werd dit een zelfs nog een prominenter kenmerk van de economie.[11] Verder waren gedurende het grootste deel van de vroegmoderne periode de lonen in de provincie Holland hoog, met name in de steden en vooral vergeleken met andere landen in Europa. Uit een vergelijking van de lonen voor bouwvakkers tussen 1500 en 1800 blijkt dat alleen in de tweede helft van de zestiende eeuw de lonen in de Zuidelijke Nederlanden substantieel hoger waren dan in de kustprovincies van de Noordelijke Nederlanden.[12] Het is waar dat de lonen van vrouwen in het algemeen veel lager waren dan die van mannen, en dat het reële loon in feite wat minder bedroeg, omdat de kosten van het levensonderhoud in de Republiek hoog waren.[13] Desondanks maakten de hoge nominale lonen het zeer aantrekkelijk voor arbeiders, mannen én vrouwen, uit gebieden met lagere lonen om naar de Noordelijke Nederlanden te trekken. Prominente groepen die naar de Republiek migreerden waren seizoensarbeiders, zoals hannekemaaiers, die in de nazomer vanuit Westfalen naar de kustprovincies trokken om gras te maaien, arbeidsmigranten zoals de uit Scandinavië en Duitsland afkomstige zeelieden en dienstmeisjes, en textielarbeiders uit Frankrijk en de Zuidelijke Nederlanden die zich in de industriesteden vestigden. De immigratie bereikte een hoogtepunt tegen het midden van de zeventiende eeuw, toen het totale aantal immigranten 8 procent van de Nederlandse bevolking bedroeg, een percentage dat vergelijkbaar is met het huidige. Naderhand daalde dit naar circa vijf procent, en dat zou gedurende de hele verdere vroegmoderne periode zo blijven. We moeten ons realiseren dat deze percentages gemiddelden zijn voor de Republiek als geheel: in het vroegmoderne Leiden bestond op een zeker moment de helft van de bevolking uit immigranten, en ook in het Amsterdam van de zeventiende eeuw waren percentages van 40 procent gewoon.

Recente micro-studies hebben meer licht geworpen op de ervaringen van sommige van deze arbeidsmigranten, wier levens dikwijls voor ons verborgen blijven als gevolg van hun lagere sociale en economische status. Een verslag als dat van de uit Zwaben afkomstige zeeman Martin Wintergerst, die omstreeks de eeuwwisseling voor de VOC werkte, geeft een beeld van de zeer slechte arbeidsomstandigheden aan boord van een Oost-Indiëvaarder: een combinatie van zwaar werk, een beperkte voorraad levensmiddelen, ziekte, extreme weersomstandigheden en verveling. Daarnaast geven zulke beschrijvingen ook inzicht in de omstandigheden waaronder zeelui werden geworven en de manier waarop kennis over de Nederlandse arbeidsmarkt zich verspreidde. In 1699 kwam de toen 29-jarige Martin aan in Amsterdam via een goed functionerend netwerk van bemiddelaars (schippers, herbergiers en winkeliers). Hoewel hij oorspronkelijk was opgeleid als bakker, had hij ervaring opgedaan aan boord van schepen uit diverse Europese landen, wat hem waarschijnlijk tot een aantrekkelijke werknemer maakte voor de VOC. Hij monsterde in 1699 aan bij de onderneming als konstabelsmaat, en assisteerde de officier die verantwoordelijk was voor het onderhoud van het geschut aan boord. Na twee reizen met de VOC naar Azië keerde hij terug naar zijn geboortestad Memmingen, waar hij een gezin stichtte en een baan kreeg als opzichter van het arsenaal.[14] Het verhaal van twee Noorse immigranten die in de zeventiende eeuw naar Amsterdam trokken, de zeeman Magnus Andreson en zijn vrouw Barbara Pitris, laat zien dat migranten niet altijd terugkeerden naar hun vaderland, maar zich ook permanent in hun nieuwe woonplaats vestigden. Ze kwamen dan vaak terecht in kleinere gemeenschappen van arbeiders met een vergelijkbare culturele en professionele achtergrond. In het geval van Magnus en Barbara was dit de migrantenbuurt in de omgeving van de Jonkerstraat en de Ridderstraat, waar ook veel andere Noren woonden, van wie er enkele op dezelfde schepen voeren als Magnus.[15] In een aangrenzende buurt, rondom de huidige Jodenbreestraat, woonden juist veel zwarte Amsterdammers, migranten afkomstig uit onder andere West-Afrika en Brazilië.[16] Het lot van Elsje Christiaens, bekend doordat ze postuum is afgebeeld door Rembrandt, laat een andersoortige ervaring zien. Ze was afkomstig uit Denemarken, dat ze vrij jong, op achttienjarige leeftijd, verliet. Het verhaal van haar treurige lot is vaak verteld en laat zien in wat voor penibele omstandigheden zulke jonge migranten konden belanden. In april 1664 kwam Elsje aan in Amsterdam, op zoek naar werk als dienstmeisje en een beter leven. Dienstmeisjes waren in die tijd zeer gewild, dankzij de steeds grotere betekenis van de steden en de groeiende middenklasse (zie Afb. 9.2). Na aankomst in de stad vond Elsje kamer bij een slaapvrouw in huis, maar bleek niet in staat om de huur te betalen. Volgens het verslag in het rechterlijk archief dreigde de hospita Elsjes bezittingen in beslag te nemen en ging haar te lijf met een bezemsteel, waarop Elsje zich verdedigde door de vrouw met een bijl te slaan, met de dood tot

9.2 Geertruydt Roghman, *Schoonmakende vrouw*, serie van vijf prenten bekend als 'Vrouwenwerken', ca. 1648-1652, Amsterdam, Rijksmuseum.

gevolg. Ze werd gearresteerd en veroordeeld tot dood door ophanging. Elsje was op dat moment nog maar twee weken in Amsterdam.[17]

Arbeidsmigranten als Martin, Magnus, Barbara en Elsje leverden een belangrijke bijdrage aan de vroegmoderne Nederlandse economie. Terwijl de meerderheid werk vond in grootschalige industrieën en de scheepvaart, waren er ook aanzienlijke aantallen actief in ambachten die gereguleerd werden door gilden. Hoewel de invloed van de gilden misschien niet zo groot was als in sommige andere Europese landen, speelden ze een prominente rol in de stedelijke economieën van de Noordelijke Nederlanden in sectoren als de detailhandel en de ambachtelijke industrie, variërend van winkeliers tot zilversmeden, en van schilders tot slagers. Met name onder bakkers, kleermakers en schoenmakers was het aandeel immigranten hoog.[18] In een breder Europees perspectief is het grote aantal buitenlanders in de georganiseerde ambachten vrij ongebruikelijk. De gilden voerden meestal een terughoudend toelatingsbeleid en hielden buitenstaanders doorgaans buiten de deur. De Nederlandse gilden waren echter toegankelijker en flexibeler dan hun Europese zusterorganisaties. In het algemeen werden mensen niet buitengesloten op grond van maatschappelijke positie, status als migrant of hun geloofsovertuiging, de joodse uitgezonderd; daardoor had een groot aantal uiteenlopende mensen de mogelijkheid om zich aan te sluiten bij een gilde, mits ze in staat waren het lidmaatschapsgeld te betalen. Dat de Nederlandse gilden vergeleken met gilden elders zo'n inclusief karakter hadden wordt algemeen beschouwd als een essentiële component van de bloei van de economie van de Republiek.[19] Vanuit het gezichtspunt van historici die stellen dat gilden bevorderlijk waren voor de overdracht van vakkennis gaven de Nederlandse gilden een belangrijke impuls aan vernieuwingen. In de ogen van onderzoekers die corporaties als gilden zien als schadelijk voor de economie, bijvoorbeeld op grond van prijsopdrijvende monopolies, waren de Nederlandse gilden niet zozeer een stimulans voor de economie, maar eerder minder schadelijk dan die in andere delen van het vroegmoderne Europa.

Goederen- en geldhandel

Het inclusieve karakter van de vroegmoderne Nederlandse instituties, zoals gilden, wordt tegenwoordig ook gezien als een van de verklaringen voor de groei van het internationale handelsverkeer. De traditionele versie van het verhaal luidt dat nadat Antwerpen in 1585 was ingenomen door de Spanjaarden er een ongekend aantal kooplieden vertrok van de Zuidelijke naar de Noordelijke Nederlanden. Hun vakkennis, contacten en rijkdom zouden de aanzet hebben gegeven tot de plotselinge opkomst van Amsterdam, dat uitgroeide van een klein stadje aan de Amstel tot het belangrijkste handelscentrum van de wereld. Dit werd mede in de hand gewerkt doordat de handelsroutes, die eerst over het land en via de Middellandse Zee hadden gelopen, in diezelfde tijd verlegd werden naar de Atlantische Oceaan. De meeste historici zijn het eens dat dit een iets te eenvoudige voorstelling van zaken is. Zoals we hierboven hebben gezien is men in brede kring tot het inzicht gekomen dat ontwikkelingen in de handel en de scheepvaart niet los gezien kunnen worden van die in de landbouw en de nijverheid. Daarnaast kon het handelsverkeer met het buitenland alleen tot wasdom komen in de context van een economie die goed presteerde in ál deze (goed geïntegreerde) sectoren. Tot slot is er consensus over het feit dat de opkomst van Amsterdam als internationaal handelscentrum een langere voorgeschiedenis kent. Het past in een patroon waarin steden in de Lage Landen zich vanaf de dertiende eeuw steeds meer toelegden op de internationale handel met onder andere het Duitse achterland, Frankrijk en het Oostzeegebied. De Nederlandse Opstand was wel een belangrijk breekpunt, niet in de laatste plaats omdat de Noordelijke en Zuidelijke Nederlanden daardoor van elkaar gescheiden raakten. Verder maakte de blokkade van de Schelde het noodzakelijk om alternatieve routes te vinden voor commerciële activiteiten die voorheen liepen via Antwerpen, de voorganger van Amsterdam als centrum voor internationaal handelsverkeer.

Aangetrokken door gunstige geografische omstandigheden, zoals een veilige en goed toegankelijke haven, het IJ als verbinding met de zee en uitstekende connecties met een proto-industrieel achterland, begaven zich aan het eind van de zestiende eeuw meer kooplieden dan ooit tevoren naar Amsterdam. De lokale handelaren hadden zich toegelegd op goederenverkeer met onder andere het Oostzeegebied en het Iberisch schiereiland. De nieuwkomers kwamen dus terecht in een stad die niet alleen beschikte over uitstekende internationale verbindingen, maar hun ook excellente commerciële faciliteiten bood. Oscar Gelderblom heeft onlangs laten zien dat, anders dan in andere Europese landen, de stadsbesturen in de Lage Landen de handel actief bevorderden, als een manier om elkaar te beconcurreren.[20] Dit leidde tot het ontstaan van een commerciële infrastructuur waarvan niet alleen lokale, maar ook buitenlandse handelaren profiteerden. Beroemde voorbeelden van een dergelijke infrastructuur zijn de Wisselbank (opgericht in 1609) en de Koopmansbeurs (1611), maar verder moeten we ook denken aan scheepvaartverzekeringen, regels voor een snelle afhandeling van rechtszaken en netwerken van herbergiers, makelaars en notarissen, die diensten en informatie verschaften aan de koopliedengemeenschap. Amsterdam was niet de enige stad die dergelijke instellingen en bijbehorende regelgeving in het leven riep; ook in steden als Rotterdam en Middelburg, die beiden een aanzienlijke contingent kooplieden herbergden, werden kantoren voor scheepvaartverzekeringen opgericht en handelsbeurzen gebouwd. De omvang van de commerciële infrastructuur in Amsterdam stelde die van de kleinere havensteden echter in de schaduw. Gezamenlijk schiepen al deze faciliteiten een buitengewoon gunstig klimaat voor commerciële initiatieven, waardoor Amsterdam tot grote bloei kwam.

De stad kreeg in deze periode bekendheid als het entrepot van de wereld: de plek waar goederen uit alle uithoeken van de aardbol werden aangevoerd en opgeslagen, en vanwaar ze werden weer werden verscheept naar plaatsen in Europa en daarbuiten. William Temple, een Engelse diplomaat, schreef in 1673 als commentaar op deze stapelmarkt dat 'zowel buitenlanders als de inwoners zelf handelswaar hier-

9.3 Gabriël Metsu, *Groentemarkt*, ca. 1660-1661, Parijs, Museé du Louvre

heen brengen, niet slechts als naar een markt, maar als naar een magazijn, waar ze blijven liggen tot ze vanuit het buitenland naar andere en betere markten worden genood'.[21] Het is een feit dat er op de Amsterdamse markten een enorm assortiment aan handelswaren te vinden was, tot en met de meest exotische. Er is echter ook op gewezen dat we Amsterdam niet louter moeten beschouwen als een doorvoerhaven voor handelswaar. Het karakteristieke van het Amsterdam van die tijd was nu juist dat het een verzamelplaats was van kooplieden én van informatie. Tal van goederen

9.4 *Centsprent Westfaalse Geesje*, 1760-1770, Amsterdam, Rijksmuseum.

die via Amsterdam werden verhandeld kwamen nooit in de stad aan, maar werden van de plaats van herkomst naar de plaats van bestemming getransporteerd door tussenkomst van kooplieden die hun basis in Amsterdam hadden. Dankzij de uitstekende transportverbindingen en de vele persoonlijke contacten tussen kooplieden in Amsterdam en elders in de wereld ontwikkelde de stad zich tot een 'entrepot van nieuws': de plek in Europa waar de meest actuele informatie te vinden was over handelswaar, prijzen, pas ontdekte territoria en zeeroutes, rentetarieven en wisselkoersen.[22]

Het gemak waarmee in Amsterdam betrouwbare informatie te krijgen was en de aanwezigheid van een geavanceerd systeem van zakelijke dienstverlening waren niet alleen van groot belang voor de groei van de goederenmarkt, maar ook voor de opbloei van de financiële markten. Dit zou ertoe leiden dat Amsterdam in de achttiende eeuw het hart van de internationale geldmarkt zou worden. Overigens waren in de Lage Landen al vroeg kapitaalmarkten tot ontwikkeling gekomen: bronnen uit de elfde eeuw laten bijvoorbeeld zien dat er toen al hypotheken op onroerend goed werden verleend. Om schepen uit te rusten en handelsreizen te financieren werden aandelen uitgegeven; al in de vroege zestiende eeuw vinden we onder de investeerders in scheepsparten zowel zeer vermogenden als mensen met veel bescheidenere financiële middelen. De VOC zette bij haar oprichting in 1602 de verkoop van aandelen in om reizen naar Azië te bekostigen. Hoewel ze altijd de naam had de eerste moderne vennootschap te zijn geweest, zijn daar recentelijk wat kanttekeningen bij geplaatst. De compagnie was hoe dan ook haar tijd vooruit, gezien het feit dat ze erin slaagde met de verkoop van aandelen een startkapitaal van 6,4 miljoen gulden te vergaren. Er ontstond na de uitgifte vrijwel direct een levendige handel in VOC-aandelen, en via prolongaties, een financiële techniek waarbij aandelen worden gebruikt als onderpand, resulteerden de verkoop en doorverkoop van aandelen in het aanbod van kortetermijnkrediet. Naast aandelen bood de VOC nog een andere vorm van krediet: schuldbrieven. Door schuldbrieven uit te geven bood de compagnie zeelieden die ze in dienst had de mogelijkheid om een deel van hun gage te innen voordat ze aan boord gingen of tijdens de reis. De zeelieden gebruikten dit krediet om een uitrusting en proviand aan te schaffen, maar ook om tijdens hun afwezigheid hun gezin te onderhouden.[23]

Dergelijke officiële kredietsystemen werden aangevuld met meer informele, maar desondanks wijdverbreide methoden, zoals winkelkredieten en belening. Het ruime aanbod en de laagdrempeligheid van zulke kredietfaciliteiten betekende echter niet dat ze toegankelijk waren voor alle inwoners van de Republiek. Hoewel zuinigheid en spaarzaamheid veelal beschouwd worden als typische kenmerken van Nederlanders, heeft onderzoek naar het gebruik van kredietfaciliteiten, waaronder VOC-aandelen, schuldbrieven en pandbelening laten zien dat spaarders voornamelijk te vinden waren in de middenklasse en hogere sociale lagen. Tegelijkertijd waren deze kredietfaciliteiten volgens Anne McCants immens belangrijk als smeermiddel voor de ondernemingen van armere kleinhandelaren zoals straatverkopers, en mensen met een bescheiden handeltje aan huis.[24] Als zodanig speelden ze een cruciale rol in de ontwikkeling die zich in het midden van de zeventiende eeuw zou aandienen en die de Revolutie van de Vlijt wordt genoemd.

Vlijtigheid en consumptie

De periode na de economische Gouden Eeuw, die inzette na 1650, wordt nu niet meer eenvoudigweg gezien als een tijd waarin de economie van de Noordelijke Nederlanden stilstond. Integendeel, de eeuw die volgde wordt nu beschouwd als een tijdperk waarin een grote overgang plaatsvond die het economisch leven van zowel huishoudens als het land als geheel ingrijpend zou beïnvloeden. Volgens Jan de Vries, die de theorie van de Revolutie van de Vlijt heeft geformuleerd, traden er vanaf het midden van de zeventiende eeuw belangrijke veranderingen op in het werkpatroon van mensen terwijl er zich tegelijkertijd grote verschuivingen voordeden in het consumentengedrag. Ofschoon op dat moment de prijzen voor goederen stegen en de lonen stagneerden, kon er zo toch een consumptiemaatschappij opbloeien. De Republiek was het eerste land dat dergelijke veranderingen doormaakte, maar het zou weldra gevolgd worden door Engeland, waar deze ontwikkeling een voorbode was van de industriële revolutie.

Een breed scala aan bronnen, waaronder boedelinventarissen, schilderijen en objecten laat zien hoe drastisch de goederen waarmee Nederlanders van alle rangen en standen zich omringden veranderden in de tweede helft van de zeventiende eeuw. In de periode hiervoor, de tijd dat de Republiek volop economische groei kende, kon een groot deel van de stedelijke elites weliswaar vrij geld uitgeven aan luxeartikelen. Het gewone volk kreeg echter pas in de stagnerende economie van de late zeventiende en vroege achttiende eeuw de mogelijkheid om dit te doen. Voor een deel wordt dit verklaard door het feit dat het een tijd duurde voor de handel van de voc met Azië volledig op gang kwam. Pas na de eerste decennia van de zeventiende eeuw waren de hoeveelheden koloniale waren die aankwamen in Nederlandse havens omvangrijk genoeg om de prijs van exotische levensmiddelen substantieel te doen dalen. Dit maakte het bijvoorbeeld mogelijk voor huishoudens uit de midden- en zelfs lagere klassen geïmporteerde dranken zoals koffie en thee te consumeren, en bijvoorbeeld porseleingoed (potten en kopjes) en zilverwerk (lepels) te kopen om deze dranken thuis te serveren. Naast deze verspreiding door rangen en standen, waarbij een steeds groter segment van de samenleving opzichtig nieuwe goederen ging consumeren, zien we dat het nieuwe consumentengedrag zich ook geografisch verspreidde. Diepgaand onderzoek naar de materiële cultuur van huishoudens in kleine steden als Maassluis en Doesburg en diverse dorpen, van Zuid-Holland tot en met Friesland, laat zien dat huisgezinnen zich overal omringden met een steeds grotere variëteit aan huishoudelijke artikelen. Dit bleef niet beperkt tot koloniale waren, maar betrof ook vrij basale, (veelal) in de eigen omgeving gefabriceerde producten zoals tafels en stoelen, bestek, potten en pannen en textiel. Om deze ontwikkeling te verklaren moeten we dan ook verder kijken dan de toename van de hoeveelheid exotische waren die werden aangevoerd naar de Nederlandse havensteden.

De verklaring voor deze verschuiving van consumptiepatronen moet worden gezocht in een veranderende arbeidsverdeling op gezinsniveau. Ten eerste gingen mensen langer werken en namen ze minder feestdagen in acht. Ten tweede legden meer gezinsleden dan ooit tevoren zich toe op productie voor de markt. Het effect was tweeledig: enerzijds steeg het inkomen van deze huishoudens, wat het mogelijk maakte om meer te besteden, en anderzijds leidde hun productieve arbeid tot een stijging van het aanbod van verhandelbare producten. De precieze aard van dit proces wordt nog volop bediscussieerd, maar het is duidelijk dat werken voor de

9.5 Poppenhuis van Petronella Oortmans, ca. 1686-1710, Amsterdam, Rijksmuseum.

markt steeds belangrijker werd voor Nederlandse huishoudens. Onderzoek heeft bijvoorbeeld aangetoond dat tegen het eind van de zeventiende eeuw het aantal vrouwen binnen de beroepsbevolking flink toenam. Recente berekeningen van Elise van Nederveen Meerkerk en Ariadne Schmidt laten zien dat omstreeks 1600 ten minste 38 procent van de Nederlandse vrouwen werk voor de markt deed, maar dat dit in 1665 was gestegen tot zeker 50 procent.[25] Veel van deze vrouwen vonden werk in de detailhandel, waar juist in deze periode een grote toename van het aantal getrouwde vrouwen te zien was.[26] We weten (nog) niet zeker of al deze vrouwen meer betaald werk deden om meer te kunnen consumeren, zoals de theorie van de Revolutie van de Vlijt wil, of dat ze eenvoudigweg geen ander alternatief hadden dan (extra) werk voor de markt te verrichten om het hoofd boven water te houden. Dat laatste zal in ieder geval voor een groot deel van de vrouwen de dagelijkse realiteit zijn geweest.

De vraag hoe deze mensen de economische veranderingen precies hebben ervaren is ook een knelpunt als we een oordeel willen vellen over de economie van de periode die algemeen wordt aangeduid als de Gouden Eeuw. Dit wordt bijvoorbeeld geïllustreerd door onderzoek naar armoede in zeventiende-eeuwse Nederlandse steden. Zoals het gezegde wil, is niet alles goud wat blinkt en ondanks de uitzonderlijke rijkdom die tijdens dit tijdperk van economische bloei werd vergaard, hadden veel inwoners van de Republiek daar geen deel aan.[27] Tot de recentere bijdragen aan onze kennis over de vroegmoderne Nederlandse economie horen de talrijke en relatief nieuwe onderzoeken die licht werpen op het economische leven van voorheen verborgen, maar getalsmatig zeer belangrijke groepen, waaronder vrouwen, kinderen, migranten en armen. Deze studies laten zien dat de traditionele beschrijvingen van de zeventiende eeuw, die voornamelijk worden bevolkt door (mannelijke) kooplieden, kunstenaars en excellente ambachtslieden, een heel andere en vaak minder rooskleurige kant hadden. Andere cruciale aanpassingen van het klassieke verhaal over de economie van Republiek bieden de studies die ons bewust hebben gemaakt van haar middeleeuwse wortels, en van haar nasleep. Deze takken van onderzoek maken duidelijk dat de geschiedenis van de economische vooruitgang, vernieuwingen en uitzonderlijkheid een veel langere periode betreft dan de zeven decennia tussen 1580 en 1650.

Noten

1. Marjorie E. Wieseman (red.), *Vermeer's Women: Secrets and Silence*, New Haven, 2011. Zie ook hoofdstuk 15 en 16 in dit boek.
2. E. van Nederveen Meerkerk, *De draad in eigen handen. Vrouwen en loonarbeid in de Nederlandse textielnijverheid*, Amsterdam, 2007, pp. 139, 328-331.

3. J. de Vries en A. van der Woude, *Nederland 1500-1815. De eerste ronde van moderne economische groei*, Amsterdam, 1995.
4. K. Davids en J. Lucassen, 'Conclusie', in K. Davids en J. Lucassen (red.), *Een wonder weerspiegeld. De Nederlandse Republiek in Europees perspectief*, Amsterdam, 2005, pp. 409-430.
5. J. de Vries, *The Dutch Rural Economy in the Golden Age, 1500-1700*, New Haven, 1974; J.L. van Zanden, *The Rise and Decline of Holland's Economy: Merchant Capitalism and the Labour Market*, Manchester, 1993.
6. De Vries en Van der Woude, *Nederland*, pp. 637-644.
7. D. van den Heuvel en S. Ogilvie, 'Retail Development in the Consumer Revolution: The Netherlands, 1670-1815', in *Explorations in Economic History* 50 (2013), pp. 69-87.
8. Van Zanden, *The Rise and Decline*.
9. J. van Lottum, *Across the North Sea: The Impact of the Dutch Republic on International Labour Migration, c. 1550-1850*, Amsterdam, 2007, p. 134.
10. C. van Bochove, 'De Hollandse haringvisserij tijdens de vroegmoderne tijd', in *Tijdschrift voor Economische en Sociale Geschiedenis* 1 (2004), pp. 3-27.
11. B. van Bavel, 'The Transition in the Low Countries: Wage Labour as an Indicator of the Rise of Capitalism in the Countryside, 1300-1700', in *Past & Present* (2007), p. 302.
12. C. van Bochove, *The Economic Consequences of the Dutch: Economic Integration Around the North Sea, 1500-1800*, Amsterdam, 2008.
13. E. van Nederveen Meerkerk, 'Market Wage or Discrimination? The Remuneration of Male and Female Wool Spinners in the Seventeenth-Century Dutch Republic', in *Economic History Review* 63 (2010), pp. 165-186.
14. R. van Gelder, *Het Oost-Indisch avontuur. Duitsers in dienst van de VOC (1600-1800)*, Nijmegen, 1997.
15. S. Sogner en J. van Lottum, 'An Immigrant Community? Norwegian Sailors and Their Wives in Seventeenth-Century Amsterdam', in *History of the Family* 12 (2007), pp. 153-168.
16. Ponte, M., 2019. 'Al de swarten die hier ter stede comen'. Een Afro-Atlantische gemeenschap in zeventiende-eeuws Amsterdam, in *TSEG - The Low Countries Journal of Social and Economic History*, 15(4), pp. 33-62. DOI: http://doi.org/10.18352/tseg.995
17. E. Kloek, 'Christiaens, Elsje', in *Digitaal Vrouwenlexicon van Nederland*, http://resources.huygens.knaw.nl/vrouwenlexicon/lemmata/data/christiaens (bezocht 4 februari 2021).
18. A. Knotter en J.L. van Zanden, 'Immigratie en arbeidsmarkt te Amsterdam in de zeventiende eeuw', in *Tijdschrift voor sociale geschiedenis* 13 (1987), pp. 403-431.
19. S.E. Epstein en M. Prak (red.), *Guilds, Innovation and the European Economy, 1400-1800*, Cambridge, 2008; S.C. Ogilvie, 'Whatever Is, Is Right? Economic Institutions in Pre-Industrial Europe', in *Economic History Review* 60 (2007), pp. 649-684.
20. O. Gelderblom, *Cities of Commerce: The Institutional Foundations of International Trade in the Low Countries, 1250-1650*, Princeton, 2013.
21. Aangehaald in C. Lesger, *Handel in Amsterdam ten tijde van de Opstand. Kooplieden, commerciële expansie en verandering in de ruimtelijke economie van de Nederlanden ca. 1550-ca. 1630*, Hilversum, 2001, p. 193.

22. Lesger, *Handel in Amsterdam ten tijde van de Opstand*.
23. O. Gelderblom en J. Jonker, 'The Low Countries', in L. Neal en J.G. Williamson (red.), *The Cambridge History of Capitalism*, Cambridge, 2014, pp. 335, 338; C. van Bochove en T. van Velzen, 'Loans to Salaried Employees: The Case of the Dutch East India Company, 1602-1794', in *European Review of Economic History* 18 (2013), pp. 19-38.
24. A.E.C. McCants, 'Goods at Pawn: The Overlapping Worlds of Material Possessions and Family Finance in Early Modern Amsterdam', in *Social Science History* 31 (2007), pp. 213-238.
25. A. Schmidt en E. van Nederveen Meerkerk, 'Reconsidering The "First Male- Breadwinner Economy": Women's Labor Force Participation in the Netherlands, 1600-1900', in *Feminist Economics* 18 (2012), pp. 69-96.
26. D. van den Heuvel, *Women and Entrepreneurship: Female Traders in the Northern Netherlands (1580-1815)*, Amsterdam, 2007; Van den Heuvel en Ogilvie, 'Retail Development'.
27. H. van Wijngaarden, *Zorg voor de kost. Armenzorg, arbeid en onderlinge hulp in Zwolle, 1600-1700*, Amsterdam, 2000; I. van der Vlis, *Leven in armoede. Delftse bedeelden in de zeventiende eeuw*, Amsterdam, 2001.

10
Wereldhandel

MICHIEL VAN GROESEN

Op 10 oktober 1651 bracht Arnold de Vlamingh van Oudshoorn, de gouverneur van Ambon namens de Verenigde Oost-Indische Compagnie (VOC), een bezoek aan de residentie van Karaeng Pattingalloang, de kanselier van Gowa-Talloq bij Makassar op Zuid-Sulawesi. De VOC en Makassar bestreden elkaar al lange tijd in de handel in specerijen uit de Molukken, en de spanningen in die regio waren hoog opgelopen. Zes maanden voor hun ontmoeting was de vrede tussen de twee partijen in gevaar gebracht, toen een plaatselijke opstand tegen de Nederlanders de Ambonse Oorlog (1651-1655) in gang had gezet. Van Oudshoorn en Pattingalloang waren echter beiden bekwame diplomaten, en het gesprek tussen de twee mannen verliep soepel. Pattingalloang sprak goed Latijn, Spaans en Portugees en had grote belangstelling voor Europese boeken, globes en wetenschappelijke instrumenten. Hij was ook uitstekend op de hoogte van internationale aangelegenheden. Met het oog op de belangen van Makassar vroeg Pattingalloang aan Van Oudshoorn of hij dacht dat het recente aflopen van het tienjarig bestand tussen Portugal en de Republiek gevolgen zou hebben voor de relatie tussen beide Europese machten in Azië. Van Oudshoorn zag de zaken meteen in mondiaal perspectief. Hij erkende dat de gebeurtenissen in Brazilië, waar de Portugese monarchie stilzwijgend een opstand tegen het bewind van de West-Indische Compagnie (WIC) had ondersteund, het waarschijnlijk maakten dat de oorlog zou worden hervat. Voor Pattingalloang was dit bijzonder relevante informatie, al kwam ze niet als een verrassing. Hij beaamde dat de Portugezen zich 'seer ontrouwelijck gecomporteert' hadden in Brazilië, en was van oordeel dat Portugal bijgevolg in West én Oost te lijden zou hebben onder het geweld van de Nederlanders.[1]

Zowel in de ogen van de Amsterdamse regent als die van de heerser op Sulawesi waren de gebeurtenissen in het ene deel van de wereld in staat om de geopolitieke situatie en de handel op het andere halfrond te beïnvloeden. Voor bewoners van onze *global village*, waar afstand vrijwel geen rol meer speelt en informatiebarrières steeds vaker worden gezien als kunstmatig (en te doorbreken), ligt dat misschien voor de hand. Voor onderzoekers van de Nederlandse wereldhandel geldt dat echter niet. Het verhaal van de overzeese expansie in de Gouden Eeuw wordt nog altijd gedomineerd door de institutionele tweedeling die stamt uit de tijd van de Republiek. Het overweldigende succes van de VOC in het gebied rond de Indische Oceaan wordt gewoonlijk afgezet tegen de mislukkingen van de WIC in Afrika en de Amerika's, maar tot op de dag van vandaag, vierhonderd jaar na hun oprichting, worden deze twee ondernemingen zelden gezamenlijk bestudeerd. De laat-zeventiende-eeuwse handelspost bij Kaap de Goede Hoop zou kunnen fungeren als verbindend element tussen beide werelden en beide groepen onderzoekers, maar ook een gezaghebbende monografie over deze connectie moet nog altijd geschreven worden.[2] Dit hoofdstuk biedt een overzicht van de Nederlandse handel en wandel in de zeventiende-eeuwse Aziatische en Atlantische gebiedsdelen, en stelt de vraag of er, bovenop de uitstekende geschiedschrijving over de beide vennootschappen, nieuwe methodologische wegen te vinden zijn voor historici die bereid zijn de scheidslijn tussen Oost en West te doorbreken en op zoek te gaan naar de mondiale connecties tussen Batavia en Recife, Ceylon en Curaçao, Deshima en Manhattan.

De opkomst van de Nederlandse wereldhandel

Voordat de Nederlandse Opstand tegen Spanje uitbrak, waren er voor de Lage Landen geen sterke drijfveren om een overzees handelsnetwerk op te zetten. Een aantal kooplieden uit Brabant en Zeeland dreef al handel in het Atlantisch gebied. Ze hielden zich vooral bezig, in samenwerking met nominaal tot het christendom bekeerde Sefardische joden, met het verschepen van suiker van plantages in Portugees-Brazilië naar Antwerpen, de belangrijkste stapelmarkt van Noord Europa. Verscheidene firma's hadden nauwe economische banden met de koloniale suikeraristocratie, en Antwerpse handelaren die suikermolens bezaten hadden soms arbeiders uit de Lage Landen in dienst. Hun collectieve ervaringen in de Amerika's gingen echter grotendeels aan Europa voorbij. Dat een 'goedgemanierde' Afrikaanse slaaf, die afkomstig was van een Braziliaanse suikerplantage, in 1561 meeliep in een Antwerpse processie was even opvallend als uitzonderlijk. De hele zestiende eeuw lang bleef de lucratieve handel in specerijen met Azië uitsluitend voorbehouden aan de Portugezen. Tot 1580, het jaar van de Iberische Unie, waarbij de twee imperia Spanje en Portugal werden verenigd, is er zeer weinig bekend over individuen uit de Lage Landen die Kaap de Goede Hoop rondden en zich een rol verwierven in de *Estado da India*, ofwel Portugees-Indië. Doordat Filips II nu ook de Portugese troon bezette, veranderde de geopolitieke situatie in Azië radicaal. Jan Huygen van Linschoten, een jongeman uit Enkhuizen die vijf jaar doorbracht in Goa in dienst van de plaatselijke aartsbisschop, keerde in 1592 terug naar de Republiek met waardevolle informatie over de handelspraktijken in het gebied rond de Indische Oceaan. Het jaar 1596, waarin zijn boek *Itinerario* het licht zag in Amsterdam, wordt algemeen beschouwd als het feitelijke beginpunt van de Nederlandse overzeese expansie.

Nog geen tien jaar na het verschijnen van *Itinerario* hadden de Nederlanders de Portugezen de positie van belangrijkste Europese handelsmacht in Azië afhandig gemaakt. De eerste expedities naar onbekende wateren waren moeizaam verlopen: de zogeheten Eerste Schipvaert van 1595 werd gekenmerkt door diplomatieke blunders, gezagsproblemen en tegenslagen. Slechts een derde van de bemanning keerde in 1597 terug maar Amsterdam, en de investeerders zagen weinig terug van hun inleg. De zoektocht naar een alternatieve, noordelijke route naar Azië resulteerde in een heroïsche mislukking op Nova Zembla en werd pas in de late negentiende eeuw opnieuw ondernomen. De volgende expedities echter toonden aan dat de Nederlanders wel degelijk in staat waren om ongekende winsten te behalen in de Indonesische archipel. De Tweede Schipvaert keerde in 1599 terug uit Oost-Indië met een overvloedige lading peper, nootmuskaat, foelie en kruidnagelen (Afb. 10.1). In de drie jaar daarop voeren er meer Nederlandse dan Portugese schepen om Kaap de Goede Hoop, wat niet alleen een teken was van een snelle expansie en blijvende winsten, maar ook van een steeds grotere onderlinge concurrentie tussen kooplieden en investeerders uit de Republiek. Om de Nederlandse belangen in Azië op één lijn te krijgen, besloten de Staten-Generaal in 1602 tot de oprichting van de Verenigde Oost-Indische Compagnie, de eerste naamloze vennootschap ter wereld.[3] Onder leiding van een bestuur dat bestond uit zeventien bewindhebbers, de Heren Zeventien, en met militaire steun van de landsregering, slaagde de VOC er snel in de Portugezen te verdrijven uit de Molukken en een monopolie te bemachtigen op de handel in specerijen, waarnaar in Europa grote vraag was.

De organisatie van de pas opgerichte compagnie weerspiegelde zowel de federale staatsinrichting van de jonge Republiek als de dominante mercantiele positie van de zeevarende provincies Holland en Zeeland binnen het verbond. Van de

10.1 Hendrik Vroom, *De terugkomst in Amsterdam van de tweede expeditie naar Oost-Indië*, 1599, Amsterdam, Rijksmuseum.

zeventien bewindhebbers waren er acht afkomstig uit de kamer van Amsterdam, vier uit die van Zeeland en nog eens vier uit de kamers van Delft, Rotterdam, Hoorn en Enkhuizen. De zeventiende bewindhebber werd bij toerbeurt benoemd door een van de vier kleine kamers, om te voorkomen dat de Amsterdamse elite de anderen haar wil oplegde. Investeringen en inkomsten werden op vergelijkbare wijze verdeeld. Elke kamer had een aanzienlijke autonomie, eigen kapitaal – opgebracht door aandeelhouders uit alle lagen van de bevolking – en zijn eigen college van bewindhebbers, dat gewoonlijk was samengesteld uit de voornaamste investeerders, van wie er een of meer werden afgevaardigd naar de Heren Zeventien als vertegenwoordiger van de belangen van de plaatselijke kamer. Elke kamer rustte ook zijn eigen schepen uit. Het octrooi van de compagnie voorzag in een eenentwintig jaar durend monopolie op de handel met het gebied tussen Kaap de Goede Hoop en de Straat van Magellaan, en werd op gezette tijden verlengd en herzien. Niet lang daarna zou de VOC een gouverneur-generaal aanstellen in de Indonesische archipel, die besluiten kon nemen waarvoor kennis van plaatselijke gebruiken vereist was of die niet uitgesteld konden worden tot er instructies van het moederbedrijf waren ontvangen.

In 1619 stichtten bestuurders van de VOC de stad Batavia, op het eiland Java, die vanaf dat moment het Aziatische hoofdkwartier van de compagnie was. Onder de bekwame, maar bij wijlen meedogenloze leiding van gouverneur-generaal Jan Pieterszoon Coen breidde de VOC het gebied van haar monopolie op de specerijenhandel uit tot de hele Molukken, beschermde Batavia tegen aanvallen van het sultanaat Mataram, en maakte gebruik van haar sterke positie in de archipel om langs de hele kust van de Indische Oceaan factorijen (handelsposten) te vestigen. Aan het begin van de jaren 1640 strekte het handelsnetwerk van de VOC zich uit van Gamron (Perzië), Suratte (India) en Ceylon (Sri Lanka), langs de kust van Coromandel naar Bengalen en verder oostwaarts naar Siam (Thailand), Formosa (Taiwan) en het kunstmatige eiland Deshima in de baai van Nagasaki (zie Kaart 3). Hier genoten de Nederlanders meer dan twee eeuwen lang als enigen de toegang tot de Japanse handelswaren. In deze wirwar van verschillende culturen wist de compagnie behendig te laveren tussen haar agressieve ambities als handelscompagnie en haar ietwat ongemakkelijke rol van officieuze diplomatiek vertegenwoordiger.[4] Geleidelijk aan zou de VOC haar activiteiten uitbreiden naar het zuidelijke gedeelte van de kust van Malabar en naar China en meer inspanningen doen voor de ontwikkeling van de plantage bij Kaap de Goede Hoop. Gezamenlijk vormden deze handelsposten de knooppunten van een uitgebreid intra-Aziatisch handelsnetwerk dat al lang voor de komst van de VOC naar de Indische Oceaan bestond, maar waarin de compagnie nu de voornaamste transporteur van goederen was, met toegang tot een breed scala aan oosterse markten. Omstreeks het derde kwart van de zeventiende eeuw was het handelsnetwerk op dit halfrond zo succesvol, dat de Raad van Indië in Batavia geen financiële injecties uit Europa meer nodig had om zijn Aziatische operaties te financieren. Alle producten die de VOC naar de Republiek transporteerde konden daar met winst worden verkocht.

De Geoctroyeerde West-Indische Compagnie (WIC) was het zusterbedrijf van de VOC.[5] Haar octrooi was oorspronkelijk al omstreeks 1606 opgesteld, als uitvloeisel van het schijnbaar onbegrensde succes in Azië, maar met het oog op de onderhandelingen met Spanje over het Twaalfjarig Bestand werd de oprichting uitgesteld. Zo kon het particuliere handelsverkeer worden voortgezet (met aanzienlijk succes) tot de wapenstilstand in 1621 ten einde kwam en de plannen voor een monopolistische compagnie nieuw leven werden ingeblazen. Organisatorisch was de WIC een replica van de VOC. Het bestuur van negentien bewindhebbers, de Heren Negentien, bestond uit vertegenwoordigers uit Amsterdam (acht), Zeeland (vier), het Noorderkwartier (twee: Hoorn en Enkhuizen), de Maze (twee: Rotterdam en Dordrecht) en Stad en Ommelanden van Groningen (twee). Een van de bewindhebbers was een vertegenwoordiger van de Staten-Generaal, wat getuigt van het 'nationale' belang van een onderneming die expliciet was opgezet om militaire conflicten aan te gaan met de Habsburgers in Amerika. Bij het grote publiek was het vertrouwen in het succes van een monopolistische onderneming op het westelijk halfrond echter beduidend geringer dan twintig jaar daarvoor het geval had kunnen zijn. De VOC had een slechte naam gekregen doordat ze, tegen de beloften in, geen dividend uitkeerde aan haar aandeelhouders, wat afbreuk deed aan de aantrekkingskracht van de WIC toen ze probeerde kapitaal te vergaren. Ook waren er verdere onderhandelingen nodig, omdat kooplieden in Hoorn en Enkhuizen een vrijstelling wilden voor hun *de facto* monopolie op de handel in Venezolaans zout. En omdat vele potentiële aandeelhouders het een te groot risico achtten om het in het Atlantisch gebied op te nemen tegen Spanje, duurde het tot 1623 voor de compagnie kon aanvangen met haar 'groot desseyn'.

Van oudsher hebben historici de WIC beschouwd als een kostbare mislukking, vergeleken met de VOC, maar zoals recent onderzoek naar de aanwezigheid van de Nederlanders in de Atlantische wereld heeft aangetoond, is dat maar de helft van het verhaal.[6] In 1624 was de eerste campagne van de WIC tegen het Brazilië van de Habsburgers een doorslaand succes, dat bekroond werd met de verovering van Salvador de Bahia, de hoofdstad van de kolonie, en de gevangenneming van de Portugese gouverneur en de provinciaal van de jezuïetenorde. Om Salvador het jaar daarop te heroveren moest het Iberische rijk de grootste armada die het ooit had bijeengebracht de Atlantische Oceaan oversturen. Aangemoedigd door Piet Heins verovering van de zilvervloot van Nieuw-Spanje in de Baai van Matanzas bij Cuba in september 1628, viel de WIC in 1630 Brazilië voor de tweede maal binnen. Nederlands-Brazilië zou meer dan twee decennia lang het middelpunt zijn van een florerend Atlantisch imperium. Johan Maurits van Nassau-Siegen, de charismatische gouverneur van de kolonie, breidde het gebied uit tot Sergipe in het zuiden en Maranhão in het noorden, waarmee hij uiteindelijk controle verkreeg over zeven van de vijftien kapiteinschappen. Vanuit Elmina (Ghana) en het grote centrum voor slavenhandel Sao Paulo de Luanda (Angola), die respectievelijk in 1637 en 1641 waren veroverd op de Portugezen, voorzag de WIC de suikerplantages van Pernambuco van slaven. Korte tijd vertoonde een goed functionerende driehoek van Atlantische handelsroutes gelijkenis met het intra-Aziatische handelsnetwerk van de VOC (zie Kaart 2). Nederlands-Brazilië ging echter even snel ten onder als het was ontstaan. De plantersopstand van 1645 waarover Van Oudshoorn en Pattingalloang zes jaar later in Makassar zouden discussiëren was de aanzet tot een omvangrijke oorlog waarin de WIC nipt het onderspit dolf. De nederlaag werd mede in de hand gewerkt door verbitterde conflicten binnen het moederbedrijf over het voortzetten van het monopolie van de compagnie, die tevens afbreuk deden aan de steun van de bevolking voor een volgende poging om tot een Atlantisch imperium te komen. Toen de herinnering aan Brazilië vervaagde en het Nieuw-Nederland van Peter Stuyvesant in 1664 uiteindelijk bezweek onder druk van de Engelsen, bracht de WIC haar ambities terug tot een 'expansie zonder imperium', met alleen nog permanente nederzettingen op de Goudkust van West-Afrika, in Suriname (in 1667 veroverd op de Engelsen), op de 'Wilde Kust' van de Guyana's en op de Kleine Antillen.[7]

Het karakter van de Nederlandse expansie

De vraag waarom de Nederlanders zo succesvol waren in het vestigen van een wereldwijd handelsnetwerk heeft hele generaties historici beziggehouden en kan op een aantal manieren worden beantwoord. Dat de 'algemene crisis van de zeventiende eeuw' een rol speelde bij de opkomst van de Republiek als wereldmacht krijgt in het tegenwoordige onderzoek minder nadruk. Weinigen zullen echter bestrijden dat zowel de organisatorische versnippering van de extreem uitgestrekte Iberische imperia als de religieuze en politieke beroering die zich tot de jaren 1650 voordeed in de Engelse en Franse monarchieën de Republiek in staat stelde om haar maritieme overwicht tot buiten Europa uit te breiden en zich meester te maken van de handel in specerijen, suiker, en – kortstondig – slaven. Kaneel en olifanten uit Ceylon (waarop de VOC ook een mondiaal monopolie verwierf), peper uit Malabar, zijde en textiel uit Bengalen, porselein uit China, zout uit de Kleine Antillen, en beverbont uit het stroomgebied van de Hudsonrivier waren enkele van de andere belangrijke producten in het omvangrijke handelsnetwerk van de compagnieën. De beide handelsondernemingen blonken uit in het traceren van de meest lucratieve markten voor hun almaar uitdijende portefeuille aan exotische handelswaar.

Militaire ondersteuning door de Staten-Generaal, te land en ter zee, was essentieel voor het bevorderen van de handelsbelangen van de beide compagnieën.[8] In het Atlantisch gebied zette de WIC duizenden Europese soldaten in bij de verovering en verdediging van Brazilië. De VOC verdreef de Portugezen met geweld uit strategische locaties als Malakka (1641), Ceylon (1658) en Cochin (1663) en bleef tot het einde van de eeuw de voornaamste handelsroutes in de Indische Oceaan beheersen. De agressie van de compagnieën was niet alleen gericht op het Habsburgse Rijk, maar op alle Europese concurrenten. In 1623 werden tien employés van de Engelse East India Company en hun Japanse vennoten door werknemers van de VOC gemarteld en geëxecuteerd, met het doel het monopolie op nootmuskaat en foelie te behouden. Het schandaal, dat bekend kwam te staan als de Ambonse Moord, veroorzaakte wijd en zijd grote ophef. Dertig jaar later, toen Nederlandse kolonisten in Nieuw-Nederland hun bondgenoten, de Narragansett-indianen, aanzetten om de wapens op te nemen tegen hun puriteinse buren in Connecticut, constateerden Engelse pamflettisten dat 'Ambons verraderlijke wreedheid zich heeft verbreid van Oost- naar West-Indië.'[9]

Militaire confrontaties met Spanje, Portugal en Engeland waren in wezen overzeese aftakkingen van Europese oorlogen. Maar bij de meeste vijandelijkheden in Azië en het Atlantisch gebied ging het in feite om een botsing tussen twee werelden. Bij de vele overzeese conflicten hoorden de compagnieën in theorie de grondrechten van de inheemse volkeren met wie ze in contact kwamen te respecteren. Vooral in de Amerika's werd dit gezien als een uitdrukkelijke correctie op de 'tirannieke' wijze waarop de Spanjaarden iedere vorm van morele scrupules opzij hadden gezet toen ze de niet-Europeanen die op hun pad kwamen hadden onderdrukt en tot slaaf gemaakt.[10] Op beide halfronden deden de eerste stappen inderdaad vermoeden dat de Nederlanders zouden opteren voor een wat tolerantere benadering – voor een deel wellicht als consequentie van hun eigen propaganda. In Azië had de VOC geen andere keus dan samen te werken met plaatselijke handelaren om peper en specerijen te verkrijgen, maar het diplomatieke pragmatisme werd in 1621 verlaten toen Jan Pieterszoon Coen de bevolking van de Banda-eilanden uitmoordde (en ze daarna herbevolkte) om het monopolie op nootmuskaat en foelie af te dwingen – een daad die nog steeds wordt beschouwd als een van de zwartste bladzijden in de geschiedenis van de Republiek. In het Atlantisch gebied zag de WIC zich door de 'Zwarte Legende' over Spaanse wreedheden tegen 'onschuldige' Amerikanen gedwongen zich aan te passen aan de handelspraktijken van inheemse stammen als de Munsees op Long Island en de Mohawks in de Hudsonvallei, maar ook hier liepen de spanningen op nadat geschillen met de Raritans over grond en bezittingen leidden tot de Oorlog van Kieft (1639-1645) en verscheidene andere bloedige conflicten. In Brazilië sloten de Nederlanders een moeizaam militair bondgenootschap met de kannibalistische Tarairiu.[11] Aanvankelijke morele bezwaren tegen de slavenhandel bleken flinterdun toen de economische situatie op de plantages in Brazilië noopte tot het invoeren van werkkrachten uit West-Afrika. In de late jaren 1630, toen de vraag van Johan Maurits naar Afrikaanse slaven steeds groter werd, waren er in de Republiek volgzame predikanten die deze praktijk legitimeerden. Uiteindelijk zouden de Nederlanders circa 600.000 slaven overbrengen naar plantages aan gene zijde van de Atlantische Oceaan.[12]

Deze pijnlijke verhalen wachten nog altijd op volwaardige integratie in een geschiedkundige benadering van de Gouden Eeuw die nog steeds wordt gedomineerd door de handel. Er is alle reden om hierin verandering te brengen. Nederland was de laatste koloniale macht in Europa die de slavernij afschafte – in 1863 op zijn plantages in Suriname. Dat was zeven maanden na Abraham Lincolns Emancipatieproclamatie, maar, wat misschien veelzeggender is, vijftien jaar later dan Frankrijk en dertig jaar later dan Groot-Brittannië. De inzichten in het Nederlandse aandeel in de wereldgeschiedenis zijn zich in hoog tempo aan het losmaken van het economisch perspectief, maar de eerste substantiële emancipatoire geschiedenis van het Nederlandse koloniale rijk in Azië en de Amerika's moet nog worden geschreven. Er bestaan nog geen studies naar het leven op de plantages in het zeventiende-eeuwse Brazilië en Suriname waarin nieuwe ontwikkelingen binnen de sociale en culturele geschiedschrijving zijn geïncorporeerd. Zo zijn er ook nog steeds geen grote werken over de 'aziatisering' van de VOC in de loop van de Gouden Eeuw, hoewel gedurende de tweede helft van de zeventiende eeuw steeds meer inheemse werkkrachten – vaak onvrijwillig – hebben bijgedragen aan de soepele integratie van de compagnie in het handelssysteem rondom de Indische Oceaan.

Een van de mythen over de Nederlandse overzeese expansie die recentelijk is doorgeprikt door een aantal historici is die van de religieuze verdraagzaamheid.[13] Alle koloniale bestuurders waren lid van de Gereformeerde Kerk, in naam althans, en de officiële kerk was zichtbaar aanwezig in de koloniën. Tegen het eind van de zeventiende eeuw was Amsterdam de enige stad waar meer gereformeerde predikanten woonden dan in Batavia. Op schepen en in forten handhaafden zowel de VOC als de WIC een strikte religieuze discipline. De zeelieden en soldaten hingen een mengelmoes van godsdiensten aan, en Duitse en Scandinavische lutheranen die een bedreiging konden vormen voor de confessionele homogeniteit werden nauwlettend in de gaten gehouden. Toen de Lutherse Kerk in Amsterdam de reis van een voorganger bekostigde die voor haar gemeente op Long Island zou gaan preken, gaf de WIC de streng calvinistische gouverneur Peter Stuyvesant opdracht om hem ogenblikkelijk terug te sturen naar Holland. Nergens in de zeventiende-eeuwse Nederlandse territoria konden lutheranen hun godsdienst in vrijheid beoefenen, ondanks hun aantallen. Toch waren er niet veel plekken waar de orthodoxe calvinistische leer voet aan de grond kreeg. De compagnieën lieten over het algemeen andere christenen vrij in hun geloof. In voormalige Portugese koloniën, zoals Brazilië, Malakka, Timor en Zuid-India waren de Iberiërs zo talrijk en de geestelijken zo aanwezig dat de compagnieën weinig konden ondernemen om de katholieke geloofspraktijken uit te bannen, al waren de gereformeerde predikanten daar nog zo verontwaardigd over. Joodse kooplieden kregen in Brazilië officieel het recht hun geloof uit te oefenen (en mochten er de eerste synagoge van de Amerika's bouwen), evenals op Curaçao en in Suriname. De verdraagzaamheid berustte echter eerder op pragmatische dan ideologische overwegingen – ze was eerder middel dan doel. In een 'Nederlandse' wereld waarin Nederlanders nooit meer – en dikwijls minder – dan 40 procent van de bevolking uitmaakten, was oproepen tot het rechte geloof eenvoudigweg onrealistisch.

Nog teleurstellender, althans vanuit het gezichtspunt van de kerk, was het gebrek aan missionaire successen. Hoewel de compagnieën beweerden dat ze namens de Staten-Generaal het gereformeerde geloof verspreidden, kwam het langs beide wereldzeeën niet verder dan versnipperde pogingen om mensen te bekeren. Hindoes, boeddhisten en moslims waren over het algemeen niet ontvankelijk voor de gereformeerde leer, tenzij katholieke missionarissen het pad al hadden geëffend. Alleen op Formosa slaagde de VOC erin aanzienlijke aantallen niet-christenen te winnen voor de Gereformeerde Kerk. In het Atlantisch gebied hadden proselieten een zware dobber aan het bekeren van de oorspronkelijke bewoners na waarschuwingen van orthodoxe facties binnen de kerk dat talen als het Algonkisch en het Tupi te primitief waren om het Woord van God te verspreiden. Voor Afrikaanse slaven op de plantages in Brazilië en Suriname diende bekering tot het gereformeerde geloof alleen het rationele (en begrijpelijke) doel zich te bevrijden uit de slavernij. Toen de Nederlandse zendelingen zich realiseerden waarom de Afrikanen zo ontvankelijk waren voor de gereformeerde gestrengheid staakten ze hun bekeringspogingen – een stap die navolging zou vinden in diverse Engelse plantagekolonies in Noord-Amerika.[14] Zo nu en dan was het hameren op gereformeerde principes eenvoudigweg contraproductief, en werd dan ook snel verlaten. In het konikrijk Kongo gaf de plaatselijke heerser bevel voor een boekverbranding van door de WIC verspreide calvinistische catechismussen, terwijl in Japan iedere terloopse opmerking over het christendom de diplomatieke betrekkingen met de shogun (en dus de handel) in gevaar kon brengen.[15]

Verval in de Atlantische wereld, consolidatie in Azië

Zo maakte een combinatie van zwakke Europese rivalen, militaire slagkracht te land en ter zee en ideologische flexibiliteit het de Nederlanders mogelijk een wereldwijd handelsnetwerk op te bouwen in de Gouden Eeuw. Ook de geleidelijke neergang daarvan hing samen met politieke ontwikkelingen binnen Europa. Gezien de aard van de twee belangrijkste geopolitieke veranderingen raakte het Atlantische rijk van de WIC snel in verval. Het handelsnetwerk van de VOC rondom de Indische Oceaan bleek stabieler en bleef winstgevend, hoewel tegen het eind van de eeuw de opbrengsten naar verhouding eveneens begonnen terug te lopen. De belangrijkste reden van de geleidelijke neergang van de Nederlandse wereldhandel was het eind van de Tachtigjarige Oorlog in 1648. De beide Nederlandse handelsondernemingen waren opgericht om de wereldwijde dominantie van Spanje aan banden te leggen. Tegen de tijd dat Spanje als vijand naar de achtergrond verdween was het Nederlandse systeem in Azië al zo goed ontwikkeld en zo gunstig gepositioneerd dat het een nieuwe geopolitieke dreiging van Frankrijk en vooral van Engeland kon weerstaan. De enige belangrijke tegenslag in Azië was een inheemse opstand op Formosa, die was aangeblazen door het China van de Ming-dynastie en in 1662 tot een overgave leidde – die in de contemporaine Nederlandse geschiedschrijving werd betiteld als *t'Verwaerloosde Formosa*. In het Atlantisch gebied speelde het voornaamste territorium van de WIC in Brazilië geen rol bij de ophanden zijnde strijd met Noord-Europese rivalen. Volgens commentatoren uit die tijd ging Brazilië eveneens verloren door verwaarlozing (*Verzuymd Brazil*), net als de handelsposten in Angola en op Sao Tomé. Een kortdurende oorlog met Portugal (1657-1661) leverde niet voldoende impulsen voor een agressieve terugkeer naar de zuidelijke Atlantische Oceaan. De WIC was geknakt door het verlies van Brazilië, wat twintig jaar later, in 1674, leidde tot een bankroet. De tweede WIC, die ogenblikkelijk werd opgericht, had bescheidener doelstellingen.

Een tweede reden voor de neergang van de compagnieën was dat er in de Republiek geen bevolkingsoverschot was. De grote bloei van de economie in de zeventiende eeuw had duizenden buitenlandse werkkrachten naar de provincie Holland gelokt, en degenen die aanmonsterden bij de VOC of de WIC waren veelal Duitsers, Scandinaviërs, en later hugenoten. Toch maakten het voortdurende arbeidsaanbod in Holland en de betrekkelijk grote religieuze verdraagzaamheid dat zowel bij de oorspronkelijke inwoners als bij de immigranten de klassieke drijfveren ontbraken om aan gene zijde van de oceaan het avontuur te gaan zoeken. Andermaal veroorzaakte dit in Azië geen problemen, omdat de Europese bedrijven en regimes aldaar gewoonlijk van meet af aan hadden geaccepteerd dat hun werknemers veruit in de minderheid zouden zijn ten opzichte van de plaatselijke bevolking en daar in hun plannen rekening mee hielden. In het Atlantisch gebied echter was het welvaren van de kolonistennederzettingen afhankelijk van Europese immigranten. Zowel op de plantages in Brazilië als in de vruchtbare dalen van Nieuw-Nederland leidde een hoger aantal kolonisten tot een grotere productie en een grotere invloed van de compagnie. Hier had het ontbreken van een bevolkingsoverschot ernstige consequenties. Tijdens de opstand in Brazilië deden Portugese suikerplanters die aanvankelijk hadden samengewerkt met het Nederlandse regime hun numerieke overwicht gelden. In Nieuw-Nederland waren de 5000 Nederlandse inwoners aan de vooravond van de Tweede Engelse Zeeoorlog niet opgewassen tegen de meer dan 35.000 Engelse immigranten die zich in Nieuw-Engeland hadden gevestigd en hun gebied graag wilden uitbreiden in zuidelijke richting.

Het Nederlandse imperium in de Gouden Eeuw onderscheidde zich in die zin van andere dat het floreerde zolang het maar 'langs de kust' bleef.[16] De locaties die men bij uitstek geschikt achtte voor het vestigen van grote nederzettingen lagen aan een natuurlijke baai met diep water (zoals de baai van New York of de Tafelbaai – ondanks de stormen waardoor de laatstgenoemde geteisterd werd), of op zanderige riffen voor de eigenlijke kust (zoals in Brazilië of op Formosa), situaties die allebei ideaal waren voor het bedrijven van overzeese handel. De overeenkomsten tussen steden als Batavia en Recife, die beiden in een beschutte baai lagen en op het water georiënteerd waren, en niet op het achterland waar vestingwerken werden gebouwd, waren aantoonbaar groter dan de verschillen, met name wanneer we rekening houden met de stadsuitbreidingen en waterwegen die werden aangelegd in tijden dat de handel floreerde (Afb. 10.2 en 10.3). Veel van deze nieuwe nederzettingen en ontdekkingen, in het oosten dan wel het westen, kregen dezelfde naam. Stateneiland, naar de Staten-Generaal, was niet alleen te vinden in de baai van New York, maar ook voor de kust van Vuurland (Argentinië). Ook Nieuw-Zeeland was aanvankelijk Stateneiland gedoopt, door Abel Tasman in de jaren 1640. Fort Zeelandia werd eerst gebouwd op Formosa, en later aan de Surinamerivier. Nieuw-Holland was een alternatieve naam voor Nederlands-Brazilië voordat VOC-employés die gingen gebruiken voor Australië.

Wat wél verschil maakte was de omgeving waarin de Nederlanders moesten opereren; het plantagesysteem in Amerika leende zich minder goed voor de handel-en-vervoerdynamiek van de naamloze vennootschappen dan de verspreide markten van de Indische Oceaan waar de Europeanen voornamelijk voet aan de grond kre-

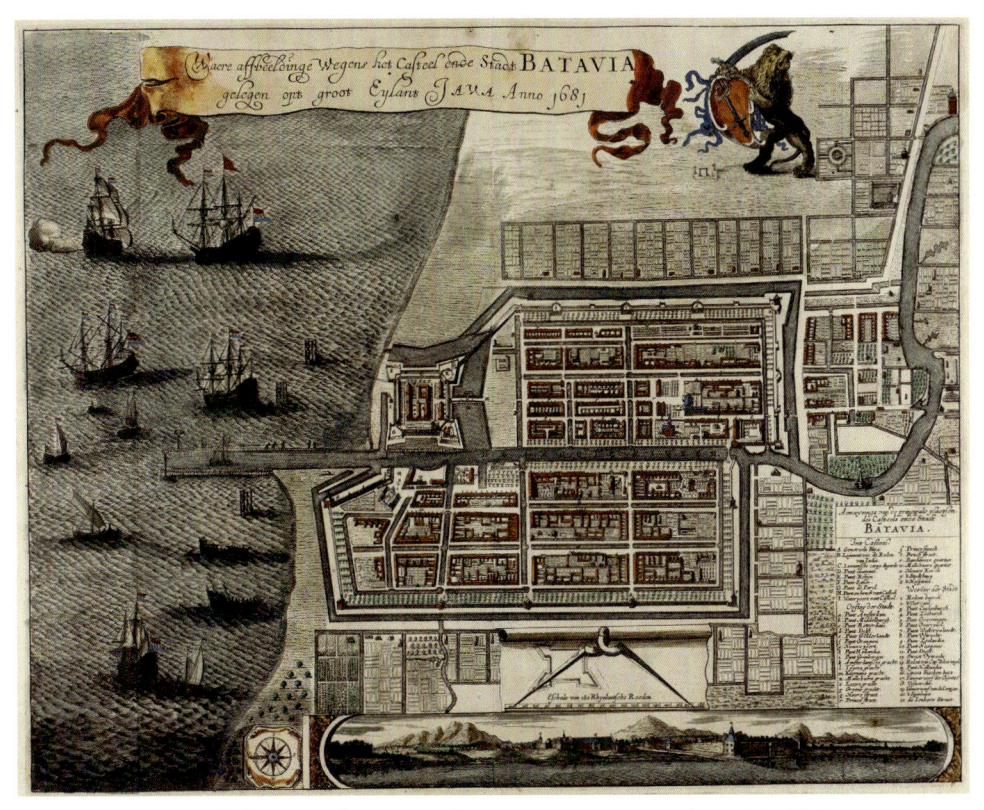

10.2 Anoniem, *Stadsplattegrond van Batavia*, 1681, Den Haag, Nationaal Archief.

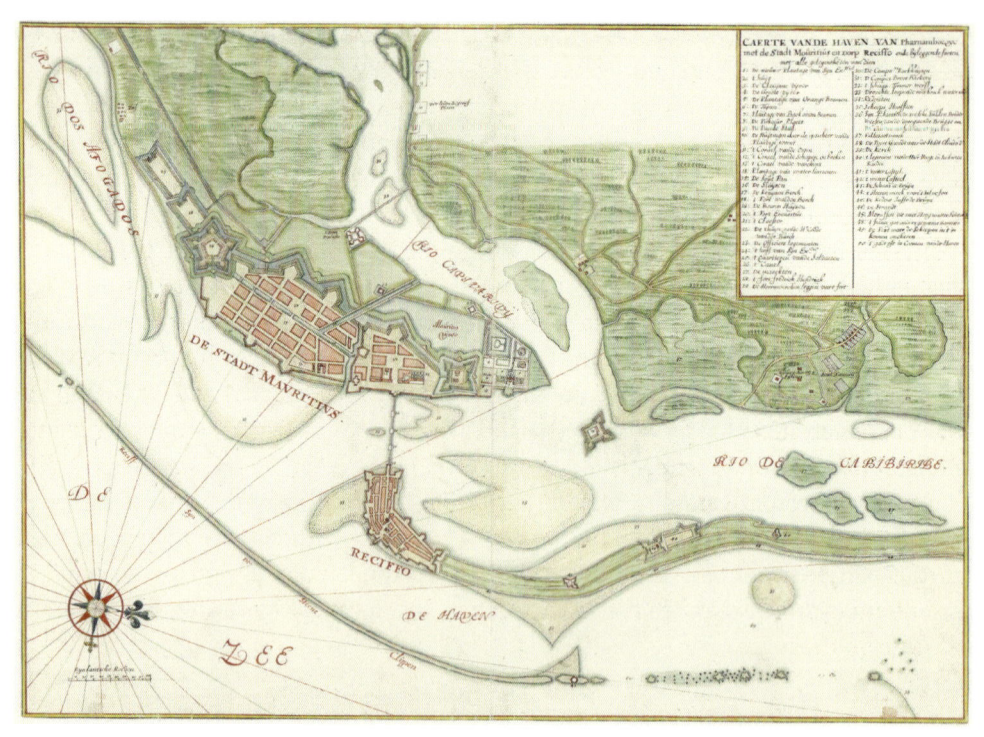

10.3 Anoniem, *Stadsplattegrond van Recife*, z.d., Den Haag, Nationaal Archief.

gen in de randgebieden. Omstreeks 1630 begonnen de investeringen van de VOC in een stabiel handelsnetwerk in de Indonesische archipel en op strategische punten langs de kusten van de Indische Oceaan vruchten af te werpen. Doordat de compagnie inventariseerde op welke markten in Azië er vraag was naar producten die ze elders in het oosten kon aankopen, en die vraag bovendien aanstuurde, namen de inkomsten spectaculair toe. Als particuliere investeerders van het eerste uur hun oorspronkelijke aandelen tot 1650 in bezit hadden gehouden, zouden ze een cumulatief dividend van circa 800 procent hebben ontvangen. De bloeiende intra-Aziatische handel was de voornaamste oorzaak dat de winst van de compagnie in het derde kwart van de zeventiende eeuw bleef stijgen, zij het iets langzamer, omdat er substantiële algemene kosten waren. Maar de concurrentie van de Engelse East India Company, die na de Derde Engelse Zeeoorlog (1672-1674) toenam, met name in de peperhandel, en de gewijzigde handelsvoorwaarden in Japan, waar een verbod van de shogun op de export van goud en zilver de slagvaardigheid van de compagnie ernstig belemmerde, dwong de Heren Zeventien een hoog niveau van militaire en diplomatieke investeringen te handhaven. In de laatste decennia van de zeventiende eeuw begon de relatieve waarde van de handel in specerijen terug te lopen, wat een vooraankondiging was van de daling van de handelsbalans die in de achttiende eeuw zou volgen.

In het Atlantisch gebied hadden de Nederlanders van meet af aan het hoofd moeten bieden aan krachtige concurrenten, en dus tevens aan een zwaar op de begroting drukkende behoefte aan wapens en soldaten. Hoewel ook de WIC omstreeks 1640 de basis had gelegd voor een goed functionerend transoceanisch handelsnetwerk, slaagde ze er nooit in profijt te trekken uit haar vroege investeringen, als gevolg van de gespannen binnenlandse politieke situatie in Angola in combinatie met de Portugees-Braziliaanse onwil om te betalen voor Afrikaanse slaven die de WIC op krediet had geleverd. De plaatselijke context was dus altijd een belangrijke factor voor het verschil tussen succes en mislukking. Dit impliceert echter dat het verschil tussen de twee compagnieën, waaraan historici altijd zo hebben vastgehouden, achteraf gezien te veel nadruk heeft gekregen. De (mislukte) poging om halverwege de jaren 1640 een fusie tot stand te brengen tussen de twee compagnieën, juist op het moment dat het eerste octrooi van de WIC verliep en ze haar eerste financiële crisis doormaakte, wordt over het algemeen gezien als een indicatie van hun verschillende politieke en economische koers. Uiteindelijk was de VOC niet bereid de schulden van haar Atlantische zusterbedrijf op zich te nemen.[17] Maar alleen al het feit dat de fusie werd overwogen en meer dan drie jaar lang onderwerp van discussie was in de hoogste politieke kringen in Den Haag wijst erop dat de twee ondernemingen gezien door de bril van toen helemaal niet zo sterk van elkaar verschilden. Historici staan in toenemende mate open voor deze visie, en vergelijkende studies en onderzoeken naar de verschillende handelsnetwerken op beide halfronden zullen nieuwe inzichten kunnen bieden in het aandeel van de Nederlanders in de wereldgeschiedenis.

Mondialisering van mensen, handelswaar en ideeën

De geschiedenis van de overzeese handel gaat niet meer uitsluitend over schepen en de waren die ze vervoerden, maar ook over mensen. Binnen de gevestigde benadering die toonaangevend is in het onderzoek naar de naamloze vennootschappen en zich richt op monopolies, aandeelhouders, dividenden en staatssteun, is er geen adequate aandacht geschonken aan individuele kooplieden en hun netwerken, ondanks hun belangrijke rol als interculturele tussenpersonen of smokkelaars.[18] Er is evenwel reden te over om de Nederlandse wereldhandel te bezien vanuit het oogpunt van het individu, of het nu gaat om kooplieden, zeelieden, of leden van bepaalde groepen waaraan traditioneel minder aandacht wordt geschonken. Voor vrouwen die achterbleven maakte het weinig verschil of hun geliefden in het oosten dan wel het westen gestationeerd waren. De bijdragen die zij vanuit de thuissituatie leverden aan de maritieme sector worden binnen het huidige onderzoek steeds meer op waarde geschat. Een interessante recente ontwikkeling is dat historici naar voren brengen dat de slavenhandel niet beperkt was tot het Atlantisch gebied, maar ook diep verweven was in de netwerken van de Indische Oceaan. Hoewel de getallen hier aanzienlijk lager waren, verscheepte de VOC dwangarbeiders uit het achterland van Batavia en Cochin naar Kaap de Goede Hoop – een lucratieve handel waarin we nu pas enig inzicht krijgen.[20] In nationaal en internationaal onderzoek naar de slavenhandel staan vanouds cijfers voorop: het draait telkens om de vraag: 'Hoeveel?' Misschien kan het andersoortige karakter van de slavenhandel in Azië leiden tot een breder kader voor onderzoek naar het Nederlandse aandeel in de geschiedenis van gedwongen arbeid, waarbij ook gelet zou moeten worden op waarden en ideeën, en op de vraag wie er nou precies door de Nederlanders tot slaaf werden gemaakt. Gedurende de hele Gouden Eeuw waren er individuele kooplieden en leunstoelreizigers die mensenhandel veroordeelden. Veel van onze huidige kennis van beschrijvingen van de slavenhandel is echter nog altijd gebaseerd op onderzoek uit de jaren tachtig.[21]

Europese soldaten, zeelieden en bestuurders vormden een verbinding tussen de beide halfronden (en de beide compagnieën), en leverden stuk voor stuk een individuele bijdrage aan een wereldomspannend netwerk van mercantiele en maritieme expertise. Weinigen weten bijvoorbeeld dat de loopbaan van Dirck Gerritsz Pomp, die omstreeks 1570 voor de Portugezen werkte en wellicht de eerste 'Nederlander' was die ooit China bereikt heeft, eindigde met zijn gevangenneming door Spaanse kolonisten in Valparaiso in Chili. Meer succes had Hendrick Brouwer, die in 1642-1643 werd uitverkoren om een missie naar de Mapuche-Indianen in Chili te leiden, ten dele vanwege zijn prestaties als gezagvoerder op de Indische Oceaan, waar hij dertig jaar daarvoor als eerste de zogeheten 'Roaring Forties' had ontdekt – de sterke westelijke wind ter hoogte van 40 graden zuiderbreedte die de reistijd tussen Kaap de Goede Hoop en Batavia drastisch verkortte. Margrieta van Varick vergezelde haar eerste echtgenoot, een koopman, naar Malakka, en haar tweede, een gereformeerde predikant, naar Flatbush, New York. Daar begon ze een textielwinkel en legde een collectie boeken en exotische voorwerpen aan die getuigde van een leven voorbij de beide horizonten.[22] Er moeten veel naamloze wereldreizigers met dergelijke lotgevallen zijn geweest. Gezien de chronologie van de Nederlandse commerciële expansie legden zij meestal het traject in tegenovergestelde richting af: jongemannen waren eerst actief in het handelsnetwerk van de Atlantische koloniën voordat ze carrière maakten in Azië. Een duidelijk voorbeeld is het verhaal van Johan Nieuhof, een van de duizenden Duitsers die de Nederlandse invloedssfeer bevolkten. Hij diende bijna tien jaar als soldaat in Nederlands-Brazilië voor hij in de jaren 1650 scheep ging naar China, waar hij deel uitmaakte van een vermaard gezantschap van Kanton naar Beijing. In de jaren 1660 was hij diplomaat, eerst in Kerala in India en later op Ceylon, waarna hij terugkeerde naar Batavia. In 1672 vond hij waarschijnlijk de dood toen hij op de terugreis naar Europa vers water ging innemen op Madagaskar (een te elfder ure georganiseerde zoektocht leverde in elk geval niets op). Zijn beschrijvingen van de Nederlandse mondiale handelspraktijken – van corruptie in Pernambuco tot scheepsbouw in China – werden uitgegeven in Amsterdam, al snel vertaald in het

Frans, Duits, Latijn en Engels, en zijn tot op de dag van vandaag een belangrijke bron voor historici.[23]

Een andere Duitser, de uit Dresden afkomstige Zacharias Wagner, kan misschien wel worden gezien als de meest bereisde dienaar van de Nederlandse zaak. Hij begon zijn loopbaan als tekenaar in dienst van de familie Blaeu, de officiële cartografen van de VOC en later ook van de WIC. In Brazilië stelde hij onder het goedkeurend oog van Johan Maurits een *Thierbuch* samen, een schetsboek waarin hij niet alleen exotische insecten, dieren en planten vastlegde, maar ook beelden van het leven van de inheemse Braziliaanse bevolking en – zeer aangrijpend – van de slavenmarkt in Recife (Afb. 10.4). In 1642 keerde hij terug naar Amsterdam en reisde door naar Batavia, waar hij ging werken voor het hydrografisch bureau van de compagnie, dat verantwoordelijk was voor het tekenen van kaarten van de verschillende Aziatische handelsroutes en bestemmingen. Een strategisch huwelijk met een veertien jaar oudere weduwe verschafte hem toegang tot de koloniale elite. In 1656 werd hij benoemd tot opperhoofd van de handelspost in Deshima, Japan. Tweemaal maakte hij te voet de lange reis van Nagasaki naar Edo, waar de VOC de shogun geschenken aanbood in een jaarlijks ritueel dat tot doel had haar exclusieve status te bekrachtigen. In 1655 had Wagner de eer de shogun een globe met een doorsnee van 130 centimeter te mogen aanbieden, die speciaal voor dit doel was vervaardigd door Joan Blaeu. De shogun stelde het geschenk zeer op prijs, en bestelde in de jaren daarop nog meer globes, alsmede wereldkaarten en atlassen – alle vervaardigd door Blaeu

10.4 Zacharias Wagner, *Slavenmarkt te Recife*, ca. 1630-1650, Berlijn, Stiftung Preußischer Kulturbesitz.

– een opmerkelijk staaltje van culturele diplomatie, en een veelzeggend teken van de mondiale reikwijdte van het Nederlandse wereldbeeld tijdens de Gouden Eeuw.[24] Wagner werd beloond met een hoge post op het enige continent waar hij nog niet had gediend: in 1662 volgde hij Jan van Riebeeck op als commandeur van de Kaapkolonie, waar hij een hofcultuur ontwikkelde die poogde de artistieke en wetenschappelijke prestaties die hij als jongeman in Brazilië had aanschouwd te evenaren.

De twee handelsondernemingen waren afhankelijk van reizigers als Pomp, Brouwer, Nieuhof en Wagner – en van vrouwen als Van Varick – wier ervaringen op het ene halfrond hun goede diensten moeten hebben bewezen op het andere. Dit zijn slechts vijf van de vele honderdduizenden Europeanen die ten behoeve van de Nederlandse handel de wereldzeeën bevoeren. In de zeventiende eeuw gingen er meer dan 300.000 mannen (en een enkele maal vrouwen) aan boord van een VOC-schip met Azië als bestemming, een getal dat tot het drievoudige was gestegen tegen de tijd dat de compagnie in 1795 werd opgeheven. Slechts een klein deel van degenen die naar Azië vertrokken vestigde zich daar echter (semi)permanent. Tegen het eind van de zeventiende eeuw was het aantal Europeanen dat in Azië 'resideerde' niet groter dan 25.000; in een stad als Batavia, die omstreeks 1680 een bevolking van in totaal circa 32.000 zielen telde, was de Nederlandse elite veruit in de minderheid bij de vele Chinese, Maleise en Javaanse inwoners.[25] In de Amerika's was het aantal kolonisten zelfs nog kleiner. Hoewel het vermeldenswaard is dat Portugese kroniekschrijvers in Brazilië diep onder de indruk waren van het enorme aantal soldaten dat vocht voor de WIC – bij de invasie van Pernambuco waren 7000 man betrokken, en het was niet uitzonderlijk dat er 3000 man aan hulptroepen naar Brazilië werden verscheept – bleven zeer weinig Europeanen langer in de door ziekten geteisterde tropen dan noodzakelijk was. Degenen die zich in de Nieuwe Wereld vestigden namen een defensieve culturele houding aan. In de Hudsonvallei was de Nederlandse gemeenschap omvangrijk genoeg om haar eigen identiteit te bewaren en in stand te houden tot het eind van de negentiende eeuw, toen de laatste sporen van de Nederlandse aanwezigheid (taal, liturgie, architectuur) uiteindelijk verdwenen.[26]

Conclusie

Met zijn allen transporteerden de mensen in de Nederlandse invloedssfeer niet alleen handelswaar over de aardbol, maar ook kennis van de niet-Europese wereld, die, zoals we hebben gezien aan de ontmoeting tussen Van Oudshoorn en Pattingalloang in Makassar, de twee halfronden in nauw contact met elkaar bracht. Waar het Spaanse Rijk, dat floreerde in de zestiende eeuw, op de keper beschouwd voornamelijk handelde in goud en katholicisme, en de Engelsen en Fransen in de achttiende eeuw strijd leverden om het geopolitieke machtsevenwicht te doen doorslaan in hun voordeel, werden de VOC en de WIC in de zeventiende eeuw gemotiveerd door hun overduidelijke politieke durf en handelsbelangen, maar voorzagen daarnaast andere Europeanen van informatie over de wereld buiten hun blikveld – en deden dat met veel meer zelfverzekerdheid dan het onmededeelzame Portugese wereldrijk, waar hun imperium nog het meest op leek. Nog lang nadat de beide handelsondernemingen waren opgeheven werd het wereldbeeld van Europa gedomineerd door kaarten als die van Willem en Joan Blaeu en hun vakbroeders (Afb. 10.5). Astronomische, botanische en zoölogische werken van Georg Marcgraf, Willem Piso, Jacob Bontius en Georg Eberhard Rumphius hadden grote invloed op de vroegmoderne wetenschap – en sloten aan bij vergelijkbare werken over de Noordpool, de Levant en Rusland, gebieden die buiten de invloedssfeer van de twee ondernemingen vielen. Voor lezers van deze werken werd het beeld van de Nederlandse mondiale handelsnetwerken niet langer bepaald door de traditionele scheidslijn tussen de Atlantische wereld en de Indische Oceaan.[27] Toen het commerciële overwicht van de Republiek vanaf het begin van de achttiende eeuw geleidelijk terugliep, bewerkstelligde de encyclopedische belangstelling van de Europeanen dat West- en Oost-Indië dusdanig met elkaar vereenzelvigd raakten dat Braziliaanse landschapsschilderingen van Frans Post op een openbare veiling te koop konden worden aangeboden als exotische taferelen uit China.[28]

10.5 Willem Blaeu, *Wereldkaart*, 1635.

In een academische cultuur die zich bezighield met twee van oudsher gescheiden oceaanbekkens, elk met zijn eigen historiografische tradities, is een dergelijke culturele vereenzelviging altijd gezien als een excentriciteit in een tijdperk waarin de wereld efficiënt was georganiseerd aan de hand van handel en monopolies. Dat is uiteraard volmaakt begrijpelijk. De handel, die nauw verweven was met de geopolitieke urgentie van de oorlog tegen Spanje, was vanaf de late zestiende eeuw de voornaamste drijvende kracht achter de Nederlandse expansie, en de geoctrooieerde ondernemingen waren twee van de belangrijkste economische pijlers van de jonge Republiek. Toch doet recent onderzoek vermoeden dat in de beleving van mensen uit die tijd – zoals aandeelhouders, kaartenmakers, zendelingen, zeelieden, soldaten of bestuurders in dienst van een van beide compagnieën, of zelfs smokkelaars die probeerden zich te bevrijden van hun kluisters – het Nederlandse handelsnetwerk werkelijk wereldomspannend was, ver voordat *global history* een bij onderzoekers geliefde term werd. Gezien door de ogen van deze individuen verbond de Nederlandse wereldhandel in de Gouden Eeuw de zeven zeeën, onbelemmerd door censuur, monopolistische octrooien of een in twee halfronden gesplitste geschiedschrijving.

Noten

1. T. Mostert, 'Makassar, the Companies and the Rest: Diplomacy, Technological Exchange, and War at a 17th Century Cosmopolitan Trading Port' (nog te verschijnen). Zie Arnold de Vlamingh van Oudshoorn, *Daghregister* (Nationaal Archief, VOC 1186), fol. 485r.
2. N. Worden (red.), *Cape Town between East and West: Social Identities in a Dutch Colonial Town*, Hilversum, 2012.
3. F. Gaastra, *Dutch East India Company: Expansion and Decline*, Zutphen, 2003.
4. E. Locher-Scholten en P. Rietbergen (red.), *Hof en handel. Aziatische vorsten en de VOC 1620-1720*, Leiden, 2004.
5. H. den Heijer, *Geschiedenis van de WIC. Opkomst, bloei en ondergang*, Zutphen, 1994.
6. M. van Groesen, *Amsterdam's Atlantic: Print Culture and the Making of Dutch Brazil*, Philadelphia, 2017; W. Klooster, *The Dutch Moment: War, Trade and Settlement in the Seventeenth-Century Atlantic World*, Ithaca, 2016; M. van Groesen (red.), *The Legacy of Dutch Brazil*, New York, 2014; F. Ribeiro da Silva, *Dutch and Portuguese in Western Africa: Empires, Merchants, and the Atlantic System, 1590-1674*, Leiden, 2011.
7. P. Emmer en W. Klooster, 'The Dutch Atlantic, 1600-1800: Expansion Without Empire', in *Itinerario* 23 (1998), pp. 48-69.
8. T. Andrade, *Lost Colony: The Untold Story of China's First Great Victory over the West*, Princeton, 2013; Klooster, *The Dutch Moment*.
9. Anon. *The second part of the tragedy of Amboyna or a true relation of a most bloody [...] design in the New-Netherlands of America*. Londen, 1653, pp. 4-5.

10. B. Schmidt, *Innocence Abroad: The Dutch Imagination and the New World, 1570-1670*, Cambridge, 2001.
11. M. Meuwese, *Brothers in Arms, Partners in Trade: Dutch-Indigenous Alliances in the Atlantic World, 1595-1674*, Leiden, 2012.
12. J.M. Postma, *The Dutch in the Atlantic Slave Trade, 1600-1815*, Cambridge, 1990.
13. Zie bijv. J.I. Israel, *The Dutch Republic: Its Rise, Greatness, and Fall, 1477-1806*, Oxford, 1995, pp. 951-956. Zie voor de twee volgende alinea's ook hoofdstuk 11 in dit boek.
14. E. Haefeli, 'Breaking the Christian Atlantic: The Legacy of Dutch Tolerance in Brazil', in Van Groesen (red.), *The Legacy of Dutch Brazil*, pp. 135-140.
15. L.M. Heywood en J.K. Thornton, *Central Africans, Atlantic Creoles, and the Foundation of the Americas, 1580-1660*, New York, 2012, p. 196; M.M. Mochizuki, 'Deciphering the Dutch in Deshima', in B. Kaplan, M. Carlson en L. Cruz (red.), *Boundaries and Their Meanings in the History of the Netherlands*, Leiden, 2009, pp. 67-78.
16. De term 'alongshore' is voor het eerst gebruikt als verklarend begrip in D. Merwick, *The Shame and the Sorrow: Dutch-Amerindian Encounters in New Netherland*, Philadelphia, 2006.
17. H. den Heijer, 'Plannen tot samenvoeging van VOC en WIC', in *Tijdschrift voor Zeegeschiedenis* 13 (1994), pp. 115-130.
18. C. Antunes en J. Gommans (red.), *Exploring the Dutch Empire: Agents, Networks and Institutions, 1600-2000*, Londen, 2015.
19. S.S. Romney, *New Netherland Connections: Intimate Networks and Atlantic Ties in Seventeenth-Century America*, Chapel Hill, 2014; M. van der Heijden en D. van den Heuvel, 'Sailors' Families and the Urban Institutional Framework in Early Modern Holland', in *History of the Family* 12 (2007), pp. 296-309.
20. L. Mbeki en M. van Rossum, 'Private Slave Trade in the Dutch Indian Ocean World: A Study into the Networks and Backgrounds of the Slavers and the Enslaved in South Asia and South Africa', in *Slavery and Abolition* 38 (2017), pp. 95-116.
21. B. Paasman, *Reinhart. Nederlandse literatuur en slavernij ten tijde van de Verlichting*, Leiden, 1984.
22. D. Krohn, P.M. Miller, en M. De Filippis, *Dutch New York, between East and West: The World of Margrieta van Varick*, New Haven, 2009.
23. B. Schmidt, *Inventing Exoticism: Geography, Globalism, and Europe's Early Modern World*, Philadelphia, 2015, pp. 25-28.
24. K. Zandvliet, *Mapping for Money: Maps, Plans and Topographic Paintings and Their Role in Dutch Overseas Expansion During the Sixteenth and Seventeenth Centuries*, Amsterdam, 1998.
25. Gaastra, *Dutch East India Company*.
26. Klooster, *The Dutch Moment*; J. Goodfriend, B. Schmidt, en A. Stott (red.), *Going Dutch: The Dutch Presence in America, 1609-2009*, Leiden, 2009, hfdst. 1-4.
27. H.J. Cook, *Matters of Exchange: Commerce, Medicine, and Science in the Dutch Golden Age*, New Haven, 2007.
28. Schmidt, *Inventing Exoticism*.

DEEL V

Het religieuze leven

11
Het gereformeerd protestantisme

CHARLES H. PARKER

Het gereformeerd protestantisme (of calvinisme) dat in de jaren 1560 en 1570 opkwam in de Nederlanden en tijdens de Opstand tegen Spanje een belangrijke maatschappelijke kracht bleek, maakte gedurende de zeventiende eeuw eveneens een Gouden Eeuw door. Tussen de jaren 1570 en 1700 groeide de Nederlandse Gereformeerde Kerk allengs uit tot het grootste religieuze instituut binnen de Republiek. Predikanten en betrokken leken spanden zich onafgebroken in om een onmiskenbaar protestants stempel te drukken op wetten en maatschappelijke gebruiken, de eerbiediging van de zondagsheiliging te bevorderen, het katholicisme uit te bannen en aan te dringen op zedelijke discipline in het dagelijks leven. De succesvolle theologische faculteiten aan de nieuwe universiteiten van Leiden (1575), Franeker (1585), Groningen (1614) en Utrecht (1636) maakten de Republiek tot het intellectuele centrum van het calvinisme in heel Europa. Dankzij de honderden predikanten en lekenzielzorgers (*krankbezoekers*) die meevoeren met de handelsexpedities van de Oost- en West-Indische Compagnie (VOC en WIC), fungeerde de Nederlandse Gereformeerde Kerk ook als drijvende kracht van een wereldwijd calvinisme dat in de zeventiende en achttiende eeuw een actieradius had die reikte van Oost-Indië tot het Caraïbisch gebied. De Gouden Eeuw van de Republiek en haar overzeese handelsimperium viel dus samen met de glorietijd van het gereformeerd protestantisme.

Dat het gereformeerd protestantisme, aan de vooravond van de Opstand nog een kleine, dikwijls onderling twistende confessionele groepering, zich vanaf het begin van de zeventiende eeuw verbazend genoeg ontwikkelde tot een enorm invloedrijk religieus instituut was voor een groot deel te danken aan de opmerkelijke politieke en economische successen van de Republiek en haar wereldomspannende commerciële aspiraties. De calvinistische 'geuzen', zoals hun bijnaam luidde, waren de onverzoenlijkste vijanden van het katholieke Spanje, en kregen in 1572 de kans, die ze met beide handen aanvatten, om in de provincies Holland, Zeeland en Friesland, waar de opstandelingen in de belangrijkste steden de macht hadden gegrepen, de Gereformeerde Kerk te laten uitroepen tot de officiële publieke kerk. In het kielzog van de successen die de strijdkrachten en politieke facties van de geuzen in de andere noordelijke provincies behaalden kreeg de algemene erkenning van het gereformeerd protestantisme als de officiële godsdienst haar beslag in 1579, bij de Unie

11.1 Pieter Saenredam, *Interieur van de Catharijnekerk*, ca. 1655-1660, Upton House, Warwickshire, The Bearstead Collection.

van Utrecht. In de vroege jaren 1580 volgden er steeds meer verordeningen die uitoefening van het katholieke geloof verboden, zodat de Staten-Generaal omstreeks 1581 vrijwel alle aspecten van de rooms-katholieke confessie hadden uitgebannen. Ook niet-gereformeerde protestantse groeperingen, zoals doopsgezinden en lutheranen, hadden te kampen met een van hogerhand gedecreteerde intolerantie, waarmee de geprivilegieerde positie van de Gereformeerde Kerk nog werd verstevigd.[1]

In de steden werd de Gereformeerde Kerk gesteund door de stadsbestuurders, die echter als tegenprestatie wel rekenden op onwankelbare loyaliteit. Tevens waren de calvinisten enthousiaste voorstanders van overzeese handel en ontdekkingsreizen. De Amsterdamse predikant Pieter Plancius, een overtuigd calvinist, adviseerde Nederlandse zeelieden over routes en navigatietechnieken, en participeerde in het consortium dat in 1595 Cornelis Houtmans eerste reis naar Oost-Indië financierde. Plancius, Werner Helmichius, Hugo de Groot en anderen voorzagen de mogelijkheid om winsten te behalen en tezelfdertijd het 'ware christelijke geloof' te verbreiden onder 'heidenen' en 'moren'.[2] Onder auspiciën van de VOC en de WIC zetten Nederlandse predikanten en lekenpredikers zich in voor de verbreiding van het protestantse christendom onder zo veel mogelijk niet-Europese volkeren in Oost-Indië, Formosa (Taiwan), Ceylon (Sri Lanka), Brazilië en elders.[3]

Hoewel het gereformeerd protestantisme onlosmakelijk verbonden was met de opkomst van de Republiek als wereldrijk, waren de calvinistische predikanten en theologen dikwijls ontevreden over de seculiere instrumenten waarmee dit succes behaald was. Geschiedkundigen hebben uitvoerige analyses gemaakt van de spanningen tussen het religieuze pluralisme dat hooggehouden en verdedigd werd door de stadsbesturen en de theocratische tendensen binnen het calvinisme. In de overzeese gebiedsdelen tekenen predikanten geregeld, en dikwijls vergeefs, protest aan tegen de beperkingen die de gouverneurs van de compagnieën hun zendingsprojecten oplegden en tegen de speelruimte die andere geloofsrichtingen gegund werd. De politieke, economische en maatschappelijke context van de Gouden Eeuw was dus medebepalend voor de specifieke patronen van de intellectuele houding van de calvinisten en hun maatschappelijke engagement in de Nederlanden en de wereld daarbuiten. Om iets van deze historische complexiteit weer te geven, belichten we in dit hoofdstuk vier thema's die belangrijk zijn voor het calvinisme in de Gouden Eeuw: de consolidering van de publieke kerk, het streven naar een gedisciplineerde geloofsgemeenschap en samenleving, de voortdurende strubbelingen over het juiste geloof en de juiste geloofspraktijken, en de mondiale aspecten van het Nederlands gereformeerd protestantisme.

De consolidering van de publieke kerk

Dat de Gereformeerde Kerk werd verheven tot de publieke, geprivilegieerde kerkelijke instelling in de jonge Republiek was het gevolg van de nauwe verbindingen tussen het calvinisme en de politieke onvrede van de jaren 1560 en 1570. De calvinisten in de Nederlanden wierpen zich op als voormannen van het militaire verzet tegen het regime van de Spaanse Habsburgers. In vele steden had een aanzienlijk aantal regenten en schutterijen de kant van de calvinisten gekozen, en ze speelden een belangrijke rol toen die steden zwichtten voor de Nederlandse Opstand. Toen Holland, Friesland en Zeeland zich achter de Opstand schaarden keerden calvinistische bannelingen uit Emden, Londen en andere plaatsen terug naar het vaderland en droegen zorg voor solidariteit met het internationaal gereformeerd protestantisme. De Provinciale Staten beloonden hun calvinistische bondgenoten door het gereformeerde geloof een bevoorrechte status toe te kennen in het land dat zich nu begon te ontwikkelen tot een onafhankelijke Republiek.

Het uitwerken van de nadere details van de relatie tussen het burgerlijk en het kerkelijk gezag in deze nieuwe politieke omgeving kostte ongeveer twintig jaar. De vaste procedures van het kerkelijk leven, die voor de meeste gemeenteleden het belangrijkst waren, speelden zich af op lokaal niveau. Het stadsbestuur benoemde predikanten, betaalde hun traktementen, fiatteerde de verkiezing van ouderlingen en diakenen, en droeg zorg voor het onderhoud van de kerkelijke bezittingen. Maar het lidmaatschap van de kerk bleef vrijwillig. De organisatie van de Nederlandse kerk, die voortbouwde op het confessionele erfgoed van het gereformeerd protestantisme, vertoonde veel gelijkenis met die van de kerken in Genève en in heel Frankrijk. Een kerkenraad, bestaand uit predikanten en een aantal gekozen ouderlingen, regelde de kerkelijke zaken en waakte over de disciplinaire maatstaven waaraan een goed lidmaat moest voldoen, wat een voorwaarde was om te mogen deelnemen aan het avondmaal. Binnen de kerkgemeente vergaarde en verdeelde een college van gekozen diakenen bijdragen voor de armenzorg, al dan niet in samenwerking met gemeentelijke inzamelaars. Lekenpredikers hielpen predikanten bij het verrichten van hun pastorale taken.

De kerkenraden binnen een regio, meestal met als middelpunt een grote stad zoals Amsterdam, Delft, Middelburg of Groningen, werden verenigd in een classis (mv. classes) die toezag op de kerkelijke aangelegenheden in dit grotere kerkrechtelijke domein. De classes binnen een groter gebied vormden een provinciale synode, één voor elke provincie behalve Holland, die er zowel in het noorden als in het zuiden een had. Ten slotte stuurden de provinciale synodes afgevaardigden naar de nationale synode, hoewel de Staten-Generaal na de Synode van Dordrecht in 1618-1619 nooit meer een landelijke vergadering bijeenriepen. Tussen gemeentelijke of provinciale politieke en kerkelijke instanties rezen soms conflicten over bevoegdheden, maar deze basisstructuur was gedurende de hele Gouden Eeuw kenmerkend voor de Gereformeerde Kerk in de Nederlandse samenleving.

Bij hun pogingen een verklaring te vinden voor de trage en ongelijkmatige groei van de Gereformeerde Kerk tijdens deze periode zijn historici beïnvloed door de zogeheten protestantiseringsthese, die in de tweede helft van de twintigste eeuw diverse malen opnieuw opgeld deed. Zoals de term impliceert verwijst protestantisering naar de processen en de fases gedurende welke de Republiek zowel in feite als in naam protestant werd. De eminente katholieke historicus L.J. Rogier kwam kort na de Tweede Wereldoorlog tot een herformulering van de these, waarmee hij de aandacht vestigde op de sociale en economische drukmiddelen waarmee Nederlanders er volgens hem toe werden gebracht het roomse geloof te verlaten en zich aan te sluiten bij de Gereformeerde Kerk. Hij stelde dat de kerken gebruikmaakten van de bedeling om de armen te verleiden over te gaan op het gereformeerde geloof, en de elites wisten te overtuigen door bij ambtelijke benoemingen het lidmaatschap van de kerk verplicht te stellen.[4] De meeste historici die zich bezighouden met het zeventiende-eeuwse Nederland bezien Rogiers karakterisering van protestantisering met de nodige scepsis. Onderzoek naar armenzorg in Holland en Zeeland wijst uit dat gereformeerde diakenen geen pogingen deden om met behulp van kerkelijke fondsen leden te werven onder de armen, en dat de bijstand in sommige steden, zoals Haarlem, Amsterdam en Leiden, werd geleverd door gemeentelijke liefdadigheidsinstellingen. Afgezien van deze specifieke kwestie van de armenzorg heeft een aantal historici erop gewezen dat de Gereformeerde Kerk in de Nederlandse samenleving een tweeledige rol speelde. Enerzijds was de kerk een exclusieve geloofsgemeenschap, wier leden zich uit vrije wil onderwierpen aan de discipline van de kerkenraad. Anderzijds had de kerk een openbare functie. Predikanten doopten kinderen en verbonden alle christelijke echtparen in de echt, ook de katholieke. De kerkdiensten waren voor iedereen toegankelijk. Arie van Deursen heeft aangetoond dat veel mensen, zogeheten 'liefhebbers', diensten bijwoonden en deelnamen aan aspecten van het kerkelijk leven zonder lid te worden en zich te onderwerpen aan de discipline.[5] Zo ondervingen de publieke dimensies van de Gereformeerde Kerk alle vormen van directe druk om mensen te bewegen zich aan te sluiten.

Het algehele doel van de protestantiseringsthese, namelijk het verklaren van de maatschappelijke, economische en politieke processen in de Nederlandse samenleving na de reformatie, valt voor een groot deel samen met de theorieën over confessionalisme en confessionalisering die erg invloedrijk zijn gebleken onder historici die zich bezighouden met de Duitse reformatie. Het eerste van die twee begrippen verwijst naar de ijver waarmee bijna alle religieuze organisaties, en dan met name de katholieke, de lutherse, de calvinistische en de anglicaanse, zich inzetten om hun leerstellingen nauwkeurig te verduidelijken en te bewerkstelligen dat hun aanhangers gehoorzaam bleven aan de doctrines. Het formuleren van confessionele richtlijnen en de pogingen om de naleving ervan af te dwingen leidden er noodzakelijkerwijs toe dat men duidelijke verschillen aangaf met dogma's van andere groeperingen en deze als dwaling veroordeelde. Binnen het gereformeerd protestantisme van de Gouden Eeuw belichaamde het confessionalisme ongetwijfeld een drijvende kracht voor predikanten, intellectuelen en theologen, en biedt daarnaast mede een verklaring voor het verbeten karakter van de doctrinaire disputen binnen de Nederlandse kerk. De calvinisten in de Lage Landen hanteerden de Nederlandse Geloofsbelijdenis, die oorspronkelijk was opgesteld door Guido de Brès in 1561, en de Heidelbergse Catechismus van Zacharius Ursinius uit 1563 als de twee primaire beschrijvingen van de gereformeerde leerstellingen. Bij latere synodes, die culmineerden in de Synode van Dordrecht van 1618-1619, werd de gereformeerde leer op alle doctrinaire gebieden nader gepreciseerd.

Het confessionaliseringsschema dat in de jaren tachtig van de vorige eeuw is opgesteld door Heinz Schilling is slechts in beperkte mate toepasbaar op de ontwikkeling van de Gereformeerde Kerk in de Nederlandse samenleving in de periode na de reformatie. Confessionalisering, een begrip dat stamt uit wetenschappelijke verhandelingen over het Heilige Roomse Rijk, maar later is toegepast op delen van heel Europa, beschrijft het verbond dat een opkomende staat aangaat met de confessionele kerk en hun gezamenlijke programma van maatschappelijke disciplinering om tot een uitgesproken lutherse, katholieke dan wel gereformeerde samenleving te komen. In de Republiek echter lieten de stadsbestuurders de kerkenraden weinig speelruimte in buitenkerkelijke zaken. Doorslaggevend was wellicht dat de politieke instanties het principe van de vrijheid van gedachte en godsdienstkeuze met kracht hooghielden, met als gevolg dat de Republiek tijdens de vroegmoderne periode een vrijhaven werd voor tal van dissidenten. De beste recente beschrijving van de door de gemeentelijke overheden nagestreefde burgercultuur stamt van Judith Pollmann.[6] In haar onderzoek, dat zich richt op de stad Utrecht (maar dit kan breder worden toegepast) laat ze overtuigend zien dat stadsbesturen in het algemeen aanstuurden op een breed, niet-confessioneel protestants maatschappelijk ethos, waarmee ze de theocratische ambities van de calvinisten beteugelden en katholieken en andersdenkende protestanten de mogelijkheid lieten om hun geloof in beperkte kring te praktiseren. Sefardische joden konden in Amsterdam vrijelijk wonen en hun godsdienst openlijk uitoefenen. De Republiek voldeed dus maar in zeer beperkte mate aan de algemene kenmerken van de confessionalisering, omdat de gereformeerde kerkenraden en de stedelijke regenten dikwijls tegengestelde standpunten innamen. Toch was confessionalisme binnen de kerk zelf een wezenskenmerk van het calvinisme in de Gouden Eeuw.

Het streven naar een zuivere geloofsgemeenschap: discipline en de Nadere Reformatie

Hoewel alle confessionele kerkleiders zich inzetten om de religieuze en morele discipline hoog te houden, werd in de late zestiende en zeventiende eeuw het aanklagen en bestraffen van zondaars een karakteristiek aspect van de Gereformeerde Kerk. Nederlandse calvinisten beschouwden kerkelijke tucht als een van de drie kenmerken van een ware kerk, naast het uitdragen van het Woord van God en de sacramenten van de doop en het Heilig Avondmaal. Andermaal bouwden de Nederlandse hervormers voort op de praktijken van de Geneefse en Franse Gereformeerde

Kerken, maar de meest directe inspiratie was afkomstig van de ballingengemeenschappen die sinds de jaren 1550 en 1560 bestonden in Emden en Londen.

Nationale synodes in Dordrecht (1578), Middelburg (1581), Den Haag (1586) en andermaal Dordrecht (1618-1619) gaven het disciplinaire programma een plaats in de basisstructuur van het kerkelijk leven. De predikanten en ouderlingen onderwierpen zichzelf en de diakenen aan onderlinge kritiek en reprimandes, de zogeheten *censura morum*, en brachten vervolgens huisbezoeken aan leden, verscheidene weken voor de avondmaalsdienst, die tussen de vier en zesmaal per jaar werd gehouden. Lidmaten die zich, al dan niet volgens anderen, schuldig hadden gemaakt aan zondige activiteiten die hun zielenheil in gevaar brachten en de goede naam van de gemeenschap zouden kunnen aantasten kregen een oproep om voor de predikanten en ouderlingen te verschijnen. Ook werden de kerkenraden bijgestaan door hiertoe aangestelde 'opsienders' die waakten over de gang van zaken in hun omgeving en verdachte activiteiten rapporteerden. Teneinde tot een rechtvaardig oordeel of een uitspraak over eerherstel te komen wonnen kerkenraden ook informatie in bij lidmaten die zich te schande gemaakt voelden door een broeder of zuster uit de gemeente.

De meeste door de kerkenraden onderzochte overtredingen betroffen vechtpartijen, ruzies, overmatig drankgebruik, buitenechtelijk geslachtsverkeer, roddelpraat, trouwen buiten het geloof en het niet betalen van schulden. Als een kerkenraad een lidmaat schuldig bevond aan een vergrijp, mocht de betrokkene niet deelnemen aan het avondmaal tot hij of zij schuld bekende, berouw toonde, weer opgenomen werd en op enigerlei manier boete deed. Degenen wier vergrijpen al te openbaar en aanstootgevend waren, werden vaak tijdens een kerkdienst publiekelijk berispt, na hun zonden te hebben opgebiecht. Het verbod om deel te nemen aan het avondmaal, wat min of meer overeenkomt met het in de Katholieke Kerk gehanteerde interdict, werd de meest voorkomende straf die door kerkenraden werd gegeven. Weerspannige leden konden jarenlang geschorst blijven. Excommunicatie of afsnijding, een zware straf die echter zelden werd toegepast, kon worden ingezet tegen lidmaten die het gezag van de kerkenraad tartten en weigerden te voldoen aan de opgelegde boetedoening.

In de gehele Republiek alsook in de overzeese gemeenten staken kerkenraden enorm veel moeite in het bezoeken, bijeenroepen, vermanen, controleren, bemiddelen tussen, bestraffen en wederopnemen van leden. In veel kerkenraden hield een secretaris gedetailleerde verslagen bij, wat een uitvoerige documentatie van het disciplinaire werk opleverde, waarmee historici toegang hebben gekregen tot het interne functioneren van plaatselijke geloofsgemeenschappen en een blik in het dagelijks leven van mannen en vrouwen kunnen werpen. Vanaf de jaren negentig van de vorige eeuw hebben historici dergelijke tuchtmaatregelen niet alleen aan kwantitatieve analyses onderworpen, maar ook vanuit diverse gezichtspunten nader onderzocht, met het doel maatschappelijke gedragspatronen en de standpunten van de kerk dienaangaande bloot te leggen.

Hoewel er kleine plaatselijke verschillen zichtbaar worden, komen er in de conclusies die historici hebben getrokken over de kerkelijke tucht in de zestiende en zeventiende eeuw twee algemene trends naar voren. Ten eerste nam in de loop van de zeventiende eeuw het aantal in de kerkelijke archieven opgenomen casussen drastisch af, zodat die tegen het eind van de Gouden Eeuw nog maar druppelsgewijs voorkwamen. Er is een heel assortiment aan verklaringen geopperd voor deze afname, die allemaal een zekere legitimiteit hebben. Het is waarschijnlijk dat de lidmaten na tientallen jaren morele waakzaamheid en tuchtmaatregelen begrepen wat de kerk van hen verwachtte en bereidwilliger waren om zich te conformeren aan die maatstaven dan in vroegere tijden, toen de reformatie nog maar net op gang was gekomen. Ook trad er vermoedelijk een geleidelijke verandering op in de preoccupaties en de strategieën van de kerkenraden naarmate de Gereformeerde Kerk meer geaccepteerd werd binnen de samenleving. Een louter pragmatisch argument is dat de geloofsgemeenschappen tegen die tijd ook veel groter waren dan aan het begin van de zeventiende eeuw, zonder dat het aantal predikanten daar gelijke tred mee had gehouden, waardoor het toezicht onontkoombaar minder strak werd. In dat licht was het voor kerkenraden zinvol om alternatieve disciplinaire tactieken te benutten. In plaats van zelf op zoek te gaan naar individuele zondaars binnen de gemeente riepen gereformeerde predikanten nu op tot zelfonderzoek, propageerden godsdienstonderwijs, en spraken zich publiekelijk uit tegen maatschappelijk verval en heterodoxie.

Een tweede patroon betreft het geslachtelijke aspect van de disciplinaire activiteiten. Mannen werden iets vaker berispt dan vrouwen, en wel voor overtredingen die vanouds geassocieerd worden met tuchteloos mannelijk gedrag, zoals vechten, dronkenschap, braspartijen en verkeerd omgaan met geld. Bij vrouwen betrof het gewoonlijk onwelvoeglijk taalgebruik, zoals roddelen, smaad en schelden. Maar op het gebied van huiselijke en seksuele omgang werden mannen en vrouwen ongeveer even vaak terechtgewezen. In de meeste steden moesten mannen vaker voor de kerkenraad verschijnen dan vrouwen, wat in zekere zin verrassend is, omdat er naar verhouding meer vrouwelijke dan mannelijke lidmaten waren.

Met name in de jaren 1570 en 1580, de beginjaren van de Nederlandse reformatie, vonden kerkenraden allerlei vrijmoedige eenlingen en niet-confessionele religieuze groeperingen tegenover zich, die zich verzetten tegen de door predikanten en ouderlingen opgelegde kerkelijke tucht. Een van de meest prominente critici van de kerkelijke discipline was Hubert Duifhuis, een vrijzinnig predikant in Utrecht aan het eind van de zestiende eeuw. Net als een verscheidenheid aan libertijnen, niet-dogmatische humanisten en spiritualisten, onder wie Dirk Volkertsz Coornhert in Haarlem, Caspar Coolhaes in Leiden en Herman Herbertszoon in Gouda, geloofde hij dat de kerkelijke discipline de kerkleiders te veel macht gaf. De remonstrant Johannes Uytenbogaert vergeleek de calvinistische praktijk met die van de 'paapse' inquisities die gewetensdwang toepasten. Behalve door deze kerkgeleerden werden eigengereide kerkenraden die zich ten doel stelden te waken over de moraal van de lidmaten ook door stedelijke regenten met achterdocht bezien. In Leiden, Gouda en Utrecht steunde het stadsbestuur in de jaren 1570 en 1580 kerkleiders die zich tegen de kerkelijke tucht keerden en legde de activiteiten van de kerkenraden aan banden. Tegen het eind van de zestiende eeuw echter werd de gereformeerde discipline geleidelijk aan algemeen geaccepteerd, zelfs door regenten die zich er aanvankelijk tegen hadden verzet, aangezien ze bevorderlijk was voor de goede zeden en de maatschappelijke cohesie.

Niettemin moesten de kerkenraden in het grootste deel van het land een zekere terughoudendheid betrachten bij hun disciplinaire activiteiten, om de stadsbestuurders niet tegen zich in het harnas te jagen. Kennelijk droeg de angst voor gemeentelijke strafmaatregelen ertoe bij dat het aantal daadwerkelijke excommunicaties in Nederlandse kerken zeer klein was. Arnold Buchelius, een ouderling in Utrecht, meldde in zijn dagboek dat de kerkenraad aldaar nog niet voor de helft de namen vastlegde van mensen op wie verdenking kwam te rusten, om te voorkomen dat vooraanstaande lidmaten in verlegenheid gebracht zouden worden. Disciplinaire maatregelen tegen deze gemeenteleden uit de elite werden, in de woorden van Judith Pollmann, 'buiten de boeken gehouden'.7 Dankzij het inzicht dat er ook sprake was

11.2 Pieter Saenredam, *Tekening van het interieur van de Catharijnekerk*, 1636, Utrecht, Utrechts Archief.

van deze schimmige, officieuze vormen van correctie, die buiten de gedocumenteerde gevallen in de kerkenraadsnotulen vielen, waken historici er nu voor om aan de hand van kwantificering en categorisering van disciplinaire casussen directe conclusies te trekken over maatschappelijke gedragspatronen. De kerkenraadverslagen bieden veeleer een weergave van de preoccupaties en de initiatieven van de predikanten en ouderlingen, maar geven geen goede indicaties omtrent het maatschappelijk gedrag van de lidmaten. Zo heeft een sterker bewustzijn van de politieke context van kerkelijke disciplinaire maatregelen historici in de afgelopen vijftien jaar gedwongen tot een veel kritischer opstelling bij het interpreteren van kerkenraadverslagen dan ze voorheen hanteerden in hun brede, op kwantificatie gebaseerde conclusies.

De stilzwijgende instemming met de kerkelijke discipline viel samen met een breed gedragen piëtistische beweging binnen de Gereformeerde Kerk en de Nederlandse samenleving, de zogeheten Nadere Reformatie. Deze beweging, die na de Synode van Dordrecht (1619) aan kracht won, streefde naar een completere, tot in het hart reikende reformatie, wat tot uiting kwam in een vrome geesteshouding en een godvruchtige levensstijl. De protagonisten van deze beweging beschouwden de protestantse reformatie van de zestiende eeuw als een kritische theologische terugkeer naar het Bijbelse christendom, maar hielden nu staande dat het zaak was om verder te gaan dan intellectuele aanvaarding van het geloof en te komen tot een diepgaande spirituele en morele transformatie. De eerste en meest uitgesproken voorvechter was Willem Teellinck, een Middelburgse predikant die tevens een zeer vruchtbaar auteur was. Geïnspireerd door de vroomheid van de Engelse puriteinen droeg Teellinck het piëtisme uit in zijn preken, via zijn netwerk in gereformeerde geestelijke kringen, en in zijn vele geschriften. Hij publiceerde bij benadering 127 werken. Vele andere prominente geestelijken en vrome leken sloten zich aan bij de beweging, onder wie zijn broer Ewout, Godefridus Udemans, Jacob Cats, Dionysius Spranckhuijsen en Johannes Hoornbeeck.[8] Omstreeks het midden van de zeventiende eeuw was de meest vooraanstaande representant van het piëtisme Gisbertus Voetius, die tot lang na zijn dood in 1676 de invloedrijkste Nederlandse calvinistische theoloog zou blijven.

Op publiek niveau namen deze hervormers niet met minder genoegen dan een transformatie van de Nederlandse samenleving tot een spiritueel Jeruzalem. Reeds halverwege de zestiende eeuw belichaamden de kinderen van Israël voor calvinisten in heel Europa een prominente bron van religieuze identiteit, en in de eeuw daarop kreeg het idee een zelfs nog grotere betekenis in de Republiek. De identificatie met Israël en Jeruzalem vertegenwoordigde voor Nederlandse calvinisten een speciaal gevoel van lotsbestemming en bood hun bovendien een kader van waaruit zij de gebeurtenissen van hun eigen tijd konden bezien. De tegenslagen die de gereformeerde protestanten tijdens de Dertigjarige Oorlog ondervonden in de Palts en Bohemen en de hervatting van de oorlog met Spanje in 1621, na het Twaalfjarig Bestand, maakten dat calvinisten zich gewaar bleven van Gods toorn en dreven hen ertoe om in alle facetten van het leven een reformatie tot stand te brengen.

Twisten over het ware geloof

Omstreeks het begin van de zeventiende eeuw leidde het acutere bewustzijn van de eigen confessionele identiteit bij de belangrijkste gezindten tot een preoccupatie met theologische precisie. Binnen de Nederlandse gereformeerde traditie bracht de obsessie met Bijbelse rechtzinnigheid in de loop van de eeuw twee hoog oplopende theologische geschillen teweeg die ingrijpende gevolgen hadden voor de Nederlandse samenleving. De eerste uitbarsting deed zich voor tijdens de controverse tussen calvinisten en arminianen die in de eerste twee decennia van de zeventiende eeuw tot een climax kwam. Een theologische discussie tussen de Leidse hoogleraren Jacob Arminius en Franciscus Gomarus omtrent het dogma van de predestinatie groeide uit tot een verhitte meningenstrijd over de plaats van de kerk in de nog jonge Republiek. De volgelingen van Arminius werden vanaf 1610 remonstranten genoemd, naar een remonstrantie (bezwaarschrift) die enkelen van hen hadden ingediend bij de Staten van Holland en waarin ze verzochten een nationale synode te organiseren om de kwestie te beslechten. Hun calvinistische tegenstanders werden daarom contraremonstranten genoemd. Zij streefden naar een theocratische maatschappelijke orde, terwijl de remonstranten ervoor pleitten het gezag van kerkelijke instituties ondergeschikt te maken aan dat van de overheid, om te voorkomen dat geestelijken de gewetensvrijheid aan banden zouden leggen. Niet lang daarna kwamen in een volgend theologisch geschil, over de zondagsheiliging – dat al stamde uit de jaren 1650, maar tot ruim in de zeventiende eeuw voortduurde – uiteenlopende opvattingen over de Schrift, de geschiedenis en de filosofie naar voren. De Leidse theoloog Johannes Coccejus en zijn aanhangers probeerden nieuwe filosofische systemen, of nauwkeuriger gezegd het cartesianisme, te incorporeren in het geloof om zo radicalere aanvallen op het christendom het hoofd te kunnen bieden. De conservatievere vleugel van de kerk, onder aanvoering van Voetius, die verbonden was aan de universiteit van Utrecht, wees deze compromissen echter van de hand als een fatale knieval voor de naturalistische filosofie, die in hun ogen de religieuze grondslagen van de samenleving dreigde te ondermijnen.

Hoewel in de controverse tussen remonstranten en contraremonstranten het dogma van de predestinatie centraal stond, bracht dit conflict een aantal reeds lang bestaande spanningen in de kerk en de samenleving tot een climax. Al sinds het ontstaan van de kerk in de jaren 1570 spraken vrijzinnige gelovigen zich uit tegen de kerkelijke discipline en streefden ze naar een soepeler opvatting van het geloof. Het leerstuk van de predestinatie was altijd de hoeksteen van de calvinistische theologie geweest, hoewel het in de zeer beladen confessionele atmosfeer van de vroege zeventiende eeuw een steeds absoluter en belangrijker dogma werd. De gereformeerde Amsterdamse predikant Arminius, die later in Leiden werd benoemd tot hoogleraar theologie, had bedenkingen geuit over de gangbare opvatting van de doctrine, als geformuleerd door William Perkins van de universiteit van Cambridge, de Utrechtse predikant Herman Modetus, Franciscus Junius, Arminius' voorganger in Leiden, en anderen. Ofschoon hij strikt vasthield aan de goddelijke voorzienigheid, huldigde Arminius het standpunt dat het idee van de onvoorwaardelijke uitverkiezing noodzakelijkerwijs in tegenspraak was met de liefde van God en hem tot bewerker van de zonde zou maken. Volgens zijn redenering had de mens ook het vermogen om de genade van God af te wijzen, een standpunt dat lijnrecht indruiste tegen dat van de calvinisten. Gomarus bestreed Arminius' opvattingen met kracht, en hield strikt vast aan het orthodoxe calvinistische standpunt dat God het individu naar eigen verkiezing al voor zijn schepping voorbestemt voor verlossing of verdoemenis. Naarmate de discussie zich verbreidde tot buiten de muren van universitaire theologische faculteiten, leidde ze tot bittere controverses, waarin ook burgers partij kozen, hetgeen talrijke verstoringen van de openbare orde tot gevolg had.

De meningenstrijd kreeg al snel politieke en ideologische dimensies, die draaiden om de relatie tussen de publieke kerk en de burgerlijke samenleving, wat de aanzet gaf tot heftige onenigheid over het voorrecht van de kerk om tuchtmaatregelen op te leggen en het politieke beleid te beïnvloeden. Al sinds de jaren 1570 maakten de calvinisten zich sterk voor het recht van kerkenraden, classes en synodes om weerspannige lidmaten disciplinaire straffen op te leggen en heterodoxe predikanten uit de gelederen te stoten, zonder bemoeienis van het wereldlijk gezag. Evenals hun geloofsgenoten in andere gereformeerde enclaves in Europa streefden de Nederlandse calvinisten ernaar het katholicisme, het joodse geloof en het nietgereformeerd protestantisme totaal uit te bannen. Net als Johannes Uytenbogaert, Simon Episcopius, Hugo de Groot en andere remonstranten stelde Arminius zich veel vredelievender op jegens andere gezindten. Ook gaf hij blijk van een zekere argwaan tegen de kerkelijke discipline en pleitte voor burgerlijk toezicht op kerkelijke aangelegenheden. Zowel aan remonstrantse als aan contraremonstrantse zijde concipieerden aanhangers achtergrondverhalen waarmee hun leerstellige aanspraken op één lijn werden gesteld met het theologisch erfgoed van de reformatie en een Nederlandse nationale identiteit.

Na 1605 trad er politieke blokvorming op, toen de rivaliserende religieuze en politieke ideologieën overgenomen werden door concurrerende patronagenetwerken en dynastieke belangengroeperingen. Daardoor raakten de kerkelijke twisten verweven met een machtsstrijd over de oorlog met Spanje en het bestuurlijk gezag in de Republiek. De belangrijkste politieke voorvechter van de remonstrantse zaak was Johannes van Oldenbarnevelt, de raadpensionaris van de Staten van Holland, die bevriend was met Arminius, Uytenbogaert en De Groot. Oldenbarnevelt was een voorstander van de door middel van het Twaalfjarig Bestand (1609-1621) tot stand gebrachte vrede met Spanje en spande zich in om de politieke invloed van de stadhouder, de voornaamste militaire gezaghebber van de natie, in te perken. Zijn meest prominente tegenstander was dan ook stadhouder Maurits van Oranje-Nassau, die aanstuurde op een hervatting van de oorlog en een versterking van de aan zijn ambt verbonden machtspositie. Maurits koos uiteindelijk de zijde van de contraremonstranten. Oldenbarnevelt en zijn remonstrantse bondgenoten verloren aan politieke slagkracht toen kerkenraden en classes in vrijwel heel het land zich achter het calvinisme schaarden. In 1618 riep de stadhouder op tot een nationale synode, die in december bijeenkwam in Dordrecht om de arminiaanse geloofsprincipes te bespreken. Aan de uitslag van de synode bestond geen enkele twijfel, en in juni van het jaar daarop had ze het orthodoxe calvinisme veiliggesteld en de arminiaanse leerstellingen in hun geheel verworpen. Predikanten die weigerden zich te voegen naar de besluiten van de synode werden uit het ambt gezet en verbannen uit de Republiek. Op het politieke toneel verstevigde Maurits met de steun van de contraremonstranten zijn greep op de Hollandse stadsbestuurders. Oldenbarnevelt, De Groot en andere remonstrantse leiders werden van hun functies ontheven en sommigen van hen werden gearresteerd. Oldenbarnevelt werd op 13 mei 1619 terechtgesteld. Het calvinisme kwam als overwinnaar naar voren in de Gereformeerde Kerk en de Republiek, maar de animositeit tussen de remonstranten en de contraremonstranten hield nog decennialang stand.

Een volgende belangrijke fase van religieuze tweedracht in gereformeerde kring had minder van doen met de leerstellingen van de kerk dan met de relatie tussen theologie en nieuwe filosofische ideeën die omstreeks het midden van de zeventiende eeuw waren geïntroduceerd door René Descartes. Binnen de kerk ving het conflict aan met een discussie over de leer van de zondagsheiliging, naar aanleiding van het standpunt van de Leidse theoloog Johannes Coccejus dat het vierde gebod ('Gedenk de sabbatdag, dat gij die heiligt') geen universeel geldend moreel voorschrift was. Gisbertus Voetius, de voorman van de Nadere Reformatie en een overtuigd voorstander van de sabbatsviering, stond lijnrecht tegenover Coccejus. Hoewel de zondagskwestie op de voorgrond stond in de publieke meningenstrijd, betrof de fundamentelere kritiek die Voetius en zijn aanhangers op Coccejus hadden de relatie tussen het Oude en het Nieuwe Testament en de juiste methode om de Schrift te interpreteren. Coccejus' afwijzing van de zondagsheiliging kwam voort uit een hermeneutiek die toeliet een aantal Bijbelse passages, zoals het scheiden van de wateren van de Rode Zee, op te vatten als een allegorie. Door de Bijbelse teksten te bezien vanuit hun zeer uiteenlopende historische context kwam Coccejus tot de conclusie dat er sprake was van een significante discontinuïteit tussen het Oude en Nieuwe Testament. In zijn werk uit 1648, *Collationes de Foedere et Testamento Dei* (De leer van het verbond en het testament van God), bood Coccejus een progressief historisch kader voor de openbaring van de verlossing waarin bepaalde convenanten specifieke voorwaarden voor de verlossing bevatten. In deze opzet hadden de wetten en geboden onder het Oude Testament een andere toepassing voor de kinderen van Israël dan voor christenen, die rechtvaardiging ontvingen door het zoenoffer van Christus.

11.3 Rembrandt, *Christus verschijnt aan Maria Magdalena*, ca. 1640, Amsterdam, Rijksmuseum, Amsterdam.

Voetius hield vast aan het traditionele gereformeerde standpunt dat de verlossing alle trouwe gelovigen uit de ganse geschiedenis toekwam door het zoenoffer van Christus. Tevens dienden alle mensen zich te houden aan een universele morele wet die was verkondigd in de Tien Geboden. Voetius beschuldigde Coccejus ervan dat hij met zijn convenanttheologie verschillende verlossingssystemen introduceerde, één volgens het Oude en één volgens het Nieuwe Testament. Evenzo stonden er fundamentele vragen over de principes van de Bijbelinterpretatie op het spel. Het verwijt van Voetius en zijn volgelingen luidde dat het verlaten van een transparante letterlijke interpretatie het Woord van God aantastte en de menselijke ratio hoger stelde dan de klare tekst van de Schrift. Een dergelijke afvalligheid kon alleen maar leiden tot neergang van het geloof en maatschappelijk verderf. Coccejus en anderen daarentegen hielden staande dat de gevestigde gereformeerde benadering van de interpretatie van de Bijbel, waarvan Voetius een vertegenwoordiger was, onjuist was en leidde tot een verkeerd begrip van Gods Woord. Een letterlijke interpretatie was er derhalve niet op toegerust om de problemen het hoofd te bieden die voortkwamen uit de nieuwe rationalistische filosofische stromingen in de Republiek.

Nog meer zorgen baarde het de voetianen dat het coccejanisme een zekere affiniteit had met het cartesianisme, waarmee het rationalistische denken voet aan de grond zou krijgen in de Gereformeerde Kerk. Descartes probeerde tot een rationele grondslag voor wetenschap en religie te komen en maakte daarbij gebruik van een scherpzinnig scepticisme, teneinde af te rekenen met alle in de loop der jaren opgestapelde assumpties over kennis. Pas na de systematische toepassing van dit scepticisme kon men een nieuwe manier van weten construeren, die gebaseerd was op de inductieve logica. In de ogen van de voetianen riekte Descartes' rationalisme naar atheïsme, omdat het impliceerde dat de Schrift en God vatbaar waren voor twijfel en het tevens het axioma liet varen dat de geopenbaarde waarheid van het christendom het uitgangspunt van alle kennis was. In zijn methode om de Bijbel te duiden zag Coccejus af van een totaal letterlijke interpretatie, met name met betrekking tot een aantal onaannemelijke passages in het Oude Testament. Hij pleitte ervoor dat theologen gebruik moesten maken van historisch inzicht en filologische methoden om te bepalen of bepaalde gedeelten dienden te worden opgevat als figuratief dan wel als letterlijk feit. Hoewel Coccejus zelf een tegenstander was van het cartesianisme, namen veel van zijn volgelingen, zoals Abraham Heidanus en Christophorus Wittichius een aantal van Descartes' principes over teneinde hun argumenten voor de religieuze waarheid kracht bij te zetten tegenover de rationalisten. Volgens de voetianen echter hadden de coccejanen zich overgeleverd aan het rationalisme door de door God geopenbaarde religie ondergeschikt te maken aan het menselijk verstand.

Hoewel deze controverse de Republiek niet op de rand van een burgeroorlog bracht, zoals het remonstrantse conflict had gedaan, bleven de volgelingen van Voetius en Coccejus elkaar nog jarenlang bestrijden aan universiteiten, in kerkenraadskamers, ten stadhuize en op marktplaatsen. Johannes Hoornbeeck, een collega van Coccejus in Leiden, maar tevens een oud-student van Voetius, bracht in 1655 een refutatie uit. Als reactie hierop brak de eveneens in Leiden werkzame Heidanus drie jaar later met *De Sabbate* een lans voor Coccejus' gezichtspunten, waarna zowel Voetius als zijn tegenstander andermaal de pen tegen elkaar opnamen. In 1659 brak er in de synodes van Zuid- en Noord-Holland een meningenstrijd uit, hoewel de leiders probeerden de gemoederen tot bedaren te brengen door de theologen – zij het vergeefs – af te raden schriftelijk commentaar te leveren op het onderwerp. In de jaren 1660 grepen de Provinciale Staten in om te voorkomen dat het theologisch conflict zou uitmonden in algemene opschudding. Door verdere discussies of publicaties over de zondagsheiliging te verbieden slaagden de Staten erin de meningsverschillen omtrent de zondagsrust enigszins te sussen.[9] Toch bleek het onmogelijk om de verdeeldheid die het gevolg was van een dermate diepgewortelde controverse over de relatie tussen de gereformeerde godsopvatting en de vernieuwingen op het gebied van filosofie en wetenschap in toom te houden.

Het conflict zou tot ver in de achttiende eeuw blijven voortduren, ten dele omdat de voetiaanse en coccejaanse facties model kwamen te staan voor een conservatieve dan wel gematigde houding ten opzichte van de revolutionaire intellectuele bewegingen in de Republiek. De voetianen konden zich niet inschikkelijk betonen, omdat ze zichzelf beschouwden als onwankelbare verdedigers van de rechte leer tegen het heilloze atheïsme dat binnensloop in de christelijke leer en het academisch discours. De aanhangers van de coccejaanse principes namen onderling zeer verschillende standpunten in ten opzichte van de cartesiaanse methodiek, maar waren allen tegenstanders van het onbuigzame en apodictische confessionalisme van de voetiaanse partij. De Enkhuizense predikant Henricus Groenewegen was een overtuigd voorstander van een cartesiaanse, niet-letterlijke hermeneutiek, terwijl David Flud van Giffen, een coccejaanse voorganger uit Sneek, met kracht pleitte voor het theocratische streven en de puriteinse moraliteit van de Nadere Reformatie. Ook op andere rationalisten die de ergernis van het gereformeerde establishment opwekten was het cartesiaanse gedachtegoed de hele eeuw lang van invloed. De beroemdste van hen was wel Baruch de Spinoza, maar ook verscheidene andere minder bekende grootheden, onder wie Franciscus van den Enden en Frederick van Leenhof, bleven zich sterk maken voor de implicaties van het rationalistische denken voor het interpreteren van de Bijbel en het bevragen van traditionele theologische standpunten. Tegen het eind van de eeuw joeg de Amsterdamse predikant Balthasar Bekker velen tegen zich in het harnas met *De betoverde weereld* (1691) waarin hij aan de hand van cartesiaanse postulaten aantoonde dat de duivel, zoals die door de christenen was gecreëerd, uitsluitend op heidens bijgeloof gebaseerd was.[10]

Stedelijke regenten en provinciale assemblees droegen onopzettelijk bij aan het voortwoekeren van de discussie door een modus vivendi te ontwikkelen waarmee het geschil binnen de perken gehouden kon worden. In de tweede helft van de jaren 1670 verplichtten overheden kandidaten voor een predikantsambt schriftelijk hun medewerking toe te zeggen, en kenden vacante posities beurtelings toe aan voetianen en coccejanen. Tot op het bot verdeeld door fundamentele vragen over de interpretatie en de toepassing van de Schrift, handhaafde het gereformeerd protestantisme omstreeks de overgang naar de achttiende eeuw nog altijd een ongemakkelijke co-existentie met rationalistische levensbeschouwelijke systemen.[11]

Mondiale dimensies

Als uitvloeisel van de commerciële en koloniale operaties van de Oost- en West-Indische Compagnie kreeg het calvinisme in de zeventiende en achttiende eeuw ook elders ter wereld voet aan de grond. De 600 à 700 predikanten en de honderden lekenpredikers die in Azië, Afrika en Amerika voor de handelsondernemingen werkten richtten kerken en scholen op, verbreidden het evangelie en probeerden inheemse volken te bekeren. De Nederlandse predikanten die naar overzeese gebieden trokken waren eerst en vooral door de compagnieën aangesteld als zielzorgers die moesten toezien op het geestelijk leven van de employés en hun gezinnen. Omdat de Nederlanders in Oost-Indië, Ceylon, Brazilië en andere locaties de plaats van de Portugezen hadden ingenomen, probeerden de bestuurders van de compagnieën de oorspronkelijke bewoners, van wie velen gedoopt waren door jezuïeten, voor zich te winnen door hen tot het gereformeerde geloof te bekeren. Veel predikanten breidden hun inspanningen zelfs uit tot de 'heidenen' en 'moren' die nog nauwelijks in aanraking waren gekomen met het christendom. De Nederlandse evangelisaties waren de eerste en langdurigste pogingen van protestanten in de vroegmoderne tijd om volken buiten Europa te bekeren, afgezien van Jean de Léry's korte en noodlottige wederwaardigheden bij het Tupinamba-volk in Brazilië in 1558.

De eerste predikanten voeren mee met de VOC in de jaren 1610, een tijd dat de gouverneurs Pieter Both, Gerard Reynst, Laurens Reael en Jan Pieterszoon Coen gewapenderhand terrein wonnen op de Molukken. In latere jaren trokken predikanten door heel de archipel, waar ze preekten, doopten, geloofsgemeenschappen organiseerden en scholen stichtten, onder meer op Ambon, Banda en Ternate. Jakarta, dat tot Batavia werd omgedoopt nadat Coen het in 1619 had veroverd voor de Compagnie, fungeerde als hoofdkwartier van de VOC en herbergde de meest vooraanstaande kerkenraad van Azië. Toen de VOC ook vestigingen oprichtte op Formosa (1624-1662), Ceylon (1640-1796), de kust van Malabar en Coromandel (1610-1798) en Kaap de Goede Hoop (1652-1792), werden er kerkenraden gevormd om leiding te geven aan geloofsgemeenschappen en scholen opgericht om kinderen en volwassenen te onderrichten in het gereformeerde geloof. In 1621 sloten voorgangers en lekenpredikers zich aan bij de zojuist opgerichte WIC en namen deel aan haar expedities in het Atlantisch gebied. Er ontstonden Nederlandse gereformeerde geloofsgemeenschappen in Brazilië (1624-1654), Elmina (1637-1872), Curaçao (1634-1954), Suriname (1667-1954), Nieuw-Nederland (1624-1664) en andere gebieden.

Het was het streven van predikanten in den vreemde en in de Republiek zelf om in de overzeese gebiedsdelen tot een kerkelijke structuur en religieus leven te komen die zoveel mogelijk gemodelleerd waren naar die van de Nederlandse Gereformeerde Kerk. De classes van Amsterdam en Walcheren wierven, onderzochten en zonden predikanten en hulppredikers uit, en adviseerden kerkenraden in de koloniën, maar oefenden geen officieel gezag over hen uit. De VOC stond het de kerkenraden niet toe om classes of synodes te vormen; in Brazilië daarentegen riepen predikanten uit Recife, Olinda, Paraiba en Pernambuco verscheidene classes en zelfs een synode in het leven. Alle gereformeerde kerken onderschreven de leerregels van de Synode van Dordrecht van 1618-1619, hoewel die door plaatselijke kerkordes of beschikkingen van de compagnieën enigszins werden gewijzigd. Zowel de VOC als de WIC behield zich het recht voor om predikanten toe te wijzen aan een bepaalde standplaats, een prerogatief waartegen kerkenraden met kracht maar zonder succes protesteerden.

De strategieën die werden ingezet om katholieken, boeddhisten, hindoes, moslims en aanhangers van de lokale godsdiensten te bekeren werden ontwikkeld aan de hand van Europese modellen en de plaatselijke politieke context. Henk Niemeijer heeft opgemerkt dat bestuurders van zowel de compagnieën als de kerk zich lieten leiden door het principe van *cuius regio eius religio* bij het bepalen in hoeverre een gebied met potentiële bekeerlingen toegankelijk was voor predikanten. De mogelijkheden om bekeerlingen te maken verschilden aanzienlijk van plaats tot plaats. Toen de VOC onderhandelde over handelscontracten met heersers in Oost-Indië en op Ceylon, zegde ze menigmaal toe zich niet te zullen mengen in de religieuze

11.4 Ferdinand Bol, *Christus verschijnt aan Maria Magdalena*, ca. 1640, Amsterdam, Rijksmuseum.

aangelegenheden van bepaalde streken als de heerser geen christen was. Maar in de gedecentraliseerde staatjes van Oost-Indië vonden plaatselijke dorpsoudsten (*orangkayan*) het dikwijls nuttig om een alliantie met de voc aan te gaan tegen rivaliserende dorpen, en zich te bekeren tot het gereformeerde geloof. In dergelijke situaties kregen predikanten de vrije hand om zielen te werven, en deden dat dan ook met grote geloofsijver. In gebieden waar de Compagnie in politiek opzicht het heft in handen had, zoals Ambon, Makassar en de kuststreken van Ceylon, Brazilië en Formosa, probeerden de kerkenraden een theocratische orde op te leggen van het type waarnaar hun geloofsgenoten in het vaderland streefden. Vanuit calvinistisch perspectief was het in een 'christelijke Republiek' noodzakelijk alle andere vormen van religieuze uitingen dan die van de Gereformeerde Kerk te verbieden, de zondag verplicht te stellen als dag van rust en (gereformeerde) godsdienstoefeningen, de openbare ruimte om te vormen tot een landschap dat vrij was van alle religieuze tekenen behalve kerkgebouwen, en het huwelijk, de seksualiteit en het publiek debat te onderwerpen aan op christelijke principes gebaseerde voorschriften.

In dit maatschappelijk milieu droegen predikanten het evangelie uit en volvoerden de sacramenten van de doop en het avondmaal, terwijl kerkenraden het gezag uitoefenden over geloofsgemeenschappen. De kerkenraden in de koloniën waren, net als die in het moederland, nimmer in staat om dit visioen volledig of blijvend te realiseren, omdat de gouverneurs van de compagnieën niet bereid waren om verordeningen tegen niet-gereformeerde geloofsuitingen met enige consistentie te handhaven. De gouverneurs in Brazilië stonden zelfs katholieken en joden toe in het openbaar hun geloof uit te oefenen. Net als in de Republiek voerden predikanten en burgerlijke overheden, hier vertegenwoordigd door functionarissen van de compagnieën, een op en neer gaande machtsstrijd over de rol van het gereformeerde geloof in een koloniale samenleving. Voor predikanten met een sterke zendingsdrang vormden deze maatregelen het optimale middel om mensen te bekeren tot een calvinistisch geloof.

Het calvinistisch zendingswerk had binnen het Nederlandse wereldrijk een wisselend succes, dat altijd achterbleef bij dat van de katholieke of islamitische concurrenten, en in sommige gebieden zelfs uitgesproken mager was. Robert Junius (1606-1655), missionaris op Formosa, doopte in de jaren 1630 en 1640 circa 5000 inheemse bekeerlingen. Volgens de annalen waren er aan het eind van de zeventiende eeuw in Batavia in 1674 2300 volwassen lidmaten, in 1714 op Ambon 1520, in 1731 op Malakka 324 en in 1732 op Ceylon 661.[12] In het Atlantisch gebied werd het zendingswerk het intensiefst bedreven in Brazilië, wat echter maar enkele honderden bekeerlingen opleverde.

Hoewel predikanten geregeld klaagden over het gebrek aan belangstelling voor het gereformeerde geloof in overzeese gebiedsdelen, geloofden ze tegelijkertijd dat ze een grote hoeveelheid zielen wisten te winnen voor het ware christendom. Deze paradox wijst erop dat de Nederlandse calvinisten er opvattingen over bekering op nahielden die complexer waren dan de aantallen lidmaten in de registers doen vermoeden. Kerkenraden handhaafden strikte maatstaven voor het lidmaatschap van een kerk, dat werd bekrachtigd door het deelnemen aan het avondmaal. Na eerst religieus onderricht te hebben ontvangen moesten aspirant-leden in een mondeling examen aantonen dat ze de leerstellingen begrepen en hun levensstijl diende in overeenstemming te zijn met de calvinistische moraal. Toch doopten predikanten in tal van gebieden buiten Batavia mensen zonder hen te toetsen aan de strengere maatstaven voor het lidmaatschap van de kerk (en allen erkenden ze de katholieke doop). Duizenden kinderen en volwassenen werden in het geloof onderwezen en beoefenden een of andere hybride versie van het gereformeerde geloof, wat door de predikanten werd veroordeeld als versluierd 'heidendom' of 'mohammedanisme'. De invloed die calvinistische kerken en scholen hadden op een lokale bevolking reikte dus verder dan degenen die meetelden als lidmaat van de kerk. Voorts werkten de predikanten samen met inheemse talenkenners om tot een geschreven vorm te komen van gesproken dialecten, produceerden ze een groot aantal gereformeerde materialen en Bijbelboeken in lokale talen en leidden ze duizenden inheemse onderwijzers op die kinderen en volwassen onderrichtten in het gereformeerde geloof. In bijna alle gebieden waar de gereformeerde kerk actief was waren er daarnaast door diakenen beheerde weeshuizen, armenvoorzieningen en andere maatschappelijke faciliteiten.

In veel opzichten was de zeventiende eeuw een gouden tijdperk voor het Nederlandse calvinisme. Het had niet alleen in de Republiek zelf grote invloed, maar ontwikkelde zich ook tot het hart van het gereformeerd protestantisme in Europa en de rest van de wereld. Als gevolg van hardnekkige theologische conflicten, de introductie van nieuwe levensbeschouwelijke benaderingen, en het verval van de Republiek als internationale grootmacht begon de invloed van het calvinisme in de achttiende eeuw te tanen. Desalniettemin liet het met zijn inzet voor godsdienstonderwijs, morele discipline en betrokkenheid met volken over de hele wereld een blijvend intellectueel en moreel erfgoed na dat tot diep in de moderne tijd heeft standgehouden.

Noten

1. Christine Kooi bespreekt in hoofdstuk 12 de verwikkelingen rond religieuze diversiteit. Ik ben Christine veel dank verschuldigd voor het grondig doornemen van dit hoofdstuk.
2. R.B. Evenhuis, *Ook dat was Amsterdam*, 2 dln., Amsterdam, 1967, dl. II, pp. 316, 322-323.
3. Michiel van Groesen behandelt de relatie tussen calvinistisch zendingswerk en wereldhandel in hoofdstuk 10 van dit boek.
4. L.J. Rogier, *Eenheid en scheiding. Geschiedenis der Nederlanden*, Utrecht, 1968, p. 107.

5. A.Th. van Deursen, *Bavianen en slijkgeuzen. Kerk en kerkvolk ten tijde van Maurits en Oldenbarnevelt*, Assen, 1974, p. 128.
6. J. Pollmann, *Religious Choice in the Dutch Republic: The Reformation of Arnoldus Buchelius (1565-1641)*, Manchester, 1999.
7. J. Pollmann, 'Off the Record: Problems in the Quantification of Calvinist Discipline', in *Sixteenth Century Journal* 33 (2002), pp. 423-438.
8. J.I. Israel, *The Dutch Republic: Its Rise, Greatness, and Fall, 1477-1806*, Oxford, 1995, pp. 474-475; W. J. op 't Hof, 'Ambivalent Assessments of the Synod of Dordt by Contra-Remonstrants', in Aza Goudriaan en Fred van Lieburg (red.), *Revisiting the Synod of Dordt (1618-1919)*, Leiden, 2011, pp. 391-392.
9. Israel, *The Dutch Republic*, pp. 660-669.
10. M. Wielema, *The March of the Libertines: Spinozists and the Dutch Reformed Church (1660-1750)*, Hilversum, 2004, pp. 79-104.
11. Israel, *The Dutch Republic*, pp. 667-668.
12. H.E. Niemeijer, *Calvinisme en koloniale stadscultuur. Batavia 1619-1725*, Amsterdam, 1996, p. 212; Het Utrechts Archief; Oud Synodaal Archief, xi. Koloniën, Kerkeraad van Batavia aan de synode van Zuid-Holland, 14 november 1714, 10 september 1731, 2 november 1732.

12
Religieuze tolerantie

CHRISTINE KOOI

Buitenlanders die in de Gouden Eeuw de Republiek bezochten waren vaak verbaasd over de veelheid aan geloofsrichtingen die ze waarnamen bij de inwoners. De Britse toerist James Howell noteerde in 1619 verwonderd dat er 'in de straat waar ik logeer bijna evenveel religies zijn als huizen, want de ene buurman weet niet welke religie de ander is toegedaan, en bekommert zich er ook niet veel om'.[1] Anderen hadden minder gunstige indrukken: Howells landgenoot Owen Felltham schreef een paar decennia later smalend over de 'ongebreidelde verdraagzaamheid' in de Republiek, die iedereen toestond uit te dragen 'welke valse godsdienst hem maar bevalt'.[2] Afhankelijk van de standpunten van de toeschouwer was de religieuze tolerantie die in de Republiek heerste bewonderenswaardig dan wel verwerpelijk. Hoe het ook zij, de meesten vonden het een opmerkelijk fenomeen.

Daar was dan ook alle reden toe. In de vroegmoderne periode van de Europese geschiedenis, ongeveer van de renaissance tot de Franse Revolutie, was de communis opinio dat het voor een staat het beste was als de burgerij in alle opzichten gelijkgezind was, met name in religieus opzicht. Harmonie was de voornaamste sociale en politieke waarde. De protestantse reformatie had uiteraard een eind gemaakt aan de religieuze eendracht van het middeleeuwse christendom, en in de zestiende en zeventiende eeuw worstelden tal van landen met het nieuwe probleem van een godsdienstig verdeelde bevolking. Veel overheden hielden vast aan de traditionele opvattingen over een eenvormige samenleving en poogden de religieuze verschillen op te lossen met dwangmaatregelen, of door uniformiteit tot regel te verheffen; met wisselend succes probeerden ze te bewerkstelligen dat al hun onderdanen hetzelfde geloof aanhingen. De regenten die aan het hoofd stonden van de Verenigde Provinciën kozen daarentegen voor een godsdienstbeleid dat omschreven kan worden als gecontroleerde verdraagzaamheid. Binnen zekere grenzen stonden ze religieuze diversiteit toe, wat naar hun mening een betere manier was om maatschappelijke harmonie te bevorderen en te handhaven dan zich in te spannen om gelijkvormigheid af te dwingen. Zo kwam het dat de samenleving in de zeventiende-eeuwse Republiek niet werd gekenmerkt door religieuze uniformiteit maar door een zorgvuldig bewaakt multiconfessionalisme.

Rebellie en reformatie

Deze stand van zaken was voor een deel het gevolg van de religieuze en politieke opschudding die de Lage Landen in de zestiende eeuw had geteisterd. Onder het bewind van de Spaanse koningen Karel v en Filips II was er snel en met harde hand ingegrepen bij het vermoeden van protestantse religieuze tweespalt op hun voorvaderlijk grondgebied; in de Lage Landen waren meer mensen terechtgesteld wegens ketterij dan waar ook in het zestiende-eeuwse Europa. Deze meedogenloze reactie had op haar beurt de onvrede over het bewind van de Habsburgers aangewakkerd, wat in de late jaren 1560 uitmondde in een gewapende opstand tegen Filips II. De grootste groep andersdenkenden, die nu gewoonlijk gereformeerde protestanten of – minder accuraat – calvinisten worden genoemd, sloot zich aan bij het politieke verzet van de edelen en de steden die het beleid van de Habsburgers afwezen. De opstand tegen de Habsburgers had echter vanaf het begin te kampen met interne verdeeldheid. Gedurende de eerste tien jaar werd het verbond van de opstandige gewesten herhaaldelijk geplaagd door religieuze conflicten, met name tussen gereformeerde christenen en katholieken, en wel zozeer dat het nooit lukte om hierover tot overeenstemming te komen, waardoor het verzet tegen de Habsburgers uiteindelijk uiteenviel. Uit deze breuk kwamen twee staten voort, een katholiek restant van de Habsburgse Nederlanden in het zuiden, en een officieel gereformeerde (calvinistische) Nederlandse Republiek in het noorden.

De Republiek, die aan het eind van de jaren 1580 vastere vorm begon aan te nemen, was een bij toeval ontstane staat die was voortgekomen uit de beproevingen van de oorlog met het Spanje van de Habsburgers. Vele waarnemers hadden verwacht dat de opstandige noordelijke gewesten uiteindelijk heroverd zouden worden door de Spaanse monarchie, maar uiteindelijk bleven ze onafhankelijk. Dientengevolge heeft de Republiek nooit een echte constitutie gekend; het document dat daar nog het dichtste bij kwam was de Unie van Utrecht van 1579, een militair verdrag tussen de opstandige noordelijke provincies, dat nooit werkelijk bedoeld was als een definitief politiek akkoord. In artikel 13 van de Unie werd gedecreteerd dat binnen de opstandige provincies de regelgeving betreffende de godsdienst een zaak was voor de plaatselijke overheden, met als voorbehoud 'dat men nyemant ter cause van de religie sal moegen achterhaelen ofte ondersoucken'.[3] In de praktijk betekende dit dat de Gereformeerde Kerk de officiële publieke kerk van de nieuwe staat werd; dat was de beloning die de gereformeerde protestanten opeisten voor hun steun aan de opstand tegen Filips II. Aan het begin van de jaren 1580 werden er door de hele Republiek plakkaten (edicten van de regering) verspreid waarin alle andere godsdiensten dan de gereformeerde verboden werden. Maar tegelijkertijd werd niemand door de overheid verplicht gesteld om zich bij de publieke kerk aan te sluiten: de vrijheid van gedachte (maar niet de vrijheid van eredienst) was wettelijk beschermd. Alle andere gezindten, met name de katholieke, de doopsgezinde en de lutherse,

12.1 Jan Steen, *Het Sint-Nicolaasfeest*, ca. 1665-1668, Amsterdam, Rijksmuseum.

mochten niet openlijk hun geloof beoefenen, maar de plaatselijke ambtenaren die hierop toezicht moesten houden knepen een oogje toe zolang de openbare orde niet verstoord werd. Het resultaat was een unicum voor het vroegmoderne Europa: een staat met een kerk die een voorrangspositie genoot – maar met een multiconfessionele bevolking. Vanuit religieus oogpunt was de Republiek zowel gereformeerd als pluralistisch. Achter haar gereformeerde buitenkant ging een uiterst gediversifieerde bevolking schuil. Omdat geen enkele nationale, gewestelijke of lokale overheid in de Republiek bereid was om het geloof dwingend op te leggen (althans niet consequent), dwong de hieruit voortkomende religieuze verscheidenheid bestuurders ertoe een soort pragmatische verdraagzaamheid in acht te nemen.

De Gereformeerde Kerk was in deze nieuwe staat het geprivilegieerde geloof in die zin dat het de enige kerk was die openbare erediensten mocht houden. Ze kreeg een groot deel van de gebouwen toegewezen die voorheen eigendom waren geweest van de Katholieke Kerk, haar predikanten werden betaald uit publieke middelen, en haar geestelijken fungeerden als veldpredikers voor de gewapende troepen van de Republiek. Maar zoals gezegd was niemand verplicht om zich bij deze kerk aan te sluiten, en zelf wierp de Gereformeerde Kerk hoge drempels op voor potentiële leden; die moesten openbaar belijdenis doen en zich onderwerpen aan het kerkelijke gezag van de kerkenraden, die bestonden uit predikanten en ouderlingen. Dit betekende in de praktijk dat het aantal lidmaten van de publieke kerk gedurende de late zestiende en zeventiende eeuw in het gunstigste geval met een traag tempo toenam. Het grootste deel van de zeventiende eeuw vormden de leden van de Gereformeerde Kerk geen feitelijke, maar slechts een relatieve meerderheid binnen de bevolking van de Republiek. In de eerste helft van de eeuw maakten ze in de meeste steden van de provincie Holland 17 à 30 procent van het inwonertal uit, althans voor zover daarover cijfers bekend zijn.[4] Globaal bezien waren de provincies Friesland, Groningen, Drenthe en Zeeland overwegend protestant (hoofdzakelijk gereformeerd en doopsgezind) terwijl Holland, Utrecht, Gelderland en Overijssel een meer gemengde bevolking hadden, die voor bijna de helft katholiek was. Deze religieuze verscheidenheid zou gedurende de verdere geschiedenis van de Republiek standhouden.

Welke religies waren er naast het gereformeerde geloof? Het palet omvatte katholieken, doopsgezinden, remonstranten, bescheiden gemeenschappen van lutheranen en joden en nog kleinere groepjes quakers, collegianten, socinianen en andere spiritualistische sekten. Aangezien men in die tijd niet aan statistiek deed, zijn precieze cijfers voor deze groepen onmogelijk te achterhalen, maar een plaatsgebonden case-study kan enige indruk geven van de vermoedelijke numerieke verhoudingen tussen de denominaties. In haar baanbrekende analyse van de religieuze cultuur in Haarlem in de periode 1577-1620 concludeerde Jo Spaans dat ongeveer 20 procent van de inwoners gereformeerd was, 14 procent doopsgezind, 12,5 procent katholiek en 1 procent luthers; de rest van de burgerbevolking, meer dan de helft, behoorde kennelijk niet officieel tot een bepaalde geloofsrichting.[5] Dat betekent niet noodzakelijkerwijs dat ze nooit een kerkdienst bijwoonden – de Gereformeerde Kerk had vele 'liefhebbers' die wel ter kerke gingen, maar geen volwaardig lid waren – maar voor een zo evident religieus tijdperk was het opvallend dat zo veel Haarlemmers ervoor kozen zich niet bij een bepaalde geloofsrichting aan te sluiten. Het feit dat er geen van overheidswege opgelegde geloofsdwang bestond droeg ongetwijfeld bij aan dit fenomeen. Spaans' conclusies lijken het beeld te bevestigen dat ook in de meeste andere Nederlandse steden aangetroffen kan worden: daar vormden de gereformeerden halverwege de eeuw verhoudingsgewijs de grootste groep, het aantal aanhangers van kleinere denominaties liep uiteen van 1 tot 30 procent, en daarnaast was er een aanzienlijke hoeveelheid niet aan een bepaald geloof gelieerde burgers. De voornaamste uitzondering op dit algemene patroon waren de Generaliteitslanden in het zuiden, de delen van de provincies Vlaanderen, Brabant en Limburg die aan het begin van de zeventiende eeuw gewapenderhand waren ingelijfd bij het grondgebied van de Republiek. De inwoners van die streken bleven voor het overgrote deel katholiek, en de Gereformeerde Kerk boekte weinig succes bij het bekeren van de inwoners tot de publieke kerk.[6]

Voorts moet hier vooral melding gemaakt worden van de grootste niet-christelijke minderheid van de Republiek, de joden. In de jaren 1590 vestigden zich voor het eerst Portugese of Sefardische joden in de Republiek, en wel voornamelijk in Amsterdam. Aan het eind van de zeventiende eeuw bedroeg hun aantal daar circa 3000. In de tweede helft van de eeuw kwamen daar nog enkele duizenden Asjkenazische joden uit Midden- en Oost-Europa bij.[7] Samen met het Ottomaanse Rijk en een handvol Italiaanse staten was de Republiek een van de weinige plaatsen in Europa waar uit het Iberisch Schiereiland verjaagde joden in de vroegmoderne tijd een betrekkelijk veilige wijkplaats konden vinden. Het antisemitisme had een lange voorgeschiedenis in het christelijke Europa, waar de joden van oudsher werden beschouwd als de moordenaars van Christus. In de steden van Holland werd hun komst beslist met argwaan en achterdocht bezien, vooral door de publieke kerk, en pas tegen het eind van de Gouden Eeuw werd hun het recht verleend eigen gebedshuizen te bouwen. Anders dan andere religieuze minderheden in de Republiek waren joden verplicht om eerst toestemming te vragen aan het stadsbestuur voordat ze zich in een bepaalde stad mochten vestigen. Het was hun ook niet toegestaan om met christenen te trouwen. Op den duur echter behandelden de plaatselijke overheden de joodse gemeenschappen niet heel anders dan christelijke minderheidsdenominaties en onderwierpen hen aan dezelfde beperkingen en controles.

De publieke kerk en persoonlijke geloofsopvattingen

Van tijd tot tijd had de Gereformeerde Kerk het moeilijk met haar plaats in de Republiek als geprivilegieerde kerk in een multiconfessionele samenleving. Als de publieke kerk maakte ze aanspraak op respect en gezag, maar haar relatie met de lokale, gewestelijke en nationale overheden kon zonder meer gecompliceerd zijn. Ze verwachtte door de staatsoverheid zowel vrijgelaten als gesteund te worden; dat wil zeggen: de publieke kerk wilde geen politieke inmenging, maar wel ruimschoots politieke armslag. De gereformeerde kerkleiders vonden dat de kerk zeggenschap hoorde te hebben over haar eigen zaken en het voortouw moest nemen bij de algemene morele hervorming van de samenleving, en gingen ervan uit dat de overheid haar onvoorwaardelijk zou steunen bij deze pogingen. De wereldlijke bestuurders daarentegen verwachtten dat de publieke kerk hun macht eerbiedigde; zij gaven de voorkeur aan een geprivilegieerde kerk die zowel onderdanig als verbindend was. Dit verschil in opvatting over de plaats en het karakter van de publieke kerk leidde in de begintijd van de jaren 1570 en 1580 in de provincies Holland en Utrecht tot een aantal verbitterde lokale conflicten tussen kerkelijke en civiele bestuurders over de vraag hoeveel autonomie de publieke kerk hoorde te genieten, met name inzake de netelige kwestie hoe predikanten en kerkenraden benoemd moesten worden. Deze conflicten zouden op diverse plaatsen op uiteenlopende wijze worden beslecht, maar de achterliggende problematiek zou zich vanaf ongeveer 1610 in een ernstiger vorm opnieuw opdringen, met de controverse tussen arminianen en gomaristen tijdens het Twaalfjarig Bestand. Na 1619, toen de arminiaanse of remonstrantse factie uit de publieke kerk werd gestoten en de orthodoxe gereformeerde leer als overwinnaar naar voren trad, kreeg de relatie tussen kerk en staat een wat vriendelijker, of althans minder antagonistisch karakter. De publieke kerk legde zich erbij neer dat ze een bevoorrechte status genoot, maar niet onafhankelijk was.

De argwaan waarmee de overheid en de geprivilegieerde kerk elkaar bezagen had met name gedurende de eerste vijftig jaar van het bestaan van de Republiek directe gevolgen voor de manier waarop de andere confessies in het land werden behandeld. Dat in de natie die door de leiders van de Gereformeerde Kerk werd betiteld als hun 'Nieuw Israël' ook andere geloofsrichtingen waren toegestaan, al was het soms met tegenzin, was voor hen een bron van voortdurende ergernis en ze klaagden er dan ook veelvuldig over. Maar het openbaar bestuur was niet bereid religieuze gelijkvormigheid op te leggen, en zolang de Gereformeerde Kerk zulke hoge eisen stelde aan aspirant-leden zag het zich genoodzaakt enige tolerantie in acht te nemen. Ook is het goed mogelijk dat akelige herinneringen aan het zestiende-eeuwse rechtssysteem van de Habsburgers bijdroegen aan de aarzeling om het geloof dwingend op te leggen. De burgerlijke overheden gingen er echter van uit dat de kleinere geloofsgemeenschappen zich zouden onderwerpen aan hun gezag, net zoals ze dat verwachtten van de Gereformeerde Kerk. In de praktijk kwam het er uiteindelijk veelal op neer dat de plaatselijke bestuurders getolereerde geloofsgemeenschappen gewoonlijk met rust lieten, zolang ze de maatschappelijke orde niet verstoorden en niet al te opzichtig hun geloof en de bijbehorende ceremoniëlen praktiseerden. De motieven voor hun tolerantiebeleid waren dus eerder pragmatisch dan principieel. Ze kozen ervoor pluriformiteit mogelijk te maken in plaats van eenvormigheid op te leggen, ten dele omdat de eerste optie uitvoerbaarder leek dan de tweede. Het beleid dat de meeste lokale overheden in de Republiek voerden kwam in feite neer op een soort 'gedoogbeleid', waarmee de co-existentie van verschillende confessies min of meer effectief in banen werd geleid.[8]

Het regime van tolerantie

Na het ontstaan van de Republiek kwam dit regime van tolerantie met horten en stoten tot ontwikkeling, een proces dat ongeveer een halve eeuw in beslag nam. Niet alleen moest elk stadsbestuur beslissen hoe het zich wenste te verhouden tot de geprivilegieerde Gereformeerde Kerk, maar ook moest het zijn beleid ten opzichte van de confessionele minderheden in de gemeenschap bepalen. Alle andere erediensten dan de gereformeerde waren per plakkaat verboden, maar gedurende de laatste twee decennia van de zestiende eeuw ontstonden er vrij snel minderheidsgeloofsgemeenschappen die achter gesloten deuren opereerden. Er werd niet consequent de hand gehouden aan de plakkaten; nu eens ondernamen het stadsbestuur en de schout onder de druk van de Gereformeerde Kerk iets tegen andersdenkenden, en dan weer niet. Tot aan de jaren 1610 schijnen de burgerlijke overheden in het algemeen huiverig geweest te zijn om andersdenkenden te veel ruimte te gunnen voor hun activiteiten. Deze terughoudendheid kwam waarschijnlijk voort uit druk van gereformeerde zijde, maar ook uit de aangeboren achterdocht van de overheden jegens alles wat tot ordeverstoring binnen hun gemeenschap zou kunnen leiden. Lutherse en doopsgezinde geloofsgemeenschappen stuitten bijvoorbeeld op een zekere mate van argwaan wanneer ze bij de betreffende instanties een verzoek indienden om een eigen ruimte voor hun geloofsoefeningen te mogen inrichten, en in sommige gevallen werd hun van hogerhand regelrecht verboden om in 'conventiculen' bijeen te komen. Zo hadden ook Portugese joden aanvankelijk moeite om in Amsterdam een eigen synagoge op te richten, ten dele omdat er van gereformeerde zijde oppositie werd gevoerd tegen het voorstel.[9] In de jaren 1590 verbood het Leidse stadsbestuur de lutheranen om diensten binnen de stadsmuren te houden, nadat interne conflicten van die geloofsgemeente over bepaalde leerstellingen tot verstoringen van de openbare orde hadden geleid.[10] Zo werden ook katholieken in deze periode veel vaker door de overheid gevolgd en vervolgd; nu en dan moesten priesters en missionarissen onder een dekmantel hun werk doen, in vermomming reizen, geheimschrift gebruiken voor hun correspondentie of zich verlaten op de protectie van welgestelde katholieke beschermers.[11]

Omstreeks 1610 begon de behoedzaamheid van de overheid ten opzichte van minderheidsreligies geleidelijk af te nemen. Dit was het decennium van het Twaalfjarig Bestand met Spanje, dat de spanningen van de oorlog deed verminderen, waardoor ook de argwaan jegens andersdenkenden afnam. Voor een deel kan dit ook te danken zijn geweest aan de controverse tussen arminianen en gomaristen die in dit decennium zowel de staat als de publieke kerk in rep en roer bracht. Her en der raakten stadsbesturen en gereformeerde kerkenraden zozeer verwikkeld in de lokale kerkelijke en wereldlijke conflicten tussen arminianen en gomaristen dat ze minder aandacht schonken aan andersdenkenden. Ook kwamen er in verscheidene belangrijke steden in de provincie Holland pro-arminiaanse magistraten aan de macht die een toleranter beleid voorstonden: als aanhangers van een minderheidsgeloof verzochten een gebouw te mogen kopen waarin ze hun geloof konden uitoefenen willigden arminiaanse stadsbesturen zo'n verzoek in. Vooral in de provincie Holland kregen gemeenschappen van joden, doopsgezinden en lutheranen eindelijk toestemming permanente gebedshuizen te vestigen, uiteraard met het voorbehoud dat ze op geen enkele manier de openbare orde zouden verstoren.

Dit alles resulteerde in een ietwat eigenaardig religieus landschap dat omstreeks het tweede kwart van de zeventiende eeuw in de meeste grote en kleine steden van de Republiek zijn beslag kreeg. De gereformeerden beleden hun geloof openlijk in de kloeke eeuwenoude middeleeuwse kerken die het hart van elke stad vormden, terwijl katholieken, doopsgezinden en lutheranen hun erediensten informeel en geruisloos vierden in particuliere woningen die lukraak verspreid lagen in de drukke, smalle straten van diezelfde steden, soms in de directe omgeving van de publieke kerk. Een van de beroemdste voorbeelden hiervan is de Amsterdamse schuilkerk Ons' Lieve Heer op Solder, een katholieke kapel die schuil gaat achter de gevel van een doorsnee grachtenpand, direct om de hoek bij de middeleeuwse Oude Kerk waar de gereformeerde stedelingen de dienst bijwoonden. Zo verzamelden de lutheranen in Leiden zich in hun eigen onopvallende 'preekhuis', aan dezelfde gracht als de iets verderop liggende laatgotische Hooglandse Kerk, die in handen was van de gereformeerden. Overal in de drukke steden van de Republiek kwamen dergelijke fysiek nabije combinaties voor. Het 'geheime' van deze particuliere geloofsgemeenschappen was echter een soort van beleefde fictie: hoewel deze gebedshuizen zich bevonden achter onschuldige gevels, wist blijkbaar iedereen in een bepaalde gemeenschap, inclusief de plaatselijke overheid, waar de niet-gereformeerde christenen van de stad bijeenkwamen. Kennelijk was er binnen de openbare ruimtes van de Republiek een grotendeels onuitgesproken maatschappelijke en politieke overeenkomst van kracht, die inhield dat zolang de minderheidsgenootschappen zich bij hun eigen zaken hielden en in alle rust hun geloof bedreven, ze ongehinderd hun gang konden gaan.

Confessionele co-existentie

Vanaf circa 1620 begon het regime van tolerantie zich te stabiliseren. Religieuze minderheden verkeerden juridisch gesproken nog altijd in het nadeel. Ze genoten gewetensvrijheid, maar geen vrijheid van eredienst (hoewel de plakkaten tegen diensten van andersgelovigen hooguit inconsequent werden gehandhaafd). Een enkele maal werden katholieke gemeenschappen en priesters lastiggevallen door plaatselijke bestuurders, maar daar was geen regelmaat of vaste lijn in te bespeuren. De Gereformeerde Kerk hield vast aan zijn sektarische retoriek en zijn lobbyactiviteiten, met name tegen katholieken, maar in de laatste decennia van de zeventiende eeuw was ook daarin een teruggang zichtbaar. Met het wisselen der generaties, en zeker nadat de oorlog met Spanje was afgelopen, zwakten de drijfveren voor confessionele wrijving geleidelijk af. Aan het eind van de Gouden Eeuw belandde de multiconfessionele maatschappij van de Republiek in een soort vreedzame co-existentie; het kwam voor dat er antagonisme en onenigheid uitbraken tussen verschillende geloven, maar als dat gebeurde bracht het de maatschappelijke orde nooit ernstig in gevaar.

Omdat bij de Unie van Utrecht was bedongen dat religieuze zaken door de lokale overheden afgehandeld zouden worden, was het onvermijdelijk dat zich enige variatie voordeed in de uitvoering van het regime van tolerantie, wat per gemeenschap kon verschillen. Veel hing af van de welwillendheid van plaatselijke magistraten, van de medewerking en de gehoorzaamheid van de getolereerde geloofsgemeenschappen, van de sektarische sentimenten in de plaatselijke gereformeerde gemeente en van talloze andere sociale, geografische, economische, politieke en zelfs persoonlijke factoren. De bewegingsvrijheid die diverse minderheidsdenominaties werd gegund was evenmin constant als consistent. De religieuze verdraagzaamheid was veranderlijk en extreem gevoelig voor plaatselijke omstandigheden. Tolerantie in de Republiek was dan ook eerder een proces dan een vast gegeven.

De belangrijkste variaties in het regime van tolerantie deden zich voor op regionaal niveau. De veiligheid en stabiliteit van minderheidscongregaties kon van stad tot stad en van provincie tot provincie variëren. De provincie Holland, de dichtstbevolkte en welvarendste provincie van de Republiek, was het ruimhartigst in haar houding ten opzichte van religieuze minderheden. In de meeste gemeenschappen in Holland, met name in de kosmopolitische handelsstad Amsterdam, gunde het stadsbestuur de getolereerde gemeenschappen een vrij grote speelruimte om hun geloof naar believen uit te oefenen, opnieuw op voorwaarde dat ze dit in besloten kring deden en zonder de orde te verstoren. In de oostelijke provincies daarentegen was de behandeling van confessionele minderheden restrictiever. Vanaf de jaren 1620 en in de loop van de verdere eeuw voerden steden als Utrecht, Deventer, Arnhem, Zwolle en Nijmegen wetgeving in waarmee katholieken werden uitgesloten van het poorterschap (het burgerschap in de Republiek was eerder lokaal dan landelijk geregeld, en als juridische status bracht het bepaalde economische en sociale privileges met zich mee). Deze oostelijke steden kenden niet zo'n grote welvaart als die van Holland, en het is denkbaar dat hun bestuurders hebben toegegeven aan druk vanuit zowel de Gereformeerde Kerk als de eigen bevolking, die in tijden van economische tegenspoed afkerig stond tegenover vermeende buitenstaanders. Zelfs in gemeenschappen in het vrijzinnige Holland bestonden er plaatselijk verschillende gradaties van tolerantie of intolerantie. In de steden Dordrecht en Gouda werden katholieken tijdens de Gouden Eeuw vaker vervolgd door lokale wetshandhaven wegens het schenden van de verordeningen dan in andere steden in die provincie. Dordrecht had een grote en invloedrijke gereformeerde gemeente die nauwe banden onderhield met de burgerlijke overheid, en meer dan eens de schout er met succes toe aanzette om op te treden tegen katholieke conventiculen binnen de stadsmuren. De Goudse baljuw (de hoogste wetshandhaver), die kennelijk door hebzucht bevangen was, schijnt invallen te hebben gedaan bij bijeenkomsten van katholieken in de hoop de priesters recognitiegeld (een kruising tussen een boete en een omkoopsom) afhandig te maken.[12] Confessionele minderheden, en met name katholieken, merkten dat het regime van tolerantie hen nergens in de Republiek volledig vrijwaarde van politieke of juridische intimidatie. Ze bleven in een aantal belangrijke opzichten tweederangsburgers.[13]

Ook werden onder het regime van tolerantie de verschillende religieuze groeperingen niet op dezelfde manier behandeld. Protestantse minderheden werden in het algemeen toleranter, of op zijn minst minder onaangenaam bejegend dan roomskatholieken. Doopsgezinde gemeenschappen bijvoorbeeld, die gewoonlijk erg op zichzelf waren en zich opzettelijk afzonderden van de rest van de samenleving, ondervonden weinig hinder van de overheden, die hun bijdrage aan de economie op waarde wisten te schatten. Men conformeerde zich zelfs tot op zekere hoogte aan hun overtuigingen. De Staten van Holland voerden bijvoorbeeld de maatregel in dat doopsgezinden bij diverse juridische handelingen, zoals het verwerven van het burgerschap of een huwelijk, een belofte mochten afleggen in plaats van een eed; het zweren van een eed druiste in tegen een van hun belangrijkste leerstellingen. Omdat doopsgezinden ook weigerden wapens te dragen mochten ze in sommige steden een som geld betalen in plaats van deel te nemen aan de schutterij. Maar als minderheid genoten ze geen volledige immuniteit; in de jaren 1660 en 1670 werden op diverse plaatsen in de Republiek doopsgezinde gemeenschappen ondervraagd door lokale gezagsdragers over de vraag of er in hun gelederen mensen waren die sociniaanse denkbeelden aanhingen (een geloof dat het bestaan van de christelijke drie-eenheid ontkende).[14] Zo werd ook de kleine lutherse minderheid in de Republiek, die voornamelijk bestond uit migranten uit het Heilige Roomse Rijk, in het algemeen met rust gelaten door de overheid. Maar ook zij werden bij gelegenheid van hogerhand nader onderzocht. In de jaren 1640 en 1650 rees er onder gereformeerden de vrees dat de lutheranen samenspanden met de remonstranten, met als gevolg dat sommige stadsbesturen trachtten verordeningen in te stellen die verbreiding van het lutherse geloof moesten voorkomen. Bij de Grote Vergadering van 1651, een langdurige vergadering van de Staten-Generaal waartoe was opgeroepen door Holland om onopgeloste politieke en staatsrechtelijke kwesties te regelen na de mislukte coup van stadhouder Willem II in 1650, werd nog eens bekrachtigd dat het lutheranen verboden was een publiek ambt te bekleden.

Van alle getolereerde geloofsrichtingen maakten katholieken de meeste kans om onheus bejegend te worden door de overheid, wat op zijn minst voor een deel voortkwam uit protestantse antikatholieke sentimenten, maar ook uit het gegeven dat de top van de Rooms-Katholieke Kerk willens en wetens honderden priesters naar de Republiek stuurde om daar als missionarissen het katholieke geloof nieuw leven in te blazen. Dit project, dat bekend stond als de Hollandse Missie, werd min of meer in het geheim uitgevoerd en had aanzienlijk succes: hiermee werden de Nederlandse katholieken zowel voorzien van pastorale zorg als van de sacramenten.[15] De aanwezigheid en de activiteiten van de Missie leidden tot consternatie in de Gereformeerde Kerk, die druk uitoefende op de diverse overheden om de opkomst van het 'papisme' een halt toe te roepen. Hoewel de kerk van tijd tot tijd bezwaren uitte tegen activiteiten van doopsgezinden, was de sektarische geest van de geprivilegieerde kerk het felst gebeten op het restant van de bevolking dat nog altijd trouw was aan de oude Katholieke Kerk, de kerk die de gereformeerden in hun eigen ogen nu juist van smetten hadden ontdaan. Dat er nog steeds 'afgoderij' bestond, zoals ze het noemden, werd door de gereformeerde kerkleiders gezien als kwetsend en schadelijk, zowel voor het ware geloof als voor de staat. Kerkenraden, classes en synodes (de hiërarchie van kerkelijke colleges die het bestuur van de Gereformeerde Kerk vormde) klaagden herhaaldelijk en op luide toon bij gemeentelijke en provinciale overheden over de 'onbeschaamdheid' van de 'papisten'. De gereformeerde kerkleiders zetten een propaganda-offensief tegen het katholicisme in gang dat het grootste deel van de zeventiende eeuw aanhield, maar zijn hoogtepunt bereikte tussen circa 1620 en 1660, toen het katholieke geloof dankzij de inspanningen van de Hollandse Missie een flinke opleving doormaakte. Vanaf de kansel en in gedrukte publicaties verguisden gereformeerde voorgangers het katholicisme in de krachtigste en meest bombastische termen: de aanwezigheid ervan in de Republiek was een 'kankergezwel', een 'serpent' of een 'wolf'. Even scandaleus in hun ogen was de wijze waarop de katholieken het regime van tolerantie naar hun hand zetten en ongegeneerd hun 'afgoderij' bedreven in het hart van de gemeenschap, terwijl de stadsbestuurders nauwelijks iets deden om hun een halt toe te roepen ondanks de geldende wetgeving.[16] Het regime van tolerantie was de Gereformeerde Kerk vaak een doorn in het oog, juist omdat het katholieke geloofspraktijken toestond in een land dat de gereformeerden veroverd dachten te hebben als hun hoogsteigen bezit. Zo werd een fel en dikwijls verboden anti-katholicisme een van de wezenskenmerken van de cultuur van de vroegmoderne Gereformeerde Kerk. Haar identiteit was diep verbonden met het feit dat ze pal stond tegen het 'bijgeloof' en de 'afgoderij' van de Kerk van Rome.

Het multiconfessionalisme dat dominant was in de samenleving van de Republiek leidde bij de Gereformeerde Kerk dus menigmaal tot misnoegen. Kerkenraden, classes en synodes waakten zorgvuldig over de grenzen tussen het eigen geloof en de getolereerde gezindten. Predikanten en ouderlingen stonden altijd klaar om te ageren tegen alles wat volgens hen zweemde naar vermenging van geloofsrichtingen. In de dichtbevolkte steden van de Republiek was het maar al te eenvoudig om niet-gereformeerde personen te ontmoeten en met hen te verkeren. Als het de kerkenraad, die verantwoordelijk was voor het handhaven van de tucht onder de gelovigen, ter ore kwam dat een der lidmaten contact had met mensen van andere geloofsrichtingen, was de kans groot dat de persoon in kwestie door de predikanten en ouderlingen werd opgeroepen om rekenschap af te leggen en zijn of haar trouw aan het geloof te bewijzen. In de grote geloofsgemeenschap van Amsterdam bijvoorbeeld behandelde de kerkenraad verscheidene malen per jaar dergelijke gevallen van geloofsdwaling. Ook elders in het land kon een dergelijk patroon worden waargenomen bij gereformeerde gemeenten. Predikanten en ouderlingen bedreigden het afgedwaalde lid met uitsluiting van het avondmaal, en verstokte zondaars konden zelfs worden geëxcommuniceerd (hoewel dit zelden gebeurde). Het effect van de kerkelijke tucht kon variëren; soms gaven terechtgewezen gemeenteleden hun dwalingen toe en verzoenden zich met de kerk, maar anderen deden dat niet. In 1649 bijvoorbeeld bekende Trijn Hendrickxdr uit Delft de kerkenraad aldaar vol berouw dat ze onder dwang van haar echtgenoot een katholieke mis had bijgewoond, maar dat ze nu van hem gescheiden was, en daarom nam de kerkenraad haar weer op in de gemeente. Het Amsterdamse gemeentelid Aeltgen Claes daarentegen werd er in 1601 van beschuldigd te heulen met de katholieken; ze wees herhaalde pogingen van de kerkenraad om tot een redelijke discussie te komen van de hand en zwoer publiekelijk het gereformeerde geloof af, waarbij ze zelfs het oude katholieke gerucht herhaalde dat de hervormer Johannes Calvijn zich schuldig had gemaakt aan sodomie.[17]

Concurrentie om de ziel

Gevallen als die van Trijn en Aeltgen leggen een ander aspect bloot van het multiconfessionalisme in de Republiek waarvan de geprivilegieerde kerk niet gediend was; omdat er geen geloofsdwang was, was het mogelijk het hele assortiment aan beschikbare religies te onderzoeken en een daarvan te verkiezen boven de andere. Ondanks de inspanningen van de diverse gezindten om hun gelovigen binnenboord te houden, was het heel goed mogelijk dat iemand overstapte van het ene geloof naar het andere, of zelfs iedere geloofsovertuiging liet varen. De bekeerling van het ene geloof werd een afvallige van het andere. Dat betekende dat er bij de diverse religieuze groeperingen van de Republiek een soort concurrentie om de ziel bestond. Een Engelse bezoeker uit die tijd schreef dat als je op zoek was naar religie 'hier alles kunt uitproberen en tenslotte kunt nemen wat je het meest aanstaat'.[18] En dat is precies wat sommige mensen deden. In 1672 bijvoorbeeld had de katholieke echtgenoot van een Delfts gereformeerd gemeentelid zijn vrouw verhinderd de gereformeerde kerkdiensten bij te wonen. Toen de kerkenraad hem hierover terechtwees, legde hij de ouderlingen een plan voor dat inhield dat zijn vrouw zesmaal een dienst in 'zijn' kerk zou bijwonen en hij zesmaal een in de 'hare', en dat ze daarna zouden kiezen tussen de beide kerken. De kerkenraad verwierp het voorstel prompt, maar kwam er een paar maanden later tot zijn verrassing en tevredenheid achter dat de echtgenoot gereformeerde kerkdiensten had bijgewoond en die 'naar zijn smaak' vond.[19] De concurrentiestrijd om de ziel werkte soms in het voordeel van een bepaald geloof.

Juist vanwege gevallen als deze was er een bepaald type van confessionele interactie waarvoor alle kerkelijke overheden extreem op hun hoede waren, namelijk het gemengde huwelijk. Er waren in de Republiek geen juridische bezwaren tegen een gemengd huwelijk, behalve als het ging om christenen en joden. Binnen alle gezindten hechtten de geestelijk leiders er sterk aan dat de lidmaten trouwden met iemand van hun eigen geloof. Gereformeerde kerkenraden stelden zich actief teweer tegen gemengde huwelijken, en als een gereformeerd gemeentelid toch met iemand van een ander geloof trouwde, zetten ze dikwijls het echtpaar onder druk om te bewerkstelligen dat alle kinderen die voortkwamen uit deze verbintenis gedoopt zouden worden in de Gereformeerde Kerk. Zo spoorden ook katholieke priesters hun parochianen krachtig aan om binnen de kerk te trouwen en te dopen. Soms leidde deze strijd om nieuwe zielen tot directe conflicten tussen geloofsrichtingen. In Gouda bijvoorbeeld wist in 1669 een geschrokken gereformeerde kerkenraad het stadsbestuur over te halen om in te grijpen toen een franciscaanse missionaris een lid van hun kerk dwong met haar katholieke verloofde te trouwen volgens de riten van zijn kerk. De magistraten droegen de echtgenoot op toe te laten dat het kind dat ze verwachtten gedoopt zou worden in de Gereformeerde Kerk. Omdat doopsgezinden alleen de volwassenendoop erkenden, waren gereformeerde kerkenraden vooral bezorgd dat kinderen uit zulke gemengde huwelijken ongedoopt zouden blijven. Toen een doopsgezinde Leidse vrouw in 1586 haar gereformeerde echtgenoot ontvluchtte om te voorkomen dat haar kind gedoopt zou worden, spande de kerkenraad zich hevig in om het stadsbestuur bij deze zaak te betrekken. In de besloten kring van een gezin konden zulke conflicten over het geloof onaangenaam hoog oplopen. Alle betrokken partijen vonden dat hier de bestemming van de nieuwgeboren zielen op het spel stond. Binnen alle gezindten moesten de kerkleiders dergelijke gevallen met de nodige tact behandelen, maar zoals we al zagen aarzelde de Gereformeerde Kerk niet om zo nodig een beroep te doen op de overheid.

Omgangsoecumene

Het verschijnsel van het gemengde huwelijk was een indicatie van een algemener maatschappelijk gegeven in de Republiek: het was heel makkelijk, om niet te zeggen onvermijdelijk, om tijdens de bezigheden van alledag in contact te komen met mensen van een ander geloof. Zoals de aan het begin van dit hoofdstuk aangehaalde Britse reizigers bemerkten, waren er overal in de Republiek buurten en zelfs gezinnen te vinden waarbinnen aanhangers van verschillende geloofsrichtingen bijeen leefden. De overheid verlangde niet van religieuze minderheden dat ze zich afzonderden. Soms concentreerden de aanhangers van een minderheidsgeloof zich in een bepaald stadsdeel, zoals de joden in Amsterdam of de katholieken in Delft, maar zulke wijken kunnen niet als getto's worden omschreven, omdat ze niet ommuurd of in enige andere zin afgescheiden waren van de rest van de stad. Ondanks alle vijandige en zelfs agressieve retoriek waarmee de verschillende geloofsrichtingen elkaar konden bestoken, zijn er zeer weinig gedocumenteerde gevallen van daadwerkelijke handtastelijkheden tussen gewone mensen met een verschillend geloof, ook al woonden zij dikwijls direct naast elkaar. Buren gingen in het algemeen vriendelijk met elkaar om, en bij contacten met anderen hadden ze vaak geen weet van hun geloofsovertuiging, of schonken er geen aandacht aan. Deze sociale interactie is door een bekende historicus betiteld als 'vreedzame religieuze co-existentie' of de 'omgangsoecumene'.[20] Leden van verschillende geloofsrichtingen woonden naast elkaar, werkten zij aan zij en waren zelfs familie van elkaar, zonder dat er veel ophef werd gemaakt over het verschil in geloof. De historicus Benjamin Kaplan heeft gewezen op een fraai voorbeeld hiervan: het groepsportret dat Rembrandt in 1662 maakte van de vijf waardijns van het Amsterdamse lakenbereidersgilde, een schilderij dat later in Amerika beroemd is geworden als het beeldmerk van 'Dutch Masters' sigaren en in Nederland bekend is als *De Staalmeesters*; de afgebeelde personen vertegenwoordigden minstens vier verschillende confessies: gereformeerd, doopsgezind, katholiek en remonstrants (Afb. 12.2). Dit waren vooraanstaande mannen binnen de koopmanselite van de stad, en ze hadden er geen enkele moeite mee zich samen in te zetten voor gemeenschappelijke winstgevende doelen.[21] Judith Pollmann heeft het leven beschreven van de Utrechtse jurist en geleerde Arnoldus Buchelius, een vrome gereformeerde protestant die ondanks zijn strenge geloofsovertuiging diverse katholieken en remonstranten tot zijn vrienden rekende.[22]

12.2 Rembrandt, *De Staalmeesters*, 1662, Amsterdam, Rijksmuseum.

Kennelijk waren de mensen in deze multiconfessionele samenleving in staat om hun eigen geloofsovertuiging en hun relaties met vrienden, buren en verwanten van elkaar te scheiden. Een diepe gehechtheid aan het geloof was niet automatisch een bezwaar of een belemmering voor interactie met anderen. Deze bereidheid om niet op verschillen te letten en eigen vooroordelen opzij te zetten was het smeermiddel dat maakte dat het rijk gevarieerde maatschappelijk leven in de Republiek soepel kon functioneren.

Dit persoonlijke, alledaagse oecumenisme is misschien wel de werkelijke triomf van het tolerantieregime van de Republiek. In hun streven om de religieuze co-existentie in banen te leiden, bevorderden de regenten van de Republiek in feite de vorming van twee afzonderlijke levenssferen waar het religie betrof – een publieke en een particuliere. In de opvattingen van de politieke elites die dit beleid ontwikkelden was geloof een privé-aangelegenheid, terwijl het belijden ervan tot het publieke domein behoorde. Zo kon er maar één publieke kerk zijn waarin het geloof openlijk werd beleden, maar alles wat het geweten en de eigen overtuiging betrof hoorde tot de persoonlijke levenssfeer en was daarom onaantastbaar. Wat het religieuze bestel in de Republiek teweegbracht kwam in feite neer op het privatiseren van het geloof: het stond mensen met een verschillende geloofsovertuiging vrij om, binnen nauwkeurig omschreven parameters en variabelen, God naar eigen inzicht te aanbidden. Ondanks incidentele protesten en aanvaringen legden de publieke kerk en de minderheidsdenominaties zich min of meer neer bij dit regime. De verhoudingen wisselden van tijd tot tijd en van plaats tot plaats, maar over het geheel genomen functioneerde het betrekkelijk soepel en overheerste een vreedzame co-existentie. Het regime van tolerantie had het beoogde effect: het maakte religieuze diversiteit mogelijk, terwijl het tegelijkertijd de maatschappelijke harmonie in stand hield.

Deze gecontroleerde verdraagzaamheid was echter niet hetzelfde als het moderne concept van de godsdienstvrijheid, dat geworteld is in het uit de verlichting stammende principe van het recht van het individu. 'Tolerantie', in de vroegmoderne opvatting van het woord, betekende slechts 'gedogen': de Republiek stond religieuze minderheden toe om zich binnen haar grenzen te vestigen. De term had iets neerbuigends – het was, in de rake formulering van een historicus, een 'verliezersgeloof', een status die door de winnaars van de godsdienststrijd werd toegekend aan de verliezers.[23] Binnen de levendige intellectuele cultuur van de Gouden Eeuw werd er door filosofen, rechtsgeleerden en theologen vrij uitgebreid van gedachten gewisseld over godsdienstvrijheid, maar die theoretische discussie had weinig praktische consequenties voor de feitelijke behandeling van religieuze minderheden.[24] Tolerantie kwam in het geval van de Republiek neer op een machtsverhouding. Het staat wel vast dat de minderheidsdenominaties die het object van dit regime waren zich niet vrij voelden, gezien hun juridische status en de algemene vijandige houding van de Gereformeerde Kerk. Ze mochten dan gewetensvrijheid hebben, maar in hun geloofsuitoefening waren ze beperkt. Religieuze minderheden zouden pas in 1795

12.3 Gesina ter Borch, *Groep kerkgangers bij het verlaten van de kerk*, ca. 1654, Amsterdam, Rijksmuseum.

12.4 Hendrick Terbrugghen, *De kruisiging met Maria en Johannes*, ca. 1624-1625, New York, Metropolitan Museum of Art.

volledige gelijkgesteld worden, toen de Lage Landen in een veel revolutionairder tijdperk werden bezet door het Franse leger. Tot die tijd werden de minderheidsgeloven in de Republiek eerder gedoogd dan vrij gelaten, en werd de religieuze diversiteit eerder beteugeld dan bejubeld.

Noten

1. J. Howell, *Epistolae Ho-Elianae: Familiar Letters Domestic and Forren*, 2nd edition, 3 dln., Londen, 1650, dl. II, p. 11; aangehaald in C.D. van Strien, *British Travellers in Holland During the Stuart Period*, dissertatie, Vrije Universiteit Amsterdam 1989, p. 148 n. 70.
2. O. Felltham, *A Brief Character of the Low Countries Under the States*, Londen 1677, p. 53.
3. 'Verhandelinge van de Unie, eeuwich Verbondt ende Eendracht, tusschen de Landen, Provintien, Steden ende Leden van dien hier nae benoemt [...] gesloten', in C. Cau (red.), *Groot Placaet-Boeck*, Den Haag, 1658, dl. 1, p. 7.
4. C. Kooi, *Liberty and Religion: Church and State in Leiden's Reformation, 1572-1620*, Leiden, 2000, p. 212.
5. J. Spaans, *Haarlem na de Reformatie: Stedelijke cultuur en kerkelijk leven, 1577-1620*, Den Haag, 1989, p. 104.
6. J. Spohnholz, 'Confessional Coexistence in the Early Modern Netherlands', in T.M. Safley (red.), *A Companion to Multiconfessionalism in the Early Modern World*, Leiden, 2011, pp. 57-58; C. Lenarduzzi, *Katholiek in de Republiek. De belevingswereld van een religieuze minderheid 1570-1750*, Nijmegen, 2019, pp. 247-292.
7. J.I. Israel, *The Dutch Republic: Its Rise, Greatness, and Fall 1477-1806*, Oxford, 1995, pp. 376, 657-658.
8. De term 'regime of toleration' is geïntroduceerd in M. Walzer, *On Toleration*, New Haven, 1997, pp. 14-36.
9. Israel, *The Dutch Republic*, pp. 372-377.
10. Kooi, *Liberty and Religion*, pp. 171-174.
11. C.H. Parker, *Faith on the Margins: Catholics and Catholicism in the Dutch Golden Age*, Cambridge, Mass., 2008, pp. 46-58; J. Geraerts, *Patrons of the Old Faith. The Catholic Nobility in Utrecht and Guelders, c. 1580-1702*, Leiden, 2019, pp. 190-249.
12. C. Kooi, *Calvinists and Catholics During Holland's Golden Age: Heretics and Idolaters*, Cambridge, 2012, pp. 90-129.
13. Lenarduzzi, *Katholiek*, pp. 17-49.
14. S. Zijlstra, *Over de ware gemeente en de oude gronden. Geschiedenis van de dopersen in de Nederlanden 1531-1675*, Hilversum, 2000, pp. 477-478.
15. C. Kooi, '"A Serpent in the Bosom of Our Dear Fatherland": Reformed Reaction to the Holland Mission in the Seventeenth Century', in A.-J. Gelderblom e.a. (red.), *The Low Countries as a Crossroads of Religious Beliefs*, Leiden, 2004, pp. 165-176.

16. H. Roodenburg, *Onder censuur. De kerkelijke tucht in de gereformeerde gemeente van Amsterdam 1578-1700*, Hilversum, 1990, pp. 146-204.
17. Roodenburg, *Onder censuur*, p. 163.
18. Felltham, *A Brief Character*, p. 53.
19. Kooi, *Calvinists and Catholics*, p. 131.
20. W. Frijhoff, 'The Threshold of Toleration: Interconfessional Conviviality in Holland During the Early Modern Period', in W. Frijhoff (red.), *Embodied Belief. Ten Essays on Religious Culture in Dutch History*, Hilversum, 2002, pp. 39-40.
21. B.J. Kaplan, *Divided by Faith: Religious Conflict and the Practice of Toleration in Early Modern Europe*, Cambridge, Mass., 2007, pp. 237-238.
22. J. Pollmann, *Religious Choice in the Dutch Republic: The Reformation of Arnoldus Buchelius (1565-1641)*, Manchester, 1999.
23. A. Pettegree, 'The Politics of Toleration in the Free Netherlands, 1572-1620', in O.P. Grell en B. Scribner (red.), *Tolerance and Intolerance in the European Reformation*, Cambridge, 1996, pp. 182-198.
24. J.I. Israel, 'The Intellectual Debate About Toleration in the Dutch Republic', in C. Berkvens-Stevelinck e.a. (red.), *The Emergence of Tolerance in the Dutch Republic*, Leiden, 1997, pp. 3-36.

13
Spirituele kunst en cultuur

ANGELA VANHAELEN

De culturele vitaliteit van de Republiek in de zeventiende eeuw kan voor een groot deel worden toegeschreven aan de opmerkelijke religieuze diversiteit van de Nederlandse steden. Zoals we in voorgaande hoofdstukken hebben kunnen zien, was de bevolking door de beroering van de reformatie en de Opstand gefragmenteerd geraakt. Daarbovenop kwam een explosieve groei als gevolg van de komst van tienduizenden immigranten en vluchtelingen. Hierdoor ontstond een uiterst ingewikkelde situatie – een die ons vandaag de dag opvallend bekend zal voorkomen – waarbij alledaagse sociale relaties ook interacties met allerlei vreemdelingen met zich brachten, met name in een kosmopolitische stedelijke omgeving. Bezoekers aan Nederlandse steden vonden dit verwarrend en leverden er geregeld commentaar op. Zo schreef een van hen: 'Het is bekend […] dat er naast gereformeerden tevens rooms-katholieken, lutheranen, brownisten, independents, arminianen, wederdopers, socinianen, arianen, enthousiasten, quakers, borelisten, moskovieten, libertijnen en anderen zijn […] en dan heb ik het nog niet eens over de joden, Turken en Perzen.'[1] Een andere reiziger meldde: 'Ik geloof dat er in de straat waar ik logeer bijna evenveel religies zijn als huizen', en besloot met de opmerking dat 'geen deel van Europa zozeer wordt bezocht door alle soorten buitenlanders als de Nederlanden'.[2] Hoewel hier enige overdrijving in het spel kan zijn geweest, maakt het duidelijk dat binnen één buurt huishoudens met allerlei verschillende geloven konden worden aangetroffen. Voor de inwoners zelf werd de omgang met zo'n veelheid aan anderen een gewone ervaring. Net als nu voelden sommigen zich bedreigd door de gevolgen van de migratie en het vooruitzicht om zo dicht opeen te moeten leven met allerlei soorten mensen. Er werd gepleit voor segregatie en uitzetting, en ook was er sprake van religieuze vervolging en geweld, al kwam dat opvallend weinig voor, in het licht van de spanningen die de aanpassing aan een zo ongekende diversiteit met zich bracht. Ondanks deze negatieve reacties genereerde de religieuze heterogeniteit heel veel creativiteit. Producenten in de culturele sector – dichters, toneelschrijvers, drukkers, schilders, beeldhouwers en architecten – zagen zich gesteld voor de opgave om rekening te houden met de enorme variëteit van hun potentiële publiek. Zeer weinigen richtten zich in hun werk uitsluitend op een specifieke confessionele groep of geloofsgemeenschap. Veelal legden ze met opzet weinig nadruk op mogelijk controversiële religieuze verschillen, in de hoop de vrede en de welvaart van de stad te bevorderen en experimenteerden ze met vernieuwende culturele vormen die mensen met een uiteenlopende achtergrond zouden kunnen aanspreken. Menigmaal zien onderzoekers de spirituele aspecten van deze breed toegankelijke gedeelde cultuur over het hoofd; de verbanden tussen Nederlandse schilderkunst en religie zijn bijvoorbeeld nog altijd onvoldoende verkend. In dit hoofdstuk hopen we in deze leemte te voorzien door verschillende uitingen van kunst en cultuur te beschouwen vanuit hun verhouding met de sociale realiteit van botsende religieuze opvattingen. Het ligt voor de hand dat de bevindingen regelmatig tegenstrijdig zijn: de dynamiek van de Nederlandse spirituele kunst en cultuur kan worden getypeerd als een voortdurend laveren tussen creatieve inclusiviteit en grimmige verdeeldheid. Anders gezegd: cultuur werd een van de voornaamste middelen om de dagelijkse spanningen en zorgen van migratie, diversiteit en ontmoetingen tussen vreemden in de hand te houden.

Omgang met heidenen: gastvrijheid en vijandigheid jegens joden, moslims en ketters

Dit hoofdstuk begint niet met een karakterschets van de dominante groepering – de calvinistische of gereformeerde kerk – maar met een verkenning van de zijlijnen, in de verwachting dat dissidente of perifere cultuur menigmaal veel onthult over de hoofdstroming. Joden en moslims (of 'turken' zoals de laatsten genoemd werden) werden uitdrukkelijk gezien als buitenstaanders. In een door Nederlandse schoolkinderen gebruikte catechismus werden de gereformeerde leerstellingen over niet-christelijke godsdiensten samengevat in een makkelijk te onthouden vraag- en antwoordvorm:

> Vraag: Noemt eens soodanige valsche Religie?
> Antwoord: De Heydensche, hedendaeghsche Jodische, Mahumetische ofte Turcksche Religie.[3]

Dit was wat er onderwezen werd, maar in de praktijk was de situatie veel minder eenduidig. Binnen kunst en cultuur werd niet strikt vastgehouden aan van bovenaf opgelegde dogma's, en was er een vrij grote wisselwerking tussen religieuze groeperingen die in doctrinair opzicht onverenigbaar heetten te zijn.

Een schilderij van de Nederlandse kunstenaar Emanuel de Witte, *Interieur van de Portugese synagoge te Amsterdam* (Afb. 13.1) maakt tal van dingen aanschouwelijk die de spirituele cultuur van de Republiek zo bijzonder maakten. Het schilderij, geschilderd in opdracht van een lid van de joodse geloofsgemeenschap, tevens de koper, gunt ons een blik in het inwendige van de Esnoga, ofwel de synagoge van de

13.1 Emanuel de Witte, *Portugese synagoge*, 1680, Amsterdam, Rijksmuseum.

Portugees-Sefardische joodse gemeenschap in Amsterdam, tijdens een eredienst.[4] Het is een levendig tafereel, waarop vele personages te zien zijn. Joodse mannen met gebedssjaals luisteren aandachtig naar de voorlezing van de Thora, terwijl de vrouwen ternauwernood zichtbaar zijn, als silhouetten op de afgeschermde balkons. Op de voorgrond staan een man en een vrouw met elkaar te praten, gehuld in een bundel zonlicht, die de goudblonde tinten in hun haar doet oplichten, als om hun niet-joodse identiteit te benadrukken. In feite bestaat de hele groep van toekijkende vrouwen, mannen en kinderen uit niet-joden. Er kwamen geregeld Nederlandse en Europese bezoekers naar de rituelen kijken, vol verwondering over iets wat ook vandaag de dag nog verbazingwekkend is: dat de joodse gemeenschap in Amsterdam van het stadsbestuur toestemming had gekregen om deze monumentale publieke synagoge te bouwen. Zoals beschreven in hoofdstuk 12 waren de Nederlandse steden, en Amsterdam in het bijzonder, als gevolg van het pragmatische beleid van religieuze tolerantie een soort wijkplaats voor joden die waren gevlucht voor vervolgingen elders in Europa. Ze vormden allengs een vrij grote – en zichtbare – bevolkingsgroep in de stad. Dat was niet onomstreden: enkele van de meest orthodoxe calvinistische leiders protesteerden met kracht. Evengoed oordeelde het stadsbestuur uiteindelijk positief over een meermalen ingediende petitie waarin de joodse geloofsgemeente verzocht een synagoge te mogen bouwen, met als overtuigende argumenten dat ze een vreedzame gemeenschap was en een flinke bijdrage leverde aan de Nederlandse welvaart. Dit uitzonderlijke karakter van de Esnoga was de reden waarom er zo veel toeristen op af kwamen, zoals de groep die werd afgebeeld door De Witte. Het was vermoedelijk de meest bezochte bezienswaardigheid in Amsterdam, en meer dan één bezoeker verkondigde dat dit de grootste synagoge van Europa was, en misschien wel van de hele wereld. Tot op de dag van vandaag zijn de Esnoga en de aangrenzende Asjkenazi-synagoges, waarin nu het Joods Historisch Museum gevestigd is, tastbare gedenktekens van de langjarige en prominente aanwezigheid van joodse gemeenschappen in Nederland.

De Esnoga getuigt tevens van de betekenis van de joodse culturele patronage. De architect die opdracht kreeg om dit grootse gebouw te ontwerpen was de meesterbouwer Elias Bouman. Net als de schilder De Witte was Bouman een Nederlander zonder joodse achtergrond die voor joodse opdrachtgevers werkte. Het was joden zelf niet toegestaan om als architect of kunstenaar te werken. Ze werden niet beschouwd als leden van de burgergemeenschap en hadden daarom geen toegang tot de gilden die toezagen op het werk van de verschillende beroepsgroepen. De Sefardische gemeenschap was echter een van de rijkste in Amsterdam, en dat betekende dat ze een invloedrijke culturele patronage kon uitoefenen – en dat niet naliet. Net als de Nederlandse koopmanselites verdienden de Portugese joden hun geld in de snel uitdijende mondiale markt voor luxeartikelen; ze waren actief betrokken bij een lucratieve handelsdriehoek die Lissabon, Brazilië en Amsterdam verbond. Op het schilderij van De Witte is iets te zien van deze lucratieve connecties: de forse Heilige Arke of *hechal*, de bergplaats van de Thora, die achterin het beeld te zien is, is gemaakt van kostbaar geïmporteerd Braziliaans jacarandahout.

De aanwezigheid van deze kapitaalkrachtige joodse gemeenschap gaf het culturele weefsel van Amsterdam extra kleur. Behalve de synagoge bouwden de leden fraaie grachtenpanden in de stad zelf en statige landhuizen in de residentiële gebieden eromheen, die werden ontworpen, gebouwd en gedecoreerd door de meest vooraanstaande architecten, bouwmeesters en ambachtslieden van die tijd. Veel van deze woningen werden ook trekpleisters voor toeristen: er zijn diverse verslagen van bezoekers die getuige wilden zijn van gebruiken als een besnijdenis (waar velen nieuwsgierig naar waren), en de kunstwerken en andere bezienswaardigheden wilden bezichtigen die in deze huizen te vinden waren. De kunstcollectie van de textiel- en diamanthandelaar Alphonso Lopez bevatte bijvoorbeeld schilderijen van Rafaël, Titiaan, Rembrandt en diverse andere Nederlandse kunstenaars. Rijke Portugese joden zoals Lopez namen actief deel aan het culturele bedrijf van een pan-Europese elite, en een dergelijke internationale patronage van de kunsten droeg ongetwijfeld bij aan de artistieke vitaliteit van Amsterdam.

Rembrandt, om maar te beginnen met het beroemdste voorbeeld, had vele joodse buren, en de dagelijkse contacten die hij met hen had hebben hun sporen nagelaten in zijn werk. Hoewel er een reeds lang bestaande en al te zeer geromantiseerde mythe de ronde doet dat Rembrandt de joden uitgesproken goedgezind zou zijn, heeft recent onderzoek uitgewezen dat zijn relaties met zijn buren soms hartelijk, maar nu en dan ook gespannen waren.[5] Verder is het belangrijk om te bedenken dat de joodse omgeving Rembrandt niet alleen kleurrijke onderwerpen voor zijn kunst leverde; de Sefardim waren mecenassen en verzamelaars van zijn werk en hadden dus ook invloed op wat hij maakte. Hetzelfde gold voor De Witte en Bouman, die hun gebruikelijke werkwijze aanpasten en zich verdiepten in de architectuur van synagoges en voor hen onbekende religieuze gebruiken. Ook een aantal andere Nederlandse kunstenaars, zoals de bekende landschapsschilder Jacob van Ruisdael en de internationaal gevierde graveur Romeyn de Hooghe produceerden afbeeldingen die speciaal toegesneden waren op de interesses van hun joodse cliënten. Dit wijst erop dat er een culturele context bestond die een creatieve uitwisseling tussen joden en niet-joden bevorderde en tegelijkertijd joodse immigranten de mogelijkheid bood om hun specifieke religieuze identiteit te bewaren.

Dit alles leidt ertoe dat we onze aannames over wat zich in het middelpunt en aan de randen van de spirituele cultuur bevond moeten bijstellen. De joodse culturele activiteiten stonden niet los van de rest van het Nederlandse culturele leven, maar waren ermee verweven. Hoewel de Portugees-joodse gemeenschap een marginale groep van buitenstaanders was, leverde ze de stimulans voor een aanzienlijk deel van de productie van kunst en cultuur, en hun woningen en gebedsoorden waren belangrijke ontmoetingsplaatsen voor mensen met uiteenlopende religieuze overtuigingen. De joden werden beschouwd als buitenlanders en heidenen, en maakten desondanks deel uit van de culturele elite, de kringen van belangrijke beschermheren en kunstverzamelaars. De reacties van een Franse toerist zijn representatief voor de wisselende en tegenstrijdige reacties die dit opriep. Hij begint zijn verslag met te verklaren: 'De joodse synagoge is een indrukwekkend gebouw, ze zijn hier ook zeer talrijk. Dat vervloekte ras duikt op straat voortdurend op voor mijn neus.' Dit soort benepen vijandigheid was ongetwijfeld typerend, maar dat geldt ook voor zijn volgende opmerkingen: na een bezoek aan een joodse woning erkent hij dat zijn gastheer uitermate beleefd en waarlijk een *honnête homme* was, een fatsoenlijke, welopgevoede man van de wereld – net als de Fransman zelf.[6] De joden waren buitenlanders en dus anders, maar toch vertrouwd en nabij; ze werden tegelijkertijd gezien als vreemdelingen en als buren en dus tegemoetgetreden met een mengeling van vijandigheid en gastvrijheid.

Moslims hadden een vergelijkbare status, als buitenstaanders die zowel vriendelijk ontvangen als bezwadderd werden. Hoewel ze zich anders dan de joden niet in groten getale in de Republiek vestigden, bezochten vele moslims het land, en bij voorkeur de havensteden. Als we op een schilderij dat Gerrit Berckheyde maakte van de Dam in Amsterdam (Afb. 13.2) nauwkeurig kijken naar de personages die deel uitmaken van dit bedrijvige tafereel, zien we dat zich in de menigte enkele mannen met tulbanden bevinden. Deze duidelijk als buitenlanders herkenbare figuren, die veel voorkomen op schilderijen van openbare ruimten, moeten hoogstwaarschijnlijk kooplieden, handelaars of diplomaten voorstellen. Net als bij de joden kon hun aanwezigheid belangrijke ontwikkelingen in gang zetten. Het verhaal van ʿAbd al-ʿAzīz ibn Muhammad is een goede illustratie van het soort interculturele uitwisselingen dat zich kon voordoen.[7] ʿAbd al-ʿAzīz maakte in 1609 deel uit van een Marokkaans diplomatiek gezantschap dat naar Holland was afgevaardigd door de moslimvorst Mulay Zaydān. De Marokkanen en de Nederlanders hadden een gemeenschappe-

13.2 Gerrit Berckheyde, *De Dam*, 1672, Amsterdam, Rijksmuseum.

lijke vijand – ze voerden beiden oorlog met Spanje – en een gemeenschappelijk doel – het aanknopen van 'stevig en zeker nabuurschap' teneinde gunstige handelsrelaties te bevorderen. 'Abd al-'Azīz' 'eigenaardige kleding' trok de aandacht van de Nederlander Jan Theunisz, die de Marokkaan op straat aansprak en een gesprek begon – in het Arabisch, verrassend genoeg.[8]

Theunisz was een drukker die Arabisch had gestudeerd aan de universiteit van Leiden. Hij was tevens lid van de doopsgezinde gemeenschap in Amsterdam. De doopsgezinden, ook wederdopers of mennonieten genoemd, waren een radicale religieuze groepering die was voortgekomen uit de protestantse reformatie. Deze non-conformistische sekte, die in de zestiende eeuw meedogenloos vervolgd werd wegens haar extremistische overtuigingen, zoals het afwijzen van de kinderdoop, werd in de zeventiende eeuw met enige omzichtigheid getolereerd. Theunisz nodigde 'Abd al-'Azīz uit om bij hem te komen logeren, en bood hem kost en inwoning aan in ruil voor Arabische lessen. Tot de geleerden die deze lessen bijwoonden behoorden de Engelsen Matthew Slade, de calvinistische rector van de Amsterdamse Latijnse school en John Paget, die Arabisch had gestudeerd aan de universiteit van Cambridge en de predikant was van de Engelse gereformeerde gemeente in Amsterdam. Religie en religieuze verschillen waren belangrijke onderwerpen tijdens hun interculturele Arabische gesprekken. Theunisz schreef later een samenvatting van hun levendige discussies over 'het christelijk geloof en de Koran', waarbij hij wees op gemeenschappelijke elementen, maar ook op onoverbrugbare verschillen. Voor zijn vertrek gaf 'Abd al-'Azīz Theunisz een handgeschreven exemplaar van de Koran ten geschenke als dank voor zijn gastvrijheid. Kennelijk had zijn verblijf te midden van de christenen 'Abd al-'Azīz gesterkt in zijn geloof, omdat hij rechtstreeks naar Medina voer om daar als pelgrim het graf van de profeet Mohammed te bezoeken. Deze geschiedenis biedt ons een fascinerend inkijkje in de manier waarop een gewone ontmoeting in de stad tussen mensen uit verschillende delen van de wereld een dieper begrip tussen verschillende religieuze culturen teweeg kon brengen, en tegelijkertijd tot een scherper besef leidde dat geloofsovertuigingen onverenigbaar kunnen zijn.

Zulke uitwisselingen hadden belangrijke culturele consequenties, waarvan er enkele te traceren zijn aan de hand van Theunisz' latere carrière. De talenkennis die hij die winter had opgedaan tijdens zijn gesprekken met 'Abd al-'Azīz was zo indrukwekkend dat hij als docent Arabisch werd aangesteld aan de universiteit van Leiden. Hij had zich ook het Hebreeuws eigen gemaakt, voor een deel gestimuleerd door zijn connecties met de joodse gemeenschap in Amsterdam, en in 1617 werd hij benoemd tot hoogleraar Hebreeuws aan de Nederduytsche Academie. Zijn vakkennis als drukker stelde hem in staat een aantal boeken in het Arabisch en het Hebreeuws te publiceren. Ook verrichtte hij belangrijk werk als vertaler voor de staat. Ondanks zijn gewichtige bijdragen tekenden gereformeerde kerkleiders protest aan tegen de Theunisz' academische benoemingen, wat uiteindelijk leidde tot het ontslag van de 'afvallich[e] Mennonist'.

Theunisz' deelname aan het openbaar leven werd ingeperkt wegens zijn doopsgezinde overtuiging, maar niet wegens zijn belangstelling voor de joodse en islamitische cultuur, die aansloot bij een algemene academische trend. Een aantal geleerden aan universiteiten en academies maakte zich sterk voor het bestuderen van de Koran en de Thora en voor taalonderricht in het Arabisch en Hebreeuws, kennis waarbij de wetenschap in de Nederlanden ontegenzeggelijk gebaat was. Men was zeker niet ongeïnteresseerd in het ontsluiten van deze onderzoeksgebieden. Een dikwijls herhaald argument, dat aansluit bij het hierboven aangehaalde catechismusonderwijs en de reacties van toeristen, luidde dat een beter begrip van de islam en het joodse geloof van betekenis was voor de opdracht om heidenen te bekeren, die anders verdoemd waren. Een goed geïnformeerde dialoog, die gebaseerd was op gedegen kennis van de talen en de heilige geschriften van 'valse religies', zo luidde het pleidooi, zou een effectiever bekeringsmiddel zijn dan de gewelddadige strafmaatregelen van de Spaanse inquisitie. Andermaal valt op hoezeer gastvrijheid en voorkomendheid hand in hand gingen met dogmatisme en onverdraagzaamheid jegens buitenstaanders, zelfs als die een actieve rol speelden in het Nederlandse culturele leven.

Terwijl men ten opzichte van joden en moslims, en met name degenen die werkzaam waren in de handel en de diplomatie, een opvallend verdraagzame houding aannam, was er weinig tolerantie voor Nederlandse kunstenaars die werden verdacht van ketterij. Het bonte scala aan spirituele activiteiten in de steden omvatte ook esoterische praktijken als magie en alchemie. Een berucht voorbeeld is de Haarlemse kunstenaar Johannes Torrentius, die werd ondervraagd, gefolterd, berecht en ter dood veroordeeld (een straf die later werd omgezet in een twintigjarige gevangenschap) wegens 'zyne godtloosheijt, abominabele ende grouwelicke blasphemie, mitsgaders schrickelijcke ende zeer schadelycke heresie'.[9] Behalve dat hij het bestaan van God en het gezag van de Schrift ontkende, experimenteerde Torrentius met een eigenaardige (niet nader verklaarde) schildertechniek waarmee hij taferelen produceerde die werden beschouwd als voortbrengselen van toverij. Deze kunstwerken werden zo gevaarlijk geacht dat een aantal ervan in het openbaar werd vernietigd. Hoewel dit een extreem geval is, maakt het duidelijk dat de religieuze tolerantie bepaalde grenzen kende, en dat er hard kon worden opgetreden tegen culturele praktijken die als heiligschennend werden beschouwd.

Open en bloot verborgen: de omgang met rooms-katholieken en andere andersdenkenden

Een typerend aspect van de Nederlandse spirituele cultuur is dat de Gereformeerde Kerk weliswaar de van hogerhand goedgekeurde publieke geloofsrichting was, maar dat de belijdende calvinisten in veel grote en kleine steden in de minderheid waren ten opzichte van andersdenkenden van uiteenlopende pluimage. Vooral de roomskatholieken, die voorheen de toon hadden aangegeven in het maatschappelijke, politieke, religieuze en culturele leven, waren nog altijd een groep met een substantiële omvang. Het was een nijpend vraagstuk hoe een zo grote factie andersdenkenden en de steeds grotere groep van immigranten in toom konden worden gehouden zonder langdurige gewelddadige geloofstwisten te ontketenen. De voornaamste oplossing bestond eruit de rooms-katholieken in beperkte mate het recht te gunnen om vast te houden aan hun gebruiken en andere gezindten diezelfde privileges toe te kennen. Niemand had deze situatie beter kunnen kenschetsen dat de in Marokko geboren joodse rabbi Isaac Uziel, die constateerde dat zijn volk nu vreedzaam in Amsterdam leefde. In de parafrase van Simon Schama: 'De inwoners van deze stad maakten, indachtig de bevolkingstoename, wetten en verordeningen waardoor de vrijheid van geloof kon worden gegarandeerd. Ieder mocht zijn eigen geloof aanhangen maar niet openlijk laten zien dat hij van een ander geloof was dan de inwoners van de stad.'[10]

Binnen het domein van kunst en cultuur werd deze vreedzame benadering doelbewust aangewend. Voorheen, lang voor de reformatie en de Opstand, werd de toon in het culturele leven van de steden aangegeven door rooms-katholieke rederijkerskamers, genootschappen die zich onder meer bezighielden met het schrijven, voordragen en opvoeren van toneelstukken en poëzie, en deelnamen aan publieke festiviteiten en concoursen. De leden waren voornamelijk afkomstig uit de brede middenklasse en onder hen bevonden zich naast toneelschrijvers en dichters ook vele kunstenaars en bekwame ambachtslieden. In de zeventiende eeuw mochten de rederijkerskamers blijven bestaan, maar niet langer als uitsluitend katholieke genootschappen. Nu traden er veel calvinistische leden van het burgerbestuur toe, waarmee de rederijkerskamers een semiofficiële publieke functie kregen, namelijk het doelbewust vormgeven van een cultuurpolitiek. Het voornaamste oogmerk was het bevorderen van de harmonie onder de burgers. Een belangrijke strategie daarbij was het uit de weg gaan van omstreden dogma's, dweepzucht en controverses, met name het soort dat aanleiding gaf tot bittere verdeeldheid tussen katholieken en calvinisten. De rederijkerskamers telden dus niet alleen calvinisten onder hun leden maar ook vele katholieken, doopsgezinden, lutheranen en leden van andere marginale geloofsgemeenschappen. Een van de voormannen van de postreformatorische Amsterdamse rederijkerskamer was Hendrick Laurensz Spiegel, die ervoor koos om katholiek te blijven, ook nadat de stad officieel was overgegaan naar het calvinisme. Dat maakte dat hij geen rol in het burgerbestuur kon vervullen, omdat alleen leden van de Gereformeerde Kerk een publiek ambt mochten bekleden. Maar het culturele bedrijf bood andere mogelijkheden om deel te nemen aan het openbare leven, en Spiegel kon als rederijker invloed uitoefenen op de publieke opinie. Een ander boeiend voorbeeld van een zeer invloedrijke, maar onconventionele scheppend kunstenaar was Joost van den Vondel. Hij was een doopsgezinde immigrant, die zich eerst bekeerde tot het remonstrantse geloof (een dissidente calvinistische factie) en vervolgens tot het rooms-katholicisme. Ondanks zijn wisselende non-conformistische religieuze voorkeuren was Vondel een van de meest vooraanstaande literatoren van de Republiek. De deelname van prominente andersdenkenden als Spiegel en Vondel mag vreemd lijken, maar dit was in overeenstemming met de algemene doelstelling van de rederijkerskamers, namelijk het temperen van de ontwrichtende religieuze en politieke - en culturele - conflicten van de reformatie en de Opstand.[11] Het ideaal was om de eendracht onder de burgers te bevorderen door middel van voor velen toegankelijke uitingen van creativiteit.

Dit betekent uiteraard niet dat er nooit onenigheid was. De Nederduytsche Academie, waaraan de doopsgezinde Theunisz kortstondig als hoogleraar verbonden was, was opgericht door ontevreden leden van de Amsterdamse rederijkerskamer die zich in 1617 hadden afgescheiden. De Academie was bedoeld als een cultureel en academisch centrum voor het grote publiek: ze was voor iedereen toegankelijk, en bood onderricht in kunsten en wetenschappen, dat werd gegeven in de landstaal. De activiteiten van de Academie werden herhaaldelijk veroordeeld door bestuurders van de Gereformeerde Kerk; hun bezwaren golden voornamelijk het onderwijs en de theatervoorstellingen, die volgens hen strijdig waren met de leer. Deze kwestie deed zich voor gedurende een uiterst gespannen periode in het religieuze leven van de Republiek, waarin theologische controverses tussen verschillende calvinistische politieke facties het land op de rand van een burgeroorlog brachten. De Amsterdamse magistraten konden zich niet permitteren om risico's te nemen, en in 1619 besloten ze omwille van de vrede gehoor te geven aan de ultraorthodoxe calvinisten en de activiteiten van de Academie in te perken. Die werden later in een andere vorm voortgezet: de Stadsschouwburg werd opgericht als podium voor toneel, terwijl het hoger onderwijs werd verzorgd door de Illustere School, de voorloper van de Universiteit van Amsterdam. Beide instellingen bleven vasthouden aan de vreedzame en oecumenische doelstellingen van de vroegere rederijkerskamers.

Ondanks onderlinge pogingen om harmonie en eendracht te bevorderen, waren er intrigerende paradoxen te bespeuren in de Nederlandse spirituele cultuur. Zo werden veel bezoekers getroffen door het curieuze feit dat joden hun geloof betrekkelijk openlijk mochten uitoefenen, maar niet-gereformeerde christenen niet. Die namen hun toevlucht tot diensten in zogeheten huiskerken om hun tradities voort te zetten.[12] In dichtbevolkte stadsbuurten waren de meeste bewoners op de hoogte van deze clandestiene erediensten, ook als de deelnemers zich zo onopvallend mogelijk gedroegen. Sir William Temple, de Britse ambassadeur in Nederland, die zeer geïnteresseerd was in de plaatselijke gebruiken, schreef: 'Elkeen geniet de vrije uitoefening [van de religie] in zijn eigen kamer of zijn eigen huis, zonder daarover ondervraagd of bespioneerd te worden.'[13] Net als de rederijkerskamers waren de huiskerken bevorderlijk voor de maatschappelijke rust en orde. Terwijl ze vasthielden aan de uiterlijke schijn van een ordelijke en eensgezinde orthodoxie, gingen ze de noodzaak uit de weg om toezicht te houden op de privé-overtuigingen van de burgers. Daarmee school er een paradox in de plaats die huiskerken innamen in de Nederlandse samenleving. Terwijl het doel was om religieuze verschillen zo min mogelijk te benadrukken, vestigden ze tegelijkertijd de aandacht op het feit dat er andersdenkende groeperingen bestonden en boden die de gelegenheid om hun onorthodoxe praktijken voort te zetten. Ondanks de noodzaak om onzichtbaar te blijven, kregen non-conformistische gezindten de mogelijkheid om vast te houden aan de illegitieme rituelen van hun geloof, door zich open en bloot verborgen te houden.

Huiskerken cultiveerden ook strijdige benaderingen van de materiële cultuur van religie, een van de belangrijkste bronnen van het conflict tussen de rooms-katholieken en de calvinisten. Het gereformeerde geloof was gebaseerd op de Bijbel, het Woord van God; het had een uitdrukkelijke afkeer van beeltenissen van God of de heiligen, omdat die afgoderij in de hand zouden werken. Toen de calvinisten aan de macht kwamen ontdeden ze de Nederlandse kerken dan ook van visuele beelden en materiële objecten die verbonden waren met de katholieke doctrines, rituelen en sacramenten. Deze eliminering kon gewelddadig in zijn werk gaan, zoals tijdens de Beeldenstorm van 1566, toen vele steden werden geteisterd door een golf van verwoestende aanvallen op kerkelijke kunst; desondanks bleven Nederlandse katholieken hopen op het herstel van hun ontwijde kerken en hun traditites uit het verleden, waarin hun godsdienst de norm was geweest. De huiskerken hielpen zulke verwachtingen levend te houden. In veel steden ontwikkelden rooms-katholieke huiskerken zich tot veel omvangrijkere ruimtes voor de gezamenlijke eredienst, waar tal van families, dus in feite een complete geloofsgemeenschap of parochie, elkaar konden ontmoeten en tezamen uiting konden geven aan hun geloof. Van buiten waren dit onopvallende gebouwen, die zich niet onderscheidden van de woonhuizen of opslagplaatsen ernaast. Het interieur kon echter een zeer grote en fraai ingerichte ruimte zijn, opgeluisterd met alle rijke versierselen die de calvinisten uit de kerk hadden verbannen: fraai bewerkte altaren en tabernakels, liturgisch zilverwerk, gewaden met kostelijke borduursels, beeldhouwwerken en schilderijen met taferelen uit de Bijbel of heiligenlevens. Veel van deze voorwerpen waren speciaal hiervoor vervaardigd, dikwijls – maar niet altijd – door rooms-katholieke kunstenaars en ambachtslieden. In deze verscholen gebedshuizen werden ook schatten uit het verleden bewaard, zoals een veertiende-eeuwse zilveren reliekschrijn die de schedel bevatte van Sint Frederik, een negende-eeuwse bisschop van Utrecht (Afb. 13.3). Hooggeschatte relieken als deze vonden na de Beeldenstorm een veilig onderdak in de Utrechtse huiskerken, waar de blijvende verering van lokale heiligen van grote betekenis was voor een gekortwiekt katholicisme dat verstoken was van iedere openlijke of openbare erkenning van haar lange voorgeschiedenis.[14] Aldus ging het levendige collectieve geheugen van de pre-reformatorische spirituele cultuur samen met het voortbestaan van illegitieme geloofspraktijken in de besloten ruimte van de huiskerken, wat leidde tot een nieuwe, quasi-clandestiene en quasi-geoorloofde gemeenschapszin. Dergelijke activiteiten werden ondersteund door de Hollandse

13.3 Elias Scerpswert, *Borstbeeld van Sint-Frederik*, 1362, Amsterdam, Rijksmuseum.

Missie, een initiatief van de internationale Rooms-Katholieke Kerk dat tot doel had de Nederlandse calvinistische territoria opnieuw te winnen voor het ware geloof. Het welslagen van deze onderneming zou in feite neerkomen op de totale omverwerping van de religieuze en sociale organisatie van het staatsbestel. Dit verklaart voor een belangrijk deel waarom de joden wel openlijk hun godsdienst mochten belijden, en de katholieken niet: het grote aantal trouwe katholieken vertegenwoordigde een veel grotere politiek gevaar dan de joden, die nooit een officieel erkende plaats in het openbare leven hadden ingenomen.

    Een ander machtig middel om het geloof te verbreiden en in stand te houden was het gedrukte woord. Zowel in de Republiek als daarbuiten werden grote hoeveelheden eenbladdrukken, gravures, pamfletten en rooms-katholieke boeken uitgegeven. Een van de populairste werken was het embleemboek *Pia Desideria* (Vrome wensen), dat voor het eerst werd uitgegeven in Antwerpen in 1624. Aanvankelijk werden Nederlandse herdrukken van het geliefde boek clandestien uitgegeven, met als impressum de naam en het adres van een drukker uit de Zuidelijke Nederlanden; in Nederlandse steden kon rooms-katholiek materiaal pas later in de eeuw openlijk worden gepubliceerd.¹⁵ Anders dan gereformeerde stichtelijke lectuur waren katholieke publicaties rijk voorzien van religieuze illustraties, die tot doel hadden de spirituele meditatie te bevorderen. Op de afbeeldingen in *Pia Desideria* zien we steeds twee kinderen die de Goddelijke Liefde en de Menselijke Ziel symboliseren. Deze illustraties doen een beroep op de emoties en geven uitdrukking aan het verlangen van de ziel naar de liefde van God, die nooit dooft. Het thema is pakkend uitgebeeld, zoals in het voorbeeld van de Goddelijke Liefde die de gevangen Ziel bevrijd uit een grote vogelkooi, een symbool voor de listen en lagen van wereldlijke vijanden, zoals de verwijzing naar psalm 141 aangeeft. Dergelijke beelden boden ongetwijfeld troost aan de geprangde Nederlandse katholieken.

De herwaardering van het katholieke geloof bleef niet beperkt tot huiskerken en persoonlijke godsdienstoefening; ook al waren hun publieke gebedshuizen hun ontnomen, toch bleven katholieken de gepurificeerde middeleeuwse kerkgebouwen bezoeken om zich te wijden aan allerlei gebruiken die waren afgeschaft door de gereformeerden: rituele processies, gebeden bij de graftomben van overledenen, aanbidding van heiligen, de interpretatie van wonderen en de verering van heilige plaatsen. Een treffend voorbeeld is de Heilige Stede, een gotische kapel die ooit midden in Amsterdam stond, als gedenkteken voor een roemrucht middeleeuws wonder dat daar had plaatsgevonden. Hoewel het gebouw zelf er niet meer is, heeft die plek nog altijd een gewijde status. Wie op de drukke Kalverstraat in Amsterdam blijft staan op de kruising met de Wijde Kapelsteeg en naar boven kijkt, tot boven de winkeletalages, ziet een lege nis met de inscriptie: '1345 Gedachtenis ter Heilige Stede' (Afb. 13.4). De verering van deze gewijde plek is nooit gestaakt, ondanks het

13.4 Anoniem, *Nis ter nagedachtenis van de Heilige Stede*, Amsterdam.

verbod dat de Staten van Holland in 1587 uitvaardigden op alle pelgrimages, en in weerwil van herhaalde pogingen van leiders van de Gereformeerde Kerk om elke opleving van de gedachtenis aan vroegere wonderen in de kiem te smoren. De hele zeventiende eeuw lang bleven pelgrims en gelovigen de kapel bezoeken om te bidden, en bekrachtigden heimelijk de gewijde status van het gebouw door er driemaal omheen te lopen. Hoewel deze rituelen clandestien waren, werden ze door velen opgemerkt – zelfs toeristen werd erop gewezen. Volgens een gedrukte reisgids uit 1689 'worden noch dagelijks rondom deze Kapel, inzonderheid by nacht en ontyde, vele devoote Bedevaarten gedaan'.[16] Buiten dergelijke nachtelijke rituelen is er sinds 1881 een evenement dat zich elk jaar op 15 maart stilzwijgend, maar zeer zichtbaar voltrekt: de Stille Omgang, die vertrekt vanaf de plek van de Heilige Stede en dan de route van de Middeleeuwse processie door de binnenstad volgt. Conservatief en onbuigzaam als het is, stoelt de kracht van spiritueel gedachtegoed voor een deel in het verzet tegen onderdrukking.

Voor de omvangrijke rooms-katholieke bevolking van de Republiek, die van haar kerken en haar geschiedenis was beroofd en niet mocht deelnemen aan het politieke bedrijf, vertegenwoordigden gewijde plaatsen als de Heilige Stede niet alleen de verbinding met het goddelijke, maar ook de schakel met een illuster verleden waarin het rooms-katholicisme in het middelpunt van het openbare leven stond. De macht van sacrale locaties, objecten, beelden en rituelen bleef de hoop op een triomfantelijke wederopleving voeden. Het culturele beleid dat het voortbestaan van dissidente geloofsovertuigingen toestond had dan ook het paradoxale effect dat het enerzijds de vrede handhaafde en anderzijds praktijken gedoogde die het staatsbestel ondergroeven. Een bezoeker vatte het aldus samen: 'Deze natie mag zich dan de Verenigde Provinciën noemen, zolang ze wil [...] maar ik ben ervan overtuigd dat op dit moment geen enkel land zo verdeeld is.'[17]

Een calvinistische cultuur?

Een kwestie die het onderzoek naar de Nederlandse spirituele cultuur lang voor problemen heeft gesteld is de vraag of die cultuur kan worden omschreven als typisch calvinistisch. Volgens de invloedrijke filosoof Hegel luidde het antwoord ja. In zijn *Vorlesungen über die Ästhetik* schreef Hegel dat de reformatie 'volledig aanvaard' was in Holland, zodat de gehele Nederlandse cultuur doordrongen was van de geest van het calvinisme.[18] Dit werd het dominante beeld, en pas onlangs zijn we vraagtekens gaan zetten bij de aanname dat de Nederlandse nationale cultuur in essentie calvinistisch was. Zoals we in dit hoofdstuk hebben willen aantonen waren de Nederlandse steden kruispunten waar mensen, ideeën en zaken van over de hele wereld elkaar troffen, en deed zich daar veel culturele vermenging en uitwisseling voor. Dit vraagt om een herijking van bekende categoriseringen als 'Nederlandse' of 'calvinistische' cultuur, die beperkt blijven tot de regionale opvattingen van één enkele etnische of religieuze groepering. Dat wil echter niet zeggen dat cultuur niet verbonden was met religie. Zoals we hebben gezien waren spirituele aangelegenheden een belangrijk onderdeel van het openbare leven: de mensen waren zeer betrokken bij de praktijk van en de opvattingen en discussies over het geloof en toonden veel belangstelling voor de uiteenlopende overtuigingen van andersdenkenden.

Als de Nederlandse cultuur niet fundamenteel calvinistisch en evenmin compleet seculier was, hoe moeten we haar dan beschrijven? Er is geopperd dat we de negatieve effecten van de gereformeerde leer als een repressieve kracht moeten beschouwen. We hebben inderdaad al veel van zulke calvinistische geluiden gehoord, zoals de oproep om 'heidense' joden en 'turken' te bekeren, ketters te vervolgen, andersdenkende doopsgezinden te ontslaan, theaters en academies te sluiten en rooms-katholieke heiligenbeelden te vernielen. En toch waren het gereformeerde burgerbestuurders die toestemming gaven voor de bouw van een joodse synagoge, die non-conformistische huiskerken toestonden, en die vooraanstaande leden waren van de oecumenische rederijkerskamers. Bij alle aspecten van het culturele leven – toneel, literatuur, schilderkunst, beeldhouwkunst, boekuitgaven, cartografie, architectuur, enzovoort – waren overtuigde calvinisten actief betrokken. Hier blijkt wel dat de calvinisten geen eenduidige benadering hadden, maar blijk gaven van uiteenlopende zienswijzen op de vraag welke culturele activiteiten acceptabel waren. Uiteraard waren er binnen het calvinisme verschillende facties. Bovendien kan ook de Gereformeerde Kerk zelf niet worden gekarakteriseerd als door en door calvinistisch. Dat was te danken aan een andere vorm van officiële tolerantie: er werd in de kerk onderscheid gemaakt tussen lidmaten – volwaardige leden – en liefhebbers – sympathisanten die wel ter kerke gingen, maar niet deelnamen aan het avondmaal. De categorie 'liefhebbers' maakte het voor niet-gereformeerden mogelijk om deel uit te maken van de gevestigde kerk en derhalve een politiek ambt te bekleden en deel te nemen aan het openbare leven. De observaties van een kritische calvinist aangaande deze sympathisanten zijn onthullend: 'Het blijkt dikwijls dat er onder de personen die zich liefhebbers noemen katholieken, doopsgezinden, libertijnen en atheïsten schuilen.'[19] Hoewel de calvinistische leer onorthodoxe geloofsovertuigingen ondubbelzinnig veroordeelde, was de Gereformeerde Kerk in de praktijk opvallend lankmoedig. In feite was dit opnieuw een plaats waar de meest uiteenlopende dissidenten zich open en bloot konden verbergen. Deze eigenaardige mengeling van intolerantie en openheid van de zijde van de publieke kerk droeg zeker bij aan de tegenstrijdige culturele dynamiek van religieuze verdeeldheid en creatieve harmonie die kenmerkend was voor het geestelijk leven.

De schilderkunst – een aspect van de cultuur waaraan het zeventiende-eeuwse Nederland een groot deel van zijn faam te danken heeft – biedt een duidelijk voorbeeld van de manier waarop repressie en inventiviteit hand in hand konden gaan. De kerkelijke kunst mocht dan door de calvinisten worden vernietigd en verboden, maar de schilderkunst bloeide als nooit tevoren. Er zijn vele aanwijzingen dat de repressie en regularisering van religieuze kunst de productie van kunstenaars in feite eerder bevorderde dan belemmerde. In de tijd voor de reformatie was het overgrote deel van de in opdracht vervaardigde kunst bestemd voor rooms-katholieke kerken en religieuze doeleinden. Na de Beeldenstorm moesten de schilders zich echter aanpassen aan een enorme vermindering van de kerkelijke patronage. Dat deden ze door te experimenteren met nieuwe vormen van niet-kerkelijke kunst. Ofschoon beeltenissen van God en heiligen verboden waren, stonden de calvinisten afbeeldingen van de zichtbare wereld wel toe, omdat die een zeker nut hadden voor didactische doeleinden. Zo kwam het dat de Nederlandse specialismen, de landschapsschildering, het zeegezicht, het stilleven en het volkse en familiale tafereel een grote bloei doormaakten.

Terwijl de kerkelijke kunst in verval raakte, begonnen de kunstenaars een ongekende hoeveelheid schilderijen te produceren voor een snel groeiende vrije markt. In opdracht vervaardigde werken brengen in het algemeen een specifiek gezichtspunt tot uitdrukking dat strookt met de opvattingen van de opdrachtgever. De Wittes schilderij van de synagoge voor een joodse cliënt is hiervan een goed voorbeeld, net als de religieuze schilderingen die speciaal werden vervaardigd voor de rooms-katholieke huiskerken. Kunstenaars die zich daarentegen richtten op anonieme kopers op de vrije markt moesten in hun levensonderhoud voorzien: deze nieuwe commerciële situatie leidde tot een hevige concurrentie, en de aangeboden werken dienden een zo breed mogelijk publiek aan te spreken. Dergelijke schilderijen konden niet louter getuigen van de persoonlijke overtuigingen van de kunstenaar en evenmin gericht zijn op een mecenas uit een specifieke religieuze groep; ze moesten de belangstelling van de toeschouwer wekken, ongeacht diens godsdienst, nationaliteit en maatschappelijke en politieke overtuiging.[20] De overgang van kerkelijke patronage naar de vrije markt was een gewichtig moment in dit vroege stadium van de massaproductie van kunst. Grote aantallen schilderijen vonden hun weg naar verschillende bevolkingsgroepen in de snel groeiende Nederlandse steden. Daarnaast werden er honderdduizenden doeken geëxporteerd naar landen in Europa en daarbuiten, met name naar de uitdijende koloniale en economische territoria in Midden- en Zuid-Amerika en Azië. Diezelfde handelsroutes boden de mogelijkheid om op grote schaal artikelen te importeren, waarmee allerlei visuele beelden en materiële curiositeiten van over de hele wereld terechtkwamen in de befaamde kunst- en rariteitenkabinetten van de nijvere collectionneurs in het noorden, en in de loop van de zeventiende eeuw steeds vaker ook in huizen van gewone mensen uit de middenklasse.[21] Het mag duidelijk zijn dat het kunstwerk in deze context werd gekenmerkt door zijn vermogen om uit te stijgen boven nationale, etnische en religieuze scheidslijnen. Zoals Ronald de Leeuw, de vroegere directeur van het Rijksmuseum, heeft benadrukt was dit wereldwijde verkeer een stimulans voor allerlei kruisbestuivingen, waarmee het idee dat er ooit een 'typisch Nederlands' schilderkunst heeft bestaan wordt weersproken.[22] Het hoeft geen betoog dat ze evenmin typisch calvinistisch was.

Het blijkt dan ook dat de religieuze betekenis van genrestukken met huiselijke taferelen bijzonder lastig te ontcijferen is. Zulke werken hebben zelden een enkele en eenduidige betekenis; ze bevatten raadsels en staan open voor tegenstrijdige verklaringen. Een manier om dit interpretatieve dilemma te benaderen bestaat eruit alledaagse onderwerpen hun calvinistische inhoud te ontfutselen door embleemboeken te raadplegen. Waar rooms-katholieke voorbeelden zoals *Pia Desideria* expliciete religieuze beelden bevatten, waren calvinistische embleemboeken, zoals de extreem populaire werken van Jacob Cats en Pieter Roemer Visscher, geïllustreerd met afbeeldingen van alledaagse objecten, vergezeld van onderschriften die daaraan een morele betekenis verbonden. De methode om de ambigue motieven op schilderijen te relateren aan emblemata kan diverse plausibele verklaringen opleveren. Zo komt op schilderijen van vrouwen in een huiselijke omgeving dikwijls een vogelkooi voor. Bezien door de lens van *Pia Desideria* zou die kunnen duiden op de gevangenschap van de ziel in een zondige wereld. Bij Cats en anderen vinden we prozaïscher associaties, zoals de vrijwillige gevangenschap binnen de band van het huwelijk. De kooi was tevens een symbool van kuisheid; maar als ze openstond en de vogel gevlogen was kon dit verwijzen naar het verlies van de maagdelijkheid. Zoals Roemer Visscher stelde in zijn populaire embleemboek *Sinnepoppen*: 'Dit en behoeft gheen vorder uytlegginghe, dan een yeder mach het ghebruycken daer 't hem te passe komt.'[23] Emblemata – en in bredere zin ook deze genrestukken – stonden open voor interpretatie en konden dus diverse morele en religieuze gezichtspunten in zich bergen.

Het genre van het stilleven illustreert hoe dit raadselachtige spel met betekenissen functioneerde in dialoog met de spirituele cultuur van die tijd. Jan van der Heydens *Stilleven met rariteiten* (Afb. 13.5) bevat een kenmerkende collectie. In deze beperkte ruimte bevinden zich twee globes, een atlas, een Bijbel, een Turks tapijt, een zijden doek en een porseleinen kom uit China, een Japans ceremonieel zwaard, een schilderij met een historisch tafereel, een hangend opgezet gordeldier, en een met ivoor ingelegd houten kabinet met allerlei laatjes voor kleine curiositeiten. Van der Heydens prachtig geschilderde doek zingt de lof van natuurlijke en door mensen vervaardigde voorwerpen, de wonderen der schepping en van de scheppende geest. Ook getuigt het van de rijkdom van de verzamelaar en van de bloeiende handel in luxeartikelen van de Republiek.

Tegelijkertijd echter hekelt het schilderij deze overvloed aan bezittingen. De Bijbel op de voorgrond ligt open bij het boek Prediker, en vestigt daarmee de nadruk op een bij emblematici geliefd vers: 'IJdelheid der ijdelheden! Alles is ijdelheid.' Veel Nederlandse kunstwerken bevatten moralistische waarschuwingen tegen de neiging te zeer te hechten aan de vergankelijke zaken in deze wereld. Dergelijke schilderijen, die vanitas-stillevens worden genoemd, stellen in feite de schilderkunst

13.5 Jan van der Heyden, *Stilleven met rariteiten*, 1712, Budapest, Szépmüvészeti Múzeum.

zelf aan de kaak als een nutteloze, inhoudsloze en betekenisloze wereldse onderneming. Deze veroordeling van het beeld en alles wat het voorstelt strijdt om de voorrang met waardering voor het meesterschap van Van der Heyden en begeerte naar de wonderbaarlijke verzamelobjecten die hij afbeeldt. Aldus creëerden kunstenaars een nichemarkt voor hun werk, door uitdrukking te geven aan de calvinistische kritiek op de hang aan het wereldse, en die tegelijkertijd te omzeilen. Dit schilderij is een volmaakte paradox, dat wil zeggen dat het ons gelijktijdig twee onverenigbare betekenissen voorschotelt, en wel op zo'n manier dat de ene niet de overhand heeft op de andere. Het eigenaardige mengsel van morele afwijzing en creatieve inventiviteit daagt de toeschouwer uit om in termen van tegenstrijdigheden te denken, zelfs wanneer hij op zoek is naar morele boodschappen in 'betekenisloze' schilderijen. Raadselachtige werken zoals dit stilleven van Van der Heyden konden op deze manier in de smaak vallen bij een brede kring van potentiële klanten, zowel binnen de ongewoon diverse Nederlandse steden als daarbuiten. Vrome calvinisten konden hieruit een toepasselijke Bijbelse lering trekken of zich vermeien in de wonderen van Gods schepping. Verzamelaars met andersoortige interesses of overtuigingen hadden wellicht meer belangstelling voor de lofzang op wereldse prestaties en luxeartikelen. Vanitas-stillevens boden daarmee ook een aanleiding tot discussie, door verschillende gezichtspunten te bieden op omstreden kwesties, zoals de relatie tussen godsdienst en materiële cultuur. Het vermogen van één enkel schilderij om onverenigbare interpretaties in zich te bergen wordt logisch wanneer we het bezien binnen deze bredere context. Dergelijke meerduidige werken werden vervaardigd om een zeer gevarieerd publiek van potentiële kunstkopers aan te spreken en aan te trekken binnen een snel uitdijende lokale en mondiale markt die werd gekenmerkt door spirituele en culturele heterogeniteit.

Het blijkt, om kort te gaan, dat binnen de spirituele cultuur van de Nederlandse Republiek, met haar specifieke co-existentie van verschillende concurrerende waarheden, allerlei paradoxen, contradicties en inconsistenties welig tierden. De ongebruikelijke armslag die aan conflicterende geloofsopvattingen werd gegund leidde tot de ontwikkeling van een levendig cultureel milieu waaraan mensen met strijdige overtuigingen konden deelnemen. Dit was bevorderlijk voor de ontwikkeling van culturele vormen – schilderijen, emblemata, toneelstukken, gedichten – die vanuit hun doelbewuste ambiguïteit een uiterst divers publiek konden aanspreken en een stimulans konden zijn voor discussies over verschillende opvattingen. Het tolerante gedogen van diverse geloofstradities en het aanmoedigen van een dialoog over divergerende overtuigingen bleek een effectief middel om de vrede te bewaren: in de Nederlandse steden deed zich veel minder religieus geweld voor dan in andere delen van het postreformatorische Europa.[24] Dit leidde echter tevens tot een situatie waarin ruimte was voor dissidente geloofsopvattingen. Een gemeenschappelijke cultuur leidt niet noodzakelijkerwijs tot een uniforme bevolking. Veel van de personen die we hierboven hebben ontmoet – rabbi Uziel, 'Abd al-'Azīz, Spiegel, Vondel, Theunisz – leken de diversiteit van de collectieve culturele ruimte op prijs te stellen en ervan te profiteren, terwijl ze tegelijkertijd hun eigen religieuze identiteit daarbinnen bekrachtigden en hooghielden. Het uit de weg gaan van meningsverschillen ten gunste van harmonie en vrede was daarmee een voedingsbodem voor een heel spectrum aan spirituele praktijken, zelfs voor degene die onderhevig waren aan verboden, beperkingen en repressie.

Noten

1. Uit 'La religion des Hollandois' (Keulen, 1673, p. 32) door J.-B. Stouppe, een Zwitserse gereformeerde officier in het leger van Lodewijk XIV, aangehaald in R. Po-chia Hsia, 'Introduction', in R. Po-chia Hsia en H. van Nierop (red.), *Calvinism and Religious Toleration in the Dutch Golden Age*, Cambridge, 2002, p. 1.
2. J. Howell, *Epistolae Ho-Elianae: Familiar Letters Domestic and Forren*, tweede editie, 3 dln., Londen, 1650, dl. II, pp. 11, 26.
3. A. Kuyper (red.), *Voetius' Catechisatie over den Heidelbergschen Catechismus: Naar Poudroyon's Editie van 1662*, Rotterdam, 1891, pp. 55-56.
4. Y. Kaplan, 'For Whom Did Emanuel de Witte Paint His Three Pictures of the Sephardic Synagogue in Amsterdam?', in *Studia Rosenthaliana* 32 (1998), pp. 133-154.
5. S. Nadler, *Rembrandt's Jews*, Chicago, 2003.
6. E.V. Biema (red.), 'Een Reis door Holland in 1736', in *Oud Holland* 28 (1910), pp. 88-90.
7. H.F. Wijnman, 'Jan Theunisz', in *Jaarboek Amstelodamum* 25 (1928), pp. 29-123.
8. D. van Dalen, 'Johannes Theunisz and 'Abd al-'Azīz: A Friendship in Arabic Studies in Amsterdam, 1609-1610', in *Lias* 43 (2016), pp. 161-189.
9. C. Brown, 'The Strange Case of Jan Torrentius: Art, Sex and Heresy in Seventeenth-Century Haarlem', in R. Fleischer (red.), *Rembrandt, Rubens, and the Art of Their Time*, University Park, PA, 1997, p. 227.
10. Aangehaald in S. Schama, *Overvloed en onbehagen: De Nederlandse cultuur in de Gouden Eeuw*, Amsterdam, 1988, p. 587.
11. M.A. Schenkeveld, *Dutch Literature in the Age of Rembrandt: Themes and Ideas*, Amsterdam, 1991, pp. 11-14.
12. Bijvoorbeeld Ons' Lieve Heer op Solder in Amsterdam, besproken in hoofdstuk 12.
13. W. Temple, *Observations upon the United Provinces of the Netherlands*, 1673, red. George Clark, Oxford, 1972, p. 104.
14. X. van Eck, *Clandestine Splendor: Paintings for the Catholic Church in the Dutch Republic*, Zwolle, 2008.
15. F.M. Dietz, 'Under the Cover of Augustine. Augustinian Spirituality and Catholic Emblems in the Dutch Republic', in K. Pollmann en M.J. Gill (red.), *Augustine Beyond the Book: Intermediality, Transmediality, and Reception*, Leiden, 2012, pp. 167-194.
16. J. ten Hoorn, *Reys-Boek door de Vereenigde Nederlande*, Amsterdam, 1689, pp. 74-75.
17. Howell, *Epistolae Ho-Elianae*, p. 19.
18. G.W.F. Hegel, *Aesthetics: Lectures on Fine Art*, vert. T.M. Knox, 2 dln., Oxford, 1975, vol. II, p. 885.
19. Aangehaald in B. Kaplan, 'Confessionalism and Its Limits: Religion in Utrecht, 1600-1650', in Joaneath Spicer e.a. (red.), *Masters of Light: Dutch Painters in Utrecht During the Golden Age*, New Haven, 1997, p. 69.

20. Geen enkel kunstzinnig onderwerp was exclusief voorbehouden aan een confessionele groepering. Zie J. Loughman en J. Michael Montias, *Public and Private Spaces: Works of Art in Seventeenth-Century Dutch Houses*, Zwolle, 2000, p. 48.
21. E. Bergvelt en R. Kistemaker (red.), *De wereld binnen handbereik. Nederlandse kunst- en rariteitenverzamelingen, 1585-1735*, Zwolle, 1992.
22. R. de Leeuw, 'Art in Transit: Give and Take in Dutch Art', in Jaynie Anderson (red.), *Crossing Cultures: Conflict, Migration and Convergence*, Melbourne, 2009, p. 11.
23. E. Stronks, *Negotiating Differences: Word, Image and Religion in the Dutch Republic*, Leiden, 2011, p. 71; P. Roemer Visscher, *Sinnepoppen*, Amsterdam 1614, p. 36.
24. J. Spaans, 'Violent Dreams, Peaceful Coexistence: On the Absence of Religious Violence in the Dutch Republic', in *De Zeventiende Eeuw* 18 (2002), pp. 149-166.

DEEL VI
Kunst en literatuur

14
De markt voor kunst, boeken en luxeartikelen

CLAARTJE RASTERHOFF

Toen de schoolmeester David Beck in 1624 een Nederlandse kunsthandel bezocht, zag hij daar een rijk gevarieerd aanbod van kunstwerken, exotica, naturalia en objecten van toegepaste kunst waaronder 'antyquiteyten, rariteyten, munten, schelpen, vazen, juwelen, schilderijkens'. Zo maakte ook de Engelse reiziger Philip Skippon in 1663 melding van een keur aan exotische objecten in een Rotterdamse winkel, zoals Braziliaanse spinnentanden, ratels van Indiase slangen en de schil van een Indiase appel.[1] Beck en Skippon waren niet de enigen die hierover berichtten; in brieven en dagboekaantekeningen uit binnen- en buitenland wordt vaak geschreven over de wijdverbreide populariteit van verzamelobjecten en andere artistieke of decoratieve voorwerpen in de zeventiende-eeuwse Nederlandse samenleving. Hoewel de beweringen soms wat overdreven zijn – een gewone boer zal nooit 'twee- of drieduizend pond hebben uitgegeven aan deze artikelen [schilderijen]', zoals de Engelse bezoeker John Evelyn in 1641 noteerde – wijzen andere bronnen op een duidelijke toename van het aantal, de kwaliteit en de diversiteit van de kunstvoorwerpen die in de loop van de zeventiende eeuw in omloop waren in de Nederlandse samenleving.

Boedelinventarissen, veilingcatalogi, privédocumenten en vele andere tekstuele en visuele bronnen laten zien dat het consumptiegedrag van de Europese elite in de loop van deze periode gaandeweg werd nagevolgd door de standen daaronder. Met name in de provincies Holland en Zeeland – de meest verstedelijkte delen van het land – verwierf een steeds grotere groep kooplieden, winkeliers, ambachtslieden en industriëlen zich luxueuze en quasi-luxueuze goederen, van betrekkelijk betaalbare kunstwerken, prenten en boeken, sierbestek, serviesgoed en meubilair tot Vlaamse klavecimbels, Perzische tapijten, Chinees porselein, exotische vogels, zeldzame schelpen, tulpenbollen en nieuwe soorten levensmiddelen. In huishoudens uit de lagere klassen en buiten de grote steden waren de bezittingen bescheidener, maar ook hier brachten veranderingen in het consumptiegedrag met zich mee dat steeds meer mensen geld begonnen uit te geven aan artikelen die niet essentieel waren voor hun levensonderhoud of beroep. In een groeiend aantal Nederlandse huishoudens, zowel in de stad als daarbuiten, waren de wanden bijvoorbeeld behangen met prenten en schilderijen en gebruikten gezinnen decoratief aardewerk.[2]

Toen in de eerste decennia van de zeventiende eeuw de consumptiegewoonten van de Nederlanders veranderden, trad er ook een wijziging op in de manieren waarop artistieke en decoratieve producten werden verhandeld. Het overgrote deel van deze artikelen werd nu voor de vrije markt gemaakt in plaats van in opdracht, en de afnemers bezochten winkels, veilingen, markten of professionele kunsthandelaren. In de zestiende eeuw was er in de Zuidelijke Nederlanden al een kunstmarkt tot ontwikkeling gekomen die werd gekenmerkt door in serie vervaardigde producten, openbare verkopingen en tussenhandelaren, en in een aantal steden hadden de accumulatie van kapitaal en de toegang tot internationale handelsnetwerken een ongekende commercialisering op gang gebracht van de markt voor schilderijen, wandkleden, boeken, prenten, muziekinstrumenten en altaarstukken. In de zeventiende eeuw, toen de welvaart in de steden van de noordelijke provincies toenam, zette deze ontwikkeling door en werd nog intensiever, en weldra ontstond er een zeer omvangrijke markt voor kunst, boeken en andere luxeartikelen.

De levenscyclus van de markten

Gedurende de eerste helft van de zeventiende eeuw gaven de markten een snelle groei te zien. Diagram 14.1 brengt het geschatte aantal uitgevers en schilders in beeld dat per jaar actief was in Nederlandse steden; dit zijn twee beroepsgroepen waarover goede kwantitatieve data voorhanden zijn.[3] Als we aannemen dat deze cijfers representatief zijn voor de ontwikkeling van de totale markt voor luxe en artistieke goederen, zien we over het geheel van de zeventiende eeuw een traject met een snelle toename, gevolgd door hoge groeicijfers, stabilisering en ten slotte een teruggang of stagnatie. Lezers die bekend zijn met de economische geschiedenis van de Nederlanden zullen deze curve wellicht herkennen, omdat de levenscycli van de schilderijen- en boekenmarkten sterk lijken op die van veel andere Nederlandse industrieën, commerciële ondernemingen en takken van nijverheid gedurende deze periode. Bij historici die zich bezighouden met de zeventiende eeuw is sinds de jaren tachtig de relatie tussen economische groei, marktwerking, en de productie en consumptie van kunst en cultuur in de Nederlandse Republiek zelfs uitgegroeid tot een prominent thema. Deze beschrijving van de ontwikkeling van Nederlandse markten voor kunst, boeken en andere luxeartikelen is een resumé van hun voornaamste bevindingen en observaties.

Tot het laatste kwart van de zestiende eeuw was de markt voor schilderijen en boeken in de noordelijke provincies van de Lage Landen – kwantitatief althans – naar verhouding onderontwikkeld. Er waren bijvoorbeeld in Haarlem, Utrecht en Deventer wel kleine groepjes getalenteerde kunstenaars en uitgevers te vinden, maar vergeleken met de culturele centra in de Zuidelijke Nederlanden hadden die een bescheiden omvang en bereik. Dat alles veranderde met het begin van de

Diagram 14.1 Het geschatte aantal schilders en uitgevers dat in de jaren 1580-1700 actief was in de Nederlandse Republiek (vijfjarig voortschrijdend gemiddelde, semi-logaritmische schaal)

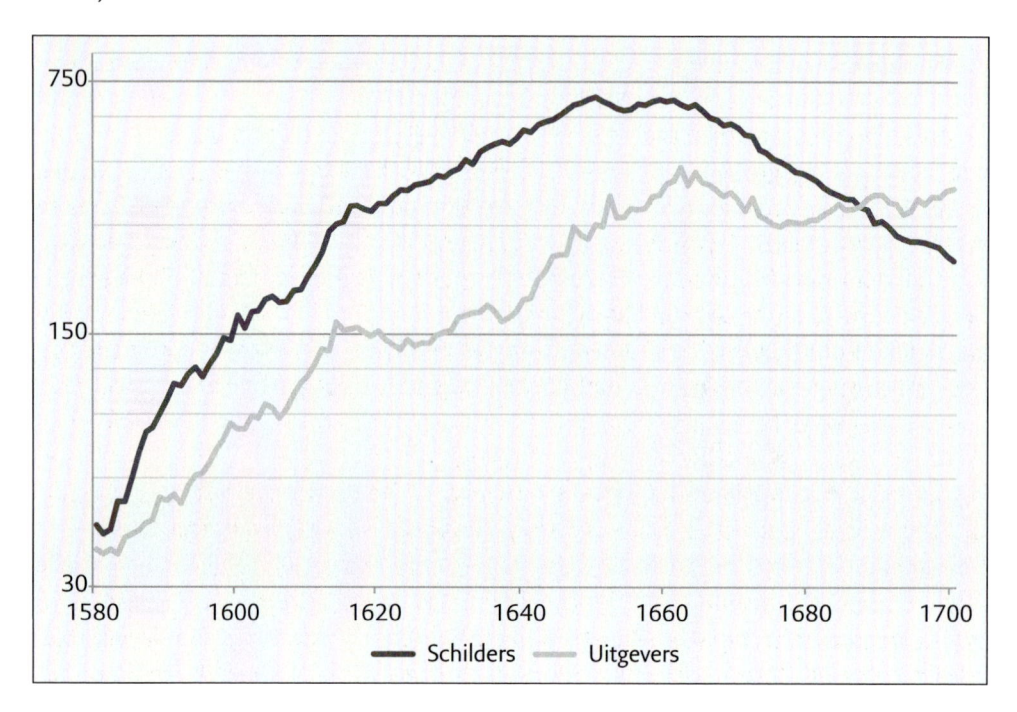

Opstand en de val van Antwerpen (1585), het onbetwiste culturele en commerciële centrum van de Lage Landen. Op zoek naar veiligheid en economisch perspectief trok een grote stroom mensen uit de Zuidelijke Nederlanden tijdelijk of permanent naar het noorden. Samen met andere economische, culturele en maatschappelijke verworvenheden gaf de komst van de Zuid-Nederlandse vakkennis en bekwaamheden de ontluikende Nederlandse markt voor luxeartikelen tijdens de eerste decennia van de Opstand een flinke impuls.

In de dichtbevolkte, verstedelijkte provincies Holland en Zeeland, die een hoge alfabetiseringsgraad kenden, voorzagen deze immigranten in een vaste en steeds toenemende vraag naar luxeartikelen als schilderijen, boeken en meubels, zowel van de oorspronkelijke bewoners als van nieuwkomers als zijzelf. Omstreeks 1600 waren de omvang en het bereik van de Nederlandse markten voor kunst en boeken al aanmerkelijk toegenomen, en de snelle demografische groei, het opbloeien van handel en nijverheid en de toename van de koopkracht werkten deze ontwikkeling alleen maar in de hand. Deze interactie van vraag en aanbod tijdens de turbulente laatste decennia van de zestiende eeuw werd bevorderd door lokaal beleid dat gunstig was voor geïmmigreerde ondernemers, ambachtslieden en andere beginnende bedrijven. Aanvankelijk voorzagen importartikelen en geïmmigreerde kunstenaars en ambachtslieden in de vraag naar goedkope dan wel prijzige 'objecten van begeerte', maar al gauw kregen ze concurrentie van lokale en regionale producenten. Het stadsbestuur van Leiden deed bijvoorbeeld zijn uiterste best om arbeidskrachten uit de Zuidelijke Nederlanden aan te trekken teneinde de kwijnende textielindustrie nieuw leven in te blazen, en speurde ook actief naar talentvolle geleerden, uitgevers, drukkers en letterzetters uit het zuiden.

Maar de groei van de markt was niet louter een afgeleide van commercie en rijkdom of bevolkingsgroei. In dit tijdperk van politieke en religieuze beroering schiepen netwerken van schilders, uitgevers, wetenschappers, schrijvers, ambachtslieden en kunstenaars gezamenlijk een steeds levendiger cultureel klimaat waarin vernieuwingen tot stand kwamen en vervolgens algemeen ingang vonden. Uitgevers als Cornelis Claesz in Amsterdam en Hans Matthysz in Leiden beseften bijvoorbeeld dat mensen die konden lezen en genoeg geld hadden om boeken te kopen (potentiële) behoeften en verlangens hadden waaraan niet volledig kon worden voldaan door de kostbare boekwerken die werden vervaardigd voor de internationale elite en evenmin door de goedkope uitgaven die in groten getale werden uitgebracht voor de massa. Zij exploiteerden dit gat in de markt door bijvoorbeeld luxueuze Nederlandse edities te introduceren van werken uit populaire genres als reisverslagen en liederenboeken. Hoewel ze ongetwijfeld voortbouwden op de strategieën van hun Zuid-Nederlandse voorgangers kwamen ze vaak tot een origineel samenstel van taal, formaten, lettertypen en illustraties, wat resulteerde in de introductie van stijlvolle nieuwe producten. Door vergelijkbare prestaties op het gebied van de prentkunst, de schilderkunst en de meubelmakerij werd de positie van Antwerpen als het onbetwiste culturele centrum van de Lage Landen ondergraven.

Toch nam de Republiek in de eerste decennia van de zeventiende eeuw nog geen voorhoedepositie in; ze was eerder bezig met een inhaalmanoeuvre. De omvang en het bereik van de markten voor kunst en cultuur waren naar verhouding bescheiden, en pas met het aantreden van een volgende generatie ondernemers en een reeks radicalere vernieuwingen werd het mogelijk een massaproductie op gang te brengen voor een steeds vrijere markt. Wat betreft de markt voor schilderijen is dit proces al uitvoerig beschreven, maar vergelijkbare ontwikkelingen deden zich bijvoorbeeld voor op het gebied van de boekenproductie en de meubelmakerij. Vanaf de jaren 1610 maakten kunstenaars in Nederlandse steden zich nadrukkelijker los van de door hun Zuid-Nederlandse collega's gevestigde tradities op het gebied van iconografie, techniek en compositie. Ze gebruikten minder motieven en menselijke figuren, en voegden meer hemel- en schaduwpartijen toe aan hun schilderijen, wat de benodigde investering aan arbeid verminderde. Ook gebruikten de schilders minder en mattere tinten, gingen over op kleinere formaten en introduceerden een snelle productietechniek waarbij met vlugge penseelstreken dunne lagen verf werden aangebracht. In andere, traditionelere genres, zoals religieuze of mythologische taferelen, vereenvoudigden de kunstenaars de compositie en het kleurenpalet en schilderden op kleinere doeken. Om nog efficiënter te werken legden velen zich (soms tijdelijk) toe op een bepaald onderwerp en een bepaalde stijl, en verhieven zo artistieke motieven en thema's tot volwaardige genres. In weinig meer dan tien jaar gaven kunstenaars als Esaias van de Velde en Jan Porcellis – en later ook Jan van Goyen en Salomon van Ruysdael – bestaande genres zoals stillevens, landschappen, zeegezichten en gezelschaps- en boerentaferelen een zo nieuw en herkenbaar voorkomen dat dit kenmerkend werd voor de vroegmoderne Nederlandse schilderkunst (zie Afb. 14.3).

De econoom Michael Montias heeft (in 1990) de artistieke ontdekkingen van de jaren 1610 en 1620 beschreven als 'product- en procesinnovaties'.[4] Als reactie op de toenemende concurrentie en een potentieel stijgende vraag naar betaalbare schilderijen werden schilders genoodzaakt hun productiviteit op te voeren en zich te onderscheiden van hun concurrenten. Hiermee brachten ze een grootschalige productie op gang van goedkopere schilderijen waarmee een breder afzetgebied ontsloten kon worden. Als gevolg van dergelijke specialisatie-, vernieuwings- en differentiatiestrategieën maakte de markt voor kunst en cultuur een snelle groei door. Omstreeks het midden van de zeventiende eeuw waren er dankzij het gevarieerde aanbod van betaalbare producten bedrijvige en complexe lokale markten ontstaan. Tegelijkertijd liepen door veranderende economische omstandigheden de groei van de bevolking en de koopkracht minder snel op. De reeks oorlogen die de Nederlanden tijdens de tweede helft van de zeventiende eeuw voerden was evenmin bevorderlijk voor omvangrijke bestedingen aan kunst en cultuur. Dit alles droeg vanaf de jaren 1670 bij aan een drastische terugval van het aantal schilders en een stagnatie van het aantal uitgevers, maar de individuele markten hadden ook hun eigen problemen (zie Diagram 14.1).

In het geval van de schilderkunst waren er bijvoorbeeld alledaagse kwesties die de aankoop van nieuw werk beperkten. Schilderijen waren duurzame artikelen, en de ruimte op de wanden van een woning was beperkt. Nieuwe modes waarbij andere visuele kunstvormen zoals gedecoreerd behang aan populariteit wonnen trokken nu kopers aan, waarmee de vraag naar nieuwe schilderijen nog verder terugliep. Bij de uitgeverijen bleef het hoge productieniveau dat halverwege de eeuw bereikt was in stand, dankzij een onverminderde lokale en een groeiende internationale behoefte aan vermaak, kennis en informatie. Hoewel boeken net als schilderijen duurzame goederen waren, namen ze minder ruimte in en hadden ze meer praktische toepassingen in het dagelijks leven.

Dit patroon van snelle expansie, stagnatie en uiteindelijke neergang in markten voor culturele goederen was niet over de hele linie identiek. In het geval van Delfts aardewerk (het beroemde Delfts blauw dat nog steeds te koop is in Nederlandse winkels), deed zich halverwege de zeventiende eeuw een periode van aanhoudende groei voor. Maatschappelijke onrust in China leidde tot een tekort aan geïmporteerd porselein, en Nederlandse keramiekproducenten grepen deze kans prompt aan. Vooral in Delft begon een aantal bedrijven op grote schaal aardewerk met decoraties in Chinese stijl te produceren, en al in 1670 waren er meer dan vijfentwintig firma's in de stad, die werk boden aan circa 500 ambachtslieden en decoratieschilders. Ook verscheidene luxe-industrieën ging het in die periode voor de wind. Zo nam het aantal zilver- en goudsmeden dat in Amsterdam geregistreerd stond tussen 1650 en 1675 toe tot meer dan het dubbele.[5] Kennelijk was de grote hoeveelheid vermogende Amsterdammers die hun interieur wilden verfraaien de drijvende kracht achter deze ontwikkeling.

Tegen het eind van de zeventiende eeuw hadden de Nederlandse kooplieden, en de Amsterdamse in het bijzonder, bovendien hun positie in de internationale en doorvoerhandel in kunst en luxeartikelen versterkt. Ze konden dus de dalende binnenlandse vraag naar sommige luxeartikelen compenseren door zich te richten op groeiende buitenlandse markten. Terwijl in het binnenland de markt voor tweedehands artikelen in omvang toenam, werden Nederlandse schilderijen nu een waardevol exportproduct. De talrijke, kleinere en naar verhouding betaalbare Nederlandse schilderijen werden populair; vooral de doeken van fijnschilders pasten voortreffelijk in de verzamelaarskabinetten die in die tijd in heel Europa in de mode waren. De Nederlandse uitgevers, die al een uitstekende positie in het internationale boekenbedrijf hadden, wisten tot ruim na de eeuwwisseling hun aanwezigheid op buitenlandse markten te consolideren en uit te breiden.[6] Dankzij een gelukkige combinatie van twee modeverschijnselen werd de internationale vraag naar decoratief serviesgoed als Delfts blauw gestimuleerd door een snel toenemende voorliefde voor thee, koffie en chocola uit de koloniën. En in het circulaire handelsverkeer tussen de Amerika's, Azië en verschillende delen van Europa was er vanuit het oosten een aanvoer van opwekkende middelen als specerijen, suiker, thee en koffie en zijden en katoenen stoffen uit bijvoorbeeld India, terwijl in Antwerpen gevestigde internationale kunsthandelaars zoals Forchondt en Musson op hun beurt gebruik maakten van Nederlandse havens om decoratieve en artistieke artikelen naar de Amerika's te verschepen.[7]

Dit algemene overzicht van de ontwikkeling van markten voor kunst, boeken en luxeartikelen is gebouwd op drie richtingen in het onderzoek die de laatste paar decennia aan belang hebben gewonnen.[8] Ten eerste zijn onderzoekers er vanaf de jaren zeventig toe overgegaan kunstwerken en andere culturele artefacten meer te bestuderen in hun historische context – hetzij politiek, cultureel, sociaal, dan wel economisch. Ten tweede heeft binnen deze contextuele benadering het economische perspectief sterk aan gewicht gewonnen, met name op een terrein waar sommigen dat niet snel zouden verwachten, dat van de kunstgeschiedenis. Economen en economisch historici zijn kunstwerken gaan analyseren als koopwaar, kopers als consumenten, en producenten als ondernemers, en deze benadering is nu vrij gangbaar geworden binnen de Nederlandse kunstgeschiedenis. Ten derde hebben onderzoekers hierbij geëxperimenteerd met het gebruik van statistiek en formele economische modellen. Zo probeerden ze Nederlandse kunstmarkten in kaart te

14.1 Gerard Dou, *De Kwakzalver*, 1652, Rotterdam, Museum Boijmans van Beuningen.

brengen aan de hand van bijvoorbeeld schattingen van de omvang van de kunstenaarspopulatie, de productiviteit, de prijsontwikkeling en het totale aantal geproduceerde kunstwerken.

Deze ontwikkelingen, die in gang zijn gezet door de Amerikaanse econoom en Vermeerkenner Michael Montias, hebben vaste voet aan grond gekregen in Nederland en met name in het onderzoek naar de schilderkunst van de zeventiende eeuw. Hoewel de meeste studies naar de productie van andere luxeproducten tijdens deze periode de algemene economische omstandigheden belichten en ingaan op tal van commerciële aspecten, deden ze dat in het algemeen zonder expliciet gebruik te maken van economische theorieën of methoden. Op het terrein van de boekgeschiedenis is er bijvoorbeeld veel aandacht geweest voor de strategieën van afzonderlijke uitgevers en op de sterke positie die het Nederlandse boekenbedrijf tot halverwege de achttiende eeuw innam; pas sinds kort zien we meer systematische en kwantitatieve analyses van de omvang en de opbouw van de markt, van prijzen en collectieve commerciële strategieën. In de volgende onderdelen van dit hoofdstuk zullen we ons verder verdiepen in een drietal van deze economische aspecten en daarbij ook aandacht schenken aan socio-culturele condities die inzicht kunnen bieden in de expansie van de Nederlandse markt voor kunst, boeken en luxeartikelen.

Cultuur en commercie

Tussen kooplieden en kunstenaars, of algemener gezegd tussen commercie en cultuur, bestonden nauwe en veelsoortige banden. Ook in de naar verhouding vrije markt voor kunst waren betrekkingen met begunstigers nog altijd erg belangrijk voor de carrières van veel kunstenaars en ambachtslieden, en voor het functioneren van de kunstmarkt in het algemeen. De katholieke kerken waren altijd de voornaamste begunstigers van de kunsten geweest, maar met de reformatie was daar een eind aan gekomen, omdat de calvinisten het gebruik van afbeeldingen in de kerk principieel afwezen. De ontwikkeling van een republikeinse regeringsvorm had tot gevolg dat ook de Habsburgse monarchie en haar entourage hier niet langer als beschermers van de kunsten optraden. Tot op zekere hoogte namen de stadhouders van het huis Oranje-Nassau, in het bijzonder Frederik Hendrik en Amalia van Solms, die rol over en kochten geregeld werken aan van kunstenaars en ambachtslieden uit binnen- en buitenland vanuit het streven om hun hof een koninklijk aanzien te geven.

Overheidsinstellingen als de Staten-Generaal, de Oost- en West-Indische Compagnie (de VOC en WIC) en de diverse provinciale overheden namen eerder sporadisch dan structureel de rol van mecenas op zich. In het leven van kunstenaars en handwerkslieden speelden stedelijke overheden een belangrijkere rol, omdat ze geregeld opdracht gaven voor de vervaardiging van bouwwerken (waaronder ook kerken), portretten, meubilair, tafelgerei, boeken en andere soorten decoratieve en artistieke objecten. De beroemde zilversmid Johannes Lutma de Oude ontving bijvoorbeeld tussen 1634 en 1661 voor meer dan 44.000 gulden opdrachten van de stad Amsterdam. Groepsportretten van regenten en schuttersstukken zoals Rembrandts fameuze werk dat we kennen als *De Nachtwacht* horen tot de duidelijkste voorbeelden van zulk stedelijk mecenaat. Deze grootse, complexe taferelen memoreerden de betrokkenheid van burgers bij stedelijke instituties en dienden ter verfraaiing van de muren van openbare gebouwen. Vooral schuttersstukken waren ware pronkstukken ter meerdere eer en glorie van de stad en de gezeten burgers, en vormden voor kunstenaars een belangrijke bron van inkomsten en prestige.

Er waren tal van redenen om opdracht te geven voor een kunstwerk: om de geschiedenis en de toekomstige ambities van de stad te belichten, om de positie van de stad te midden van de regionale en Europese stedelijke hiërarchieën en rivaliteiten te benadrukken, en om het politiek gezag te legitimeren na de Nederlandse Opstand. Ook de aard van de kunstwerken liep sterk uiteen: die varieerden van materiële objecten zoals schilderijen, meubilair en gebrandschilderde ramen tot niet-materiële zoals gedichten, toneelstukken en processies. Bij de bouw en de decoratie van het Amsterdamse stadhuis, kort na het midden van de eeuw, vielen al deze kunstvormen en drijfveren samen, en het bouwwerk kan dan ook met recht en reden worden betiteld als het meest ostentatieve voorbeeld van stedelijke patronage in de Republiek.

Begunstigers konden rechtstreeks een opdracht plaatsen bij lokale en internationale kunstenaars en handwerkslieden, maar het mecenaat kon ook een minder directe vorm aannemen. Het gebeurde geregeld dat kunstwerken aan regenten werden aangeboden, teneinde de reputatie van de maker te verhogen of om financiële ondersteuning te verwerven. Opdrachten in boeken en op prenten geven een inkijkje in bestaande of beoogde patronagenetwerken. De beroemdste dichter van het land, Joost van den Vondel, droeg zijn Vergiliusvertalingen bijvoorbeeld op aan een aantal potentiële begunstigers: aan de stad Amsterdam en zijn burgers en bestuurders, maar ook aan Constantijn Huygens, de secretaris van de stadhouder. In een opmerkelijk expliciet verzoek om financiële steun dat hij richtte aan de Amsterdamse burgemeester Cornelis de Graeff vergeleek de dichter zichzelf met Vergilius en De Graeff met Augustus.[9]

De civiele instituties werden bestuurd door stedelingen, veelal gegoede kooplieden en industriëlen. Net als in vroeger tijden en in andere delen van Europa lieten kapitaalkrachtige Nederlandse burgers zich portretteren, gaven opdrachten voor specifieke kunstwerken en bestelden op hun smaak en behoeften toegesneden kabinetten, ingelegde spiegels of gedecoreerde klavichorden ter verfraaiing van hun interieur. Goede betrekkingen met de rijken en machtigen waren van wezenlijk belang voor zelfstandig werkende kunstenaars. Uit analyses van commerciële strategieën die onder meer werden ingezet door de schilders Govert Flinck en Ferdinand Bol blijkt dat gezamenlijk overleg, vriendschappen en de manier waarop de kunstenaar zich positioneerde beslissende factoren waren voor het verdere verloop van de carrière, de verdiensten en de reputatie van de kunstenaar.[10] Ook al waren deze beroemde kunstenaars actief in de bovenste echelons van de kunstmarkt, toch waren steun en vriendschap voor veel artiestencarrières essentieel, en was het omgekeerde – vriendschap aanknopen met kunstenaars – bevorderlijk voor het culturele kapitaal van de kooplieden.

Als groep waren deze mannen en vrouwen ook op een indirectere manier van het grootste belang voor de ontwikkeling van de kunstmarkt. In heel Europa waren kooplieden gewoonlijk wel betrokken bij culturele zaken, maar in de steden van de Republiek waren ze in dat opzicht toonaangevend. In netwerken die in het verloop van de eeuw steeds geslotener en geprivilegieerder werden, zwaaiden koopman-bestuurders niet alleen de scepter over de handel en de politiek, maar ook over de rechtspraak, maatschappelijke kwesties en het culturele leven. Ze traden op als verzamelaar, mecenas, kunstliefhebber, connaisseur, handelaar, smaakmaker, tussenpersoon en vertegenwoordiger, en combineerden dikwijls twee of meer van deze rollen. Vooral de Amsterdamse koopman-verzamelaars vormden hechte en invloedrijke commerciële en culturele netwerken, zoals de dichter Thomas Asselijn in 1653 benadrukte toen hij schreef 'Hier is de beurs, en 't geld, en liefde tot de Kunst', wat betrekking had op een feestelijk evenement bij het Sint-Lucasgilde waar schilders, dichters en kunstliefhebbers bijeenkwamen.[11]

Zelfs als het ideaal van de *mercator sapiens* – de geleerde koopman – niet meer was dan een intellectueel bedenksel waren de domeinen van de handel en de kunsten en wetenschappen in de Republiek sterk verweven.[12] Bijgevolg kon de koopmanscultuur de culturele conventies en hiërarchieën aansturen die de uitwisselings- en waardebepalingspraktijken in de vroegmoderne Nederlandse markt voor kunst en cultuur beheersten, zoals bijvoorbeeld te zien is aan de wijdverbreide gewoonte om kunst en zeldzame, dikwijls van ver afkomstige objecten en naturalia te verzamelen. In de sterk verstedelijkte delen van de Verenigde Provinciën was patronage van bestuurders en kooplieden dan ook een wezenlijk kenmerk van de Nederlandse markt voor kunst en cultuur.

Populuxe

Het topsegment van de markt voor kunst en luxeartikelen, waar de culturele netwerken en conventies van kooplieden en overheden bepalend waren, werd krachtig ondersteund door een grootschalige productie en consumptie in het middelste en onderste deel van de markt. In het spoor van radicale vernieuwers als Jan van Goyen en Rembrandt waren duizenden kunstenaars en handwerkslieden actief die door middel van imitatie en navolging allerlei licht afwijkende varianten produceerden in alle denkbare genres, stijlen en prijsklassen. Op het terrein van de keramiek verkenden Delftse ondernemers een breed spectrum aan verschillende producten, en deden hun voordeel met de vraag naar nieuwe en exotische waren, die ze tegelijkertijd ook weer een impuls gaven toen ze naast goedkoop majolica-aardewerk met ruwe beschilderingen ook chiquere nieuwe producten begonnen te produceren die bekend werden onder de naam Delfts blauw.

Omdat het nieuwe en exotische onvermijdelijk weer gewoon werd, werden er voortdurend nieuwe varianten geïntroduceerd, zodat het assortiment aan aangeboden artikelen nog verder uitdijde. 'Altijt wat nieus' luidt het opschrift op het nieuwsblad dat de boekverkoper in Afb. 14.2 in zijn hand houdt. Dit motto kan worden aangetroffen op publicaties van de Amsterdamse boekverkoper Johannes van den Bergh uit de vroege jaren 1660 en getuigt van het belang van het nieuwe en actuele bij het op de markt brengen van boeken. De intense productdifferentiatie in de zeventiende-eeuwse markt voor kunst en cultuur was nauw verbonden met de opkomst van een markt voor 'populuxe'-goederen. Sinds Cissie Fairchilds dit begrip in het historisch onderzoek heeft geïntroduceerd met haar analyse van de populariteit van goedkope kopieën van door de aristocratie gebruikte artikelen - zoals paraplu's, waaiers en snuifdozen in het achttiende-eeuwse Frankrijk - wordt het dikwijls gebruikt als aanduiding voor imitaties en navolging van de levensstijl van de rijken en beroemden.[13] Hier gebruik ik de term niet alleen als aanduiding voor de

14.2 Motto van de Amsterdamse drukker Johannes van den Berg in: Laurens van Zanten, *Spiegel der gedenckweerdighste wonderen en geschiedenissen onses tijds*, 1661, Den Haag, Koninklijke Bibliotheek.

grootschaliger productie van betaalbare en minder degelijke niet-essentiële artikelen, maar ook en in het bijzonder voor de introductie van en de vraag naar allerlei nieuwe producten in vele varianten in de Republiek.

De verregaande productdifferentiatie in de markt voor kunst en boeken was kenmerkend voor deze periode en het resultaat van twee tendensen. Ten eerste werden consumptieartikelen als boeken, meubilair, kleding, tafelgerei, spiegels en gordijnen steeds vaker niet zozeer aangeschaft op grond van hun wezenlijke kwaliteiten – de waarde van het ruwe materiaal, functionaliteit en duurzaamheid – als wel van onstoffelijke kwaliteiten zoals noviteit, mode en ontwerp. Zo wonnen majolica, porselein en andere decoratief aardewerk, dat kwetsbaarder en fragieler was dan tafelgerei van massief koper of tin, in de hele Nederlandse samenleving aan populariteit. Ten tweede werden de kunstvoorwerpen die voorheen voornamelijk als in opdracht vervaardigde unica waren verkocht, zoals schilderijen, nu gestandaardiseerd, in serie geproduceerd, soms zelfs als omvangrijke contractuele bestelling bij een atelier, en in de vrije verkoop aangeboden in winkels. Zelfs de markt voor Nederlandse historieschilderkunst – vanouds beschouwd als een superieur en kostbaarder genre – werd overspoeld met kunstwerken in alle prijsklassen en kwaliteitscategorieën. Alles was te koop: van in opdracht geschilderde topstukken van Rembrandt en zijn beroemde tijdgenoten die voor honderden guldens van de hand gingen, tot werken van minder bekende meesters als David Colijns die werden getaxeerd op enkele tientallen guldens, en van (soms originele) door anonieme atelierschilders gemaakte schilderijen die maar een paar gulden opbrachten tot goedkope prenten van een paar stuivers.[14]

De snelgroeiende en uiterst gedifferentieerde markten die tijdens de zeventiende eeuw ontstonden waren afhankelijk van een infrastructuur die producenten en consumenten helpt de waren te onderscheiden en te vergelijken en er onderling over te communiceren, met name toen de waarde van schilderijen, boeken en keramiek steeds meer op ontastbare kwaliteiten kwam te berusten, zoals mode, ontwerp, curiositeitswaarde en noviteit. Zo hebben historici geconstateerd dat kunsthandelaars belangrijker werden naarmate de markten drukker en complexer werden, en dat ze door middel van publiciteit en merkenstrategieën de hype van 'schilderijen als wandversiering' versterkten. Dat de Republiek, en vooral Leiden, zich aan het begin van de eeuw ontpopte tot de bakermat van gespecialiseerde boekenveilingen – en later van kunstveilingen in Amsterdam – was bovendien voor een groot deel te danken aan de ontwikkeling van veilingen en catalogi als distributiekanaal en marketinginstrument.[15]

Tot op zekere hoogte deden vergelijkbare veranderingen in consumptiepatronen, distributie en productie zich in heel Europa en daarbuiten voor. In de zeventiende en achttiende eeuw zien we bij huishoudens van uiteenlopende economische en sociale status een significante toename van het aantal, de kwaliteit en de variëteit van materiële bezittingen.[16] Overigens was het vervagen van de scheidslijnen tussen wat beschouwd werd als kunst, luxeartikel of gebruiksvoorwerp geen volkomen nieuwe ontwikkeling; historici stellen dat dit proces al is begonnen in het zestiende-eeuwse Antwerpen, en in Florence en Brugge zelfs nog eerder.[17] De wijdverbreide set veranderingen in het consumptiegedrag en de distributiepraktijken is door sommige historici geduid als een consumentenrevolutie. In Jan de Vries' theorie over veranderingen in het arbeids- en uitgavenpatroon van de vroegmoderne huishoudens (inmiddels aangeduid als de Nijverheidsrevolutie), komt de Republiek naar voren als het epicentrum van het verlangen van de consument naar luxeartikelen, quasi-luxeartikelen en decoratieve voorwerpen.[18] Hoewel er twijfel is gerezen over een aantal van de empirische grondslagen voor de Nijverheidsrevolutie en het idee van een consumentenrevolutie aan kracht heeft ingeboet, lijdt het weinig twijfel dat er tijdens de vroegmoderne periode in heel Europa een significante verandering optrad in de consumptiepatronen. Dit was wellicht niet een lineair en zeker geen uniform proces, maar het won na 1600 in de Republiek ontegenzeggelijk sterk aan kracht.

Culturele industrieën

Het begrip populuxe leidt als vanzelf tot de vraag welke eigenschappen kenmerkend zijn voor dit soort artikelen. Wat ze gemeen hebben is dat ze worden verhandeld in een marktcontext en dat ze vervuld zijn van een sterke esthetische en symbolische lading. Sociale wetenschappers hebben geconstateerd dat de tegenwoordige industrieën waarin dergelijke 'culturele producten' vorm krijgen – de zogenoemde culturele industrieën – in het algemeen geconcentreerd zijn in stedelijke gebieden, worden ondersteund door plaatselijke socio-professionele instituties en een goede aansluiting hebben met internationale culturele en commerciële netwerken. In de Republiek was dit niet anders. Dat de zeventiende-eeuwse Nederlandse markt voor kunst en andere luxeartikelen zich tot een populuxe-markt kon ontwikkelen was mede te danken aan organisatorische kenmerken die de steun van plaatselijke instellingen in evenwicht brachten met een polycentrische industriële structuur en internationale commerciële connecties.

De culturele productie concentreerde zich in het gebied dat wij nu de Randstad noemen, een polycentrisch stedelijk gebied in het westen van het land. Hier hadden producenten eenvoudiger toegang tot vervoersnetwerken en kredietverstrekkers en bevonden zich in de nabijheid van potentiële klanten, collega's en leveranciers. Amsterdam speelde met name vanaf het midden van de zeventiende eeuw in de meeste markten een centrale rol, maar de geografische verdeling van de culturele productie was polycentrisch. In dit kleine land was de afstand tussen steden gering, en toen in de loop van de zeventiende eeuw de transportmogelijkheden verbeterden, kwam er een goed functionerende distributie- en communicatie-infrastructuur tot ontwikkeling. Dit vergemakkelijkte de uitwisseling van informatie en goederen tus-

14.3 Esaias van de Velde, *Duinlandschap*, 1629, Amsterdam, Rijksmuseum.

sen de steden en versnelde de verspreiding van vernieuwingen en de ontwikkeling van plaatselijke specialismen.

Lokale clustervorming bood vele voordelen, en die werden nog versterkt door patronen van groei en specialisatie. Doordat ze dicht bijeen gevestigd waren en een compact socio-professioneel netwerk vormden, konden lokale cliënten, leveranciers en vakgenoten makkelijk informatie en kennis uitwisselen en tegelijkertijd concurrenten en collega's in verwante industrieën in de gaten houden. Zo vormden zich bepaalde culturele kernen binnen de polycentrisch geïntegreerde markten voor kunst en cultuur. Dat de boekproductie ongelijkmatig verdeeld was over het land werd bijvoorbeeld bepaald door de omvang van de vraag ter plaatse en door de specifieke kenmerken van de verschillende steden: de universiteit in Leiden, de aanwezigheid van het hof van Oranje en de Staten-Generaal in Den Haag, en het bloeiende commerciële en culturele leven van Amsterdam. Op het gebied van de schilderkunst traden Amsterdam, Haarlem en Utrecht en later ook Delft, Leiden en Den Haag op de voorgrond. Ook hier maakte de vraag van lokale afnemers deze steden bijzonder aantrekkelijk, maar hun reeds bestaande reputatie en de aanwezigheid van gevierde kunstenaars vormden een extra stimulans voor industriële ontwikkeling. Terwijl de meeste takken van industrie in diverse regio's en steden te vinden waren, concentreerden andere zich juist vooral op één geografische locatie; Delft kreeg bijvoorbeeld zo'n prominente positie op het gebied van decoratief aardewerk dat de naam van de stad mettertijd verbonden raakte aan die van het product.

Tot op zekere hoogte kregen deze eigenschappen verder vorm via plaatselijke instellingen zoals gilden, die toezagen op de opleiding van hun leden en hun zakelijke belangen beschermden. In de meeste Nederlandse steden waren schilders, boekverkopers en beoefenaars van toegepaste kunst lid van gilden die een heel scala aan verwante economische activiteiten bestreken, zoals het vooral op kunstenaars en kunstambachten georiënteerde Sint-Lucasgilde. Juist het feit dat er allerlei betrekkingen waren tussen verschillende activiteiten zoals boekproductie, grafische kunst, wetenschap, theater en schilderkunst was een prominent kenmerk van de Nederlandse cultuurproductie. Zo splitste het Amsterdamse Sint-Lucasgilde zich in 1579 af van de andere ambachten en richtte zich voortaan uitsluitend op de visuele kunsten; tot de leden hoorden onder anderen schilders, wandtapijtwevers, borduurders en graveurs. Naarmate de markt voor kunst en decoratieve kunst toenam in omvang en complexiteit groeide ook het aantal steden waar de kunstenaarsgilden nieuwe en striktere statuten opstelden en waar een zelfstandig Sint-Lucasgilde of boekverkopersgilde werd opgericht.

Tegen het eind van de eeuw stonden de meeste markten voor boeken, kunst en luxeartikelen onder toezicht van de gilden. Maar ze waren nog altijd betrekkelijk poreus; voor de meeste ambachten en industrieën gold dat mensen, producten en ideeën zich vrij eenvoudig konden verplaatsen tussen de verschillende steden. Nederlandse steden en kooplieden hadden een vooraanstaande positie in de internationale handel, en naast hun betrekkelijke openheid werd ook het in- en uitgaande verkeer aan informatie, kennis en bekwaamheden een typerend kenmerk van de zeventiende-eeuwse Republiek. De stroom aan vakkennis en knowhow die aan het begin van de eeuw was binnengekomen vanuit de Zuidelijke Nederlanden was van onschatbare waarde gebleken voor sluimerende of betrekkelijk onontwikkelde lokale culturele industrieën, en hoewel het aandeel van de uitgeweken culturele ondernemers in de loop der tijd afnam, was in de meeste takken van industrie en nijverheid de betrokkenheid van lieden uit andere streken een constant gegeven. Industrieën zoals de glasfabricage en de graveerkunst hadden bijvoorbeeld veel te danken aan de Venetiaanse en Duitse vaklieden die zich vestigden of enige tijd werkten in Middelburg, Rotterdam, Amsterdam en andere steden. De komst van uitgeweken hugenoten-ondernemers en -ambachtslieden aan het eind van de zeventiende eeuw betekende voor de cultuurmarkten een nieuwe potentiële instroom van buitenlandse vaardigheden en kennis, hoewel in recent onderzoek is geopperd dat hun invloed op de economie te zwaar is benadrukt.[19]

Informatie, nieuws en kennis werden ook uitgewisseld tussen de Republiek en het buitenland via systemen die wel zijn beschreven als een vroegmoderne vorm van

14.4 Judith Leyster, *Zelf-portret en meesterstuk voor het Sint Lucasgilde?*, ca. 1630, Washington, National Gallery of Art.

agentuur.[20] Diplomaten, geleerden, kunstenaars, priesters, boekverkopers, bankiers en kooplieden droegen actief bij aan het doorgeven en verbreiden van kennis, ideeën en objecten. Deze culturele bemiddelaars handelden niet alleen in kunstvoorwerpen, maar ook in politieke informatie, en hun activiteiten bestreken dikwijls het complete topsegment van de markt voor kunst, boeken en allerhande luxeartikelen. De financiering en de logistiek van op grote schaal geproduceerde exportartikelen als bijbels vereiste bovendien dat culturele ondernemers goede contacten hadden in de wereld van de handel. Het internationale handelsverkeer in boeken en andere populuxe-artikelen was een complexe aangelegenheid, en producenten moesten rekening houden met forse liquiditeitsrisico's, gezien de hoge aanloopkosten, de trage afzet en de onvoorspelbare vraag. Met name de Nederlandse drukkers en uitgevers beschikten over vele contacten, onder andere met papierhandelaars die de bedrijfsvoering vergemakkelijkten door kredieten en informatie over buitenlandse markten te verstrekken. De disseminatie van Engelse bijbels, Latijnstalige katholieke werken, religieuze werken in het Hebreeuws en later ook werken van controversiële Franse auteurs toont aan dat deze producten, of ze nu geproduceerd werden in de Republiek, of alleen maar werden doorgevoerd, de gebruikelijke handelsroutes volgden.

Conclusie

In 1624 klaagde de protestantse predikant Dirck Rafaelsz Camphuysen over de alomtegenwoordigheid van afbeeldingen in de Republiek. 'Van Graveren, trecken, malen [*tekenen, schilderen*] hangt de heele Wer'lt aen een', fulmineerde hij. ''t Malen! ey, wie kan dat wraken sonder al-gemeyn op-roer?' Andere binnen- of buitenlandse tijdgenoten die commentaar leverden op de populariteit van schilderijen in de Republiek uitten zich over het algemeen niet zo misprijzend. Constantijn Huygens sloeg bijvoorbeeld een heel andere toon aan, toen hij de loftrompet stak van het grote aantal en de hoge kwaliteit van de Nederlandse landschaps- en historieschilders die in zijn tijd actief waren. Camphuysen en Huygens mogen beiden zo hun redenen hebben gehad, zij het zeer verschillende, om zo sterk de nadruk te leggen op de alomtegenwoordigheid van schilderijen, maar hun indrukken worden bevestigd door kwantitatieve analyses. Omstreeks het midden van de zeventiende eeuw waren er honderden dikwijls zeer productieve schilders actief binnen allerlei verschillende nichemarkten en hun totale productie in de loop van de eeuw bedroeg naar schatting enkele miljoenen.[21]

In feite verbreedden en verdiepten de Nederlandse markten voor kunst en vele andere luxeartikelen zich tijdens het leven van Huygens en Camphuysen zo spectaculair dat historici het wel nooit moe zullen worden nieuwe manieren te zoeken om dit fenomeen in kaart te brengen, te analyseren en te interpreteren. Het culturele hoogtij waaraan de zeventiende eeuw haar roem te danken heeft, moet ten dele worden opgevat als een nevenproduct van algemene gunstige omstandigheden. Als er sprake is van economische welvaart, bevolkingsgroei, betrekkelijke vrijheid van meningsuiting, een hoge graad van geletterdheid en solide handelsnetwerken, is het nauwelijks verrassend dat vraag en aanbod van schilderijen, boeken en andere luxeartikelen groei te zien geven. Verregaande product- en procesinnovatie, een omvangrijke kring afnemers van populuxe-artikelen, een netwerk van burgerlijke

14.5 Rembrandt, *Zelfportret als de apostel Paulus*, 1661, Amsterdam, Rijksmuseum.

en commerciële patronage en goed georganiseerde en internationaal georiënteerde culturele industrieën stuwden de hoeveelheid, het bereik en de kwaliteit van de productie en consumptie op tot nog grotere hoogten. Gezamenlijk droegen deze ingrediënten in belangrijke mate bij aan de ontwikkeling van een snel groeiende massamarkt voor kunst, boeken en verscheidene andere luxeartikelen die zo kenmerkend zijn voor de zeventiende eeuw.

Toekomstige onderzoekers die zich bezighouden met de markt voor kunst, boeken en luxeartikelen kunnen verschillende richtingen kiezen. Om te beginnen is het een optie om economisch onderzoek te gaan doen naar de vele Nederlandse markten voor kunst en luxeartikelen waarover steeds meer data worden verzameld, maar die nog niet zijn onderworpen aan systematisch economisch onderzoek. Te denken valt met name aan twee markten – die voor meubilair en zilversmeedkunst – maar er zijn er meer. Gezien de omvangrijke digitalisering van historische informatie en researchinstrumenten en de technieken die worden ontwikkeld op het gebied van digitale geesteswetenschappen is het makkelijker geworden om langetermijnontwikkelingen bloot te leggen en zowel via kwantitatieve als kwalitatieve methoden verbanden te bestuderen tussen verschillende markten en marktsegmenten, in binnen- en buitenland.

Daarnaast zou het systematisch meewegen van culturele en sociale factoren bij analyses van markten voor kunst, boeken en andere luxeartikelen een fascinerende en essentiële tweede benadering voor vervolgonderzoek zijn. De onderkenning van economische voorwaarden en marktwerking heeft ons inzicht in kunst en cultuur uit de zeventiende eeuw aanmerkelijk verbeterd, maar dit is ten koste gegaan van sociaal en cultureel georiënteerde interpretaties van het functioneren van deze markten.

Concepten als smaak, ideeën en mentaliteit zijn wezenlijke elementen bij een dergelijke interpretatie, maar die worden in economische analyses nog te vaak weggelaten, omdat zulke grootheden moeilijk te definiëren en te meten zijn. Maar tegenwoordig kunnen musea en erfgoedinstellingen steeds vaker digitale informatie verschaffen over de esthetische en stilistische kenmerken van historische kunstvoorwerpen, waarmee het mogelijk wordt om de socio-economische context en culturele inhoud in onderling verband te onderzoeken. Recente sociologische literatuur over markten kan historici bijvoorbeeld helpen bij het formuleren en interpreteren van vragen die verband houden met kwesties als smaak, waarde en vernieuwing. Wat is bijvoorbeeld de rol van bemiddelaars, kwaliteitsmaatstaven en andere instituties bij de coördinatie van vraag en aanbod? Hoe is dit in de loop van de tijd veranderd? Zijn er plaatsgebonden verschillen?[22] Het beantwoorden van deze vragen kan ons helpen beter te begrijpen waarom de immense omvang en reikwijdte van de artistieke productie en consumptie even typerend zijn voor de zeventiende eeuw als de meesterwerken van een schilder als Rembrandt en een uitgever als Joan Blaeu.

Noten

1. David Beck, *Journael ofte dagh-historie inhoudende de beschrijvinghe des jaers onses Heeren 1624, vervattende in het kort* [etc.] 14 juli 1624 (Haags Gemeentearchief H s 420); Ph. Skippon, *An Account of a Journey Made Thro' Part of the Low-Countries, Germany, Italy, and France*, Londen 1732, dl. vi, p. 389; beide aangehaald in A. Goldgar, *Tulipmania: Money, Honor, and Knowledge in the Dutch Golden Age*, Chicago, 2007, pp. 68-69.
2. J. de Vries, 'Peasant Demand Patterns and Economic Development: Friesland, 1550-1750', in W.N. Parker en E.L. Jones (red.), *European Peasants and Their Markets: Essays in Agrarian Economic History*, Princeton, 1975, pp. 205-266.
3. Data en bronnen in C. Rasterhoff, *Painting and Publishing as Cultural Industries: The Fabric of Creativity in the Dutch Republic, 1580-1800*, Amsterdam, 2016.
4. J.M. Montias, 'The Influence of Economic Factors on Style', in *De Zeventiende Eeuw* 6 (1990), pp. 49-57.
5. J. de Vries en A. van der Woude, *The First Modern Economy: Success, Failure, and Perseverence of the Dutch Economy, 1500-1815*, Cambridge, 1997, p. 306; C. Lesger, 'Vertraagde groei. De economie tussen 1650 en 1730', in W. Frijhoff en M. Prak (red.), *Geschiedenis van Amsterdam. Zelfbewuste stadstaat 1650-1813*, dl. ii-2, Amsterdam, 2005, pp. 67-70.
6. P. Hoftijzer, 'The Dutch Republic, Centre of the European Book Trade in the Seventeenth Century', in *European History Online* (2015), pp. 1-31.
7. S. Van Ginhoven, *Connecting Art Markets: Guilliam Forchondt's Dealership in Antwerp (c. 1632-1678) and the Overseas Paintings Trade*, Leiden, 2017; C. Rasterhoff en F. Vermeylen, 'The Zeeland Connection: The Art Trade Between the Northern and Southern Netherlands During the Seventeenth Century', in N. De Marchi en S. Raux (red.), *Moving Pictures: The European Trade in Imagery, 1500-1800*, Turnhout, 2014, pp. 123-150.
8. Dit onderdeel is gebaseerd op C. Rasterhoff, 'Economic Aspects of Dutch Art', in W. Franits (red.), *The Ashgate Research Companion to Dutch Art of the Seventeenth Century*, Londen, 2016, pp. 355-372.
9. S. Reinders en F.R.E. Blom, '"Men zou Virgilius zien opgaen in zijn' tolck". De functie van Vergilius in het artistiek ondernemerschap van Joost van den Vondel', in *De Zeventiende Eeuw* 27 (2012), pp. 194-213.
10. E. Kok, *Netwerkende kunstenaars in de Gouden Eeuw. De succesvolle loopbanen van Govert Flinck en Ferdinand Bol*, Hilversum, 2016.
11. T. Asselijn, *Broederschap der Schilderkunst*, Amsterdam, 1654, p. 29.
12. M. Keblusek, '"Mercator Sapiens": Merchants as Cultural Entrepreneurs', in M. Keblusek en B.V. Noldus (red.), *Double Agents: Cultural and Political Brokerage in Early Modern Europe*, Leiden, 2011, pp. 95-109.
13. C. Fairchilds, 'The Production and Marketing of Populuxe Goods in Eighteenth-Century Paris', in J. Brewer en R. Porter (red.), *Consumption and the World of Goods*, Londen, 1993, 228-248; T. Hine, *Populuxe*, New York, 1986.

14. A. Jager, '"Everywhere illustrious histories that are a dime a dozen": The Mass Market for History Painting in Seventeenth-Century Amsterdam', in *Journal of the Historians of Netherlandish Art* 7 (2015), pp. 1-26.
15. Dit onderdeel is gebaseerd op J.M. Montias, 'Art Dealers in the Seventeenth-Century Netherlands', in *Simiolus* 18 (1988), pp. 244-253; M.J. Bok, 'Paintings for Sale: New Marketing Techniques in the Dutch Art Market of the Golden Age', in M.J. Bok, M. Gosselink en M. Aarts (red.), *At Home in the Golden Age: Masterpieces from the Sør Rusche Collection*, Zwolle, 2008, pp. 9-29; Rasterhoff, *Painting and Publishing*, pp. 281-283.
16. W. Ryckbosch, 'Early Modern Consumption History: Current Challenges and Future Perspectives', in BMGN – *Low Countries Historical Review* 130 (2015), pp. 57-84; M. Berg en H. Clifford (red.), *Consumers and Luxury Consumer Culture in Europe, 1650-1850*, Manchester, 1999; Brewer en Porter (red.), *Consumption*.
17. N. De Marchi en H.J. Van Miegroet, 'The History of Art Markets', in V. Ginsburgh en D. Throsby (red.), *Handbook on the Economics of Art and Culture*, Amsterdam, 2006, pp. 69-122.
18. J. de Vries, *The Industrious Revolution: Consumer Behavior and the Household Economy, 1650 to the Present*, Cambridge, 2008. Zie ook hoofdstuk 9.
19. K. Davids, *The Rise and Decline of Dutch Technological Leadership: Technology, Economy and Culture in the Netherlands, 1350-1800*, 2 dln., dl. I, Leiden, 2008, pp. 227-229.
20. Keblusek en Noldus (red.), *Double Agents*.
21. D.R. Camphuysen, *Stichtelycke rymen* (Amsterdam, 1642, p. 212), aangehaald in E.J. Sluijter, 'On Brabant Rubbish, Economic Competition, Artistic Rivalry and the Growth of the Market for Paintings in the First Decades of the Seventeenth Century', in *Journal of the Historians of Netherlandish Art* 1 (2009). Schattingen ontleend aan D. Freedberg en J. de Vries (red.), *Art in History, History in Art: Studies in Seventeenth-Century Dutch Culture*, Santa Monica, CA, 1991.
22. Zie ook B. De Munck and D. Lyna, 'Locating and Dislocating Value: A Pragmatic Approach to Early Modern and Nineteenth-Century Economic Practices', in B. De Munck en D. Lyna (red.), *Concepts of Value in European Material Culture, 1500-1900*, Aldershot, 2015, pp. 1-30.

15
Beeldende kunst m/v

JUDITH F.J. NOORMAN

In 1632 ontving Magdalena Stockmans een brief van haar oudere zuster Elisabeth, die op dat moment in Amsterdam woonde. Magdalena was in Antwerpen op doorreis naar Amsterdam. Ze kwam uit Napels, waar ze met haar inmiddels overleden man en kinderen had gewoond. Alleen keerde Magdalena terug naar Amsterdam. Daar zou ze een nieuw huis betrekken en het interieur decoreren met onder andere schilderijen, zoals dat van iemand van haar stand werd verwacht. Over de beschikbaarheid van schilderijen in Amsterdam schreef haar zus het volgende: 'Hier sijn oock schilderijen bij meenichte te krijgen. Hebben hier teegenwoordich van de beste meesters woonen'.[1] Elisabeth vergeleek de Amsterdamse kunstmarkt met die van Antwerpen waar haar zus op dat moment was. Niet lang daarvoor was Antwerpen nog het artistieke centrum voor Noord-Europa geweest. Na de val van Antwerpen en de daaropvolgende immigratie in de Republiek groeide de kunstconsumptie en -productie in de Noordelijke Nederlanden explosief.[2] Enkele decennia later waren er volgens Elisabeth dus ook in Amsterdam schilderijen 'bij meenichte' verkrijgbaar en woonden er 'de beste meesters'. Internationale verbindingen bleven bestaan: veel schilders waren immigranten, buitenlandse kunst werd ook verkocht in de Republiek en lokaal geproduceerde kunst werd verscheept naar het buitenland. Internationaal gezien had de Noord-Nederlandse schilderijenproductie vooral een inhaalslag gemaakt. De zeventiende eeuw staat nog steeds te boek als een bijzonder hoofdstuk in de geschiedenis van de Nederlandse kunst.*

De beeldende kunst van de Republiek is in sommige opzichten uitzonderlijk, maar in andere vergelijkbaar met de situatie elders in Europa. Vergelijkbaar vanwege bijvoorbeeld de belangrijke rol die het hof speelde op de kunstmarkt, ook al was de jonge Republiek dan geen monarchie. Ook vergelijkbaar was het aanbod van Bijbelse voorstellingen en het steeds veranderende, maar immer populaire classicisme (zie hoofdstuk 18). Uitzonderlijk vanwege andere, nieuwe onderwerpen die in de Republiek in de zeventiende eeuw voor het eerst op de markt kwamen: land-

---

* Dit hoofdstuk is het resultaat van onderzoek dat is verricht in het kader van het NWO Vidi project 'The Female Impact: Women, the Art Market and Household Consumption in the Dutch Republic, 1580-1720'. Ik wil graag Frans Grijzenhout, Angela Vanhaelen en Frits van der Waa bedanken voor hun commentaar op eerdere versies.

schappen, interieurscènes, stillevens. Die werden vooral gekocht door burgers om hun woonhuizen mee te decoreren. Vooral de burger als kunstkoper en het huishouden als plaats van consumptie leidden tot verwondering onder buitenlandse bezoekers aan Hollandse steden. Hun viel op dat de lokale bevolking een voorliefde voor de schilderkunst had, ook al bloeiden de prent-, edelsmeed-, en beeldhouwkunst destijds ook. Dit hoofdstuk beschrijft de beeldende kunst, en dan met name de schilderkunst, als onderdeel van huishoudelijke consumptie, en duidt de betekenis ervan in maatschappelijke zin. Door kunst als onderdeel van het huishouden te beschouwen, komen vrouwen zoals de zussen Stockmans voor het eerst helder in beeld. Zij runden huishoudens en waren verantwoordelijk voor huishoudelijke consumptie en de aankleding van het interieur. Deze vrouwen – een derde van de bij naam genoemde personen in dit hoofdstuk – bieden een nieuw perspectief op wat al sinds de zeventiende eeuw verwondering heeft gewekt: de sterke behoefte van rijke burgers om hun woonhuizen met schilderijen te versieren.

Huishoudelijke consumptie

Bijzonder aan de kunstproductie is dus dat een deel daarvan bestemd was voor huishoudelijke consumptie. Vrijwel alle schilderijen die in de Republiek gemaakt werden, waren bedoeld voor de huizen van burgers en niet alleen voor kerken of paleizen. Elders in Europa en voorheen in de Noordelijke Nederlanden waren de kerk en het hof dominante spelers op de kunstmarkt geweest. Hoewel individuele katholieken, het stadhouderlijke hof en de adel ook kunst in opdracht gaven, zoals de imposante grafsculptuur van jonkvrouw Anna van Ewsum en haar eerste echtgenoot Carel Hieronymus van In- en Kniphuisen in Midwolde (Afb. 7.2), waren zij in de Republiek niet de enige kunstkopers van belang. Een unieke rol was weggelegd voor mannen en vrouwen zoals de zussen Stockmans: burgers. Zij kochten kunst niet alleen in opdracht, maar ook uit voorraden op een deels 'open markt'. Voor de burgers als kunstkoper is altijd ruime aandacht geweest, alhoewel de vrouw daarbij standaard over het hoofd werd gezien, maar voor de kunst voor openbare gebouwen, zoals de stadhouderlijke verblijven, het Amsterdamse stadhuis en de hoogheemraadschappen, is pas sinds de jaren tachtig van de vorige eeuw aandacht. Die inhaalslag moest plaatsvinden, omdat kunst voor deze openbare ruimtes vaak aansluit bij internationale artistieke conventies. Ze ziet er daardoor niet typisch Hollands uit en dat was problematisch in verband met het vierende karakter van veel van de kunsthistorische literatuur over de zeventiende eeuw. Toch is ook een deel van de burgers buiten zicht gebleven, alsmede de belangrijkste bestemming van de kunstproductie: de vrouw en het huishouden.

 In de zeventiende eeuw bestond het huishoudelijke domein uit het woonhuis en het interieur, inclusief de spullen en mensen die daarbij hoorden. Alles in het huis

15.1 Willem Brugman, *Kandelaar met het wapen van Agneta Deutz en Gerard Meerman*, 1652, Amsterdam, Rijksmuseum.

werd beheerd door de vrouw des huizes. Vastgoed hoorde daar niet bij, zoals blijkt uit huishoudelijke kasboeken die zijn overgeleverd.[3] De vrouw hield bijvoorbeeld wel toezicht op het personeel dat ingehuurd moest worden om de dakgoot te repareren, maar haar man had het alleenrecht om koopaktes te ondertekenen of huurcontracten aan te gaan. Voor welvarende huishoudens betekende die taakverdeling voor de vrouw het moeten aansturen van personeel, zowel de mensen in vaste dienst als het tijdelijke personeel, van de natte en droge min tot de schoonmaakploeg die de voorjaarsschoonmaak kwam doen. De opvoeding van de kinderen, het managen van verschillende garderobes, soms inclusief die van de man, en het aansturen van personeel dat kookte en schoonmaakte viel allemaal onder het huiselijk domein en dus de verantwoordelijkheden van de vrouw. De hiermee gemoeide huishoudelijke consumptie was dan ook omvangrijk en omvatte alles van huisraad en kleding tot kunst en andere luxeproducten. Vaak wordt het huishoudelijk domein als vrouwelijk bestempeld, in contrast met de mannelijke buitenwereld, maar in de praktijk stonden beide domeinen in verband met elkaar. Bovendien waren er ook huishoudens die gerund werden door zelfstandig wonende mannen en vrouwen.

Intacte interieurs uit de zeventiende eeuw zijn er niet meer. Wie wil weten hoe de huishoudelijke interieurs er oorspronkelijk uitzagen, is daarom vooral aangewezen op geschilderde interieurstukken en een tiental overgeleverde poppenhuizen.[4] Zo laat het door Petronella Oortman samengestelde poppenhuis zien dat er rijk gedecoreerde vertrekken waren waar gasten werden ontvangen en dat de zolder door werknemers werd gebruikt om bijvoorbeeld de was te persen (Afb. 9.5). Naast schilderijen waren er allerhande luxeproducten waarvan een deel op schepen naar

Amsterdam was gekomen, zoals hieronder verder wordt besproken. Slechts één zeventiende-eeuws gemeubileerd interieur is nog volledig intact: de regentenkamer van het Deutzenhofje (Afb. 1.3), vernoemd naar de stichtster ervan, Agneta Deutz. In haar vele testamenten legde ze haar plannen vast, inclusief welke objecten uit haar persoonlijke huishouden na haar dood gebruikt mochten worden voor de inrichting van de regentenkamer.[5] Nooit is er verwarming of elektriciteit in de kamer aangelegd en zelfs de glazen staan nog in de kast; niets mag gewijzigd worden, omdat Deutz dat zo heeft bepaald. Alleen een set kandelaren ontbreekt in de unieke ruimte: deze staat op zaal in het Rijksmuseum (Afb. 15.1). De ruimte laat zien hoe de veelheid aan materialen en soorten objecten – goudleren behang, zilver en porselein, geborduurde stoelen, spiegels met ebbenhouten en andere lijsten, en natuurlijk schilderijen – samen een nieuw geheel maken, rijk aan texturen en gelaagdheid. Op basis van de vele boedelinventarissen die wel zijn overgeleverd in Nederlandse archieven, is bekend dat veel rijke koopmanshuizen in de zeventiende eeuw net zo goed gevuld waren als de door Deutz ingerichte regentenkamer.

Soms was een (internationale) verhuizing de aanleiding voor het opnieuw inrichten en decoreren van een huis, zoals in het geval van Magdalena Stockmans. Vaker was een huwelijk de reden. Veel pasgetrouwde echtparen in de Republiek betrokken een eigen huis dat moest worden aangekleed met allerhande spullen. Veel daarvan moest nieuw worden aangeschaft. Zoals Jan de Vries heeft betoogd, was dit uniek in Europese context en de reden dat de Republiek beschouwd kan worden als de bakermat van de huidige consumptiemaatschappij.[6] Het zeventiende-eeuwse perspectief op deze theorie en de aanschaf van huisraad door pasgehuwden wordt geleverd door Hieronymus Sweerts. In zijn satirische roman *De Tien Vermakelijkheden des Huwelijks* (1670) bereidde hij de bruidegom voor op wat hem aan 'vermakelijks' te wachten stond, waaronder het uit winkelen gaan van zijn vrouw, vrijwel direct na de huwelijksnacht:

> 'Want je Bekje praat erover om grote Venetiaanse Spiegels, Indisch Kraakporselein, Fluwelen Stoelen, Turkse Tapijten, Amsterdams Goudleer Behang, kostbare Schilderijen, Zilveren Servies, een Sakkerdaanhouten Kast, een Ebbehouten Tafel, een apart Kabinet en een Luierkastje, diverse webben Servetten en Tafellakens, fijn en grof linnen, kostbare kanten en duizend andere spullen en prullen te kopen, te lang om te verhalen. (…) En dit, zeker, dit alles moet er ten minste wezen, zegt de Vrouw, zal er een mens met ere in ons huis mogen komen.'[7]

Deze passage, die is geïllustreerd met een prent (Afb. 15.2), bevat een lange lijst huisraad die qua verscheidenheid aan materialen doet denken aan Deutz' regentenkamer en Oortmans' poppenhuis. Ook hier valt op dat de herkomst divers is en expliciet wordt benoemd: de spiegels zijn Venetiaans, het porselein is Indisch, de tapijten komen uit Turkije etc. Het goudleren behang is blijkbaar een lokaal Amsterdams product. Het huishoudelijke domein had dus een internationaal karakter: lokale producten maakten onderdeel uit van een geheel dat alleen dankzij de wereldhandel bijeengebracht kon worden.

De mannelijke lezer kreeg van Sweerts het advies om zich vooral niet te bemoeien met de *shopping spree* van zijn kersverse vrouw. Zelfs over het schoorsteenstuk – de meest prominente en statusrijke plek voor een schilderij – hoefde hij geen mening te formuleren. Mocht zijn vrouw niet weten wat te doen, dan zouden haar vriendinnen het haar wel vertellen: 'Och, zij hebben de juiste stijl zo precies in het hoofd, dat je met je Liefje niet eens hoeft te disputeren of er een stuk schilderij boven de schoorsteen staan zal of niet!'[8] Welke werkelijkheden er ten grondslag liggen aan de satirische overdrijvingen van Sweerts is slecht meetbaar, maar de rolverdeling is duidelijk: de man moest ervoor zorgen dat er genoeg geld binnenkwam en het was háár verantwoordelijkheid om het huis in te richten en daarvoor alles aan te schaffen wat zij nodig achtte. Pas als er een hele waslijst aan huisraad, waaronder

15.2 De bruid en een vriendin, gevolgd door een man met kar vol huisraad, in: Hieronymus Sweerts, *De tien vermakelijkheden van het huwelijk*, Amsterdam 1678.

dus ook (kapitale) schilderijen, was aangekocht, zo schreef Sweerts, zou de vrouw des huizes 'een mens met ere' binnenlaten.⁹ Het vullen van het huis met 'weelde en schat[ten]', zoals Joost van den Vondel het noemde, was dus een kwestie van eer en reputatie, en een manier voor vrouwen om de sociale en zakelijke status van hun familie te verhogen.¹⁰

Vrouwen en mannen die hun nieuwe huizen wilden inrichten, moesten zich begeven op een overvolle kunstmarkt. Die kunstmarkt was niet alleen sterk gegroeid vanwege immigratie, maar ook omdat steeds meer mensen inkomen over hadden om aan luxeproducten uit te geven (zie ook hoofdstuk 14).¹¹ Ondanks de ongekend hoge vraag naar schilderijen was het toch een kopersmarkt: het aanbod was namelijk nóg groter dan de vraag, ook weer vanwege immigratie, maar dan van kunstenaars, met name afkomstig uit de Zuidelijke Nederlanden. Zodoende ontstond er een massamarkt voor de schilderkunst die onderhevig was aan product- en procesinnovatie.¹² Door krapte op de markt werden kunstenaars namelijk gedwongen om te innoveren, bijvoorbeeld door een nieuw product te ontwikkelen of een nieuwe techniek toe te passen die het maakproces goedkoper maakte zonder dat het product aan gepercipieerde waarde verloor. Dat laatste heet procesinnovatie, waarvan de landschapsschilderkunst van Jan van Goyen een bekend voorbeeld is. Met het blote oog is zichtbaar hoe Van Goyen details in de nog natte onderlagen schilderde en op die manier snel kon werken (Afb. 2.3). Een voorbeeld van productinnovatie zijn de slaapmutsen die door de graveur Magdalena van de Passe werden bedrukt met politieke voorstellingen en nieuwswaardige gebeurtenissen, zoals de Slag bij Leipzig en de nederlaag van de Spaanse vloot in 1631. In 1630 verkreeg zij het alleenrecht om deze unieke producten te mogen vervaardigen. Ze had een niche op de kunstmarkt gecreëerd en iedereen die zich op haar terrein begaf, moest haar op last van de Staten-Generaal een boete betalen. Mede dankzij de creatieve innovaties van kunstenaars zoals Van Goyen en Van de Passe was het aanbod van beeldende kunsten in de artistieke centra van de Republiek extreem divers.

Gedurende de zeventiende eeuw nam het percentage van de landschapsschilderkunst in Nederlandse boedelinventarissen toe, terwijl het aandeel Bijbelse en klassieke verhalen geleidelijk afnam. Rond 1650 was de grootste categorie in boedelinventarissen de landschapsschilderkunst. In de zestiende eeuw en de Zuidelijke Nederlanden had het landschap alleen gediend als achtergrond van Bijbelse en andere voorstellingen. Met de verschuiving van het artistieke centrum naar de Noordelijke Nederlanden in de zeventiende eeuw ontwikkelde het landschap zich tot een op zichzelf staand onderwerp. Datzelfde gebeurde met het stilleven en voorstellingen van het alledaagse leven, zij het dat die laatste voorstellingen ook aan het einde van de zeventiende eeuw nog steeds in beperkte mate in boedelinventarissen voorkwamen. Zulke profane, neutrale onderwerpen vonden op de open markt makkelijker een breed publiek dan onderwerpen die bedacht waren met een bepaalde geloofsgroepering in gedachten (zie hierover hoofdstuk 13). Binnen de populaire landschapsschilderkunst was het aanbod divers, variërend van het lokale tot het zogenoemde italianiserende landschap, van zeelandschappen tot duinlandschappen, en van winterlandschappen tot landschappen bij nacht (Afb. 2.1-2.4). Ook wat betreft het prijsniveau liep het aanbod uiteen. In boedelinventarissen komen goedkope, vaak kleinschalige landschappen in steeds grotere aantallen voor.[13] Aan het andere uiterste van het spectrum werkten meesters zoals Jacob Isaacksz van Ruisdael waarschijnlijk in opdracht voor exorbitante prijzen; hij verhief het lokale landschap tot nieuwe artistieke hoogte door bijvoorbeeld molens van onderaf te verbeelden en tegen een dramatische wolkenlucht te plaatsen (Afb. 15.3). Het navigeren van het veelsoortige aanbod op de kunstmarkt moet een overweldigende uitdaging zijn geweest, waarop kunsthandelaren en makelaars handig inspeelden. Zo stelde Elisabeth haar zus gerust dat zij wel iemand kende die haar zou helpen bij de grootschalige aanschaf van schilderijen voor haar nieuwe Amsterdamse woning.

Ook meer internationaal georiënteerde stromingen in de schilderkunst, zoals de historieschilderkunst, *portraits historiés* en zogenoemde italianiserende landschappen waren in trek. Verhalen uit de Bijbel, mythologie en contemporaine literatuur

15.3 Jacob van Ruisdael, *De molen bij Wijk bij Duurstede*, ca. 1668-1670, Amsterdam, Rijksmuseum.

werden in de zeventiende eeuw op uiteenlopende wijze verbeeld, van maniëristisch en caravaggistisch tot classicistisch of academisch. Veel van die schilderwijzen zijn ontwikkeld door te kijken naar wat kunstenaars buiten de Republiek deden. Sommige schilders waren mobiel en reisden bijvoorbeeld naar Italië, zoals Pieter Lastman. Zijn historiestukken verbeelden Bijbelse en mythologische verhalen zo duidelijk en nauwkeurig mogelijk. Zijn voorstelling van Bathseba is bijvoorbeeld volledig: de zich wassende schoonheid zit op de voorgrond, ze houdt de brief vast die ze van koning David heeft ontvangen, en de koning zelf staat linksboven op de achtergrond (Afb. 15.4). Lastmans leerling Rembrandt wierp alle schilderkundige conventies omver met zijn bijna filmische schouwspelen van licht en donker (Afb. 15.5). Zijn doel was om de centrale emotie in een verhaal herkenbaar, schijnbaar levensecht en daarom bijna voelbaar te maken voor de beschouwer. Zijn Bathseba zoomt daarom in op de emotie van de naakte vrouw die zich afvraagt of haar loyaliteit bij haar vorst of haar echtgenoot zou moeten liggen.[14] Koning David zelf is nergens te bekennen. Onvolledigheid deerde Rembrandt allerminst. Classicisten of academisten, die uitgebreid aan bod komen in hoofdstuk 18, reageerden op hun beurt weer op de contra-conventionele Rembrandt (Afb. 15.6). Net als de pre-rembrandtisten vonden zij dat het verhaal herkenbaar en nauwkeurig weergegeven moest worden, maar met inachtneming van decorum.[15] Destijds werd dat ook wel 'welstand' genoemd, wat zich in de handen van Jacob van Loo vertaalde in een verbeelding van Bathseba die zich kenmerkt door haar gracieuze houding en de gladde behandeling van haar

15.4 Pieter Lastman, *David ziet Bathseba vanuit zijn paleis*, 1619, Sint-Petersburg, Hermitage.

15.5 Rembrandt, *Bathseba*, 1654, Parijs, Musée du Louvre.

15.6 Jacob van Loo, *Bathseba*, ca. 1658, Parijs, Musée du Louvre.

naakte huid. Ook binnen de historieschilderkunst zorgde artistieke concurrentie en innovatie voor veelzijdigheid in de beeldende kunsten.

Veruit de meeste schilderijen kwamen in woonhuizen te hangen en waren daar onderdeel van een wooninrichting bestaande uit meubilair, wandbekleding, kleurige vloeren en gordijnen, en een veelheid aan decoratieve en gebruiksvoorwerpen, zoals porselein, tin en zilverwerk. Zoals elders in Europa hadden sommige bewoners ook gespecialiseerde kunstverzamelingen of zogenoemde rariteitenkabinetten die gevuld waren met zeldzame objecten zoals schelpen, edelstenen, ivoor, opgezette vogels en andere dieren. Buitenlandse bezoekers viel op dat zulke collecties in de Republiek vooral in het bezit waren van burgers, niet van aristocraten. Men waardeerde er bovenal objecten die representatief waren voor de goederen waarin de Nederlanders handelden. Zo verkocht de kunstenaar, wetenschapper en ondernemer Maria Sybilla Merian geprepareerde insecten en dieren op sterk water, alsook haar natuurwetenschappelijke publicaties. Een deel van haar aanbod was afkomstig uit Suriname, waar zij zelf naartoe was gereisd om onderzoek te doen en waarvandaan ze inheemse planten en dieren naar Amsterdam liet verschepen, onder andere door haar dochter Johanna Helena. Ook bood Merians Amsterdamse werkplaats, voornamelijk bemand door vrouwen, een service aan in het hoogwaardig inkleuren van botanische prenten en publicaties (Afb. 20.3). Exotische en zeldzame verzamelobjecten van ver – de schelpen, opgezette dieren en boeken over zulke onderwerpen – kwamen terecht in rariteitenkabinetten. Het poppenhuis van verzamelaarster Petronella de la Court, te zien in het Centraal Museum in Utrecht, bevat een dergelijk kabinet: in de kunstkamer staat een miniatuurkast met porselein en aardewerk, en daaronder een lade vol schelpen. De la Courts collectie 'zeehoorntjes' was

15.7 *Bloempiramide*, De Metaale Pot, ca. 1692-1700, Amsterdam, Rijksmuseum.

zo bijzonder dat Georg Eberhard Rumphius de schelpen onderzocht, opnam in zijn beroemde *Amboinsche Rariteitkamer* (1705) en De la Court bij naam noemde in zijn boek (Afb. 20.2). Op basis van de veilingcatalogus van haar bezittingen blijkt dat zij na het overlijden van haar man, met wie ze was begonnen met verzamelen, zelfstandig doorging. Ook had ze kunstenaars zoals Willem van Mieris en Francis van Bossuit na het overlijden van haar man zelf opdrachten gegeven. De la Court bezat dus meerdere verzamelingen: haar poppenhuis, haar rariteitenkabinet(ten) en haar kunstcollectie, waarvan het beste was ondergebracht in een speciale kunstkamer. Kunst- en rariteitenverzamelingen liepen sterk uiteen in vorm en omvang. Verzamelingen konden zoveel vormen aannemen als er verzamelaars waren. De constante factor is het huiselijk domein waarin de kunst werd samengebracht met allerhande andere objecten.

Productie aan huis

Het huishouden was in de zeventiende eeuw niet alleen de belangrijkste bestemming voor kunstconsumptie, ook de productie en verkoop van schilderijen vond plaats in werkplaatsen en winkels die vaak letterlijk aan woonhuizen vastzaten. Bezoekers aan Rembrandts werkplaats moesten bijvoorbeeld via het woongedeelte naar de eerste verdieping om de studio van de meester te bereiken. Vanwege de koppeling van de werkplaats aan het woonhuis kon het hele gezin betrokken worden bij het schildersbedrijf, alhoewel lang niet ieders deelname gedocumenteerd is in de archieven en daardoor deels onzichtbaar is gebleven. Het beroep werd vaak van generatie op generatie overgegeven. Leerlingen werden thuis opgeleid, zoals de gewoonte was onder ambachtslieden in vroegmodern Europa. In de zeventiende eeuw groeide de sociale status van de kunstenaar, wat waarschijnlijk weer meewoog in de beroepskeuze en waardoor nog meer ouders een loopbaan als schilder voor hun kinderen ambieerden. Die kinderen, met name jongens, maar in beperkte mate ook meisjes zoals hieronder wordt besproken, moesten in de leer bij een meester, net als elders in Europa (Afb. 15.8); scholen of kunstacademies waren er niet of nauwelijks. Een opleiding tot schilder duurde normaal gesproken vier jaar en al in die periode werd er van de leerling verwacht dat hij of zij bijdroeg aan de productie van de werkplaats. Hoe de schildersopleiding eruitzag is het beste te illustreren aan de hand van de best gedocumenteerde en meest onderzochte werkplaats van de zeventiende eeuw: die van Rembrandt.

Na zijn eigen schildersopleiding in het Leidse atelier van Jacob van Swanenburg begon Rembrandt voor zichzelf in Leiden waarna hij aan het begin van de jaren dertig naar Amsterdam verhuisde. Na enige jaren te hebben gewerkt in de werkplaats of winkel van de kunsthandelaar Hendrick Uylenburg begon Rembrandt voor zichzelf. Zijn werkplaats in zijn royale huis aan de Sint Anthonisbreestraat – het huidige Museum Het Rembrandthuis – was in bedrijf van 1639 tot 1657. De leerlingen die Rembrandt daar opleidde, moesten allemaal beginnen met tekenen. Karel van Mander schreef al dat de tekenkunst 'Den Vader van 't schilderen' was en Willem Goeree noemde de tekenkunst de 'Baer-moeder, en Voedster aller Consten en Wetenschappen'.[16] Zij adviseerden leerlingen om ijverig te tekenen; 'beklad gerust heel wat papier', schreef Van Mander. Hoewel dat advies een veelheid aan gekrabbel zal hebben opgeleverd, zijn de oefeningen van aspirant-schilders in de regel verloren gegaan. Rembrandts werkplaats is daarop de uitzondering. De overgeleverde bladen van hem en zijn leerlingen illustreren de stadia die leerlingen moesten doorlopen, zoals ook beschreven door Van Mander, Goeree en andere schrijvende schilders. Centraal stond het kopiëren van allerhande voorbeelden, waarbij de moeilijkheidsgraad steeds werd opgehoogd: eerst kopieerde de leerling oren, ogen en neuzen, en pas daarna volledige voorstellingen. Werkplaatsen zoals die van Rembrandt hadden hele beeldbibliotheken, verzamelingen voorbeeldboeken, reeksen gravures met afbeeldingen van alle onderdelen van het menselijk lichaam, die bedoeld waren om te worden nagetekend door de jonkies. Pas daarna leerden de leerlingen naar driedimensionale voorbeelden – vaak sculptuur – werken en uiteindelijk 'naar 't leven'.

15.8 Jan Steen, *De tekenles*, ca. 1665, Los Angeles, Los Angeles, J. Paul Getty Museum.

Ten slotte werd de leerling geacht onderwerpen 'uyt de geest' te verbeelden, dus onderwerpen zelf te bedenken en zo tot eigen inventies te komen. In opmars naar die vaardigheid kreeg Ferdinand Bol de opdracht om een alternatieve compositie te bedenken voor een verhalende voorstelling van zijn meester. Bij vergelijking van de twee voorstellingen met hetzelfde onderwerp – de verschijning van Christus aan

Maria Magdalena – is duidelijk dat bij Bol de reactie van Maria Magdalena op het plotselinge verschijnen van Christus minder overtuigend is dan bij zijn meester (Afb. 11.3 en 11.4). Rembrandts reactie zal niet mals zijn geweest. Samuel van Hoogstraten, die ook bij Rembrandt in de leer was geweest, bekende later dat hij soms 'door meesters onderwijs verdrietich' was, maar zag tegelijkertijd in dat het de beste leerschool was geweest.[17] Na het stadium waarin de leerling alleen tekende, werd het proces in verf herhaald: Rembrandts leerlingen moesten deelkopieën maken en kregen de opdracht om te variëren op Rembrandts composities. Uiteindelijk waren ze in staat om geheel zelfstandig hun eigen inventies te bedenken en te schilderen. Dan was de leerling klaar om voor zichzelf te beginnen. Naast leerlingen hadden sommige werkplaatsen ook assistenten en/of knechten die weer op een andere manier bijdroegen aan de atelierproductie. Vaak betekende het afronden van een schildersopleiding ook dat de jonge, nu zelfstandige meester een nieuw onderkomen moest vinden; normaal gesproken woonden leerlingen namelijk in bij de meester.

Net als elders in Europa was een loopbaan als schilder niet voor iedereen even toegankelijk. Om te beginnen kostte een opleiding bij een leermeester geld. Vrij veel zelfs. Op 1 mei 1630 verklaarde Rembrandt dat hij 50 gulden had ontvangen om Isaak Jouderville zes maanden lang in de schilderkunst te onderwijzen. Waarschijnlijk was dat bedrag inclusief kost en inwoning. Tachtig procent van de stedelijke bevolking in de Republiek had een jaarlijks inkomen van minder dan 600 gulden en ambachtslieden moesten rond zien te komen van ongeveer 300-350 gulden.[18] Schildersopleidingen waren dus lang niet voor iedereen weggelegd. Bovendien waren ze beperkt toegankelijk voor vrouwen. Veruit de meeste schilderessen die bij naam bekend zijn, waren afkomstig uit een kunstenaarsgezin. Niet de enige, maar een belangrijke uitzondering daarop is de Haarlemse beroepsschilder Judith Leyster wier vader wever was en later kortstondig een brouwerij had (Afb. 14.4). Ook Maria van Oosterwijck ging in de leer bij een man die niet haar vader was. Volgens Houbraken was dat Jan Davidsz. de Heem (Afb. 3.2). Rachel Ruysch leerde het schilderen dan weer van Willem van Aelst (Afb. 15.9). De meeste schilderessen werden voor zover bekend opgeleid door hun vader, moeder of een ander familielid. Gesina ter Borch en Maria Schalcken konden meeliften op de opleidingen van hun broers (Afb. 12.3). En hoewel een loopbaan als schilder voor velen een kansrijke carrière kan hebben geleken, was het ondenkbaar dat een telg uit een gegoede, hooggeplaatste familie beroepsschilder zou worden. Sommige aristocraten, regenten en andere leden van de elite ambieerden misschien wel een beroep als kunstenaar, maar voor hen kon het kunstenaarschap nooit meer zijn dan een onderdeel van hun humanistische opleiding, zoals het geval was bij de bevoorrechte Catharina Backer. Het gros van de schilders van de zeventiende-eeuwse Republiek was dan ook man en afkomstig uit de bemiddelde middenstand. Voor deze klasse was de opleiding betaalbaar en bood een loopbaan als schilder een kansrijk vooruitzicht.

Dat positieve vooruitzicht veranderde waarschijnlijk rond de jaren zestig. De kunstmarkt had toen al zware klappen te verduren kregen van onder andere de Eerste Engelse Zeeoorlog. Waarschijnlijk bleek daarna dat een loopbaan als kunstschilder behoorlijke risico's met zich meebracht. Er kwamen minder jonge schilders bij, zoals blijkt uit de afvlakking van de curve in Diagram 14.1. Ook veranderde de mode langzamerhand: vrouwen zoals De la Court lieten hele vertrekken beschilderen, van plint tot plafond, vaak met landschappen. Haar poppenhuis, ingericht naar de werkelijkheid én de laatste mode, bevat zulke behangselschilderingen. In zulke huishoudens waren losse schilderijen minder nodig. Bovendien waren er al heel veel schilderijen in omloop, en masse geproduceerd in de voorliggende decennia. De vraag naar nieuwe schilderijen nam af. De genadeklap voor de kunstmarkt kwam in 1672, het zogenoemde Rampjaar waarin oorlogen, gevoegd bij een politieke en een economische crisis, de kunstmarkt de das omdeden. Succesvolle kunstenaars verhuisden naar het buitenland. Slechts een veel kleiner aantal dan voorheen wist zich staande te houden in de nieuwe omstandigheden, zoals de bijzonder productieve en succesvolle beroepsschilder Ruysch (Afb. 15.9).

15.9 Rachel Ruysch, *Stilleven met bloemen*, 1700, Den Haag, Mauritshuis.

Functie, status en betekenis

In de jaren zestig van de zestiende eeuw had er een beeldenstorm in de Noordelijke Nederlanden gewoed. In de zeventiende eeuw werd de bevolking van de Republiek daar regelmatig aan herinnerd, zoals waarschijnlijk gedurende de protestantse zondagsdienst waarvan sommige plaatsvonden in een voormalig katholieke kerk. Toen de architectuurschilder Pieter Saenredam het van schatten ontdane interieur van de Utrechtse Catharijnekerk in 1660 natekende en schilderde, was het een sober geheel (Afb. 11.1 en 11.2). Eenmaal weer thuis na een protestantse dienst werd de bevoorrechte kerkganger vaak wel omringd door een veelheid aan voorstellingen, niet alleen van religieuze aard, maar ook landschappen, portretten en stillevens. Het schijnbaar paradoxale contrast tussen de visuele schaarste in de kerken en het visuele spektakel binnenshuis is te verklaren vanuit het belangrijke maatschappelijke doel dat de schilderijen dienden. In de piepjonge Republiek hadden namelijk de *nouveaux riches* het voor het zeggen, zowel in politieke als in culturele zin. Zij hadden niet zozeer moeite in morele zin met hun rijkdom, ze lieten het immers breed hangen, maar er was hun wel wat aan gelegen om zich te onderscheiden van anderen, van minderbedeelden die niet tot de allerrijksten hoorden.[19] Daarvoor gebruikten ze mode, manieren en voorname, rijk ingerichte (buiten)huizen. Veel aspecten van de nieuwe gedragscodes, omgangsvormen en het vertoon waren gebaseerd op die van de aristocratie, maar de positie van die groep was erfelijk en in zekere zin dus ongenaakbaar. De burgers moesten harder werken om de legitimiteit van hun positie te waarborgen. Feitelijk was het verschil met de 'ander' namelijk alleen dat ze zich deze 'welstand' konden veroorloven.

Portrettisten speelden handig in op de sociale en politieke ambities van de welvarende burgers. In de eerste helft van de zeventiende eeuw veranderden Frans Hals in Haarlem en Rembrandt in Amsterdam de artistieke conventies van de portretkunst voorgoed door uitdrukking te geven aan stedelijke trots en de welvaart van rijke stedelingen, regenten en de koopmanselite, zoals ook elders in dit boek wordt besproken (Afb. 1.1, 6.8, 12.2, 15.13, 20.4). Door hun deugdzaamheid samen te voegen met het uiterlijk vertoon van de adel ontwikkelden latere schilders weer nieuwe portrettypen. In 1712 schreef Gerard de Lairesse welke portrettisten daarin uitblonken: 'Ik spreeke van zulke groote en doorluchtige Meesters, als van Dyk, Lely, van Loo, den ouden en jongen Bakker, en andere die zodanig een vermogen in de Konst bezaten, dat, zeg ik, zy het hoffelyke achter het burgerlyke stelden'.[20] De Lairesse doelt hier op een specifiek soort portretten dat door Anthonie van Dyck was ontwikkeld voor de internationale adel en werd geadopteerd door het Haagse hof waar schilders zoals Gerard van Honthorst en later Jan Mijtens portretten verrijkten met aan Van Dyck ontleende landschappelijke achtergronden en architectonische elementen (Afb. 3.3). Toen in 1648 de Vrede van Münster werd gesloten en Spanje de Republiek als natie erkende, en twee jaar later het eerste stadhouderloze tijdperk aanbrak, was de Amsterdamse burger ook in politiek opzicht voor het eerst vergelijkbaar met de hereditaire aristocratie.[21] Die gepercipieerde gelijkheid vond uitdrukking in de Amsterdamse portretkunst die rond deze periode pas Van Dyckiaanse elementen bevatte, zij het op een op Amsterdam aangepaste wijze. In navolging van Van Dyck incorporeerden portrettisten zoals Bartholomeus van der Helst gracieuze handgebaren, heldere kleuren en de suggestie van beweging in kleding (Afb. 7.1). Ook portretvormen die voorheen alleen waren weggelegd voor monarchen en aristocraten zoals de Oranjes (Afb. 5.1) werden nu door burgers toegeëigend. Zo vereeuwigde de Antwerpse beeldhouwer Artus Quellinus I de Amsterdamse burgemeester Andries de Graeff in marmer (Afb. 15.10). Door zich als gelijkwaardig of superieur aan de hereditaire aristocratie te laten portretteren, lieten deze regenten en bestuurders zien dat hun sociale en politieke ambities werkelijkheid waren geworden. De boodschap was helder: de regentenklasse deed voor niemand meer onder.

Dat vertaalde zich ook in uiterlijk vertoon binnen het huishoudelijke domein. Daar hingen schilderijen waarvan de betekenis het beste te interpreteren valt in de context van de sociale status, ambities en bezigheden van de bewoners. Zo zullen veel stillevens objecten bevat hebben waar de eigenaren van die stillevens handel in dreven of in hadden geïnvesteerd.[22] Op het pronkstilleven dat Jan Davidsz. de Heem rond 1655 schilderde, prijken onder andere een nautilusschelp uit West-Indië, een Braziliaanse ara en een grijze papegaai uit Afrika (Afb. 3.1). Ook in de geïmporteerde voedingsmiddelen – de sinaasappels, pruimen, vijgen, en meloenen – bestond des-

15.10 Artus Quellinus I, *Buste van Andries de Graeff*, 1661, Amsterdam, Rijksmuseum.

tijds een levendige handel. Andere objecten die vaak op stillevens te zien zijn werden in groten getale door VOC-schepen uit Azië meegebracht (Afb. 10.1). Geschat wordt dat de VOC in 1650 al meer dan drie miljoen stuks porselein naar Europa had verscheept. Een zeldzaam mooi voorbeeld is het Chinese porselein uit de Mingdynastie op een stilleven van Willem Kalf: de kleurrijke figuren komen vrijwel helemaal los van de ondergrond waarop ze zijn bevestigd – een ware *tour de force* in kleur en keramiek (Afb. 15.11). Ook aan de handel in peper uit Borneo, Perzische en Taiwanese zijde, Japans koper, schelpen uit het Indonesische eiland Ambon en vele andere producten dankten sommige handelaren in de Republiek hun rijkdom. Door schilderijen met daarop deze exotische waren in huis op te hangen, refereerden zij aan de bron van hun welvaart en hun aandeel in de wereldhandel, zij het bewust of onbewust, direct of indirect. Ook de zwarte jongen op het portret van Margaretha van Raephorst, geschilderd door Jan Mijtens, moet zo worden gezien (Afb. 3.3). Nu herkennen we in de jongen onder andere een onvrijwillige immigrant (zie hoofdstuk 3 voor een uitgebreide discussie), maar destijds gold zijn aanwezigheid op het portret als een statussymbool.

Het huiselijk interieur gold niet alleen als nieuw statussymbool onder welvarende burgers, maar werd in de zeventiende eeuw ook voor het eerst een autonoom onderwerp in de schilderkunst. Zuid-Nederlandse schilders zoals David Vinckboons hadden scènes van het alledaagse leven, zoals boerenkermissen, meegenomen naar de Republiek, waar het onderwerp werd aangepast aan de wensen van het noordelijke koperspubliek (Afb. 16.2). In handen van Johannes Vermeer, Gabriel Metsu en andere specialisten die later genreschilders genoemd zouden worden, werd het interieurstuk hét iconische beeld van de zeventiende eeuw (Afb. 16.9, 9.3). Zij schilderden scènes die contemporaine interieurs en kleding bevatten en destijds ook wel 'moderne beelden' werden genoemd. Geertruydt Roghman was dan weer de eerste kunstenaar die een serie interieurstukken van haar eigen inventie in prent bracht (Afb. 9.2). Schijnbaar levensecht en zonder directe bronnen over de manier waarop de interieurstukken destijds bedoeld of geïnterpreteerd waren, stellen voorstellingen als deze kunsthistorici nog altijd voor een raadsel: waarom is het interieur zo vaak verbeeld en wat betekenen dit soort scènes precies? Wayne Franits schrijft hier uitgebreid over in hoofdstuk 16. Duidelijk is in ieder geval dat de interieurstukken het domein van de vrouw verbeelden. Zo vulde Pieter de Hooch zijn interieurs vaak met vrouwen wier rol in het huishouden hij duidelijk in beeld bracht: van de werkende bediende tot de vrouw des huizes, en de dochter die het zorgen van haar moeder leert (waar haar moeder een zuigeling voedt, wiegt zij een kat in haar armen) (Afb. 16.8). Bij de interpretatie van boerenkermissen is het perspectief nog steeds dat van de welvarende, kunst kopende stedeling. De boeren op de schilderijen van Adriaen van Ostade kochten zijn schilderijen niet; als de schilder al een boodschap in zijn schilderijen verwerkte, dan was die boodschap waarschijnlijk alleen bedoeld ter vermaak van zijn koperspubliek (Afb. 16.5 en 16.6). Het publiek

15.11 Willem Kalf, *Pronkstilleven nautilusbeker en Chinese porselein van de Ming-dynastie*, 1660, Madrid, Fundación Colección Thyssen-Bornemisza.

waande zich immers zowel moreel als sociaal superieur aan de minder bevoorrechte mensen op het schilderij.

Ook buiten de grachtenpanden liet de burger zijn status en macht zien. Midden in de openbare ruimte van Amsterdam werd in 1648 begonnen aan de bouw van een nieuw stadhuis: het huidige paleis op de Dam. Boven in de voorgevel, in het driehoekige fronton, zetelt de Stedemaagd, een personificatie van de stad Amster-

15.12 Johannes Vermeer, *Het melkmeisje*, ca. 1660, Amsterdam, Rijksmuseum.

dam en een nu ongeloofwaardig zinnebeeld van onschuld en zuiverheid (Afb. 0.4, het fronton wordt ook besproken in de inleiding van dit boek). Verwijzingen naar de wereldhandel, welvaart en voorspoed zijn alomtegenwoordig in het decoratieve programma van het Stadhuis, zowel buiten als binnen. In semiopenbare gebouwen van gilden en schutterijen hingen groepsportretten, geschilderd door portrettisten zoals Frans Hals, Rembrandt en Van der Helst (Afb. 1.1, 12.2, 20.4). In hun schuttersstukken en andere groepsportretten gaan individuele status en stedelijke trots hand in hand, hoewel deze portrettisten daar op uiteenlopende wijzen vorm aan gaven. Ook regenten en regentessen van de vele charitatieve instellingen die de Republiek rijk was, lieten zich graag in hun bestuurlijke rol portretteren; zo kwamen bezoekers aan de regentenkamer van het Oudemannenhuis in Haarlem oog in oog te staan met de door Hals geschilderde regentessen, die verantwoordelijk waren voor de interne en huishoudelijke zaken van de zorginstelling (Afb. 15.13). Naast het bekleden van zulke bestuurlijke posities werd van regenten dus verwacht dat zij een bepaalde staat voerden. In de tweede helft van de zeventiende eeuw begon daar het buitenhuis steeds meer bij te horen. Zo liet de weduwe Magdalena Poulle zich, samen met haar beoogde erfgenaam, portretteren met de plattegrond van Gunterstein, een ridderhofstad die zij vanaf 1680 aan de Vecht had laten bouwen (Afb. 15.14). Dankzij de bijbehorende tuinen en de door haarzelf verzamelde uitheemse planten verwierf ze een internationale reputatie onder verzamelaars en plantkundigen. Haar zelfstandig verworven status mocht niemand ontgaan, vandaar het portret met de plattegrond. Poulle is wat dat betreft representatief voor de manier waarop haar tijdgenoten de schilderkunst inzetten voor hun sociale aspiraties, zowel in het huis als in de (semi)openbare ruimte, binnen en buiten de stad.

15.13 Frans Hals, *Regentessen van het Oudemannenhuis*, 1664, Haarlem, Frans Hals Museum.

15.14 David van der Plaes, *Magdalena Poulle en haar neefje met een plattegrond van Gunterstein*, Breukelen, Ridderhofstad Gunterstein.

Conclusie

De zeventiende eeuw laat zich beschrijven als een periode waarin de productie van vooral de schilderkunst zowel in kwantitatieve als kwalitatieve zin ongekend en onnavolgbaar hoog was. Het was een periode waarin ook de burger als consument een bepalende rol speelde op de kunstmarkt. Beeldende kunst speelde bovendien een belangrijke maatschappelijke rol: het was een manier voor de allerrijksten om te laten zien wie ze waren en hoe ze zich verhielden tot de (internationale) aristocratie en de in hun ogen 'lagere' klassen van de samenleving. Een pompeuze huishouding betekende dat je erbij hoorde, en dat je een 'mens met ere' was. Dat alles zorgde voor een uitzonderlijke situatie die het beste in internationale context begrepen kan worden.

In 1718 blikte kunstenaarsbiograaf Arnold Houbraken terug op de zeventiende eeuw als een recente bloeiperiode van de beeldende kunsten: 'T was in dien tyd de Gulde Eeuw voor de Konst, en de goude appelen (nu door akelige wegen en zweet naauw te vinden) dropen den Konstenaars van zelf in den mond.'[23] Zwoegen geblazen, was het kunstenaarschap aan het begin van de achttiende eeuw. Tenminste, als we Houbraken mogen geloven. Volgens hem was het kunstenaars niet lang daarvoor nog aan komen waaien. In werkelijkheid was dat niet zo: veel kunstenaars in de zeventiende eeuw moesten hard werken om te overleven. Inmiddels is het begrip 'de Gouden Eeuw' niet zonder meer bruikbaar, omdat het de schaduwkanten van de geschiedenis verbloemt. Voor de kunstgeschiedenis geldt dat zonder meer: vrijwel alle kunstkopers van de zeventiende eeuw waren rijk en bevoorrecht.

Toch zijn er aspecten van de kunstproductie en -consumptie in de zeventiende eeuw die onderbelicht zijn gebleven en aandacht behoeven. In bestaande beschrijvingen worden vrouwen bijvoorbeeld zelden of niet genoemd, en als ze genoemd worden gebeurt dat meestal in een kort, apart segment, de indruk wekkend dat deze blijkbaar wel noemenswaardige vrouwen uitzonderingen waren op de regel dat de kunstmarkt van toen een mannenwereld was. Inmiddels is uit recent onderzoek gebleken dat vrouwen als schilder én als consument een belangrijkere rol op de kunstmarkt speelden dan voorheen is aangenomen.[24] Bij het schrijven van dit hoofdstuk is er dan ook voor gekozen om waar mogelijk en relevant het lopende betoog met vrouwelijke voorbeelden te illustreren. Het ontstane beeld is wellicht verrassend, maar ook historisch nauwkeuriger dan bestaande beschrijvingen. Bovendien levert het vrouwelijk perspectief, in aanvulling op het mannelijke, een beter beeld van de dagelijkse praktijk en het huishoudelijke domein waarin kunst werd gekocht, bekeken en bewaard. Tenslotte werpt het vrouwelijk aandeel nieuw licht op een van de belangrijke kenmerken van de kunstproductie: de burger als kunstkoper van schilderijen en het privé-huis als bestemming voor consumptie.

Nadenkend over de voorbije, zeventiende eeuw zal Houbraken ook aan vrouwen gedacht hebben. Voor hem was het waarschijnlijk vanzelfsprekender dan voor ons dat vrouwen erbij hoorden: niet alleen nam hij menig kunstenares op in zijn beroemde kunstenaarslexicon en sprak hij lovend over hen, hij publiceerde ook een boek samen met de dichteres Gesine Brit. Zij bedacht gedichten bij prenten die Houbraken had gemaakt. De publicatie staat op hun beider naam.[25] Ook leidde Houbraken niet alleen zijn zoon op tot kunstenaar, maar ook zijn beide dochters. Van de hand van die dochters zijn geen kunstwerken bekend, maar wel van zijn kleindochter: Christina Maria Elliger. In 1751 prees de schilder en auteur Johan Gool haar om haar 'kunstvermogen', gelijkende portretten en tekeningen 'naer 't leven'.[26] Met haar zeventien jaar verkeerde Christina in de lente van haar loopbaan, schreef Van Gool die hoopte op een vruchtbare zomer en een rijke herfst, denkend in termen van bloei en verval, net als Christina's grootvader Houbraken had gedaan.

Noten

1. Zoals geciteerd in I.H. van Eeghen, 'Magdalena Stockmans', in *Maandblad Amstelodamum* 41 (1954), p. 140. UvA-student Channah Hofsté schreef een uitstekende, ongepubliceerde onderzoekspaper over Magdalena Stockmans. Zie ook E.J. Sluijter, *Rembrandt's Rivals. History Painting in Amsterdam* (1630-1650), Amsterdam, 2015, pp. 11, 402.
2. J.M. Montias, *Artists and Artisans in Delft. A Socio-Economic Study of the Seventeenth Century*, Princeton, 1982, p. 220.
3. Samen met Robbert Jan van der Maal onderzoek ik momenteel een zeventiende-eeuws memorieboek. Deze alinea is gebaseerd op het onderzoek dat we deden in voorbereiding op het schrijven van een boek over deze archiefvondst.
4. Er zijn ongeveer 30 vermeldingen van poppenhuizen bekend tussen 1650 en 1800 (J. Pijzel-Dommisse, *Het Hollandse pronkpoppenhuis: Interieur en huishouden in de 17de en 18de eeuw*, Zwolle, 2000). Tien poppenhuizen zijn bewaard gebleven met de oorspronkelijke inhoud. Van acht daarvan zijn de eigenaars geïdentificeerd. Er zijn ook enkele latere poppenhuizen met zeventiende-eeuwse voorwerpen erin.
5. E. van Benthem, 'Agneta Deutz', in J. Noorman, M. Abma, L. Baumann e.a., *Gouden vrouwen van de 17de eeuw. Van kunstenaars tot verzamelaars*, Zwolle, 2020, pp. 40-43.
6. J. de Vries, *The Industrious Revolution. Consumer Behavior and the Household Economy, 1650 to the Present*, Cambridge, 2008; J. de Vries en A. van der Woude, *The First Modern Economy*, Cambridge, 1997.
7. H. Sweerts, *De tien vermakelijkheden van het huwelijk*, Amsterdam 1678 [editie: Querido 1988], pp. 29-30.
8. Idem, p. 34.
9. Idem, pp. 29-30.
10. 'Zoo volgen zy de straeten van de stadt, de cingels en de schaduwrijcke graften, Langs huizen, vol gepropt van weelde en schat, Door wolcken van veel duizent burgerijen/ En Bataviers, Van Zuid en Noort vergaert.' J. van den Vondel, *De werken van Vondel. Negende deel: 1660-1663*, Amsterdam, 1936, pp. 257-258.

11. M.J. Bok, 'The Rise of Amsterdam as a Cultural Centre: The Market for Paintings, 1580-1680', in Patrick O'Brien, *Urban Achievement in Early Modern Europe: Golden Ages in Antwerp, Amsterdam and London*, Cambridge, 2001, pp. 186-209.
12. J.M. Montias, 'The Influence of Economic Factors on Style', in *De Zeventiende Eeuw* 6 (1990), pp. 49-57; J.M. Montias, 'Socio-Economic Aspects of Netherlandish Art from the Fifteenth to the Seventeenth Century: A Survey', in *The Art Bulletin* 72 (1990), pp. 358-373.
13. A. Jager, *'Galey-schilders' en 'dosijnwerck'. De productie, distributie en consumptie van goedkope historiestukken in zeventiende-eeuws Amsterdam*, proefschrift, Universiteit van Amsterdam, 2016.
14. E.J. Sluijter, *Rembrandt and the Female Nude*, Amsterdam 2006, hoofdstuk XII; A. Jensen Adams e.a., *Rembrandt's Bathsheba Reading King David's letter*, Cambridge, 1998, pp. 48-100.
15. J. Noorman, *Art, Honor and Success. The Life and Career of Jacob van Loo*, Amsterdam, 2020.
16. K. van Mander, *Den grondt der edel vrij schilder-const*, 1604; W. Goeree, *Inleydinge tot de Alghemeene Teycken-Konst*, Middelburg, 1668, fol. 1.
17. S. van Hoogstraten, *Inleyding tot de hooge schoole der schilderkonst*, Rotterdam, 1678, p. 12.
18. Sluijter 2015, p. 20.
19. J. Noorman, *Art, Honor and Success. The Life and Career of Jacob van Loo*, Amsterdam, 2020, met name de inleiding en hoofdstukken 2, 3 en 4.
20. G. de Lairesse, *Groot Schilderboek, Waar in de Schilderkonst in al haar deelen grondig werd onderweezen*, Amsterdam, 1712, deel VII, p. 5.
21. J. Woodall, 'Sovereign Bodies: The Reality of Status in Seventeenth-Century Dutch Portraiture', in J. Woodall (red.), *Portraiture: Facing the Subject*, Manchester, 1997, pp. 75-100.
22. J. Hochstrasser, *Still Life and Trade in the Dutch Golden Age*, New Haven, 2007.
23. A. Houbraken, *De groote schouburgh der nederlantsche konstschilders en schilderessen*, 1718-1721, deel II, p. 237.
24. Het VIDI-project 'The Female Impact. Women, the Art Market and Household Consumption in the Dutch Republic, 1580-1720' is gestart op 1 september 2021 onder leiding van Judith Noorman.
25. A. Houbraken en G. Brit, *Stichtelyke zinnebeelden. Gepast op deugden en ondeugden*, Amsterdam, 1723.
26. J. van Gool, *De nieuwe schouburg der Nederlantsche kunstschilders en schilderessen*, deel II, Den Haag, 1751, pp. 303-304.

16
Genreschilderkunst

WAYNE FRANITS

Nederlandse zeventiende-eeuwse genrestukken – geschilderde voorstellingen uit het dagelijks leven – bestrijken een verbazende variëteit aan onderwerpen. Die reiken van beelden van deugdzame vrouwen die werk in huis doen tot hun morele tegenpolen, prostituees, die zich op seduisante wijze wijden aan hun bezigheden, omringd door potentiële klanten; van boeren in een bouwvallige hut tot verdroomde beelden van modieus uitgedoste jonge mensen in een vorstelijke entourage; van aandachtig luisterende kinderen in een schoollokaal tot hun ondeugende neefjes die alles in de war sturen tijdens een feestelijke bijeenkomst. Het vermogen van deze schijnbaar pretentieloze, maar veelgeroemde werken om een beeld te geven van het dagelijks leven tijdens de zogeheten Gouden Eeuw in de Lage Landen is legendarisch. In onze eigen tijd wordt dit nog eens bevestigd door het ongelooflijke succes van internationale tentoonstellingen met werk van bekende genreschilders als Johannes Vermeer en Gerrit Dou. De redenen voor de onverminderde populariteit van de genreschilderkunst zijn ongetwijfeld gelegen in haar – in onze ogen – typisch 'Nederlandse' kenmerken. Vergeleken met de dikwijls overladen schilderijen die in dit tijdperk in andere Europese landen werden vervaardigd lijken ze zo ongecompliceerd en eenvoudig. De eerlijkheid gebiedt te melden dat Nederlandse zeventiende-eeuwse schilders wel degelijk in staat waren om grandioze, en zelfs bombastische schilderijen te maken waarop Bijbelse en mythologische thema's werden verbeeld. Een gevierde kunstenaar als Rembrandt bracht zijn hele glorieuze carrière lang juist dat soort werken voort. Maar wanneer we aan Nederlandse schilderkunst denken komen ons allereerst scènes uit het dagelijks leven voor de geest die met enorme charme en overtuigingskracht zijn uitgebeeld en puur voor ons genoegen het vredige bestaan van een sinds lang verdwenen cultuur op lijken te roepen. Natuurlijk werden er in de zeventiende eeuw ook in andere Europese landen genrestukken geschilderd, maar niet op de overweldigende schaal die we aantreffen in de Republiek. Denk hierbij ook aan de belangrijke rol die ze hebben gespeeld voor het totaalbeeld dat we ons hebben gevormd van de Gouden Eeuw, en het zal duidelijk zijn dat dit genre van wezenlijk belang is voor ons inzicht in deze periode.

    Het vermogen van deze zo ogenschijnlijk zo bescheiden schilderijen om het leven van alledag uit een vervlogen tijdperk op te roepen wordt al sinds lang geprezen.

Maar ongeacht hun opvallend naturalistisch voorkomen wordt er in genrestukken tegelijkertijd een subtiel spel gespeeld, omdat de makers de waargenomen feiten hebben vervlochten met een vertrouwd repertoire aan motieven en stijlen, zodat het in wezen geconstrueerde beelden zijn. Met andere woorden: het meest bijzondere kenmerk van genrestukken, namelijk hun schijnbare vermogen om ons een direct kijkje in het verleden te gunnen is paradoxaal genoeg hun meest misleidende eigenschap. Gezien hun verbazende levensechtheid is onze verwarring voor een groot deel begrijpelijk. Ook zeventiende-eeuwse beschouwers reageerden met verbazing op de natuurlijke aanblik van deze werken. Schrijvers uit die tijd verwonderden zich zonder mankeren over de ogenschijnlijke waarachtigheid waarmee de schilders de wereld die hen omringde wisten vast te leggen. Sterker nog, ze vergeleken dit type schilderijen met een 'spiegel' van de natuur: net als een spiegel schept een schilderij een verrukkelijke en toch bedrieglijke illusie, dat wil zeggen, niet meer dan een schijnbeeld van dingen, in plaats van de werkelijke dingen zelf.[1]

Ondanks het indrukwekkende naturalisme van de Nederlandse genreschilderkunst is het verbazend (en wonderlijk) om te bemerken dat het afgebeelde en het werkelijke leven van die tijd dikwijls op gespannen voet staan met elkaar. Talloze schilderijen bevatten bijvoorbeeld kostuums met details die in het geheel niet overeenkomen met die van de kleding die toen werd gedragen in de Republiek. Dit geldt met name voor het werk van de Utrechtse caravaggisten, een groep schilders die actief was in de stad Utrecht en sterk beïnvloed was door het werk van de eminente vroegzeventiende-eeuwse Italiaanse meester Caravaggio. Vele personages op hun schilderijen zijn gehuld in buitenissige gewaden die meestal associaties oproepen met modes uit eeuwen die voorafgingen aan de zeventiende (zie Afb. 16.1). Dienovereenkomstig is de architectuur van de op genrestukken afgebeelde interieurs op het eerste gezicht volkomen plausibel, maar bevat nochtans aan de fantasie ontsproten elementen als rijkversierde marmeren schoorsteenmantels en grote koperen kandelaars, waarvan de laatstgenoemde in de Nederlanden voornamelijk werden vervaardigd voor grote openbare gebouwen (Afb. 16.3).[2] In de werkelijke woonhuizen uit die tijd waren zulke kostbare accessoires zelden of nooit te vinden. Deze en andere voorbeelden die in dit hoofdstuk aan de orde komen onderstrepen het twijfelachtige verband tussen datgene wat werd afgebeeld in de Nederlandse kunst en de werkelijke dagelijkse gang van zaken in de Republiek.

Wat ons begrip van dit genre nog verder bemoeilijkt is de verrassend beperkte reikwijdte van wat erop afgebeeld is. Als genrestukken, zoals de definitie wil, dagelijkse gebeurtenissen voorstellen, dan moet de hoeveelheid onderwerpen die Nederlandse zeventiende-eeuwse kunstenaars konden verbeelden in aanleg onuitputtelijk geweest zijn. Dit is echter in het geheel niet het geval. Op grond van de status van de Republiek als een van de vooraanstaande maritieme mogendheden van Europa zou je bijvoorbeeld mogen verwachten dat er talrijke afbeeldingen bestaan van havenwerkers en andere scènes die van doen hebben met het bloeiende handelsleven. Toch zijn die er nauwelijks. Hoewel Nederlandse genrestukken een grote variëteit aan onderwerpen te zien geven is dat wat er daadwerkelijk afgebeeld is vrij beperkt, in vergelijking met al het denkbare wat afgebeeld had kunnen worden. De naar verhouding beperkte parameters van onderwerpen die geschikt werden geacht om op schilderijen vastgelegd te worden bevestigen de conventionaliteit van de zeventiende-eeuwse Nederlandse genreschilderkunst.[3] De term 'conventionaliteit' verwijst niet louter naar de herhaling van specifieke stijlen en motieven, maar in het bijzonder naar het beperkte aantal thema's dat kunstenaars gebruikten, thema's die voortdurend werden herhaald, veelal verscheidene generaties lang. Daarom kwamen sommige thema's steeds frequenter aan bod op schilderijen, terwijl andere nooit werkelijk wilden gedijen binnen dat beperkte artistieke repertoire.

Er zijn twee factoren die een verklaring bieden voor dit fenomeen: ten eerste schepte het publiek uit die tijd veel behagen in het reeds vertrouwde. Daarom ligt het zonder meer in de rede dat genreschilders zich lieten inspireren door kunst uit het recente verleden. De tweede factor volgt logisch uit de eerste: kunstenaars reageerden enthousiast op oudere kunst, die ze relevant vonden voor het scheppen van nieuwe kunst, omdat er in de gehele vroegmoderne periode grote waarde werd gehecht aan artistiek conservatisme. De esthetische maatstaven van die tijd, die verlangden dat kunstenaars in hun werk binnen bepaalde gebaande paden bleven, waren diametraal tegengesteld aan die van onze eigen postmoderne tijd, waarin creativiteit en originaliteit zo hoog worden aangeslagen.

Genreschilders vervaardigden hun schilderijen dus als respons op persoonlijke esthetische interesses, op schilderkunstige tradities, en vooral op de vraag van de markt. De bij onderzoekers voorheen diepgewortelde overtuiging dat zeventiende-eeuwse schilders hun kunst op een of andere manier onafhankelijk van de markt beoefenen is in de afgelopen decennia substantieel herzien.[4] Zoals in hoofdstuk 14 van dit boek is aangetoond, functioneerde de markt daadwerkelijk als een dynamisch systeem van vraag en aanbod dat in gelijke mate werd beïnvloed door de kunstenaars en hun afnemers.

Omdat kunstenaars voor de markt werkten, dat wil zeggen voor specifieke cliënten of voor een onbekend, zij het beperkt publiek op de vrije markt, zagen ze zich gedwongen om kunstwerken te produceren die tegemoetkwamen aan de smaak en verwachtingen van de consument. In die zin werd de inhoud van de werken beïnvloed door de vraag, hetgeen sommige genreschilders ertoe bracht zich toe te leggen op bepaalde onderwerpen waarvan bekend was dat ze goed verkochten, of de minder populaire te laten varen. Ook waren er enkele uitmuntende genreschilders die met betrekkelijk nieuwe onderwerpen experimenteerden (Afb. 16.8) en daarmee een verschuiving teweegbrachten binnen de thematische conventies. De vraag was ook van invloed op de stijl, omdat kunstenaars van tijd tot tijd conventies wijzigden door stilistische vernieuwingen te introduceren met doel hun werk aantrekkelijker te maken, of zelfs om de totale productiekosten te verminderen.

Wie waren nu eigenlijk de potentiële kopers van Nederlandse zeventiende-eeuwse genrestukken? De afnemers van het soort schilderijen dat we in dit hoofdstuk behandelen (van tamelijk dure tot de allerkostbaarste stukken met een compromisloze hoge kwaliteit) waren een enkele maal afkomstig uit de middenklasse, maar de meesten maakten deel uit van de hogere middenklasse en vooral van de sociale en culturele elite: de aristocratie, patriciërs en rijke kooplieden. Hun vraag naar kunst bleef in de loop van de eeuw min of meer constant (hoewel dat niet gezegd kan worden van de kunstmarkt die in hun behoeften voorzag). Het complexe samenspel van factoren als vraag en aanbod, cycli van economische voor- en tegenspoed, ingrijpende politieke ontwikkelingen, de voortdurend veranderende stijlen en thema's in de kunst zelf – dat wil zeggen de almaar evoluerende conventies – en de fluctuerende smaak en gevoeligheden van het publiek droegen alle bij aan een situatie die zeer variabel was, maar toch grote vitaliteit aan de dag legde. Rekening houdend met deze factoren is hier een diachronische benadering van het materiaal op zijn plaats, dat wil zeggen een beschouwing van de genreschilderkunst naargelang ze zich in de tijd ontwikkelde, waarbij we niet alleen ingaan op het aandeel van individuele kunstenaars, maar ook op de vraag hoe het publiek van die tijd hun werk in de loop der jaren apprecieerde.

De onderwerpen van de vroege genreschilderkunst

Er waren in de eerste helft van de zeventiende eeuw een aantal veelvoorkomende onderwerpen in de Nederlandse genreschilderkunst. Afbeeldingen van prostitutie hoorden tot de populairste.[5] De voorstellingen uit deze vroege periode van dit nog altijd te weinig bestudeerde onderwerp binnen de genreschilderkunst treffen het publiek van onze tijd veelal als verrassend of zelfs onthutsend vulgair. Het is niet ongewoon om geconfronteerd te worden met prostituees, meer dan eens met ontblote boezem, die zich vermaken met of zelfs worden betast door begerige klanten (zie Afb. 16.1). Voorstellingen van dit type worden in inventarissen uit die tijd soms omschreven als 'bordeeltjes'. Hoewel deze term heel realistisch aandoet, onderstreept onze steeds gedetailleerdere kennis van het prostitutiewezen in de Republiek dat het een misvatting is om aan te nemen dat schilderijen met dit thema de werkelijke gang van zaken in die tijd weergeven, alsof de makers op een of andere manier de zelfkant van het leven in de zeventiende eeuw hebben vastgelegd.[6] Schilderijen als dat van Afb. 16.1 bieden nu juist een gekuiste en verfraaide weergave van het hoerenleven, waarmee ze een beroep dat in werkelijkheid naargeestig en gevaarlijk was transformeren tot iets verlokkelijks door de aantrekkelijke en verleidelijke kant van het overschrijden van de morele grenzen te tonen.

Een ander zeer geliefd onderwerp was het boerenleven. David Vinckboons, een schilder, die in zijn jeugd vanuit het door oorlog geteisterde Vlaanderen was uit-

16.1 Gerrit van Honthorst, *Allegorie van de lust*, 1628, privéverzameling.

geweken naar de Noordelijke Nederlanden, maakte er min of meer zijn specialiteit van. Zijn *Boerenkermis* uit circa 1629 is een typerend voorbeeld van zijn behandeling van deze stof (Afb. 16.2). Dit schilderij is een weergave van een feestend boerengezelschap of, beter gezegd, van een uitzinnige braspartij van ongemanierde boerenkinkels die zich tot brakens toe te buiten gaan aan drank en spijs. Drommen kleine figuurtjes wemelen dooreen in een overvolle, lommerrijke omgeving. De enorme rijkdom aan details komt nog sterker uit dankzij de gekantelde compositie,

16.2 David Vinckboons, *Boerenkermis*, ca. 1629, Den Haag, Mauritshuis.

waardoor het horizontale vlak zich eerder opwaarts dan naar achteren lijkt uit te strekken, een middel dat 'vogelperspectief' genoemd wordt en in de vroegzeventiende-eeuwse Nederlandse kunst vrij veel werd toegepast.

Er vonden destijds daadwerkelijk boerenkermissen plaats in de Republiek. Desondanks heeft Vinckboons op dit schilderij niet eenvoudigweg een specifieke zeventiende-eeuwse bijeenkomst van plattelanders vastgelegd; het is allesbehalve het geschilderde equivalent van een moderne Instagramfoto. Dit beeld is niet zozeer een weergave van het werkelijke leven als wel van picturale traditis die ongeveer een halve eeuw daarvoor waren vastgelegd door de grootste Vlaamse schilder van de zestiende eeuw, Pieter Bruegel de Oude, voor wiens kunst de in Vlaanderen geboren Vinckboons zeer ontvankelijk was. In feite is Vinckboons' *Boerenkermis*, dat hij aan het eind van zijn carrière heeft geschilderd, slechts een van de ongeveer twaalf door hem geschilderde voorstellingen van zulke kermissen, die allemaal varianten van elkaar zijn. Het feit dat Vinckboons dit onderwerp gedurende zijn loopbaan steeds opnieuw gebruikte, evenals de telkens terugkerende motieven op de afzonderlijke schilderijen, getuigt zowel van hun constante conventionaliteit als van hun beperkte overeenkomst met de werkelijke maatschappelijke omstandigheden.

Voorheen waren onderzoekers van mening dat dergelijke schilderijen een didactische functie hadden, dat wil zeggen dat ze bedoeld waren om kosmopolitische toeschouwers op een zachtaardige, niet-stuitende wijze te waarschuwen voor onwelvoeglijk gedrag, door middel van een afbeelding van boeren wier koddig vermaak op amusante wijze inspeelde op hun vooringenomenheden.[7] Er zijn inderdaad zeventiende-eeuwse Nederlandse teksten die deze zienswijze bevestigen. Toch is het uitermate conventionele karakter van deze taferelen een getuigenis van hun status als fictieve beelden van het boerenleven, als onproblematische karikaturen van de armoedige landbouwers, die werden vervaardigd voor vermogende stedelingen die in het dagelijks leven weinig of geen contact met boeren hadden. Zoals Paul Vandenbroeck overtuigend heeft beargumenteerd dienen schilderijen van plattelanders, met hun denigrerende maar komische verbeelding van lomp, onbetamelijk gedrag, er ook toe om rijke verzamelaars op onderhoudende wijze te bevestigen in het bewustzijn van hun maatschappelijke en civiele superioriteit.[8] Want we moeten wel in gedachten houden dat de Republiek in deze tijd, net als alle andere Europese landen, werd gekenmerkt door een hiërarchische indeling in rangen en standen.

Een vredesverdrag en de metamorfose van de genreschilderkunst

In de loop van de zeventiende eeuw maakten de Nederlanden een ongeëvenaarde economische groei door. De rijkdom van vermogende burgers nam nog sterker toe na het ondertekenen van de Vrede van Münster in 1648, waarmee de lange onafhankelijkheidsstrijd tegen Spanje met succes werd afgesloten. De vredestoestand die hierop volgde bracht vele gunstige economische veranderingen met zich mee, vooral door de toename van het overzees handelsverkeer. Binnen enkele jaren na het beëindigen van de vijandelijkheden met Spanje zou de economische bloei van de natie zijn hoogtepunt bereiken. Het hoeft geen betoog dat deze periode van hoogconjunctuur de bezittende klasse tal van commerciële openingen bood. Omstreeks het midden van de eeuw begon de economische voorspoed de binnenlandse kunstmarkt ingrijpend en op ongekende schaal te beïnvloeden. Een groep afnemers die voornamelijk voortkwam uit de sociale en financiële elite ging nu een bepalende rol spelen bij het aankopen van kostbare schilderijen en de ontwikkeling van indrukwekkende kunstcollecties.

Genrestukken van de hoogste kwaliteit, waarvan de prijzen maar bleven oplopen, kregen weldra de status van luxeobjecten in een welgestelde ambiance, waarbij de vraag van de opdrachtgevers in toenemende mate gericht was op hoogwaardig geschilderde en van beschaving getuigende beelden. Vooraanstaande genreschilders, onder wie Gerrit Dou en Gerard ter Borgh, begonnen schilderijen te maken, nu dikwijls in een staand formaat, waarop ze een nieuwe graad van verfijning in de stofuitdrukking aan de dag legden (zie Afb. 16.3), en personen en voorwerpen, gehuld in subtiele maar geraffineerde suggesties van licht en schaduw, in een zorgvuldig geconstrueerde omgeving plaatsten.[9] Maar belangrijker nog was dat deze stilistische ontwikkelingen gepaard gingen met een ware hausse aan schilderijen met verantwoorde, beschaafde onderwerpen. Vulgaire taferelen verloren geleidelijk aan populariteit (hoewel ze nooit totaal zouden verdwijnen).

16.3 Gerard ter Borch, *Nieuwsgierigheid*, ca. 1660, New York, Metropolitan Museum of Art.

De onderwerpen die eerder die eeuw geliefd waren bij kopers kwamen nog steeds voor op schilderijen, maar minder vaak en met een aantal opvallende wijzigingen. Zo waren er ook in de tweede helft van de zeventiende eeuw wel genrestukken die prostitutie als onderwerp hadden, maar ze waren minder talrijk dan in de eerste helft. Bovendien droegen de kunstenaars die in die latere periode actief waren ertoe bij dat een neutralere behandeling van het thema ingang vond, een manier van weergeven die duidelijk minder grof en opzichtig was. Neem bijvoorbeeld *Een musicerend gezelschap in een interieur* (Afb. 16.4), een verbazend goed geconserveerd schilderij dat omstreeks 1670 is vervaardigd door de prominente Nederlandse kunstenaar Jacob Ochtervelt, die gevestigd was in Rotterdam. Op het eerste gezicht lijkt dit een weergave van een keurig gezelschap welgestelde jongelieden. Een jonge vrouw speelt viool en wordt daarbij op de blokfluit begeleid door een mannelijke metgezel. Links van haar staat een andere man, die een rijk geborduurde sjerp over zijn schouder draagt, terwijl een bediende (als zodanig herkenbaar door zijn eenvoudige kledij) het groepje wijn serveert. Bij de ingang van het vertrek staan een andere vrouw en een man te praten. Van het geheel gaat rust en verfijning uit. Dat alles daargelaten onthult de rij vrouwenportretten aan de muur achter de personages de ware aard van het onderwerp. Er zijn duidelijke aanwijzingen dat in echte bordelen dergelijke portretten hingen, die de klanten van dienst konden zijn bij het selecteren van een partner.[10] De ongewone groepering van de portretten op Ochtervelts schilderij komt daadwerkelijk overeen met boekillustraties van bordelen uit die tijd.[11]

Nu de betekenis van de portretten op de achtergrond eenmaal duidelijk is, zien we dat dit wordt bevestigd door andere motieven op Ochtervelts schilderij. De blokfluit en viool waren laag-bij-de-grondse instrumenten die dikwijls werden geassocieerd met dansgelegenheden, bordelen en andere etablissementen van twijfelachtig allooi.[12] Het uiteinde van de al genoemde sjerp over de schouder van de elegante jongeman links op de voorgrond is voorzien van een lus, wat erop wijst dat die bestemd is om een zwaard in te hangen; op de tafel links daarvan is het heft van het wapen te zien. Deze beeldmotieven geven aan dat de man een soldaat is. Zijn aanwezigheid hier is zeer toepasselijk, omdat dit strookt met de aloude schilderkunstige traditie om soldaten op te voeren als vaste bezoekers van bordelen.

De wijze waarop Ochtervelt op dit doek de minder appetijtelijke aspecten van het prostitutiebedrijf sublimeert is de gangbare praktijk bij kunstenaars van zijn generatie, die zich in toenemende mate toelegden op het weergeven van gedistingeerde thema's, ook al bevat het schilderij een aantal letterlijke verwijzingen naar de feitelijke gang van zaken in deze wereld. Deze verheffing van een ouder, vulgair onderwerp naar een beschaafder plan is zelfs exemplarisch voor de thematische (en stilistische) evolutie van de Nederlandse zeventiende-eeuwse genreschilderkunst in het algemeen. Vergelijkbare ontwikkelingen kunnen worden waargenomen bij dat andere hierboven al genoemde populaire onderwerp van de vroege zeventiende-eeuwse Nederlandse genreschilderkunst: het boerenleven. Adriaen van Ostade behoort tot de meest vruchtbare Nederlandse schilders (en graveurs) van de tweede helft van deze eeuw die zich bezighielden met boeren en vergelijkbare onderwerpen.[13] Zelfs in een bondig overzicht van de ontwikkeling van deze langlevende kunstenaar springen veranderingen van stijl en onderwerpkeuze in het oog waaruit blijkt dat hij mede de hand had in de geleidelijke transformatie die de Nederlandse genreschilderkunst die eeuw doormaakte.

16.4 Jacob Ochtervelt, *Musicerend gezelschap*, ca. 1670, Cleveland, Cleveland Museum of Art.

In zijn jonge jaren schilderde Van Ostade boeren consequent af als komische figuren, als de belichaming van luidruchtige uitspattingen. Met zijn spaarzaam belichte schuur-achtige decor en zijn baldadige, dronken boerenpummels is Van Ostades *Feestvierende boeren* uit circa 1632-1634 (Afb. 16.5) kenmerkend voor zijn vroege stijl en benadering van dit soort beelden, die in bepaalde opzichten doen denken aan die van Vinckboons (zie Afb. 16.2). In dit schilderij is een palet van crèmekleurige tinten met delicate pastelblauwe en -roze toetsen aangebracht op een monochrome

16.5 Adriaen van Ostade, *Feestvierende boeren*, ca. 1632-1634, privéverzameling.

deklaag. De kleuren zijn vrij grof neergeborsteld en geven daarmee iets weer van de kinetische energie van de onnozele zuiplappen. Maar nauwelijks vijfentwintig jaar later hebben Van Ostades voorheen uitbundige beelden van bandeloze drinkgelagen grotendeels (zij het niet volledig) plaatsgemaakt voor vredige scènes met ordentelijke boerengezinnen die dikwijls vlijtig in de weer zijn met huishoudelijke bezigheden. Neem bijvoorbeeld *Interieur van een boerenhut* uit 1668 van dezelfde kunstenaar (Afb. 16.6). Het palet is duidelijk koeler van tint: het heldere pastelblauw van het eerdere schilderij is vervangen door een veel minder intens blauw, dat in de buurt komt van leigrijs. En de verf is gelijkmatiger en nauwkeuriger aangebracht. Bovendien is er veel meer aandacht geschonken aan de details, wat niet beperkt blijft tot het pittoreske allegaartje aan voorwerpen dat rondslingert in het vertrek, dat overigens veel ruimer en gelijkmatiger verlicht is dan dat van *Feestvierende boeren* (Afb. 16.5). Het eerdere tumultueuze tafereel van tomeloze losbandigheid heeft plaatsgemaakt voor een toneeltje van opperste huiselijke rust. Dit boerengezin is bezonnen, zorgzaam en liefdevol. De enige handeling van betekenis die zich hier afspeelt is dat de moeder een pop omhoog houdt, tot verrukking van haar kind.

Zoals hierboven al is opgemerkt begon de Nederlandse genreschilderkunst omstreeks het midden van de eeuw ingrijpende veranderingen te ondergaan. Kunstenaars als de reeds genoemde Dou en Ter Borch begonnen genrestukken te schilderen van een ongekende verfijning. Vroeg zeventiende-eeuwse interieurschil-

16.6 Adriaen van Ostade, *Interieur van een boerenhut*, 1661, privéverzameling.

deringen moeten ouderwets hebben geleken vergeleken met deze subtiel belichte, uitmuntend geschilderde werken met een grote en subtiele verhalende kwaliteit. Zoals we hebben gezien was Adriaen van Ostade duidelijk gevoelig voor deze nieuwe technische verworvenheden. Maar vermoedelijk waren er nog meer factoren die van invloed waren op zijn thematische vernieuwingen – om te beginnen zijn opdrachtgevers, die waarschijnlijk afbeeldingen van deugdzame boeren verlangden omdat ze de oudere types ordinair vonden. Toch mogen we hieruit niet afleiden dat vermogende verzamelaars plotseling waardering hadden opgevat voor boeren, laat staan dat ze begaan waren met hun inferieure maatschappelijke status, want medelijden met lagergeplaatsten of mensen in een benarde situatie is hoofdzakelijk een modern sentiment. Het is veeleer het geval dat men omstreeks 1650 zo doordrongen begon te raken van opvattingen over beschaving, afkomst en verfijnde smaak dat bepaalde opdrachtgevers zich wilden laten voorstaan op deze eminente kwaliteiten door goede sier te maken met door hen aangeschafte schilderijen met voorbeeldige onderwerpen, zoals boeren die rustig en bedachtzaam aan het werk waren in een huiselijke omgeving. Vergeleken hierbij moeten oudere schilderijen van luidruchtige boeren, zoals Van Ostades *Feestvierende boeren* (zie Afb. 16.5) wier doldrieste uitspattingen zich dikwijls afspelen in stalachtige stulpjes, sommige kopers hebben getroffen als grof en smakeloos.

Nieuwe onderwerpen

De nieuwe vraag naar verfijnd en in essentie beschaafd werk biedt een verklaring voor de opkomst van een thema dat een van de populairste van de gehele Nederlandse genreschilderkunst werd: huiselijkheid. Zeventiende-eeuwse Nederlandse kunstenaars hebben letterlijk honderden, ja zelfs duizenden schilderijen met huiselijke thema's vervaardigd. Deze schilderijen zijn vooral in onze tijd zeer geliefd. De redenen hiervoor zijn ongetwijfeld gelegen in hun – in onze ogen – typisch 'Nederlandse' kenmerken: er gaat een speciale charme en eenvoud uit van het beeld dat ze lijken te geven van de centrale plaats van het gezin in een lang vervlogen democratische samenleving. Merkwaardig genoeg is het overgrote deel van deze werken geschilderd na de reeds genoemde Vrede van Münster van 1648. Alleen al dit feit pleit tegen de neiging om de beelden op zeventiende-eeuwse Nederlandse genrestukken voor waar aan te nemen, alsof ze op een of andere manier documentair inzicht bieden in het leven van de burgerij in die tijd. Als dat waar zou zijn, zouden de schaarste aan schilderijen met huiselijke taferelen uit de eerste helft van de eeuw, en omgekeerd de grote aantallen afbeeldingen van vrouwen met twijfelachtig gedrag uit datzelfde tijdperk ons dwingen tot de ongerijmde conclusie dat het concept huiselijkheid plotseling omstreeks 1650 was uitgevonden, en bovendien dat vrouwen zich vanaf die tijd al even onverwacht fatsoenlijk gingen gedragen. Het feit dat deze hypotheses duidelijk onhoudbaar zijn bevestigt eens te meer dat Nederlandse genrestukken slimme verdichtsels waren, waarin de waargenomen realiteit op creatieve wijze werd vermengd met een beproefd repertoire aan thema's, motieven en stijlen teneinde fantasievolle conventionele kunst te scheppen.

Adriaen van Ostade speelde een nog niet totaal begrepen rol in de ontwikkeling van dit nieuwe wijdverbreide thema dat in de kern neerkwam op huiselijkheid. Sommige van zijn etsen horen tot de vroegste picturale weergaven van bepaalde

16.7 Adriaen van Ostade, *Gezin bidt voor de maaltijd*, 1653, Amsterdam, Rijksmuseum.

huiselijke onderwerpen. Zijn aandoenlijke prent uit 1653 waarop een arm gezin is afgebeeld dat een dankgebed uitspreekt loopt bijvoorbeeld vooruit op schilderijen van genreschilders uit de jaren 1650 en 1660 met ditzelfde onderwerp (Afb. 16.7).[14] Deze bescheiden en charmante etsen laten in feite zien hoezeer huiselijke thema's in zwang begonnen te raken in de Nederlandse kunst: aan het begin van de jaren 1650 begon deze categorie zelfs afbeeldingen van de lagere standen te omvatten. Desondanks is de ontwikkeling van het thema van gezeglijk geworden boeren in Van Ostades schilderijen en prenten in zekere mate schatplichtig aan door zijn collega's vervaardigde weergaven van huiselijkheid, omdat een aanzienlijk aantal genreschilders zich intussen toelegde op het produceren van dergelijke beelden. Een goed voorbeeld hiervan is Pieter de Hooch, een tijdgenoot van de beroemde Johannes Vermeer, die eerst in Delft werkte en later in Amsterdam, steden waar hij een indrukwekkend aantal schilderijen met huiselijke onderwerpen schilderde, en er zo toe bijdroeg dit genre te ontwikkelen en populair te maken.[15]

Een moeder met haar kinderen en een bediende uit circa 1675 biedt een fascinerend voorbeeld van De Hoochs werk in dit genre (zie Afb. 16.8). Dit charmante doek

16.8 Pieter de Hooch, *Een moeder met haar kinderen en een bediende*, ca. 1675, privéverzameling.

toont een vrij donker interieur, waarin een zorgzame jonge moeder met haar baby op schoot voor een rieten wieg zit. Haar oudere dochter staat naast haar met een poes op de arm, een vernuftige verdubbeling van de moederlijke zorg en affectie voor de zuigeling. Links achter hen komt een dienstmeid het vertrek binnen, met een emmer in haar hand. Door de boogvormige opening zien we achtereenvolgens een gang, een andere kamer die oplicht in het briljante schijnsel van de zon, en de rechterzijde van een raam waardoor we een glimpje opvangen van de lommerrijke tuin. Dergelijke zorgvuldig uitgedachte composities, waarbij een hele reeks binnen- en buitenruimten betrokken is, komen dikwijls voor in de huiselijke taferelen van De Hooch. Los van hun fascinerende structurele complexiteit moet de aantrekkingskracht van deze schilderijen hebben gelegen in hun indrukwekkende lichtwerking en in de actieve, sympathieke personages.

In verband met het werk van De Hooch, dat zonder uitzondering een uitgekiende ruimtelijke indeling te zien geeft, is het interessant om op te merken dat de enorme vraag naar schilderijen van huiselijke taferelen samenviel met veranderingen in de huizenbouw, waarbij voor het eerst verschil gemaakt werd tussen publieke ruimten en de voor die tijd betrekkelijk nieuwe privévertrekken.[16] Zo verrassend is dat misschien niet, gezien de grote aantallen kopers en opdrachtgevers van kunst die vooral gevestigd waren in de westelijke, meest verstedelijkte provincies van de Nederlanden. Mariët Westermann, C. Willemijn Fock en anderen hebben erop gewezen dat er in de tweede helft van de zeventiende eeuw een groeiende differentiatie optrad tussen de vertrekken waaruit een woning bestond.[17] In tegenstelling tot de veeleer op gemeenschappelijk gebruik gerichte indeling die kenmerkend was voor oudere huizen hadden de kamers nu vaker een specifieke bestemming als eetkamer, slaapkamer, enzovoort, wat getuigt van het toegenomen verlangen om openbare en privéruimtes van elkaar te scheiden en beantwoordde aan een beginnende behoefte aan privacy. In bepaalde opzichten weerspiegelen Nederlandse schilderijen van huiselijke onderwerpen (en andere genrestukken) dit opkomende structurele verlangen naar privacy – en stimuleerden het misschien ook –, wat duidelijk blijkt uit de doeken van De Hooch. In de rake woorden van Martha Hollander: 'In plaats van te beweren dat de Nederlandse kunstenaars het privéleven hebben uitgevonden is het steekhoudender om te zeggen dat kunstenaars als De Hooch een taal aan het uitvinden waren waarmee de opkomst van het concept "privéleven" werd benadrukt'.[18]

Evengoed zou het, ongeacht wat de voorgaande discussie mag hebben aangetoond, een misvatting zijn om hieruit af te leiden dat er een rechtstreeks verband bestond tussen de huiselijke taferelen van De Hooch, de constructie van huizen uit die tijd, en het leven van degenen die deze nieuwe panden bewoonden. Elizabeth Alice Honig en Martha Hollander hebben gewezen op het intrigerende feit dat op die vele schilderijen met huiselijke taferelen volwassen mannelijke protagonisten zo goed als geheel ontbreken.[19] De vredige vertrekken zijn dus opzettelijk gendergekleurd, in die zin dat daarin uitsluitend vrouwen, hun dienstboden en kinderen te zien zijn, veelal afgebeeld op een rustig moment, afgezonderd van de drukte van de buitenwereld, waarop hooguit wordt gezinspeeld middels doorkijkjes via ramen, open deuren en vestibules. En dat was een wereld die, althans in theorie, het domein van de mannen representeerde, waarvan vrouwen waren buitengesloten. Maar ook dit was een wereld die met het gewone leven weinig van doen had – althans in de kunst. Denk aan de royale omvang van het vertrek op het doek van De Hooch, de weidse marmeren vloer, en de enorme indrukwekkende schouw, het soort inrichting dat maar zelden te vinden was in een normaal Nederlands woonhuis uit die tijd. Ook in de eerste helft van de eeuw hadden genreschilders nu en dan huiselijke onderwerpen en vergelijkbare kostbare interieurs afgebeeld, maar slechts zelden met de graad van verfijning die we aantreffen in het werk van De Hooch en talloze meesters uit die tijd, en evenmin in de grote hoeveelheden die nu werden geproduceerd.

Smaakvolle afbeeldingen van huiselijkheid hadden kennelijk een enorme aantrekkingskracht gekregen in een welvarende ambiance die rijp was voor de productie en de appreciatie van dergelijke beelden, en bieden daardoor veel informatie over de smaak van de kopers. Met het verstrijken van de zeventiende eeuw bevatten beelden van huiselijke deugd en andere aan het goede leven gerelateerde onderwerpen (met

16.9 Johannes Vermeer, *De kantwerkster*, ca. 1670-71, Parijs, Musée du Louvre.

name afbeeldingen van hofmakerij) vanzelfsprekend steeds vaker entourages en activiteiten die werden geassocieerd met de levensstijl van de welgestelden.[20] Weergaven van huiselijkheid raakten zo hecht verbonden met het idee van luxe dat zelfs schilderijen met een ogenschijnlijk sober voorkomen blijk geven van dit fenomeen. Enkele uitstekende voorbeelden hiervan zijn te vinden in het werk van Johannes Vermeer. Marjorie Wieseman, H. Perry Chapman en ik hebben onderzoek gedaan naar dit aspect van Vermeers werk, dat bedoeld was, ongeacht de onderwerpkeuze, om exclusieve beelden van beschaafd tijdverdrijf en materiële welstand te bieden en aldus tegemoet te komen aan de verlangens van zijn vermogende en dientengevolge beperkte klantenkring.[21] Vermeers uitgesproken doeltreffende weergave van de inhoud gaat gewoonlijk hand in hand met de spaarzaamheid van de door hem gebruikte middelen. Op *De kantwerkster* (Afb. 16.9), om een enkel voorbeeld te noemen, ontbreekt de constellatie van motieven die we gewoonlijk aantreffen in andere schilderijen met dit thema die de lof zingen van de traditionele opvattingen van de huiselijke deugd. Toch ligt de lading van het werk juist in de schoonheid en het elegante voorkomen van het meisje, wat eveneens tot uiting komt in de titel waaronder het schilderij in 1696 werd geveild: 'Een juffertje dat speldewerkt'.[22] In de zeventiende eeuw wees de term 'juffertje' op een zekere mate van maatschappelijk sociaal aanzien.[23] De persoon die deze veilinglijst opstelde moet ogenblikkelijk de status hebben herkend van deze vlijtige, in een helgeel jak gestoken jongedame. Zelfs het enige meubelstuk in de nauwelijks gedefinieerde ruimte op dit schilderij wijst hierop: het is een houten tafel die speciaal is gemaakt voor het doen van dit soort naaldwerk. Wat we zien is niet een gewone naaister, maar een beschaafd meisje, verdiept in een bezigheid die voor mensen uit die tijd gold als een typisch vrouwelijke activiteit binnen de gegoede of hogere standen

    Gezien de hoge kosten van veel van de schilderijen van het kaliber waar we ons hier op richten - om een voorbeeld te geven: de gemiddelde prijs van een schilderij van Vermeer kwam overeen met een jaarsalaris van iemand uit de middenklasse - was het zo goed als zeker dat ze bestemd waren voor rijke kopers uit de elite.[24] De makers van zulke schilderijen hadden dikwijls een duurzame relatie met hun vermogende begunstigers, wat hun de vrijheid gaf om zich een tijd lang onafgebroken te wijden aan werkelijk schitterende en kostbare uitwerkingen van geliefde onderwerpen. In het geval van Vermeer waren veel van zijn schilderijen in het bezit van Claesz van Ruijven en Maria de Knuijt, een immens rijk Delfts echtpaar dat ze waarschijnlijk aankocht zodra de schilder ze voltooid had.[25] De kunst van Vermeer en zijn collega's had op haar beurt het vermogen om esthetische en thematische responsen op te roepen bij potentiële kopers wier maatschappelijke status en levensstijl overeenkwamen met wat daarin werd weergegeven.

Conclusie

Het feit dat de nieuwe types schilderijen die na 1650 werden vervaardigd gretig aftrek vonden was uiteindelijk te danken aan de smaak en de daaraan gerelateerde verzamelgewoonten van de elites, en hun enthousiaste reactie op de specifieke stilistische en thematische veranderingen die omstreeks die tijd werden doorgevoerd in de Nederlandse genreschilderkunst. De opkomst van schilderijen die eerzame huiselijkheid en andere welvoeglijke thema's weergaven was per saldo evenzeer het gevolg van veranderende sociale en economische omstandigheden als van evoluerende esthetische en stilistische opvattingen. Dit alleen al wijst er eens te meer op dat deze schilderijen, evenmin als die uit eerdere decennia, in het geheel niet 'documentair' zijn. Evengoed bieden genrestukken, ondanks of misschien wel juist dankzij hun bedrieglijke voorkomen, ons een schat aan informatie over de zeventiende-eeuwse Nederlandse cultuur, haar voorkeuren, haar vooroordelen, en haar algemene mentaliteit.

Noten

1. E.J. Sluijter, 'In Praise of the Art of Painting: On Paintings by Gerrit Dou and a Treatise by Philips Angel of 1642', in E.J. Sluijter, *Seductress of Sight: Studies in Dutch Art of the Golden Age*, Zwolle, 2000, pp. 252-253.
2. C.W. Fock, 'Semblance or Reality? The Domestic Interior in Seventeenth-Century Dutch Genre Painting', in *Art and Home: Dutch Interiors in the Age of Rembrandt*, Newark Museum, 2001-2002, pp. 83-101.
3. W. Franits, *Dutch Seventeenth-Century Genre Painting: Its Stylistic and Thematic Evolution*, New Haven, 2004, pp. 1-2, met verwijzingen naar andere literatuur over conventionaliteit in de kunst.
4. Sinds de jaren negentig is er uitvoerig onderzoek gedaan naar de economische geschiedenis van de zeventiende-eeuwse Nederlandse kunst. C. Rasterhoff, 'Economic Aspects of Dutch Art', in W. Franits (red.), *The Ashgate Research Companion to Dutch Art of the Seventeenth Century*, Londen, 2016, pp. 355-371, biedt een historiografisch overzicht. In hoofdstuk 14 van dit boek schrijft Rasterhoff over luxemarkten in de Republiek.
5. Een van de weinige studies over prostitutie in de zeventiende-eeuwse Nederlandse kunst is L.C. van de Pol, 'The Whore, the Bawd and the Artist: The Reality and Imagery of Seventeenth-Century Dutch Prostitution', in *Journal of Historians of Netherlandish Art* 2 (2010).
6. Van de Pol, 'The Whore, the Bawd and the Artist'; L. van de Pol, *The Burgher and the Whore: Prostitution in Early Modern Amsterdam*, Oxford, 2011.
7. K. Moxey, 'Pieter Bruegel and Popular Culture', in *The Prints of Pieter Bruegel the Elder*, Bridgestone Museum of Art, 1989, pp. 42-52, biedt een totaaloverzicht van de dikwijls onderling

strijdige interpretaties van boeren in de zestiende-eeuwse kunst, met de nadruk op Pieter Bruegel de Oude.
8. P. Vandenbroeck, 'Verbeeck's Peasant Weddings: A Study of Iconography and Social Function', in *Simiolus* 14 (1984), pp. 118-119.
9. Franits, *Dutch Seventeenth-Century Genre Painting*, pp. 99-134.
10. A. Roos, *Den Amsteldamsen Diogenes, of philosophische bloemhof*, Utrecht, 1684, 164, nr.13.
11. Franits, *Dutch Seventeenth-Century Genre Painting*, p. 201, fig. 188.
12. Hoogsteder & Hoogsteder, *Music and Painting in the Dutch Golden Age*, The Hague, 1994, cat. nrs. 14, 24, 39, waar de met deze instrumenten verbonden losbandige associaties worden besproken.
13. P. Phagan (red.), *Images of Women in Seventeenth-Century Dutch Art: Domesticity and the Representation of the Peasant*, Athens, GA, 1996; A. Ebert, *Adriaen van Ostade und die komische Malerei des 17. Jahrhunderts*, Berlijn, 2013.
14. Franits, *Dutch Seventeenth-Century Genre Painting*, p. 138.
15. P.C. Sutton, *Pieter de Hooch*, Ithaca, 1980.
16. J. Loughman en J.M. Montias, *Public and Private Spaces: Works of Art in Seventeenth-Century Dutch Houses*, Zwolle, 2000, pp. 19-50.
17. M. Westermann, '"Costly and Curious, Full of Pleasure and Home Contentment"; Making Home in the Dutch Republic', in *Art and Home: Dutch Interiors in the Age of Rembrandt*, Newark Art Museum, 2001, pp. 24-31; C.W. Fock, '1650-1700', in C. W. Fock (red.), *Het Nederlandse interieur in beeld 1600-1900*, Zwolle, 2001-2002, pp. 81-179.
18. M. Hollander, 'Public and Private Life in the Art of Pieter de Hooch', in *Nederlands Kunsthistorisch Jaarboek* 51 (2000), p. 287.
19. E.A. Honig, 'The Space of Gender in Seventeenth-Century Dutch Painting', in W. Franits (red.), *Looking at Seventeenth-Century Dutch Art: Realism Reconsidered*, Cambridge, 1997, pp. 186-201; M. Hollander, *An Entrance for the Eyes: Space and Meaning in Seventeenth-Century Dutch Art*, Berkeley, 2002, pp. 161-176.
20. W.E. Franits, 'Gabriel Metsu and the Art of Luxury', in tentoonstellingscatalogus *Gabriel Metsu*, National Gallery of Ireland, 2010, pp. 53-71; W.E. Franits, 'Living in the Lap of Luxury: Vermeer, His Admirers and His Patrons', in *Vermeers Women: Secrets and Silence*, Fitzwilliam Museum, 2011-2012, pp. 124-151.
21. M.E. Wieseman, 'Vermeers Women: Secrets and Silence', in *Vermeers Women*, pp. 2-63; H.P. Chapman, 'Inside Vermeers Women', in *Vermeers Women*, pp. 64-123.
22. J.M. Montias, *Vermeer and His Milieu: A Web of Social History*, Princeton, 1989, pp. 363-364.
23. A. Blankert en L.P. Grijp, 'An Adjustable Leg and a Book: Lacemakers by Vermeer and Others, and Bredero's *Groot Lied-boeck* in One by Dou', in C.P. Schneider e.a. (red.), *Shop Talk: Studies in Honor of Seymour Slive Presented on His Seventy-Fifth Birthday*, Cambridge, MA, 1995, p. 40.
24. Franits, *Dutch Seventeenth-Century Genre Painting*, p. 172.
25. Montias, *Vermeer and His Milieu*, pp. 246-253.

17
De literaire wereld

THEO HERMANS

In het maatschappelijk leven van het zeventiende-eeuwse Nederland namen literaire geschriften een belangrijke plaats in. Hoewel deze werken tegenwoordig veel minder bekend zijn dan de schilderkunst, architectuur en muziek uit die tijd, waarvoor geen speciale kennis van de gebruikte taal nodig is, was zowel de kwantiteit als de kwaliteit van wat de Republiek aan literatuur voortbracht uitzonderlijk, en het geschreven woord speelde in het bestaan van de meeste stadsbewoners dan ook een rol van betekenis. Schrijvers als Roemer Visscher, Gerbrand Adriaensz Bredero, Pieter Cornelisz Hooft, Jacob Cats en Joost van den Vondel verwierven tijdens hun leven grote roem. Ze brachten de rijkdom van hun moedertaal tot ontwikkeling en droegen met hun werk bij aan de totstandkoming van de Nederlandse religieuze, politieke en burgerlijke identiteit.

Dat literatuur een publieke functie had, gold als vanzelfsprekend. Dichters en toneelschrijvers zagen het als hun primaire taak het publiek te onderhouden en te onderrichten ten behoeve van het algemeen belang van de samenleving. Dit maatschappelijke aspect uitte zich in het verbreiden van burgerlijke en religieuze normen, in openlijke of bedekte bijdragen aan het publieke debat, en in de verheerlijking van het lokale, regionale en gaandeweg ook het nationale erfgoed. Literatuur was bovendien niet voorbehouden aan de elite. Schandalen en publieke geschillen gaven aanleiding tot smeuïge satires, zoals ook de herinnering aan natuurrampen en militaire overwinningen levend werd gehouden in daaraan gewijde gedichten en liederen. Bijzondere gebeurtenissen in het leven van de burgers, zoals trouwerijen en geboorten, werd luister bijgezet met het voordragen van poëzie, en mannen, vrouwen en zelfs kinderen wisselden gedichten uit om elkaar troost te bieden, te bedanken of een gelukkig nieuwjaar te wensen. Op al deze manieren droeg de literatuur bij aan het aanknopen en verstevigen van sociale banden binnen de voortdurend uitdijende stedelijke gemeenschappen in de Republiek.

De diverse maatschappelijke functies van de literatuur kwamen tot uiting in de verscheidenheid van de media waarin ze werd verspreid (Afb. 17.1). Ofschoon de meeste literaire werken in omloop werden gebracht als gedrukt boek of eenbladdruk, speelde het handgeschreven woord nog altijd een rol van betekenis, wat bijvoorbeeld blijkt uit de gedichten in de *alba amicorum* (letterlijk 'vriendenboeken', de

17.1 Dirck de Bray, *Interieur van een boek- en prentwinkel*, Amsterdam, Rijksmuseum.

voorlopers van handtekeningenboekjes) die in zwang waren bij de gegoede burgerij, zowel bij mannen als bij vrouwen. Ook mondelinge doorgifte bleef belangrijk. Het zingen van liederen en het voordragen van gedichten, zowel in besloten kring als in het openbaar, was een gangbare bezigheid, zoals ook te zien is op talrijke schilderijen en tekeningen. De literatuur liet zelfs haar sporen na in de materiële cultuur. Zo werden er epigrammen gebeiteld of gegraveerd op openbare gebouwen, grafstenen, bokalen en zelfs op alledaagse gebruiksvoorwerpen als blijk van waardering voor de eigenaar of het object zelf, om God te prijzen of de lezer te vermanen.

De sociale inbedding en de politieke functie van het literaire bedrijf hebben in het recente onderzoek veel aandacht gekregen. Die lijn wordt ook in dit hoofdstuk aangehouden. Daarbij beperken we ons tot het in kaart brengen van de ontwikkelingen rondom de bekendste schrijvers van proza, poëzie en toneel. In deze beknopte schets beschrijven we hoe het zwaartepunt van de letterkundige productie in de Lage Landen aan het eind van de zestiende eeuw verschoof van Antwerpen naar Amsterdam en hoe in de zeventiende-eeuwse Republiek een in de landstaal geschreven literatuur met een uitzonderlijke diversiteit en vitaliteit tot bloei kwam.

1560-1590: oorlog en metrum

In augustus 1561 vond er in Antwerpen, destijds de grootste en meest kosmopolitische stad en het cultureel en economisch centrum van de Lage Landen, een opmerkelijke gebeurtenis plaats. Het betrof een toneelwedstrijd, die was georganiseerd door een van de literaire genootschappen van de stad. Deze rederijkerskamers, een laatmiddeleeuws fenomeen dat zijn oorsprong had in Noord-Frankrijk en Bourgondië, gaven gedurende de hele zestiende en een deel van de zeventiende eeuw de toon aan in het literaire leven van de Lage Landen. Ze legden zich vooral toe op allegorische toneelwerken en spitsvondig geconstrueerde gedichten. In vrijwel alle steden en in veel dorpen, vooral in het zuidelijke deel van de Lage Landen, was op zijn minst één rederijkerskamer. Deze kamers, die nauwe betrekkingen onderhielden met plaatselijke overheden, verleenden de burgerlijke cultuur kleur en richting en gaven met verbale en visuele middelen uitdrukking aan het gemeenschappelijke zelfbeeld. Hoewel het literatuurbedrijf in de zeventiende eeuw naar aard en inhoud aanzienlijk veranderde, bleef de maatschappelijke functie van literatuur dezelfde. Poëzie en toneel werden geacht meer teweeg te brengen dan alleen esthetisch genot.

Nergens trad deze publieke functie duidelijker naar voren dan bij het 'landjuweel' dat in augustus 1561 plaatsvond in Antwerpen. Bij de feestelijke intocht van de deelnemende kamers vergaapten de inwoners zich aan de meer dan 200 praalwagens waarop allegorische tableaus werden meegevoerd en aan circa 1300 ruiters, vergezeld door duizenden anderen te voet, allen uitgedost in kleurrijke kostuums. Tijdens de eigenlijke wedstrijd, die twee weken in beslag nam, werden verscheidene malen per dag toneelstukken opgevoerd op de Grote Markt in het centrum van de stad; een nevenprogramma met kleinere stukken liep door tot in september. Als geheel was dit concours een uitzonderlijke demonstratie van rijkdom, macht en zelfvertrouwen. Die boodschap was de Engelsman Richard Clough, de Antwerpse zaakgelastigde van Sir Thomas Gresham, niet ontgaan; in een brief aan zijn werkgever waarschuwde hij zijn landgenoten om hier notitie van te nemen, en zich 'zo voor te bereiden op de komende tijden', want, zo besloot hij, 'zij die dit kunnen, kunnen meer'.[1]

Die komende tijden brachten Antwerpen echter niet veel goeds, hoewel de rampspoed nog niet meteen inzette. Omstreeks 1570 kon de stad nog bogen op een schitterend nieuw stadhuis in renaissancestijl en had Christoffel Plantijn, op dat moment de belangrijkste drukker en uitgever van Europa, een begin gemaakt met de uitgave van zijn majestueuze *Biblia Regia* in vijf talen en acht delen (1568-1572). Maar al in 1561 waren de donkere wolken zich aan het samentrekken. In de voorgaande decennia was op de rederijkerskamers de verdenking komen te rusten dat ze te zeer open stonden voor de ideeën van de reformatie. Ondanks al het feestelijk vertoon werd de wedstrijd van 1561 nauwlettend in de gaten gehouden door het officiële gezag. Nog voor het eind van het decennium sloeg de breed gevoelde onvrede over het bewind van de Habsburgers in de Lage Landen om in een gewapend conflict en uiteindelijk in opstand, repressie en oorlog. Voor Antwerpen kwam de eerste klap in 1576, toen muitende Spaanse troepen de stad plunderden, het nieuwe stadhuis in de as legden en Plantijn herhaaldelijk dwongen losgeld te betalen om zijn drukpersen te redden.

Omstreeks 1580 waren alle grote steden in de zuidelijke Lage Landen – Antwerpen, Gent, Brussel – in handen van de opstandelingen, evenals grote delen van Zeeland en Holland; Amsterdam had zich in 1578 aangesloten bij de Opstand. Binnen enkele jaren echter slaagde het Habsburgse leger onder aanvoering van de briljante generaal Alexander Farnese erin de zuidelijke steunpunten een voor een te heroveren. Antwerpen viel in 1585 als laatste. Na de overgave slonk het inwonertal tot de helft, omdat tienduizenden protestanten de stad verlieten en naar het noorden trokken. Gedurende de eeuw daarop bepaalde de contrareformatie alle aspecten van het culturele leven in de zuidelijke gewesten van de Lage Landen. De ideologische scheidslijn tussen de katholieke Spaans-Habsburgse Nederlanden in het zuiden en de door calvinisten gedomineerde Republiek der Zeven Verenigde Nederlanden in het noorden zou permanent blijken. Een paar decennia later had Amsterdam de plaats van Antwerpen overgenomen als het nieuwe commerciële en culturele centrum waar de boekdrukkunst, de literatuur en met name het Nederlandse toneel tot bloei kwamen.

Terwijl de oorlog voortwoedde putten de opstandelingen steun en troost uit pamfletten en liederen. Het beroemdste van deze liederen, dat vanaf circa 1577 vele malen werd herdrukt in uitgaven van het *Geuzenliedboek*, was het Wilhelmus, waarin bij monde van de leider van de Opstand, Willem van Oranje, het verzet tegen de Spaanse tirannie wordt gerechtvaardigd. Door de eerste letters van alle vijftien strofen achter elkaar te zetten wordt Willems naam zichtbaar in een acrostichon – een herinnering aan het vernuftig vormenspel dat kenmerkend was voor de rederijkerskamers. Het Wilhelmus werd in 1936 het officiële Nederlandse volkslied; het auteurschap blijft onzeker. Een heel ander werk dat voortkwam uit het conflict was *De Bijenkorf der H. Roomsche Kerke*, dat in 1569 onder een pseudoniem verscheen maar van de hand was van Philips van Marnix, die Willems rechterhand zou worden. Het boek, geschreven in een exuberante rabelaisiaanse stijl, is een genadeloze satire op de katholieke kerk. Drukwerk van dit soort, een rechtstreeks uitvloeisel van een gewelddadig conflict, leverde een bepalende bijdrage aan het politieke debat.[2]

De tweede helft van de zestiende eeuw was tevens een periode waarin de literatuur formeel en inhoudelijk van uitzicht begon te veranderen. Metrische versvormen en nieuwe genres als het sonnet en het embleem drongen via Frankrijk door tot de Lage Landen. De Antwerpse patriciër Jan van der Noot was een opmerkelijk productief schrijver van vlotte metrische verzen. In Leiden was stadssecretaris Jan van Hout een van de eersten die de nieuwe stijl van dichtkunst beoefende. Recent onderzoek heeft het belang van sociale netwerken laten zien voor de verbreiding van literaire ideeën en praktijken. Zo werd ook de omvangrijke vrienden- en kennissenkring die Van Hout erop nahield, zowel in de universiteitsstad die Leiden sinds 1575 was als in Amsterdam, in detail nagetrokken. Daarbij is tevens de aandacht gevestigd op twee sterk verschillende opvattingen van de dichtkunst, die destijds beide aan invloed wonnen. Waar Van Hout dichters in neoplatonische termen beschouwde als goddelijk geïnspireerde bemiddelaars van de scheppende verbeelding, zagen anderen, zoals Dirck Volckertsz Coornhert, poëzie en literatuur in het algemeen als een verfijnd redekundig instrument om anderen te winnen voor bepaalde morele standpunten.

Coornhert, die intussen geldt als de prominentste vertegenwoordiger van zijn generatie, was een uitgesproken onafhankelijk denker en een bijzonder productief auteur. Hij schreef liederen, vertalingen, toneelstukken, polemische dialogen en essays, en een schitterend prozawerk, *Zedekunst, dat is wellevenskunste* (1586), de eerste in druk verschenen verhandeling over ethiek in een Europese volkstaal. In helder, levendig en ritmisch proza maakte dit werk de lezer deelachtig aan Coornherts onconventionele ideeën over de aangeboren goedheid van de mens, die alleen van het rechte pad afwijkt als hij weigert te leren hoe het onderscheid te maken tussen goed en kwaad. Inzicht en een juist oordeel, aldus Coornhert, kunnen alleen worden bereikt door middel van de rede, in het standvastig besef van Gods mildheid. In een tijdperk waarin de ideologische tegenstellingen zich zowel aan katholieke als aan calvinistische zijde verhardden, viel Coornherts uitgesproken aversie van dogmatiek niet bij iedereen in goede aarde.

1590-1620: immigranten en vernieuwers

In 1964 deed de literatuurhistoricus W.A.P. Smit een voorstel om het onderzoek naar vroegmodern Nederlands toneel op een nieuwe leest te schoeien. Hij pleitte ervoor om de vormaspecten en de evolutie van zowel traditionele als moderniserende toneelstukken uit die tijd in kaart te brengen.[3] Smits lezing leidde tot een nauwkeurige inventarisatie van toneelgenres en -praktijken. De huidige wetenschappelijke consensus over de formele ontwikkeling van het vroegmoderne Nederlandse toneel is daar het resultaat van. Latere generaties onderzoekers zijn echter andere richtingen gaan verkennen. Hun aandacht ging uit naar populaire literatuur, proza zowel als poëzie.[4] Bij dit type onderzoek kwam vanzelf ook het publiek in beeld, als kopers van boeken, als theaterbezoekers of meer in het algemeen als afnemers van culturele producten. Het onderzoek naar de interactie tussen cultuurproducenten, consumenten en instellingen heeft tot verhelderende inzichten geleid. Daarbij zijn ook de sociale en artistieke netwerken in beeld gekomen die de overdracht van culturele informatie tussen de elite en bredere bevolkingsgroepen mogelijk maakten. Een goed voorbeeld is de manier waarop de talrijke zuidelijke immigranten na hun vlucht voor het oorlogsgeweld omstreeks de eeuwwisseling geleidelijk opgenomen werden in het maatschappelijk weefsel van de Hollandse steden.

Hoewel Karel van Mander (1548-1606) en Daniel Heinsius (1580-1655) tot verschillende generaties behoorden, waren ze beiden afkomstig uit het zuiden. Van Mander, die was opgeleid als kunstschilder en een grand tour naar Italië had ondernomen, trok in 1583 naar Haarlem, omstreeks dezelfde tijd dat Heinsius' ouders Gent verlieten en hun driejarig zoontje meenamen naar Zeeland. Van Mander werd de centrale figuur in een netwerk van kunstenaars en dichters in en om Haarlem. Hij verwierf roem als schrijver van *Het Schilder-Boeck* (1604), dat was gemodelleerd naar Giorgio Vasari's *Le vite de' più eccellenti pittori, scultori e architettori* (De levens van de grootste Italiaanse kunstenaars). De eerste afdeling van het *Schilder-Boeck* bevat een uitvoerige, op rijm gestelde bespiegeling over de aard, de technieken en de morele doelstellingen van de schilderkunst. Het ook voor hedendaagse kunsthistorici waardevolste gedeelte zijn de hoofdstukken met biografieën van hoofdzakelijk vijftiende- en zestiende-eeuwse Nederlandse schilders, die stuk voor stuk zijn verlevendigd met anekdotes en rake details.

Daniël Heinsius zou minstens even invloedrijk blijken, zij het als geleerde en dichter. Hij verwierf internationale bekendheid als Neolatijns auteur en hoogleraar klassieke talen aan de universiteit van Leiden, waaraan hij decennialang verbonden bleef. Het was juist zijn status in de wereld van de Latijnse letteren die inspirerend bleek toen hij Nederlandstalige poëzie ging schrijven. Zijn vroege bundel met liefdesemblemen *Quaeris quid sit amor?* (Wil je weten wat liefde is?, 1601) en het vervolg daarop, *Het ambacht van Cupido* (1613), bevatten zowel Nederlandse als Latijnse verzen (en het tweede boek tevens Franse), blonken uit in spitse en paradoxale variaties op het onderwerp, en werden verscheidene malen herdrukt. Zijn belangrijkste Nederlandstalige gedichten werden gebundeld in *Nederduytsche poemata* (1616). Petrus Scriverius voorzag het boek van een opdracht, waarin hij verwees naar Ronsard en Du Bartas en het feit bejubelde dat nu ook in Holland een in de klassieken geschoolde dichter zijn moedertaal eer aandeed door in die taal poëzie te schrijven. De proef op de som bleek de uitvoerige 'Hymnus oft lofsanck van Bacchus', dat zo vol erudiete verwijzingen naar de klassieken zat dat Scriverius zich verplicht zag er uitvoerige annotaties bij te leveren.

Heinsius drukte ook zijn stempel op de toneelkunst. Zijn theoretische verhandeling *De tragoediae constitutione* (Over de structuur van de tragedie, 1611) bevatte een toegankelijke uiteenzetting over de aristoteliaanse principes van het treurspel en zou door toneelschrijvers in heel Europa worden geraadpleegd. In zijn eigen Latijnstalige toneelstuk *Auriacus, sive libertas saucia* (Oranje, of gewonde vrijheid, 1602), dat hij tien jaar daarvoor had geschreven, behandelde hij de moord op de Vader des Vaderlands in 1584. Hiermee trad hij eerder in de voetsporen van Seneca dan in die van Aristoteles, maar het was het eerste van een lange reeks toneelstukken waarin diverse auteurs gebruik maakten van een patriottisch thema; het feit dat in de epiloog expliciet van de penibele tijd van de moord werd vooruitgeblikt naar het heden van de toeschouwers maakte het werk des te actueler – en sterkte degenen die in de jaren 1590 getuige waren geweest van de snelle consolidatie van de nieuwe staat.

Een van de eerste Nederlandstalige imitaties van Heinsius' werk was *Het moordadich stuck van Balthasar Gerards* (1606) van de hand van Jacob Duym (1547-voor 1624), eveneens een immigrant uit het zuiden en een bekende van zowel Van Mander als Heinsius, die echter nog meer reden tot wrok had: hij was door de Spanjaarden in de gevangenis gegooid en zo bruut behandeld dat hij voor de rest van zijn leven mank liep. In politiek opzicht was hij uiteraard een voorstander van de harde lijn. Zijn toneelstuk, genoemd naar de moordenaar van Willem van Oranje, betekende een pleidooi voor een voortzetting van de oorlog met Spanje, juist in de tijd dat er uitzicht was op vredesonderhandelingen; het Twaalfjarig Bestand zou in 1609 worden getekend.

Beide toneelstukken maakten duidelijk hoezeer literatuur en het publieke debat met elkaar vervlochten waren. Terwijl Duym de politieke koers poogde te beïnvloeden door de publieke opinie te bespelen, droeg Heinsius bij aan de totstandkoming van een wordingsverhaal waarin de jonge staat zich kon bezinnen op zijn eigen opkomst. Het ten tonele voeren van een herkenbaar personage uit het recente verleden, en de mengeling van huiver en hoop die van beide toneelstukken uitging, zetten dat verhaal ongewone kracht bij. Andere verhalen zouden spoedig volgen.

De grote toevloed van immigranten in de steden van Holland en Zeeland moest wel weerstand oproepen bij de oorspronkelijke bevolking. Geen toneelstuk dreef zo effectief de spot met deze spanningen als *Spaanschen Brabander* (1617) van Gerbrand Adriaensz Bredero. Bredero was geboren en getogen in Amsterdam, en hoewel hij geen klassieke opleiding had genoten bewoog hij zich in de hoogste literaire kringen in zijn geboortestad. Hij stierf jong, op 33-jarige leeftijd, maar schreef niettemin een groot aantal – na zijn dood gebundelde – lyrische, verhalende en meditatieve gedichten alsmede een reeks komedies, tragikomedies en kortere kluchten, voor een deel gebaseerd op Spaanse romances die hij in Franse of Nederlandse vertaling had gelezen. *Spaanschen Brabander* gaat terug op de Spaanse picareske roman *Lazarillo de Tormes*, maar speelt in Amsterdam. Het lange, uitwaaierende toneelstuk bestaat op papier uit vijf bedrijven maar lijkt meer op een reeks sketches die de interacties laten zien tussen de onlangs vanuit Antwerpen in Amsterdam aangekomen 'Spaanse Brabander' Jerolimo, zijn in Amsterdam geboren knecht Robbeknol en een keur aan kleurrijke lokale personages. Met zijn Antwerps accent, pompeuze optreden en opzichtige kleding wekt Jerolimo de indruk een vermogend man te zijn

('En weet niemant van ouwlien goeliens of Amsterdam te koop is?' vraagt hij) en het lukt hem de stadbewoners een tijdlang een rad voor ogen te draaien. De humor in het stuk komt voor rekening van de botsing tussen dialecten, het groteske karakter van sommige personages en hun onverbloemd taalgebruik. Robbeknol levert gepeperd commentaar op de gebeurtenissen, maar wanneer Jerolimo uiteindelijk even berooid blijkt te zijn als hijzelf, kiest hij de kant van zijn meester. Er zijn geen helden in *Spaanschen Brabander*.

Bredero had in Amsterdam onder anderen contact met de patriciër en burgemeesterszoon Pieter Corneliszoon Hooft en de arts Samuel Coster. Met hun generatie werd een nieuwe fase in de Nederlandse literatuur ingeluid, wat symbolisch werd bevestigd met de oprichting van de ambitieuze Nederduytsche Academie in 1617, die echter een kort bestaan beschoren was. Tot hun kring hoorden ook de twee beroemdste vrouwelijke schrijvers van die tijd, de zusters Anna Roemers Visscher en Maria Tesselschade Visscher. Hun vader Roemer Visscher en zijn vriend Hendrik Laurenszoon Spiegel waren een generatie eerder de wegbereiders geweest voor de nieuwe ontwikkelingen.

Visscher en Spiegel waren beiden welgestelde kooplieden die zich verre hielden van de godsdiensttwisten van die tijd en een filosofische belangstelling koesterden voor een christelijk getinte vorm van stoïcisme als praktische leidraad in het leven. Spiegel, die jarenlang de spil was van de Amsterdamse rederijkerskamer, De Eglantier, was tevens de voornaamste auteur van de eerste in druk verschenen Nederlandse grammatica, *Twe-spraack vande Nederduitsche letterkunst* (1584). Het boek was uitgegeven onder de vlag van de kamer, met een voorwoord van Dirck Coornhert waarin hij de kwaliteiten van het Nederlands prees en zich achter Spiegels taalkundig purisme schaarde. De systematische beschrijving van de landstaal maakte deel uit van een bewuste strategie ter bevordering van het gebruik van het Nederlands, dat werd beschouwd als een van de hoekstenen voor de totstandkoming van een nationale identiteit. Een aantal schrijvers ging vanuit dit streven uitdrukkelijk het gebruik van vreemde leenwoorden uit de weg en koos ervoor Nederlandse termen te gebruiken in disciplines als plantkunde en politieke theorie, waarin tot dusver het Latijn de standaardtaal was geweest. Na de grammatica van 1584 schreef Spiegel enkele kortere werken over retoriek en dialectiek; tezamen vormden de drie disciplines – grammatica, retoriek en dialectiek – het *trivium*, de grondslag van alle andere vakken. Spiegel pleitte er zelfs voor om aan de universiteit van Leiden het Nederlands in te voeren, maar terwijl dit voorstel geen weerklank vond, vestigde de wiskundige Simon Stevin, eveneens een taalpurist, in Leiden een opleiding voor ingenieurs en stuurlui waarin het onderricht in toegepaste wetenschappen uitsluitend in het Nederlands werd gegeven.

Spiegels voornaamste literaire werk was het na zijn dood uitgegeven *Hert-spiegel*, (1614), waarvan de titel verwijst naar de naam van de auteur; het is een lang en meditatief betoog in dichtvorm over ethische principes die verwant zijn met die van Coornhert: de deugd is haar eigen beloning, en zelfkennis en kennis van de wereld zullen leiden tot een juist inzicht in onze morele verplichtingen. Taalkundig is *Hert-spiegel* een van de meest veeleisende gedichten van de Nederlandse literatuur, wat het gevolg is van de compacte formuleringen en de talrijke samenstellingen van eigen makelij die voortkomen uit Spiegels compromisloze purisme. Zijn korte toneelstuk *Numa ofte amptsweygerinhe*, waarin hij een toegankelijker idioom bezigde maar dat destijds onuitgegeven bleef, heeft een intrige die ontleend is aan een Franse vertaling van Plutarchus' *Parallelle levens*. Hoofdpersoon is de Sabijn Numa, die na een afweging tussen zijn hang naar stoïcijnse onafhankelijkheid en zijn burgerplicht er uiteindelijk in toestemt koning van de Sabijnen en de Romeinen te worden. Goeddoen voor anderen gaat boven zelfverbetering.

Hoewel Visscher dezelfde filosofische en linguïstische voorkeuren had als Spiegel, blonk hij uit in kortere genres zoals epigrammen, sonnetten en emblemen. Zijn gevoel voor ironie blijkt uit de titel *Brabbeling* (1614) die hij zijn verzamelde gedichten meegaf. Ter benaming van zijn embleemboek bedacht hij het woord *Sinnepoppen* (1614), wat zoveel betekent als het latere 'zinnebeelden'. De meeste afbeeldingen in *Sinnepoppen* bieden een opvallend vertrouwde aanblik: zij tonen sluizen, hooibergen, molenstenen, ploegen, vissersboten, schaatsende mannen en karnende vrouwen (Afb. 17.2). Deze alledaagse voorwerpen en taferelen zijn door Visscher van al even direct aansprekende commentaren voorzien; titels en spreuken in het Frans of Latijn gaan vaak vergezeld van een Nederlandse vertaling, en de korte, in proza gestelde beschouwingen prijzen de ondernemingsgeest van de Hollandse koopmansklasse. De herkenbare en ongedwongen kwaliteit van Visschers emblemata vond enige decennia later een weerklank in een type poëzie waarin persoonlijke ervaringen hoger werden aangeslagen dan grootse ideeën of pathos.

Visschers Amsterdamse woonhuis werd een ontmoetingsplaats voor kunstenaars, schrijvers en geleerden. Zijn dochters Anna en Maria Tesselschade verwierven faam als dichter en als vertaler uit het Frans en Italiaans. Het grootste deel van hun werk verscheen in de vorm van bijdragen aan bundels van collega-auteurs of was in manuscript bij privé-correspondentie gevoegd, zodat het slechts weinigen bereikte. Op een enkele gelegenheidpublicatie na zagen tijdens hun leven geen zelfstandige uitgaven het licht onder hun eigen naam. Wel bezorgde Anna een editie van haar vaders *Sinnepoppen*, aangevuld met zowel verzen als proza.

Tot de vaste bezoekers van Visschers huis hoorde ook Pieter Corneliszoon Hooft. Reeds in 1600 had hij, toen hij als jongeman een drie jaar durende grand tour maakte, vanuit Florence een op rijm gestelde brief gestuurd aan zijn medeleden van de Amsterdamse rederijkerskamer De Eglantier. Daarin wees hij eerst op de wonderbaarlijke Italiaanse prestaties op kunstgebied, zo hoog verheven boven het nog slechts beloftevolle Nederland, maar hij besloot zijn bericht met waardering voor de inspirerende rol die Spiegel en Visscher nu speelden in het literaire leven van de stad. Na zijn terugkeer naar Amsterdam ontwikkelde Hooft zich tot een prominent auteur. Zijn ongeveer vijftig sonnetten, met motieven die grotendeels op Petrarca teruggaan, gaven blijk van een niet eerder geziene combinatie van raffinement, flair en inventiviteit. Met zijn herdersspel *Granida* (1605) introduceerde hij een nieuw genre, gebaseerd op Italiaanse voorbeelden. Het liefdesverhaal sprak een jonger publiek aan, een nieuwe en lucratieve markt waarvoor gedurende de daaropvolgende decennia een groot aantal amoureuze liedboeken uitgegeven zou worden.

Hoofts tragedie *Geeraerdt van Velsen* (1613) was van een ander kaliber. Het onderwerp was ontleend aan de vaderlandse geschiedenis. Het stuk droeg bij aan de literaire canonisering van de Republiek als onafhankelijke staat maar sprak zich tevens uit over de politieke kwesties van de dag. Ook in formeel opzicht bleek het een vernieuwend werk: het was het eerste Nederlandse toneelstuk dat verwees naar de - ruim geïnterpreteerde - aristoteliaanse eenheden, waaruit blijkt dat Hooft kennis had genomen van Daniël Heinsius' theoretische werk. De populariteit van het stuk laat zich aflezen uit het feit dat diverse andere auteurs er een

17.2 Roemer Visscher en Anna Roemers Visscher, 'In de rommelingh ist vet', in: *Sinne-poppen; alle verciert met rijmen, en sommighe met proze: door zijn dochter Anna Roemers*, Amsterdam, Rijksmuseum.

vervolg op schreven, en uit de talrijke opvoeringen die het in de loop van de zeventiende eeuw beleefde.

De handeling speelt zich niet ver van Amsterdam af, in het Muiderslot, op dat moment Hoofts ambtswoning. Het verhaal draait om de onbezonnen daden van een handvol edelen die in 1296, onder aanvoering van Gerard van Velsen, samenzweren tegen de tirannieke graaf Floris v. Ze nemen hem gevangen en overleggen met elkaar wat hun nu te doen staat. Voordat ze tot een besluit komen worden ze overvallen door aanhangers van de graaf; ze vluchten en Van Velsen doodt zijn gevangene. In het stuk wordt de stem van de rede vertegenwoordigd door een van de edelen, Gysbert van Aemstel, die er onder valse voorwendselen toe gebracht is deel te nemen aan de samenzwering en ervoor pleit een rechtsgeldige manier te vinden om de dwingeland af te zetten. Zijn argumenten komen overeen met die van het verzet gedurende de eerste decennia van de Opstand, wat de meeste toeschouwers en lezers al snel zullen hebben begrepen. Op die manier legitimeerde het stuk de opkomst van de nieuwe Nederlandse staat, ook al verbeeldde het tegelijk de wrange consequenties van Van Velsens persoonlijke wrok. Net als Heinsius' *Auriacus* eindigt het werk met een lange monoloog waarin vanuit de door Van Velsens daden veroorzaakte tweedracht en opschudding vooruit wordt geblikt naar het glorieuze heden – maar met de waarschuwing dat matiging en bedachtzaamheid geboden zijn om een volgende ramp te voorkomen. In 1613, toen het Twaalfjarig Bestand al enige tijd van kracht was en de doctrinaire spanningen tussen de remonstranten en contraremonstranten al danig opliepen, was die boodschap niet mis te verstaan.

Hoofts andere grote toneelstuk, *Baeto* (1616), had weer een ander patriottisch thema, maar werd al voor de inkt droog was door de gebeurtenissen achterhaald. De naam van de titelheld verwijst naar de zogenaamde Bataafse mythe, een nationalistisch propagandaverzinsel, aangeblazen door Hugo de Groots *Tractaet vande oudtheyt vande Batavische nu Hollandsche republique*, dat in 1610 zowel in het Latijn als het Nederlands verschenen was. Daarin beweerde De Groot dat de Nederlanders afstamden van de Batavi, een Germaanse stam die in de pre-Romeinse tijd vanuit midden-Duitsland naar – om en nabij – het Hollandse grondgebied was gemigreerd. De Groot schermde ook met de anachronistische stelling dat de Batavi grondwettelijke regels kenden vergelijkbaar met die van de Republiek. Hoofts tragedie, een nadere uitwerking van een korte passage in Tacitus' *Germania*, beschrijft de lotgevallen van de nobele kroonprins Baeto die, hoewel hem ernstig onrecht is aangedaan, weigert zijn toevlucht te nemen tot geweld, zelfs als zelfverdediging, en in plaats daarvan besluit zijn vaderland te verlaten en met zijn aanhangers naar het westen te trekken, waar hij de naamgever wordt van de nieuwe natie van de Batavi. Het toneelstuk bracht dus een natiebrede oorsprongsmythe op de planken, maar was ook gericht op het hier en nu, waarbij het niet slechts ging om het advies om geen geweld te gebruiken. In een essentiële scène, kort voor het slot, staat de hoofdpriesteres namelijk haar leidende positie af aan Baeto als aanvoerder van de nieuwe natie: de wereldse macht stond boven de geestelijke; het staatshoofd verenigde de hele natie. Maar toen stadhouder Maurits van Nassau in juli 1617 openlijk de kant koos van de contraremonstranten, sloeg dat de bodem onder die loffelijke boodschap vandaan. Nog geen jaar later bezocht Maurits Amsterdam, waar te zijner ere een aantal scènes uit *Geeraerdt van Velsen* werd opgevoerd; *Baeto* werd wijselijk buiten beeld gehouden. Pas in 1626, toen Maurits al dood was, werd het stuk uitgegeven en op de planken gebracht.

De opvoeringen ter ere van Maurits in mei 1618 waren voor een deel georganiseerd door de Nederduytsche Academie. Dat was een nieuwe instelling die zich een jaar daarvoor op instigatie van Bredero, Hooft en Samuel Coster losgemaakt had van de traditioneel ingestelde rederijkerskamer De Eglantier en die een progressievere culturele koers wilde varen. De Academie stelde zich ten doel Nederlandstalig onderwijs te geven over een groot aantal onderwerpen en moderne toneelstukken op te voeren in een nieuw, speciaal ontworpen gebouw, en wel tegen betaling. Voorheen werden toneelvoorstellingen in de openlucht gespeeld en waren ze gratis toegankelijk, maar nu werd theater een binnenskamerse aangelegenheid waarvoor een toegangsprijs werd gevraagd. In de loop van de eeuw ging deze commercialisering van het toneel steeds verder. De Academie maakte die evolutie niet meer mee: zij moest al na amper een jaar haar deuren sluiten. Costers toneelstuk *Iphigenia* (1617), dat zich afspeelde in het Griekse legerkamp aan de vooravond van de Trojaanse oorlog en dus schijnbaar op veilige afstand van de Nederlandse poltiek, was niettemin zo'n duidelijke aanval op de calvinistische predikanten dat het jarenlang niet in het openbaar kon worden opgevoerd. De overwinning van de contraremonstranten in 1618-1619 bezegelde het lot van de Academie. Coster nam de pen niet meer op en Hooft wijdde zich aan geschiedschrijving.

1620-1640: publiekssuccessen en politieke bemoeienis

Jacob Cats was geboren in Zeeland en opgeleid als jurist, maar na zijn aanstelling tot pensionaris van Dordrecht en later tot raadpensionaris bracht hij een groot deel van zijn tijd door in Den Haag. Als politicus stelde hij weinig voor, maar hij was veruit de succesvolste Nederlandse schrijver van zijn tijd; van elk van zijn boeken gingen er tienduizenden over de toonbank. Naar verluidt werden van zijn *Houwelick* (1625), een pil van 800 pagina's, in ruim vijfentwintig jaar meer dan 50.000 exemplaren verkocht. De meeste van zijn andere boeken deden het even goed. Zijn verzameld werk werd in 1655 uitgegeven als *Alle de wercken* en zijn boeken werden in Duitsland en Engeland op grote schaal vertaald en nagevolgd. Zijn reputatie hield stand tot het midden van de negentiende eeuw, zakte toen in elkaar, maar steeg in de afgelopen decennia weer toen men zijn werk opnieuw ging lezen, maar nu vanuit de optiek van de ideeëngeschiedenis.

In zijn dichtwerken, die met hun jambische dreun en hun overzichtelijke herhalingen en variaties weinig veeleisend zijn, gaf Cats uitdrukking aan de heersende fatsoensnormen van zijn tijd, inclusief die betreffende liefde en het huwelijksleven. Hij liep niet te koop met zijn eruditie en gaf blijk van een onuitputtelijke inventiviteit in het bedenken van vermanende vertellingen en het trekken van morele lessen uit alledaagse gebeurtenissen. Hij was op zijn best in verklarende en verhalende gedichten maar maakte naam met een embleemboek dat het potentieel van het genre voor het eerst ten volle benutte. In deze bundel, zijn beroemdste, in 1618 voor het eerst in druk verschenen maar sinds de herziene editie van 1627 bekend als *Sinne- en minnebeelden*, kreeg elke afbeelding een toelichting mee in drie talen (Nederlands, Latijn en Frans; in de editie van 1627 kwam daar nog Engels bij), gericht op drie leeftijdsgroepen: een luchthartige amoureuze verklaring voor de jongeren, een ethische uitleg betreffende dagelijkse praktijkzaken voor lezers van middelbare leeftijd, en een contemplatieve of religieuze interpretatie voor ouderen met één voet in het graf. De formule bood evidente commerciële voordelen – een belangrijke overweging voor een boekwerk dat ontegenzeggelijk prijzig was, hoewel vele latere edities werden uitgegeven op een kleiner formaat en goedkoper papier.

Eveneens in 1618 bracht Cats een tweede embleemboek uit, *Maechden-plicht*, ditmaal met een tweetalige tekst, Latijn en Nederlands, en in de vorm van een dialoog tussen twee vrouwen. Er volgden meer werken over de relatie tussen de seksen. *Houwelick* (1625), onderverdeeld in zes afdelingen die de vrouwelijke levensloop schetsten vanaf de kinderjaren via het moederschap tot het weduwschap, beschreef de gehuwde staat, met de stereotype verdeling van verantwoordelijkheden tussen man en vrouw, als grondslag van een christelijke samenleving. *Trou-ringh* (1637) een reeks berijmde vertellingen over diverse voorstadia van het echtelijk geluk, was opgedragen aan de polyglotte (maar ongetrouwde) Anna Maria van Schurman, een van de intellectuele supertalenten van die tijd.

Naast de dichtkunst bleef het theater bij uitstek het medium om het publiek te vermaken en te beïnvloeden. Toen de rederijkerskamers in verval raakten, vond de toneelwereld een nieuwe basis in Amsterdam met de bouw van de Stadsschouwburg, een schitterend theater in klassieke stijl dat begin 1638 zijn deuren opende. Dit was de eerste speciaal voor dit doel gebouwde professionele schouwburg in de Lage Landen, met twee opvoeringen per week, betaalde acteurs en plaats voor duizend toeschouwers. Omdat met de opbrengst de Amsterdamse liefdadigheidsinstellingen werden ondersteund, had het stadsbestuur een aanzienlijk belang bij het commerciële succes van het theater, in weerwil van het verzet van orthodoxe calvinistische predikanten, die alle vormen van theater veroordeelden. De Amsterdamse Stadsschouwburg gaf een belangrijke impuls aan de productie van toneelwerken, zowel originele als vertaalde. Het eerste toneelstuk dat er werd opgevoerd, op 3 januari 1638, was *Gysbreght van Aemstel* van Joost van den Vondel.

Vondel, die al vroeg in zijn leven gold als de dichter des vaderlands, was niettemin in zekere zin een buitenstaander. Hij was van doopsgezinden huize en bekeerde zich later tot het katholicisme. Hij was de grootste toneelschrijver van zijn tijd en had drieëndertig toneelwerken op zijn naam, al bleef bijna de helft daarvan tijdens zijn leven onopgevoerd. Hoewel hij bekend stond om zijn verheven classicistische stijl, hoorde hij tot de middenstand, dreef een winkel en voelde zich niet op zijn gemak in het gezelschap van kopstukken als Pieter Corneliszoon Hooft en Constantijn Huygens. Toen hij in de twintig was, leerde hij zichzelf Latijn en na zijn vijftigste tevens Grieks.

Vondel had grote belangstelling voor het politieke en economische leven van het land, en stak zijn mening niet onder stoelen of banken. Het belangrijkste gedicht van zijn vroege carrière, 'Het lof der Zee-vaert', werd in 1623 voor het eerst gepubliceerd als opening van een cartografische atlas, *Zeespiegel*, uitgegeven door Willem Jansz Blaeu, die zich toelegde op naslagwerken voor zeelieden. Het gedicht beschrijft in bijna vijfhonderd alexandrijnen hoe een schip uitvaart naar Indië en na een succesvolle handelsmissie veilig terugkeert. Vondels thema was de ethische grondslag van handelsbetrekkingen als een eerlijk en vreedzaam bedrijf – een politieke stellingname op een moment dat in Indië Jan Pieterszoon Coen, de gouverneur van de Oost-Indische Compagnie (VOC), grof geweld gebruikte om de plaatselijke bevolking zijn wil op te leggen en concurrenten de pas af te snijden. In zijn toneelstuk *Palamedes* (1625), dat kort na de dood van prins Maurits werd uitgegeven, richtte Vondel zijn pijlen op de contraremonstranten, die hij verantwoordelijk hield voor de executie van Oldenbarnevelt in 1619. Hoewel hij, net als Coster vóór hem, de handeling in het oude Griekenland had gesitueerd, liep hij een boete op en werd het stuk verboden, maar de gebrekkige censuur in een gedecentraliseerd land kon verscheidene herdrukken niet voorkomen. Vondel bleef de steile calvinistische predikanten en magistraten bestoken met venijnige satires als *Roskam* (1626) en *Harpoen* (1630).

Halverwege de jaren 1630 had Vondel drie originele theaterwerken geschreven en een aantal toneelstukken van Seneca en Hugo de Groot uit het Latijn vertaald. Van de vele stukken die nog volgden springen er drie in het oog: *Gysbreght van Aemstel* (1637), zijn populairste werk; *Lucifer* (1654), het meest ambitieuze; en *Jeptha* (1659), zijn modeltragedie. *Gysbreght van Aemstel* was een vervolg op het verhaal van Hoofts *Geeraerdt van Velsen* en toont hoe Van Aemstel na zijn terugkeer uit ballingschap wordt belegerd in zijn stad Amsterdam door een leger dat hem nog altijd vijandig gezind is. Nadat de stad is ingenomen met behulp van een list die geënt is op het voorbeeld van het Trojaanse paard wordt ze verwoest en zien Van Aemstel en zijn gezin zich gedwongen opnieuw te vluchten. De taal en de dramatiek van het stuk waren opmerkelijk, en dat gold evenzeer voor de intertekstuele referenties en de symboliek die Vondel in zijn verzen stopte. Het Trojaanse paard en Van Aemstels vlucht (op aandringen van de engel Rafaël) waren reminiscenties aan Vergilius' *Aeneis*, en Vondel werkte deze parallel vrij gedetailleerd uit. Hij versterkte de epische grandeur nog door Kerstmis en de kindermoord te Bethlehem in het stuk op te nemen, omdat de tragische ondergang van Amsterdam juist op kerstavond plaatsvindt; het stuk zou namelijk op 24 december 1637 zijn eerste opvoering beleefd hebben, ware het niet dat de première werd uitgesteld op grond van de vermeende katholieke ondertoon. De combinatie van klassieke en christelijke voorbeelden, de belofte dat ondanks de huidige ramp een grootse toekomst in het verschiet ligt en de kracht van Vondels taal maakten *Gysbreght van Aemstel* tot het succesvolste toneelstuk van de eeuw, een lofzang op Amsterdam op het eigen podium van de stad.

1640-1670: populaire en elitaire literatuur

Omstreeks of kort na de tijd dat hij *Gysbreght van Aemstel* schreef, leerde Vondel Oud-Grieks, vertaalde hij Sophocles en begon zich in zijn theateropvattingen veeleer op Aristoteles dan op Seneca te richten. Het spectaculairste resultaat van deze heroriëntatie was *Lucifer*, een toneelstuk over de eerste catastrofe in de geschiedenis van het universum, met engelen als hoofdpersonen en de hemel als decor, en met – in zijn gedrukte versie – een opdracht aan keizer Ferdinand III, in Vondels ogen de aanvoerder van de gehele christelijke wereld in de strijd tegen de alleszins reële dreiging van het Ottomaanse Rijk. Het stuk gaat over Gods besluit om de bestaande orde der dingen te veranderen, Lucifers weifeling tussen trouw en gekwetste trots wanneer zijn bevoorrechte positie ondermijnd wordt, en zijn noodlottige rebellie, eindigend in een onvermijdelijke nederlaag en Lucifers transformatie tot een monsterlijke duivel. Over de theologische en politieke complicaties van Lucifers opstand tegen een kennelijk absolutistische God bestaat tot op de dag van vandaag verschil van mening. Na slechts twee opvoeringen werd *Lucifer* van het Amsterdamse podium afgevoerd omdat de kerkenraad bezwaar maakte tegen de hemel als plaats van handeling. Desondanks beleefde het stuk, zoals te voorzien was, binnen een jaar vijf drukken.

Uit de wijze waarop *Jeptha* vijf jaar later werd ontvangen valt af te leiden dat Vondels classicisme grote toneelstukken kon opleveren die het publiek echter koud lieten. De hoofdpersoon van dit aan de Bijbel ontleende verhaal is Jeptha, die tijdens een veldslag, op een kritiek moment, God belooft in ruil voor de overwinning het eerste te offeren wat hem bij zijn thuiskomst tegemoet treedt. Dat blijkt kort daarop zijn dochter te zijn. Schilderijen met dit onderwerp verbeelden zonder uitzondering het dramatische moment waarop de met ontzetting geslagen Jeptha zijn dochter in het oog krijgt en beseft wat hij heeft gedaan. Het getuigt van Vondels durf als dramaturg dat hij, om zowel het Bijbelse woord als de aristoteliaanse eenheden recht te doen, deze schok van herkenning zonder meer opzij zette, het tijdstip van de handeling verschoof tot twee maanden na de noodlottige ontmoeting, en zich concentreerde op Jeptha's beproeving en zijn wanhopige pogingen tot zelfrechtvaardiging in de uren voorafgaand aan het eigenlijke offer, wanneer hij weigert zijn strikt persoonlijke – en uiteindelijk illusoire – verstandhouding met God te ruilen voor een maatschappelijk aanvaardbaar offer.

In de gedrukte editie van *Jeptha* werd de tekst voorafgegaan door een lange theoretische uiteenzetting. Op het Amsterdamse podium moest *Jeptha* het afleggen tegen het visueel spektakel van toneelschrijvers als Jan Vos, die ruimhartig gebruikmaakten van de vernuftige toneelmachinerieën in de nieuwe stadsschouwburg. Deze stukken waren veelal ontleend aan contemporaine Franse en Spaanse bronnen, en werden gekenmerkt door gecompliceerde intriges, sensationele plotwendingen en veel bloedvergieten. Hun succes bij het grote publiek maakte dat Vondel met zijn classicisme alleen kwam te staan, en hun positie in het repertoire werd zo dominant dat de schouwburg in 1664 werd verbouwd om plaats te bieden aan de apparatuur die nodig was om al dat kunst- en vliegwerk te realiseren. Tegen het eind van de jaren 1660 begonnen toneelschrijvers die in deze trant werkten hun praktijk ook te onderbouwen met theoretische geschriften.

De spektakelstukken met moord en doodslag op de Amsterdamse planken hadden een pendant in het populair verhalend proza. Vanaf het midden van de eeuw verschenen er steeds meer romans, veelal vertaald uit het Frans, met kleurrijke avonturenverhalen of amoureuze intriges. Een apart, maar commercieel zeer succesvol prozagenre waren reisverhalen, in het bijzonder verslagen van zeereizen naar verre landen. Dergelijke geschriften werden al sinds het eind van de voorgaande eeuw gepubliceerd. Het relaas van Gerrit de Veer over drie opeenvolgende maar vruchteloze expedities met het doel een noordoostelijke doorgang naar China te vinden, waarvan de laatste was geëindigd met de beroemde overwintering op Nova Zembla, was in 1598 in druk verschenen en buitengewoon goed verkocht. Maar geen reisverhaal bereikte zoveel lezers als het *Journael ofte gedenckwaerdige beschryvinghe van de Oost-Indische reyse* van Willem Ysbrandtszoon Bontekoe. Het boek verscheen in 1646, twintig jaar nadat Bontekoe was teruggekeerd van zijn reizen naar Oost-Indië en langs de zuidkust van China, en in deze door de uitgever grondig herschreven versie trad de VOC-schipper naar voren als een vindingrijke christelijke held.

Waar de gemiddelde lezer zich makkelijk kon vereenzelvigen met de hoofdpersoon van Bontekoe's *Journael*, bevond de dichtkunst van de aristocraat Constantijn Huygens, gedurende meer dan een halve eeuw de privésecretaris van diverse prinsen van Oranje, zich aan het andere uiteinde van het sociale spectrum. Huygens, een polyglot met vele talenten en een voorliefde voor taalspelletjes, had al van jongs af aan gedichten geschreven. Dit was poëzie voor lezers uit de elite. Een lang gedicht, 'Dagh-werck', dat in 1638 onvoltooid bleef, bleek zo hermetisch dat hij het voorzag van een toelichting in proza. Zijn eerste omvangrijke bundel, *Otia* (Vrije tijd, 1625), omvatte gedichten in het Latijn, Frans, Italiaans en Nederlands. Ondanks het kosmopolitische karakter van het boek verwerkte Huygens in sommige Nederlandse gedichten milde satirische beschrijvingen van zijn directe omgeving in Den

Haag, terwijl hij in andere de lof zong van Nederlandse locaties en bedrijvigheden. Pas in de jaren 1640 begon er meer werk van zijn hand in druk te verschijnen: eerst de Latijnse poëzie, gebundeld in *Momenta desultoria* (Vluchtige ogenblikken, 1644), en vervolgens twee kortere werken in het Nederlands. De Nederlandstalige gedichten zouden uiteindelijk worden gebundeld in *Korenbloemen* (1658). Deze titels mochten dan de schijn wekken dat literatuur voor Huygens niet veel meer was dan een tijdspassering naast zijn officiële taken als diplomaat en overheidsdienaar, ze lieten tevens zien met hoeveel zorg hij zijn imago cultiveerde (Afb. 17.3).

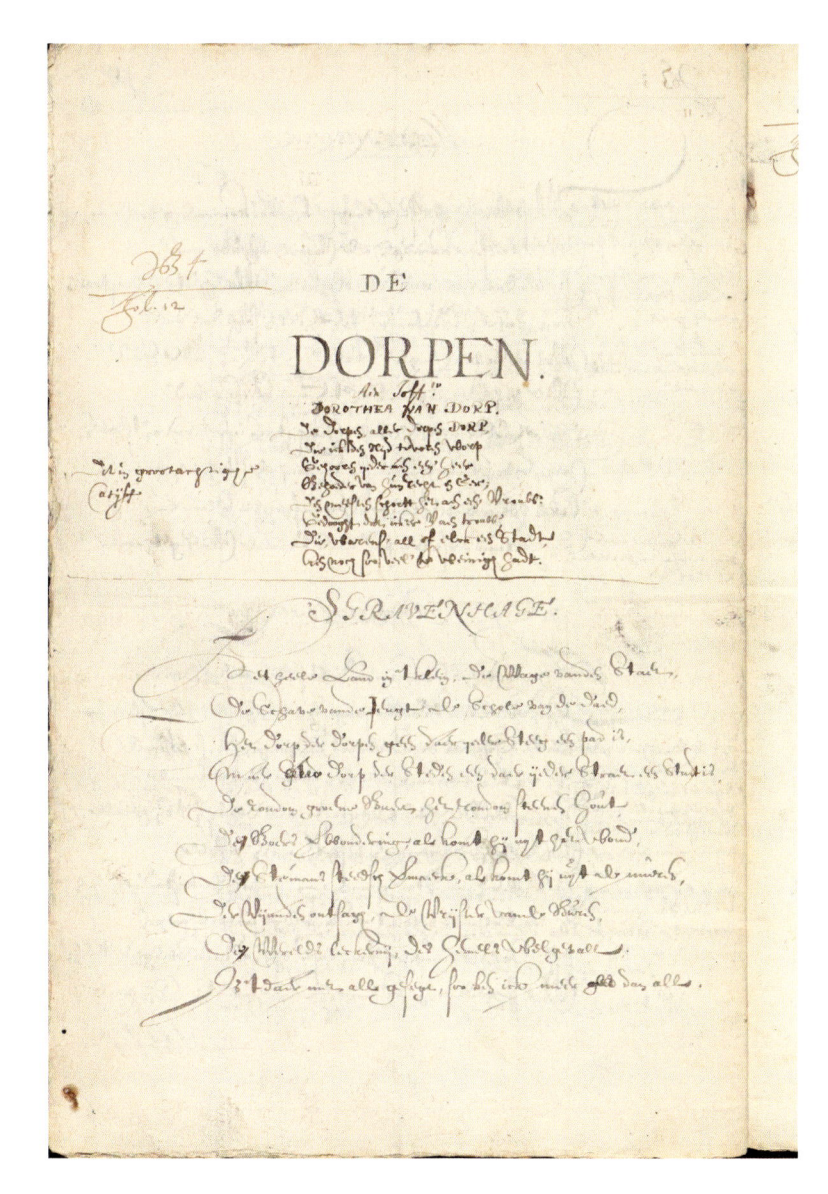

17.3 Constantijn Huygens, *De Dorpen en Stedestemmen*, 1624, Den Haag, Koninklijke Bibliotheek.

Hoewel Huygens goed onderlegd was in een ruim aantal vakgebieden en een omvangrijke internationale briefwisseling onderhield, gingen veel van zijn gedichten over privéaangelegenheden. Zo gaf het bescheiden bundeltje *Heilighe daghen* (1645), dat slechts negen sonnetten bevat, alle geschreven omstreeks nieuwjaarsdag 1645, uiting aan zijn intens religieuze levensbeschouwing. Elk gedicht is een opeenstapeling van paradoxen en complexe gevoelens van kwetsbaarheid en schuldbesef, geformuleerd in compacte taal die bol staat van woordspelingen. Waar Jacob Cats gevestigde waarden de revue liet passeren in drammerige verzen, verpakte Huygens het hoogstpersoonlijke in een minimum aan woorden.

De voorkeur voor directe en soms ironische observatie van alledaagse toneeltjes en persoonlijke aspiraties was ook kenmerkend voor de erudiete koopman Jan Six van Chandelier (Afb. 17.4). Het schijnbaar pretentieloze maar zorgvuldig verwoorde realisme van zijn gedichten, die verschenen onder de simpele titel *Poësy* (1657), kan gezien worden als het tegendeel van Vondels hooggespannen pathos. Six lijkt geen contact gehad te hebben met de literaire netwerken van zijn tijd, en zijn werk bleef tot het einde van de vorige eeuw grotendeels onopgemerkt. Nog nuchterder was het werk van Willem Godschalck van Focquenbroch, die vooral talent had voor het burleske en parodistische; zijn eerste bundel, *Thalia* (1665), vernoemd naar de muze van de komedie, was opgedragen aan een aap. Zijn nihilistische humor viel destijds vooral bij een jonger publiek in goede aarde, werd in de achttiende eeuw van de hand gewezen als te grof, en pas na de Tweede Wereldoorlog herontdekt. De verzen die Catharina Questiers en Cornelia van der Veer met elkaar uitwisselden waren wellicht conventioneler, maar gingen eveneens over alledaagse onderwerpen. Hun bundel *Lauwer-stryt* (1665) bevat bijdragen van verschillende schrijvers uit hun sociale omgeving, maar de kern van het boek wordt gevormd door een reeks met elkaar verbonden gedichten en antwoorden waar beide vrouwen staande houden dat de lauwerkrans aan de ander toekomt. Het is typerend dat de meeste andere gedichten van deze twee vrouwen verspreid werden gepubliceerd in diverse verzamelbundels.

1670-1700: de aanzet tot het neoclassicisme

Kort na het verschijnen van *Lauwer-stryt* trad Catharina Questiers in het huwelijk en hield zij op met schrijven. Tien jaar daarvoor had ze berijmde versies van twee Spaanse toneelstukken gemaakt, die in de Amsterdamse Stadsschouwburg waren opgevoerd. Cornelia van der Veer wisselde later gedichten uit met een andere vrouwelijke auteur, Katharina Lescailje, die minstens zeven toneelstukken uit het Frans vertaalde en bewerkte. De relatief grote hoeveelheid bewerkingen van buitenlandse, voornamelijk Spaanse en Franse toneelstukken wijst er niet alleen op dat vertalen gold als een gepaste bezigheid voor vrouwen met literaire ambities maar was ook kenmerkend voor de theaterpraktijk in de laatste decennia van de eeuw.

17.4 Jan Six van Chandelier, *Pamflet van de 'Staert-Sterre'*, 1664, Amsterdam, Allard Pierson, Universiteit van Amsterdam.

Jan Vos had al kritiek geuit op Vondels classicisme. Hij kreeg steun van Thomas Asselijn, die eveneens verklaarde dat hij niet bereid was zich te onderwerpen aan theoretische regels en zich daarentegen sterk maakte voor de onverbloemde uitbeelding van de rauwe realiteit. Zijn *Op- en ondergang van Mas Anjello* (1668) over het volksoproer in Napels van 1647 was een toneelstuk vol uitzinnige razernij en bloedvergieten.

Maar er waren nog meer veranderingen op til die het gezag van de klassieken, die voor Vondel zoveel betekenden, verder aantastten – zij het vanuit een heel andere hoek. Lodewijk Meyer, die grote belangstelling had voor taalkwesties en rationele filosofie, Descartes had gelezen en bevriend was met Spinoza, was op de hoogte van de herinterpretatie van Aristoteles die Pierre Corneille had gepubliceerd met zijn beroemde drie discoursen uit 1666, en schreef verscheidene toneelstukken in navolging van Corneille. In 1669 was Meyer een van de oprichters van een select genootschap dat zich tooide met het motto 'Nil Volentibus Arduum' (niets is moeilijk voor hen die willen). De leden van het genootschap stelden zich ten doel de kwaliteit van het Nederlandse toneel te verbeteren door hierop de principes van Corneilles Franse neoclassicisme toe te passen, waarin de nadruk lag op orde, helderheid, fatsoen en waarschijnlijkheid. Ze beschouwden Vondels classicisme als afgedaan en ze keken neer op het sensationalisme van schrijvers als Vos en Asselijn. Hun geliefde uitdrukkingsmiddelen waren de kritiek en de polemiek.

Het resultaat was een opmerkelijke aaneenschakeling van felle pennentwisten, waarin het genootschap steeds weer een door een andere toneelschrijver uitgebracht werk in diskrediet bracht door razendsnel een eigen concurrerende versie uit te brengen, voorzien van een laatdunkende inleiding waarin gedetailleerd werd uitgelegd welke veranderingen nodig waren geweest om te voldoen aan de vereiste neoklassieke maatstaven. Door anderen gemaakte vertalingen leidden eveneens tot alternatieve vertalingen van het genootschap. Deze stellingname werd aangescherpt tijdens wekelijkse bijeenkomsten, waar individuele leden het woord voerden over theoretische aspecten van het toneel; ongeveer veertig van deze verhandelingen werden later uitgegeven (maar pas in 1765), de uitvoerigste poëtica uit de vroegmoderne Nederlanden. Toen de Amsterdamse schouwburg in 1677 na een sluiting van zes jaar zijn deuren opnieuw opende, had Nil Volentibus Arduum het pleit gewonnen. Het genootschap nam de leiding van de schouwburg over en Andries Pels, de drijvende kracht, bracht twee theoretische werken uit waarin hij de principes beschreef van een toneelpraktijk die ernaar streefde waardig, opbouwend en onomstreden te zijn. Hiermee deed een nieuwe esthetiek haar intrede. Het neoclassicisme zou tot ver in de achttiende eeuw de dominante stroming blijven op het Amsterdamse podium.

Noten

1. R. Ryckaert, *De Antwerpse spelen van 1561 naar de editie Silvius (Antwerpen 1562) uitgegeven met inleiding, annotaties en registers*, 2 dln., Gent, 2011, dl. I, p. 39.
2. Zie ook hoofdstuk 8.
3. W.A.P. Smit, 'Het Nederlandse Renaissance-toneel als probleem en taak voor de literatuurhistorie', in *Mededeelingen der Koninklijke Nederlandsche Akademie van Wetenschappen Afdeeling Letterkunde* 27 (1964), pp. 167-210.
4. E.K. Grootes, 'De bestudering van populaire literatuur uit de zeventiende eeuw', in *Spektator* 12 (1982-1983), pp. 3-24.

18
Het Hollands classicisme in Europa

STIJN BUSSELS

Op het eerste gezicht lijken de Gouden Eeuw en het classicisme geen voor de hand liggende combinatie. Van alle kunst die tijdens de zeventiende eeuw werd vervaardigd in de Republiek krijgen de werken die de lof zingen van het alledaagse de meeste aandacht. Bijbelse en mythologische onderwerpen worden geïnterpreteerd als huiselijke genrestukken of worden overvleugeld door geschilderde stillevens, landschappen en zeegezichten. Het classicisme grijpt daarentegen terug op de Grieks-Romeinse oudheid en streeft naar eenvoud en harmonie, maar ook naar monumentaliteit en grandeur. Dat alles staat ver af van het leven van alledag dat zo veelvuldig is vereeuwigd door de schilders van de Republiek.*

Bij het overwicht van het dagelijks leven in de kunst van de Gouden Eeuw moeten echter enige kanttekeningen worden geplaatst. In werkelijkheid was de Grieks-Romeinse oudheid een belangrijke invloed in de zeventiende-eeuwse Republiek, waarnaast de afbeeldingen van het dagelijks leven in de schilderkunst, architectuur en het theater dikwijls in de schaduw vielen. Een van de opmerkelijkste voorbeelden van dit classicisme is Huis ten Bosch, dat omstreeks het midden van de eeuw door Pieter Post werd ontworpen als zomerverblijf voor Amalia van Solms, de echtgenote van stadhouder Frederik Hendrik (Afb. 18.1).[1] Het gebouw werd zowel in binnen- als buitenland geprezen en verleende het huis van Oranje een welhaast koninklijke aura. De Engelse gezant Samuel Pepys stelde dat de centrale ruimte, die de Oranjezaal wordt genoemd, het indrukwekkendste beschilderde vertrek was dat hij ooit had gezien. De ruimte, die de vorm heeft van een Grieks kruis met verkorte armen, verraadt Posts belangstelling voor het werk van Italiaanse architecten als Palladio en Scamozzi, die op hun beurt de Romeinse architectuurverhandeling van Vitruvius als leidraad hanteerden.

De Oranjezaal wordt gedomineerd door dertig monumentale schilderijen die via historische, allegorische en mythologische onderwerpen het leven van Frederik Hendrik luister bijzetten. Pieter de Grebber, Gerard van Honthorst en Salomon de

---

* Dit hoofdstuk is het resultaat van onderzoek dat is verricht in het kader van het ERC Starting Grant programma, 'Elevated Minds: The Sublime in the Public Arts in Seventeenth-Century Paris and Amsterdam'. Ik wil graag Caroline van Eck, Art Di Furia, Mieke Kolk, Koen Ottenheym en Bram van Oostveldt bedanken voor hun commentaar op eerdere versies.

18.1 Jan Matthysz naar Pieter Jansz. Post, *Dwarsdoorsnede van Huis ten Bosch*, 1655, Amsterdam, Rijksmuseum.

Bray hoorden tot de schilders die hier in opdracht werkten (Afb. 16.1). Hoewel sommige van deze kunstenaars ons nu misschien obscuur voorkomen, vooral vergeleken met Rembrandt, Vermeer, Steen en Hals, werden ze indertijd allen beschouwd als eminente kunstenaars. Hun werken voor de Oranjezaal werden voorzien van een bescheiden lijst en gearrangeerd tot een visueel geheel dat toeschouwers de indruk gaf dat ze ruimte en tijd deelden met de goden, helden en allegorische figuren die op de hen omringende wanden waren afgebeeld.

De bezoekers werden echter niet aangespoord om zich volledig onder te dompelen in dromen van een ver verleden, omdat de ontzagwekkende ruimte hen ook moest doen denken aan de Oranjes uit hun eigen heden en verleden. De zaal moest hen ervan doordringen dat de Republiek dankzij het wijze en bekwame leiderschap van de Oranjes een economische, wetenschappelijke en artistieke bloei doormaakte die vergelijkbaar was met de voorspoedigste perioden uit de oudheid. Behalve de Oranjes verleenden ook de stadsbesturen opdrachten voor kunst en architectuur die verwezen naar de Grieks-Romeinse tijd en een vergelijkbare politieke agenda dienden. Zo ontstonden verscheidene indrukwekkende gebouwen met grootse schilde-

18.2 Gerard van Honthorst, *Amalia en haar dochters*, ca. 1650-1660, Den Haag, Koninklijke Verzamelingen.

rijen, om de welvaart te benadrukken die mogelijk was gemaakt door de kundige bestuurders.

Afgezien van het politieke belang van deze verwijzingen naar de oudheid maakt de Oranjezaal duidelijk dat bij zulke grote projecten zelden werd gestreefd naar een strikt uniforme stijl. Schilderijen die kunsthistorici nu zouden kwalificeren als 'classicistisch' op grond van hun evenwichtige compositie, levendige kleuren en helder uitgebeelde handeling hangen zij aan zij met een 'barok' meesterwerk van Jacob Jordaens, waarop Frederik Hendrik is afgebeeld als een Romeinse *triumphator* (Afb. 18.3). Anders dan het overgrote deel van de schilderijen in het vertrek wordt dit doek gekenmerkt door een uitbundig kleurgebruik, heterogene figuren en een intens dynamische compositie. Dat zulke sterk verschillende werken naast elkaar werden gehangen accentueert een van de belangrijkste kwesties rondom het gebruik van de termen 'classicistisch' en 'barok'. In de zeventiende eeuw werd daartussen eigenlijk weinig onderscheid gemaakt, en bovendien gingen deze beide stijlen hier in elkaar op in een grootse en overweldigende omgeving. Daarin konden de hier beschreven schilderijen worden opgevat als een immense *trompe-l'oeil*.

Zowel binnen de kunstgeschiedenis als de architectuur- en theatergeschiedenis van de zeventiende-eeuwse Republiek hanteren onderzoekers tegenwoordig vastomlijnde criteria voor de formele analyse van overgeleverde kunstwerken, gebouwen en toneelstukken. In tegenstelling tot de Oranjezaal en waarnemers als Pepys pogen ze het verschil aan te geven tussen classicisme en – onder meer – barok. Het concept classicisme is daarom evenzeer een moderne uitvinding als een historisch fenomeen. Dit heeft ertoe geleid dat er tussen de verschillende disciplines een grote variatie bestaat in de toepassing van de term 'classicisme'. Kunsthistorici laten deze periode beginnen met de schilderijen van Hendrik Goltzius en eindigen met die van Gerard de Lairesse.[2] De classicistische periode omspant dan meer dan een eeuw. Architectuurhistorici hanteren echter een nauwere afbakening van tijd en ruimte en leggen de nadruk op de ontwerpen en gebouwen van Jacob van Campen en zijn omgeving, die stammen uit de periode tussen 1630 en 1680.[3] Dit definiëren zij als 'Hollands classicisme'. Theaterwetenschappers geven op hun beurt de voorkeur aan de term 'Frans classicisme' en richten zich op het laatste kwart van de zeventiende eeuw, met andere woorden, het tijdperk waarin strikte interpretaties van de *Poetica* van Aristoteles en Horatius door Franse toneelschrijvers en -theoretici, zoals Pierre Corneille en François Hedelin d'Aubignac, ingang vonden in de Republiek via het literaire genootschap Nil Volentibus Arduum.[4]

Buiten het Nederlandse taalgebied is de laatste paar decennia binnen de wetenschap een steeds scherper bewustzijn gerezen dat classicisme kan worden bezien als een brede intellectuele beweging die zich oriënteerde op de klassieken bij haar zoektocht naar een principe van waaruit kunst, architectuur en theater konden worden bediscussieerd, geëvalueerd, geprezen of veroordeeld.[5] Deze zoektocht culmineerde in de *Querelle des anciens et des modernes* die in 1687 uitbrak in Frankrijk

18.3 Jacob Jordaens, *Frederik Hendrik als Romeinse overwinnaar*, 1650-1660, Den Haag, Koninklijke verzamelingen.

en waarbij het twistpunt was of de prestaties van de zeventiende eeuw die van de oudheid overtroffen. *Modernes*, zoals Charles Perrault, brachten Lodewijk XIV hulde door deze vraag positief te beantwoorden en stimuleerden daarmee de magnifieke artistieke, theatrale en architectonische projecten van de koning; *anciens*, zoals Nicolas Boileau, waren de tegenovergestelde mening toegedaan. In later historisch onderzoek werden de *anciens* daarom beschouwd als 'classicisten'. Zij waren degenen die het verre verleden superieur achtten aan hun eigen tijd en de uit de oudheid overgeleverde regels respecteerden. Daarentegen heeft recent onderzoek de *Querelle* zelf als 'classicistisch' bestempeld. Als geheel maakt dit debat alleen maar aanschouwelijk hoezeer de klassieke wereld een centrale plaats toekomt als cultureel oriëntatiepunt.

Parallel aan het recente onderzoek naar de *Querelle* beschouwen we in dit hoofdstuk de zeventiende-eeuwse discussies over kunst, architectuur en theater in de Republiek als 'classicistisch', omdat het centrale punt in deze discussies de vraag was in hoeverre de klassieken bruikbare maatstaven hadden nagelaten waarmee kunst gecreëerd en geëvalueerd kon worden. Deze discussies waren minstens zo veelvuldig als in Frankrijk en waren het resultaat van internationale uitwisselingen die weer te danken waren aan intens reisverkeer en briefwisselingen. Ze concentreren zich op de meest uiteenlopende onderwerpen, zoals de creativiteit in het hanteren van de klassieke orden (de kenmerkende proporties en stijlelementen van de Griekse en Romeinse architectuur), de voorkeur voor imitatie van de klassieken, in tegenstelling tot die van de natuur, en de zin van de klassieke kritiek aangaande de visualisering en verbeelding van geweld. In de Republiek waren deze debatten zelfs aan het begin van de Gouden Eeuw al ongemeen fel.

De Republiek en de klassieke oudheid

Er vielen in de Republiek geen volwaardige gebouwen uit de klassieke oudheid te bewonderen en tot aan de achttiende eeuw waren er nauwelijks voorbeelden van klassieke beeldhouwkunst. Nederlandse architecten en kunstenaars die zich wilden verdiepen in de stijl van de klassieken moesten zich tevredenstellen met prenten van gebouwen en beeldhouwwerken uit de oudheid of een culturele pelgrimage naar het zuiden ondernemen. Gelijktijdig met deze artistieke ontdekking van de esthetiek van de oudheid, en deels in dialoog daarmee, kwam er een theoretisch en filologisch debat op gang over de vraag hoe normen en praktijken uit de oudheid opgevat en toegepast moesten worden. Net als in andere Europese landen werden er in de Republiek uitvoerige discussies gevoerd over de kwestie welke van de klassieke auteurs als gezaghebbend beschouwd konden worden. Daarbij telde niet zozeer welke klassieken het belangrijkst waren in hun eigen tijd (wat de manier is waarop wij normaal gesproken naar geschiedenis kijken), maar hoe relevant ze waren voor de nieuwe tijd. De vraag of de oudheid het recht had om voort te bestaan in de moderne tijd ging gepaard met een andere kwestie, die het logische gedachtepatroon op zijn kop zette: wie van de modernen kon zich meten met de klassieken? De zeventiende-eeuwse architecten, kunstenaars en schrijvers trachtten dus hun legitimiteit te bevestigen door zich te beroepen op hun klassieke voorgangers.

Ook in de vroege zeventiende eeuw werden auteurs uit de oudheid al aangegrepen als excuus om te breken met de kunst van de voorgaande generatie – met de rijkversierde architectuur van Lieven de Key, de felgekleurde altaarstukken en gespierde figuren op de schilderijen van Cornelis van Haarlem, en de toneelstukken van de rederijkers, die wemelden van complexe allegorieën en plotwendingen. De jongere generatie verweet haar voorgangers dat ze zowel in woord als in beeld al te zeer gepreoccupeerd waren met overbodigheden, wat het hun onmogelijk maakte om de juiste verhoudingen en helderheid te bereiken. Deze beschuldigingen zetten een vernieuwingsbeweging in gang die behalve voor de *trompe-l'oeil* van de Oranjezaal ook het pad effende voor onder meer het door Jacob van Campen ontworpen Amsterdamse stadhuis en tragedies als Vondels *Lucifer*. Tegelijkertijd maakt de wijze waarop de klassieke auteurs werden waargenomen het voor ons mogelijk om werken te evalueren die we op grond van een formele analyse nooit als classicistisch zouden beschouwen – zoals het bloeddorstige toneelstuk *Aran en Titus* (1641) van Jan Vos of de opvallend realistische naakten van Rembrandt. Deze werken werden op grond van klassieke teksten herhaaldelijk veroordeeld, maar ook hartstochtelijk verdedigd.

Naast de vraag welke klassieke teksten het relevantst waren voor de moderne tijd stond ter discussie hoe ze het best benut konden worden voor het ontwikkelen van maatstaven waarmee kunst gecreëerd en geëvalueerd kon worden. Dit geldt zelfs voor de grootste meesterwerken van de Gouden Eeuw, zoals Vondels tragedies, Rembrandts schilderijen en etsen, en de gebouwen van Van Campen. In de zeventiende eeuw rees de vraag hoe kundig kunstenaars als Vondel, Rembrandt en Van Campen omgingen met de klassieken, of hen wellicht overtroffen. Die vraag werd bijna nooit eensluidend beantwoord: de juiste toepassing van de regels bleef altijd onderwerp van discussie, en dientengevolge bleven die regels verre van definitief. Net zoals klassieke teksten doorgaans op talloze verschillende manieren werden geïnterpreteerd, beriep men zich nu op het gezag van allerhande klassieke auteurs.

Imitatie of verkettering

Al aan het begin van de zestiende eeuw spoorde Erasmus zijn tijdgenoten aan om zo veel mogelijk werk van de klassieke schrijvers te lezen, en waarschuwde hen er tegelijkertijd voor die al te letterlijk na te volgen. Hij wees erop dat het nodig was om hun werk aan te passen zodat er in de moderne tijd zo goed mogelijk gebruik van kon worden gemaakt. Erasmus uitte felle kritiek op de zogeheten ciceronianen – een groep orthodoxe humanisten die rigoureus vasthielden aan het Latijn van Cicero – omdat het Latijn daardoor een dode taal zou worden die niet langer geschikt was voor het uitdrukken van moderne gedachten.[6] Om uit te leggen hoe de klassieken nagevolgd zouden moeten worden gaf hij daarom een genuanceerde definitie van het concept *imitatio*.

Imitatio volgens Erasmus is allesbehalve slaafse navolging. Degenen die geschriften uit de oudheid als inspiratiebron gebruikten dienden altijd rekening te houden met de mate waarin de wereld was veranderd. Erasmus voerde aan dat het vrijwel onmogelijk was om in de taal van Cicero over het christelijk geloof te spreken, om de heel eenvoudige reden dat de Romeinse redenaar al dood was toen Christus geboren werd. Als Cicero in een latere tijd had geleefd, had hij zijn vocabulaire ongetwijfeld aangepast. Een dergelijke visie op *imitatio* hield het midden tussen twee tegenovergestelde standpunten. Aan het ene eind van het spectrum stonden degenen die in hun orthodoxe imitatie van de klassieken de moderne wereld bewust negeerden, of zelfs compleet buitensloten. Daartegenover stonden degenen die een onwankelbaar geloof in de moderne tijd koesterden.

Hoewel de Gouden Eeuw werd gekenmerkt door voortdurende compromissen tussen deze beide uitersten, is het verrassend om te zien hoe vaak men getuigde van een geloof in de moderne tijd. Auteurs van de meest uiteenlopende pluimage, zoals Hugo de Groot, Constantijn Huygens en Jan Vos, schreven dat de tegenwoordige tijd de oudheid overtrof, op grond van de vooruitgang die was geboekt bij het benutten en verbeteren van de prestaties van de klassieken. Moderne uitvindingen als de lens, het buskruit, het kompas en de drukpers leverden overtuigend bewijs hiervoor. De populaire toneelschrijver en theatermaker Vos lag in toenemende mate onder vuur omdat hij alleen maar bloeddorstige spektakelstukken opvoerde, maar tegelijkertijd blijkt uit zijn expliciete verwijzing naar René Descartes in het voorwoord bij *Medea* dat hij zich scherp bewust was van de actuele wetenschappelijke ontwikkelingen. Vos beschouwde Descartes als de voorbode van een geheel nieuwe tijd, en vond het een prettige gedachte dat deze intussen meer volgelingen had dan Aristoteles.[7] Desondanks ging Vos niet totaal voorbij aan de klassieke geschriften, maar besloot ze te analyseren om te kijken of er in de huidige context gebruik gemaakt van kon worden. De zoektocht naar hun blijvend nut werd gedreven door Vos' historisch besef en door zijn bewustzijn van de essentiële verschillen tussen de oudheid en zijn eigen tijd.

Erasmus' genuanceerde interpretatie van het concept *imitatio* maakte dus de weg vrij voor de discussies over de relatie tussen de oudheid en de moderne tijd die een eeuw later hun volle complexiteit bereikten. Een andere term die Erasmus besprak was het religieuze concept 'ketterij'. Met enige spot belichtte de geleerde het feit dat de ciceronianen zich de term 'ketterij' hadden toegeëigend en die in een literaire context gebruikten als kwalificatie van auteurs wier werk afweek van de strikte voorschriften waaraan imitatie onderworpen was.[8] Zulke afwijkingen wekten vooral de woede op van de orthodoxe humanisten, die schrijvers die weigerden zich te houden aan hun conventies overlaadden met bittere verwijten. Door zich de term 'ketterij' toe te eigenen kregen ze dus de mogelijkheid om algemene regels te formuleren waarmee alle vormen van afwijking onomwonden veroordeeld konden worden. Hoewel Erasmus de spot dreef met de ciceronianen wegens hun gebruik van deze zeer beladen term, erkende hij ook dat sommigen het als een eer beschouwden om tot 'ketter' bestempeld te worden. Degenen die zich niet wensten te houden aan de gangbare regels waren er trots op om op deze wijze gestigmatiseerd te worden.

Classicisme in de architectuur

Het is opmerkelijk hoe veelvuldig de term 'ketterij' werd gebruikt in de Nederlanden. Het begrip, aanvankelijk een vernietigend scheldwoord waarmee protestanten werden aangeduid, werd algauw overgenomen door de protestanten zelf, met al evenveel verregaande consequenties. Het is daarom heel verrassend om te zien hoe de term al zeer vroeg in de Gouden Eeuw werd overgenomen en toegepast in discussies over kunst. Karel van Mander gebruikte het woord in zijn beschrijvingen van diverse bouwstijlen. In zijn *Schilder-Boeck* van 1604 beschreef de vader van de Nederlandse kunstgeschiedenis de architectuur in de Nederlanden, zoals de pas voltooide Vleeshal van Lieven de Key in Haarlem uit 1603, als een aanwijzing 'dat metter tijdt in de Metselrije een groote Ketterije onder hun ghecomen is, met eenen hoop raserije van cieraten, [...] seer walghelijck om aen te sien' (Afb. 18.4).[9]

Van Mander bespreekt De Keys 'Ketterije' in de context van de klassieke architectonische voorschriften en Italiaanse bouwstijlen, en komt op deze wijze tot een genuanceerd beeld van de correcte vorm van *imitatio*.[10] De Haarlemse connaisseur veroordeelde De Key tevens wegens zijn vele varianten op de klassieke zuilenorden en de fragmentatie ervan. De versierde gevelspitsen van de Vleeshal, die rijkelijk waren voorzien van rolwerk en obelisken waren hem een doorn in het oog, omdat ze te zeer afweken van het Grieks-Romeinse model. Daarentegen prees Van Mander de stijl van Italiaanse architecten die een zorgvuldige studie hadden gemaakt van gebouwen uit de oudheid, maar hen niet slaafs imiteerden. Hij noemt Michelangelo direct na Vitruvius, en stelt dat de Italiaan in staat was om de klassieke orden perfect toe te passen en er zelfs met succes op te variëren:

> In der Architecture, beneffens den ouden ghemeenen wegh der Antijcken en *Vitruvij*, heeft hy [Michelangelo] ander nieu ordenen opgebrocht, van Cornicen, Capitelen, Basen, Tabernakelen, Sepultueren, en ander cieraten, waerom alle naevolgende Architecten hem te dancken hebben, dat hy hun van d'oude banden en stricken verlost heeft, en ruymen toom, en verlof gegheven, van yet beneffens d'Antijcken te versieren.[11]

Pieter Coecke van Aelst, die een halve eeuw eerder actief was dan Van Mander, had Vitruvius in de Nederlandse cultuur geïntroduceerd via zijn vertaling van Sebastiano Serlio's verhandeling over architectuur.[12] Ook na Van Mander waren de Italiaanse richtlijnen nog lange tijd toonaangevend als voorbeeld van de wijze waarop Vitruvius' verhandeling kon worden toegepast in de moderne architectonische praktijk, en dat bleef zo tot aan het eind van de zeventiende eeuw. Maar in de loop van die eeuw werd er steeds meer nadruk gelegd op de ideale verhoudingen. Scamozzi, die in zijn *L'idea delle architettura universale* (1615) met succes de in Vitruvius' *De Architectura* beschreven regels over harmonie wist te verhelderen, werd dientengevolge

18.4 Anoniem, *Zicht op de vleeshal in Haarlem*, 1855, Amsterdam, Rijksmuseum.

door de kring rond Van Campen beschouwd als een autoriteit. De verhandeling was gebaseerd op de cirkel, het vierkant en de rechthoek, met de verhoudingen 2:3, 3:4, 3:5 en 1:2. De praktische toepassing van de principes bleef echter voortdurend onderwerp van discussie. Constantijn Huygens' huis in Den Haag (gesloopt in 1875) was een uitmuntend voorbeeld van de manier waarop de theorie in praktijk werd gebracht.[13]

Tijdens zijn reizen als diplomaat ten behoeve van het huis van Oranje had Huygens een grote liefde opgevat voor de villa's en paleizen die Andrea Palladio in Venetië en omgeving had gebouwd, en ook voor het door Inigo Jones ontworpen Queen's House en Banqueting House. Het was zijn vaste voornemen zijn landgenoten vertrouwd te maken met de architectonische kracht, eenvoud en luister die konden worden bereikt met harmonische verhoudingen en de ingenieuze toepassing van de klassieke orden. Huygens hoopte deze ambitie te verwezenlijken door een eigen huis te bouwen in het centrum van Den Haag, dat hij ontwierp in samenwerking met zijn vriend Jacob van Campen. Het was een wapenfeit dat hem met trots moet hebben vervuld, want hij liet de bouwtekeningen uitgeven als gravures (Afb. 18.5). De gravure van het vooraanzicht maakt duidelijk dat er schoon schip was gemaakt met de overvloedige decoraties die De Key had gebruikt. In Huygens' ontwerp is van een fantasievolle omgang met de klassieke orden geen sprake, en evenmin van gevels met rolwerk en obelisken. In plaats daarvan is het ontwerp van het gebouw gebaseerd op het spaarzame gebruik van antieke pilasters, kroonlijsten, frontons en festoenen. Het is juist deze eenvoud die de façade een monumen-

18.5 Theodor Matham, *Vooraanzicht van het huis van Constantijn Huygens*, 1639, Amsterdam, Rijksmuseum.

taal aanzien geeft en maakt dat de blik wordt geleid naar de drie sculpturen op het centrale fronton. Het zijn beeldhouwwerken die Firmitas (Kracht), Utilitas (Nut) en Venustas (schoonheid) voorstellen, de drie voornaamste architectonische deugden uit de beschrijving van Vitruvius.

Huygens, die de door hem bewonderde Inigo Jones en anderen exemplaren van de gravures toezond, schreef aan een vriend:

> Ik heb een huis laten bouwen, laat er platen van maken en zal u die zenden; Inigo Johns [sic] zal inzien, dat zijne manier niet zooveel van deze verschilt [...] Mr. Inigo Jones zal, als het hem behaagt, kunnen leren dat de goede Vitruvius bepaald niet buiten Holland is gesloten.[14]

Het is niet bekend of Jones heeft gereageerd op de gravures en of hij een mening had over het gebouw. Niet iedereen was er echter van overtuigd dat Huygens er met zijn ontwerp in was geslaagd Vitruvius te transplanteren naar de Nederlanden. Niemand minder dan Rubens raadde Huygens aan om zich hierop te bezinnen. De Antwerpse meester schreef aan Huygens dat, hoewel het ontwerp inderdaad verdienstelijk was, niet zichtbaar werd dat de vitruviuaanse regels over verhoudingen correct toegepast waren.[15] Als we vandaag voor een zeventiende-eeuws gebouw staan dat zorgvuldige verhoudingen, duidelijk imitatieve antieke zuilenorden en geen overtollige decoraties te zien geeft, zullen we het ogenblikkelijk typeren als 'classicistisch'. Maar Rubens' reactie op het huis van Huygens geeft duidelijk aan dat de kwalificatie 'klassiek' in de zeventiende eeuw niet lichtvaardig werd toegepast, en altijd onderwerp van discussie bleef.

In weerwil van Rubens' bedenkingen leidde Huygens' interpretatie van Vitruvius in de daaropvolgende decennia tot de ontwikkeling van het 'Hollands classicisme'. Een van de indrukwekkendste voorbeelden is het Amsterdamse stadhuis van Jacob van Campen (Afb. 13.2). De faam van het gebouw werd kracht bijgezet door de vele bezoekers die het harmonische en majestueuze uiterlijk prezen en door de talloze schilderijen en prenten die de grandeur van het gebouw benadrukten. De allure van het gebouw binnen de Republiek werd nog vergroot door een indrukwekkend aantal eulogieën. Tientallen zeventiende-eeuwse auteurs, onder wie Huygens, Vondel en Vos, kozen het stadhuis tot onderwerp en werden voor hun inspanningen beloond door de burgemeesters van de stad.[16] Nooit eerder waren er tijdens of direct na de bouw zoveel gedichten over een bouwwerk geschreven. De meeste lofredenaars voerden dan ook aan dat het Amsterdamse stadhuis de architectonische tradities uit de oudheid overtrof, en betitelden het geregeld als het Achtste Wereldwonder. De zeven gebouwen en reusachtige beeldhouwwerken uit de oudheid – die met uitzondering van de Piramide van Cheops sinds lang verdwenen waren – waren allesbehalve classicistisch; dat waren eerder manifestaties van een oude theorie waarin het overrompelende effect als het ultieme doel gold.

Dankzij gebouwen als het Amsterdamse stadhuis won de Nederlandse architectuur in de loop van de zeventiende eeuw aan invloed in Noord-Europa. De verbreiding van het 'Hollands classicisme' was te danken aan reizigers, aan illustraties van representatieve voorbeelden en ook aan Nederlandse architecten die in opdracht in andere landen werkten.[17] Justus Vingboons werd bijvoorbeeld in 1653 uitgenodigd om in Stockholm het parlementsgebouw, het Riddarhuset, te bouwen (Afb. 18.6). Voor deze opdracht maakte hij gebruik van het afgewezen ontwerp dat zijn broer Philips had gemaakt voor het Amsterdamse stadhuis en dat in de vorm van gravures was uitgegeven. Ook hier wordt de façade van het imposante gebouw gedomineerd door pilasters en blijven de decoratieve elementen beperkt tot festoenen en drie beelden op het centrale fronton. Naast het Riddarhuset zijn er in Noord- en Oost-Europa talloze andere regeringsgebouwen, huizen, villa's en paleizen die zijn gebouwd door architecten uit de Republiek, of geïnspireerd op hun ontwerpen. In het Oostzeegebied, in Zweden, Brandenburg en het Pools-Litouwse Gemenebest werd de Hollands-classicistische architectuur zo dikwijls geïmiteerd dat er complete Nederlands ogende straten en buurten ontstonden. Zelfs in Engeland droeg het werk van Nederlandse architecten en de verbreiding van architectonische prenten substantieel bij aan de invloed van Scamozzi en Jones na het herstel van de monarchie in 1660. Huygens' interpretatie van de klassieken mocht Rubens dan te min zijn geweest, maar was met dat al toch verheven tot een Europees handelsmerk.

Classicisme in toneel en theater

Hoewel de toepassing van theorieën uit de oudheid binnen de context van zeventiende-eeuwse architectuur aanleiding gaf tot tal van discussies, was het gezag van Vitruvius praktisch boven iedere twijfel verheven. Dit was niet het geval in het theater, waar een grotere keus aan klassieke autoriteiten en voorbeelden voorhanden

18.6 *Façade van het Riddarhuset*, 1641-47.

was en werd getwist over hun geldigheid en hun onderlinge waarde. Bovendien was hier sprake van een daadwerkelijke botsing tussen theorie en praktijk. De klassieke gezaghebbende teksten van Aristoteles en Horatius kregen algauw concurrentie van theaterpraktijken en -theorieën uit Engeland en Spanje, die overwaaiden naar de Republiek. Onder verwijzing naar Philip Sidney en Félix Lope de Vega paste Theodore Rodenburgh al in 1619 Engelse en Spaanse theatertheorieën toe.[18] De klassieke poëtica's stuitten op minstens evenveel tegenstand van makers van senecaanse horrordrama's, zoals Jan Vos en later Thomas Asselijn. Het debat over de betekenis van Aristoteles en Horatius versus die van Seneca hadden ook een directe invloed op parallelle discussies betreffende de beeldende kunsten.

Theaterhistorici hebben altijd veel aandacht geschonken aan de introductie van de Franse classicistische regels door de leden van het genootschap Nil Volentibus Arduum, dat in 1669 werd opgericht.[19] De invoering van de Franse theatertheorie en -praktijk in de Republiek is meer dan eens toegeschreven aan deze groep, waarbij het in het bijzonder gaat om Pierre Corneilles voorschrift over de eenheid van tijd, plaats en handeling binnen het theaterwerk, en om de concepten *vraisemblance* (geloofwaardigheid) en *bienséance* (welvoeglijkheid). Het belang van Nil moet echter in twee belangrijke opzichten worden bijgesteld. Ten eerste waren de door Corneille toegepaste aristotelische en horatiaanse regels al vanaf de vroege zeventiende eeuw – dus lang voor de oprichting van Nil – bekend in de Republiek. Ten tweede beperkte de invloed van Nils classicisme zich tot een relatief klein segment van het Nederlandse theater; tot aan het eind van de zeventiende eeuw trok een belangrijk deel van de toneelwereld zich eenvoudigweg niets aan van de klassieke regels en hun Franse classicistische interpretatie, de naarstige pogingen van het genootschap ten spijt.

De ontwikkeling van de aan het werk van Aristoteles en Horatius ontleende regels verliep verre van rechtlijnig. De Franse theoretici en toneelschrijvers die in de tweede helft van de eeuw zo invloedrijk waren, waren op hun beurt sterk beïnvloed door Nederlandse humanisten als Daniel Heinsius en Gerardus Vossius en hun interpretatie van de klassieke poëtica, met name die van Aristoteles. Heinsius' *De constitutione tragoediae* uit 1611 verwierf in Noord-Europa faam als de ultieme samenvatting van het onderzoek naar Aristoteles' poëtica. Heinsius beïnvloedde onder anderen de Franse theatertheoretici Chapelain en La Mesnardière, die als leden van de Académie française medebepalend waren voor de vorm van het Franse classicistische drama. Ook Corneille en Racine, de twee voornaamste vertegenwoordigers van het Franse classicisme, waren sterk beïnvloed door Heinsius. Corneille beschrijft de Nederlandse schrijver in het voorwoord van *Polyeucte* als 'de gevierde Heinsius, die niet alleen Aristoteles' *Poetica* heeft vertaald, maar ook een verhandeling heeft geschreven over de opbouw van de tragedie'. Ook de invloed die Vossius' internationaal bekende *Poeticae Institutiones* van 1647 had op de grondslagen van het Franse classicisme mag niet onderschat worden.

Heinsius en Vossius oefenden niet alleen invloed uit op de Franse theaterpraktijken, maar hadden ook belangrijke connecties met de Nederlandse toneelwereld van voor 1669. Vondel begon bijvoorbeeld al aan het begin van de jaren 1640 gebruik te maken van de poëtica van Heinsius en Vossius bij de toepassing van de aristotelische en horatiaanse dramatische regels. Een zorgvuldig beraamde plotstructuur werd steeds belangrijker voor deze toneelschrijver, en zijn experimenten met dit aspect van het theater zijn duidelijk af te lezen aan *Jeptha* (1659). Hier verwijst Vondel voor het eerst expliciet naar de eenheid van handeling terwijl hij de omslag in de plot (*peripeteia*) en het plotselinge inzicht van de protagonist in zijn of haar situatie (*agnitio*) laat schitteren als de kroonjuwelen van het drama. Verder hanteert Vondel ook Horatius als leidraad om geloofwaardigheid te bewerkstelligen (wat in de Franse theatertheorie *verisimilitude* wordt genoemd). Hij toont het publiek de dood van Jeptha's dochter niet, omdat het een onmogelijk feit was dat te weinig plausibel was. Tien jaar later was het argument betreffende de geloofwaardigheid nog altijd actueel, en werd eens te meer bekrachtigd door het pleidooi van Nil voor het begrip welvoeglijkheid (*bienscéance*) als onderdeel van het expliciete verbod op geweld binnen theateruitvoeringen.

Terwijl de invoering van de aristotelische en horatiaanse regels voor toneelteksten derhalve moeilijk te scheiden is van de theateruitvoering zelf, is het een misvatting om aan te nemen dat het visuele aspect van de opvoering met het verstrijken van de eeuw minder belangrijk werd. Vondel deed zijn uiterste best om het effect van de opvoering te optimaliseren en werkte regelmatig samen met Jan Vos.[20] Als hoofd van de Amsterdamse schouwburg poogde de laatstgenoemde de uitwerking van Vondels tragedies te verhogen door er onder meer *tableaux vivants* en dansscènes in op te nemen. Ondanks de pogingen om deze stukken tot een succes te maken vormden de aristotelische en horatiaanse beperkingen een zware last en op den duur verdwenen deze titels uit het repertoire. Spectaculair theater in de traditie van Seneca, Lope de Vega en Calderón, maar ook de Italiaanse en Franse *pièces à machines* kregen nu de overhand. Om dergelijke producties te kunnen realiseren, werd de Amsterdamse schouwburg in 1667 totaal herbouwd, indachtig de zelfverzekerde uitspraak van Vos: 'Het zien gaat voor 't zeggen.'[21]

In zijn voorwoord bij *Aran en Titus* (1641), het succesvolste toneelstuk van de zeventiende eeuw, benadrukte Vos de overeenkomsten tussen zijn eigen werk en de tragedies van Vondel.[22] De relatie van zijn bloederige spektakelstukken tot de theaterwerken van de laatstgenoemde is complementair. Terwijl de tragedies van Vondel de inherente goedheid van de mens naar voren brengen, onthult Vos naar eigen zeggen de fundamentele zwakten van de mensheid, en de duistere kanten ervan, waar wreedheid en egoïsme heersen. Het is duidelijk dat in Vos' optiek deze twee gezichtspunten elkaar niet onderling uitsluiten. Vos oriënteerde zich echter niet op de aan Aristoteles of Horatius ontleende theatertheorieën, maar eerder op het werk van Seneca. In het voorwoord dat hij schreef voor zijn *Medea* (1667) verdedigt hij deze keuze met kracht en vergelijkt zich met niemand minder dan Phaëton.[23] Net zoals de mythische jongeling Apollo uitdaagt, waagt Vos het zich boven Aristoteles en Horatius te stellen door hun ideeën in twijfel te trekken, hoewel Phaëtons noodlottige val hem bespaard blijft.

Vos kon, in zijn eigen woorden, de ondergang alleen uit de weg gaan door standvastig in het hier en nu te blijven en elke door de klassieken voorgeschreven regel te beoordelen op zijn bruikbaarheid binnen de theaterpraktijk van zijn tijd. Nergens worden er zoveel vraagtekens gezet bij de *imitatio* van de theorieën uit de oudheid als in het Nederland van de zeventiende eeuw. Vos veegde de aristotelische en horatiaanse regels niet totaal van tafel, maar onderwierp ze eerder aan intensief onderzoek. Zo spreekt hij zich uit tegen Horatius' voorschrift dat de geloofwaardigheid bereikt moet worden door middel van historisering. De toneelschrijver handhaaft de regel van de geloofwaardigheid omdat hij van mening is dat zijn publiek ook overtuigd moet worden door de dramatische scènes die zich op het podium afspelen. Dit erkent Vos' als een essentiële voorwaarde, maar Horatius' conclusie dat geweld niet getoond hoort te worden acht de Nederlander slechts geldig voor de oudheid, op grond van het feit dat een Romeins publiek niet snel overtuigd zou zijn van de waarachtigheid van gespeeld geweld, omdat het al continu blootgesteld werd aan de barbaarse taferelen in de amfitheaters. Het feit dat het Nederlandse publiek niet vertrouwd was met het uitbeelden van dergelijke gewelddaden, en de ingenieuze illusies die in de nieuwe Amsterdamse schouwburg snel konden worden verwezenlijkt, waren volgens Vos juist twee van de redenen waarom het publiek luidkeels riep dat het wilde zien hoe Medea vanuit haar vliegende strijdwagen haar kinderen naar beneden gooide.

Terwijl Vos en Vondel respect hadden voor elkaars werk, en incidenteel ook samenwerkten, werd in de loop van de volgende generatie de kloof tussen de voorstanders van een strikte toepassing van de aristotelische en horatiaanse regels en degenen die zich sterk maakten voor de op Seneca geïnspireerde spektakelstukken steeds wijder. De strijd werd uitgevochten op het scherp van de snede, maar dikwijls binnen dezelfde parameters. Elk kamp beschuldigde het andere van hetzelfde gedrag: slaafse imitatie. Leden van Nil Volentibus Arduum kwalificeerden een van hun felste tegenstanders, Thomas Asselijn, die in zijn toneelstukken de bloederigste taferelen op het podium bracht, als een aap van Jan Vos. Op zijn beurt vergeleek Asselijn de leden van Nil met peuters die zich aan stoelen en banken vastklampen om een paar stapjes te doen. Het woord 'ketterij' was niet van de lucht. Asselijn gebruikte het spottend als benaming voor zijn eigen opvoeringen, toen hij leden van Nil vergeleek met de Inquisitie: '[O]fte een slaafachtige onderzoeking der Kunst; waar by alles, (wat niet met den kanon ofte reegle van dat Concilium over een komt,) werdt verkettert, ende verworpen'. [24]

Rembrandt

Het zeventiende-eeuwse denken over de juiste toepassing van klassieke regels bleef niet noodzakelijkerwijs beperkt tot één kunstvorm. De kritieken van Nil Volentibus Arduum waren bijvoorbeeld niet uitsluitend gericht op het theater: het genootschap bekritiseerde Rembrandts oeuvre in dezelfde bewoordingen als Asselijns toneelstukken. In *Gebruik én misbruik des tooneels* (1681), een pleidooi voor het Franse classicisme in het theater, stelde Andries Pels, een van de voormannen van Nil, tevens Rembrandts naakten ter discussie. Pels noemde Rembrandt 'de eerste ketter in de Schilderkunst'.[25] Rembrandt staat bekend als een meester in het uitbeelden van houdingen en het gebruik van kleur, maar ook als een kunstenaar die naar de natuur werkte en die nauwkeurig observeerde, zoals wel blijkt uit zijn onverbloemde naakten (Afb. 18.7):

> Als hy een' naakte vrouw, gelyk 't somtyds gebeurde,
> Zou schild'ren, tót modél geen Grieksche Vénus keurde;
> Maar eer een' waschter, óf turftreedster uit een' schuur,
> Zyn' dwaaling noemende navólging van Natuur.

Hier zien we hoe bestaande kunstwerken uit de oudheid worden ingezet om de klassieke theorie te bekrachtigen. Pels hecht zijn goedkeuring aan *imitatio* van voorbeelden uit de oudheid – beelden van Venus – en zet die af tegen het schilderij van een gewone vrouw. Hij veroordeelt het feit dat Rembrandt zijn onderwerpen eenvoudigweg uit het leven van alledag kiest en die zo getrouw mogelijk probeert af te beelden. Voor deze veroordeling doet hij expliciet een beroep op de horatiaanse en Franse classicistische regels van de welvoeglijkheid. De term die steevast werd ingezet om de wreedheden en de ontaarding in de toneelwereld te bekritiseren wordt nu gebruikt in een verhandeling over beeldende kunst (hiermee treedt Pels in de voetsporen van Van Mander, die al in 1604 in een kritiek op Caravaggio bezwaar had aangetekend tegen de al te getrouwe verbeelding van de natuur).[26] Pels schildert Rembrandt af als een vernieuwer, en om er zeker van te zijn dat dit eerder als een beschuldiging dan als loftuiting zal worden opgevat, gebruikt hij de uitdrukking 'eerste ketter'.

In zijn bijtende kritiek op Rembrandt viel Pels ook aanhangers van de kunstenaar aan, zoals Samuel van Hoogstraten. In zijn geschriften over schilderkunst breekt deze leerling van Rembrandt met de schilderijen en prenten van onder andere Goltzius en Cornelis van Haarlem (die later samen met Van Mander de 'Haarlemse maniëristen' zouden worden genoemd) en kiest ervoor de schildertechniek van zijn leermeester lof toe te zwaaien. Van Hoogstraten waarschuwt voor de al te vrije inventie van de Haarlemse kunstenaars en veroordeelt afbeeldingen die te zeer berusten op het idealiserende oog van de schilder en te weinig op het observeren

18.7 Rembrandt, *Vrouwelijk naakt*, ca. 1631, Amsterdam, Rijksmuseum.

van de natuur.[27] Dit brengt hem ten slotte tot de vaststelling dat het veel beter is om de natuur te imiteren dan het werk van de klassieken. Ook hier wordt de term 'ketterij' ingezet: '[Z]elf d'Antijken te volgen heeft sommige in kettery gebracht'.[28] Van Hoogstraten is echter van mening dat een kunstenaar desondanks zijn klassieke collega's kan navolgen zonder ten prooi te vallen aan ketterij. Om zijn redenatie te ondersteunen verwijst hij naar de Griekse kunstenaar Amphiaraos, die paarden schilderde die bedekt waren met stof en zweet: '[']T] welk of het hen wel iets van de schoonheit benam, nochtans een te grooter schijn van waerheyt gaf'.[29]

Volgens Eric Jan Sluijter is het juist deze overtuiging die Rembrandt kan hebben gestijfd in zijn streven zulke realistische naakten te schilderen.[30] De meester gaat niet voorbij aan de oudheid: hij kiest er eenvoudigweg voor zich niets aan te trekken van het horatiaanse concept van decorum of fatsoen. In plaats daarvan besluit hij zich te laten leiden door een andere klassieke overweging, namelijk het standpunt dat realisme gaat boven ideale schoonheid. Daarmee stond Rembrandt dus lijnrecht tegenover Italiaanse collega's als Rafaël en Nederlandse vakbroeders als Goltzius, die geloofden in het idealisme. Rembrandt koos bewust voor een alternatieve richting en maakte een eigen keus uit de klassieke autoriteiten. Al was de artistieke revolutie die hij in gang zette nog zo dramatisch, ze kan ook worden bekeken aan de hand van de etymologische oorsprong van het woord, namelijk *revolvere*, dat 'terugdraaien' of 'terugkeren' betekent. Rembrandt blikt dus terug in de tijd om vernieuwingen tot stand te brengen en verankert zijn radicale besluit stevig in het verre verleden.

Conclusie

Aan de hand van in de zeventiende eeuw gevoerde debatten hebben we in dit hoofdstuk laten zien dat het classicisme in de Republiek een januskop had. Het concept van 'klassieke' kunst was aan evolutie onderhevig, doordat er een voortdurende dialoog gaande was over de manier waarop oriëntatie op het verleden tot vooruitgang zou kunnen leiden. Al toonden sommige van de progressieve deelnemers aan zulke discussies zich nog zo ongeduldig, toch waren ze allemaal van mening dat zulk terugblikken steevast productief was. De architectuur, de beeldende kunst en het theater bleven daarom stevig verankerd in de klassieke theorie. In onze tijd is een dergelijk historisch georiënteerd beeld van de toekomst moeilijk te begrijpen. We zijn door en door beïnvloed door een geloof in vooruitgang waarin het verleden wordt bezien als een permanent afgesloten hoofdstuk. Deze houding stamt uit de verlichting en heeft tijdens de Franse Revolutie breed ingang gevonden. Tijdens die periode stond het neoclassicisme in heel Europa in hoog aanzien. Ondanks de invloed van het classicisme op het neoclassicisme is er een wezenlijk verschil tussen deze beide stromingen. Dit komt niet alleen voort uit een veranderend historisch besef, maar ook uit het feit dat vereenzelviging met klassieke kunst uit de oudheid voor neoclassicisten uit den boze was. Terwijl zeventiende-eeuwse kunstenaars een manier zochten om de klassieken in staat te stellen voort te leven in de nieuwe tijd, werd het neoclassicisme gekenmerkt door een besef van onherroepelijk verlies. Daardoor werd vereenzelviging met de klassieken verhinderd en kon naar de oudheid alleen nog verwezen worden, en wel in de meest letterlijke zin. De januskop die met zo veel overtuiging tot ontwikkeling was gebracht door het classicisme had vanaf dat moment voorgoed afgedaan.

Noten

1. M. van Eikema Hommes en E. Kolfin, *De Oranjezaal in Huis ten Bosch. Een zaal uit loutere liefde*, Zwolle, 2013.
2. A. Blankert, 'Classicisme in de Hollandse historieschilderkunst', in A. Blankert (red.), *Hollands classicisme in de zeventiende-eeuwse schilderkunst*, Rotterdam, 1999, pp. 12-33.
3. K. Ottenheym, 'Proportional Design Systems in Seventeenth-Century Holland', in *Architectural Histories* 2 (2014), pp. 1-14.
4. A.J. Gelderblom, 'Een verjongend corset: het literaire classicisme in de Republiek', in Blankert (red.), *Hollands classicisme*, pp. 54-63.
5. M. Fumaroli, 'Les abeilles et les araignées', in A.-M. Lecoq (red.), *La Querelle des anciens et des modernes*, Parijs, 2001, pp. 7-218.
6. G.W. Pigman, 'Imitation and the Renaissance Sense of the Past: The Reception of Erasmus' Ciceronianus', in *Journal of Medieval and Renaissance Studies* 9 (1979), pp. 155-177.
7. J. Vos, 'Aan de beminnaars van d'oude en nieuwe tooneelspeelen', in J. Vos, *Alle de gedichten*, Amsterdam, 1662, C4r.
8. B.I. Knott, 'Introductory Note', in Desiderius Erasmus, *Dialogus Ciceronianus*, Toronto, 1986, p. 324.
9. K. van Mander, *Het Schilder-Boeck*, Haarlem, 1604, fol. 168v.
10. K. Fremantle, *The Baroque Town Hall of Amsterdam*, Utrecht, 1957, pp. 88-89; en K. Ottenheym, 'De schilder-architecten van het Hollands classicisme', in Blankert (red.), *Hollands classicisme*, p. 39.
11. Van Mander, *Schilder-Boeck*, fol. 168v.
12. H. de la Fontaine Verwey, *Pieter Coecke van Aelst en de uitgaven van Serlio's architectuurboek*, Den Haag, 1954.
13. K. Ottenheym, *Schoonheid op maat. Vincenzo Scamozzi en de architectuur van de Gouden Eeuw*, Amsterdam, 2010, pp. 6-10 en 61-106; K. Ottenheym, 'Architectuur', in J. Huisken, K. Ottenheym en G. Schwartz (red.), *Jacob van Campen. Het klassieke ideaal in de Gouden Eeuw*, Amsterdam, 1995, p. 157.
14. Aangehaald in G. Worsley, *Inigo Jones and the European Classicist Tradition*, New Haven, 2007, p. 52.
15. Worsley, *Inigo Jones*, p. 55; en K. Ottenheym, 'La vera simmetria conforme le regole degli antichi. Rubens and Huygens on Vitruvius', in K. Ottenheym en K. De Jonge (red.), *Unity and Discontinuity: Architectural Relations Between the Southern and Northern Low Countries, 1530-1700*, Turnhout, 2007, pp. 137-161.
16. S. Bussels, C. van Eck en L. Plezier, '"Far More to Wonder, than to Fathom Completely": One Hundred Poems Devoted to the Town Hall', in S. Bussels, C. van Eck en B. Van Oostveldt (red.), *The Amsterdam Town Hall in Words and Images*, London, 2021, pp. 83-115.
17. Ottenheym, *Schoonheid op maat*, epiloog; en W. Kuyper, *Dutch Classicist Architecture: A Survey of Dutch Architecture, Gardens and Anglo-Dutch Architectural Relations from 1625 to 1700*, Delft, 1980.

18. T. Vergeer en O. van Marion, 'Spain's Dramatic Conquest of the Dutch Republic: Rodenburgh as a Literary Mediator of Spanish Theatre', in *De Zeventiende Eeuw* 32 (2016), pp. 40-60.
19. Gelderblom, 'Een verjongend corset'.
20. S. Bussels, 'Vondel's Brothers and the Power of Imagination', in *Comparative Drama* 49 (2015), pp. 49-68.
21. Vos, 'Aan de beminnaars', C3r.
22. Vos, '[Opdracht aan Joan Huydecoper]', in *Alle de gedichten*, A3r-v.
23. Vos, 'Aan de beminnaars', C2v-A2r.
24. N.N. [Thomas Asselijn], 'Voorbericht tegens de Dichtkunstige Onderzoekers', Koninklijke Nederlandse Academie van Wetenschappen (KNAW) G1148 Band 64, fol. 2r, aangehaald in Marijke Meijer Drees, 'De treurspelen van Thomas Assselijn (ca. 1620-1701)', dissertatie, Universiteit Utrecht, p. 130.
25. A. Pels, *Gebruik én misbruik des tooneels*, Amsterdam, 1681, p. 35.
26. E.J. Sluijter, 'Rembrandt and the Rules of Art Revisited', in *Jahrbuch der Berliner Museum* 51 (2009), pp. 123-124.
27. T. Weststeijn, *The Visible World: Samuel van Hoogstraten's Art Theory and the Legitimation of Painting*, Amsterdam, 2008, p. 126.
28. S. van Hoogstraten, *Inleyding tot de hooge schoole der schilderkonst*, Rotterdam, 1678, p. 18.
29. Van Hoogstraten, *Inleyding*, p. 168.
30. Sluijter, 'Rembrandt', pp. 121-129.

DEEL VII
Domeinen van kennis

19
Onderwijs

DIRK VAN MIERT

In 1603 constateerde Joseph Scaliger, de beroemdste geleerde van Europa, dat 'in de Nederlanden plattelandsvrouwen en -mannen, en bijna alle dienstmeiden, kunnen lezen en schrijven.'[1] Veel bezoekers werden in die tijd getroffen door de hoge alfabetiseringsgraad die ook vandaag nog door historici wordt aangehaald en bevestigd: de Republiek was waarschijnlijk de meest geletterde samenleving van het zeventiende-eeuwse Europa.[2] Om dit te verklaren is gewezen op tal van omstandigheden. Als gevolg van een samenloop van religieuze, economische, sociale en culturele factoren ontstond er een gunstige markt voor allerlei vormen van drukwerk. De klemtoon die er in het protestantisme werd gelegd op het zelf lezen van de Bijbel was in het algemeen bevorderlijk voor passief lezen. Met name in het kader van een verdere confessionalisering van de Nederlandse samenleving na de Synode van Dordrecht (1618-1619) benadrukte de Gereformeerde Kerk nog eens het belang van het kennisnemen van de Bijbel in de eigen taal. Maar de hoge alfabetiseringsgraad kan niet louter worden toegeschreven aan de religieuze context. Scaligers mededeling dateert van het begin van de zeventiende eeuw, dus nog voor de Synode van Dordrecht en de voornemens om de samenleving nader te reformeren.

De alfabetiseringsgraad van de Nederlandse bevolking werd evenzeer in de hand gewerkt door de bloei van de economie. Bedrijven hadden mensen nodig met verstand van dubbele boekhouding en zakelijke correspondentie. Ook de maritieme economie had behoefte aan een korps goed geschoolde zeevaarders, en het open karakter van de Nederlandse samenleving schiep een markt voor taalonderwijs en vertalingen. Ook waren er maatschappelijke factoren die bevorderlijk waren voor de geletterdheid: de specifieke structuur van deze samenleving met haar vele bestuurslichamen leidde tot wat Willem Frijhoff en Marijke Spies een 'overlegcultuur' hebben genoemd. Deze cultuur manifesteerde zich via tal van vergaderingen op alle niveaus van de samenleving, in kerkelijke en civiele bestuursorganen, wat een uitvoerige administratie en een omvangrijke bureaucratie met zich bracht, en kon het dus niet stellen zonder een omvangrijk geschreven archief.

Scaligers mededeling roept de vraag op hoe mannen en vrouwen uit de lagere klassen leerden lezen en schrijven. Het antwoord is voor een groot deel te vinden in de infrastructuren die tot stand werden gebracht door de verstedelijkte en corporatieve samenleving. Aan het begin van de zeventiende eeuw bestond er al een betrekkelijk goed functionerend systeem van lagere en middelbare scholen, dat onderricht bood aan zonen en dochters van arbeiders, geschoolde ambachtslieden, middenstanders en zeelieden. Met tweeënnegentig Latijnse scholen, zes Illustere Scholen en vijf universiteiten beschikte de Republiek vermoedelijk over het dichtste netwerk aan klassieke humanistische onderwijsinstellingen van Europa. De robuuste infrastructuur van grote aantallen scholen die lager, middelbaar en voortgezet onderwijs boden lag ten grondslag aan de Nederlandse welvaart en aan de faam van de Verenigde Provinciën als centrum van kennis en geleerdheid. Maar net als elders in Europa kregen veel kinderen nog steeds op zijn minst een deel van hun opleiding buiten deze scholen.

Praktijkonderwijs

Opgroeiende jongens leerden een vak bij de gilden of in een werkplaats, dikwijls op basis van een contract waarin de verplichtingen van beide partijen waren vastgelegd. Een in het oog springend type onderwijs voor degenen die zich hiertoe geroepen voelden was de chirurgie. In de zeventiende eeuw begonnen de wereld van de chirurgijns en die van de academisch en theoretisch geschoolde artsen naar elkaar toe te groeien; aan een aantal universiteiten in de Republiek werd klinisch onderwijs geïntroduceerd. Universitaire studenten werden onderwezen in de chirurgie middels anatomische lessen. De Leidse universiteit bezat het eerste anatomische theater van Noord-Europa (1596); in Rotterdam opende het chirurgijnsgilde in 1642 een ontleedkamer. Zulke ruimtes werden 'theaters' genoemd. Het woord 'theater', dat afgeleid was van het Grieks, was niet louter een aanduiding van een plaats waar iets te zien was; het had ook de bijklank van een dramatisch spektakel. De collectieve bestudering van de dood vond plaats in een aandachtige atmosfeer. Het interieur van de Gereformeerde Kerken mocht dan aan de kale kant zijn, maar het inwendige van een anatomisch theater was overvloedig gedecoreerd met geprepareerde geraamtes als symbolen van de vergankelijkheid van het aardse leven. De anatoom ontleedde niet alleen, maar legde tegelijkertijd met luide stem uit wat hij aan het doen was. De combinatie van het gesproken woord, de waargenomen fenomenen, de met symboliek geladen omgeving en de strikte gedragsregels doordrong de aanwezigen van het besef dat ze getuige waren van een indrukwekkend schouwspel waarin het heilige boek der natuur werd verklaard.

Een ander beroemd gilde, dat tegenwoordig intensief wordt bestudeerd, was dat van de schilders. Als gevolg van het geringe aantal vermogende aristocratische mecenassen en de protestantse afkeer van beeltenissen, en ondanks de grote faam die sommige schilders uit de Gouden Eeuw in onze tijd genieten als in hoge mate individuele kunstenaars, werden zeventiende-eeuwse Nederlandse schilders voornamelijk opgeleid om een burgerlijke markt te bedienen die zich concentreerde in de steden van de machtige provincie Holland. Tekenen maakte bij middelbare onderwijsinstellingen tot in de achttiende eeuw geen deel uit van het lesprogramma, dus werden er in de zeventiende eeuw lessen in tekenen en schilderen georganiseerd door de gilden, waar de leerlingen drie tot vier jaar in opleiding waren. Bij het Amsterdamse Sint-Lucasgilde werden leerlingen tot op twintigjarige leeftijd toegelaten tot de opleiding. Net als bij andere gilden vertoonde het onderwijstraject vele variaties, afhankelijk van de specifieke manier waarop de leermeesters hun pupillen benaderden. Het staat nog steeds ter discussie in hoeverre beroemde theorieboeken als Karel van Manders *Schilder-Boeck* (1604), waarin technieken als schaduw- en perspectiefwerking werden behandeld, daadwerkelijk werden gebruikt bij deze opleiding. Voor Samuel van Hoogstraten was het gebrek aan een fatsoenlijke opleiding naar eigen zeggen de reden om zijn intussen uitvoerig onderzochte *Inleyding tot de hooge schoole der schilderkonst* (1678) uit te geven:

> Men heeft dan meest luk op raek echter Schilders gemaekt, en hoe? Men besteede de jeugt by d' een of d' ander Schilder, of die men zoo noemde, om quansuis het teikenen te leeren, dat was mannetje nae mannetje te maeken, en hier wat gelukkig in zijnde, zoo quam men tot het penseel, en dus kreegen zy metter tijdt by d'onkundige de naem van meesters in de konst te zijn, eer zy zelfs in 't minste wisten wat de Schilderkonst was.[3]

Tevens was de stedelijke leefomgeving verantwoordelijk voor de betrekkelijk goede scholing van behoeftige kinderen. Steden waren trots op hun prominente weeshuizen. Daar werden de pupillen vanaf de leeftijd van zes jaar dikwijls aan het werk gezet in de textielindustrie, stoffeerderijen, metselarijen, schoenmakerijen of boekbinderijen. In een aantal gevallen verzorgden weeshuizen een opleiding binnen de eigen muren. Meisjes werden opgeleid tot naaister of hoedenmaakster.

Lezen en schrijven voor jongens en meisjes

De hoge alfabetiseringsgraad ging niet noodzakelijkerwijs gepaard met creativiteit en zelfstandigheid. Integendeel, de lees- en schrijfvaardigheid diende allereerst een hoger doel: het leren van de catechismus en het lezen van de Bijbel. Kinderen kregen een scholing, geen brede educatie: ze dienden antwoord te geven maar geen vragen te stellen, te doen wat hun voorgedaan werd en geen uiting te geven aan hun eigen individualiteit. Het uitdrukken van emoties verliep via gevestigde retorische of poëtische modellen. Het protestantisme beklemtoonde weliswaar hoe belangrijk het was dat leken kennis konden nemen van de Bijbel, maar dit had een voorgeschiedenis die verder terugging dan de reformatie.

Tegen het eind van de vijftiende eeuw hadden de steden de middeleeuwse parochie- en kathedraalscholen overgenomen. Ze vormden de scholen om tot gemeentelijke 'Grote Scholen', en richtten daarnaast veel gelijksoortige Nederduitse Scholen op, die lager en middelbaar onderwijs boden aan jongens van zes tot achttien en aan jonge meisjes. De zestiende-eeuwse stadsmagistraten en pedagogen, die hiermee voortbouwden op de onderwijshervormingen van de Broeders van het Gemene Leven in de veertiende eeuw en geïnspireerd waren door de opkomst van het humanisme ten noorden van de Alpen sinds het eind van de vijftiende eeuw, legden grote nadruk op de studie van het Latijn, hoewel het grootste deel van de lessen aan de Grote Scholen in het Nederlands werd gegeven. De oudere kinderen hadden een actief aandeel in de educatie van de jongeren. De Grote Scholen boden toponderricht in het Latijn voor jongens die ernaar streefden toegelaten te worden tot de universiteit, wat slechts haalbaar was voor circa 10 tot 20 procent van de ongeveer honderd leerlingen die een Grote School doorgaans telde. De macht die de steden in de zestiende eeuw genoten had een bloeiende onderwijsmarkt mogelijk gemaakt. Toch was er ook in kleine plattelandsdorpjes gewoonlijk een school. In de loop van de zestiende eeuw waren de Grote Scholen institutioneel gesplitst in Nederduitse en Latijnse Scholen. Al deze ontwikkelingen hadden plaatsgevonden onder het toenmalige katholieke bewind.

Pas gedurende de eerste stadia van de Nederlandse Opstand werden de Nederduitse Scholen de plek waar het protestants gedachtegoed werd onderwezen, zowel aan jongens als aan meisjes. De scholen stonden onder toezicht van de kerkelijke en wereldlijke overheden, op gemeentelijk en gewestelijk niveau, maar de kosten werden gedragen door het stadsbestuur. Schoolmeesters vergrootten hun inkomsten door schoolgeld te vragen. Niet alle gezinnen konden zich het bedrag van 6 of 7 gulden veroorloven dat nodig was om hun kind te laten leren lezen en schrijven. Om arme kinderen van de straat te houden betaalden de steden Nederlandse schoolmeesters vaak extra als ze zulke kinderen in de kost namen. In Utrecht werden arme kinderen naar de zogeheten parochiescholen gestuurd, die gelieerd waren aan de gemeentelijke kerken. Arme kinderen vergden echter een speciale aanpak, want die moesten dikwijls al vanaf jonge leeftijd werken. In de zeventiende eeuw kwamen er meer speciale scholen voor behoeftige kinderen. Het hoofddoel van het lesprogramma was de kinderen te doordringen van een gereformeerd protestantse levenshouding, en de scholen droegen bij aan de gereformeerde confessionalisering van het land, met name in de periode die direct volgde op de Synode van Dordrecht.

Het hoofddoel was kinderen in staat te stellen de Bijbel te begrijpen. Om te beginnen liet men de kinderen op Bijbelse verzen gebaseerde spreekwoorden, gebeden en de Tien Geboden uit het hoofd leren. Maar om in staat te zijn de lessen van de Bijbel steeds ter harte te nemen was het nodig om te kunnen lezen. Lezen ging vooraf aan schrijven; aan de hand van spelboeken zoals het veelgebruikte *Haneboek* leerden kinderen de letters en vervolgens hoe daarmee woorden gevormd worden.

Het was niet heel eenvoudig om de vorm van de letters te leren herkennen, omdat de kinderen zich zowel in gotisch als romeins schrift de hoofdletters en de kleine letters eigen moesten maken. De kinderen oefenden zich eerst een aantal jaren in het lezen voordat ze overgingen op schrijven. Een van de redenen voor deze praktijk was wellicht dat het geen zin had om kinderen van jonger dan negen of tien jaar kostbaar papier, pennen en inkt te laten verspillen omdat die hun vingerbewegingen nog maar beperkt onder controle hadden. Leren lezen was veeleisend, maar niet veelomvattend.

Het tweede belangrijke onderdeel van het onderwijsprogramma was de catechismus. In de eerste helft van de eeuw, en met name na de Synode van Dordrecht, lag daarbij het gewicht op de Heidelbergse catechismus. In de tweede helft van de zeventiende eeuw won een speciale catechismus voor kinderen terrein. Het uit het hoofd leren van de catechismus vergde veel herhaling. Dit werd niet klassikaal gedaan. Een school bestond gewoonlijk uit slechts één vertrek, waar kinderen van verschillende leeftijden en niveaus bijeenzaten. Ze werkten in kleine groepjes of leerden de stof in hun eentje. Een paar maal per dag werden ze afzonderlijk ondervraagd door de schoolmeester, die zetelde op een verhoging of achter een bureau op een prominente plaats in het vertrek, waar de kinderen in de rij gingen staan om overhoord te worden.

Niet al het onderwijs was echter individueel of semi-individueel, wat wel blijkt uit een derde belangrijk onderdeel van het curriculum: het instuderen van de psalmen, wat op zaterdag gebeurde als voorbereiding op de zondagse kerkdienst. Alle kinderen in het lokaal namen hieraan deel. Het zingen van psalmen was onderdeel van een breder opvoedkundig programma, waarin de kinderen werd bijgebracht hoe men zich tijdens de kerkdienst diende te gedragen als voorbeeldig lid van de Gereformeerde Kerk. Deze taak was des te belangrijker omdat gereformeerde kinderen binnen het pluriforme confessionele landschap van de Republiek in de minderheid waren. In feite waren de openbare Nederlandse scholen niet meer dan een deel van een veel groter onderwijsapparaat.

Naast deze officiële scholen was er een groot aanbod van commerciële 'bijscholen': privéscholen die volledig onafhankelijk waren. Ze werden gedreven door particuliere onderwijzers, die les gaven in Frans, rekenen, boekhouden en navigatie, en zich dikwijls hadden gespecialiseerd in een van deze vakken. Voor meisjes waren er vaak lessen in naaien en kleermaken. Sommige scholen waren meer gespecialiseerd en efficiënter, wat weer samenhing met het lesgeld. Er waren ook scholen die werden gedreven door een vrouw, en daar lag de nadruk meestal op leren schrijven. Ook kleuterscholen werden veelal geleid door vrouwen, die daar kinderen van werkende moeders opvingen en hun misschien wat basale leesvaardigheid bijbrachten.

Hoewel sommige onderwijzers in Nederduitse Scholen de oudere kinderen de basisprincipes van de wiskunde leerden, werden lessen in optellen, aftrekken, delen en vermenigvuldigen alleen op verzoek gegeven en daarvoor kon men zich met een beter resultaat wenden tot bijscholen met een docent die zich had toegelegd op de kunst van het rekenen. Het meest gebruikte boek over dit onderwerp was Willem Bartjens' *De Cijfferinghe: Inhoudende meest alle de Grond-Regulen der Cypher-konst*, dat in 1604 werd uitgegeven en in de loop van de twee daaropvolgende eeuwen vele malen werd herdrukt. Bartjens paste de rekenkunst toe op specifieke stelsels van gewichten en munteenheden, en zijn boek bood vele oefeningen op het gebied van zaken als samengestelde interest, maar bevatte geen algebra of geometrie.

Een andere belangrijke specialisatie van de privésector in het onderwijs was zeevaartkunde – een vak van essentieel belang in de zeevarende natie die de Republiek was. In 1586 begon Robbert Robbertsz, de zelfbenoemde pionier van het zeevaartonderwijs, een privéschool in Amsterdam en legde daarmee een hoogsteigen gat in de markt bloot, namelijk onderwijs voor volwassenen. Het succes van zijn school resulteerde in 1612 in een veelgebruikt lesboek over dit onderwerp. De 'vrije markt' en het ontbreken van maatstaven betreffende het particulier zeevaartonderwijs leidden halverwege de zeventiende eeuw tot felle concurrentie en tot een bloeiende markt voor gedrukte leerboeken over de zeevaart, waarmee de kloof tussen nieuwe wetenschappelijke inzichten en oude zeevaartpraktijken werd overbrugd. Om het hoofd boven water te halen gaven veel privéonderwijzers daarnaast ook nog lessen in boekhouden en landmeten. Vanaf de jaren 1620 echter waren onderwijzers aan Nederduitse Scholen steeds vaker in staat zelf de leerlingen de eerste beginselen van de kunst van het navigeren bij te brengen – wat welkome extra inkomsten opleverde. Tegen het eind van de eeuw groeide deze markt nog altijd. Natuurlijk moesten de leerlingen als ze eenmaal op zee waren – zelfs na dit onderricht – nog altijd veel in de praktijk leren, zoals altijd het geval was geweest.[4]

Aan Franse scholen, die al sinds het begin van de zestiende eeuw bestonden, werd niet alleen les gegeven in de Franse spraakkunst, maar ook in lezen en schrijven, en zelfs in rekenen, dubbele boekhouding en andere onderwerpen, gewoonlijk op verzoek van de ouders. Ze wonnen omstreeks de eeuwwisseling aan populariteit, na de eerste golf zuidelijke migranten: volgens de registers zijn er in de periode 1570-1630 circa 418 onderwijzers van de Zuidelijke naar de Noordelijke Nederlanden getrokken; dat waren niet allemaal leraren Frans, maar de meeste die dit vak doceerden waren afkomstig uit Antwerpen. De schoolboeken van de productieve protestantse Antwerpenaar Pierre Heyns bijvoorbeeld waren al voor hij in 1595 uitweek naar Haarlem bijzonder succesvol. Heyns richtte zich zowel tot jongens als tot meisjes. Van de Latijnse scholen nam hij de traditie over om toneelstukken te schrijven die zijn leerlingen dan konden opvoeren. Hij droeg een uitgave van een van zijn Franstalige toneelstukken op aan een voormalige ster-leerlinge.[5]

Tegen het eind van de zeventiende eeuw arriveerde er een tweede golf Franstalige migranten in de Republiek. Na de herroeping van het Edict van Nantes (1685) was in de meeste steden op zijn minst een Franse school gevestigd, die werd bezocht door kinderen van de Nederlandse elite. Een bekende Franse schoolmeester in Amsterdam was Pierre Marin, van wie in het laatste decennium van de eeuw twee Franse grammatica's werden gepubliceerd die zeer in trek waren. Franse scholen ontdekten een niche in de markt toen ze onderwijs voor meisjes gingen aanbieden: tot aan de jaren 1630 bezochten meisjes scholen waar jongens in de meerderheid waren, maar daarna kwamen er steeds meer scholen die uitsluitend voor meisjes bedoeld waren. Deze trend werd nog bevorderd doordat weduwen de school overnamen die voorheen was geleid door hun echtgenoot (en waarin ze dikwijls toch al een belangrijke onofficiële rol hadden vervuld).

Het frontispice van een schoolboek van de Franse schoolmeester Caspar van den Ende biedt een voorbeeld van gemengd onderwijs (Afb. 19.1). We zien hier een klaslokaal met dertien jongens en drie meisjes, kennelijk allemaal tieners. Hoewel in een handboek voor schoolmeesters uit 1591 werd aanbevolen meisjes en jongens van elkaar te scheiden, zitten hier beide seksen in hetzelfde vertrek,[6] wat erop wijst dat ze zich fatsoenlijk en welopgevoed gedragen. Rechts zit de schoolmeester met opgeheven plak op een verhoging, terwijl hij naar een van zijn leerlingen luistert of hem misschien bestraft. Een andere leerling wacht op haar beurt. Aan het andere uiteinde van het vertrek zitten jongens om een tafel achter hun boeken en vragen elkaar om raad. Een van hen wijst een meisje dat naast hem staat op een pagina in een boek. Midden op tafel staat een inktpot. Aan de muur hangt een aantal schooltassen met schrijfmateriaal van de oudere leerlingen – een gebruikelijke aanblik op de zeventiende-eeuwse afbeeldingen van schoolinterieurs. De jongens dragen allemaal een hoed, behalve degene die wordt overhoord door de meester. Prenten

19.1 Detail van de titelpagina van: *Le Gazophylace De la Langue Françoise et Flamende, dat is Schat-kamer der Nederduytsche en Francoysche Tale*, 1654, Amsterdam, Universiteitsbibliotheek.

van Nederlandse scholen die niet afkomstig zijn van titelpagina's van boeken (die gewoonlijk als advertentie fungeerden) geven vaak jongere kinderen te zien die op de vloer zitten en bieden een chaotischer aanblik dan dit ordelijke klaslokaal.

Het succes van het Frans was te danken aan de opkomst van Frankrijk als de machtigste mogendheid in het Europa van de zeventiende eeuw, hetgeen ook een flinke klap betekende voor het Latijn als tweede taal van de elite na het Nederlands. Zelfs in Engeland en Duitsland was Frans de hoftaal *par excellence*.[7] Nederlandse studenten die Engels en Duits onder de knie wilden krijgen waren afhankelijk van privéleraren, hoewel de meeste mensen die deze talen wilden leren gedreven werden door zakelijke overwegingen en waarschijnlijk in de praktijk al voldoende van de taal oppikten om onderhandelingen te voeren.

Naast het Frans bleef het Latijn belangrijk. Hoewel de Latijnse Scholen tijdens de Nederlandse Opstand moeite hadden om protestantse opvolgers te vinden voor hun katholieke rectors, is het opmerkelijk dat gedurende de hele zeventiende eeuw ook kleine steden met minder dan circa duizend inwoners nog altijd een Latijnse School hadden. Hoe klein zulke scholen ook mochten zijn, ze verleenden symbolische macht, via het prestige van het op de klassieken gerichte onderwijsprogramma en de maatschappelijke status die dit de leerling verschafte. Latijnse Scholen werden bezocht door de zoons van de notabelen uit de samenleving: regenten, kooplieden, artsen, predikanten en regeringsfunctionarissen. De meesten van deze jongens gingen vervolgens naar een universiteit, wat de opstap was naar een leidende positie in de maatschappij. Meisjes werden niet toegelaten op de Latijnse School, evenmin als op de universiteit – het beroemde geval van Anna Maria van Schurman, die in Utrecht in de jaren 1630 zittend achter een gordijn de theologiecolleges van professor Gisbertus Voetius volgde, was de spreekwoordelijke uitzondering op de regel. Meisjes die Latijn leerden kregen les van een privéleraar – net als veel jongens. Vooral in de steden was er een ruime keus aan privédocenten voorhanden.

De Amsterdammer Samuel Coster nam in 1617 als particulier het bijzondere initiatief om de gewone man scholing te bieden. De arminiaans gezinde arts en toneelschrijver opende in dat jaar zijn zogeheten Nederduytsche Academie, waar volwassen burgers onderwijs werd geboden in wiskunde, astronomie, navigatie, geschiedenis, Hebreeuws, filosofie, literatuur en toneel. De mannelijke inwoners van Amsterdam konden er ook les krijgen in dansen, de omgang met vrouwen en spreken in het openbaar. Van zowel Hooft als van Bredero, twee van de beroemdste Nederlandse toneelschrijvers van de eeuw, werd in de Academie een toneelstuk opgevoerd. De Academie is illustratief voor de wrijving tussen vernieuwende ideeën en conservatieve krachten: Costers originele methode om onderricht te bieden met behulp van Nederlandstalig toneel bleef beperkt tot een klein aantal opvoeringen. Zijn plan om openbare, in het Nederlands gehouden colleges over academische onderwerpen te organiseren kwam nooit werkelijk van de grond: alleen tijdens het eerste jaar waren er twee docenten die les gaven in rekenkunde en Hebreeuws. De genadeslag kwam met de Synode van Dordrecht. In 1622 verkocht Coster het gebouw van de Academie, nadat de kerkenraad de Academie had beschuldigd van arminiaanse en doopsgezinde sympathieën. Ondanks de mislukking laat Costers initiatief zien dat ook letterkundigen en toneelschrijvers nu een eigen educatieve rol met een bijbehorend lesprogramma op zich namen.

Een multiconfessioneel landschap

Zonder toestemming van het stadsbestuur was het particulieren niet toegestaan om een Nederlandse, Latijnse of Franse school te leiden. Hoewel de wereldlijke overheid gewoonlijk het laatste woord had bij controverses, bepaalde in elke stad het specifieke machtsevenwicht tussen de kerkenraad en het stadsbestuur hoeveel invloed de kerk kon uitoefenen. Op het platteland hadden veel van de nieuwe gereformeerde onderwijzers te kampen met langdurige animositeit van een nog altijd katholieke bevolking.

Tegen het eind van de zestiende eeuw was naar schatting slechts 10 procent van de bevolking bevestigd als lidmaat van de Gereformeerde Kerk, en het is dan ook niet verrassend dat er tal van privéscholen met een andere confessionele gezindheid waren. In Haarlem, Utrecht en Nijmegen wisten katholieke gemeenschappen of adellijken met succes het katholieke onderwijs overeind te houden. De beroemde natuuronderzoeker Anthonie van Leeuwenhoek leerde Latijn in een min of meer illegale katholieke kostschool in Warmond, ook al bleek dat niet voldoende voor hem om de taal actief te gebruiken. Afhankelijk van hun geloofsijver stonden stadsbesturen menigmaal lutherse scholen toe. Na de Synode van Dordrecht werd er strakker toegezien op de bijscholen, maar dat belette de stad Rotterdam niet om in 1634 een remonstrant te benoemen tot rector van de Latijnse school. In 1642 waren er in Haarlem 28 doopsgezinde en 11 katholieke schoolmeesters actief, naast de 35 onderwijzers die in dienst van de stad aan de Nederduitse Scholen en de Latijnse School doceerden. In Amsterdam ging Spinoza eerst naar de rabbijnse school die verbonden was aan de Portugese synagoge, maar verliet die voortijdig. Later bezocht hij de privéschool van de katholieke onderwijzer Franciscus van den Ende, waar hij Latijn leerde. Hij was ouder dan zijn medeleerlingen en heeft wellicht zijn lesgeld betaald door op zijn beurt de anderen Hebreeuws te leren.[8] Joden konden leerling zijn van een katholieke school omdat er geen duidelijke 'verzuiling' van het onderwijs was: joden, doopsgezinden, lutheranen en katholieken konden allen gereformeerde scholen bezoeken en later naar de universiteit gaan (hoewel hoogleraren het gereformeerde geloof moesten zijn toegedaan). In plaatsen met een grote katholieke gemeenschap sprongen gereformeerde onderwijzers soepeler om met de gereformeerde confessionalisering om te voorkomen dat ze katholieke gezinnen van zich vervreemdden en daardoor lesgeld zouden mislopen. Katholieke leerlingen konden bijvoorbeeld worden vrijgesteld van het leren van de psalmen voor de zondagse kerkdienst, die ze toch niet bijwoonden. Zoals we in het geval van Coster hebben gezien werd buitenschools onderwijs dikwijls in verband gebracht met libertijnse overtuigingen. Zo klaagde de hoofdmeester van een van de twee Amsterdamse Latijnse Scholen, Mattheus Sladus de Jongere, dat concurrerende particuliere onderwijzers onorthodoxe religieuze ideeën uitdroegen. De Amsterdamse stadsbestuurders hielden zich ditmaal doof voor de klacht; volgens de Amsterdamse hoogleraar Gerard Vossius was de reden hiervoor dat hun eigen kinderen meer opstaken van particulier onderwijs dan van de lessen aan de openbare Latijnse school.[9]

In het Nederlandse onderwijs was het geloof niet allesbepalend, omdat de scholen niet onder gezag stonden van de kerk. Hoe graag piëtistische auteurs van gereformeerde lesboeken als Willem Teellinck en Jacobus Koelman het ook hadden gewild, het gereformeerde onderwijs had niet het alleenrecht op educatie, en de officiële scholen werden nooit werkelijk omgevormd tot piëtistische lesfabrieken. Het enige soort onderwijs waarin de gereformeerde kerk werkelijk oppermachtig was, was de zondagsschool voor de armste jongens en meisjes, die door de week niet naar school konden gaan omdat ze dan moesten werken om een bijdrage te leveren aan het schamele gezinsinkomen. Op zondag kregen ze dan van de plaatselijke predikant les in de gebeden, de catechismus, het lezen van de Bijbel en de eerste beginselen van het schrijven. In sommige plaatsen dreef de liefdadige instelling van de publieke kerk eigen scholen, die ook op weekdagen toegankelijk waren.

De beperkte macht van de kerk is af te lezen aan haar onvermogen om confessionele schoolreglementen, zogenaamde schoolordes, in te voeren. De nationale synode van 1586 in Den Haag stelde zo'n program op, maar dat liep op niets uit. De provinciale synode van Groningen ontwierp in 1654 een statuut, in de vergeefse hoop dat de Provinciale Staten het zouden overnemen. Seculiere schoolordes hadden meer succes: in 1654 werd in Utrecht een provinciale schoolorde aangenomen, en een jaar later volgde er een schoolorde voor de Generaliteitslanden. Met deze laatste schoolorde probeerde men het aantal katholieke privéscholen terug te dringen, maar zonder veel succes; in de jaren na de invoering ervan nam hun aantal zelfs nog toe.

Instellingen voor hoger onderwijs

Joseph Scaliger, die in 1593 naar Leiden trok, onder druk van dreigende geloofsvervolgingen in Frankrijk en aangelokt door een vorstelijk salaris zonder de verplichting om les te geven, bracht aldaar de laatste en productiefste zestien jaar van zijn leven door. Hij mocht graag klagen over het ellendige weer, zijn Nederlandse collega's die te veel dronken en zijn stadgenoten die zondagochtend na de dienst tegen de kerk urineerden, maar hij besteedde ook grote aandacht aan een uitgelezen groep briljante studenten en maakte nuttig gebruik van de leidende positie van de Nederlandse drukkerijen. 'Leiden is een moeras tussen moerassen maar de bibliotheek is een geweldig bezit; studenten kunnen daar werkelijk studeren,' zou hij volgens zijn studenten gezegd hebben. 'Geleerdheid is overal verbannen, maar bloeit hier opnieuw in dit kleine hoekje van de wereld, Holland,' wat volgens Scaliger mede aan hemzelf te danken was: 'Het is het wonder van Leiden, zo'n mooie universiteit. Ze is gesticht toen de Staten [van Holland] arm waren. Omdat de aanstelling van nieuwe hoogleraren aan deze universiteit werd geregeld via favoritisme en persoonlijke banden, raakte ze in verval. Maar ik ben de reden geweest waarom ze hoogleraren als Everhardus Vorstius, Dominicus Baudius, Daniel Heinsius en Lucas Trelcat de Jonge naar Leiden hebben gehaald.'[10] Toen Scaliger in 1609 stierf, vormde zijn *Legatum Scaligeranum* de basis voor de beroemde oosterse collectie van de universiteitsbibliotheek. Zijn onderzoek naar oriëntaalse talen was een enorme stimulans voor het opkomende vak van de filologie. Zijn voorganger, de grote Vlaamse humanist Justus Lipsius, maakte er aanspraak op om 'filosofie van filologie' te hebben gemaakt, maar Scaliger scheidde die beide disciplines weer: bij hem werd filologie een prominent zelfstandig onderzoeksgebied dat door de volgende twee generaties verder werd ontwikkeld. Als zodanig was zijn werk ook de grondslag van waaruit het kritisch historisch denken zich in de Republiek, Groot-Brittannië en elders kon ontwikkelen.[11]

Sinds in de jaren 1930 het idee opkwam dat er in de zeventiende-eeuw een 'wetenschappelijke revolutie' heeft plaatsgevonden, hebben kennishistorici zich primair gericht op bepaalde theorieën en praktijken in de filosofie en de natuurwetenschappen die in de beleving van de zeventiende-eeuwse intelligentsia 'nieuw' waren. Maar de geleerden uit de zeventiende eeuw staken minstens zoveel energie in het ontwikkelen van nieuwe technieken om het verleden van de mensheid te bestuderen: filologie, historisch-kritische exegese en linguïstische theorieën. In een tijd waarin een brede Faculteit der Kunsten studenten voorbereidde op een studie aan een van de drie 'hogere' faculteiten, die van de medicijnen, rechten en theologie, bleven de natuurwetenschappen in hoge mate onderdeel van een filosofisch debat, en werd filosofie voornamelijk beoefend in de context van de studie van de Griekse en Romeinse oudheid. De Faculteit der Kunsten werd daarom ook wel aangeduid als de Faculteit van de Filosofie of van de Letteren. De mate waarin faculteiten ontvankelijk waren voor nieuwe filosofische denkbeelden liep sterk uiteen. De ontwikkeling van de kennis in de zeventiende eeuw moet niet bezien worden als een botsing tussen het humanisme uit de renaissance en de nieuwe wetenschap; het blijkt juist dat de kennistradities aan universiteiten pluriform en dynamisch waren. Er was niet één soort aristotelische filosofie, en van de ideeën van de Franse filosoof René Descartes, die woonde en werkte in Holland, werd in en buiten de universiteiten op creatieve wijze nota genomen.

De traditionele universiteiten kregen soms concurrentie van een polymorfe tussenvorm: stedelijke Illustere Scholen of academische gymnasia. Deze onderwijsinstellingen boden onderwijs op een academisch niveau, hoewel ze niet bevoegd waren hun studenten een graad toe te kennen. Ze hadden een brugfunctie tussen de Latijnse school en de universiteit en hun studenten vonden uiteindelijk vaak de weg naar een universiteit.

Illustere Scholen en universiteiten schoten tijdens de Nederlandse Opstand als paddenstoelen uit de grond. De universiteit van Leiden was in 1575 de eerste die in de rebellerende provincies werd geopend. Van meet af aan had de universiteit te kampen met rivaliserende agenda's; sommige humanisten waren voorstander van de studie van retoriek, poëzie en geschiedenis, kennis die als essentieel werd beschouwd voor welopgevoede bestuurders. Volgens calvinisten daarentegen hoorde de universiteit allereerst het land te voorzien van goed opgeleide gereformeerde predikanten. In feite voorzag de universiteit in beide. Het idee dat een school een 'seminarie voor de staat en de kerk' was, was in bijna alle plannen voor op te richten Illustere Scholen en universiteiten te vinden.[12]

Hoewel het niet lukte om instellingen voor hoger onderwijs te vestigen in plaatsen als Nijmegen, Middelburg en Maastricht, die ten opzichte van Holland, het economisch en politiek centrum, in de periferie lagen, is het opmerkelijk dat er binnen een eeuw op een zo klein grondgebied vijf nieuwe universiteiten en elf Illustere Scholen werden opgericht. Het is een teken dat de revolutionaire veranderingen in het Nederlands onderwijs niet alleen voortkwamen uit de groei van het aantal inwoners, maar ook uit hun betrekkelijk hoge geletterdheid, ook al ging uiteindelijk slechts 2 procent van de mannelijke adolescenten naar de universiteit.

De Europese uitstraling

De combinatie van de *libertas philosophandi*, de krachtige humanistische traditie van de klassieke en Bijbelse filologie, en een geavanceerde onderzoeksinfrastructuur droeg ertoe bij dat Leiden zich kon presenteren als een van de belangrijkste universiteiten van Europa. Heel de zeventiende eeuw lang trokken studenten uit heel Europa in groten getale naar de Nederlandse universiteiten, in het bijzonder (maar niet uitsluitend) vanuit protestantse gebieden. 'Ik ben in Leiden, de metropolis van de muzen in Holland,' schreef de Franse wetenschapper Samuel Sorbière in 1660. 'De universiteit heeft nog altijd meer dan drieduizend studenten, die hier vanuit de verste uithoeken van Polen naartoe komen.'[13] In 1649 was 44 procent van alle nieuw ingeschreven studenten afkomstig van buiten de Republiek. De meeste buitenlandse studenten kwamen uit het Duitse Rijk; dat waren zowel calvinisten als lutheranen. In de periode 1640-1740 studeerden er in Utrecht circa 986 Duitsers – driemaal zoveel als het totale aantal Engelse en Schotse studenten (325). Toch was de toevloed aan studenten van de overzijde van het Kanaal niet te verwaarlozen. En deze aantrekkingskracht bleef evenmin beperkt tot de eerste helft van de eeuw: in de tweede helft van de zeventiende eeuw verdrievoudigde in Leiden het aantal calvinistische Schotse studenten, onder druk van de Restauratie in Groot-Brittannië, en aangetrokken door de calvinistische lesprogramma's en de mogelijkheid om Frans te leren in Holland. De hele eeuw lang stond een opleiding in de Nederlanden garant voor roem, prestige en het aura van traditie.[14]

De levendige kenniscultuur aan de universiteiten was bevorderlijk voor, en werd bevorderd door, een buitenschoolse economische en sociale kennisinfrastructuur. Amsterdam en Leiden hoorden tot de belangrijkste uitgeverscentra van Europa, vooral ook omdat hier met betrekkelijk weinig beperkingen zoveel Franse en Latijnse werken voor de Europese markt konden worden gedrukt. De in de Republiek gevestigde geleerden waren niet alleen goed geïntegreerd in het Europese correspondentienetwerk van academici dat wel de Republiek der Letteren genoemd werd, maar behelsden in feite een van de belangrijkste centra daarvan, samen met Parijs en Londen. Leiden, Utrecht, Den Haag en Amsterdam hoorden tot de hoofdsteden van deze gemeenschap van geleerden en wetenschappers, niet alleen op grond van de kosmopolitische universiteiten en de beschikbaarheid van gedrukte boeken, maar ook dankzij de uitstekende communicatiekanalen. De in de Republiek werkende filologen hoorden tot de top van de Europese Republiek der Letteren, en academici verdrongen elkaar om brieven met hen uit te wisselen.[15] In de tweede helft van de eeuw werd hun hoge reputatie nog bekrachtigd door filosofen als Pierre Bayle, John Locke en Thomas Hobbes, die allen geruime tijd in de Republiek verbleven, juist omdat die in de eerste helft van de eeuw een naam had gekregen als centrum van kennis en geleerdheid.

De aantrekkingskracht van letterenstudies

Net als de Latijnse scholen boden de Illustere Scholen voornamelijk voorbereidend onderwijs: tot diep in de achttiende eeuw leefde op deze academische gymnasia de traditie van de late humanistische klassieke geleerdheid voort. Het succes van dit soort scholen was juist voornamelijk te danken aan dit ietwat conservatieve lesprogramma, waarop de nieuwe wetenschap en de nieuwe filosofie weinig vat hadden. Zelfs in de liberale stad Amsterdam, waar Descartes actief was, werd het cartesianisme pas aan de Illustere School besproken nadat het aan de universiteiten van Utrecht en Leiden was geaccepteerd. Veelzeggend genoeg moest Pierre Bayle in 1693 zijn leerstoel als hoogleraar in Rotterdam opgeven omdat hij beschuldigd werd van het verbreiden van atheïstische ideeën.

Een dergelijke conservatieve houding wordt doorgaans ook aan universiteiten toegeschreven: historici hebben erop gewezen dat de belangrijke vernieuwingen in de wetenschap en filosofie plaatsvonden buiten de universiteiten. Waar het de natuurwetenschappen betreft lijkt dit gedurende de eerste drie kwart van de zeventiende eeuw inderdaad het geval te zijn geweest. Maar de aantrekkingskracht van de Nederlandse universiteiten school in andere onderwerpen: ze golden als drijvende kracht van het internationale calvinisme en als de thuishaven van een aantal van de meest vooraanstaande Europese geleerden op het gebied van de historisch-kritische exegese. Vooral de universiteit van Leiden had de beste naam van alle universiteiten in Europa, en haar hoogleraren geschiedenis en filologie stonden zowel in de protestantse als de katholieke delen van Europa in hoog aanzien. Juist aan deze grote literaire traditie van het humanisme, en met name aan de hoogontwikkelde Bijbelkritiek hadden de Nederlandse centra van geleerdheid hun faam te danken.[16] Waar het om de moderne talen gaat is het mogelijk dat 'de literatuur en dichtkunst van de Republiek in het buitenland weinig weerklank vonden',[17] maar dan gaat men voorbij aan de tweetalige literaire cultuur van de zeventiende eeuw. Daniel Heinsius' Latijnse gedichten en theorieën hadden bijvoorbeeld een diepgaande invloed op de Duitstalige poëzie.[18] Aangaande de natuurwetenschappen is wel gesteld dat 'geen van de beroemde Nederlandse geleerden die een belangrijke bijdrage leverden aan de internationale wetenschappelijke ontwikkelingen hoogleraar waren',[19] maar in de ogen van een zeventiende-eeuwse student waren filologie en theologie misschien 'wetenschappelijker' disciplines dan medicijnen. Maar al te vaak beoordelen historici de Gouden Eeuw aan de hand van anachronistische criteria. Door zich te concentreren op Descartes, Spinoza en radicale denkers, op Christiaan Huygens en Van Leeuwenhoek, gaan ze voorbij aan de immense reputatie die de Nederlandse filologische school genoot in Europa. De historische en filologische studie van de Bijbel en de kerkvaders die onder aanvoering van hoogleraren aan de artesfaculteiten werd ondernomen, ervoer men bijvoorbeeld als zeer urgent en relevant voor de meningsverschillen die in die tijd werden uitgevochten, niet alleen tussen katholieken en protestanten, maar ook tussen verschillende richtingen binnen het protestantisme of zelfs binnen het gereformeerd protestantisme. Als we hieraan voorbijgaan projecteren we opvattingen over natuurwetenschap en radicalisme van na de zeventiende eeuw op een cultuur die sterk gericht was op het lezen en interpreteren van de Bijbel.

In deze dynamische erudiete en literaire cultuur had een groot deel van het onderwijs niet zozeer een ideëel of wetenschappelijk als wel een moreel karakter. De hoogleraar geschiedenis Daniel Heinsius, tevens bibliothecaris van de Leidse universiteit en een berucht alcoholist, trok zoals gezegd studenten uit heel Duitsland aan op grond van zijn Latijnstalige poëzietheorieën in het Latijn. Maar hij was ook populair vanwege zijn aandacht voor gedichten in de moderne talen. Toen hij in 1601 (onder pseudoniem) een bijzonder succesvol boek met Nederlandstalige liefdesemblemen publiceerde, knoopte hij aan bij een Europese traditie die zich in diverse regio's in een verschillende richting had ontwikkeld (in het Spaanse Rijk werd het genre gedomineerd door thema's uit de contrareformatie, terwijl in de Franse heroïsche emblemataliteratuur de koning de spil was waar alles om draaide). Doch hij riep hiermee tevens een nieuw subgenre van amoureuze emblemata in het leven, dat in het zeventiende-eeuwse Nederlands tot bloei kwam. Het genre was gericht op de jongere generatie. Een tweede boek met liefdesemblemata van Heinsius' hand was volgens de titel gericht op 'doorluchtige, eerlicke, cloucke, deuchtsame ende verstandege vrouwen'. Het opmerkelijke is dat het hier gaat om het geschrift van een opkomende filologische superster (Heinsius was Scaligers favoriete leerling), die zich bezighield met uiterst specialistische kwesties betreffende de vroege Byzantijnse Griekse poëzie, en zich tegelijkertijd wijdde aan het creëren van liefdesemblemen in zijn moedertaal, die toegankelijk waren voor een deel van de samenleving dat nooit in staat zou zijn een instelling voor hoger onderwijs te bezoeken. De beoefening van de wetenschap was, nogmaals, niet zomaar een specialisatie; ze was diep verweven met een moreel discours waarvan de lessen evenzeer van toepassing waren op geleerden als op de gewone man en vrouw. De voornaamste vertegenwoordiger van het emblematagenre was ongetwijfeld Jacob Cats, wiens embleemboeken zowel gericht waren op de jonge als de middelbare en oudere generatie, met lessen in respectievelijk liefde, maatschappelijk gedrag en vroomheid.

Een schouwtoneel van educatie

Alles bijeen bood het pluriforme onderwijslandschap van de Gouden Eeuw een schouwtoneel van educatie dat bepalend was voor de orale, picturale en Nederlands- en Latijnstalige geschreven cultuur. Dit theatrale aspect was aantrekkelijk voor diverse lagen in de Nederlandse bevolking en voor grote aantallen buitenlandse studenten. Predikanten verkondigden morele lessen in de kerk, hoogleraren gaven openbare colleges in de zalen van een groot aantal onderwijsinstellingen, en de studentendisputaties die op woensdagen en zaterdag plaatsvonden in de aula's van universiteiten waren toegankelijk voor alle belangstellenden van het mannelijk geslacht (Afb. 19.2). Misschien was de Amsterdamse hoogleraar geschiedenis en retorica Petrus Francius niet de enige die zijn studenten meenam naar de schouwburg om hun te laten zien dat het levende woord het niet kon stellen zonder de juiste lichaamstaal.

Deze mondelinge informatieoverdracht ging vergezeld van melodieën. Gedrukte liedboeken en pamfletten met liederen dienden niet slechts voor liturgisch onderricht, maar bevatten ook morele lessen over liefde en maatschappelijk gedrag. Handboeken, embleemboeken en het gebruik van natuurhistorische tekeningen om 'het boek van de natuur' te portretteren tonen aan dat de cultuur van het beeld niet beperkt bleef tot de schilderkunst. De betrekkelijk grote persvrijheid, de hoge graad van geletterdheid onder mannen en vrouwen, en de bloei van de filologische cultuur waren niet eenvoudigweg het resultaat van de nadruk die het protestantisme op het

19.2 Een dubbel spreekgestoelte, aan het begin van de 17e eeuw gebouwd voor het auditorium van de Universiteit Leiden. De gelijkenis met een preekstoel onderstreept het theatrale karakter, alsmede het feit dat de gehoorzalen waarin dergelijke cathedra's stonden vaak onderdeel waren van geconfisqueerde katholieke gebouwen waarin de protestantse universiteiten werden gevestigd. Tijdens disputaties stond de student in de kleine stoel in het Latijn zijn stellingen te verdedigen tegen oppositie door medestudenten, terwijl de begeleidende hoogleraar in de hoge stoel toezicht hield. Gedurende hoorcolleges stond de hoogleraar in de hoge stoel en werd de voorste stoel bezet door de pedel, die als ceremoniemeester optrad. Leiden, Academisch Historisch Museum (foto: A. van Haaster).

geschreven woord legde, maar was in overeenstemming met de vitale humanistische renaissancecultuur die zo kenmerkend was voor de verstedelijkte gebieden van het vroegmoderne Europa.

Noten

1. H.J. de Jonge, 'The Latin Testament of Joseph Scaliger, 1607', in *Lias* 2 (1975), pp. 249-258.
2. E. Kuijpers, 'Lezen en schrijven. Onderzoek naar het alfabetiseringsniveau in zeventiende-eeuws Amsterdam', in *Tijdschrift voor sociale geschiedenis* 23 (1997), pp. 490-523.
3. M. van Doorninck en E. Kuijpers, *De geschoolde stad. Onderwijs in Amsterdam in de Gouden Eeuw*, Amsterdam, 1993, pp. 52-57, citaat op p. 55.
4. C.A. Davids, 'Ondernemers in kennis. Het zeevaartkundig onderwijs in de Republiek gedurende de zeventiende eeuw', in *De Zeventiende Eeuw* 7 (1991), pp. 37-46.
5. A. van de Haar, 'Both One and the Other: The Educational Value of Personification in the Female Humanist Theatre of Peeter Heyns (1537-1598)', in W.S. Melion en B.A.M. Ramakers (red.), *Personification: Embodying Meaning and Emotion*, Leiden, 2016, pp. 256-283.
6. P.Th.F.M. Boekholt en E.P. de Booy, *Geschiedenis van de school in Nederland, vanaf de middeleeuwen tot de huidige tijd*, Assen, 1987, p. 29.
7. K.-J. Riemens, *Esquisse historique de l'enseignement du Français en Hollande du XVIe au XIXe siècle*, Leiden, 1919, pp. 60-64, 89-119.
8. S. Nadler, *Spinoza: A Life*, Cambridge, 1999, pp. 62-64, 106-114.
9. D. van Miert, *Humanism in an Age of Science: The Amsterdam Athenaeum in the Golden Age, 1632-1704*, Leiden, 2009, p. 133.
10. P. des Maizeaux (red.), *Scaligerana, Thuana, Perroniana, Pithoeana*, 2 dln., Amsterdam, 1740, dl. II, pp. 381, 423-425.
11. D. Levitin, *Ancient Wisdom in the Age of the New Science: Histories of Philosophy in England, c. 1640-1700*, Cambridge, 2015.
12. W. Otterspeer, *Groepsportret met Dame I. Het bolwerk van de vrijheid: de Leidse universiteit, 1575-1672*, Amsterdam, 2000, pp. 65-66; Van Miert, *Humanism*, pp. 21-28.
13. S. Sorbière, *Relations, Lettres et Discours (...) sur diverses matières curieuses*, Parijs, 1660, pp. 136, 140.
14. E. Mijers, *'News from the Republick of Letters': Scottish Students, Charles Mackie and the United Provinces, 1650-1750*, Leiden, 2012, pp. 34-36, 193.
15. H. Bots en F. Waquet, *La Repubblica delle lettere*, Bologna, 2005, pp. 103, 111-112.
16. D. van Miert, *The Emancipation of Biblical Philology in the Dutch Republic, 1590-1670*, Oxford, 2018.
17. F. Wielenga, *Geschiedenis van Nederland. Van de Opstand tot heden*, Amsterdam, 2012, p. 158.
18. A. Aurnhammer, 'Daniel Heinsius und die Anfänge der deutschen Barockdichtung', in E. Lefèvre en E. Schäfer (red.), *Daniel Heinsius. Klassischer Philologe und Poet*, Tübingen, 2008, pp. 329-345.
19. Wielenga, *Geschiedenis*, p. 154.

20
Wetenschap en technologie

HAROLD J. COOK

In de zeventiende eeuw liep de Republiek voorop waar het ging om de ontwikkelingen binnen de nieuwe wetenschap van die tijd.[1] Hoewel literatuurstudie en discours essentieel bleven voor de ontwikkeling van de nieuwe wetenschap kwamen er andere soorten activiteiten bij – activiteiten die het nodig maakten materiële zaken te hanteren, te proeven, te manipuleren, nauwkeurig te inspecteren en te registreren, dikwijls met behulp van instrumenten. Dit resulteerde in een bepaald type kennis van regelmatigheden waarvan de verwerving evenzeer afhankelijk was van materiële hulpmiddelen en de fysieke zintuigen als van de geest, en evenzeer van op tastbaar bewijs berustende methodes als van logica, vertrouwen of getuigenissen. De nieuwe onderzoeksmethoden waren kostbaar: er waren kamers en kabinetten nodig om boeken, kaarten, illustraties, schilderijen, objecten en specimens te bewaren; en de onderzoeker moest kunnen beschikken over speciale apparatuur en geschikte ruimtes, wat reikte van optische en meetkundige instrumenten tot scheikundige ovens en ontleedkamers. Er was ook expertise voor nodig – kennis die verworven is door iets bij voorgaande gelegenheden met succes gedaan te hebben – die vaak veeleer berustte op ervaring dan op rationeel redeneren. Het naar buiten brengen van de resultaten en gevolgtrekkingen van deze activiteiten kon bovendien slechts met succes verlopen onder omstandigheden waarin het uitgesloten was dat één enkel gezichtspunt rivaliserende bevindingen volledig kon verdringen. Aldus leverden het republikeinse staatsbestel, de onderwijsinstellingen, de handelsondernemingen en de gedurende de zeventiende eeuw ontwikkelde methoden van oorlogvoering gezamenlijk de voedingsbodem voor de expertise en de infrastructuur die het land een internationale voortrekkersrol bezorgden op het gebied van wiskunde, technologie, medicijnen en natuurfilosofie.

Infrastructuren van de nieuwe wetenschap

De actieve ontwikkeling van de infrastructuren die nodig waren voor de nieuwe wetenschap gingen de vermogens van één enkele persoon verre te boven en worden elders in het boek gedetailleerder beschreven. Zo koesterden de inwoners van de

Republiek, ongeacht de religie die ze aanhingen, vaak een groot verlangen om Gods wegen te doorgronden, wat hen er dan weer toe aanzette om de schepping en haar schepselen te bestuderen. Maar tegelijkertijd voelden predikanten, priesters, mystici en rabbi's zich dikwijls genoopt om hun volgelingen terug te voeren naar hun interpretatie van de regels en wetten van hun geloof. Een voorbeeld van deze voortdurende wrijving is dat de meeste astrologen en astronomen, en ook veel gewone mensen en regenten, openlijk het standpunt aanhingen dat de aarde een planeet was die in een eigen baan om de zon draaide, hetgeen de Republiek tot een van de bakermatten van het copernicanisme maakte. Een van de invloedrijkste voormannen van de calvinisten, Gisbertus Voetius, verzette zich op Schriftuurlijke gronden tegen dit idee. Hij merkte echter dat hij niet de juridische of politieke macht bezat om te verhinderen dat het copernicanisme in geschrifte of op scholen werd behandeld.

Zo was Voetius ook fel gekant tegen materialistische opvattingen over de menselijke fysiologie die voortkwamen uit de theorieën van de destijds in de Republiek woonachtige René Descartes. Voetius had vooral bezwaar tegen de stelling dat de menselijke ziel een 'accident' van onze fysieke constitutie is, en gezien zijn hoge positie aan de Utrechtse universiteit slaagde hij er geruime tijd in om het cartesianisme van het curriculum te weren. Maar Descartes bracht veel van zijn invloedrijke vrienden in het geweer, met als gevolg dat er in Leiden vergelijkbare felle discussies ontstonden, waarop het stadsbestuur deze eenvoudigweg verbood om te voorkomen dat de orde verstoord zou worden. Paradoxaal genoeg liep daardoor iedereen die zich in het openbaar uitsprak tegen het cartesianisme evenveel risico als iemand die ervoor pleitte. Onder dergelijke omstandigheden wisten vindingrijke mensen altijd wel een manier te vinden om hun favoriete opvattingen te onderstrepen of te bestrijden, in privégesprekken, door indirecte suggestie of onder een dekmantel: zo gebeurde het dat hoogleraren cartesiaanse principes bespraken in colleges over Aristoteles.

Ook tot ver buiten de universiteitsmuren was er veel belangstelling voor discussies over de natuur of aspecten ervan. De alfabetiseringsgraad en de rekenvaardigheid in de Republiek waren waarschijnlijk hoger dan waar ook in Europa, zowel onder mannen als vrouwen. Kerk- en zangscholen waren her en der te vinden, en er waren talrijke Latijnse scholen, Illustre Scholen en universiteiten.[2] Weeshuizen vonden het belangrijk hun jonge pupillen een goede scholing te geven en ze op te leiden voor productieve arbeid; gilden en broederschappen verlangden diverse vaardigheden en bekwaamheden van hun leden; er waren tal van docenten die les gaven in het Frans en Italiaans, de voertaal van de wellevenden; en de rederijkerskamers bleven zich op zijn minst gedurende de vroege zeventiende eeuw inzetten voor de verdere ontwikkeling van het spreken in het openbaar in het Nederlands en het Latijn. Veel ondernemingen, zoals de Verenigde Oost-Indische Compagnie (voc) of de corporaties die drasland drooglegden, lieten kandidaten een examen afleggen voor ze iemand benoemden op een post waarvoor technische vaardigheden vereist waren, zoals landmeter, stuurman of kaartenmaker. In zulke gevallen had erkende expertise een grote waarde.

Particuliere onderwijzers en gespecialiseerde docenten concurreerden in het openbaar om leerlingen. Soms waren die leerlingen meisjes of jonge vrouwen, zoals in het geval van de befaamde Anna Maria van Schurman, die een belangrijke vroege aanhanger van het cartesianisme werd (Afb. 20.1). In de meeste steden werd ook onderwijs voor gevorderden gegeven in vakken als navigatie en landmeetkunde, waarvoor naast kennis van rekenmethoden ook het gebruik van instrumenten een vereiste was. Een van de beste leermeesters was Petrus Plancius, een calvinistische predikant die vanuit Brussel was uitgeweken naar Amsterdam en beschikte over kennis van Portugese kaarten en routes naar Oost-Indië. Niet alleen werd hij een van de oprichters van de voc en was hij ten nauwste betrokken bij een aantal Nederlandse projecten om een noordelijke route naar China te vinden, maar ook was hij de samensteller van veel met de mercatorprojectie vervaardigde wereld- en hemelkaarten (met inbegrip van de zuidelijke sterren), ontwikkelde een methode om de lengtegraad te bepalen, en organiseerde cursussen in een Amsterdamse kerk, waar hij anderen les gaf in navigatie en kaartenmaken. De opmerkelijke wiskundige en ingenieur Simon Stevin was eveneens uitgeweken naar de Republiek, waar hij zich ontpopte tot een van de meest ingenieuze uitvinders van zijn tijd; hij kreeg bekendheid als voorstander van het decimale stelsel, als leermeester van prins Maurits van Oranje en als pleitbezorger voor het gebruik van de dubbele boekhouding bij het financieel beheer van de Republiek. Niet veel docenten in exacte wetenschappen hebben zo'n naam gemaakt als Plancius of Stevin, maar in de Noordelijke Nederlanden waren tal van ambitieuze mensen met een vergelijkbare achtergrond en belangstelling te vinden die popelden om hun kennis en ervaring te tonen.

Ook leidden de militaire activiteiten van de Republiek ertoe dat er voortdurend behoefte was aan wiskundig geschoolde adviseurs, omdat niet alleen de defensieve en offensieve belegeringsmethoden, maar zelfs de manoeuvres van legereenheden en de acties van zwaardvechters in een duel werden bepaald aan de hand van geometrische en rekenkundige principes. (Het opstellen en ontcijferen van boodschappen in geheimschrift – essentieel voor belangrijke militaire en diplomatieke communicatie – was eveneens gebaseerd op wiskundige patronen.) Het oud-Nederlandse vestingstelsel, waarin het gebastioneerde vestingstelsel of *trace italienne* was uitgebreid met hydraulica, was voortgekomen uit het werk van de Alkmaarder Adriaen Anthonisz, beter bekend als Metius. Zijn zoon Adriaan Metius, een van prins Maurits' hooggewaardeerde militaire ingenieurs, werd in 1600 benoemd tot hoogleraar aan de universiteit van Franeker. Daar onderwees hij niet alleen wiskunde en astronomie, maar ook landmeetkunde, navigatie en werktuigbouwkunde (in het Nederlands) en bleef nieuwe en verbeterde instrumenten ontwikkelen zoals astrolabia en sextanten. Eveneens in het jaar 1600 transformeerden prins Maurits en Stevin de schermschool van de Leidse universiteit tot de 'Nederduytsche Mathematique' waar verscheidene generaties welgestelde jonge heren in collegezalen van de universiteit werden onderwezen in de jongste methoden van de toegepaste wiskunde, dit alles in het Nederlands. Tot de daar afgestudeerden hoorden niet alleen vele uitmuntende landmeters en ingenieurs, maar ook toekomstige regenten met een gedegen wis-

20.1 Jan Lievens, *Portret van Anna Maria van Schurman*, 1649, Londen, National Gallery.

kundige kennis, zoals Johannes Hudde, Hendrik van Heuraet, Christiaan Huygens en Johan de Witt (de toekomstige raadpensionaris van Holland): gezien het belang van loterijen voor de fondsenwerving van de diverse bestuurlijke lichamen in de Republiek werden zulke mannen niet alleen bekend als politicus, maar ook om hun bijdragen aan vakgebieden als actuariële wiskunde en waarschijnlijkheidsrekening.

Met het oog op de oprichting van de ingenieursschool benoemde de universiteit van Leiden zelf in 1601 Rudolph Snel van Royen tot hoogleraar wiskunde, nadat hij eerst het onderwerp als *professor extraordinarius* had onderwezen. Zijn zoon Willebrord Snel (Snellius), die hem in 1613 opvolgde, werd befaamd om zijn werk aan kegelsneden, een zeer belangrijk onderdeel van de contemporaine wiskunde. Maar Snel is misschien het bekendst om een technisch wapenfeit: door nauwkeurig met behulp van driehoeksmeting de precieze afstand tussen de steden Alkmaar en Bergen op Zoom vast te stellen – een lijn die hij later doortrok tot Mechelen – berekende hij de lengte van een lengtegraad en daarmee de omtrek van de aarde. Hij werd opgevolgd door Jacob Golius, een hoogleraar 'oriëntaalse' talen die in 1629 na een reis door het oostelijk Middellandse Zeegebied verscheidene belangrijke wiskundige geschriften in het Arabisch meebracht (met inbegrip van de Arabische vertaling van Apollonius van Perga's standaardwerk *Konika*). In 1633 bouwde de universiteit voor Golius en zijn studenten een sterrenwacht op het dak van het hoofdgebouw van de universiteit.

Net zoals praktische problemen een stimulans waren voor de studie van hogere wiskunde en de ontwikkeling van nieuwe en zeer nauwkeurige instrumenten, was ook de wijdverbreide technische expertise waarover de Republiek beschikte in het algemeen bevorderlijk voor de nieuwe wetenschap. In het hele land was een grote variëteit aan vakkundige ambachtslieden en ondernemers te vinden. In feite was het politieke en militaire succes van de natie afhankelijk van haar vermogen om een hoge staatsschuld te handhaven zonder in gebreke te blijven, wat op zijn beurt weer afhankelijk was van nieuwe inkomstenbronnen, waaronder overzeese commercieel-militaire expedities.[3] De scheepsbouw kan gezien worden als de oorspronkelijke *conditio sine qua non* van de Nederlandse welvaart – een industrie die nauw verband hield met een geavanceerde infrastructuur van havens, pakhuizen en beursgebouwen, vernieuwingen op het gebied van de landbouw en de voedselverwerking, waterbouwkundige werken, energiewinningstechnieken als windmolens, zware industrieën zoals de wapenfabricage, tal van nieuwe consumptieartikelen als de tabakspijp en gedistilleerde alcohol – en zelfs diamantslijpen – en verwerkingsindustrieën zoals chemisch bleken en verven. De 'Hollander', een maalbak die vodden niet met hamers, zoals gebruikelijk was, maar met messen tot pulp verwerkte, droeg bijvoorbeeld bij aan de instandhouding van een omvangrijke papierindustrie die sterk, wit en fijnkorrelig papier produceerde; daarmee werd ze een toetssteen voor de rest van Europa en voorzag ze tevens in de behoeften van de omvangrijke drukkersbranche en zelfs van de Republiek der Letteren. Om een vak op niveau te kunnen beoefenen was het vaak een voorwaarde om te kunnen lezen en rekenen, wat maakte dat er een lezerspubliek ontstond dat belust was op almanakken, boeken en pamfletten waarin onder meer de natuur en haar onderliggende structuren werden beschreven en besproken.

De instrumenten van de kennis

Als we het hoge niveau en de wijdverbreide belangstelling voor de vroegmoderne Nederlandse wetenschap in ogenschouw nemen mogen we niet voorbijgaan aan de vakbekwame ambachtslieden, zoals de makers van het gespecialiseerde glaswerk voor scheikundige experimenten en de bereiding van chemicaliën, lenzenslijpers (van wie Baruch de Spinoza wel de beroemdste is) en makers van complexe meetkundige en optische instrumenten ten behoeve van landmeters en astronomen. Deze ambachtslieden werkten zowel voor de internationale als voor de binnenlandse markt en ontwikkelden zich vaak zelf tot wetenschappelijk expert. Halverwege de eeuw kreeg de Leidse familie Musschenbroek, die aanvankelijk koperen gebruiksvoorwerpen produceerde, bekendheid om zijn vakkennis en zijn vermogen om uit uiteenlopende materialen nauwkeurige wetenschappelijke instrumenten te vervaardigen op basis van samenspraak tussen de ontwerpers en de onderzoekers, waarmee nieuwe wetenschappelijke kennis werd ontwikkeld.

Een van de beroemdste voorbeelden van het samengaan van technische en wetenschappelijke vakkennis was de Nederlandse uitvinding van de telescoop, en wellicht ook van de microscoop. In de jaren 1580 kwamen er meer ambachtslieden met kennis van glasfabricage naar de Republiek, die voorzagen in de behoefte aan glazen flessen voor het vervoer van dranken of vensterglas voor huizen, maar ook semi-luxueuze producten ontwikkelden als glazen tafelgerei en brillen. Lenzenslijper werd een gangbaar beroep, waarvoor kennis van optica uiteraard een vereiste was. In de zomer van 1608 vroeg Hans Lipperhey uit Middelburg, een van de meesters in dit vak, patent aan voor een instrument in de vorm van een buis met lenzen aan beide uiteinden om 'ver te kijken'. Toen prins Maurits en zijn broer Frederik Hendrik in Den Haag de kans kregen om door dit instrument te kijken, zagen ze ogenblikkelijk in welk nut dit zou kunnen bewijzen bij gevechtshandelingen te land en ter zee, en hun tegenspeler, de Spaanse generaal Ambrogio Spinola – die daar verbleef met het oog op onderhandelingen over een wapenstilstand – was niet minder onder de indruk. Lipperheys optische wonderinstrument was wellicht afgeleid van een eerdere uitvinding van Sacharias Janssen (ook een lenzenmaker uit Middelburg). Maar in oktober meldde Jacob Metius, de broer van Adriaan Metius uit Franeker, dat hij al sinds 1606 aan een dergelijk apparaat werkte: er is bewijs dat hij zijn telescoop, zoals het instrument later genoemd werd, heeft gedemonstreerd bij de Frankfurter Buchmesse van 1608, waar hij reclame maakte voor het door zijn broer geschreven boek *Institutionum astronomicarum* (1608). Uiteindelijk verstrekte de Staten-Generaal geen patent omdat men van oordeel was dat het instrument te makkelijk na te maken was. Maar het nieuws verbreidde zich snel: al in de zomer van 1609 werkte Galilei aan een verbeterde versie van de telescoop en richtte die op de nachtelijke hemel, waarna hij weldra faam verwierf met zijn *Siderius Nuncius* (1610).[4]

Waarschijnlijk niet lang daarna maakte Cornelis Drebbel, een zeer ingenieuze uitvinder en experimentator uit Alkmaar, die door de beroemde graveur Jacob de Gheyn was ingewijd in de alchemie, een begin met de ontwikkeling van een vergelijkbaar instrument met twee lenzen waarmee kleine objecten bestudeerd konden worden, wat uiteindelijk een microscoop werd. Tegen het midden van de eeuw werd bekend dat goedkope instrumentjes met een uit kleine druppeltjes gesmolten glas vervaardigde lens een sterkere vergroting met minder vervorming opleverde. Blijkbaar was Johannes Hudde – een burgemeester van Amsterdam en voormalig student van de Nederduytsche Mathematique in Leiden – degene die Anthonie van Leeuwenhoek, een stadsambtenaar uit Delft, leerde hoe hij zulke lenzen moest maken. Van Leeuwenhoek, die zijn eigen lenzen sleep, verbeterde de gebruikelijke methoden zozeer dat hij objecten tot 270 maal kon vergroten, en hoewel hij geen Latijn kende en geen universitaire graad had, ontpopte hij zich tot een befaamd virtuoos van de nieuwe wetenschap, dankzij zijn ontdekking van tot dan toe onvoorstelbare levende organismen waaronder 'animalcules' (eencelligen), rode bloedcellen en menselijke en dierlijke spermatozoa. Misschien werd zijn belangstelling voor de optica aangewakkerd door zijn Delftse buurman Johannes Vermeer – die evenmin een universitaire graad bezat – en wellicht een camera obscura heeft gebruikt als hulpmiddel bij het schilderen. Met andere woorden: de telescoop en de microscoop – instrumenten die als zinnebeeld van de nieuwe wetenschap kunnen gelden – kwamen voort uit het gemengde milieu van ambachtslieden, wetenschappers en werktuigbouwkundigen dat aangetroffen kon worden in steden als Middelburg, Franeker, Alkmaar, Amsterdam en Delft.

Driedimensionale materie en fysiologie

De steeds frequentere toepassing van optische en meetkundige instrumenten voor het exact bestuderen van natuurverschijnselen had ook grote en ingrijpende gevolgen op de theorieën over de natuur. Het bracht veel natuurfilosofen ertoe de natuur te beschouwen als iets dat geworteld was in getallen, terwijl anderen op grond hiervan het lichaam gingen opvatten als een instrument dat zintuiglijke indrukken van de andere materiële lichamen ons heen registreert, die dan worden geïnterpreteerd door de geest/de hersenen, die dus zelf ook als een instrument fungeren. Descartes, die alle tijdens zijn leven gepubliceerde werken schreef gedurende zijn ballingschap in de Republiek van 1629 tot 1649, gebruikte de metafoor van de blinde die een stok gebruikt om de wereld om zich heen te duiden: vanuit de hand brengt de stok via de zenuwen fysieke impressies over naar de hersenen, die ze dan vervolgens interpreteren en zo een imaginair driedimensionaal model van de tastbare wereld organiseren. De input bestaat dus niet uit ontastbare kwaliteiten, maar uit materiële aanrakingen. Galilei had al geopperd dat de geest alleen wist wat hitte was omdat vurige deeltjes onze huid aanraakten en zintuiglijke indrukken doorgaven aan de hersenen; Descartes opperde op zijn beurt dat de snelheid van de beweging en de rotatie van materiële deeltjes maakt dat wij ze ervaren als warm of koud, als verschillende kleuren, enzovoort. Met andere woorden, de hersenen – met de pijnappelklier (epifyse) als centraal punt – waren zelf een zintuiglijk orgaan, en bijna al ons denken kwam voort uit het ordenen van onze indrukken en aandoeningen tot interpreteerbare patronen, waarmee ons lichaam en zelfs onze geest tot een fysiek meetinstrument gemaakt werd. Hij veronderstelde tevens dat mensen, anders dan dieren, een rationele ziel bezitten met het vermogen om wiskundige waarheden en dergelijke intuïtief te begrijpen, en dat we genoeg eigen wil hebben om onze gedachten door middel van taal en tekens door te geven aan anderen. Maar voor het overige bestond de wereld eenvoudigweg uit bewegende driedimensionale materie, wat betekende dat instrumenten gezien konden worden als verlengstukken van onze zintuigen en dat het mogelijk was om anderszins ongeobserveerde fenomenen in gedachten waar te nemen.

De nadruk die Descartes legde op de fysische wereld bracht hem er verscheidene malen toe te schrijven dat in zijn wereldbeeld alles in feite draaide om de instandhouding van het leven en de verlenging van de gezondheid, een klassiek ideaal dat nu met nieuwe methoden werd nagestreefd. Deze methoden omvatten de studie van anatomie en scheikunde, disciplines die hij in de Nederlanden actief kon verkennen met zijn vele vrienden die over een medische bevoegdheid beschikten. In de jaren 1630 werkte hij bijvoorbeeld samen met Amsterdamse artsen als François de le Boë Sylvius – die later een prominent hoogleraar medicijnen aan de Leidse universiteit werd – en met de anatoom Vopiscus Fortunatus Plempius – die in 1633 werd aangesteld als hoogleraar in Leuven, waar hij veel van Descartes' ideeën bestreed, maar uiteindelijk wel het bestaan van de bloedsomloop erkende. Het was Henricus Regius, een hoogleraar medische theorie en een goede bekende van Descartes, die de cartesiaanse fysiologische proposities in Utrecht introduceerde, wat aanleiding was voor de eerste controverses over de nieuwe filosofie. Descartes bleef zich tot het eind van zijn verblijf in de Republiek bezighouden met anatomie en fysiologie, en kocht voor aanzienlijke bedragen zelfs koeien van slagers om de ontwikkeling van de foetus in de baarmoeder te onderzoeken.

Descartes had veel van zijn fysische en wiskundige kennis te danken aan een Nederlandse vriend, Isaac Beeckman. Beeckman was afkomstig uit een Middelburgs milieu van ambachtslieden – zijn vader was kaarsenmaker en zelf werkte hij aanvankelijk als waterleidinglegger – maar dankzij privé-onderricht en zelfstudie behaalde hij in 1618 een medische graad in Caen; op zijn terugreis bracht hij een paar weken door in Breda, waar hij de jonge Descartes ontmoette die daarheen was gegaan om zich te verdiepen in de kunst van de oorlogvoering, en dus in technische militaire vakken. Beeckman hielp hem daarbij en maakte zijn leerling deelgenoot van zijn eigen enthousiasme over een atomistische visie op een natuur die met exacte methoden bestudeerd kon worden. Beeckman gaf later les aan de Latijnse Scholen van Rotterdam en Dordrecht, en richtte in die laatste stad een 'Collegium Mechanicum' op waar hij zich met andere vaklieden en bestuurders toelegde op het gezamenlijk bestuderen van natuurverschijnselen met behulp van instrumenten.

Specimens en collecties

De nieuwe wetenschap berustte niet alleen op filosofie en instrumenten, maar ook op specimens, bij voorkeur tastbare objecten, en anders op nauwkeurige tekeningen in driedimensionaal perspectief, in de juiste verhoudingen en met schaduwpartijen om de fysieke vorm te benadrukken. (Als kleur belangrijk was, kon die worden aangebracht met kleurstof of waterverf, of in een begeleidende toelichting worden aangegeven.) Een schitterend voorbeeld is het *Visboeck* dat in de jaren 1580 is samengesteld door Adriaen Coenen, een Scheveningse groothandelaar in vis. Hij verzamelde vreemde zeedieren en verkocht ze dikwijls aan anderen als specimens, maar maakte ook gekleurde illustraties daarvan en van andere schepselen waarover hij had gehoord, die hij voorzag van geschreven commentaar.[5]

Later in de zestiende eeuw kreeg een aantal verzamelaars bekendheid om de omvang en de kwaliteit van hun collecties op het gebied van de natuurlijke historie. Een voorbeeld is Berent ten Broecke (beter bekend als Bernardus Paludanus), die reizen maakte door Europa, Syrië en Egypte voor hij zich als stadsdokter vestigde in de Noord-Hollandse havenstad Enkhuizen. In de loop van zijn reizen, maar ook daarna verzamelde Paludanus vele specimens van mineralen, planten en dieren. Tevens vergaarde hij eigenaardige door de mens gemaakte voorwerpen. Omstreeks 1590 had de faam van zijn 'rariteitenkabinet' zich verbreid en boden de curatoren van de nieuwe universiteit in Leiden hem een positie aan als hoofd van de nieuwe hortus, mits hij ermee akkoord ging zijn collectie mee te brengen. Hij bleef echter in Enkhuizen, en leerde daar Jan Huygen van Linschoten kennen na diens terugkeer uit Portugees Oost-Indië. Linschotens befaamde *Itinerario* (1596) bevatte een vrij gedetailleerde beschrijving van de Aziatische zeewateren en leverde een aanzet tot het ondernemen van Nederlandse expedities naar dat gebied; het is minder bekend dat Paludanus een aanzienlijke hoeveelheid informatie aan dit werk had toegevoegd die berustte op boeken en specimens uit zijn collectie. Een eeuw later lukte het een Delftse arts, Hendrik d'Acquet, die schelpen en andere voorwerpen had overgenomen van Georg Eberhard Rumphius, een gewezen functionaris van de voc in Ambon, om een uitgave van diens *D'Amboinsche Rariteitkamer* te voorzien van behoorlijke illustraties door tekeningen te laten maken van objecten uit zijn eigen en andere kabinetten (Afb. 20.2).[6]

Onder de vroege verzamelaars van naturalia waren ook veel apothekers. Van meet af aan importeerden ze exotische specerijen, medicinale stoffen (afkomstig van delen van planten, dieren en mineralen) en andere ongewone natuurproducten, en hadden daarbij grote bekwaamheid ontwikkeld in het onderscheiden van diverse materialen en het beoordelen van hun versheid en hun werking. (Aan de 'gedroogde' toestand van substanties die van grote afstand aangevoerd waren danken we de woorden 'drogist' en 'drugs'.) In apothekerswinkels werd gewerkt met kleinere hoeveelheden, die in de juiste verhoudingen werden gemengd tot geneeskrachtige middelen. In de Republiek gingen deze winkels menigmaal getooid met een gaper, een houten kop van een exotisch uitgedost persoon met een open mond of zelfs een uitstekende tong: dit beeld hield verband met de gewoonte om van verre afkom-

20.2 Georgius Everhardius Rumphius, *Oesterschelpen uit Nederlands Oost- en West-Indië* in: Idem, *D'Amboinsche Rariteitkamer*, Amsterdam 1705, afb. xlviii, fol. 158 (Editie: E. M. Beekman, *The Ambonese Curiosity Cabinet*, New Haven 1999, p. 219).

stige medicijnen in te nemen in de vorm van pillen of drankjes. Apothekers waren meestal ook in staat om chemische extracten en vergelijkbare producten te maken. Op afbeeldingen zijn hun winkels dikwijls voorzien van planken die van de vloer tot de zoldering reiken en vol staan met geëtiketteerde aarden potten die de diverse substanties bevatten, en soms ook van een achtertuin en huiden van exotische dieren (bijvoorbeeld krokodillen) als aanduiding van de rijke en gedetailleerde kennis van de natuurlijke details die ze van over de hele wereld vergaard hadden. Een van de ijverigste verzamelaars van de vroege zeventiende eeuw was Jan Jacobsz. Swammerdam, de eigenaar van De Star, een apotheek nabij de Montelbaanstoren aan de Oude Schans in Amsterdam, waar schepen van de Oost- en West-Indische Compagnie aanmeerden. Hij verzamelde allerlei voorwerpen, waarbij specimens uit de natuur een belangrijke plaats toekwam. Zijn zoon Jan Swammerdam werd later een belangrijk natuuronderzoeker en arts, en verkocht na zijn vaders dood de inhoud van de 'Konstkaemer', waartoe hij een uitgebreide catalogus opstelde. Een eeuw later kwam Albertus Seba, die eveneens een apotheek dreef in de omgeving van de

20.3 Ets naar een tekening van Maria Sybilla Merian, *Handgekleurde afbeelding van een Surinaamse vlinder, rups en pop met granaatappelbloesem en granaatappel (in de zestiende eeuw geïntroduceerd in het Caraïbisch gebied)*. Uit de postume Latijnse editie van Maria Sibylla Merian, *Metamorphosis insectorum Surinamensium* (Amsterdam, Joannes Oosterwyk, 1719). John Carter Brown Library.

Amsterdamse haven, bekend te staan als een van de grootste verzamelaars; zijn collectie werd in 1716 aangekocht door tsaar Peter de Grote, waarna hij van voren af aan begon; Seba publiceerde in 1734 zijn *Thesaurus* ('schatkamer'), een uitvoerige en nauwkeurige beschrijving van zijn verzameling.[7]

De grote vraag in de Nederlanden naar specimens, tekeningen en nauwkeurige informatie over exotische wezens uit minder bekende delen van de wereld dreef de prijzen die verzamelaars betaalden aanzienlijk op; zowel gewone zeevaarders als hoogopgeleide employés van de VOC of WIC traden op als inzamelaar en leverancier. Ook legden ze verslag van hun veldwerk. Jacobus Bontius, de eerste arts in dienst van de VOC die zich vestigde in de Nederlandse hoofdstad Batavia op Java, tekende en beschreef bijvoorbeeld de plaatselijke planten en dieren (en ook de ziektes en medicijnen uit die streek). De betrekkelijk korte periode dat de Nederlanden Brazilië bezet hield leeft voort in de fraaie tekeningen van Frans Post en het rijk geïllustreerde werk over natuurlijke historie *Historia Naturalis Brasiliae* (1648), dat is samengesteld door Willem Piso en Georg Marcgraf en is opgedragen aan de herinnering van de vroegere gouverneur, de 'suikerprins' Maurits. Later die eeuw reisden Maria Sibylla Merian en haar dochter, gesteund door belangrijke Amsterdamse verzamelaars als Nicolaes Witsen (burgemeester en bewindvoerder van de VOC), naar Suriname om daar de natuur te verkennen en brachten specimens en tekeningen mee bij hun terugkeer. Dit resulteerde onder meer in het opmerkelijke *Metamorphosis insectorum* uit 1705, dat ongeveer zestig gravures op folioformaat bevatte van planten en insecten uit dat gebied (Afb. 20.3).[8]

Op hun beurt waren verzamelaars in het veld afhankelijk van de mogelijkheid objecten en informatie te verkrijgen bij plaatselijke tussenpersonen, meestal leden van de inheemse bevolking of mensen van gemengd ras en etniciteit (die verschillende talen spraken). De Nederlandse verzamelaars schiftten en ordenden wat hun verteld werd, en legden ideeën over naturalia en hun eigenschappen die volgens hen op 'bijgeloof' berustten ter zijde teneinde zich uitsluitend op de objecten zelf te richten. Veel van de naar de Republiek gestuurde informatie over de natuur kreeg op die manier, net als de specimens zelf, de status van harde en overdraagbare kennis: dit was 'objectieve' wetenschap omdat het ging over objecten die waren ontdaan van bijzaken, zodat ze hetzelfde waren, waar ze ook werden onderzocht.

De studie van de menselijke anatomie

Medische belangstelling was ook de drijvende kracht achter andere soorten natuuronderzoek. Zoals blijkt uit de voorbeelden van Descartes en Beeckman werd de vakkennis die bekrachtigd werd met de toekenning van een medisch doctoraat *physique* genoemd, een woord dat is afgeleid van het Griekse woord voor natuur, *physis*. Het was het voornaamste doel van de hoogleraren hun studenten te onderwijzen in de vaste gedragspatronen van de natuur en de levende wezens die daarin te vinden waren, terwijl de praktijk van de artsen zelf vaak gebaseerd was op het vormen van een verstandig oordeel tijdens het luisteren naar en adviseren van cliënten en patiënten aangaande het behoud of het herkrijgen van een goede gezondheid. Maar aan de medische faculteiten gingen colleges en discussies ook gepaard met praktijkonderzoek. De meest gebruikelijke Nederlandse term voor dokter was 'geneesheer', en de medische wetenschap heette 'geneeskunde'. Zelfs in de term *medicus*, die werd gebruikt voor universitair geschoolde artsen, klonk het Romeinse werkwoord *medico* door: een verandering in iets aanbrengen met behulp van een tinctuur of kleurstof of door het te behandelen met een geneeskrachtige substantie. Om dergelijke veranderingen tot stand te brengen was niet alleen theoretische kennis maar ook praktische ervaring een vereiste.

Zoals de voorbeelden uit de natuurlijke historie aangeven, hadden de medici dan ook het voortouw genomen bij het publiceren van natuurlijke *observationes*, vaak ook *historia* genoemd (vgl. natuurlijke historie of ziektegeschiedenis). Ze moesten ook voldoende weten van door gewone mensen gebruikte en door apothekers verhandelde stoffen en mengsels, die soms een ingrijpende fysiologische uitwerking hadden. Het is bijvoorbeeld goed mogelijk dat de bekende gedichten van Jan Six van Chandelier ten dele zijn beïnvloed door zijn persoonlijke ervaringen met medicamenten die hij in zijn apotheek verhandelde, en die hem de wereld met andere ogen deden bezien.[9] Dergelijke stoffen konden al dan niet met opzet schade veroorzaken, waardoor er behoefte was aan officieel toezicht. In Amsterdam bijvoorbeeld richtte dokter Nicolaes Tulp, die tevens burgemeester was, in 1638 een Collegium Medicum op dat de gemeentelijke farmacopee, een lijst van goedgekeurde medicamenten, moest samenstellen. Op den duur kwamen het chirurgijnsgilde en nog weer later de vroedvrouwen ook onder toezicht van het Collegium te staan. Er werden nog meer Collegia Medica opgericht: in Den Haag (1658), Middelburg (1668), Haarlem (1692) en daarna ook in andere steden. Dergelijke organisaties waren niet alleen belangrijk voor het reguleren van de medische praktijken in hun stad, maar ook bevorderlijk voor de uitwisseling van medische kennis tussen de leden.

Zo werden er ook op tal van plaatsen medicinale tuinen aangelegd, eerst bij particulieren (vaak achter apotheken) en later door officiële instanties. Deze voorzagen in de toegenomen behoefte aan onderricht in het herkennen van medicinale planten. Maar ze waren ook bedoeld voor gewone mensen die meer wilden weten of genoten van eigenaardige en exotische planten, die ze dikwijls ook in hun eigen achtertuin kweekten. Ten dele aangespoord door botanische verzamelaars investeerde de Leidse universiteit omstreeks 1593 in een stuk grond, bestemd voor een hortus die toegankelijk was voor studenten en publiek en weldra werd beheerd door de vermaarde Carolus Clusius (mede bekend omdat hij de tulp heeft ingevoerd in de Nederlanden); de bedden werden echter waarschijnlijk aangelegd door Dirk Outgers Cluyt (of Clutius), een ervaren apotheker uit Delft die een grote eigen tuin had. In

Amsterdam werd de hortus ontwikkeld in samenhang met het gemeentelijke ziekenhuis, het Binnengasthuis (of Sint-Pietersgasthuis) en groeide in 1638 uit tot een tuin voor het opleiden van studenten en leerling-apothekers onder auspiciën van het Collegium Medicum. In 1646 werd het salaris van de directeur betaald door de stad en daarnaast was hij als docent verbonden aan het in 1632 opgerichte stedelijke Athenaeum. Maar de hortus dankte zijn grote internationale reputatie niet alleen aan zijn vele medicinale gewassen, maar ook aan zijn grote collectie merkwaardige en exotische specimens, die voor het grootste deel afkomstig waren van Nederlandse overzeese handelsexpedities.

Ook de details van de menselijke anatomie waren veelal fundamenteel voor het medisch onderzoek en genoten grote belangstelling van leken. Behalve een botanische tuin kreeg de Leidse universiteit tevens een permanent anatomisch theater, dat in 1597 zijn deuren opende in de Faliede Bagijnenkerk – een voormalige kapel die ook onderdak bood aan de bibliotheek en de schermschool – onder leiding van professor Pieter Pauw (een lid van de invloedrijke Amsterdamse regentenfamilie). Wanneer er een openbare anatomieles werd gegeven in deze amfitheatervormige zaal, werden alle studenten verwittigd en de stedelijke hoogwaardigheidsbekleders uitgenodigd (andere geïnteresseerden moesten entree betalen). Maar omdat de wonderen van het menselijk lichaam niet alleen voor artsen van belang waren, maar ook voor het overbrengen van boodschappen met een algemene morele strekking, werden er, wanneer het theater niet voor anatomielessen werd gebruikt, skeletten en andere naturalia tentoongesteld, die menigmaal voorzien waren van banieren met stichtelijke motto's voor de bezoekers en toeschouwers, bijvoorbeeld over de korte duur van het leven.

Maar specialistische kennis van het lichaam bleef niet beperkt tot universiteiten. Chirurgijnsgilden kregen dikwijls langs officiële kanalen de beschikking over lichamen van terechtgestelde misdadigers of van armen die in het gasthuis waren overleden, teneinde anatomische colleges te geven waarin complete ontledingen werden verricht om zo hun leden en belangstellenden onderricht te bieden. De docenten waren gewoonlijk universitair opgeleide artsen die bekend stonden om hun kennis van anatomie. Deze anatomische lessen waren zo belangrijk voor de eigen identiteit van de chirurgijns dat er soms opdracht werd gegeven voor schilderijen waarop zij en hun collega's werden vereeuwigd. Het beroemdste voorbeeld hiervan is Rembrandts *De anatomische les van Dr. Nicolaes Tulp* uit 1632 (Afb. 20.4), waarop te zien is hoe Tulp het lichaam van Aris Kindt ontleedt en het Amsterdamse chirurgijnsgilde de anatomische structuren van de arm toont die het mogelijk maken dat de wijsvinger de duim aanraakt, en omdat de opponeerbare duim geldt als teken van de uitzonderlijke vermogens van de mens was dit ook een college over de wonderen van Gods schepping. Een paar jaar later, in 1639, opende het Amsterdamse chirurgijnsgilde een nieuw anatomisch theater dat grote publieke belangstelling genoot, een voorbeeld dat bij andere chirurgijnsgilden in de Republiek veel navolging vond.

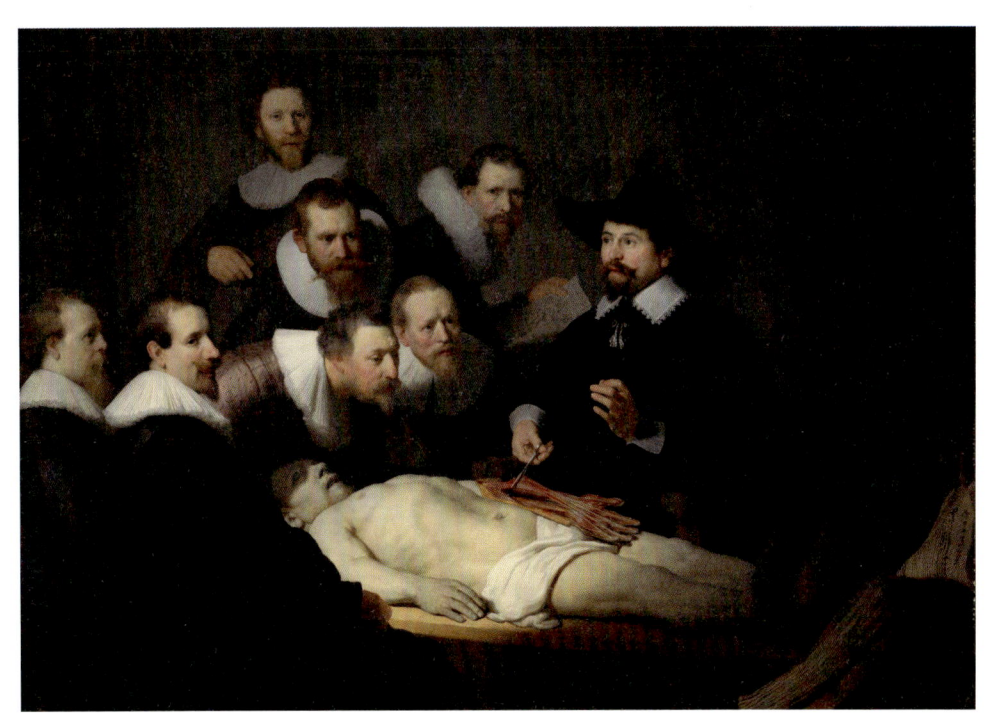

20.4 Rembrandt, *De anatomische les van dr. Nicolaes Tulp*, 1631, Den Haag, Mauritshuis.

Een opmerkelijke ontwikkeling was de introductie van nieuwe balsemtechnieken waardoor kabinetten naast droge nu ook 'natte' specimens gingen bevatten. Omstreeks 1650 schonk Louis de Bils, een lid van de Vlaamse lagere adel, de Leidse universiteit een aantal met zijn nieuwe methoden geconserveerde menselijke lichamen en lichaamsdelen, en niet lang daarna stelde hij verscheidene andere tentoon in Rotterdam. Zijn resultaten gaven de aanzet tot tal van studies naar nieuwe methoden om zachte dierlijke weefsels te conserveren, niet alleen in de vorm van gebalsemde kadavers, maar ook als natte specimens in flessen. Binnen twee decennia maakten de nieuwe conserveringsmethoden – waarbij meestal gebruik werd gemaakt van een afscheiding van een struikgewas uit het Midden-Oosten, terpentijn genaamd, die doorgaans vermengd werd met sterke alcohol – in combinatie met methoden om was, kwik en andere substanties te injecteren, het mogelijk om zachte weefsels en hun ligging in het lichaam waar te nemen op manieren die tot dan toe onvoorstelbaar waren. Toen dergelijke methoden werden gebruikt in combinatie met de nieuwe krachtige microscopen, leidde dat tot een revolutie op het gebied van inzichten in de fijne structuren van het lichaam, aangevoerd door jonge Leidse onderzoekers als Jan Swammerdam en Reinier de Graaf. Swammerdam verwierf later vooral grote bekendheid met zijn studies naar de anatomie van insecten; zo was hij de eerste die aantoonde dat het hoofd van een bijenvolk eierstokken bezit en daarom een bijenkoningin is in plaats van een koning. Maar hij en De Graaf raakten verwikkeld in een conflict over wie de meeste eer toekwam voor het identificeren en publiceren van een nauwkeurige beschrijving van de menselijke voortplantingsorganen: een tijdlang was men ervan overtuigd dat De Graaf het menselijke 'ei' had ontdekt, hoewel uiteindelijk bleek dat zijn ontdekking de follikels betrof die de eicel produceren (die zelf zo klein is dat ze pas ruim een eeuw later waargenomen zou worden). Aan het eind van de eeuw bezat het anatomische kabinet van Frederick Ruysch zo'n schitterende verzameling gebalsemde zuigelingen, specimens van menselijke en dierlijke lichaamsdelen in glazen potten en diorama's die waren samengesteld uit skeletten van foetussen, galstenen en versteende lichaamsdelen dat de collectie gold als een van de grote wonderen van die tijd – en werd aangekocht door Peter de Grote.

Zulke wonderen hadden niet bewerkstelligd kunnen worden zonder de steeds toenemende scheikundige kennis, die ook werd bevorderd binnen de levendige en inclusieve stedelijke gemeenschappen van hoogopgeleide vaklieden. De stijgende populariteit van via scheikundige weg vervaardigde geneesmiddelen werd dikwijls in verband gebracht met de naam van de Zwitser Paracelsus. Veel Nederlandse behandelaars gingen gebruikmaken van paracelsische ideeën en methoden, en vertaalden zijn werken in hun eigen taal. Medisch scheikundigen ('iatrochemici') spanden zich in om de complexe substanties die te vinden zijn in de natuur te scheiden in hun essentiële componenten of elementen om zo de actieve ingrediënten te vinden – vandaar het Nederlandse woord voor chemie, scheikunde. Deze ontledingsprocessen berustten op het toevoeren van warmte aan materiële zaken, vaak in verschillende stadia en gedurende een lange tijdspanne, waarbij gebruik werd gemaakt van de bescheiden warmte van mesthopen tot en met de hoge temperaturen die worden opgewekt in een hoogoven: de onderzoekers besteedden noodzakelijkerwijs flinke bedragen aan metalen en glazen attributen, en aan ovens en fornuizen, om nog maar te zwijgen van het hout, de turf en de kolen waarmee het vuur werd gestookt en van de plantaardige, minerale en soms dierlijke substanties waarvan ze de actieve bestanddelen probeerden te isoleren. Op grond van hun complexe praktijken beweerden zij soms niet alleen de steen der wijzen te hebben ontdekt, die het mogelijk maakte om gewone metalen in edelmetalen te veranderen, maar ook één of meer panaceeën, middelen waarmee iedere ziekte genezen kon worden. Zelfs zonder zulke verregaande aanspraken waren de resulterende chemische vloeistoffen en zalven, die om ze vers te houden werden bewaard in luchtdicht afgesloten glazen of aardewerken potten, lange tijd houdbaar en makkelijk te vervoeren, en konden in kleinere verpakkingen aan individuele klanten verkocht worden, zodat deze producten goed aan de man te brengen waren. Aan de universiteiten werd scheikunde aanvankelijk slechts als aanvullend vak onderwezen, onder meer door Sylvius – reeds hierboven genoemd in verband met Descartes – en pas in 1669, met de aanstelling van Carel de Maets, werd het een vast onderdeel van het lesprogramma in Leiden, waartoe in een hoek van de botanische tuin een laboratorium met ovens werd gebouwd.

De iatrochemici bleven nieuwe ideeën en procedés ontwikkelen. Zo hield Johann Rudolf Glauber, die vanaf omstreeks 1640 een aantal jaren in Amsterdam gevestigd was, zich aanvankelijk bezig met het vervaardigen van spiegels (waarbij kwikzilver wordt aangebracht op glas), maar verdiepte zich weldra in andere procedés, en maakte naam met zijn ontdekking van natriumsulfaat of Glauberzout, dat een laxerende werking heeft. Sylvius, een van degenen met wie hij samenwerkte, werd hoogleraar in Leiden en verwierf daar bekendheid met zijn scheikundige colleges, waarin hij verkondigde dat alle fenomenen konden worden onderverdeeld in de chemische processen fermentatie, gisting en verrotting. Sommige van zijn studenten, met name Swammerdam, De Graaf en Niels Stensen (Nicolaus Steno), werden op hun beurt beroemd op grond van hun arbeidsintensieve en fundamentele fysiologisch-scheikundige experimenten en demonstraties. Maar Sylvius' gedachtegoed leeft ook voort in de vorm van jenever, een distillaat met jeneverbessen dat werd gebruikt als hartversterkend middel.

De Nederlanders lieten ook de Japanners kennismaken met jenever, via hun handelspost in Nagasaki. De Nederlandse geneeskunst bleek een van de onderwerpen waarvoor de Japanse regering en haar tolken grote belangstelling hadden, en omstreeks het midden van de eeuw verzochten ze de voc iemand te sturen die over meer vakkennis beschikte dan het beetje dat zij hadden opgestoken van de chirurgijns die meevoeren op de jaarlijks arriverende koopvaardijschepen, en vroegen in het bijzonder om iemand die hun vragen over scheikunde en botanie kon beantwoorden. Willem ten Rhijne kreeg deze betrekking en diende van 1674 tot 1676 bij de handelspost in Deshima (en daarna in Batavia), waar hij tijdens zijn vele ontmoetingen met artsen en tolken hun vragen naar zijn beste vermogen beantwoordde. Zo brachten hij en andere in Nagasaki gevestigde Nederlanders de Japanners enige kennis van anatomie en scheikunde bij. Maar Ten Rhijne deed op zijn beurt zijn voordeel met deze uitwisseling door vragen te stellen over Japanse en Chinese geneesmiddelen. Een van de resultaten hiervan was zijn *Dissertatio de Arthritide*, dat in 1683 werd uitgegeven door de Royal Society of London en het eerste boek was dat het Europese publiek daadwerkelijk kennis liet maken met acupunctuur en een aantal van de daaraan ten grondslag liggende concepten. Na zijn terugkeer naar Batavia hielp Ten Rhijne tevens een voormalige gouverneur van de kust van Malabar, Hendrik Adriaan van Reede, met het samenstellen van zijn meerdelige werk over de natuurlijke historie van Zuidwest-India, *Hortus Indicus Malabaricus* (1678-93). Van Reede was voor zijn informatie sterk afhankelijk van plaatselijke intellectuelen en andere informanten, alsook van de chemische analyse van de medicinale specimens.

Met andere woorden, onder de oppervlakte van de overzeese Nederlandse handelsondernemingen, te midden van de vele hierdoor tot stand gekomen contacten en gesprekken tussen allerlei soorten mensen, vond een uitwisseling plaats van informatie over de natuur en de geneeskunde, maar ook over navigatie en astronomie, waarbij alle partijen bij de andere kennis opdeden die voor hen waardevol was. Deze uitwisseling was misschien niet gelijkwaardig, maar werd evenmin afgedwongen. Soms bood dit zelfs de mogelijkheid om met mensen uit een andere culturele traditie te spreken in een situatie waarbij wederzijds respect prevaleerde. Informatie verplaatste zich via de handelsroutes, samen met de materiële goederen.

De belichaming van de nieuwe 'virtuositeit': Christiaan Huygens

Het geheel van de vele activiteiten die verband hielden met de nieuwe wetenschap in de Nederlanden kan worden vervat in het werk van een van de belangrijkste en veelzijdige virtuozen van deze periode: Christiaan Huygens. Zijn al even bekende vader Constantijn, secretaris van de prins van Oranje en actief lid van de Republiek der Letteren, was geïnteresseerd in alle soorten kennis binnen en buiten de Republiek. Zijn zoon was voornamelijk opgevoed door privéleraren, onder wie Frans van Schooten jr., de met Descartes bevriende Leidse hoogleraar wiskunde. In de jaren 1650 studeerde Christiaan hydrostatica, wiskunde en optica en publiceerde hier ook over, maar vatte tevens belangstelling op voor de geneeskunde. In 1654 begon hij samen met zijn broer Constantijn telescopen te maken, ontdekte een nieuwe maan van Saturnus, opperde de mogelijkheid dat de 'oren' van de planeet die met zijn instrumenten nauwelijks te onderscheiden waren in feite een ring waren, en publiceerde in 1657 een baanbrekend werk over een nieuw type uurwerk dat gebruik maakte van een slinger om de tijd zeer nauwkeurig aan te geven. Ook werkte hij aan verbeterde versies van de microscoop, waarmee hij tal van observaties deed als onderdeel van zijn studie van de natuurlijke historie. Hij werd lid van de pas opgerichte Académie des sciences in Parijs, hoewel hij in 1681, toen de spanningen tussen Lodewijk XIV en de protestanten toenamen, terugkeerde naar Den Haag, waar hij in 1690 als reactie op Newton een belangrijk werk over de golftheorie van het licht publiceerde.

Het werk van Huygens, een hoogopgeleid en vermaard onderzoeker en geleerde, die afkomstig was uit de hoogste kringen in de Republiek, was, om kort te gaan, niet alleen het product van zijn uitmuntende geest en de nieuwste wiskundig-fysische theorieën; wie iets verder kijkt ziet dat zijn prestaties zowel de reikwijdte representeren van de onderwerpen die tot het domein van de nieuwe wetenschap hoorden als de veeleisende specialistische kennis van de technici aan wier adviezen hij zijn instrumenten en resultaten te danken had. Als hij een broer had gehad die zich even intensief had beziggehouden met geneeskunde, scheikunde, anatomie en natuurlijke historie als Herman Boerhaave – de Leidse hoogleraar die zo beroemd was dat hij ooit naar verluidt een vanuit Marokko verzonden brief ontving die slechts was geadresseerd 'aan prof Boerhaave, Holland' – hadden we kunnen zeggen dat binnen één familie alle nieuwe wetenschappen vertegenwoordigd waren (zie Afb. 20.5).

20.5 Steven Tracy, *'De Leidse Sphaera'*, ca. 1670, Leiden, Rijksmuseum Boerhaave.

Conclusie

De Republiek was een gedecentraliseerd politiek systeem dat was verbonden door handelsactiviteiten, in combinatie met een hoge alfabetiseringsgraad en een wijdverbreide belangstelling voor Gods schepping, en werd geschraagd door de noodzaak tot militaire samenwerking en een gemeenschappelijk streven om 'verbeteringen' te putten uit de materiële wereld ten behoeve van de mens en zijn welbevinden: dit alles leverde de voorwaarden waaronder de nieuwe wetenschap zich snel kon ontwikkelen. De objectieve resultaten hoorden overal ter wereld toepasbaar te zijn. Natuurlijk waren individueel vernuft en intellectuele uitmuntendheid evenzeer noodzakelijk, maar die eigenschappen zijn in elke samenleving te vinden; de vraag die historici zich stellen is onder welke omstandigheden mensen de mogelijkheid hebben om zich bezig te houden met het soort activiteiten dat leidt tot de mentale en fysieke praktijken die wij als wetenschappelijk zien. Het valt staande te houden dat de Gouden Eeuw geworteld was in materialisme, zowel in de commerciële als in de filosofische betekenis. De materialistische waarden traden zozeer op de voorgrond en de mogelijkheden om daarop voort te bouwen waren zo talrijk dat de nieuwe wetenschap zich vanuit de basis kon ontwikkelen in plaats van dankzij bijdragen van grootmoedige heersers, zoals bijna overal elders in Europa het geval was. Bovendien waren de voormannen van de nieuwe wetenschap in de Republiek niet afhankelijk van de protectie van een vorst om te verhinderen hun vijanden hen monddood zouden maken, zoals in Parijs of Londen, waar koninklijke maatschappijen werden opgericht voor de wetenschappen. Gilden, collegia, scholen en universiteiten en informele organisaties droegen er alle toe bij de gezamenlijke pogingen te bevorderen en de grote investeringen op te brengen die gemoeid waren met het streven naar een nieuwe objectiviteit die gegrondvest was op alle aspecten van de schepping. Bovenal waren er hoogopgeleide regenten die persoonlijk geïnteresseerd waren in de nieuwe wetenschap, of die nu technisch of medisch van aard was, geestdriftig collecties boeken en specimens aanlegden, en de scholen in hun omgeving aanspoorden om docenten aan te nemen die op de hoogte waren van de jongste ontwikkelingen, ook al hadden zijzelf misschien moeite met de nieuwe ideeën. In het Nederland van de zeventiende eeuw konden de wetenschappen gedijen dankzij het samengaan van materiële en opvoedkundige belangen dat een van de pijlers was van de Republiek zelf.

Noten

1. Het gebruik van de term 'wetenschap' kan misleidend zijn, omdat die destijds voornamelijk betrekking had op filosofische aanspraken op kennis waarvoor sluitend bewijs was, terwijl de beschrijvende 'nieuwe wetenschap' voor een groot deel probabilistisch was. Desondanks wordt de scala aan activiteiten dat de moderne term omvat (zoals laboratoria, anatomische theaters, instrumenten en technische hulpmiddelen) niet goed gedekt door het begrip 'natuurfilosofie', dat slechts een onderdeel was van de hier beschreven activiteiten. Ik gebruik 'wetenschap' daarom als een stenoterm voor het onderzoek van de natuur.
2. Er werden universiteiten opgericht in Leiden (1575), Franeker (1585), Groningen (1614), Utrecht (1636), Harderwijk (1648) en Nijmegen (1655-79); er kwamen Illustere Scholen in Deventer (1630), Amsterdam (1632), Utrecht (1634) en later in Dordrecht, 's Hertogenbosch, Breda, Middelburg, Zutphen en Maastricht.
3. M. 't Hart, *The Dutch Wars of Independence: Warfare and Commerce in the Netherlands 1570-1680*, Londen, 2014.
4. A. Dijkstra, 'Between Academics and Idiots: A Cultural History of Mathematics in the Dutch Province of Friesland (1600-1700)', dissertatie, Universiteit Twente, 2012, pp. 132-154; algemener: A. Van Helden, S. Dupré, H.J. Zuidervaart en R. van Gent (red.), *The Origins of the Telescope*, Amsterdam, 2010.
5. F. Egmond en P. Mason (red.), *The Whale Book: Whales and Other Marine Animals as Described by Adriaen Coenen in 1585*, Londen, 2003; ook online, op https://www.wdl.org/en/item/14420/#institution=national-library-of-the-netherlands.
6. G.E. Rumphius, *The Amboinese Curiosity Cabinet*, ed. E.M. Beekman, New Haven, 1999.
7. E. Bergvelt en R. Kistemaker (red.), *De wereld binnen handbereik: Nederlandse kunst- en rariteitenverzamelingen, 1585-1735*, Zwolle, 1992.
8. D. Kühn, *Frau Merian! Eine Lebensgeschichte*, Frankfurt am Main, 2003; P.J.P. Whitehead en M. Boeseman, *A Portrait of Dutch 17th Century Brasil: Animals, Plants and People by the Artists of Johan Maurits of Nassau*, Amsterdam, 1989.
9. R. Spaans, *Dangerous Drugs: The Self-Presentation of the Merchant-Poet Jan Six Van Chandelier (1620-1695)*, vert. Ciarán Ó Faoláin, Amsterdam, 2020.

21
Radicale denkers

JONATHAN ISRAEL

Over de vraag in hoeverre het Nederlands radicaal gedachtegoed in de tweede helft van de zeventiende eeuw kan worden gezien als het beginpunt van de westerse 'radicale verlichting' in bredere zin zijn in de afgelopen jaren onder wetenschappers grote verschillen van mening gerezen. Maar specialisten die zich specifiek bezighouden met de kring van intellectuelen rondom de filosoof Baruch de Spinoza, de zogeheten *cercle spinoziste*, en haar context, zijn het er in het algemeen over eens dat deze groep inderdaad aan de basis heeft gestaan van een belangrijke stroming binnen de vroege westerse verlichting. Op het niveau van intellectuele invloeden was deze radicale beweging, die vanaf de jaren 1660 tot ontwikkeling kwam in Amsterdam, maar ook in Den Haag, Leiden en andere Nederlandse steden, het resultaat van een aantal langetermijnfactoren: deels van de vroege en ongewoon diepgaande invloed die het cartesianisme had in de Nederlanden, deels van het uitzonderlijk verdeelde en pluralistische karakter van het Nederlandse religieuze leven, en ten slotte ook van het buitengewoon diepgaande Nederlandse wetenschappelijk onderzoek in de tijd van Christiaan Huygens en Anthonie van Leeuwenhoek.

Met name het revolutionaire nieuwe cartesiaanse wereldbeeld, waarin de gehele werkelijkheid werd onderverdeeld in twee scherp afgebakende domeinen – ziel/geest en uitgebreidheid – had een polariserende en verstorende uitwerking op het intellectuele leven en de cultuur als geheel. De regels die alle lichamen of andere fysieke zaken bestuurden golden in dit systeem als zuiver mechanistisch en deterministisch; de realiteit waardoor zielen en geesten bestuurd worden, met inbegrip van God, werd gezien als iets totaal verschillends wat daar buiten stond en grotendeels onkenbaar was, behalve via het religieus gezag. Dit leidde ertoe dat de relatie tussen het geloof en de filosofische rede, anders dan in vroegere tijden, uitgesproken beladen, onstabiel en gespannen werd.

Hoewel de brede culturele context zeker van groot belang was, kwam de doorslaggevende bijdrage die de zeventiende-eeuwse Republiek leverde aan de grondslagen van de radicale democratische richting binnen het westerse denken van voor 1789, en aan de opkomst van een traditie van clandestiene filosofische Franstalige geschriften die tegen het eind van de zeventiende en gedurende de achttiende eeuw volop in omloop waren in Europa, rechtstreeks voort uit het ongewisse en ongewone karakter van de dynamische en vernieuwende Republiek die was opgericht tijdens de Nederlandse Opstand tegen het Spanje van de Habsburgers, en uit haar onmiskenbaar precaire internationale situatie.

De interne instabiliteit van de Republiek

Anders dan de oligarchieën die aan het hoofd stonden van de republieken Venetië en Genua konden de regentenfacties die de overhand hadden binnen de Staten van Holland en Zeeland, en voor een deel binnen die van de andere vijf Nederlandse provincies, geen aanspraak op maken op een aloude adellijke status. Maar in tegenstelling tot de groepen patriciërs die een leidende positie innamen in de Zwitserse kantons en in Duitse stadsrepublieken als Hamburg en Frankfurt konden ze evenmin bouwen op een van oudsher vrijwel onbetwiste politieke dominantie. In dat opzicht was hun positie uniek: ofschoon ze de burgerij een grotere mate van religieuze tolerantie boden, en meer individuele ruimte en vrijheid van meningsuiting dan andere door patriciërs bestuurde mogendheden in Europa, bleek hun machtsbasis onstabieler dan bij al die andere. Niet minder dan driemaal – in 1618-1619, 1650 en 1672 – werd de Nederlandse patriciërsoligarchie van 'regenten' eerst door de stadhouder Maurits en vervolgens door Willem II en Willem III geprovoceerd, overtroefd en drastisch opgeschoond. Deze langdurige en onoplosbare structurele instabiliteit had om te beginnen een ontwrichtende uitwerking op de kleine burgerlijke oligarchieën in het land, maar bracht, als gevolg van het immanente verlies van de burgerlijke en gewestelijke autonomie en de banden van het huis van Oranje met naburige monarchieën, ook risico's met zich mee voor de autonomie, de religieuze vrijheid en de economische voorspoed van de Republiek zelf. Tot 1688 vormden de verplichtingen van het huis van Oranje jegens de monarchie van de Stuarts in Engeland een specifieke bedreiging voor de 'Ware Vrijheid', zoals Johan de Witt en zijn medestanders hun bewind noemden. Bij de inspanningen van de Britse monarchie om 'de Verenigde Provinciën ten val te brengen', zoals de Engelse republikein Algernon Sidney het omstreeks 1663 formuleerde, nam het plan om 'de prins van Oranje aan de macht te brengen' tot aan 1688 een centrale plaats in.[1]

Heftige strubbelingen en rumoerige interne theologische en ideologische conflicten, die van tijd tot tijd uitmondden in grootschalige binnenlandse politieke crises, dreigden te leiden tot een aanmerkelijke toename van het monarchistische element in het staatsbestel, tot frequente afgedwongen positiewisselingen binnen stadsbesturen, en tot een grotere steun voor de publieke kerk, met als gevolg dat de religieuze en intellectuele vrijheid in toenemende mate ingeperkt dreigde te worden. Het was een probleem dat ten nauwste verweven was met het bestel van de Republiek en dat werd geïntensiveerd door de relatief hoge graad van geletterdheid van de inwoners en de krachtige steun die zowel de publieke kerk als het huis van

Oranje genoot onder de bevolking. De oranjegezinden, die een bredere en ferventere aanhang hadden onder het gewone volk dan de republikeinse oligarchie, wat voornamelijk te danken was aan het feit dat ze de sterkste facties binnen de Gereformeerde Kerk hadden en dat de meeste orthodoxe theologen aan hun kant stonden, waren niet alleen gekant tegen de Republiek in haar bestaande vorm, maar tornden ook aan de tolerantie, gewetensvrijheid, openbare politieke discussie en vrijheid van meningsuiting die sinds de Nederlandse Opstand de norm waren.

De druk van de oranjegezinden leidde tot een structurele politiek-religieus-sociale impasse, een fundamenteel dilemma, waaruit sommige Nederlandse republikeinen en intellectuelen een uitweg hoopten te vinden: ze hadden dringend behoefte aan een manier om een groter deel van de bevolking te winnen voor de 'Ware Vrijheid', het republikeinse principe en de vrijheid van meningsuiting, door afbreuk te doen aan de aantrekkingskracht van een eenhoofdig politiek leiderschap met monarchistische trekjes en tegelijkertijd de greep van de publieke kerk en haar theologie te verzwakken. Juist dit dilemma biedt een verklaring voor de specifieke kenmerken van 'de spinozistische kring' of *cercle spinoziste*, zoals ze veelal wel wordt genoemd, die in de jaren 1650 en 1660 haar beslag kreeg. Hoewel deze intellectuelen diepgaand waren beïnvloed door Descartes en Hobbes, en klaar stonden om te verkondigen dat een alomvattende rationalistische filosofie ten enenmale uitsteeg boven theologische leerstukken en alle aanspraken van kerkelijke zijde, was hun specifieke definiërende kenmerk de verbinding die ze legden tussen het offensief tegen het religieus gezag en een democratiserend republikanisme dat de in Europa heersende politieke vormen verwierp, wat tevens het doorslaggevende historische belang van hun overtuigingen uitmaakt.

De koppeling die ze maakten tussen hun aanval op 'religieus leiderschap', hun kritiek op de invloed van predikanten op de publieke opinie, en een nieuw en breder democratisch republikanisme leidde tot het idee dat het 'algemeene interest' dat de grondslag was van de Republiek neerkwam op de optelsom van de individuele belangen van haar burgers en dat het doel van de staat was dit geseculariseerde gemeenschappelijk belang te dienen en veilig te stellen. Op deze wijze legde de *cercle* voor het eerst een nauw verband tussen de systematische afwijzing van het religieus gezag op filosofische basis en een nadrukkelijk democratisch republikeinse stroming in het politieke denken en de staatsrechttheorie. Juist de verbinding tussen deze twee belangrijke beginselen is het wezenskenmerk van de beweging die historici de 'radicale verlichting' hebben gedoopt en die zich uiteindelijk heeft ontwikkeld tot het revolutionaire democratisch republikanisme van Tom Paine, Jefferson, Mirabeau, Condorcet, Brissot, Wolfe Tone, Georg Forster en hun Amerikaanse, Britse, Ierse, Italiaanse, Duitse en ook Nederlandse geestverwanten in de latere jaren van de achttiende eeuw.

Degenen die gedurende de ontstaanstijd van de *cercle spinoziste*, van de late jaren 1650 tot de vroege jaren 1670, deel uitmaakten van de groep waren allen hoogopgeleide, Latijn lezende intellectuelen, die tegelijkertijd in maatschappelijk opzicht randfiguren waren omdat ze zich hadden losgemaakt van een heersende geloofsrichting, hetzij calvinistisch, luthers of katholiek, en in Spinoza's geval van de synagoge, of anders afkomstig waren uit marginale gezindten met een uitgesproken antitrinitair karakter, en dan vooral uit de Amsterdamse en Rotterdamse collegianten. De voornaamste leden van deze initiële groep waren Benedictus (Baruch) de Spinoza, de schoolmeester en voormalige jezuïet Franciscus van den Enden, de arts en voormalige lutheraan Lodewijk Meyer, Adriaan Koerbagh (die in gevangenschap stierf nadat hij was veroordeeld wegens het publiceren van godslasterlijke en ongeoorloofde ideeën), Johannes Koerbagh (Adriaans broer), Johannes Bouwmeester, Pieter de la Court (een bekend politiek schrijver en zoon van gefortuneerde Vlaamse emigranten) en diens broer, Johan de la Court. Deze mannen waren merendeels vrijdenkers die al van jongs af aan vertrouwd waren met het cartesianisme. Maar er sloten zich ook filosofisch ingestelde socinianen en doopsgezinden aan bij de groep rondom Spinoza, zoals Jarig Jelles, die het voorwoord van Spinoza's verboden *Opera Posthuma* (1678) schreef, Jan Hendricksz Glazemaker, die zowel Spinoza's *Tractatus Theologico-Politicus* als zijn *Opera Posthuma* in het Nederlands vertaalde en hier en daar wat extra zinsneden toevoegde aan het originele Latijn, en Jan Rieuwertsz, de Amsterdamse boekverkoper die het risico nam om Spinoza's werk clandestien te drukken en onder de toonbank te verkopen en wiens boekhandel diende als ontmoetingsplaats voor de *cercle spinoziste*.

Filosofie en subversiviteit

Tot aan de Glorieuze Revolutie van 1688, toen Willem III overstak naar Engeland en de Britse troon bezette, zagen Nederlandse republikeinen zich gesteld voor een weerbarstig probleem – hoe ze een manier moesten vinden om bredere steun te werven voor de Republiek en de calvinistische onbuigzaamheid, intolerantie en de algemene vooringenomenheid effectiever te bestrijden. Gedurende de jaren 1650 en 1660 voelden veel mensen zonder publieke functie zich persoonlijk betrokken bij dit escalerende ideologische conflict. Zoals de Franse filosoof Pierre Bayle benadrukte, bestond Spinoza's rol voornamelijk uit het formuleren en bondig samenvatten van een allesomvattende filosofie met als uitgangspunt een substantieel monisme, waarin de menselijke geest en onze emoties worden teruggebracht tot dezelfde realiteit van causale mechanistische processen als de rest van de werkelijke wereld, en het bestaan van van het lichaam losgemaakte geesten regelrecht ontkend wordt, waaraan tevens een nieuwe opvatting van de vrijheid van de mens en godsdienstige tolerantie verbonden is. Spinoza deed dit met een grotere overredingskracht en scherpzinnigheid dan anderen. Maar hoewel hij degene was die de principes die het radicale geloof filosofisch onderbouwden definitief formuleerde, was hij allerminst de grondlegger van de radicale verlichting. Zoals we hebben gezien was dit eerder het resultaat van een collectieve respons op een langdurige structurele politieke en sociale crisis.

De *cercle spinoziste* was zeker niet een groep die slechts inventariseerde en samenvatte wat er in de geschriften van Spinoza aan te treffen viel. Spinoza was de eerste grote denker in het moderne Westen die de Bijbel beschouwde als een geschrift met een louter menselijke oorsprong dat geen goddelijke openbaring bevat, en tevens de eerste die democratie beschreef als de 'natuurlijkste' en over het geheel genomen beste regeringsvorm uit het oogpunt van de vrijheid en het welzijn van de mens. Maar hij was in deze kring zeker niet de felste tegenstander van de monarchie, want Van den Enden en de gebroeders De la Court waren in dit opzicht veel uitgesprokener, en evenmin was hij de eerste die het democratisch republikanisme expliciet verbond met een afwijzing van het religieus gezag, aangezien Van den Enden en vooral Johan de la Court hem op dit punt eveneens waren voorgegaan. De politieke theorieën van de laatstgenoemde waren aanmerkelijk democratischer van tint dan die van zijn beroemdere en langer levende broer Pieter – hoewel hij ten tijde van zijn vroege dood niet de behoefte gevoelde om zijn werk uit te geven, gezien het provocatieve karakter ervan. 'De Populare Regeering,' stelde hij, '[is] de naturelikste, reedelikste, vreedsamighste, en voordeeligste voor de Ingeseetenen';[2] dit standpunt werd vervolgens overgenomen door Spinoza en de anderen. Ook was het Van den Enden die als eerste expliciet betoogde dat het bestuur van de samenleving zich zou moeten laten leiden door het 'algemeene interest', wat hij definieerde als een gelijke behandeling voor alle burgers inzake wereldlijke aangelegenheden, waarbij dit algemeen belang in overeenstemming gebracht diende te worden met het bevorderen van de 'byzondere welstant' van het individu;[3] hij bracht ook andere relevante thema's ter tafel, zoals de gedachte dat de oorspronkelijke bevolking van Amerika een vrijere en meer egalitaire samenleving kende dan de inwoners van Europa in die tijd.[4] Spinoza was ontegenzeggelijk de enige invloedrijke filosoof van deze groep; maar niettemin was er in de *cercle spinoziste* sprake van tweerichtingsverkeer. Spinoza beïnvloedde de anderen, maar werd op zijn beurt sterk door hen beïnvloed.

Vanaf 1666, het jaar waarin Lodewijk Meyers *Philosophia S. Scripturae Interpres* werd gepubliceerd, treffen we in de archieven van de gereformeerde synodes en kerkenraden regelmatig verontwaardigde klachten aan over de clandestiene verspreiding van radicale teksten en het oprukken van de ideeën van Spinoza en zijn kring. Meyer beschouwde 'filosofie' van een strikt naturalistisch en rationalistisch type als de enige geldige 'interpreet' van de Bijbel. Zijn boek veroorzaakte grote beroering in academische kringen en deed aan het eind van de jaren 1660 een diepe kloof ontstaan tussen het Nederlandse academisch cartesianisme en de radicale stromingen. Het aantal officiële klachten nam vanaf het jaar 1670 nog in frequentie toe, na de publicatie van Spinoza's *Tractatus Theologico-Politicus*, met het beruchte zesde hoofdstuk waarin hij bestreed dat wonderen (en de openbaring) tot de mogelijkheden behoorden – hoewel Adriaan Koerbagh dit standpunt al eerder had geformuleerd in zijn voornaamste werk, *Een ligt Schijnende in Duystere Plaatsen*. Omdat de Staten van Holland tot 1674 geen algemeen verbod hadden uitgevaardigd op de *Philosophia* of de *Tractatus*, hadden vele stadsbesturen, hiertoe aangespoord door de lokale gereformeerde kerkenraden, van meet af aan hun handen vol aan de bestrijding van deze twee belangrijke geschriften. In mei 1670, een week nadat de Leidse kerkenraad bij de burgemeesters een klacht had ingediend over de 'enormiteijten of vuijligheden' in de *Tractatus*, 'ernstig verzoekende dat het selvige mag opgehaalt en geweert worden', werden alle boekhandels van de stad doorzocht en werden alle aangetroffen exemplaren van het boek in beslag genomen 'vermits desselfs godloose passagien'.[5] De Staten van Utrecht vaardigden in september 1671 een officieel verbod uit op de *Tractatus*, maar ook in dit geval pas nadat de stad Utrecht al enige tijd actie had ondernomen tegen het werk.[6]

In 1678 werden niet alleen Spinoza's eigen geschriften, maar alle werken die spinozistische ideeën bevatten – dat wil zeggen concepten die de principes van de openbaring, wonderen, goddelijke voorzienigheid, verlossing, beloning en straf in het hiernamaals, en het religieus gezag als basis van de morele orde afwezen – per decreet in de hele Republiek verboden; op overtredingen stonden zware straffen. De oorspronkelijke *cercle spinoziste* vergaarde desondanks geleidelijk een handvol nieuwe aanhangers en deed haar invloed gelden door clandestiene manuscripten en illegale boekuitgaven in omloop te brengen. Gedurende het laatste kwart van de eeuw kreeg het radicaal gedachtegoed op diverse plaatsen in de Republiek voet aan de grond, ontwikkelde zich binnen de universiteiten en de belangrijkste steden tot een soort intellectuele ondergrondse, en was bovendien manifest aanwezig in kringen van uitgevers, literatoren, medici en kunstenaars. Tot de prominente 'spinozisten' die in die periode actief waren in de Republiek hoorden Petrus van Balen, een heterodoxe gereformeerde predikant in Rotterdam die het in een in 1684 verschenen boek op zich nam Spinoza's theorie over ware en onware ideeën en zijn logisch systeem op een toegankelijke wijze te herbevestigen; Abraham Johannes Cuffeler, een Haagse jurist en amateurfilosoof; Frederik van Leenhof, een heterodoxe gereformeerde predikant uit Zwolle; de schoolmeester Simon Tyssot de Patot, een hugenoot uit Deventer die in 1726 werd ontslagen en uit de stad werd verbannen; en de Amsterdamse boekhandelaar Aert Wolsgryn, die in 1698 werd gearresteerd omdat hij een gedeelte van de clandestiene spinozistische roman *Het leven van Philopater* (1697) had geschreven en het boek heimelijk verkocht had.

Wolsgryn werd veroordeeld tot een boete van 4000 gulden en acht jaar gevangenisstraf, waarna hij voorgoed verbannen werd uit Holland. Terwijl Cuffelers *Specimen artis ratiocinandi* (3 delen, 'Hamburg' [Amsterdam], 1684) de substantieelste Nederlandse bijdrage was aan de Latijnstalige radicale literatuur na 1677, het jaar van Spinoza's dood, was *Philopater* onbetwist het invloedrijkste Nederlandstalige geschrift met een radicale strekking waar het ging om de verbreiding van spinozistische ideeën buiten de kring van academici en intellectuelen. Het werk werd in januari 1698 door de Staten van Friesland verboden en omschreven als een boek waarin het geloof in God en de 'Goddelyke authoriteit van de Heilige Schriftuire wert vernietigt'.[7]

Bijdragen van de hugenoten

Het radicale ideeëngoed vond een geleidelijke, maar steeds grotere verbreiding via diverse clandestiene groeperingen. Een van de belangrijkste hiervan bestond uit heterodoxe naar Holland uitgeweken hugenoten die, na in aanraking gekomen te zijn met Spinoza's ideeën, die ze combineerden met elementen van Hobbes, Bayle en andere schrijvers, vanaf het eind van de jaren 1670 een uitgesproken irreligieus en soms regelrecht bizar ondergronds corpus aan Franstalige filosofische geschriften tot stand brachten, met name in Amsterdam en Den Haag, maar ook op andere plaatsen, dat verspreid werd in de vorm van illegaal drukwerk en clandestiene manuscripten. Gabriel de Saint-Glain en Jean-Maximilien Lucas hoorden tot de pioniers van deze stroming. Het heet dat er in de jaren 1720 onder intellectuelen verschil van mening bestond over de vraag of het nu Saint-Glain was dan wel Lucas die verantwoordelijk was voor de verboden Franse vertaling van Spinoza's *Tractatus Theologico-Politicus* uit 1678 waarin circa dertig pagina's met extra voetnoten waren opgenomen die afkomstig waren uit Spinoza's eigen manuscripten en niet te vinden waren in de bestaande Latijnse edities, een boek dat nadien dikwijls in beslag werd genomen door de Maréchaussée Royale. Saint-Glain, een lid van de lagere adel, woonde al sinds de jaren 1660 in Holland. Naar verluidt had hij Spinoza persoonlijk gekend en tot zijn 'plus grands admirateurs' behoord. Hij was een verbeten antimonarchist die later, gezien de toenemende dreiging die uitging van de monarchie van Lodewijk XIV, bereid bleek Willem III ten dienste te staan als schrijver van tegen Lodewijk XIV en het absolutisme gerichte propaganda.

Lucas was de vermoedelijke auteur van de eerste in druk verschenen biografie van Spinoza, *La Vie de Spinoza* (ca. 1678) en mogelijk ook van de *Traité des Trois Imposteurs* (ca. 1680?) ook bekend als *L'Esprit de Spinosa*, dat later het beruchtste en wijdstverbreide geschrift zou worden van alle clandestiene filosofische manuscripten die in de laatste decennia van de Gouden Eeuw in omloop waren in Europa.[8] Andere belangrijke personages in dit voornamelijk uit hugenoten bestaande radicale milieu waren Tyssot de Patot in Deventer; Nicolas Gueudeville, een politieke en religieuze vluchteling uit Frankrijk die zich zijn hele carrière lang in zijn journalistieke geschriften verzette tegen Lodewijk XIV, de lof zong van de Republiek, en ijverde voor een beter regime in Frankrijk; en Charles Levier (overleden in 1735), een Haagse boekverkoper die werd beschreven als 'extrêmement infatué du système de

Spinosa' en enkele noten over Spinoza's werk toevoegde aan zijn eerste gedrukte versie van de *Traité des Trois Imposteurs*, een ondergrondse editie uit 1719.

De manier waarop het radicale gedachtegoed zich tegen het eind van de zeventiende eeuw verbreidde maakt duidelijk dat het spinozisme weliswaar nog altijd een technische, in het Latijn geformuleerde en op een publiek van intellectuelen gerichte filosofie was, die beoogde het cartesianisme te hervormen en verwikkeld was in een hevig conflict met de academische cartesianen, maar nu ook, wat belangrijker was, een praktische richtlijn bood – wat het aanvankelijk ook was geweest voor lieden als de gebroeders Koerbagh en Bouwmeester – voor het leiden van een verstandig en tevreden leven en het nastreven van een rationele politiek die gericht was op het materieel welzijn van iedereen. Niemand wist deze praktische doelstellingen eleganter en doeltreffender samen te vatten dan Van Leenhof, die hiermee 'spinozisme' bekrachtigde als levenswijze en weg naar het geluk met sporen van het neostoïcisme en het neo-epicurisme. Van Leenhof was een heterodoxe gereformeerde predikant met uitgesproken republikeinse en antimonarchistische overtuigingen, die toen hij in de jaren 1670 in Zeeland op de kansel stond van onorthodoxe standpunten werd verdacht, maar zich door veel te lezen en te discussiëren – met name in 1684 – min of meer op eigen kracht had bekeerd tot de filosofie van Spinoza. Het grootste deel van zijn loopbaan, tot zijn publieke verguizing en verstoting uit de Gereformeerde Kerk in 1712, preekte hij in Zwolle. In Van Leenhofs beruchtste publicatie, *Den Hemel op Aarden, of een korte en klaare beschrijvinge van de waare en stantvastige blydschap*, maakt hij nergens melding van Spinoza en verwijst evenmin openlijk naar diens leerstellingen, maar zijn tijdgenoten zagen ogenblikkelijk dat het werk doordesemd was van een spinozistische visie op het leven, de Bijbel (hier beschreven als louter een werk van de 'verbeelding' dat niet mag gelden als letterlijke waarheid), de kerkgang en de politiek, en daarmee, in de woorden van een latere onderzoeker, 'een soort blauwdruk van een gelukkige Republiek' bood.[9]

Bevrijding van op 'bijgeloof' gebouwde tirannie

Het nadrukkelijke vroege antiorangisme en (vanaf 1688) antimonarchisme van het Nederlandse radicale denken moest na 1672 enigszins worden bijgesteld, toen het streven van Lodewijk XIV om een Franse hegemonie te vestigen in Europa het voornaamste gevaar werd dat de Republiek bedreigde, en duidelijk werd dat in de gewijzigde omstandigheden van de jaren 1670 de prins van Oranje zowel politiek als militair de enige realistische kans vertegenwoordigde om de onafhankelijkheid, de handel en de welvaart van de Republiek veilig te stellen. In 1688 had het Nederlandse radicale denken, hoewel het op een bepaald niveau nog steeds fel antiabsolutistisch en antimonarchistisch was, zijn vroegere antiorangisme laten varen en zich bereid getoond zijn aanval op het religieuze gezag en zijn antipathie tegen

21.1 Samuel van Hoogstraten, *Trompe-l'oeil stilleven*, 1664, Dordrecht, Dordrechts Museum.

de gesloten stedelijke oligarchieën die een machtspositie innamen in de Provinciale Staten te verbinden met het concept van een 'gemengde regeringsvorm' – een stabiele combinatie van monarchie en republikanisme zoals die na 1672 tot ontwikkeling kwam in de Verenigde Provinciën en in Engeland was ingevoerd door middel van een binnenlandse omwenteling die in 1688 in gang was gezet door een Nederlandse militaire invasie.

Kort na 1688 werd er weer een ander belangrijk nieuw element toegevoegd aan de Nederlandse radicale stroming, dat voortkwam uit de ongekende publieke ophef rondom het boek *De betoverde Weereldt* (2 delen, 1691-1693) van de Friese predikant Balthasar Bekker (1634-1698), een systematische, op cartesiaanse argumenten gebaseerde filosofische ontkenning van het bestaan van toverkracht, hekserij en demonen. Bekker zelf was niet werkelijk een radicaal in de hier gehanteerde betekenis, maar een cartesiaanse gereformeerde theoloog die echter tot uitermate problematische inzichten kwam over de beperkte bestaanbaarheid van bovennatuurlijke gebeurtenissen in deze wereld – inzichten die bij theologen in het algemeen op veroordeling stuitten en op den duur vooral geassocieerd werden met radicale vrijdenkers en een radicale ontkenning van het bestaan van alle bovennatuurlijke machten, gebeurtenissen en invloeden.

Ericus Walten, een mogelijk uit Duitsland afkomstige buitenstaander, die in 1685 uit Utrecht werd verbannen wegens landloperij, was een van de belangrijkste Nederlandse verdedigers van de Engelse invasie en de Glorieuze Revolutie van Willem III en tegelijkertijd de schrijver die het het vurigst opnam voor Bekker. In zijn belangrijkste politieke geschrift, *De regtsinnige Policey* (Den Haag, 1689), nam Walten het antihobbesiaanse spinozistische idee over dat de essentiële vrijheden die de mens in zijn natuurlijke staat bezit in de samenleving intact worden gehandhaafd, maar nu, na het contract dat de regering macht verleent, in een gewijzigde, geïnstitutionaliseerde vorm. In een brief aan Jelles had Spinoza het wezenlijke verschil tussen Hobbes en hemzelf samengevat met de mededeling 'dat ik altijd vasthoud aan het natuurlijke recht in zijn geheel' (quod ego naturale Jus semper sartum tectum conservo); en dit bleef een belangrijk wezenskenmerk van het 'spinozistische' politieke denken.[10] Waltens staatsrechtelijke doctrines draaiden voornamelijk om de soevereiniteit van het volk, de noodzaak om de belangen van het volk te behartigen, en het recht om in opstand te komen tegen een onrechtvaardige en tirannieke regering mits een dusdanig verzet wordt gelegitimeerd door een vertegenwoordigende instantie. Hij combineerde deze politieke doctrines niet alleen met bekkerisme en een aanval op het geloof in hekserij en demonen, maar ook met een spinozistische benadering van de Bijbelkritiek waarmee hij de legitimiteit van het religieuze gezag inzake maatschappelijke en politieke kwesties weerlegde. Meegesleept door zijn eigen retoriek ging hij zo ver om de Gereformeerde Kerk te kwalificeren als 'een Sottenhuys of Gasthuys van de gekken'.[11] Drie jaar na zijn arrestatie in 1694 wegens blasfemie en belediging van de gereformeerde kerk stierf hij in gevangenschap (zonder dat Willem III een poging ondernam om hem te bevrijden), mogelijk door zelfmoord.

Twee andere markante auteurs die het in druk opnamen voor Bekker en het bekkerisme waren de antiquair, criticus, boekhandelaar en schrijver over kunst Willem Goeree en de Dordrechtse kunstenaar en kunstcriticus Arnold Houbraken, twee mannen die tegen het eind van de zeventiende eeuw een prominente plaats innamen in de Nederlandse kunstwereld. Ze hoorden tot de stoutmoedigste radicale schrijvers van die tijd, hoewel geen van beiden zo berucht werd als Romeyn de Hooghe, de grootste graveur van de late zeventiende eeuw, die brede bekendheid verwierf als libertijn en 'spotter met Godt en sijn woordt'.[12] De Hooghe, die het eveneens enige tijd opnam voor Willem III, pleitte er in verscheidene politieke pamfletten voor om een gewijzigd orangisme te combineren met een antioligarchistische republikeinse politieke theorie, waarbij hij het speciaal gemunt had op de in zijn ogen tirannieke Amsterdamse regentenkliek die streefde naar een vergelijkbare positie als die van de Venetiaanse *signori*. De Hooghe was zonder meer een vrijdenker en een libertijn, maar wordt dikwijls beschouwd als een regelrechte opportunist: in hoeverre zijn voornaamste politieke geschrift, *Spiegel van staat* (1706) waarin hij de na 1702 gerezen kritiek op het 'principe van de gemengde regeringsvorm' verwoordt, werkelijk het radicale gedachtegoed weerspiegelt dat hier aan de orde is, is nog altijd onderwerp van discussie.

Goeree was daarentegen een actieve kunsthandelaar met connecties in de gehele Republiek, die bekend stond om zijn oprechte en consistente opstelling als antiorangist en anticalvinist. Die laatste reputatie had hij te danken aan de grote ophef die in 1676 in Zeeland ontstond toen Willem III de antiorangistische coccejaanse predikant Wilhelmus Momma wegstuurde uit Middelburg. Houbraken, eveneens een onbetwiste radicale vijand van het religieus gezag, was de schrijver van de *Groote Schouburgh der Nederlantsche Konstschilders en Schilderessen*, een compendium dat is beschreven als de 'eerste uitvoerige studie naar het leven en de werken van zeventiende-eeuwse Nederlandse schilders'.[13] Naast hun inzet voor het radicale gedachtegoed nemen Goeree en Houbraken een belangrijke plaats in te midden van de – hooguit twaalf – auteurs uit de periode 1600-1750 van wie gezegd kan worden dat ze 'uitvoerig' hebben geschreven over de Nederlandse zeventiende-eeuwse kunst.

Goeree verdedigde Bekker niet alleen in geschrifte, maar waagde het om het heersende taboe op spinozistische ideeën te bekritiseren, mede op grond van zijn stelling dat Spinoza's ideeën destijds in de Nederlanden geen eerlijk oordeel te beurt was gevallen. In zijn kenschets stelt hij dat het Spinoza's doel was 'om beyde Joden en Kristenen, alle Grond van ware Godsdienst en Geloove uyt het hoofd te praaten; en te doen weten, dat de Religie alleen uytgevonden is, tot de POLITIE, dat is, om 't Gemeene-best in rust, en 't Volk in onderdanigheyd te houden'. Volgens hem had Spinoza al een begin gemaakt met deze onderneming in dat 'onbekende werk' *De Jure Ecclesiasticorum* (Over het kerkrecht, 1665), een van de eerste publicaties van de *cercle spinoziste*, dat tegenwoordig door historici beschouwd wordt als het werk van Spinoza's vriend en bondgenoot Lodewijk Meyer. Net als Cuffeler eerder gedaan had stelt Goeree dat men Spinoza's ideeën uit zijn boeken moet halen 'en er niet eer veel van na-praten, voor dat men ze in den grond onderzogt heeft; 'tgeen misschien weynige nog ter deugde gedaan hebben'.[14] Dit laatste was een stille hint van de auteur dat meer lezers zelf kennis dienden te nemen van Spinoza's geschriften en dat hijzelf diens werk uitvoerig had bestudeerd, terwijl degenen die Spinoza zo krachtig veroordeelden dat meestal niet hadden gedaan. Omdat de mensen hun mening maar al te makkelijk ontlenen aan die van anderen, stelt hij, hadden velen 'al te voorbarig' aangenomen dat Spinoza een warhoofd was. Een dergelijke oppervlakkige manier van lezen en bekritiseren was uit den boze.

Bekker en Van Leenhof worden zowel door Houbraken als Goeree als ware helden bejubeld. Een belangrijk element van hun radicale ideologie was dat de mensheid aanzienlijke vooruitgang heeft geboekt, wat (althans sinds de reformatie) te danken is aan grote vorderingen op kennisgebied. Vandaar dat er volgens Houbraken 'in onze dagen' sprake is van 'een geheele te niet doening van de Heidensche bygeloovigheit, die de Waerelt dus lang heeft betoovert gehouden'.[15] De consequentie van de meest recente vorderingen in het vrijmaken van de menselijke geest – en vandaar dat de steun voor figuren als Bekker en Van Leenhof onder leken toenam – was dat 'alle waarheid eindelijk openbaar' en makkelijk toegankelijk werd. Voor hen was het een essentieel punt dat de verbreiding van geleerdheid, filosofie en wetenschap in de landstaal, niet in de laatste plaats door de gelijken van Goeree en Houbraken zelf, ertoe leidde dat het bedrog zou worden uitgebannen en de wereld het licht zou zien, en wel op een positieve manier, wat het een onstuitbaar proces zou maken. Naar hun idee droegen kunst en kunstenaars bij aan de verwezenlijking van deze opdracht en strekten aldus de filosofie en wetenschap tot nut.

Net als Houbraken is Goeree in zijn uitgegeven geschriften geneigd het bovennatuurlijke en alle denkbeelden over het goddelijke te beschouwen als zaken die volledig buiten de natuur staan. In zijn ogen waren de tien plagen van Egypte geen miraculeuze gebeurtenis, maar iets dat toegeschreven kan worden aan natuurlijke oorzaken. De kwestie van het splijten van de wateren van de Rode Zee benadert hij behoedzamer, en lijkt de mogelijkheid van een bovennatuurlijke ingreep niet volledig uit te sluiten, maar stelt in navolging van Meijer, Spinoza en Adriaan Koerbagh dat iedere weldenkende commentator op dit 'wonder' slechts dan zijn toevlucht mag nemen tot het bovennatuurlijke, wanneer hij eerst de kans op een aardbeving, de rol van ondiepten en getijdenbewegingen en alle andere denkbare natuurlijke verklaringen tot op de bodem heeft onderzocht. Bijgeloof en geloof in demonen en toverij rekende Goeree tot de kwalijkste euvelen die de mensheid teisteren, ook omdat manipulatieve priesterkasten veelvuldig gebruik hebben gemaakt van demonologie, afgoderij en de goedgelovigheid van het volk om hun wederrechtelijke machtspositie te verstevigen en gehoorzaamheid af te dwingen. 'Waarom' vraagt hij, 'dan de Zaligmaaker al duske [*dergelijke*] groove Dwaalingen, niet heftig Bestraft en teegengesprooken heeft?' En hij constateert dat Christus zelf betreurenswaardig genoeg 'zomtijds Spreekwijzen gebruykt heeft, die de Leere der Duyvelen en Magt van Bezitten, schijnd te bevestigen'. Tegen de achtergrond van zijn consequente antitrinitarisme lijkt deze opmerking voort te komen uit Spinoza's gedachte dat Christus en zijn apostelen met hun uitspraken inspeelden op de goedgelovigheid van de gewone mensen, louter met het doel hen te bewegen tot 'gehoorzaamheid' aan de leer, terwijl ze zich er nauwelijks om bekommerden hen te onderrichten en hun inzicht te verruimen, iets wat voor Goeree en Houbraken voornamelijk neerkwam op het uitbannen van bijgeloof en lichtgelovigheid en het uitdragen van de 'waarheid'.[16]

Goeree en Houbraken uiten herhaaldelijk de klacht dat Christus en de apostelen geen poging hebben gedaan om het bijgeloof van hun tijdgenoten te bestrijden, in het bijzonder waar het demonologie betrof. Een van de voornaamste kenmerken van het Nederlandse radicale gedachtegoed, iets wat echter van meet af aan ook de verbreiding ervan in de weg stond, was de vijandige houding die het innam ten opzichte van populair bijgeloof, dat werd gelijkgesteld met de onnadenkende, onkritische houding van de gewone man, die zich blijkbaar slaafs en blindelings had laten misleiden door de geestelijken en andere elites. Voor de radicale denkers waren de uitbuiting en het eentonige bestaan waaronder de misdeelden gebukt gingen het onvermijdelijke resultaat van 'bijgeloof', 'lichtgelovigheid' en 'onwetendheid'. Voorwaarde voor het uit de weg ruimen van deze hindernissen was een campagne om het volk opnieuw op te voeden; maar vanzelfsprekend bleven er twijfels bestaan of deze algemene oplossing wel haalbaar was. Het hoofddoel van het voorwoord van Spinoza's *Tractatus Theologico-Politicus* (1670) was erop te wijzen dat er een duidelijk onderling verband bestond tussen de noodzaak om 'bijgeloof' uit te bannen en de buitengewoon moeilijke taak om tirannie te bestrijden. Wanneer men ernaar streeft een despotisch bewind te transformeren tot een beter regime, zo stelde Spinoza, is het uitbannen van 'goedgelovigheid' en 'bijgeloof' de eerste prioriteit. Als dit mislukt komt het erop neer dat iedere poging om het despotisme te bestrijden zinloos is; het zal er slechts toe leiden dat de maatschappij is overgeleverd aan fanatiekelingen en 'onwetenden', wat een nog ergere tirannie onontkoombaar maakt.[17]

Dit is dus de voornaamste reden waarom het Nederlandse radicale gedachtegoed zich primair kenmerkte door het in conjunctie afwijzen van politieke onderdrukking en religieus gezag. Het was tevens het knelpunt voor Pierre Bayle, die even nadrukkelijk als Spinoza hechtte aan radicale tolerantie, en aan het scheiden van filosofie en theologie, en geloof van ratio, maar niet bereid was het heil van de samenleving in handen te leggen van de massa's, of zich achter de democratische standpunten te scharen die kenmerkend waren voor de radicale traditie. Dit was bijvoorbeeld ook een markant twistpunt tussen Bayle en Gueudeville. Gueudeville onderschreef het standpunt van Bayle (die zich verzette tegen de revolutionaire opstelling van zijn vriend) dat het zinloos is om tegen tirannie te strijden zolang het volk in een staat van onwetendheid blijft verkeren, omdat dat inderdaad slechts slachtpartijen en eindeloos bloedvergieten tot gevolg zal hebben; maar als de mensen ertoe bewogen worden om 'hun ogen te openen' voor hun blindheid en 'faire revivre parmi eux l'esprit de liberté', zoals hij het uitdrukte in zijn dissidente tijdschrift *L'Esprit des cours de l'Europe* – als ze zich bewust worden van de bedroevende toestand waarin de mensheid zich bevindt – kunnen ze rechtmatig en zinvol de wapens opnemen en strijden voor het invoeren en het behoud van een betere regeringsvorm.[18] Gueudeville neemt binnen de geschiedenis van het laat-zeventiende-eeuwse Nederlandse radicale gedachtegoed tevens een aparte plaats in, omdat hij Van den Endens idee overnam dat de oorspronkelijke Amerikanen een samenlevingsvorm hadden die egalitairder en rechtvaardiger was dan de Europese, en dit uitwerkte tot een volwaardig antikoloniaal betoog.

Pleidooi voor een andere levensstijl en seksualiteit

De hang naar radicale overtuigingen en afkeer van het religieus gezag gingen zelfs bij degenen zonder officiële filosofische opleiding gewoonlijk gepaard met een uitgesproken antipathie tegen het conventionele antispinozisme dat vanaf circa 1670 in het overgrote deel van de Nederlandse cultuur gemeengoed was. Dit bracht Goeree ertoe te verklaren dat de weinigen die Spinoza's filosofie diepgaand hebben bestudeerd 'zeggen dat hy veel goede dingen heeft, en zelfs Kartesius in veele deelen verbeterd heeft. Dog zulx te zegge schynd thans verbode taal'.[19] Hiermee verwees hij tevens naar de op dat moment actuele beroering rond Van Leenhof, een publiek schandaal dat bijna even groot was als de ophef over Bekker, waarbij de Zwolse predikant onder meer de uitspraak werd verweten dat in Spinoza's geschriften zowel goede als slechte dingen te vinden zijn, en dat met name de *Ethica* een waardevol aspect bevat, namelijk zijn ongeëvenaarde analyse van de werking van de menselijke emoties en de wijze waarop ze de uiterlijke expressie en gedragingen bepalen. Naar zijn mening was dit een onderwerp dat voor iedereen zeer steekhoudend was, en wellicht in het bijzonder voor kunstenaars, kunstcritici en leerling-schilders die door zowel Goeree als Houbraken werden aangespoord om in hun schilderijen, tekeningen en gravures gelaatsuitdrukkingen, gebaren en 'houding' zo weer te geven dat daarmee emoties, motieven en intenties krachtig tot uitdrukking gebracht werden. Met Goerees *Kerkelijke en wereldlijke historie* (Amsterdam, 1705) – dat belastend genoeg een portretgravure van Spinoza bevatte en vele jaren later, in 1730, in stilte werd herdrukt in Leiden – brak een nieuwe fase aan in de sinds lang bestaande wrijving tussen de radicalen en de gereformeerde synodes en predikanten. Bij vergaderingen van de Zuid-Hollandse synode in 1706, en nadien ook bij de bijeenkomst in Leerdam in juli 1707, klaagden kerkelijke afgevaardigden over de jongste stortvloed aan blasfemieën en theologische verdraaiingen die de kunsthandelaar in druk had uitgegeven en waarin, net als in zijn eerdere *Mosaische Oudheden* 'vele aanstootelijk en ergelycke passagien worden gevonden, waar in de gevoelens van Bekker, ja noch snoder wel stout en stijf worden beweert' en openlijk de spot werd gedreven met de officiële maatregelen van de kerk tegen Bekker.[20]

Allengs werd het radicale gedachtegoed evenzeer geassocieerd met libertijnse opvattingen over seksualiteit, en niet zonder reden. Gedurende de late jaren 1670 en de vroege jaren 1680 brachten bewoners van de Republiek de naam van de erotische schrijver Adrianus Beverland (1650-1716) steeds vaker in verband met die van Spinoza en Koerbagh, auteurs naar wie Beverland verscheidene malen verwijst in zijn werk. Hij tooit Koerbagh zelfs een keer met het epitheton 'Amstelodamensis ille Thales Milesius', waarmee hij impliceert dat deze de initiator van de nieuwe 'Amsterdamse filosofie' was. Beverland treedt met zijn Bijbelkritiek in de voetsporen van Hobbes en Spinoza door systematisch vraagtekens te zetten bij het idee dat de Schrift een goddelijke openbaring is en in een zuivere en ongerepte vorm is overgeleverd. Beverlands Bijbelexegese blijft grotendeels beperkt tot het bevestigen van het onbetrouwbare karakter van de tekst en het benadrukken van de overeenkomsten tussen Bijbelse allegorieën, in het bijzonder het verhaal van Adam en Eva, en heidense religieuze mythen over de oorsprong van de mensheid. Net als andere radicalen geloofde Beverland dat de theologen de inhoud van de Bijbel systematisch verkeerd hadden uitgelegd ten bate van hun eigen doeleinden en belangen en ten detrimente van de menselijke samenleving. Zo moet volgens hem de beschrijving van de zondeval in Genesis worden opgevat als een allegorie met een erotische lading. Het spinozisme beschouwde hij, net als andere radicalen, als een manier om de mensheid te bevrijden van de psychologische onderdrukking en schuldgevoelens die haar werden opgedrongen door de theologische doctrines – doctrines waarop vrome gelovigen vast vertrouwen, maar die geen basis hebben in de realiteit en worden gebruikt om hen te exploiteren, terwijl door middel van filosofisch redeneren eenvoudig kan worden aangetoond dat ze onwaar zijn.[21]

Beverlands verwantschap met Spinoza blijkt ook uit zijn naturalistische opvatting dat het geheel van de werkelijkheid een enkele, eenvormige uitgebreidheid vormt, en dat alles deel uitmaakt van de natuur en daaraan volgens dezelfde onveranderlijke wetten onderworpen is. Voor Beverland bestaan er geen onstoffelijke geesten, hoewel hij, wanneer hij in zijn beruchte *De Peccato Originali* (1678) opmerkt dat 'de sadduceeën, de enthousiasten en Hobbes [...] het leven van de engelen en het bestaan van demonen ontkennen', er discreet van afziet te vermelden dat hij het daarmee eens is.[22] Beverland combineerde een materialistisch monisme met een algehele oppositie tegen alle bestaande vormen van en aanspraken op spiritueel gezag. De erotische drift waarvan heel het leven en de natuur vervuld is, is in zijn optiek niet specifiek een vorm van het goede, laat staan de hoogste daarvan, maar niet meer dan de fundamentele drijfveer die alle levende wezens motiveert. In de editie van 1679 van zijn boek zet hij Spinoza en Vanini uitdrukkelijk neer als 'bedriegers' en atheïsten en typeert Spinoza als 'een ware nazaat van Lucianus' aangezien hij 'vanuit de principes van Hobbes geen andere soort van God erkende dan de gevestigde orde van de natuur, of de door het lot gebonden onderlinge verbondenheid van de natuurlijke dingen' – schijnbaar negatieve bewoordingen die vermoedelijk tot doel hadden te voorkomen dat hijzelf van 'spinozisme' beticht zou worden. Verderop stelt Beverland Hobbes op één lijn met Spinoza, Koerbagh en Van den Enden, wanneer hij het heeft over Esdras die de Pentateuch vele eeuwen na Mozes geredigeerd zou hebben: 'ut cum Hobbesio suo impie ratiocinator Ceurbachii commilito et Johannis van den Eynde discipulus, bis terve notatus ille Spinosa' (zoals, net als Hobbes, die bentgenoot van Koerbagh en discipel van Johan [sic] van den Enden, de al twee- of driemaal genoemde Spinoza op goddeloze wijze uiteenzet).[23]

De radicale denkers stelden zich ten doel de macht van het geloof en de geestelijkheid over het leven en het denken te doorbreken en het primaat toe te kennen aan het kritisch en onafhankelijk vermogen tot oordelen. Voor Beverland omvatte dit ook het pleidooi voor seksuele emancipatie van het individu, aangezien de erfzonde naar zijn mening een totaal onware theologische doctrine was die mannen en vrouwen ten onrechte duizenden jaren lang had opgezadeld met schuldgevoelens. Het Bijbelse verhaal over de zondeval was niet meer dan een primitieve allegorie over seksueel verlangen: in plaats van een religieuze waarheid was het een fictie van de geestelijkheid, een theologisch waanbeeld waarmee het gewone volk werd misleid. Kennelijk had Beverland zijn spinozisme deels opgedaan door middel van literatuurstudie, maar ook door zijn omgang met vrijdenkers, met name tegen het eind van de jaren 1670 in Den Haag, in de kringen van Van Balen en misschien wel van Spinoza zelf. Van Balen, zo schreef de Haagse arts Cornelis Bontekoe, was ten verderve geleid door Spinoza en 'de duivel', waaraan hij toevoegde dat Spinoza's nefaste invloed niet alleen Van Balen gold, 'maar ook op gelijke wijze veele in ons Land, die ik alle niet en sal noemen, hoe wel ik veele daar van kenne; en den welbekende Beverland, laastmaal om sijn Goddeloos Schrijven tot Leyden gesententieert, is ook een van dat slag, gelijk hy opentlijk met mond en pen betoond heeft'.[24] Gestoord door het feit dat Spinoza zich aanvankelijk, in de vroege jaren 1660, in de Nederlanden en daarbuiten een reputatie had verworven als exegeet en hervormer van het 'cartesianisme', verweet Bontekoe een anticartesiaanse tegenstander in Den Haag op scherpe toon dat hij de schuld voor 'den God-vergete Spinosa en sijne Discipelen, den heillose Beverland, den Apostaat P.v.B[alen] en andere diergelijke quanten [...] op den rug der Cartesianen [laadde]'.[25] In werkelijkheid was het Satan die 'sijne Spinoza op 't theater introduceerde, als een Cartesiaan, om daardoor de Cartesianen te verraden, gelijk ons d'uytkomst betoond heeft'.[26]

Het Nederlandse radicalisme en de opkomst van de westerse moderniteit

Afwijzing van het religieuze gezag in combinatie met een democratiserend republikanisme, onderbouwd door een naturalistische ethiek, was het belangrijkste essentiële kenmerk van het Nederlandse nieuwe radicalisme. Andere markante radicale stromingen binnen het brede westerse clandestiene radicalisme hadden een oorsprong die verder terugging, naar de traditie van de *libertinage érudit* of het laatmiddeleeuwse averroïsme, naar de herontdekking van Lucretius in het vijftiende-eeuwse Florence en naar de nieuwe, strikt wiskundig-wetenschappelijke benadering van Galilei. *Theophrastus Redivivus*, het belangrijkste clandestiene manuscript van het midden van de zeventiende eeuw, dat stamt uit 1659 en waarschijnlijk geschreven is in Frankrijk, bepleitte een pre-spinozistisch 'filosofisch atheïsme' dat zeker al een aantal componenten van de latere radicale traditie omvatte. Dit geschrift, waarin ethiek wordt losgemaakt van het geloof in God en van religie, en de goddelijke voorzienigheid wordt geëlimineerd, lokaliseert de 'ware' morele orde eveneens uitsluitend in de natuur en de behoeften van de samenleving en stelt dat de maatschappelijke waarden daarvan moreel superieur zijn aan de waarden die worden verkondigd door een geopenbaarde religie. Maar in andere opzichten wijkt *Theophrastus* af van de koers van de 'radicale verlichting' die in de jaren 1650 en 1660 voor het eerst werd ingeslagen in Holland. Hoewel in *Theophrastus* wordt gesteld dat het onrecht regeert op aarde en dit wordt aangevoerd als argument tegen het geloof in God, blijft dit werk, zoals het epicurisme in het algemeen, voornamelijk gepreoccupeerd met individuele houdingen, geestestoestanden en morele ontwikkeling zonder zich uitdrukkelijk tegen de bestaande sociale en politieke orde te keren. *Theophrastus* vertoont geen spoor van de militante republikeinse en reformistische politieke denkbeelden die kenmerkend zijn voor Van den Enden, Koerbagh, de gebroeders De la Court, Bouwmeester, Meyer, Walten, Beverland, Wolsgryn, Goeree en Van Leenhof. Voorts keert het neo-epicurisme van *Theophrastus* zich niet tegen de onbeperkte macht van de absolute monarchie en pleit evenmin voor vrijheid van meningsuiting en tolerantie. Vrijheid van gedachte en individuele expressie voor de maatschappij als geheel komen hier eenvoudigweg niet in beeld als plausibele of haalbare doelen, anders dan bij de *cercle spinoziste* en de 'Spinosistische Beverlandisten' – de benaming is van Bontekoe – van de jaren 1680 en 1690. Ook wordt er binnen de neo-epicuristische clandestiene filosofische onderstroom van voor 1650 geen enkele melding gemaakt van de gedachte dat filosofisch-wetenschappelijke 'rede' een oprukkende kracht kan zijn die de mens verheft door de strijd aan te binden met 'onwetendheid', 'bijgeloof', religieus gezag en tirannie en die ten slotte uit te bannen. Integendeel, dit werk geeft blijk van een uitgesproken sceptische houding, niet alleen ten opzichte van het geloof, theologie en religie maar ook ten opzichte van geleerdheid en wetenschap.[27]

Spinoza was bij lange na niet de enige belangrijke filosoof van wie onderdelen van zijn gedachtegoed bijdroegen aan de totstandkoming van de nieuwe radicale filosofische visie en aan de nieuwe clandestiene filosofische literatuur die gedurende de achttiende eeuw op uiteenlopende manieren een beslissende invloed uitoefende op de zogeheten Engelse deïsten – van wie historici de radicaalsten, Toland en Collins, gezien de fundamenteelste elementen van hun denken, in toenemende mate beschouwen als nauw verwant met Spinoza – en met Voltaire, Diderot, d'Alembert, Helvétius, Condorcet en andere achttiende-eeuwse *philosophes*. Tussen 1650 en 1700 was de invloed van Hobbes, Descartes en Bayle ongetwijfeld ook van grote betekenis. Het was echter met name Spinoza die tot een systeem kwam waarmee hij bewust en systematisch de bodem wegvaagde onder het religieuze gezag en onder elk idee dat de wereld en de geschiedenis van de mensheid worden aangestuurd door een alwetende, al dan niet goedertieren goddelijke macht. Hij en zijn kring wezen de goddelijke voorzienigheid expliciter en overtuigender van de hand dan de anderen en gingen daarmee een stap verder dan het oude en vroegmoderne epicurisme, door hun aanval op het religieus gezag onlosmakelijk te verbinden met het democratiserend republikanisme, een combinatie die voorheen (en ook bij Hobbes) geheel ontbrak, terwijl ze tegelijkertijd, net als Descartes, Galilei's wiskundige natuurwetenschap verhieven tot het beslissende verifiërende principe van de filosofische theorie, dat van toepassing was op alle wereldlijke aangelegenheden. Tegelijkertijd vergrootten ze de reikwijdte van Descartes' intellectuele revolutie dusdanig dat in hun wereldbeeld alles getoetst diende te worden aan de precieze criteria van de galileaanse wetenschap, waarmee er geen enkele ruimte overbleef voor *supernaturalia* en het zuiver spirituele (zoals bij Descartes).

Voor de latere zeventiende eeuw lijkt de 'relevantie van het vroegere Nederlandse spinozisme' vanuit een strikt intellectueel gezichtspunt ongetwijfeld 'beperkt, met name in vergelijking met het Nederlandse cartesianisme';[28] maar onder de oppervlakte, in de ondergrondse oppositiecultuur en politieke ideeënwereld, en gezien de implicaties die het op de lange termijn had voor het moderne Westen, was de betekenis van het Nederlandse spinozisme aantoonbaar beduidend groter dan die van het cartesianisme. In 1799 schreef de Harderwijkse hoogleraar Bernard Nieuhoff dat 'voorheen zeer velen gevonden wierden, [...] die het spinozisme in stilte koesterden', hoewel hierbij aangetekend moet worden dat de meeste historici eraan twijfelen of het spinozisme na circa 1720 in Holland nog veel invloed had. Evengoed kunnen we slechts wijzen op het belang dat zijn doorslaggevende vernieuwingen op het gebied van de filosofie op de lange duur hadden om te verklaren hoe het kwam dat de richting die in het achttiende-eeuwse Europa over het algemeen werd aangeduid als 'Spinoza' en 'spinozisme' een veel grotere weerklank en retorische invloed behield bij de belangrijkste intellectuele en religieuze controverses van die tijd dan de namen van Epicurus, Lucretius, Averroes, Hobbes, Sidney of Bayle; gedurende de hele periode van 1660 tot 1848 had de naam van Spinoza een veelomvattender prikkelende en (voor de meesten) dreigende betekenis dan al die anderen. Toegegeven, in antiradicale polemieken speelden 'Epicurus' en 'Hobbes' op gezette tijden een niet geheel onvergelijkbare retorische rol, maar overal, tot en met de vroege negentiende eeuw, waren 'Spinoza' en 'spinozisme' de enige termen die theologen, academisch filosofen en zowel gematigde verlichtingsdenkers als hun tegenstanders doorgaans gebruikten om ongodsdienstige en naturalistische vijanden van de bestaande orde te hekelen.

Noten

1. Aangehaald in M. van Gelderen, 'In Defense of William III: Eric Walten and the Justification of the Glorious Revolution', in E. Mijers en D. Onnekink (red.), *Redefining William III: The Impact of the King-Stadholder in International Context*, Aldershot, 2007, p. 143.
2. A. Weststeijn, *Commercial Republicanism in the Dutch Golden Age: The Political Thought of Johan and Pieter de la Court*, Leiden, 2012, pp. 51-52, 272-273.

3. F. van den Enden, *Vrije Politijke stellingen en Consideratien van staat* (1665), red. W. Klever, Amsterdam, 1992, pp. 169-173; W. Klever, 'A New Source of Spinozism: Franciscus Van den Enden', in *Journal of the History of Philosophy* 29 (1991), p. 627.
4. F. Mertens, *Van den Enden en Spinoza*, Voorschoten, 2012, p. 75.
5. J.I. Israel, *Radical Enlightenment: Philosophy and the Making of Modernity 1650-1750*, Oxford, 2001, p. 376.
6. J.I. Israel, 'The Banning of Spinoza's Works in the Dutch Republic (1670-1678)', in W. van Bunge en W. Klever (red.), *Disguised and Overt Spinozism Around 1700*, Leiden, 1996, p. 9; W. van Bunge, *Spinoza Past and Present*, Leiden, 2012, pp. 149-151.
7. W.P.C. Knuttel, *Verboden boeken in de Republiek der Vereenigde Nederlanden*, Den Haag, 1872, p. 123.
8. W. van Bunge, *From Stevin to Spinoza: An Essay on Philosophy in the Seventeenth-Century Dutch Republic*, Leiden, 2001, p. 149.
9. M. Wielema, *The March of the Libertines: Spinozists and the Dutch Reformed Church (1600-1750)*, Hilversum, 2004, pp. 109, 114-115, 117.
10. Van Bunge, *Spinoza Past and Present*, p. 92.
11. '[E]en Sottenhuys of Gasthuys van de gekken': Van Gelderen, 'In Defense of William III', p. 149; Van Bunge, *From Stevin to Spinoza*, pp. 144-147.
12. I. Leemans, 'De Viceroy van de hel. Radicaal libertinisme', in H.F.K. van Nierop e.a. (red.), *Romeyn de Hooghe. De Verbeelding van de late Gouden Eeuw*, Zwolle, 2008, pp. 34-35.
13. S. Slive, *Rembrandt and His Critics 1630-1730*, Den Haag, 1953, p. 177.
14. W. Goeree, *De Kerklyke en Weereldlyke Historien*, Amsterdam, 1705, p. 670.
15. A. Houbraken, *Verzameling van uitgelezene keurstoffen handelende over den godsdienst, natuur- schilder- teken- oudheid- redeneer- en dichtkunde*, Den Haag, 1709, p. 126.
16. Goeree, *Mozaise Historie*, dl. II, p. 688, 702; Houbraken, *Verzameling*, pp. 119-120, 125, 128-130.
17. B. de Spinoza, *Theological-Political Treatise*, vert. M. Silverthorne, Cambridge, 2007, pp. 3-12.
18. Zie over Gueudeville A. Rosenberg, *Nicolas Gueudeville and His Work (1652-1720)*, Den Haag, 1982.
19. Goeree, *Kerkelyke en Weereldlyke Historien*, pp. 671, 674-675.
20. Acta Zuid-Hollandse synode, HUA, OSA, inv. nr. 265, acta Leerdam 1707, art. 18.
21. H. van Beverland, *De Peccato Originali*, Leiden, 1679, pp. 4-5, 110, 122-124; Van Bunge, *From Stevin to Spinoza*, pp. 158-159.
22. Beverland, *De Peccato Originali*, p. 6.
23. Beverland, *De Peccato Originali*, pp. 79, 110.
24. Cornelis Bontekoe, *Brief Aen Johan Frederik Swetzer, gesegt Dr Helvetius, geschreven en uytgegeven tot een korte apologie voor den grote philosooph Renatus Descartes*, Den Haag, 1680, p. 24.
25. Bontekoe, *Brief Aen Johan Frederik Swetzer*, p. 19.
26. Bontekoe, *Brief Aen Johan Frederik Swetzer*, p. 20.
27. N. Gengoux, *Un athéisme philosophique à l'âge classique. Le Theophrastus redivivus (1659)*, 2 dln., Parijs, 2014, dl. II, pp. 767-779.
28. Van Bunge, *Spinoza Past and Present*, p. 34.

Glossarium

Binnenhof Complex van regeringsgebouwen in Den Haag: zetel van de Staten van Holland en de federale bestuurslichamen van de Verenigde Provinciën (Staten-Generaal, Raad van State). Het zuidelijke gedeelte diende normaal gesproken als ambtswoning voor de stadhouder van Holland.
Burgemeester Hoogste magistraat van een stad, normaal gesproken afkomstig uit en verkozen door de vroedschap. De meeste steden hadden meer dan een burgemeester.
Gilde Stedelijke vakvereniging van ambachtslieden of kooplieden die aldaar toezicht hield op de uitoefening van het betreffende beroep.
Heren XVII Het centrale bestuur van de VOC.
Heren XIX Het centrale bestuur van de WIC.
Raad van State Adviserend lichaam, met name op het gebied militaire en financiële aangelegenheden. In de praktijk uitvoerend orgaan inzake het leger en het bestuur van de Generaliteitslanden
Rederijkerskamers Genootschappen van burgers die zich toelegden op amateurtoneel en dichtkunst.
Regent Algemene term voor iemand die een politiek ambt bekleedde, zij het op stedelijk, gewestelijk of landelijk niveau.
Schutterij Burgerwacht of stadsmilitie, bestaand uit mannelijke ingezetenen. Menigmaal afgebeeld op grote groepsportretten, zoals Rembrandts Nachtwacht.
Stadhouder De hoogste ambtsdrager in een of meer van de zeven provincies die tezamen de Republiek vormden. Gewoonlijk een lid van het huis Oranje-Nassau of Nassau-Dietz.
Staten Bestuurscollege van een provincie, gewoonlijk bestaand uit vertegenwoordigers van de plaatselijke adel en de steden.
Staten-Generaal Federaal bestuurscollege, bestaand uit vertegenwoordigers van de zeven provinciale Staten van de Republiek. Droeg zorg voor een beperkt aantal bestuurstaken, waaronder defensie, buitenlandse zaken en conflicten tussen provincies.
Trekvaarten Landelijk netwerk van kanalen die steden met elkaar verbonden. Vooral gebruikt voor passagiersvervoer per trekschuit.
Unie van Utrecht Politiek verbond, in 1579 gesloten tussen de opstandige gewesten. Diende later als handvest van de Republiek.
Vroedschap Stadsbestuur. De omvang kon variëren, maar gewoonlijk telde ze circa veertig leden.
VOC Verenigde Oost-Indische Compagnie, opgericht in 1602.
Waterschappen Netwerk van regionale bestuurslichamen, verantwoordelijk voor het onderhoud van dijken en sluizen.
WIC Geoctroyeerde West-Indische Compagnie, opgericht in 1621.

Aanvullende literatuur

Inleiding

Davids, K. en J. Lucassen (red.), *A Miracle Mirrored: The Dutch Republic in European Perspective*, Cambridge, 1995.
Frijhoff, W. en M. Spies, *Dutch Culture in a European Perspective*, vol. 1, *1650: Hard-Won Unity*, Basingstoke, 2004.
Huizinga, J., *Dutch Civilisation in the Seventeenth Century*, New York, 1969.
Israel, J.I., *The Dutch Republic: Its Rise, Greatness, and Fall, 1477-1806*, Oxford, 1995.
Prak, M. *The Dutch Republic in the Seventeenth Century: A Golden Age*, Cambridge, 2005.
Price, J.L., *The Dutch Republic in the Seventeenth Century*, Basingstoke, 1998.
Schama, S., *The Embarrassment of Riches: An Interpretation of Dutch Culture in the Golden Age*, Londen, 1987.

1. Verstedelijking

Jacobs, J., *The Colony of New Netherland: A Dutch Settlement in Seventeenth-century America*, Ithaca, 2009.
Kaplan, B.J., *Calvinists and Libertines: Confession and Community in Utrecht, 1578-1620*, Oxford, 1995.
McCants, A.E.C., *Civic Charity in a Golden Age: Orphan Care in Early Modern Amsterdam*, Urbana, IL, 1997.
Montias, J.M., *Artists and Artisans in Delft: A Socio-economic Study of the Seventeenth Century*, Princeton, 1982.
Prak, M., *The Dutch Republic in the Seventeenth Century: A Golden Age*, Cambridge, 2005.
Price, J.L., *Holland and the Dutch Republic in the Seventeenth Century: The Politics of Particularism*, Oxford, 1994.
Vries, J. de en A. van der Woude, *The First Modern Economy: Success, Failure, and Perseverance of the Dutch Economy, 1500-1815*, Cambridge, 1997.

2. Water en land

Bieleman, J., *Boeren op het Drentse zand 1600-1910. Een nieuwe visie op de 'oude' landbouw*, Wageningen, 1987.
Brusse, P., *Overleven door ondernemen. De agrarische geschiedenis van de Over-Betuwe (1650-1850)*, Wageningen, 1999.
Cruyningen, P.J. van, *Behoudend maar buigzaam. Boeren in West-Zeeuwse-Vlaanderen 1650-1850*, Wageningen, 2000.
Lambert, A.M., *The Making of the Dutch Landscape: An Historical Geography of the Netherlands*, Londen, 1985.
Priester, P., *Geschiedenis van de Zeeuwse landbouw circa 1600-1910*, Wageningen, 1998.
Vries, J. de, *Barges and Capitalism: Passenger Transportation in the Dutch Economy (1632-1839)*, Utrecht, 1981.
Vries, J. de, *The Dutch Rural Economy in the Golden Age, 1500-1700*, New Haven, 1974.

Vries, J. de en A. van der Woude, *The First Modern Economy: Success, Failure, and Perseverance of the Dutch Economy, 1500-1815*, Cambridge, 1997.

3. Migratie

Briels, J., *Zuid-Nederlanders in de Republiek 1572-1630. Een demografische en cultuurhistorische studie*, Sint-Niklaas, 1985.

Deursen, A.Th. van, *Plain Lives in a Golden Age: Popular Culture, Religion, and Society in Seventeenth-Century Holland*, Cambridge, 1991.

Dunthorne, H., *Britain and the Dutch Revolt, 1560-1700*, Cambridge, 2013.

Janssen, G.H., *The Dutch Revolt and Catholic Exile in Reformation Europe*, Cambridge, 2014.

Kruijtzer, G., 'European Migration in the Dutch Sphere', in G. Oostindie, *Dutch Colonialism, Migration, and Cultural Heritage*, Leiden, 2008, pp. 97-154.

Kuypers, E., *Migrantenstad. Immigratie en sociale verhoudingen in zeventiende-eeuws Amsterdam*, Hilversum, 2005.

Linden, D. van der, *Experiencing Exile: Huguenot Refugees in the Dutch Republic, 1680-1700*, Farnham, 2015.

Lottum, J. van, *Across the North Sea: The Impact of the Dutch Republic on International Labour Migration, c. 1550-1850*, Amsterdam, 2007.

Lucassen, J., 'Labour and Early Modern Economic Development', in K. Davids en J. Lucassen (red.), *A Miracle Mirrored: The Dutch Republic in European Perspective*, Cambridge, 1995, pp. 367-409.

Müller, J., *Exile Memories and the Dutch Revolt: The Narrated Diaspora*, Leiden, 2016.

Postma, J., *The Dutch in the Atlantic Slave Trade, 1600-1815*, Cambridge, 1990.

Ward, K., *Networks of Empire: Forced Migration in the Dutch East India Company*, Cambridge, 2008.

4. Slavernij

Antunes, C. en F. Ribeiro da Silva, 'Amsterdam Merchants in the Slave Trade and African Commerce, 1580-1670', in *Tijdschrift voor Sociale en Economische Geschiedenis*, 9:4, 2012, pp. 3-30.

Brandon, P., G. Jones, N. Jouwe en M. van Rossum (red.), *De slavernij in Oost en West: Het Amsterdam-onderzoek*, Amsterdam, 2020.

Heijer, H. den, *Geschiedenis van de WIC: Opkomst, bloei en ondergang*, Zutphen, 2013.

Fatah-Black, K., *White Lies and Black Markets: Evading Metropolitan Authority in Colonial Suriname, 1650-1800*, Leiden en Boston, 2015.

Groesen, M. van (red.), *The Legacy of Dutch Brazil*, Cambridge en New York, 2014.

Klooster, W., *The Dutch Moment: War, Trade, and Settlement in the Seventeenth-Century Atlantic World*, Ithaca en Londen, 2016.

Mbeki, L., en M. van Rossum, 'Private Slave Trade in the Dutch Indian Ocean World. A Study into the Networks and Backgrounds of the Slavers and the Enslaved in South Asia and South Africa', in *Slavery & Abolition*, 38:1, 2017, pp. 95-116.

Niemeijer, H.E., *Batavia. Een koloniale samenleving in de 17de eeuw*, Amsterdam, 2005.

Ponte, M., '"Al de swarten die hier ter stede comen". Een Afro-Atlantische gemeenschap in zeventiende-eeuws Amsterdam', *Tijdschrift voor Sociale en Economische Geschiedenis* 15:4, 2019, pp. 33-62.

Postma, J.M., *The Dutch in the Atlantic Slave Trade, 1600-1815*, Cambridge, 1990.

Rossum, M. van, *Kleurrijke tragiek. De geschiedenis van slavernij in Azië onder de VOC*, Hilversum, 2015.

Stipriaan, A. van, *Rotterdam in slavernij*, Amsterdam, 2020.

5. De gewapende macht

Adriaenssen, L., *Staatsvormend geweld. Overleven aan de frontlinies in de meierij van Den Bosch, 1572-1629*, Tilburg, 2007.

Brandon, P., War, *Capital, and the Dutch State (1588-1795)*, Leiden, 2015.

Bruijn, J.R., *The Dutch Navy of the Seventeenth and Eighteenth Centuries*, Columbia, SC, 1993.

Enthoven, V., H. den Heijer en H. Jordaan (red.), *Geweld in de West. Een militaire geschiedenis van de Nederlandse Atlantische wereld, 1600-1800*, Leiden, 2013.

Gaastra, F., *The Dutch East India Company: Expansion and Decline*, Zutphen, 2003.

Glete, J., *War and the State in Early Modern Europe: Spain, the Dutch Republic and Sweden as Fiscal-Military States, 1500-1660*, Londen, 2002.

Groen, P. (red.), *De Tachtigjarige Oorlog. Van opstand naar geregelde oorlog 1568-1648*, Amsterdam, 2013.

Hart, M. 't, *The Dutch Wars of Independence: Warfare and Commerce in the Netherlands, 1570-1680*, Londen, 2014.

Jong, M. de, *'Staat van oorlog'. Wapenbedrijf en militaire hervorming in de Republiek der Verenigde Nederlanden 1585-1621*, Hilversum, 2005.

Knaap, G., H. den Heijer en M. de Jong, *Oorlogen overzee. Militair optreden door compagnie en staat buiten Europa 1595-1814*, Amsterdam, 2015.

Nimwegen, O. van, *The Dutch Army and the Military Revolutions, 1588-1688*, Woodbridge, 2010.

Parker, G., *The Army of Flanders and the Spanish Road, 1567-1659: The Logistics of Spanish Victory and Defeat in the Low Countries' Wars*, Cambridge, 1972.

Tracy, J.D., *The Founding of the Dutch Republic: War, Finance, and Politics in Holland, 1572-1588*, Oxford, 2008.

Zwitzer, H.L., *'De militie van den staat'. Het leger van de Republiek der Verenigde Nederlanden*, Amsterdam, 1991.

6. Oorlogsgeweld en het zelfbeeld van de Republiek

Groen, P. (red.), *De Tachtigjarige Oorlog. Van opstand naar geregelde oorlog, 1568-1648*, Amsterdam, 2013.

Groesen, M. van, *Amsterdam's Atlantic: Print Culture and the Making of Dutch Brazil*, Philadelphia, 2017.

Haks, D., *Vaderland en vrede 1672-1713. Publiciteit over de Nederlandse Republiek in oorlog*, Hilversum, 2013.

Hart, M. 't, *The Dutch Wars of Independence: Warfare and Commerce in the Netherlands, 1570-1680*, Londen, 2014.

Klinkert, C.M., *Nassau in het nieuws. Nieuwsprenten van Maurits van Nassaus militaire ondernemingen uit de periode 1590-1600*, Amsterdam, 2005.

Knaap, G., H. den Heijer en M. de Jong, *Oorlogen overzee. Militair optreden door compagnie en staat buiten Europa 1595-1814*, Amsterdam, 2015.

Knevel, P., *Burgers in het geweer. De schutterijen in Holland, 1550-1700*, Hilversum, 1994.

Kuijpers, E., 'Between Storytelling and Patriotic Scripture: The Memory Brokers of the Dutch Revolt', in E. Kuijpers e.a. (red.), *Memory Before Modernity: Practices of Memory in Early Modern Europe*, Leiden, 2013, pp. 183-201.

Maarseveen, M.M. van e.a. (red.), *Beelden van een strijd. Oorlog en kunst voor de vrede van Münster, 1621-1648*, Zwolle, 1998.

Prak, M., 'Citizens, Soldiers and Civic Militias in Late Medieval and Early Modern Europe', *Past & Present* 228 (2015), pp. 93-123.

Pollmann, J., *Memory in Early Modern Europe, 1500-1800*, Oxford, 2017.

Prud'homme van Reine, R., *Zeehelden*, Amsterdam, 2005.

Sigmond, P. en W. Kloek, *Zeeslagen en zeehelden in de Gouden Eeuw*, Amsterdam, 2007.

Schama, S., *The Embarrassment of Riches. An Interpretation of Dutch Culture in the Golden Age*, Londen, 1987.

Schmidt, B., *Innocence Abroad: The Dutch Imagination and the New World, 1570-1670*, Cambridge, 2001.

Steen, J. van der, *Memory Wars in the Low Countries, 1566-1700*, Leiden, 2015.

7. Het staatsbestel

Blaas, P.B.M., *De historiografie van een kleine natie met een groot verleden. Verspreide historiografische opstellen*, Hilversum, 2000.

Bruin, G. de, 'De soevereiniteit in de Republiek. Een machtsprobleem', BMGN – *Low Countries Historical Review* 94 (1979), pp. 27-40.

Fruin, R., *Geschiedenis der staatsinstellingen in Nederland tot den val der Republiek*, Den Haag, 1900.

Gelderen, M. van, *The Political Thought of the Dutch Revolt 1555-1590*, Cambridge, 1995.

Groenveld, S., *Unie – Bestand – Vrede. Drie fundamentele wetten van de Republiek der Verenigde Nederlanden*, Hilversum, 2009.

Nierop, H.F.K. van, 'Alva's Throne – Making Sense of the Revolt of the Netherlands', in G. Darby (red.), *The Origins and Development of the Dutch Revolt*, Londen, 2001, pp. 29-47.

Pollmann, J.S., 'Eendracht maakt macht. Stedelijke cultuuridealen en politieke werkelijkheid in de Republiek', in D. Bos e.a. (red.), *Harmonie in Holland. Het poldermodel van 1500 tot nu*, Amsterdam, 2007, pp. 134-151.

Prak, M., 'The People in Politics: Early Modern England and the Dutch Republic Compared', in M.C. Jacob en C. Sécretan (red.), *In Praise of Ordinary People: Early Modern Britain and the Dutch Republic*, New York, 2014, pp. 141-161.

Price, J.L., *Holland and the Dutch Republic in the Seventeenth Century: The Politics of Particularism*, Oxford, 1994.

Rowen, H.H. en A. Lossky, *Political Ideas and Institutions in the Dutch Republic*, Los Angeles, 1985.

Stern, J., *Orangism in the Dutch Republic in Word and Image, 1650-1675*, Manchester, 2010.

8. Burgerparticipatie en het publieke debat

Deen, F., M. Reinders en D. Onnekink (red.), *Pamphlets and Politics in the Dutch Republic*, Leiden, 2011.

Dekker, R., *Holland in beroering. Oproeren in de 17de en 18de eeuw*, Baarn, 1982.

Dixhoorn, A., J. Bloemendal en E. Strietman (red.), *Literary Cultures and Public Opinion in the Low Countries, 1450-1650*, Leiden, 2011.

Haks, D., *Vaderland en Vrede 1672-1713. Publiciteit over de Nederlandse Republiek in oorlog*, Hilversum, 2013.

Harline, C., *Pamphlets, Printing and Political Culture in the Dutch Republic*, Den Haag, 1987.

Harms, R., *Pamfletten en publieke opinie. Massamedia in de zeventiende eeuw*, Amsterdam, 2011.

Helmers, H., *The Royalist Republic: Literature, Politics, and Religion in the Anglo-Dutch Public Sphere, 1639-1660*, Cambridge, 2015.

Nierop, H.F.K. van. 'Popular Participation in Politics in the Dutch Republic', in P. Blickle (red.), *Resistance, Representation and Community*, Oxford, 1997, pp. 272-290.

Reinders, M., *Printed Pandemonium: Popular Print and Politics in the Netherlands, 1650-1672*, Leiden, 2013.

Sierhuis, F., *The Literature of the Arminian Controversy*, Oxford, 2016.

Spaans, J., *Graphic Satire and Religious Change: The Dutch Republic, 1676-1702*, Leiden, 2011.

Stensland, M., *Habsburg Communication in the Dutch Revolt*, Amsterdam, 2012.

Weduwen, A. der, *Dutch and Flemish Newspapers of the Seventeenth Century*, Leiden, 2017.
Weekhout, I., *Boekencensuur in de Noordelijke Nederlanden. De vrijheid van drukpers in de zeventiende eeuw*, Den Haag, 1998.

9. Een markteconomie

Bavel, B.J.P. van en J.L. van Zanden, 'The Jump-Start of the Holland Economy During the Late Medieval Crisis, c. 1350-c. 1500', *Economic History Review* 57 (2004), pp. 503-532.
Bochove, C. van, *The Economic Consequences of the Dutch: Economic Integration Around the North Sea, 1500-1800*, Amsterdam, 2008.
Gelderblom, O., *Cities of Commerce: The Institutional Foundations of International Trade in the Low Countries, 1250-1650*, Princeton, 2013.
Gelderblom, O. en J. Jonker, 'The Low Countries', in L. Neal en J.G. Williamson (red.), *The Cambridge History of Capitalism*, Cambridge, 2014, pp. 314-356.
Heuvel, D. van den, *Women and Entrepreneurship: Female Traders in the Northern Netherlands, c. 1580-1815*, Amsterdam, 2007.
Heuvel, D. van den en S. Ogilvie, 'Retail Development in the Consumer Revolution: The Netherlands, 1670-1815', *Explorations in Economic History* 50 (2013), pp. 69-87.
Lesger, C., *The Rise of the Amsterdam Market and Information Exchange: Merchants, Commercial Expansion and Change in the Spatial Economy of the Low Countries, c. 1550-1630*, Aldershot, 2006.
Lottum, J. van, *Across the North Sea: The Impact of the Dutch Republic on International Labour Migration, c. 1550-1850*, Amsterdam, 2007.
McCants, A.E.C., 'Goods at Pawn: The Overlapping Worlds of Material Possessions and Family Finance in Early Modern Amsterdam', *Social Science History* 31 (2007), pp. 213-238.
Nederveen Meerkerk, E. van, *De draad in eigen handen. Vrouwen en loonarbeid in de Nederlandse textielnijverheid*, Amsterdam, 2007.
Schmidt, A. en E. van Nederveen Meerkerk, 'Reconsidering The "First Male-Breadwinner Economy": Women's Labor Force Participation in the Netherlands, 1600-1900', *Feminist Economics* 18 (2012), pp. 69-96.
Vries, J. de, *The Dutch Rural Economy in the Golden Age, 1500-1700*, New Haven, 1974.
Vries, J. de, *The Industrious Revolution: Consumer Behavior and the Household Economy, 1650 to the Present*, Cambridge, 2008.
Vries, J. de en A. van der Woude, *The First Modern Economy: Success, Failure, and Perseverance of the Dutch Economy, 1500-1815*, Cambridge, 1997.
Zanden, J.L. van, *The Rise and Decline of Holland's Economy: Merchant Capitalism and the Labor Market*, Manchester, 1993.
Zanden, J.L. van, *The Long Road to the Industrial Revolution: The European Economy in a Global Perspective 1000-1800*, Leiden, 2009.

10. Wereldhandel

Andrade, T., *Lost Colony: The Untold Story of China's First Great Victory over the West*, Princeton, 2011.
Antunes, C. en J. Gommans (red.), *Exploring the Dutch Empire: Agents, Networks and Institutions, 1600-2000*, Londen, 2015.
Cook, H.J., *Matters of Exchange: Commerce, Medicine, and Science in the Dutch Golden Age*, New Haven, 2007.
Gaastra, F., *The Dutch East India Company: Expansion and Decline*, Zutphen, 2003.

Gelman Taylor, J., *The Social World of Batavia: Europeans and Eurasians in Colonial Indonesia*, Madison, 2009 [1983].
Groesen, M. van, *Amsterdam's Atlantic: Print Culture and the Making of Dutch Brazil*, Philadelphia, 2017.
Haefeli, E., *New Netherland and the Dutch Origins of American Religious Liberty*, Philadelphia, 2012.
Heijer, H. den, *De geschiedenis van de WIC*, Zutphen, 2013.
Huigen, S., J.L. de Jong en Elmer Kolfin (red.), *The Dutch Trading Companies as Knowledge Networks*, Leiden, 2010.
Klooster, W., *The Dutch Moment in Atlantic History: War, Trade, and Settlement in the Transformation of the Americas*, Ithaca, 2016.
Krohn, D., M. de Filippis en P. Miller, *Dutch New York between East and West: The World of Margrieta van Varick*, New York, 2009.
Locher-Scholten, E. en P. Rietbergen (red.), *Hof en handel. Aziatische vorsten en de VOC, 1620-1720*, Leiden, 2005.
Postma, J., *The Dutch in the Atlantic Slave Trade, 1600-1815*, Cambridge, 1990.
Romney, S.S., *New Netherland Connections: Intimate Networks and Atlantic Ties in Seventeenth-Century America*, Chapel Hill, 2014.
Schmidt, B., *Inventing Exoticism: Geography, Globalism, and Europe's Early Modern World*, Philadelphia, 2015.
Worden, N. (red.), *Cape Town Between East and West: Social Identities in a Dutch Colonial Town*, Hilversum, 2012.
Zandvliet, K., *Mapping for Money: Maps, Plans and Topographic Paintings and Their Role in Dutch Overseas Expansion During the Sixteenth and Seventeenth Centuries*, Amsterdam, 2002.

11. Het gereformeerd protestantisme

Asselt, W.J. van, *Johannes Coccejus. Portret van een zeventiende-eeuws theoloog op oude en nieuwe wegen*, Heerenveen, 1997.
Deursen, A.Th. van, *Bavianen en Slijkgeuzen. Kerk en Kerkvolk ten tijde van Maurits en Oldenbarnevelt*, Assen, 1974.
Israel, J.I., *The Dutch Republic: Its Rise, Greatness, and Fall, 1477-1806*, Oxford, 1995.
Kaplan, B.J., *Calvinists and Libertines: Confession and Community in Utrecht 1578-1620*, Oxford, 1995.
Kooi, C., *Calvinists and Catholics During Holland's Golden Age: Heretics and Idolaters*, Cambridge, 2012.
Lieburg, Fred A. van, 'From Pure Church to Pious Culture: The Further Reformation in the Seventeenth-Century Dutch Republic', in F.W. Graham (red.), *Later Calvinism: International Perspectives*, Kirksville, MO, 1994, pp. 409-430.
Niemeijer, H.E., *Calvinisme en koloniale stadscultuur. Batavia 1619-1725*, Amsterdam, 1996.
Pollmann, Judith, *Religious Choice in the Dutch Republic: The Reformation of Arnoldus Buchelius (1565-1641)*, Manchester, 1999.
Roodenburg, Herman, *Onder censuur. De kerkelijke tucht in de gereformeerde gemeente van Amsterdam, 1578-1700*, Hilversum, 1990.
Stanglin, K.D. en T.H. McCall, *Jacob Arminius: Theologian of Grace*, Oxford, 2012.
Schalkwijk, F.L., *The Reformed Church in Dutch Brazil (1630-1654)*, Zoetermeer, 1998.
Schilling, H., 'Confessional Europe', in T.A. Brady Jnr, H.A. Oberman en J.D. Tracy (red.), *Handbook of European History, 1400-1600*, Leiden, 1994, vol. II, pp. 641-682.
Spaans, J., *Haarlem na de Reformatie. Stedelijke Cultuur en Kerkelijk Leven, 1577-1620*, Den Haag, 1989.
Wouters, A.Ph F. en P.H.A.M. Abels, *Nieuw en Ongezien. Kerk en Samenleving in de classis Delft en Delft-land, 1572-1621*, 2 dln., Delft, 1994.

12. Religieuze tolerantie

Berkvens-Stevelinck, C. e.a. (red.), *The Emergence of Tolerance in the Dutch Republic*, Leiden, 1997.

Deursen, A.Th. van, *Plain Lives in a Golden Age: Popular Culture, Religion, and Society in Seventeenth-Century Holland*, Cambridge, 1991.

Duke, A., 'The Ambivalent Face of Calvinism in the Netherlands, 1561-1618', in A. Duke, *Reformation and Revolt in the Low Countries*, Londen, 1990, pp. 269-293.

Forclaz, B., *Catholiques au défi de la Réforme. La coexistence confessionelle à Utrecht au xviie siècle*, Parijs, 2014.

Frijhoff, W., *Embodied Belief: Ten Essays on Religious Culture in Dutch History*, Hilversum, 2002.

Geraerts, J., *Patrons of the Old Faith. The Catholic Nobility in Utrecht and Guelders, c. 1580-1702*, Leiden, 2019.

Hsia, R. Po-Chia en H.F.K. van Nierop (red.), *Calvinism and Religious Toleration in the Dutch Golden Age*, Cambridge, 2002.

Kaplan, B.J., *Divided by Faith: Religious Conflict and the Practice of Toleration in Early Modern Europe*, Cambridge, MA, 2007.

Kooi, C., *Calvinists and Catholics During Holland's Golden Age: Heretics and Idolaters*, Cambridge, 2012.

Lenarduzzi, C., *Katholiek in de Republiek. De belevingswereld van een religieuze minderheid 1570-1750*, Nijmegen, 2019.

Parker, C.H., *Faith on the Margins: Catholics and Catholicism in the Dutch Golden Age*, Cambridge, MA, 2008.

Pettegree, A., 'The Politics of Toleration in the Free Netherlands, 1572-1620', in Ole Peter Grell en Bob Scribner (red.), *Tolerance and Intolerance in the European Reformation*, Cambridge, 1996, pp.182-198.

Pollmann, J., *Religious Choice in the Dutch Republic: The Reformation of Arnoldus Buchelius (1565-1641)*, Manchester, 1999.

Spiertz, M.P.G., 'Priest and Layman in a Minority Church: The Roman Catholic Church in the Northern Netherlands, 1592-1686', in W.J. Shields en Diana Blackwood (red.), *The Ministry: Clerical and Lay*, Oxford, 1989, pp. 287-301.

Spohnholz, J., 'Confessional Coexistence in the Early Modern Netherlands', in T.M. Safley (red.), *A Companion to Multiconfessionalism in the Early Modern World*, Leiden, 2011, pp. 45-73.

Swetschinski, D.M., *Reluctant Cosmopolitans: The Portuguese Jews of Seventeenth-Century Amsterdam*, Londen, 2000.

Woltjer, J.J., 'De plaats van de calvinisten in de Nederlandse samenleving', *De Zeventiende Eeuw* 10 (1994), pp. 3-23.

13. Spirituele kunst en cultuur

Eck, X. van, *Clandestine Splendor: Paintings for the Catholic Church in the Dutch Republic*, Zwolle, 2008.

Finney, P.C. (red.), *Seeing Beyond the Word: Visual Arts and the Calvinist Tradition*, Grand Rapids, 1999.

Frijhoff, W., *Embodied Belief: Ten Essays on Religious Culture in Dutch History*, Hilversum, 2002.

Hollander, A. den, P. Visser en G. Harinck (red.), *Religious Minorities and Cultural Diversity in the Dutch Republic*, Leiden, 2014.

Kaplan, B.J., 'Fictions of Privacy: House Chapels and the Spatial Accommodation of Religious Dissent in Early Modern Europe', *American Historical Review* 114 (2002), pp. 1031-1064.

Kooi, C., *Calvinists and Catholics During Holland's Golden Age: Heretics and Idolaters*, Cambridge, 2012.

Nadler, S., *Rembrandt's Jews*, Chicago, 2003.

Perlove, S. en L. Silver, *Rembrandt's Faith: Church and Temple in the Dutch Golden Age*, University Park, PA, 2009.

Schenkeveld-van der Dussen, M.A., 'Cultural Participation as Stimulated by the Seventeenth-Century Reformed Church', in Ann Rigney en Douwe Fokkema (red.), *Cultural Participation: Trends Since the Middle Ages*, Amsterdam, 1993, pp. 39-50.

Simmel, G., 'The Stranger', in D. Levine (red.), *On Individuality and Social Forms*, Chicago, 1971, pp. 143-150.

Vanhaelen, A., *The Wake of Iconoclasm: Painting the Church in the Dutch Republic*, University Park, PA, 2012.

14. De markt voor kunst, boeken en luxeartikelen

Brewer, J. en R. Porter (red.), *Consumption and the World of Goods*, Londen, 1993.

Davids, K. en B. De Munck (red.), *Innovation and Creativity in Late Medieval and Early Modern Cities*, Londen, 2014.

De Marchi, N. en S. Raux (red.), *Moving Pictures: Intra-European Trade in Images, Sixteenth-Eighteenth Centuries*, Turnhout, 2014.

De Munck, B. en D. Lyna (red.), *Concepts of Value in European Material Culture, 1500-1900*, Aldershot, 2015.

Freedberg, D. en J. de Vries (red.), *Art in History, History in Art: Studies in Seventeenth-Century Dutch Culture*, Santa Monica, CA, 1991.

Goldgar, A., *Tulipmania: Money, Honor, and Knowledge in the Dutch Golden Age*, Chicago, 2007.

Hessler, M. en C. Zimmermann (red.), *Creative Urban Milieus: Historical Perspectives on Culture, Economy and the City*, Berlijn, 2008.

Montias, J.M., *Artists and Artisans in Delft: A Socio-economic Study of the Seventeenth Century*, Princeton, 1982.

North, M., *Art and Commerce in the Dutch Golden Age*, Londen, 1997.

O'Brien, P. e.a. (red.), *Urban Achievement in Early Modern Europe: Golden Ages in Antwerp, Amsterdam and London*, Cambridge, 2001.

Rasterhoff, C., 'Economic Aspects of Dutch Art', in W. Franits (red.), *The Ashgate Research Companion to Dutch Art of the Seventeenth Century*, Londen, 2016, pp. 355-372.

Rasterhoff, C., *Painting and Publishing as Cultural Industries: The Fabric of Creativity in the Dutch Republic, 1580-1800*, Amsterdam, 2016.

Rittersma, R. (red.), *Luxury in the Low Countries: Miscellaneous Reflections on Netherlandish Material Culture, 1500 to the Present*, Brussel, 2010.

Ryckbosch, W., 'Early Modern Consumption History: Current Challenges and Future Perspectives', *BMGN - Low Countries Historical Review* 130 (2015), pp. 57-84.

Van Damme, I., B. De Munck en A. Miles (red.), *Cities and Creativity from the Renaissance to the Present*, Londen, 2017.

15. Beeldende kunst m/v

Baer, R. (red.), *Class Distinctions. Dutch Painting in the Age of Rembrandt and Vermeer*, Boston, 2015.

Bever, H. (red.), *Drawings by Rembrandt and his Pupils. Telling the Difference*, Los Angeles, 2009.

Franits, W. (red.), *The Ashgate Research Companion to Dutch Art of the Seventeenth-Century*, Londen, 2016.

Honig, E., 'The Gentle Art of Being "Artistic": Dutch Women's Creative Practices in the 17th Century,' in *Women's Art Journal* 22/2 (2001/2002), pp. 31-39.

Kloek, E., *Vrouw des huizes. Een cultuurgeschiedenis van de Hollandse huisvrouw*, Amsterdam, 2009.

Noorman, J., M. Abma, L. Baumann e.a., *Gouden vrouwen van de 17de eeuw. Van kunstenaars tot verzamelaars*, Zwolle, 2020.

Pijzel-Dommisse, J., *Het Hollandse Pronkpoppenhuis: Interieur en huishouden in de 17de en 18de eeuw*, Zwolle, 2000.

Sluijter, E.J., 'Beelden van de Hollandse schilderkunst. "Vele vermaerde ende treffelicke schilders"', in T. de Nijs en E. Beukers (red.), *Geschiedenis van Holland, 1572-1795*, Hilversum, 2002, pp. 379-420.

Sutton, E. (red.), *Women Artists and Patrons in the Netherlands, 1500-1700*, Amsterdam, 2019.

Swan, C., *Rarities of these Lands. Art, Trade and Diplomacy in the Dutch Republic*, Princeton, 2021.

Vanhaelen, A., '"Jan moet zitten, spinnen, wiegen, want Griet heeft hem overmant," Seksestrijd in de Jan de Wasser-prenten', in M. Everard en U. Jansz (red.), *Sekse. Een begripsgeschiedenis*, Hilversum, 2018, pp. 40-55.

Westerman, M., *A Worldly Art. The Dutch Republic, 1585-1718*, New Haven, 2004.

16. Genreschilderkunst

Franits, W., *Dutch Seventeenth-Century Genre Painting: Its Stylistic and Thematic Evolution*, New Haven, 2004.

Franits, W. (red.), *The Ashgate Research Companion to Dutch Art of the Seventeenth Century*, Londen, 2016.

Hollander, M., *An Entrance for the Eyes: Space and Meaning in Seventeenth-Century Dutch Art*, Berkeley, 2002.

Loughman, J. en J.M. Montias, *Public and Private Spaces: Works of Art in Seventeenth-Century Dutch Houses*, Zwolle, 2000.

Phagan, P. (red.), *Images of Women in Seventeenth-Century Dutch Art: Domesticity and the Representation of the Peasant*, Athens, GA, 1996.

Sluijter, E.J., *Seductress of Sight: Studies in Dutch Art of the Golden Age*, Zwolle, 2001.

Westermann, M., *The Art of the Dutch Republic, 1585-1718*, Londen, 1996.

17. De literaire wereld

Bloemendal, J. en F.-W.A. Korsten (red.), *Joost van den Vondel (1587-1679): Dutch Playwright in the Golden Age*, Leiden, 2012.

Bonger, H. en G. De Voogt, *The Life and Work of Dirck Volckertszoon Coornhert*, Amsterdam, 2004.

Davidson, P. en A. van der Wiel (red.), *A Selection of the Poems of Sir Constantijn Huygens (1596-1687)*, Amsterdam, 2015.

Duits, H. en T. van Strien, *Rhetoric, Rhetoricians, and Poets: Studies in Renaissance Poetry and Poetics*, Amsterdam, 1999.

Elk, M. van, *Early Modern Women's Writing: Domesticity, Privacy and the Public Sphere in England and the Dutch Republic*, Basingstoke, 2016.

Erenstein, R.L. (red.), *Een theatergeschiedenis der Nederlanden. Tien eeuwen drama en theater in Nederland en Vlaanderen*, Amsterdam, 1996.

Gemert, L. van (red.), *Women's Writing from the Low Countries 1200-1875*, Amsterdam, 2010.

Grootes, E.K. en M. Schenkeveld-van der Dussen, 'The Dutch Revolt and the Golden Age, 1560-1700', in T. Hermans (red.), *A Literary History of the Low Countries*, Rochester, 2009, pp. 153-291.

Korsten, F. W., *Sovereignty as Inviolability: Vondel's Theatrical Explorations in the Dutch Republic*, Hilversum, 2009.

Noak, B., *Politische Auffassungen im niederländischen Drama des 17. Jahrhunderts*, Münster, 2002.

Parente, J.A., *Religious Drama and the Humanist Tradition: Christian Theater in Germany and in the Netherlands, 1500-1680*, Leiden, 1987.

Porteman, K. en M.B. Smits-Veld, *Een nieuw vaderland voor de muzen. Geschiedenis van de Nederlandse literatuur, 1560-1700*, Amsterdam, 2008.

Schenkeveld van der Dussen, M.A., *Dutch Literature in the Age of Rembrandt: Themes and Ideas*, Amsterdam, 1991.

Veldhorst, N., *Zingend door het leven. Het Nederlandse liedboek in de Gouden Eeuw*, Amsterdam, 2009.

18. Het Nederlandse classicisme in Europa

Blankert, A., (red.), *Hollands classicisme in de zeventiende-eeuwse schilderkunst*, Rotterdam, 1999.

Fremantle, K., *The Baroque Town Hall of Amsterdam*, Utrecht, 1957.

Génetiot, A., *Le classicisme*, Parijs, 2005.

Huisken, J., K. Ottenheym en G. Schwartz (red.), *Jacob van Campen. Het klassieke ideaal in de Gouden Eeuw*, Amsterdam, 1995.

Kuyper, W., *Dutch Classicist Architecture: A Survey of Dutch Architecture, Gardens and Anglo-Dutch Architectural Relations from 1625 to 1700*, Delft, 1980.

Ottenheym, K., *Vincenzo Scamozzi: The Idea of a Universal Architecture*, Amsterdam, 2003.

Ottenheym, K., 'Proportional Design Systems in Seventeenth-Century Holland', *Architectural Studies* 2 (2014), pp. 1-14.

Sluijter, E.J., 'Rembrandt and the Rules of Art Revisited', *Jahrbuch der Berliner Museum* 51 (2009), pp. 121-129.

Spies, M., *Rhetoric, Rhetoricians and Poets: Studies in Renaissance Poetry and Poetics*, Amsterdam, 1999.

Worsley, G., *Inigo Jones and the European Classicist Tradition*, New Haven, 2007.

19. Onderwijs

Boekholt, P.Th F M. en E.P.de Booy, *Geschiedenis van de school in Nederland, vanaf de middeleeuwen tot de huidige tijd*, Assen, 1987, pp. 22-85.

Doorninck, M. van en E. Kuijpers, *De geschoolde stad. Onderwijs in Amsterdam in de Gouden Eeuw*, Amsterdam, 1993.

Fortgens, H.W., *Schola Latina. Uit het verleden van ons voorbereidend hoger onderwijs*, Zwolle, 1958.

Groenendijk, L., 'Die reformierte Kirche und die Schule in den Niederlanden während des 16. und 17. Jahrhunderts', in H. Schilling en S. Ehrenpreis (red.), *Frühneuzeitliche Bildungsgeschichte der Reformierten in konfessionsvergleichender Perspektive. Schulwesen, Lesekultur und Wissenschaft*, Berlijn, 2007, pp. 47-74.

Lunsingh-Scheurleer, T.H. e.a. (red.), *Leiden University in the Seventeenth Century: An Exchange of Learning*, Leiden, 1975.

Miert, D. van, *Humanism in an Age of Science: The Amsterdam Athenaeum in the Golden Age, 1632-1704*, Leiden, 2009.

De Ridder-Symoens, H. en J.M. Fletchers (red.), *Academic Relations Between the Low Countries and the British Isles, 1450-1700*, Gent, 1989.

Schneppen, H., *Niederländische Universitäten und Deutsches Geistesleben. Von der Gründung der Universität Leiden bis ins späte 18. Jahrhundert*, Münster, 1960.

20. Wetenschap en technologie

Beekman, E.M. (red.), *The Ambonese Curiosity Cabinet of Georgius Everhardus Rumphius*, New Haven, 1999.
Bergvelt, E. en R. Kistemaker (red.), *De wereld binnen handbereik. Nederlandse kunst- en rariteitenverzamelingen, 1585-1735*, Zwolle, 1992.
Berkel, K. van, *Isaac Beeckman on Matter and Motion: Mechanical Philosophy in the Making*, Baltimore, 2013.
Berkel, K. van, A. van Helden en L. Palm (red.), *A History of Science in the Netherlands: Survey, Themes, and Reference*, Leiden, 1999.
Cook, H.J., *Matters of Exchange: Commerce, Medicine and Science in the Dutch Golden Age*, New Haven, 2007.
Cohen, H.F., *The Rise of Modern Science Explained: A Comparative History*, Cambridge, 2015.
Davids, K., *The Rise and Decline of Dutch Technological Leadership: Technology, Economy and Culture in the Netherlands, 1350-1800*. 2 dln., Leiden, 2008
Egmond, F., *Eye for Detail: Images of Plants and Animals in Art and Science, 1500-1630*, Londen, 2016.
Fournier, M., *The Fabric of Life: Microscopy in the Seventeenth Century*, Baltimore, 1996.
Jorink, E., *'Het Boeck der Natuere': Nederlandse geleerden en de wonderen van Gods schepping, 1575-1715*, Leiden, 2007.
Knoeff, R., *Herman Boerhaave (1668-1738): Calvinist Chemist and Physician*, Amsterdam, 2002.
Margócsy, D., *Commercial Visions: Science, Trade, and Visual Culture in the Dutch Golden Age*, Chicago, 2014.
Mooij, A., *De polsslag van de stad: 350 jaar academische geneeskunde in Amsterdam*, Amsterdam/Antwerpen, 1999.
Roberts, L., S. Schaffer en P. Dear (red.), *The Mindful Hand: Inquiry and Invention from the Late Renaissance to Early Industrialisation*, Amsterdam, 2007.
Schmidt, B., *Inventing Exoticism: Geography, Globalism, and Europe's Early Modern World*, Philadelphia, 2015.
Schotte, M.E., *Sailing School: Navigating Science and Skill, 1550-1800*, Baltimore, 2019.
Verbeek, T., *Descartes and the Dutch: Early Reactions to Cartesian Philosophy, 1637-1650*, Carbondale, IL, 1992.
Vermij, R., *The Calvinist Copernicans: The Reception of the New Astronomy in the Dutch Republic, 1575-1750*, Amsterdam, 2002.

21. Radicale denkers

Bunge, W. van, *From Stevin to Spinoza: An Essay on Philosophy in the Seventeenth-Century Dutch Republic*, Leiden, 2001.
Bunge, W. van en W. Klaver (red.), *Disguised and Overt Spinozism Around 1700*, Leiden, 1996.
Israel, J.I., *Radical Enlightenment: Philosophy and the Making of Modernity 1650-1750*, Oxford, 2001.
Hoftijzer, P. en T. Verbeek (red.), *Leven na Descartes. Zeven opstellen over ideeëngeschiedenis in de zeventiende eeuw*, Hilversum, 2005.
Weststeijn, A., *Commercial Republicanism in the Dutch Golden Age: The Political Thought of Johan and Pieter de la Court*, Leiden, 2011.
Wielema, M., *The March of the Libertines: Spinozists and the Dutch Reformed Church (1600-1750)*, Hilversum, 2004.

Register

A

Acquet, Hendrik d' (1632-1706), arts, 445-456
Admiraliteiten, 126, 129, 130, 157-158
    Amsterdam, 130, 131
    Rotterdam, 132
Aerssen van Sommelsdijck, Cornelis van (1637-1688), gouverneur van Suriname, 136
Aitzema, Lieuwe van (1600-1669), historicus, 132
alba amicorum, 377-378
Albert VII, aartshertog, van Oostenrijk (1559-1621), 145
alchemie, 297, 443, 452
alfabetiseringsgraad, 58-60, 314, 420-422, 438, 455. *Zie* leesvaardigheid
Alkmaar, 52, 55, 57, 77, 152, 441, 443
Allard, Carel (1648-), kunstenaar, 175
    Nieuwe Hollandsche Scheepsbouw (1695), 175
Alva, Fernando Alvarez de Toledo, hertog van (1507-1582), gouverneur-generaal of de Nederlanden (1576-1573), 123, 145-146, 148, 189, 192
Ambon (Nederlands-Indië), 105, 109, 161, 229, 235, 266, 268, 349, 446
Ambonse Oorlog (1651-1655), 229
Ambonse Moord, 22, 235
Amsterdam, passim
    Admiraliteit. *Zie* admiraliteit, Amsterdam
    bank, 21, 220
    beurs, 21, 195, 220, 321
    Binnengasthuis, 450
    Dam, de, 56, 178, 195, 295, 350
    grachten, 56, 88
    joodse gemeenschap, 22, 275, 291-295, 296, 298
    schouwburg, 23, 55, 197, 299, 389
    stadhuis, 23, 34, 41, 57-58, 92, 320, 350-351
anatomisch theater, 421, 450. *Zie ook* chirurgijns
Anthonisz van Alkmaar, Adriaan (1541-1620), wiskundige en cartograaf, 439
Antwerpen, 21, 41, 49, 60, 86, 95, 106, 127, 145, 190, 191, 219, 220, 230, 301, 314, 315, 317, 324, 333, 379-380, 383, 425
    Val van (1585), 21, 41, 60, 314, 333, 380
    immigratie vanuit, 86, 191, 219, 333
apotheken, apothekers, 446-450
architectuur, 57, 244, 294, 304, 358, 377, 398, 399, 401, 403, 406-410, 416
    classicistisch, 399, 403, 406-410, 416
aristocratie, 178, 193, 201, 322, 347, 348, 360
aristotelianisme, 382, 386, 391, 411, 412, 413, 430
arminianisme, arminianen, 21, 22, 260-262, 276-278, 290. *Zie* remonstranten
Arminius, Jacobus (1560-1609), theoloog, 188, 204, 260-261. *Zie ook* remonstranten
armoede, 41, 52, 54-55, 62, 91, 93, 131, 226, 253, 254, 363, 423, 429, 450
artsen, 384, 421, 427, 444, 445, 447, 448-450, 453, 460, 472
Asselijn, Thomas (1620-1701), dichter en toneelschrijver, 321, 396, 411, 413, 414
    Op- en ondergang van Mas Anjello (1668), 396
astronomie, 245, 427, 438, 439, 442-443, 453

atheïsme, atheïsten, 264, 265, 304, 432, 471, 472
Aubignac, François Hedelin d' (1604-1676), schrijver en geestelijke, 401

B

Backer, Catharina (1689-1766), kunstenares, 345
Balen, Petrus van (1643-1690), predikant, 462
Banda-eilanden, 22, 105, 109, 110, 117, 134, 161, 235, 266
Banning Cocq, Frans (1605-1655), Amsterdamse burgemeester, 54, 159
Bantam, Banten (Java), 24, 61, 63
Bartjens, Willem (1569-1638), wiskundige, 425
Bataafse mythe, 93, 182, 387
Batavia (Jakarta), 22, 61-63, 84, 97, 105, 108, 109, 110, 111, 117, 176, 230, 232, 236, 239, 242, 243, 244, 266, 268, 269, 448, 453
Baudius, Dominicus (1561-1613), dichter, geleerde en historicus, 430
Bayle, Pierre (1647-1706), filosoof, 90, 432, 460, 463, 469, 473, 474
Beck, Jacob, gouverneur van de Nederlandse Antillen, 113
Beeckman, Isaac (1588-1637), wetenschapper, 444-445, 448
Beeldenstorm (1566), 95, 300, 305, 347
Beemster, 21, 32, 34, 36, 70, 76
Bekker, Balthasar (1634-1698), theoloog, 188, 265, 465
 De betoverde weereld (1691-1693), 265, 465
belasting, belastingstelsel, 39, 53, 55, 94, 123, 126, 131, 133, 134, 142, 169, 192, 213
Berckheyde, Gerrit (1638-1698), kunstenaar, 58, 295
Bergh, Johannes van den (actief 1660-1670), Amsterdamse boekhandelaar, 322
beschermheer, 170, 197, 204, 294. *Zie* patronage

beurs, 21, 195, 220, 321, 441. *Zie* Amsterdam, beurs
Beverland, Adriaan van (1650-1716), schrijver, 95, 470-472, 473
Bicker, Wendela (1635-1668), 173
Bijbel, 23, 59-60, 202, 206, 259, 260, 262-265, 269, 300, 306, 308, 327, 328, 333, 338, 339, 340, 357, 391, 298, 420, 422, 423, 429, 431, 433, 461, 464, 466, 470-471, 472
 en onderwijs, 269, 420, 422, 423, 429
 kritiek, 262-265, 433, 461, 464, 466, 470-471, 472
 Nederlandse vertaling van, 59-60
Bijns, Anna (1493-1575), schrijfster en onderwijzeres, 189
Bils, Louis de (1624-1671), anatoom. 451
Blaeu, Joan Willemsz (1596-1673), cartograaf en uitgever, 243, 245, 330
Blaeu, Willem Jansz (1571-1638), cartograaf en uitgever, 245, 390
boeddhisme, boeddhisten, 237, 267
boekenmarkt, 194, 195, 196, 206, 312, 313, 314, 315, 316, 317, 319, 323, 326, 327, 329-330
 verboden boeken, 188, 197, 460, 462, 463
boekhandels, 60, 194, 460, 462
Boë Sylvius, François de le (1614-1672), hoogleraar geneeskunde, 444, 452-453
boeren, boerderijen, 50, 69, 72, 73-75, 79, 82, 134, 162, 199, 212-214, 316, 349, 357, 360-363, 365-370
Boerhaave, Herman (1668-1738), hoogleraar geneeskunde, 454-455
Boileau, Nicolas (1636-1711), dichter en criticus, 402
Bol, Ferdinand (1616-1680), kunstenaar, 267, 320, 344
Bontekoe, Willem Ysbrandtszoon (1587-1657), schipper van de VOC
 Journael (1646), 392
Bontius, Jacob (1592-1631), arts, 245, 448
Bontius, Reynier, schrijver, 23, 149

Bor, Pieter (1559-1635), historicus, 160
Borch, Gerard ter (1617-1681), kunstenaar, 138, 364, 367
Borch, Gesina ter (1631-1690), kunstenares, 286, 345
Both, Pieter, eerste gouverneur-generaal van Nederlands-Indië (1609-1614), 266
Bouman, Elias (1635-1686), architect, 293, 294
Bourgondië, huis van, 167
Boursse, Esaiah (1631-1672), kunstenaar, 210
Bouwmeester, Johannes (1634-1680), arts en filosoof, 460, 464, 473
Brabant, 38, 49, 72, 73, 81, 86, 88, 91, 92, 145, 213, 230, 275
Bracciolini, Poggio (1380-1459), humanist, 203
Brandenburg, 410
Bray, Salomon de (1597-1664), kunstenaar, 398-399
Brazilië, 23, 51, 96, 97, 104-105, 106, 109, 116-117, 129, 136, 156-157, 177, 217, 229, 230, 233-239, 242, 243-244, 252, 266, 267, 268, 293,
Breda, 22, 23, 189, 445
Bredero, Gerbrand Adriaensz (1585-1618), dichter en toneelschrijver
  Spaanschen Brabander (1617), 22, 92, 377, 383-384, 388, 427
Breeckevelt, Willem (fl. 1650-1654), Haagse drukker, 201
Brés, Guy de (1522-1567), theoloog, 254
Brit, Gesine (1669?-1747), dichteres, 355
Broecke, Berent ten (Bernardus Paludanus) (1550-1633), arts, 445
Brouwer, Hendrick (1581-1643), gouverneur-generaal van Nederlands-Indië (1632-1636), 242
Bruegel de Oude, Pieter (ca. 1525/30-1569), 362
Brugge, 49, 69, 86, 324
Brussel, 49, 86, 95, 189-190, 193, 380, 439

Buchelius, Arnoldus (Buchel, Aernout van) (1565-1641), oudheidkundige, 258, 284
buitenlandse politiek, 174-177
buskruit, 405

C

Calvijn, Johannes (1509-1564), theoloog, 282
calvinisme, calvinisten, 29, 38, 44, 88, 143-144, 145, 189, 202, 204, 236, 237, 250-255, 257, 259-262, 266, 268-269, 272, 291, 293, 296, 297, 298-301, 303-306, 307-308, 319, 380, 381, 388, 389, 390, 431, 432, 433, 438, 439, 460. *Zie ook* contraremonstranten, protestantisme; remonstranten
  Gereformeerde Kerk, 38-39, 88, 202, 236, 237, 250-255, 257, 259, 262, 266, 268, 269, 272, 291, 297-298, 299, 303, 304
  orthodoxie, 146, 202, 236, 237, 261, 262, 276, 293, 389, 299, 459
camera obscura, 443
Campen, Jacob van (1595-1657), architect en kunstenaar, 57, 401, 404, 407-409
Camphuysen, Dirck Raphaelsz (1586-1627), predicant, 328
Candidius, Georgius (1597-1647), theoloog, 84, 98
Capelle, Jan van de (ca. 1626-1679), kunstenaar, 72
Caravaggio (1571-1609), kunstenaar, 15, 358, 414. *Zie ook* Utrecht, caravaggisten
cartesianisme, 260, 264, 438-439, 460, 461, 464, 474
Casteleyn, Abraham (1628-1681), Haarlemse drukker, 174, 198
Casteleyn, Pieter (1618-1676), Haarlemse drukker en kunstenaar, 23, 174
catechismus, 148, 237, 255, 291, 422, 424, 429
  Heidelbergse catechismus, 255, 424
Cats, Jacob (1577-1660), dichter en raadpensionaris van Holland (1629-1631

en 1636-1652), 22, 23, 33, 259, 306, 377, 388-389, 394, 434
censuur, 90, 187, 196-199, 246, 390
  zelfcensuur, 198
Ceylon (Sri Lanka), 23, 109, 230, 232, 234, 235, 242, 252, 266, 267, 268
chirurgijns, 213, 421, 449, 450
Cicero, ciceronianen, 203, 404-405
Claesz, Adriaen, vice-admiraal, 136
Claesz, Cornelis (1546-1609), Amsterdamse uitgever en boekverkoper, 315
classicisme, 391, 394-397, 398-417
  architectuur, 406-410
  schilderkunst, 414-416
  toneel, 410-413
Clusius, Carolus (1526-1609), botanicus, 449
Cluyt, Dirk Outgers, Delftse apotheker, 449
coccejanisme, coccejanen, 24, 264-265. *Zie ook* voetianisme
Coccejus, Johannes (1603-1669), theoloog, 260, 262-264. *Zie ook* coccejanisme
Coecke van Aelst, Pieter (1502-1550), kunstenaar, 406
Coen, Jan Pietersz (1587-1629), gouverneur-generaal van Nederlands-Indië (1619-1623 en 1627-1629), 61, 105, 134, 232, 235, 266, 390
Coenen, Adriaen (1514-1587), Scheveningense vishandelaar, 445
Colijns, David (1582-1665), kunstenaar, 323
confessionalisme, 254-255, 265, 271, 281, 282
contrareformatie, 380, 434
contraremonstranten, 203-204, 260, 388, 390. *Zie ook* remonstranten
Coolhaes, Caspar (1536-1615), predikant, 257
Coornhert, Dirk Volkertsz (1522-1590), schrijver, 21, 257, 381, 384, 385
  Zedekunst, dat is wellevenskunste (1586), 381
copernicanisme, 438

Corneille, Pierre (1606-1684), Franse toneelschrijver, 396, 401, 411
Coromandel, 105, 232, 266
corruptie, 132, 181, 200, 242
Coster, Samuel (1579-1665), arts en toneelschrijver, 384, 388, 390, 427-428, 429
Court, Johan de la (1622-1660), politiek schrijver, 460, 461, 473
Court, Petronella de la (1624-1707), kunstverzamelaarster, 341-342, 346
Court, Pieter de la (1618-1685), politiek schrijver, 460, 461, 473
Cuffeler, Abraham Johannes (ca. 1637-), jurist en filosoof, 462, 467
Cunentorf, Gasper, koopman, 106
Curaçao (Antillen), 102, 103-104, 107, 109, 111, 112, 117, 177, 230, 236, 266
curiositeiten, 305, 306, 317, 320, 336, 341-342, 437, 445-446, 452

D

Datheen, Petrus (1531-1588), theoloog, 190
Delft, 21, 51, 55, 58, 90, 91, 133, 152, 215, 232, 253, 282, 283, 316, 317, 322, 325, 326, 370, 374, 443, 445, 449
Delfts blauw, 51, 90, 215, 316-317, 322
demonologie, 468
Den Bosch, 22, 94, 132, 133, 155. *Zie* 's-Hertogenbosch
Den Briel, 123, 160
Den Haag, 22, 24, 48, 57, 86, 91, 155, 169, 187, 193, 195, 200, 241, 256, 325, 388, 392-393, 407, 408, 429, 432, 442, 449, 454, 457, 463, 472
  Binnenhof, 153, 170, 195
Denemarken, Denen, 24, 74, 77, 213, 217. *Zie ook* Scandinavië; Oostzeegebied
Dertigjarige Oorlog (1618-1648), 22, 49, 84, 87, 144, 259

Descartes, René (1596-1650), filosoof, 23, 90, 262, 264, 396, 405, 430, 432, 433, 438, 444-445, 448, 452, 454, 459, 473-474. *Zie ook* cartesianisme

Deutz, Agneta (1633-1692), 336

Deventer, 60, 72, 94, 279, 313, 462, 463

dichtkunst, dichters, poëzie, 32, 33, 36, 58, 142, 155, 156, 188-189, 190, 194, 197, 203-205, 298, 290, 308, 320, 321, 355, 377-379, 381-382, 383-385, 389, 390-391, 392-394, 409, 431, 433, 449

dijken, 67, 70, 71-73, 77, 78, 79, 82, 477

dijkgraven, 78

Does, Pieter van der (1562-1599), admiraal, 127

Donck, Adriaen van der (1618-1655), jurist en landeigenaar in Nieuw-Nederland, 96

doopsgezinden, 92, 144, 159, 251, 272, 274, 277, 278, 280, 281, 283, 284, 296, 298, 299, 304, 390, 428, 460. *Zie ook* mennonieten; wederdopers; protestantisme

Dordrecht, 22, 54, 57, 59, 130-131, 173, 233, 253, 255, 256, 259, 262, 267, 279, 388, 420, 423, 424, 428, 445, 466

Dou, Gerrit (1613-1675), kunstenaar, 318, 357, 363, 367

Douai, 95

Drebbel, Cornelis (ca. 1572-1633), uitvinder, 443

Drenthe, 72, 74, 213, 274

drooglegging, droogmakerij, 21, 32, 67, 69-71, 75, 76-77, 82, 212, 213, 438

drukwerk, drukkers, drukkerijen, 90, 153, 187, 190, 191, 193, 195, 196, 197, 198, 201, 290, 296, 301, 315, 328, 379, 380, 420, 430, 463. *Zie ook* boekenmarkt; kranten; boekenindustrie
  nieuwsprenten, 153, 194-196
  politieke prent, 146, 153, 191

Duifhuis, Hubert (1531-1581), predikant, 257

Duinkerken, 127

Duitsland, Duitsers, 49, 84, 86, 87, 88, 90, 91, 95, 133, 134, 188, 190, 212, 216, 220, 236, 238, 242, 243, 254, 326, 387, 388, 427, 431, 458, 459, 466

Duym, Jacob (1547-ca. 1624), dichter en historicus, 383
  Het moordadich stuck van Balthasar Gerards (1606)

Dyck, Anthonie van (1599-1641), kunstenaar, 347-348

E

Eglantier, De, 385, 388. *Zie ook* rederijkerskamers

Eindhoven, 134

Elizabeth Stuart (1596-1662), keurvorstin van de Palts, koningin van Bohemen, 91

Elliger, Christina Maria (1731-1802), kunstenares, 355

Elmina (Ghana), 23, 97, 104, 234, 266

emblemen, emblemata, embleemboeken, 301, 306, 308, 381, 382, 385, 389, 433-434

Emden, 191, 253, 256

Ende, Caspar van den (1614), Franse schoolmeester te Rotterdam, 426

Enden, Franciscus van den (1602-1674), schoolmeester en politiek schrijver, 265, 428, 460

Engeland, Engelsen, 23, 24, 31, 38, 39, 48, 49, 50, 57, 63, 64, 86, 87, 91, 97, 107, 109, 126, 137, 128, 133, 143, 144, 150, 155, 158, 161, 162, 166, 171, 174, 175, 177, 180, 186, 187, 192, 193, 198, 215, 220, 224, 234, 235, 237, 238, 240, 244, 259, 282, 296, 312, 346, 379, 388, 398, 410, 411, 427, 431, 458, 460, 465, 473

Engelse Zeeoorlogen, 161
  Eerste Engelse Zeeoorlog (1652-1654), 23, 24, 126, 128, 137, 150, 346
  Tweede Engelse Zeeoorlog (1665-1667), 24, 128, 238

Derde Engelse Zeeoorlog (1672-1674), 24, 128, 240
English East India Company, 235, 240
Enkhuizen, 77, 88, 193, 230, 232, 233, 265, 445
epigrammen, 378, 385
Episcopius, Simon (1583-1643), theoloog, 261
Erasmus van Rotterdam (ca. 1466-1536), humanist, 404-405
Evelyn, John (1620-1706), schrijver, 312
Ewsum, Anna van (1640-1714), jonkvrouw, 172, 334

F
factorijen, 97, 176, 232
Fagel, Gaspar (1634-1688), raadpensionaris van Holland (1672-1688), 24, 171
Farnese, Alexander (1545-1592), hertog van Parma, Piacenza en Castro (1586-1592), gouverneur van de Spaanse Nederlanden (1578-1592), 380
Felltham, Owen (1602-1668), Engelse schrijver, 271
Ferdinand III (1608-1657), keizer van het Heilige Roomse Rijk (1637-1657), 391
Filips II (1527-1598), koning van Spanje, landheer van de Habsburgse Nederlanden (1555-1598), 38, 39, 123, 168, 200, 230, 272
filologie, 430, 431, 433
filosofie, 260, 265, 396, 427, 430, 432-433, 444, 445, 459, 460-464, 468, 469, 470, 474. *Zie ook* radicale verlichting; rationalisme; spinozisme
Flinck, Govert (1615-1660), kunstenaar, 320
Flud van Giffen, David (1653-1701), theoloog, 265
Focquenbroch, Willem Godschalck van (1640-1670), dichter en toneelschrijver, 394
Formosa (Taiwan), 24, 84, 98, 176, 177, 232, 237, 238, 239, 252, 266, 268
Francius, Petrus (Pieter de Frans) (1645-1704), hoogleraar, 434

Franeker, 21, 250, 439, 442, 443
Frankrijk, Fransen, 24, 39, 49, 64, 80, 86, 87, 90, 96, 97, 128, 133, 139, 150, 167, 174, 190, 192, 201, 206, 220, 236, 238, 244, 322, 379, 381, 401-403, 425-427, 429, 463, 472
  Frans classicisme, toneel, 401-403, 411-412, 414
  Franse hugenoten, 24, 87, 88, 96, 144, 190, 206, 238, 326, 463
  Franse Revolutie, 271, 416
  Franse Scholen, 425-427, 428. *Zie* onderwijs, Franse Scholen
  neoclassicisme, 394-396, 416
  taal, 392, 425-427
Frederik Hendrik (1584-1647), prins van Oranje, stadhouder van Holland, Zeeland, Utrecht, Overijssel en Gelderland (1625-1647) en Groningen en Drenthe (1640-1647), 22, 23, 91, 132, 153, 154-155, 161, 171, 319, 398, 401, 402, 442
Frederik V (1596-1632), keurvorst van de Palts (1610-1632), koning van Bohemen (1619-1620), 91
Friesland, 53, 70, 78-79, 87, 126, 169, 170, 195, 213, 224, 250, 253, 274, 463
fysiologie, 438, 443-445, 449, 453

G
Galilei, Galileo (1564-1642), geleerde en filosoof, 443, 444, 472, 474
  Siderius Nuncius (1610)
Gelderland, 53, 72, 87, 93, 169, 213, 214, 274
geletterdheid, 212, 328, 420, 431, 434, 458. *Zie* leesvaardigheid
gemeenteraad, 48. *Zie* vroedschap
geneeskunde, 449, 453, 454. *Zie ook* apotheken; artsen; chirurgijns; medicijnen
  Collegium Medicum, 449, 450
Gent, 49, 86, 160, 380, 382
  Pacificatie van (1576), 160

Gereformeerde kerk, 38, 60, 88, 146, 182, 202, 236-237, 250-255, 257-259, 260-264, 266-269, 272-275, 276, 277-278, 279, 281-282, 283, 285, 291, 296, 297, 298, 299, 300, 302, 303, 304, 420, 421, 424, 428-429, 462, 464, 466, 470. *Zie* calvinisme, Gereformeerde Kerk

gereformeerd protestantisme, 144, 186, 250-270, 433. *Zie* calvinisme

geuzen, 123, 160, 250

Geuzenliedboek, 150, 380

Gheyn, Jacob (Jacques) de (1565-1629), kunstenaar, 153, 443

Gibraltar, Zeeslag bij (1607), 158

gilden, 53, 54, 91, 192, 219, 293, 326, 351, 421-422, 438, 450, 455

    Sint-Lucasgilde, 321, 326, 327, 422

glasfabricage, 326, 442. *Zie ook* lenzen; microscopen; optica; telescopen

Glauber, Johann Rudolf (1604-1670), apotheker, alchemist en chemicus, 453

Glazemaker, Jan Hendricksz (ca. 1619-1682), vertaler, 460

Glorieuze Revolutie (1689), 39, 128, 155, 171, 460, 466

Goeree, Willem (1635-1711), kunsttheoreticus en boekverkoper, 343, 466, 467-468, 470, 473

    Kerkelijke en wereldlijke historie (1705), 470

    Mosaïsche Oudheden (1700), 470

Golius, Jacobus (1596-1667), arabist, 441

Goltzius, Hendrik (1558-1617), kunstenaar, 401, 414, 416

gomaristen, 276-277. *Zie* contraremonstranten

Gomarus, Franciscus (1563-1641), theoloog, 204, 260-261. *Zie ook* contraremonstranten

Gorée, 129

Gouda, 57, 152, 215, 257, 258, 279, 283

Goyen, Jan van (1596-1656), kunstenaar, 78, 316, 321, 338

Graaf, Reinier de (1641-1673), arts en anatoom, 451-452

grachten, 56, 57, 79, 88

Graeff, Cornelis de (1599-1664), Amsterdamse regent, 320

grand tour, 382, 385

Grebber, Pieter de (1600-1652/1653), kunstenaar, 398-399

Groenewegen, Henricus (1640-1692), theoloog, 265

Groningen, 55, 57, 70, 81, 169, 195, 233, 253, 274, 429

Groot, Hugo de (1583-1645), jurist en schrijver, 21, 30, 95, 182, 252, 261, 387, 390, 405

    Tractaet vande oudtheyt vande Batavische nu Hollandsche republique (1610), 387

Grote Vergadering (1651), 23, 180, 280

Gueudeville, Nicolas (1652-1721), schrijver, 463, 469

Gustaaf II Adolf van Zweden (1594-1632), koning van Zweden (1611-1632), 155

H

Haarlem, Cornelis Cornelisz van (1562-1638), kunstenaar, 403, 414

Haarlem, 38, 49, 54, 55, 57, 58, 77, 80, 84, 86, 88, 92, 152, 215, 254, 257, 274, 313, 325, 345, 347, 352, 382, 406, 414, 425, 428, 449, Haarlemse maniëristen, 414

Habsburgse Nederlanden, 145, 272, 380

Haghen, Pieter van der, koopman, 107

Hals, Dirck (1591-1656), kunstenaar, 33, 36

    Buitenpartij (1627), 33

Hals, Frans (1581/5-1666), kunstenaar, 40, 55, 347, 351, 352, 399

haringvisserij, 215. *Zie ook* visserij

Hebreeuws, 296, 297, 328, 427, 428

Heem, Jan Davidsz. de (1606-1684), kunstenaar, 89, 345, 348

heemraden, 78, 168, 334

Heemskerck, Jacob van (1567-1607), admiraal, 158

Heemskerck, Johan van (1597-1656), dichter, 32-33, 34

Heerhugowaard, 77

Heidanus, Abraham (1597-1678), theoloog, 264

Heilige Roomse Rijk, 73, 144, 190, 255, 280

Hein, Piet Pietersz (1577-1629), admiraal, 22, 156, 233

Heinsius, Daniel (1580-1655), classicus, 22, 382-383, 386, 387, 411, 412, 430, 433-434
Auriacus, sive libertas saucia (Oranje, of gewonde vrijheid, 1602), 382-383, 387
Het ambacht van Cupido (1613), 22, 382

Helmichius, Werner (1550-1608), predikant, 252

Helst, Bartholomeus van der (1613-1670), kunstenaar, 169, 348, 351

Herbertszoon, Herman (-1607), predikant, 257

Heren Negentien (WIC), 176, 233. Zie West-Indische Compagnie

Heren Zeventien (VOC), 105, 176, 231, 232, 240. Zie Verenigde Oost-Indische Compagnie

's-Hertogenbosch, 94

Heuraet, Hendrik van (1633-1660), wiskundige, 441

Heyden, Jan van der (1637-1712), uitvinder en kunstenaar, 58, 306-308
Stilleven met rariteiten (1712), 306-308

Heyns, Pierre (1537-1598), schoolmeester en schrijver, 425

Hilten, Caspar van, courantier en uitgever, 194, 198

hindoes, 237, 267

Hobbema, Meindert (1638-1709), kunstenaar, 32, 71

Hobbes, Thomas (1588-1679), Engelse filosoof, 432, 459, 463, 466, 470, 471, 473-474

Hogenberg, Frans (1535-1590), drukker en cartograaf, 147, 153

Holland, passim
'Tuin van Holland', 35-36, 40, 127, 182
Staten van, 50, 53, 76, 77, 78, 149, 201, 260, 261, 280, 303, 458, 462

Hollandse Missie, 180-81, 301

Honthorst, Gerard van (1590-1656), kunstenaar, 22, 34, 347, 361, 398, 400

Hooch, Pieter de (1629-1683), kunstenaar, 210, 349, 370-373
Een moeder met haar kinderen en een dienaar (ca. 1675), 370-373

Hooft, Pieter Cornelisz (1581-1647), dichter, toneelschrijver en historicus, 23, 182, 188-189, 203, 377, 384, 385-388, 390, 427
Baeto (1616), 387-388
Geeraerdt van Velsen (1613), 386-387, 388, 390

Hooghe, Romeyn de (ca. 1645-1708), kunstenaar en propagandist, 155, 194, 294, 466-467
Spiegel van staat (1706), 466-467

Hoogstraten, Samuel van (1627-1678), kunstenaar en kunsttheoreticus, 414-415, 422, 465
Inleyding tot de hooge schoole der schilderkonst (1678), 422

Hoorn, 77, 88, 152, 188, 232, 233

Hoornbeeck, Johannes (1617-1666), theoloog, 264

Horatius, horatiaanse regels, 401, 411, 412, 413, 414

Hortus, 445, 449-450

Houbraken, Arnold (1660-1719), kunstenaar en schrijver over kunst, 32, 345, 354-355, 466, 467-468, 470
Groote Schouburgh der Nederlantsche Konstschilders en Schilderessen (1718-1721), 467

Hout, Jan van (1542-1609), stadssecretaris van Leiden, 381

Houtman, Cornelis (1565-1599), ontdekkingsreiziger, 252
Howell, James (1594-1666), Engels-Welshe historicus en schrijver, 271
Hudde, Johannes (1628-1704), Amsterdamse regent, 440-441, 443
hugenoten, 24, 60, 87, 88, 96, 144, 190, 206, 238, 326, 463
Hugo, Herman (1558-1629), predikant en schrijver
    Pia Desideria (1624), 301-302, 306
Huis ten Bosch, 23, 155, 398-401
huiselijkheid, in schilderkunst, 210, 369-375
huiskerken, 299-300, 302, 304, 305
humanisme, 203, 257, 345, 404, 405, 411, 421, 430-436
huurlingen, huursoldaten, 48, 123, 124, 129
huwelijk, gemengd huwelijk, 52, 91, 243, 268, 280, 283, 306, 336, 389, 394
Huydecoper van Maarsseveen, Joan (1625-1704), Amsterdamse regent, 197
Huygens, Christiaan (1629-1695), geleerde en uitvinder, 24, 440-44, 454, 457
Huygens, Constantijn (1596-1687), dichter en secretaris van Frederik Hendrik, 23, 33, 35, 179, 320, 328, 390, 392-394, 405, 407-409, 410
    Momenta desultoria (1644), 393
    Heilighe daghen (1645), 394
    Korenbloemen (1658), 393
    huis, 407-409

I

Illustere School, 299, 421, 431, 432, 438. *Zie* onderwijs, Illustere Scholen
India, 61-62, 63, 97, 103, 110, 117-118, 232, 236, 242, 312, 317, 453. *Zie ook* Coromandel; Malabar
Indonesië, 22, 61, 63, 97, 231, 232, 240, 349
Inquisitie, Spaanse, 144, 145, 196, 257, 297, 413
Isabella van Oostenrijk, aartshertogin (1566-1633), landvoogdes van de Spaanse Nederlanden (1621-1633), 145
islam, 237, 268, 291, 295-297
Israël, Nieuw, tweede, 30, 93, 144, 182, 259, 262, 276. *Zie* Nieuw Israël
Italië, Italianen, 49, 86, 96, 275, 340, 358, 382, 385, 386, 398, 406, 412, 416, 459

J

Janssen, Sacharias (1585-1632), Middelburgse lenzenmaker, 442
Jansz, Broer (1579-1652), courantier en uitgever, 194, 196, 198
Java, 61, 84, 97, 105, 110, 111, 134, 232, 244, 448
Jelles, Jarig (1620-1683), Amsterdamse koopman, 460, 466
Jeruzalem, 259
Jezuïeten, 144, 233, 266, 460
Jodendom, Joden, 22, 38, 49, 85, 87, 88, 92, 98, 219, 230, 236, 255, 261, 268, 274, 275, 277, 278, 283, 290-297, 299, 301, 304, 305, 428, 467
    Asjkenazische ('Hoog-Duitse') Joden, 87, 275, 293
    in Amsterdam, 22, 255, 275, 277, 283, 291-294. *Zie* Amsterdam, joodse gemeenschap
    Sefardische ('Portugese') Joden, 87, 88, 98, 230, 255, 275, 277, 291-292, 293, 294
Johan Maurits (1604-1679), graaf van Nassau-Siegen, gouverneur-generaal van Nederlands Brazilië (1637-1644), 104, 233-234, 235, 243
Jordaens, Jacob (1593-1678), kunstenaar, 401, 402
Junius, Franciscus (1545-1602), theoloog en hoogleraar te Leiden, 189-190, 191, 196, 261
Junius, Robert (1606-1655), missionaris op Formosa, 268

K

Kaapkolonie, 24, 96, 97, 109, 244
Kalf, Willem (1619-1693), kunstenaar, 349-350
Karel I (1600-1649), koning van Engeland, Schotland en Ierland (1625-1649)
Karel II (1630-1685), koning van Schotland (1649-1685), koning van Engeland en Ierland (1660-1685), 91
Karel V (1500-1558), landsheer van de Nederlanden (1506-1555), koning van Spanje (1516-1556), 168, 272
katholicisme, katholieken, 38, 85, 86, 91, 92, 94-95, 144, 145, 146, 160, 188-189, 202, 236, 237, 244, 250, 251, 253, 254, 255, 256, 261, 267, 268, 269, 272, 274, 275, 277, 278, 279-282, 283, 284, 290, 297-303, 304-305, 306, 319, 334, 380, 390, 391, 423, 427, 428, 429, 433, 435, 460
Key, Lieven de (ca. 1550-1627), architect, 403, 406-407, 408
    Vleeshal, 406-407
Keye, Ottho, oud-officier, 116-117
Kieft, Willem (1597-1647), koopman en gouverneur van Nieuw-Nederland (1638-1647), 64, 112
Koelman, Jacobus (1632-1695), schismaticus, 429
Koerbagh, Adriaen (1632-1669), spinozistische schrijver, 24, 188, 460, 462, 464, 468, 470, 471, 473
    Een ligt Schijnende in Duystere Plaatsen (1668), 462
Koerbagh, Johannes (1634-1672), spinozistische schrijver, 460, 464
koffie, 109, 117, 224, 317
koffiehuizen, 195
kranten, 22, 60-61, 96, 156, 174, 194-195, 198
    Opregte Haarlemsche Courant, 174
kunstmarkt, 58, 313-331, 333-334, 338-339, 346, 354, 360

L

lagere klassen, 131, 194, 201, 224, 312, 354, 420
Lairesse, Gerard de (1641-1711), kunstenaar, 90, 94, 347, 401
landwinning, 32, 33, 75. *Zie ook* drooglegging
Lastman, Pieter (1583-1633), kunstenaar, 340
Latijn, 229, 243, 382-383, 384, 385, 387, 389, 390, 392, 393, 404, 423, 427, 428, 432, 433, 434, 435, 438, 443, 460, 462, 464
Latijnse Scholen, 84, 296, 421, 423, 425, 427, 428, 429, 431, 432, 438, 445. *Zie* onderwijs, education, Latijnse Scholen
Leeghwater, Jan Adriaansz (1575-1650), droogleggingsexpert, 32
Leenhof, Frederick van (1647-1715), predikant en filosoof, 265, 462, 464, 467, 468, 470, 473
    Den Hemel op Aarden (1703), 464
leesvaardigheid, 58-60, 212, 328, 242, 314, 420-422, 431, 434, 438, 455, 458
Leeuwarden, 53, 55
Leeuwenhoek, Anthonie van (1632-1723), microscopist en microbioloog, 428, 433, 443, 457
leger, 22, 23, 30, 80, 81, 122, 123, 124, 126, 127, 129, 130, 132, 133, 134, 135, 136, 139, 142, 168, 171, 191, 200, 201, 288, 380, 388, 390, 439. *Zie ook* Staatse leger
    militaire revolutie, 123-127
    muiterij, 135, 136, 160
    belegering, 79, 80, 124, 126, 132, 152, 153, 190, 196, 197, 439
Leicester, Robert Dudley, graaf van (1533-1588), gouverneur-generaal van de Verenigde Provinciën, 143
Leiden, 22, 23, 38, 49, 56, 57, 80, 84, 86, 87, 88, 90, 91, 95, 98, 133, 149, 152, 193, 203, 210, 215, 216, 250, 254, 257, 258, 260, 261, 264, 278, 296, 315, 323, 325, 343, 381, 382, 429-430, 431, 432, 433, 435, 438, 441, 443, 445, 452, 453, 457, 470

beleg van, 80, 149, 152
universiteit, 193, 203, 250, 296, 325, 382, 384, 429-430, 431-432, 433, 435, 441, 445, 452
lenzen, 442-443
Léry, Jean de (1536-1613), ontdekkingsreiziger, schrijver en predikant, 266
Lescailje, Katharina (1649-1711), schrijfster, uitgever en boekverkoper, 394
Levier, Charles (-1735), Haagse boekverkoper, 463-464
Leyster, Judith (1609-1660), kunstenares, 327, 345
lezen, 59, 60, 195, 315, 388, 404, 420, 422-424, 425, 429, 433, 442, 464, 467. *Zie* leesvaardigheid
libertijnen, 95, 257, 290, 304, 466
liederen, liedboeken, 22, 145, 148, 150, 315, 377, 378, 380, 381, 386, 434
liefdadigheid, 54, 55, 92, 254, 389, 429. *Zie ook* weeshuizen
liefhebbers, 254, 274, 304, 321
linnenindustrie, 215. *Zie* textielindustrie
Linschoten, Jan Huygen van (1533-1611), schrijver van reisjournaals, 21, 105, 230, 445
Itinerario (1596), 21, 105, 230-231, 445
Lipperhey, Hans (1570-1619), lenzenmaker, 442
Lipsius, Justus (1547-1606), humanistische geleerde, 199-200, 430
Locke, John (1632-1704), Engelse filosoof en arts, 90, 432
Lodewijk, graaf van Nassau (1538-1574), 144
Lodewijk XIV, koning van Frankrijk (1643-1715), 39, 96, 139, 155, 201, 402, 454, 463, 464
Londen, 50, 87, 191, 253, 256, 432, 455
Loo, Jacob van (1614-1670), kunstenaar, 340, 341, 347
Looten, Karel (1575-), koopman, 32

Lope de Vega y Carpio, Félix (1562-1635), Spaanse dichter en toneelschrijver, 411, 412
Lopez, Alphonso, Portugese verzamelaar, kunsthandelaar, juwelier en vertegenwoordiger, 294
Lucas, Jean-Maximilien (ca. 1646-1697), biograaf van Spinoza, 463
Lumey, Willem II van der Marck (1542-1578), admiraal, 160
Luther, Maarten (1483-1547), theoloog, 188. *Zie ook* lutheranisme
lutheranisme, lutheranen, 87, 89, 92, 144, 159, 236, 254, 255, 272, 274, 277, 278, 280, 290, 298, 428, 431, 460. *Zie ook* protestantisme
Lutma de Oude, Johannes (1584-1669), zilversmid, 320

M
Maas, 70, 73, 80, 82
Maastricht, 23, 57, 94, 155, 431
Maes, Nicholaes (1634-1693), kunstenaar, 210-211
Maets, Carel de (1640-1690), hoogleraar scheikunde, 452
Makassar (Sulawesi), 24, 134, 229, 234, 244, 268
Malabar (India), 232, 234, 266, 453
Mander, Karel van (1548-1606), kunstenaar en kunsttheoreticus, 21, 343, 382, 406, 414, 422
Het Schilder-Boeck (1604), 21, 382, 406, 422
Maniërisme, 340, 414. *Zie* Haarlems maniërisme
Marcgraf, Georg (1610-1644), German natuuronderzoeker en astronoom, 245, 448
Marin, Pierre, Franse schoolmeester, 426
Marokko, Marokkanen, 295-296, 298, 454
Marot, Daniël (1663-1752), kunstenaar en architect, 90
Mataram (Java), 63, 134, 232

Matthysz, Hans, Leidense uitgever, 315
Maurits van Nassau (1567-1625), prins van Oranje (1618), stadhouder van Holland en Zeeland (1585), Utrecht en Overijssel (1590), Gelderland (1591), Groningen en Drenthe (1620), 21, 22, 91, 95, 124-125, 127, 133, 135, 146, 148, 153, 154, 162, 192, 204, 261-262, 388, 390, 439, 442, 458
medicijnen, 430, 433, 437, 444, 447, 448, 449-450
meente, 53, 168
mennonieten, 296. *Zie* doopsgezinden
Merian, Maria Sibylla (1647-1717), kunstenares, 341, 447, 448
Metius, Adriaan Adriaansz (1571-1635), landmeter en astronoom, 439
Metius, Jacob (1571-1624/31), instrumenten- en lenzenmaker, 442
Metsu, Gabriel (1629-1667), kunstenaar, 221, 349
Meyer, Lodewijk (1638-1681), arts, geleerde en schrijver, 396, 460, 461, 467, 473
  De Jure Ecclesiasticorum (1665), 467
  Philosophia S. Scripturae Interpres (1666), 461, 462
microscopen, 442, 443, 451, 454. *Zie ook* optica
Middelburg, 57, 130, 135, 191, 220, 253, 256, 259, 326, 431, 442, 443, 449, 467
middenpassage, 110, 11
migratie, 50, 84-100, 290, 291, 333, 338
  gedwongen migratie, 96-98. *Zie* slavernij
Mijtens, Jan (1614-1670), kunstenaar, 98, 99, 347, 349
Modetus, Herman, Utrechtse predikant, 260-261
Molukken (Nederlands-Indië), 84, 229, 231, 232, 266
Momma, Wilhelmus (1642-1677), Middelburgse predikant, 467

monarchie, monarchisme, 142, 168, 178, 193, 201, 229, 234, 272, 319, 333, 410, 458, 463, 465, 473. *Zie ook* orangisme
  antimonarchisme, 464. *Zie ook* republikanisme
monisme, 460, 471
Montero de Espinosa, Diego, magistraat van Coro, Venezuela, 102
moren, 98, 252, 266
Moucheron, Balthasar de, koopman, 108
Muhammad, 'Abd al-'Azīz ibn, 295-296, 308
Muiderslot, 387
multiconfessionalisme, 271, 273, 275, 279, 281, 285, 428. *Zie ook* onderwijs, multiconfessional onderwijs
Münster, Vrede van (1648), 23, 38, 79, 133, 141, 169, 201, 347, 363, 369
Musch, Cornelis (ca. 1592-1650), griffier van de Staten-Generaal, 181

N

Naarden, 149
Nadere Reformatie, 255, 259, 262, 265
Nagasaki, 232, 243, 453
Nantes, Edict van (1598)
  herroeping (1685), 24, 155, 425
Nassau, 189, 319
  graven van, 21, 141, 144, 164, 184, 476
Nassau-Odijk, Willem Adriaan van (ca. 1632-1705), 181
Nassau-Siegen, Johan Maurits van (1604-1679), gouverneur van Nederlands Brazilië, 21, 95, 104, 127, 146, 164, 192, 206, 233, 261, 388, 439
natuurwetenschappen, 430, 433
Nederduytsche Academie (1617), 22, 296, 299, 384, 388, 427
neo-epicurisme, 464, 473
Nieuhof, Johan (1618-1672), schrijver van reisboeken, 242, 244

Nieuw-Amsterdam (New York), 22, 63, 64, 96, 109, 110, 238, 239, 242, 247
Nieuw Israël, 30, 93, 276
Nieuw-Nederland, 22, 26, 66, 96, 109, 112, 116, 129, 177, 234, 235, 238, 266
Nieuwpoort, Slag bij (1600), 21, 127, 162
nieuwsboeken
    Europische Mercurius, 174
    Hollantsche Mercurius, 174
nieuwskaarten, 152, 153, 154
Nijmegen, 24, 279, 428, 431, 456
Nil Volentibus Arduum, 396, 401, 411, 413, 414
Noot, Jan van der (1539-1595), dichter, 381
Nova Zembla, 231, 392

O

Ochtervelt, Jacob (1634-1682), kunstenaar, 365, 366
    Een musicerend gezelschap in een interieur (ca. 1670), 365
Oldenbarnevelt, Johan van (1547-1619), landsadvocaat van Holland (1586-1618) 21, 22, 39, 146, 148, 150, 181, 192, 199, 200, 203, 206, 261, 262, 270, 390
oligarchie. *Zie* regenten 458, 459, 465
onderwijs, 93, 95, 257, 269, 299, 345, 388, 420-436, 437, 439
    Franse Scholen, 425, 426, 428
    Illustere Scholen, 299, 421, 431, 432, 438, 456,
    Latijnse Scholen, 84, 296, 421, 423, 425, 427, 428, 429, 431, 432, 438, 445
    parochiescholen, 423
    particuliere scholen, 424, 429, 439
    universiteiten, 90, 187, 250, 264, 297, 421, 430, 431, 432, 433, 434, 435, 438, 450, 452, 455, 456, 462. *Zie ook* Leiden, universiteit; Utrecht, universiteit
Oorlog van Kieft, (1639-1645), 23, 235
Oortman, Petronella (1656-1716), kunstverzamelaarster, 225, 335, 336

Oost-Indische Compagnie, 51, 100, 126, 136, 140, 176, 229, 231, 390, 438, 477. *Zie* Verenigde Oost-Indische Compagnie
Oostende (Vlaanderen), belegering van, 196
Oosterwijck, Maria van (1630-1693), kunstenares, 345
Oostzeegebied, 74, 77, 212, 220, 410
Opstand, Nederlandse, 17, 37, 39, 48, 49, 54, 76, 78, 79, 80, 86, 93, 94, 95, 106, 113, 122, 123, 124, 133, 143, 144, 145, 148, 149, 150, 152, 153, 159, 160, 162, 163, 168, 173, 181, 182, 183, 188, 189, 190, 191, 192, 194, 195, 196, 199, 201, 202, 203, 206, 207, 220, 227, 228, 230, 250, 253, 290, 298, 299, 314, 320, 380, 387, 423, 427, 431, 436, 458, 459. *Zie ook* geuzen
optica, 442, 443, 454
orangisme, oranjegezinden, 163, 459, 464, 466
Oranje-Nassau, 38, 128, 141, 148, 170, 189, 261, 319, 325, 398, 408, 458, 476
    hof van, 91, 170, 189, 319, 325
    huis van, 38, 128, 148, 319, 398, 408, 458. *Zie ook* Frederik Hendrik; Maurits van Nassau; Willem van Oranje; Willem II; Willem III
Oranjezaal, 23, 155, 164, 398, 399, 401, 404, 417. *Zie* Huis ten Bosch
Ostade, Adriaen van (1610-1685), kunstenaar, 11, 12, 23, 349, 365, 366, 367, 368, 369, 370, 376
    Feestvierende boeren (ca. 1635), 11, 23, 366, 367, 369
    Interieur van een boerenhut (1668), 12, 367, 368
Oudewater, 147, 149, 163
Overijssel, 52, 53, 72, 87, 93, 169, 213, 214, 274
overlegcultuur, 30, 42, 77, 186, 187, 188, 200, 206, 420
Ovidius, 31, 32, 40, 42, 45

P

Paget, John (1574-1638), Engelse geestelijke en predikant, 296

Palladio, Andrea (1508-1580), Italiaanse architect, 398, 408

pamfletten, 93, 155, 173, 174, 185, 187, 188, 189, 193, 194, 195, 198, 200, 203, 207, 301, 380, 434, 442, 466. *Zie ook* overlegcultuur; drukwerk

pamflettenstrijd, pamflettenoorlog, 155, 188, 192, 199, 200, 206

Paracelsus (1493/1494-1541), Zwitserse arts en theoloog, 452

Parijs, 23, 49, 50, 87, 432, 454, 455

Parma, hertog van, 80. *Zie* Farnese, Alexander

Passe, Magdalena van de (1600-1638), graveur, 338

patriciërs, 72, 172, 360, 458. *Zie* regenten

patronage, 90, 171, 184, 197, 206, 261, 293, 294, 305, 320, 321, 329

Pattingalloang, kanselier van Gowa-Talloq, 229, 234, 244

Pauw, Pieter (1564-1617), botanicus en anatoom, 450

pelgrimages, 303, 403

Pels, Andries (1631-1681), toneelschrijver en oprichter van Nil Volentibus Arduum, 396, 414, 418
  Gebruik én misbruik des tooneels (1681) 414, 418

Pepys, Samuel (1633-1703), Engelse marine-ambtenaar en secretaris van de admiraliteit, 398, 401

Perkins, William (1558-1602), Engelse geestelijke en theoloog, 260

Perrault, Charles (1628-1703), Franse schrijver, 402

Peter de Grote (1672-1725), tsaar (1682-1721), 448, 452

petities, 53, 173, 192. *Zie ook* overlegculture

Philips van Marnix, heer van Sint-Aldegonde (1540-1598), schrijver en staatsman, 190, 380

Piemonte, slachting, 96

piëtisme, 259

Piso, Willem (1611-1678), arts, natuuronderzoeker en botanicus, 245, 448
  Historia Naturalis Brasiliae (1648), 448

Plakkaat van Verlatinghe (1581), 38, 168

plakkaten, 173, 272, 277, 278

Plancius, Pieter (1552-1622), predikant en geograaf, 252, 439

Plantijn, Christoffel (ca. 1520-1589), drukker, 379, 380

plattelandseconomie, 73, 75, 212, 213, 214. *Zie* boeren

Plempius, Vopiscus Fortunatus (1601-1671), anatoom, 444

Plutarchus, 385

poëzie, 33, 190, 204, 298, 377, 378, 379, 381, 382, 385, 392, 393, 431, 433, 434. *Zie* dichtkunst

polders, 67, 68, 70, 71, 72, 75, 76, 78, 79, 82, 152. *Zie ook* drooglegging

Polen, 431

Pomp, Dirck Gerritsz (1544-1608), zeevaarder en ontdekkingsreiziger, 242, 244

Porcellis, Jan (1584-1632), kunstenaar, 316

Portugal, Portugezen, 23, 49, 97, 104, 105, 107, 109, 117, 229, 230, 231, 234, 235, 238, 242, 266

Portugese Joden, 98, 277, 293, 294. *Zie* Jodendom, Sefardische ('Portugese') Joden

Portugese Synagoge (Esnoga), 24, 291, 428. *Zie ook* Amsterdam, Joodse gemeenschap; Jodendom

Post, Frans Jansz (1612-1680), kunstenaar, 245, 448

Post, Pieter (1608-1669), architect, 57, 65, 398, 399

Potter, Paulus (1624-1654), kunstenaar, 32

Poulle, Magdalena (1632-1699), 352, 353
Poussin, Nicolas (1594-1665), kunstenaar, 35
propaganda, 101, 113, 115, 148, 155, 156, 157, 189, 190, 191, 193, 194, 201, 235, 281, 387, 463
prostitutie, 360, 364, 365, 375
protestantisme, protestanten, 49, 59, 86, 87, 90, 143, 144, 182, 186, 190, 201, 202, 255, 259, 266, 380, 106, 420, 422, 433, 434, 454. *Zie ook* doopsgezinden; calvinisme; lutheranisme
  martelaars, martelaarsboeken, 143, 144, 160
protestantisme, gereformeerd, 144, 186, 250, 252, 253, 254, 261, 265, 269, 433. *Zie* calvinisme
publieke kerk, 38, 88, 152, 250, 252, 261, 272, 274, 275, 267, 277, 278, 285, 304, 429, 458, 459
publiek debat, publieke opinie, 142, 174, 188, 193, 194, 197, 199, 203, 207, 268, 298, 383, 459. *Zie* overlegcultuur
puritanisme, puriteinen, 259. *Zie ook* Nadere Reformatie; piëtisme

Q
Quellinus I, Artus (1609-1668), beeldhouwer, 37, 175, 348
Questiers, Catharina (1631-1669), dichteres en toneelschrijfster, 394

R
Raad van State, 122, 124, 168, 476
raadpensionaris, 22, 23, 24, 150, 158, 169, 171, 173, 261, 388, 441
radicale verlichting, 457, 459, 461, 473
Raleigh, Sir Walter (1554-1618), Engelse schrijver, geleerde en ontdekkingsreiziger, 215
Rampjaar, 179, 187, 197, 346
rariteiten, 305, 306, 307, 310, 341, 342, 445, 456. *Zie* curiositeiten
rationalisme, rationalistische filosofie, 264, 459
Reael, Laurens Jacobsz (1536-1601), Amsterdamse regent, 266
Realisme in de kunst, 394, 416
  in de dichtkunst, 394
Recife (Pernambuco), 230, 239, 240, 243, 267
rederijkers, rederijkerskamers, 187, 188, 189, 190, 203, 207, 298, 299, 304, 379, 380, 384, 385, 388, 389, 403, 438, 476
Reede tot Drakenstein, Hendrik Adriaan van (1636-1691), natuuronderzoeker en koloniaal bestuurder, 453
Reede van Amerongen, Godard Adriaan van (1621-1691), diplomaat, 170
reformatie, 37, 152, 188, 189, 254, 255, 257, 259, 261, 262, 265, 271, 272, 288, 290, 296, 298, 299, 303, 305, 319, 380, 422, 434, 467. *Zie* protestantisme
regenten, regentenklasse, 52, 75, 77, 78, 128, 130, 154, 155, 171, 172, 173, 178, 192, 193, 196, 206, 253, 255, 258, 265, 271, 285, 320, 336, 345, 347, 348, 352, 427, 438, 440, 450, 456, 458, 466
Regius, Henricus (1598-1679), hoogleraar geneeskunde, 444
reisgidsen, 303
Rembrandt (1606-1669), kunstenaar, 23, 24, 29, 54, 130, 159, 217, 263, 284, 294, 320, 321, 323, 329, 330, 340, 341, 343, 345, 347, 351, 357, 399, 404, 414, 415, 416, 450, 451, 476
  De anatomische les van Dr. Nicolaes Tulp (1632), 450, 451
  De Nachtwacht (1642) 23, 54, 320
  De Staalmeesters (1662), 24, 284
remonstranten, 95, 146, 148, 200, 203, 204, 260, 261, 262, 274, 280, 284, 387, 388,

390. *Zie ook* arminianen; calvinisme; contraremonstranten
republikanisme, republikeinen, 179, 459, 460, 461, 465, 472, 473. *Zie ook* monarchisme; orangisme
Reynst, Gerard (-1615), gouverneur-generaal van Nederlands-Indië (1614-1615), 266
Rhijne, Willem ten (1647-1700), arts en botanicus, 453
Riebeeck, Jan van (1619-1677), stichter van de Kaapkolonie, 244
Rieuwertsz, Jan (1617-1686), Amsterdamse boekverkoper, 460
Rijn, 42, 67, 70, 73, 80, 82
ringvaart, 75, 76
Robbertsz le Canu, Robbert (1563-ca.1630), Amsterdamse schoolmeester en schrijver, 425
Rodenburgh, Theodore (1574-1644), diplomaat, dichter en toneelschrijver, 411, 418
Roghman, Geertruydt (1625-1651/1657), kunstenares, 218, 349
romans, 336, 383. 392, 462
Rotterdam, 57, 86, 88, 90, 107, 118, 132, 150, 220, 232, 233, 312, 326, 365, 421, 428, 432, 445, 451, 460, 462
Rubens, Peter Paul (1577-1640), kunstenaar 309, 409, 410, 417
Ruijven, Pieter Claesz van (1624-1674), kunstverzamelaar, 374
Rumphius, Georg Eberhard (ca. 1627-1702), botanicus, 245, 342, 446, 456
Ruysch, Frederick (1638-1731), anatoom, 452
Ruysch, Rachel (1664-1750), kunstenares, 345, 346
Ruysdael, Jacob van (1628/29-1682) kunstenaar, 32, 58, 59, 71, 294, 339
Gezicht op Haarlem (ca. 1650), 58, 59
Ruysdael, Salomon van (1602-1670), kunstenaar, 316

S

Saenredam, Pieter (1597-1665), kunstenaar, 251, 258, 347
Saint-Glain, Gabriel de (1620-1684), schrijver, 463
Salvador de Bahia (Brazilië), 233
Scaliger, Joseph (1540-1609), humanistische geleerde, 420, 429, 430, 434, 436
Scamozzi, Vincenzo (1548-1616), architect, 398, 406, 410, 417
L'idea delle architettura universale (1615), 406
Scandinavië, Scandinaviërs, 87, 90, 216, 238. *Zie ook* Denemarken; Zweden
Schalcken, Maria (c. 1645/1650-voor 1700), kunstenares, 345
Schelde, 73, 191, 220
schilderkunst, 32, 35, 44, 58, 90, 210, 291, 304, 306, 315, 316, 319, 325, 326, 331, 334, 338, 339, 345, 349, 352, 354, 357, 359, 365, 377, 382, 398, 414, 417, 434
genreschilderkunst, 357, 358, 359, 360, 363, 365, 367, 369, 375
historieschilderkunst, 323, 328, 339, 340, 341, 417
landschapschilderkunst, 32, 33, 35, 58, 71, 72, 245, 294, 305, 316, 328, 338, 339, 347, 398
boerenscène, 316, 349, 360, 361, 362, 363, 365, 366, 367, 368, 369, 370, 376
zeegezicht, 72, 305, 316, 398
stilleven, 89, 98, 305, 306, 307, 308, 316, 334, 338, 346, 347, 348, 349, 350, 398, 465
scholen, 60, 266, 269, 343, 421, 423, 424, 425, 426, 427, 428, 429, 431, 432, 438, 445, 455, 456. *Zie* onderwijs
Schooten, Frans van (1615-1666), wiskundige, 454
schotschriften, 196, 199. *Zie* pamfletten

schouwburg, 55, 197, 299, 389, 392, 394, 396, 412, 413, 434. *Zie* Amsterdam, schouwburg

Schurman, Anna Maria van (1607-1678), kunstenares, dichteres en geleerde, 389, 427, 439, 440

schutterij, 53, 54, 55, 77, 158, 159, 164, 173, 253, 280, 351, 476

Scriverius, Petrus (1580-1655), geleerde, 382

Seba, Albertus (1665-1736), apotheker en zoöloog, 447, 448

Sefardische Joden, 88, 230, 255, 275. *Zie* Jodendom, Sefardische ('Portugese') Joden

Seneca, senecaans, 383, 390, 391, 411, 412, 413

Serlio, Sebastiano (1475-1554), architect, 406, 417

Sidney, Algernon (1623-1683), Engelse republikein en lid van het Lange Parlement, 458, 474

Sidney, Philip (1554-1586), diplomaat, dichter en soldaat, 411

Six van Chandelier, Jan (1620-1697), dichter en koopman, 24, 394, 395, 449, 456

Sladus de Jongere, Mattheus, onderwijzer, geleerde en schrijver, 429

slavernij, slavenhandel, 29, 30, 34, 62, 63, 85, 96, 97, 98, 102-119, 134, 135, 177, 234, 235, 236, 237, 241, 242, 243

Snel, Hans, koopman, 106

Snel van Royen, Rudolph (Snellius) (1546-1613), wiskundige en linguïst, 441

Snel van Royen, Willebrord (Snellius) (1580-1626), wiskundige en astronoom, 441

socinianisme, socinianen, 274, 280, 290, 460

Solms-Braunfels, Amalia van (1602-1675), 29, 32, 34, 100, 155, 319, 398

sonnetten, 385, 386, 394. *Zie ook* dichtkunst

Sorbière, Samuel (1615-1670), arts en filosoof, 431, 436

Spanje, Spanjaarden, 22, 23, 33, 38, 49, 69, 79, 80, 81, 97, 107, 123, 127, 128, 142, 145, 146, 148, 149, 150, 155, 159, 161, 174, 189, 199, 200, 201, 219, 230, 233, 235, 237, 246, 250, 259, 261, 272, 277, 279, 296, 347, 363, 383, 411, 458. *Zie ook* Inquisitie, Spaanse
armada, 127, 223
toneel, 145, 148, 149, 383, 392, 411. *Zie ook* Lope de Vega

Spaanse Successieoorlog (1701-1714), 176, 192, 198

Speelman, Cornelis (1628-1684), gouverneur-generaal van Nederlands-Indië (1681-1684), 134

Spiegel, Hendrick Laurensz (1598-1667), Amsterdamse dichter, 298, 299, 308, 384, 385

Twe-spraack vande Nederduitsche letterkunst (1584), 384

Hert-spiegel (1614), 384, 385

Numa ofte amptsweygerinhe, 385

Spinola, Ambrogio (1569-1630), legerbevelhebber, 442

Spinoza, Baruch (Benedict) de (1632-1677), filosoof, 95, 188, 265, 396, 428, 433, 436, 442, 457, 460, 461, 462, 463, 464, 466, 467, 468, 469, 470, 471, 472, 473, 474, 475. *Zie ook* spinozisme

spinozisme, 464, 470, 471, 472, 474
cercle spinoziste, 457, 459, 460, 461, 462, 467, 473

Spranckhuijsen, Dionysius (-1650), predikant, 259

Sri Lanka, 23, 117, 232, 252. *Zie* Ceylon (Sri Lanka)

Staatse leger, 21, 91, 124, 126, 131, 133, 136, 137, 153, 158, 160, 162

stadhouder, 21, 22, 23, 24, 32, 36, 39, 53, 91, 95, 127, 131, 132, 142, 146, 150, 152, 154, 155, 156, 158, 168, 170, 171, 172, 178, 179, 181, 184, 187, 193, 201, 203, 261, 262, 280, 319, 320, 334, 347, 388, 398, 458, 476. *Zie ook* Frederik Hendrik; Maurits van Nassau; Willem van Oranje; Willem II; Willem III

stadhouderloos tijdperk (1650-1672), 23
Statenbijbel, 60. *Zie* Bijbel, Nederlandse vertaling van
Staten-Generaal, 23, 52, 102, 108, 116, 117, 124, 126, 127, 135, 139, 142, 143, 152, 154, 156, 158, 161, 162, 166, 168, 169, 170, 171, 172, 173, 174, 176, 186, 191, 231, 233, 234, 237, 239, 251, 253, 280, 319, 325, 338, 443, 476, 477
Steen, Jan (1626-1679), kunstenaar, 273, 344, 399
Stensen, Nicolas Steno (1638-1686), anatoom en geoloog, 453
Stevin, Simon (1548-1620), wiskundige en militair ingenieur, 21, 384, 439
Stockmans, Magdalena (1598-1660), 333, 334, 336, 355
Stuyvesant, Peter (1611/12-1672), gouverneur van Nieuw-Nederland (1647-1664), 234, 236
suiker, suikerindustrie, 51, 104, 106, 107, 109, 117, 230, 234, 317
Sulawesi (Celebes), 24, 134, 229
Suriname, 24, 96, 97, 107, 109, 110, 111, 113, 117, 119, 136, 234, 236, 237, 239, 266, 341, 448
Swammerdam, Jan Jacobsz (1637-1680), geleerde, 447, 451, 453
Sweerts, Hieronymus (1629-1696), schrijver, 336, 337, 355
Swift, Jonathan (1667-1745), schrijver en theoloog, 166, 184
synoden, 170, 186, 253, 255, 260, 261, 262, 267, 281, 461, 470
    Den Haag (1586), 256, 429
    Dordrecht (1578), 256
    Dordrecht (1618-1619), 59, 253, 255, 256, 259, 262, 267, 420, 423, 424, 428
    Middelburg (1581), 256
    Zuid-Holland (1706), 264, 270, 470, 475

T

tableaux vivants, 412
Taiwan, 24, 84, 176, 232, 252, 349. *Zie* Formosa (Taiwan)
Tasman, Abel (1603-1659), ontdekkingsreiziger, 23, 239
Teellinck, Ewout (1573-1629), jurist, 259
Teellinck, Willem (1579-1629), predikant, 259, 429
telescopen, 442, 443, 454. *Zie ook* optica
Temple, Sir William (1628-1699), diplomaat, 30, 48, 65, 166, 184, 186, 187, 220, 299, 309
textielindustrie, 87, 210, 215, 315, 422
thee, 224, 317
theater, 304, 326, 388, 389, 398, 401, 403, 410, 411, 412, 414, 416, 421, 450, 456, 472. *Zie* toneel
Theophrastus Redivivus (1659), 472, 475
Theunisz, Jan (1569-1638), drukker en hoogleraar Arabisch, 296-297, 299, 308
tolerantie, religieuze tolerantie, 29, 87, 98, 113, 188, 196, 252, 271, 276, 277, 278, 279, 280, 281, 285, 293, 297, 304, 458, 459, 460, 469, 473
toneel, 23, 92, 145, 149, 163, 174, 205, 262, 290, 298, 299, 304, 308, 320, 378, 379, 380, 381, 382, 383, 385, 386, 387, 388, 389, 390, 391, 394, 396, 397, 401, 403, 404, 410, 411, 412, 413, 414, 425, 427, 476
    herdersspel, 386
    treurspel, 206, 382, 418
Torrentius, Johannes (1589-1644), kunstenaar, 297, 309
Trekvaart, 68, 477
Trelcat de Jonge, Lucas (1542-1602), theoloog en schrijver, 430
Trip, Elias (ca. 1570-1636), koopman, 131
Trip, Hendrick (1607-1666), koopman, 130
Trip, Jacob (1576-1661), koopman, 131
Trip, Louis (1605-1684), koopman, 130

Tromp, Maarten Harpertsz (1598-1653), admiraal, 158
Tulp, Nicolaes (1593-1674), arts en Amsterdamse regent, 449, 450, 451
tulpen, tulpenmanie, 23, 51, 90, 312, 449
Twaalfjarig Bestand (1609-1621), 21, 38, 69, 88, 141, 145, 174, 203, 233, 259, 261, 267, 277, 383, 387
Twente, 93
Tyssot de Patot, Simon (1655-1738), schrijver, 462, 463

U

Udemans, Godefridus (1580-1649), predikant, 259
Unie van Utrecht (1579), 21, 87, 124, 141, 168, 279, 477, 272
universiteiten, 90, 187, 250, 264, 297, 421, 430, 431, 432, 433, 434, 435, 438, 450, 452, 455, 456, 462. *Zie* onderwijs, universiteiten
urbanisatie, 50, 61. *Zie* verstedelijking
Ursinius, Zacharius (1534-1583), theoloog, 255
Usselincx, Willem (1567-1647), koopman, 115, 119
Utrecht, 39, 54, 57, 72, 87, 106, 124, 141, 152, 156, 168, 169, 170, 174, 250, 251, 255, 257, 258, 260, 261, 272, 274, 276, 279, 284, 300, 313, 325, 341, 347, 358, 423, 427, 428, 429, 431, 432, 438, 444, 462, 466, 477
  caravaggisten, 358
  universiteit, 16, 17, 260. 432, 438
Uytenbogaert, Johannes (1557-1644), theoloog, 192, 193, 207, 257, 261
Uziel, Isaac ben Abraham (-1622), dichter en rabbi, 298, 308

V

Valkenburg, Dirk (1675-1721), kunstenaar, 113, 114
Veer, Cornelia van der (1639-ca. 1702), dichteres, 394
Veer, Gerrit de (actief 1570-1598), schrijver, 392
veilingen, 313, 323
Veken, Johan van der (1549-1616), koopman, 107
Velde, Esaias van de (1587-1630), kunstenaar, 316, 325
Venetië, 48, 58, 142, 174, 408, 458
Verenigde Oost-Indische Compagnie (VOC), 51, 100, 126, 136, 140, 229, 231, 438, 477
  compagniestroepen, 122, 132, 135
  Heren XVII, 476
Vergilius, 31, 34, 45, 206, 320, 331, 390
  Aeneis, 206, 390
verlichting, 115, 116, 247, 285, 416, 457, 459, 461, 473, 474
Vermeer, Johannes (1632-1675), kunstenaar, 24, 29, 58, 65, 210, 226, 319, 349, 351, 357, 370, 373, 374, 376, 399, 443
  De kantwerkster (ca. 1670-1671), 12, 373, 374
verstedelijking, 48, 49, 50, 58, 61, 64, 212
Vinckboons, David (ca. 1576-1632), kunstenaar, 349, 360, 362, 366
  Boerenkermis (ca. 1629), 361, 362
Vingboons, Justus (ca. 1620-1698), architect, 410
  Riddarhuset (1653), 410
Vingboons, Philips (ca. 1607-1678), architect, 410
Visscher, Anna Roemers (1584-ca. 1651), dichteres en kunstenares, 384, 385, 386
Visscher, Claes Jansz, (ca. 1586-1652), kunstenaar, drukker, uitgever en kunsthandelaar, 196, 377
Visscher, Maria Tesselschade Roemers (1594-1649), dichteres en kunstenares, 384, 385
Visscher, Pieter Roemer (1547-1620), dichter en koopman, 306, 310, 384, 385, 386
  Brabbeling (1614), 385
  Sinnepoppen (1614), 306, 310, 385

visserij, 68, 215, 227, 83, 88, 91
Vlaanderen, Vlamingen, 38, 49, 69, 92, 275, 360, 362,
Vlamingh van Oudshoorn, Arnold de (1618-1662), Gouverneur van Ambon (1647-1655), 229, 246
Vlissingen, 57, 135
vloot, 22, 82, 95, 97, 108, 109, 122, 123, 126, 127, 129, 130, 132, 134, 135, 136, 137, 139, 142, 152, 156, 171, 201, 215, 216, 233, 338
professionalisering van de, 126
vluchtelingen, 38, 49, 84, 85, 86, 87, 88, 90, 91, 95, 96, 98, 143, 290. *Zie ook* Frankrijk, Franse hugenoten; migratie
VOC, 21, 22, 23, 24, 51, 61, 62, 84, 85, 88, 95, 96, 97, 102, 103 105, 107, 108, 109, 116, 117, 118, 126, 129, 130, 131, 134, 135, 136, 137, 161, 176, 215, 216, 217, 223, 224, 229, 230, 231, 232, 233-244, 250, 252, 266, 267, 268, 319, 349, 390, 392, 438, 439, 446, 448, 453, 476, 477. *Zie* Verenigde Oost-Indische Compagnie
voetianisme, voetianen, 24, 264, 265. *Zie ook* Coccejanen
Voetius, Gisbertus (1589-1676), theoloog, 259, 260, 262, 263, 264, 309, 427, 438. *Zie ook* voetianen
Vondel, Joost van den (1587-1679), dichter en toneelschrijver, 22, 24, 29, 31, 32, 33, 36, 40, 58, 188, 203, 204, 205, 206, 289, 299, 308, 320, 338, 377, 389, 390, 391, 392, 394, 396, 404, 409, 412, 413
'Het lof der Zee-vaert' (1623), 390
Gysbreght van Aemstel (1637), 389, 390, 391
'Op de Waeg-schael', 194, 204, 205
Jeptha (1659), 390, 391, 392, 412,
Lucifer (1653), 24, 390, 391, 404
Palamedes (1625), 22, 205, 206, 390
Vorstius, Aelius Everhardus (1565-1624), arts, botanicus en hoogleraar te Leiden, 430

Vos, Jan (1612-1667), dichter en toneelschrijver, 197, 392, 396, 404, 405, 409, 411, 412, 413, 417, 418
Aran en Titus (1641), 404, 412
Medea (1667), 405, 412, 413
Vossius, Gerardus (1577-1649), humanistisch geleerde, 411, 412, 429
Poeticae Institutiones (1647), 411
vroedschap, 48, 96, 168, 476, 477

W

Wagner, Zacharias (1614-1668), Duitse kunstenaar, koopman en gouverneur van de Kaapkolonie, 243, 244
Slavenmarkt in Recife (ca. 1630-1640), 243
Thierbuch, 243
Walten, Ericus (1663-1697), schrijver, 188, 466, 473, 474
De regtsinnige Policey (1689), 466
Ware Vrijheid (1650-1672), 179, 458, 459. *Zie ook* stadhouderloze tijdperk (1650-1672)
watergeuzen, 123. *Zie ook* geuzen
waterschappen, 70, 78, 477
wederdopers, 290, 296. *Zie* doopsgezinden
Weede van Dijkvelt, Everard van (1626-1702), diplomaat, 170
weeshuizen, 62, 269, 422, 438
Wesembeeck, Jacob van (1523-1577), raadpensionaris van Antwerpen (1556-1567), 190
West-Indische Compagnie (WIC), 51, 102, 112, 115, 188, 126, 128, 148, 156, 161, 176, 229, 233, 250, 319, 447, 477
wetenschappelijke revolutie, 430
WIC, 22, 24, 51, 85, 95, 96, 97, 102, 103, 104, 105, 106, 107, 109, 112, 113, 116, 117, 126, 129, 130, 134, 135, 136, 148, 156, 162, 176, 177, 215, 216, 229, 230, 233, 234, 235, 236, 237, 238, 241, 243, 244, 250, 252, 266, 267, 319, 448, 467, 477. *Zie* West-Indische Compagnie

Wildt, Hiob de (1637-1704), secretaris van de Amsterdamse admiraliteit, 131
Willem II (1626-1650), prins van Oranje (1647), stadhouder van Holland, Zeeland, Utrecht, Overijssel, Gelderland, Groningen, Drenthe (1647-1650), 23, 150, 155, 200, 201, 280, 458
Willem III (1650-1702), prins van Oranje (1650), stadhouder van Holland, Zeeland, Utrecht en Westerwolde (1672-1702), Gelderland en Overijssel (1675-1702), en Drenthe (1696-1702), koning van Engeland, Schotland en Ierland (1689-1702), 24, 39, 131, 155, 170, 171, 180, 181, 184, 458, 460, 463, 466, 467
Willem van Oranje (1533-1584), stadhouder van Holland, Zeeland en Utrecht (1559-1567 en 1572-1584), van Brabant (1577-1584) en stadhouder van Friesland (1580-1584), 21, 36, 38, 39, 43, 123, 124, 144, 145, 146, 155, 158, 160, 163, 189, 190, 201, 380, 383
windmolens, 70, 71, 441. *Zie ook* drooglegging; polders
wiskunde, 424, 427, 437, 439, 440, 441, 454
With, Witte Cornelisz de (1599-1658), admiraal, 158
Witsen, Nicolaes (1641-1717), schrijver en Amsterdamse regent, 448
Witt, Cornelis de (1623-1672), Dordrechtse regent, 179, 187, 200
Witt, Johan de (1625-1672), raadpensionaris van Holland (1653-1672), 24, 39, 150, 158, 173, 175, 179, 180, 181, 184, 193, 196, 200, 201, 441, 458

Deductie, 201
moord op, 181
Witte, Emanuel de (1617-1692), kunstenaar, 157, 291, 292, 293, 294, 305, 309
Interieur van de Portugese synagoge te Amsterdam (1680), 291
Wittichius, Christoph (1625-1687), theoloog, 264
Wolsgryn, Aert, uitgever, 462, 473
Het leven van Philopater (1697), 462

Z

Zaan, 51, 65, 215
Zaydān, Mulay (-1627), sultan van Marokko (1603-1627), 295
Zeeland, 21, 23, 24, 53, 69, 70, 73, 74, 78, 80, 86, 88,
94, 98, 109, 126, 135, 145, 152, 169, 181, 213, 230, 231, 232, 233, 250, 253, 254, 274, 312, 314, 331, 380, 382, 383, 388, 458, 464, 467
Zeelandia, Fort (Suriname), 136, 239
ziekenhuizen, stedelijke, 62. *Zie ook* Amsterdam, Binnengasthuis
zielverkopers, 135
Zijpe, De, 76, 213
zilversmeden, goudsmeden, 219, 317
zondagsheiliging, zondagsrust, zondagskwestie, 250, 260, 262, 265
Zuiderzee, 70, 72, 77, 80, 82, 216
Zutphen, 72, 94, 150, 456
Zweden, Zweeds, 24, 39, 115, 155, 410. *Zie ook* Scandinavië

Zwolle, 52, 57, 72, 94, 210, 279, 462, 464

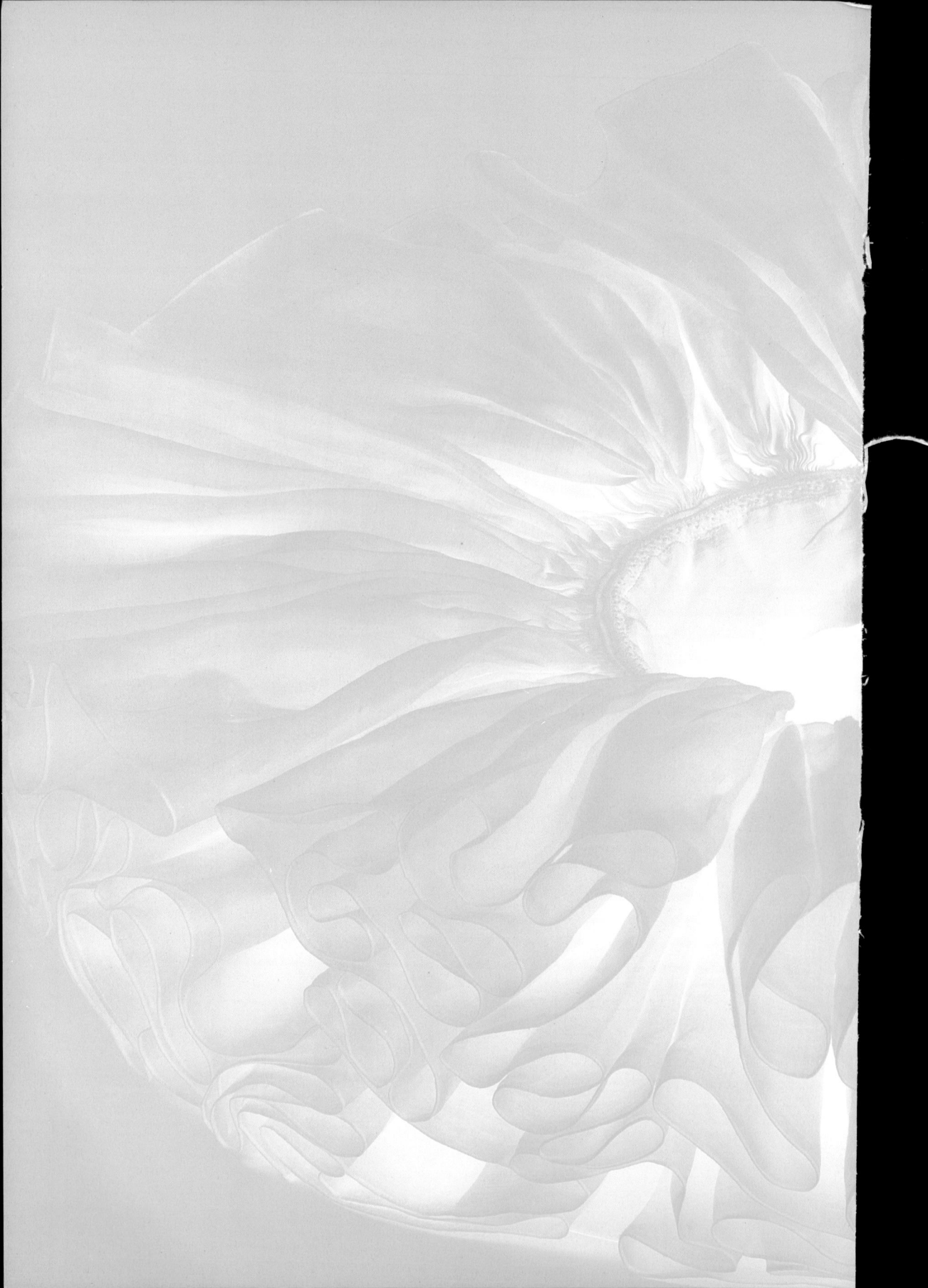